本书为上海市高峰高原学科上海师范大学中国史学科规划项目成果

《中古文明研究》|第一辑|编委会

RESEARCH OF **MEDIEVAL WORLDS**

中古文明研究

| 第一辑 |

《中古文明研究》编委会 ——————— 主编　赵龙　刘江 ——————— 执行主编

格致出版社　上海人民出版社

卷首语

　　近年来，随着学术视野的拓展和研究资料的扩充，多学科的交流与对话，正成为人文学科一个持续发展的方向。 本着学术为基、学者为先的原则，我们尝试在研究旨趣与方法论层面，为不同学术背景的同仁搭建一个相互沟通的平台。 为此，我们探索创办了《中古文明研究》辑刊，希望这一辑刊能够实现助力推动中国与外国中古研究者的对话，促进"跨文明、跨学科、跨时段"的学术交锋，整合各学科优势与资源的美好愿景。

　　《中古文明研究》第一辑，是"江浙沪宋史青年学者沙龙"成立五周年以来部分成果的结集。

　　2014 年 8 月，在杭州召开的中国宋史研究会第 16 届年会上，多位江浙沪高校的青年教师商议，应当组建一个规模适当的学术沙龙，以加强本地区宋史专业青年学人的交流，共同提升学术研究的品质，建设可持续发展的学术共同体。 当年 9 月 21 日，在时任上海师范大学历史学系主任黄纯艳教授的鼎力支持下，"江浙沪宋史青年学者沙龙"正式开张。 沙龙坚持每季度举办一次学术活动，以开放、自愿为原则，采取学术信息分享、学术报告与评议、书评综述等形式灵活的交流方式，追求高品质的学术讨论。 截至 2020 年，沙龙已举办 20 场学术活动，先后有来自复旦大学、同济大学、华东师范大学、上海师范大学、南京大学、苏州大学、南通大学、浙江大学、杭州师范大学、浙江工商大学、浙江师范大学、杭州市社会科学院等高校和科研机构的 40 多位青年学者、博士研究生加入沙龙。 此外，来自河南大学、华中科技大学、华中师范大学等高校的青年访问学者也应邀参与了沙龙的部分活动。

　　沙龙成员的研究领域涉及历史学、文学、哲学等不同学科。 不同视角、不同观点碰撞出的思想火花，是沙龙会场时常凸显的亮色。可以说，坚持和促进多学科交流，始终是沙龙办会的宗旨和特色。

围绕"多元视角下的宋代研究"这一主题，本辑收录的论文，集中在"政事与制度""文本与书写""典籍与文书"三个方面。文章涉及的研究议题，既有学界长期耕耘的传统领域，也有近年出现的学科前沿。作者们来自制度史、政治史、文学史、哲学史、宗教史等不同的研究领域，他们或处理同一类型的研究资料，或关注相近的学术议题，同场竞技，各显神通。我们希望以此论文集，作为江浙沪宋史青年学者沙龙再出发之际的阶段性小结，同时也为进一步推动宋代各领域研究者之间的互动略尽绵薄之力。

《中古文明研究》从发起到出版，得到了上海师范大学各级领导的关怀和支持。副校长陈恒教授、人文学院院长查清华教授、副院长张剑光教授及姚潇鸫教授对本辑刊的创办宗旨和运作方式提出了切实可行的建议，中国史专业建设委员会主任苏智良教授从学科经费中拨款资助本辑出版。古籍整理研究所戴建国教授长期关心沙龙成长，多次为沙龙活动提供经费支持。向他们致以特别的谢意！

赵 龙 刘 江

目 录

政事与制度

文本与书写

典籍与文书

政事与制度

辽代斡鲁朵管理体制研究[*]

余　蔚[**]

斡鲁朵，在契丹语中意为"宫殿"，尤指辽代皇帝游徙中所居的"行宫"。[①]不过，"行宫"这个小空间，只是辽代斡鲁朵的内涵。与"行宫"的护卫工作相关的一种直属于皇帝的力量，以及一整套以管理这种力量为目的的制度，是"斡鲁朵"的外延，并且是考察斡鲁朵对于国家生活举足轻重之影响的关键层面。[②]自太祖阿保机将亲卫之众自部族中分离出来，创建由皇帝本人直接领导的"算斡鲁朵"，辽诸帝即位之始，例皆新建本人的斡鲁朵，同时也继承此前诸帝的斡鲁朵，使皇帝的亲卫力量独立于枢密院为首的政府之外，且可与政府的力量相抗衡。[③]"立斡鲁朵法，裂州县，割户丁，以强干弱支。诒谋嗣续，世建宫卫"，这正

---

* 本文原载于《历史研究》2015 年第 1 期。

** 　余蔚，复旦大学历史系教授。

① 杨若薇对契丹斡鲁朵之含义有集中的考释，见其专著《契丹王朝政治军事制度研究》，中国社会科学出版社，1991 年，第 2—3 页。

② 《辽史》卷 31《营卫志上》载："居有宫卫，谓之斡鲁朵；出有行营，谓之捺钵。"（中华书局，1974 年，第 361 页）受此影响，研究者或以为斡鲁朵即等于中原之宫殿，也即皇帝定居之所。李锡厚对此说进行了辩驳（李锡厚：《论辽朝的政治体制》，载氏著《临潢集》，河北大学出版社，2001 年，第 17 页）。《营卫志上》又提到："辽国之法，天子践位置宫卫，分州县，析部族，设官府，籍户口，备兵马。"（第 362 页）（以下引《营卫志》《兵卫志》所载，不再出脚注，径以夹注注明《营卫志上》《兵卫志下》等）显然，该《志》的撰者又将"宫卫"视作一种政治力量的组织方式，而非从一种建筑物或居停场所的意义上去理解它。兼顾斡鲁朵作为居处和作为组织方式的双重含义，才能全面理解辽的"斡鲁朵"制度。

③ 傅乐焕强调，辽帝的"产业"，包括"契丹与其他游牧族单位、汉人与渤海城镇，它们是辽帝个人所有，而非属于国家"。所谓"国家"者，亦即以"公"的身份行使管理国家文武事务的政府，与皇帝之"私"人所有相对，参见其博士论文 Fu Lo-huan, *Natpat and Ordo: A Study of the Way of Life and Military Organization of the Khitan Emperors and Their People*, School of Oriental and African Studies, London: London University, 1950, pp.110—111。杨若薇也指出，斡鲁朵不属北、南枢密院管辖，而是与后两者平行（《契丹王朝政治军事制度研究》，第 169—171 页）。

是辽代皇帝组建斡鲁朵之目的。而其效果也是显而易见的："有兵事，则五京、二州各（斡鲁朵之）提辖司传檄而集，不待调发州县、部族，十万骑军已立具矣。"（《兵卫志中》）

斡鲁朵的存在，意味着一种对政权安全起关键作用的力量却处于政府的控制之外，这种政权的构造是如此奇特（相对于中原皇朝而言），而这种力量又是如此强大，故而斡鲁朵制度很早就引起了辽史学者的注意。早在20世纪初，津田左右吉即已开始关注斡鲁朵的来源、归属等问题。①此后，岛田正郎等继续推进斡鲁朵内部管理体制的研究。②傅乐焕在以"捺钵与斡鲁朵"为题的博士论文中，虽论述较为简略，但其基于比较研究——与辽代"头下"以及与元代斡耳朵、金代猛安谋克、清代八旗的比较——的广阔视野，很具启发意义。③陈述《契丹社会经济史稿》一文，对斡鲁朵制度的关注集中于宫卫的经济体制与隶属斡鲁朵的人户（隶宫人户）的阶级地位④，由这一角度展开的讨论也延续了相当长一段时间，费国庆、张正明等相继提出了自己的见解。⑤两个方向的研究实是异曲同工，合流于斡鲁朵管理体制的问题。这些成果至今看来，仍有相当的意义。20世纪80年代后期以来，李锡厚、杨若薇、李桂芝等学者对于"宫官"、提辖司等管理机构、隶宫州县的归属等问题的再讨论⑥，继续推进了相关研究。

不过，斡鲁朵管理体制的各种相关问题，至今仍有许多有待廓清与继续推进，若自上而下、由大及细对这些问题进行梳理，那么，应先考察斡鲁朵在辽代国家生活中的地位与作用，再于其政治活动中，求索有哪些机构和人群参与。也就是说，为《辽史》载及的各种与斡鲁朵相关的人群（正户、蕃汉转户、著帐户）、机构，找到它们在斡鲁朵中的相应位置，只有这样，才能将斡鲁朵的各构成要素置于它们应处的地位，尽量准确地呈现它的结构与功能。

一、斡鲁朵的归属

一个必不可少的工作是还原"斡鲁朵"之实指。而达致这一目的，首先是要区分"斡鲁

---

① 津田左右吉：《遼の制度の二重體系》，原载《满鲜地理历史研究报告》第5册，1918年，亦见《津田左右吉全集》第12卷，岩波书店，1964年，第338—342页。

② 岛田正郎：《大契丹国：辽代社会史研究》，何天明译，内蒙古人民出版社，2007年，第101—125页。

③ Fu Lo-huan, *Natpat and Ordo: A Study of the Way of Life and Military Organization of the Khitan Emperors and Their People*, pp.104—128.

④ 陈述：《契丹社会经济史稿》，生活·读书·新知三联书店，1963年，第46页。

⑤ 费国庆：《辽代斡鲁朵探索》《历史学》1979年第3期；张正明：《契丹史略》，中华书局，1979年，第105页。

⑥ 李锡厚：《论辽朝的政治体制》《辽中期以后的捺钵及其与斡鲁朵中京的关系》，载《临潢集》，第14—18、77—80页；杨若薇：《契丹王朝政治军事制度研究》，第14—72、159—171页；李桂芝：《辽朝提辖司考》，《学习与探索》2005年第2期。又，最近有林鹄博士所撰《斡鲁朵横帐补说——兼论辽朝部族制度》一文，就斡鲁朵与皇子、斡鲁朵与隶宫州县等关系提出新的看法（《清华元史》第2辑，商务印书馆，2013年，第248—270页）。

朵"与"捺钵"。《辽史·营卫志》载:"居有宫卫,谓之斡鲁朵;出有行营,谓之捺钵。"在这里,《辽史》未将捺钵称为"行宫",以免与"宫卫"即斡鲁朵相混淆,在其他多处,所称"行宫"亦指斡鲁朵而言。①事实上,皇帝带领亲从所至之处,即为"捺钵"。数以万计的出行之众,无论人数还是所占之地,都是较为庞大的。而皇帝所居之帐幕则为斡鲁朵,这是一个较小的空间。故而,"行"之一字,于捺钵于斡鲁朵皆是合适的;但"宫",则只适合于斡鲁朵。

杨若薇正确地指出,"辽朝诸斡鲁朵是始终扈从着皇帝四时游徙的宫帐",从而纠正了前人关于斡鲁朵皆有固定之处的误解,并将"捺钵"与"斡鲁朵"适当地区分开来。但她认为斡鲁朵内居住着置斡鲁朵的皇帝的子孙即"大横帐"亦即阿保机的直系后裔,并且斡鲁朵又有"继承人和本宫的族属"亦即"斡鲁朵皇族",从而,"'大横帐'为诸斡鲁朵皇族之总称"。②此说却可商榷。也就是说,关于"斡鲁朵"与"横帐"的关系,需要重新考量。

在《辽史·百官志一》的记载中,横帐诸官被列入"北面皇族帐官",与管理"行宫"防卫事务的斡鲁朵体系的"北面宫官"分于两条叙述,这是很合适的。阿保机于建立政权之后,因自己出身的迭剌部属于"族而部"者,即以迭剌部强大难制,将之分割为"五院""六院"二部。又将自己的近亲从部内分离出来,为横帐及三父房,此属"族而不部"者。③由此,将原来强大的力量层层削弱,且采以亲制疏之策,以巩固统治。然而,分割削弱政策,并未至横帐的析出而止。在阿保机统治时期,最大的威胁反而来自至亲的兄弟,阿保机为了防备诸弟,以亲信置斡鲁朵。④《辽史·耶律欲稳传》记载:

欲稳既见器重,益感奋思报。太祖始置官分以自卫,欲稳率门客首附宫籍。帝益嘉其忠,诏以台押配享庙廷。及平剌葛等乱,以功迁奚迭剌部夷离堇。⑤

此段记载说明:(1)太祖置斡鲁朵(宫分)是为了组织亲信以自卫;(2)他建斡鲁朵时所针对的势力,包括剌葛等诸弟在内;(3)自太祖之后,斡鲁朵应是以亲卫集团组成的"不部不族"的机构。至少从太祖置斡鲁朵及平叛的经验来看,辽诸帝必不至于将亲属(横帐)全部置于斡鲁朵之内,更不至于令他们成为斡鲁朵内的统治集团。余靖描述契丹制度,就将横帐与"十宫院"即诸斡鲁朵完全区分开来:

契丹从行(捺钵)之官,大臣之外……宗室为横帐,庶姓为遥辇……不在此籍,即属十宫院及南北王府矣。又有十宫院使,亦从行。⑥

---

① 如《辽史》卷50《礼志二》"高丽、夏国告终仪"条:"先期,于行宫左右下御帐,设使客幕次于东南。"(第844页)卷96《耶律仁先传》:清宁九年(1063年)七月,"重元率奚人二千犯行宫"(第1396页)。其他各卷所载,尚有不少。以上诸条之"行宫",显然都是一个"点",是指皇帝所居之处,而非指"捺钵"这一较广大的"面"。
② 杨若薇:《契丹王朝政治军事制度研究》,第4—26页。
③ 对契丹政权内各部族进行"族而部""部而族""部而不族""族而不部"的区分,可见《辽史》卷32《营卫志中》,第376页。其中颇多人为的分割,意味着契丹政权对部落间和部落内结构的调整,使各部族力量相互制衡。
④ 《辽史》卷73《耶律曷鲁传》:"时制度未讲,国用未充,扈从未备;而诸弟剌葛等往往觊非望。太祖宫行营始置腹心部,选诸部豪健二千余充之,以曷鲁及萧敌鲁总焉。已而诸弟之乱作,太祖命曷鲁总领军事,讨平之。"(第1221页)
⑤ 《辽史》卷73《耶律欲稳传》,第1226页。
⑥ 余靖:《武溪集》卷18《契丹官仪》,《文渊阁四库全书》本,台湾商务印书馆,1986年,第1089册,第175页上。

此外，杨若薇曾详细分析宋人王易在其使辽记《燕北录》中关于"禁围"的记载，因"大禁围"内有"毡帐十座，黑毡兵幕七座"，遂以之与当时所有的十个斡鲁朵以及其中七个由前朝皇帝所置者对应，并以为建某斡鲁朵的皇帝子孙，"如果不是出任外职，则依旧留居原斡鲁朵"①。此似非实情。据王易所载，"小禁围在大禁围外东北角，内有毡帐二三座，大禁围每一面长一百十一步，有毡帐十座，黑毡兵幕七座。大小禁围外有契丹兵甲一万人"②。由大、小禁围的规模来看，小禁围应为皇帝及其子女、妃嫔所居，而大禁围虽稍广，但以百余步见方的十余毡帐内，聚居诸多太祖以下诸帝后裔，实无可能。由王易所载辽主入大禁围行柴册礼之详情，大禁围内各毡帐，应为祖宗神主所在。此亦合乎《礼志》之载："及帝崩……穹庐中置小毡殿，帝及后妃皆铸金像纳焉。节辰、忌日、朔望，皆致祭于穹庐之前。"③如此，则皇帝在位时，其所置斡鲁朵因其所居而得以称为"行宫"，待其驾崩后，因其神主所在，仍得称为"行宫"。在位皇帝的斡鲁朵在"小禁围"内，前朝诸帝的斡鲁朵则在"大禁围"内。

由此可知，由"契丹兵甲一万人"围护起来的大、小禁围内，所居者应仅皇帝一家（包括承应人等），而非一族，除此之外，应仅大禁围内各毡帐所设祖宗神主。前朝皇帝的子孙既属横帐，则与斡鲁朵全无关系，在《辽史》列传中，隶籍于宫分、横帐，也是有明确区分的。他们没有权力继承父祖的斡鲁朵，有继承权的只是新即位的皇帝。皇帝更不至于用这些与诸斡鲁朵没有直接关系、又对自己有潜在威胁的亲属来统领自己建置和继承的诸斡鲁朵。只有清楚了斡鲁朵与"族而不部"的"帐"的区分，才能充分理解辽代诸帝设置斡鲁朵的意义，以及斡鲁朵始终为直属于皇帝（而不是同属阿保机后代的皇族）的独立力量。对于把握辽代的基本政治制度而言，这一点至关紧要。

二、斡鲁朵的管理对象：宫分户

皇帝所在或前朝皇帝神主所在的"行宫"，是"斡鲁朵"的核心内容，但是，斡鲁朵又因保卫皇帝的职责而有广大的外延。它包括一支规模极大的斡鲁朵军（宫分军），以及提供斡鲁朵军的斡鲁朵户（宫分户）。斡鲁朵军与征自各部族的皮室军④，是捺钵扈从武力的两

---

① 杨若薇：《契丹王朝政治军事制度研究》，第16、19页。
② 王易：《燕北录》，载《说郛》卷38，中国书店，1986年影涵芬楼1927年排印本，第16页下。
③ 《辽史》卷49《礼志一》"吉仪·爇节仪"条，第838页。
④ 皮室军在太祖朝，应即由他的斡鲁朵军构成。《续资治通鉴长编》卷27"雍熙三年（986年）正月戊寅"条载宋琪上疏："晋末契丹主入下兵，谓之大帐，有皮室兵约三万人骑，皆精甲也，为其爪牙。"（中华书局，2004年，第605页）既称"契丹主入下兵"，则应出于阿保机本人之斡鲁朵。但据邓广铭先生考证，至太宗时，皮室与斡鲁朵已分流（《〈辽史·兵卫志〉中的〈御帐亲军〉〈大首领部族军〉两事目考源辨误》，《邓广铭治史丛稿》，北京大学出版社，1997年，第15页。原文载《北京大学学报》1956年第2期）。

个主要部分①,两者分属于诸斡鲁朵和北枢密院。随着年代的推进,斡鲁朵的数目逐渐增多,至辽末,已有十三个斡鲁朵,合诸斡鲁朵,自成一体系,直属于皇帝。这一体系,与掌管契丹等部族的北枢密院体系、掌管汉人渤海等州县人户的南枢密院体系并列。通常所见,各斡鲁朵最高级的官员有二,"某宫契丹都部署"管理契丹人,"某宫汉儿渤海都部署"则管理汉、渤海人。一宫之都部署又称"某宫使"。而所有斡鲁朵的最高管理者为"契丹行宫都部署""汉人行宫都部署",两者对斡鲁朵户的管理权限,可以说是军、民事务无所不包。②宫分军是捺钵的重要组成部分,而斡鲁朵则是辽政权的支柱之一。

契丹行宫都部署、汉人行宫都部署,及各宫之宫使作为极其重要的官员,皆须随行。但这并不意味着诸斡鲁朵户、军也须全体随驾。据《辽史·营卫志上》载,至辽末十三个行宫设置齐备之后,共有骑军十万一千,户二十万三千。③辽之捺钵规模再大,也不可能要十余万亲随武装全部随侍,更不会带同所有相关人户跟从,而仅能令皮室军、宫院军各一部分轮替番守。那么,对于总共超过二十万户的斡鲁朵户,平时如何进行管理呢? 这正是《营卫志上》所记载的提辖司、石烈、瓦里等多种机构的功能所在,也正是笔者所关注的主要问题。不过,要了解这些机构的具体分管对象,首先需了解斡鲁朵人户的来源。

与斡鲁朵之建置相应的户籍,称为"宫籍",隶宫籍者为宫分户,是隶属于各宫院之户口。同属宫分户,相互间地位高下悬绝。寿昌七年(1101 年)道宗薨,当时以宰相兼枢密使梁援"充玄宫都部署,及撰上谥册文哀敬之",主丧事毕,"诏免本属之宫籍,移隶于中都大定县"。④梁氏在辽为世宦,梁援本人又是清宁五年进士⑤,终道宗一朝,历任要职,直至宰臣,而其族属却一直隶于宫籍。更为显赫的宫分户是韩德让(耶律隆运)一支。韩德让在圣宗一朝处于权力顶峰达二十余年,直至统和二十二年(1004 年)"从太后南征,及河,许宋成而还,徙王晋,赐姓,出宫籍,隶横帐季父房后,乃改赐今名(耶律隆运),位亲王上"。⑥再上溯至其父(匡嗣)、祖(知古),太祖以来,历朝为重臣,汉人家族无出其右者,而韩德让乃竟属"宫籍"。由《辽史》来看,此类出身高贵的隶宫籍者甚众。又《辽史·耶律欲稳传》载:

太祖始置宫分以自卫,欲稳率门客首附宫籍。……后诸帝以太祖之与欲稳也为故,往

---

① 按《辽史》卷 11《圣宗纪二》,统和四年(986 年)五月庚辰,"诏遣详稳排亚率弘义宫兵及南、北皮室、郎君、拽剌四军赴应、朔二州界……御宋兵在山西之未退者"(第 122 页)。又卷 13《圣宗纪四》,统和十二年"八月庚辰朔,诏皇太妃领西北路乌古等部兵及永兴宫分军,抚定西边"(第 145 页)。"宫兵"自然有扈驾之责,但也同辽代的其他部族正规军一样,参与对外作战。

② 参见杨若薇:《契丹王朝政治军事制度研究》,第 164—167、170—171 页。

③ 《辽史》卷 31《营卫志上》,第 362 页。然按《志》中所载各斡鲁朵户口数相加,实为二十万五千,见《校记》,第 371 页。

④ 孟初:《梁援墓志》序(乾统元年,1101 年),载向南:《辽代石刻文编》,河北教育出版社,1995 年,第 522 页。

⑤ 《辽史》卷 21《道宗纪一》载,清宁五年,"上御百福殿,放进士梁援等百一十五人"(第 258 页)。

⑥ 《辽史》卷 82《耶律隆运传》,第 1290 页。

往取其子孙为友。宫分中称"八房"，皆其后也。①

这一段话说明了这些地位尊崇的宫分户的来历，也令我们了解了这一部分宫分户的性质：自太祖以来，宫卫中人多是皇帝引入亲近之臣，历朝新帝即位，分置斡鲁朵之时，亦觅"龙潜"之"友"纳入宫籍。有这些皇帝亲信作为骨干，斡鲁朵遂成为"皇帝之心腹集团，皇室经济、军事力量之重心所在"。②梁援曾祖廷嗣，"景宗登极，有龙潜之旧，诏养母夫人孟氏为之妻"，可见梁廷嗣与景宗关系之亲近，可揣知，梁氏这一支应于景宗即位后入彰愍宫籍。以帝"友"之身份隶宫籍，本是一种荣耀，何以出宫籍又被视作一种恩惠，以致皇帝下"敕格：'余人不以为例。'示特宠也"？③ 这或许是因为，宫分户即便与皇帝极为亲近，但毕竟是皇帝之随从，位极人臣的梁援得以出宫籍，意味着皇帝不再以仆从视之。至于耶律隆运之出籍，则属特殊情况，因圣宗视之为亲属，令其移籍横帐，则自然不再保留原来的宫籍。

但是，也有地位低下的宫分户。姚景行之祖"汉英，本周将，应历初来聘，用敌国礼，帝怒，留之，隶汉人宫分。及景行既贵，始出籍，贯兴中县"④。可以想见，气愤的穆宗显然不会把这位汉使当作友朋，姚汉英虽入宫籍，却处于一种较低的地位，故景行身份既高，便急于摆脱宫籍。更有甚者，辽有"著帐郎君"与"著帐户"，"内外戚属及世官之家，犯反逆等罪，复没入焉。余人则没为著帐户"。⑤"著帐"者皆为皇室之奴隶（见下），其地位自然更低。

我们将身份高下不同的宫分户，与《营卫志》之记载参看，又可以得出更进一步的结论。在《营卫志》中，各宫之下仅载两种户口之数，即"正户"与"蕃汉转户"，各数千上万。合辽十三斡鲁朵，共计正户八万，蕃汉转户十二万三千。韩德让、梁廷嗣这类与皇帝为友的人氏，他们显然就是"正户"，八万正户，自不可能都是大富大贵者，但可以肯定的是，他们的籍贯，应属通常的民籍。如姚汉英辈，虽为穆宗所怒而隶宫，但也应在正户之列，令其世代承担兵役耳。而超过十二万的蕃汉转户的主体，应是辽初的俘户或天显三年（928年）的渤海迁徙户。⑥他们或者在辽初被编入州县，后朝皇帝建宫卫时，自州县将他们析出，隶于宫籍，或是自辽初即属太祖、太宗之斡鲁朵，后代诸帝又将他们自前帝之斡鲁朵转至自己的斡鲁朵。蕃汉转户的地位，与平民显有差异。据《契丹国志》言，天庆六年（1116年），高永昌叛于辽东，天祚命宰相张琳讨之。当时契丹屡败于女真，"精兵锐卒，十无一存"，张琳束手无措，遂"募辽东失业者，并驱转户强壮充军"，"转户则使从良"，建立所谓"转户

---

① 《辽史》卷73《耶律欲稳传》，第1226页。
② 杨若薇：《契丹王朝政治军事制度研究》，第171页。
③ 孟初：《梁援墓志》序，载向南：《辽代石刻文编》，第520、522页。
④ 《辽史》卷96《姚景行传》，第1402—1403页。
⑤ 《辽史》卷61《刑法志上》，第936页。
⑥ 李锡厚尝对"转"字做出合理的解释，即认为是汉、渤海等俘户被转徙至他处（《头下与辽金"二税户"》，《文史》第38辑，中华书局，1994年，第89页）。

军"，希望他们"效命敢战"。①既有"从良"一说，则知蕃汉转户之身份近于奴。李锡厚以为，转户是"佃客"，与"客户"实质相同，此实为对转户身份、职业较合适的概括。②但其地位，实较宋之"客户"为低，用旧有的称法"农奴"，似更能准确反映其社会地位。就整个蕃汉转户群体而言，应处于奴与客之间，正合于平民之"没入宫分"者之状况。

综上，知辽之斡鲁朵下辖三种户口：正户相当于民籍，蕃汉转户应为农奴，而著帐郎君、著帐户则为皇室奴隶。此三类人户籍不同，身份不同，其承担的责任也不相同。《营卫志上》记载各斡鲁朵下属人户时，未反映著帐之户数，而只将著帐郎君、著帐户于卷末作一介绍，反映了他们与其他两种户籍的区别。至于正户与转户之间，《营卫志上》则以"正户若干，蕃汉转户若干，出骑军若干"的方式，将他们与宫分军联系起来。而著帐两类则与正户—转户—骑军体系无干。

骑军是契丹政权的作战主力，应出自正户中，《兵卫志》所称"正军"，既有今日"正规军"的意思，亦当与军士之户籍有关。辽末张琳征发转户从军，《契丹国志》视之为正军十亡八九、张琳"搏（缚）手无策"的结果，而张琳又须使其"从良"以激励士气，由这两点可以看出，辽向来没有以转户充正军的习惯。《兵卫志上》且载："每正军一名，马三匹，打草谷、守营铺家丁各一人。"一名"正军"须带两名"家丁"。就斡鲁朵而言，正军应由"正户"而出。但是，"家丁"却不应顾名思义，理解为正户之家用奴仆。并非所有正户，家中都有超过正丁两倍以上的奴仆之壮丁，笔者疑此从军之"家丁"，应是出自"转户"。《营卫志上》所载各斡鲁朵的骑军与正户的比例（见下表），最高是女古、阿思斡鲁朵，为2∶1，最低为算斡鲁朵，5∶7。再由《兵卫志中》可知，正户每户两丁，则正丁与骑军之比，在1∶1至5∶14之间。也就是说，骑军最多与正丁数相同，这从侧面说明，它完全由正丁组成。而诸宫应出之骑军数，最多与该宫蕃汉转户数相同，若转户亦以每户两丁计，则骑军数目最多为转户之丁的二分之一，这也正是为一名骑军配两名"家丁"的兵制所设计的。无疑，正丁应役充正军时，其"家丁"即由转户之丁充当。将斡鲁朵户与州县户相比较，亦可证实这一判断。据称："三京丁籍可纪者二十二万六千一百，蕃汉转户为多。析津、大同，故汉地，籍丁八十万六千七百。契丹本户多隶宫帐、部族，其余蕃汉户丁分隶者，皆不与焉。"（《兵卫志下》）此丁籍是以汉人、渤海为主的州、县"乡丁"之籍，与充正军的部族正户无干。而该卷下文分列之诸州县乡丁数，乃将所有可籍之丁——包括在州县中占了多数的蕃汉转户——计入。可知在州县之蕃汉转户须服兵役，充当地位较低、作用不太重要的"乡丁"。那么，斡鲁朵户之中的转户也不应免去从军之义务，然斡鲁朵不出"乡丁"，其转户自然是充当正军

---

① 叶隆礼：《契丹国志》卷10《天祚皇帝上》，天庆六年正月，上海古籍出版社，1985年，第107页；卷19《张琳传》，第181页。
② 李锡厚：《头下与辽金"二税户"》，《文史》第38辑，第89页。

之"家丁"无疑。

表 1　诸斡鲁朵下辖两类户口与应出骑军数

斡鲁朵（宫分）	正户（千）	蕃汉转户（千）	骑军（千）
算（弘义）	8	7	6
国阿辇（永兴）	3	7	5
耶鲁盌（积庆）	5	8	8
蒲速盌（长宁）	7	6	5
夺里本（延昌）	1	3	2
监母（彰愍）	8	10	10
孤稳（崇德）	6	10	10
女古（兴圣）	10	20	5
窝笃盌（延庆）	7	10	10
阿思（太和）	10	20	15
阿鲁盌（永昌）	8	10	10
赤实得本（敦睦）	3	5	5
文忠王府	5	8	10
总　　计	81	124	101

三、斡鲁朵内部管理诸种户口的机构

据《营卫志上》之记载，与斡鲁朵有关的单位有州、县、提辖司、石烈、瓦里、抹里、得里、闸撒等。隶宫州、县已被证明并非斡鲁朵的下属单位①，如此尚余提辖司、石烈等六种单位，与斡鲁朵下属的正户、蕃汉转户与著帐户相对应。那么，在斡鲁朵中，具体是哪些机构管理哪些人口？也就是说，斡鲁朵在基层的组织方式如何？《营卫志》所载，远非一目了然。

在这些单位中，"石烈"之性质，在《辽史》中反映较为清晰，它是游牧族的编制单位，等于州、县之于农耕者。石烈在契丹部族时期，即已是部以下的基层单位，阿保机就是迭剌部、霞濑益石烈、耶律弥里人。辽于部族内实行部—石烈—弥里三级统辖制，石烈就是契丹族在部以下的一级管理机构，层级大约相当于州县体系中的县。②

"抹里"者，《辽史》中除《营卫志》外，仅见于《国语解》"抹里者，官府名"，此说等于未作

---

① 杨若薇：《契丹王朝政治军事制度研究》，第 42—49 页。

② 《辽史》各部分对石烈的解释，有释为"乡"者，亦有释为"县"者。比之于乡者，大约是因为从人口数来看，石烈较之后来的县远少，约一乡之规模。然从部—石烈与州—县的对应关系来看，比之于县似更为恰当。关于石烈的研究，可参杨军：《契丹部族组织中的石烈》，《黑龙江社会科学》2011 年第 6 期。

解释。又称："闸撒狨，抹里司官，亦掌宫卫之禁者。"①此说恐是受到《营卫志》之中将抹里、闸撒相提并论的影响，为"互释"之文，亦不可信。按"抹里"即"弥里"，亦即石烈以下之单位，相当于州县制之下的乡，《国语解》所谓"乡之小者也"②。《营卫志》载诸宫共有石烈二十三，抹里九十八，抹里之单位较石烈为小也。然划入斡鲁朵之时，或将某些抹里单独划入宫卫，而非将其所上隶的石烈整建制划入，故《营卫志》载石烈之外，仍要载明许多抹里之名，因这些抹里非本宫石烈之下属。③

"得里"，或无此单位，为《辽史》所生造。按《营卫志》载，诸斡鲁朵共有"得里二：曰述垒北，曰述垒南"，皆隶于太祖之算斡鲁朵。然而其他诸宫下辖之瓦里、抹里中，颇多名"得里"者，如兴宗窝笃盌斡鲁朵所辖六瓦里之中，其一即名"得里"，六抹里之中，亦有"北得里""南得里"。道宗阿思斡鲁朵辖下八瓦里，亦有名"得里"者，七抹里中，有"恩州得里""斡奢得里"。则"得里"应是诸抹里、瓦里名所常有之词，并非一种建制之通名。述垒北得里、述垒南得里，应是两个瓦里或抹里之名。

在《营卫志上》所载的各单位中，"正户"属辽诸部族普遍建置的石烈与抹里（弥里）所管，隶于斡鲁朵之蕃汉转户，其中为正户之农奴者，无疑同在石烈、抹里管下。但转户中显然又有身为皇室领地之农奴者。辽代向来有皇帝大量赏赐人户为公主头下户之例，这些被皇室自由处置的人户，其身份应即蕃汉转户。然皇室不至于频频剥夺依附于正户的那部分转户，并随意改变其归属，故而这些转户，必然直属于皇室，他们应置于"瓦里"管下。"瓦里"始置于契丹部落时代。《刑法志》载：

籍没之法，始自太祖为挞马狨沙里时，奉痕德堇可汗命，按于越释鲁遇害事，以其首恶家属没入瓦里。及淳钦皇后时析出，以为著帐郎君，至世宗诏免之。其后内外戚属及世官之家，犯反逆等罪，复没入焉；余人则没为著帐户……④

"著帐郎君"既由世宗"诏免"，那么"复没入焉"，当是指没入瓦里。《百官志》也大体沿用此说，但其下又有一句"人户益众，因复故名。皇太后、皇太妃帐，皆有著帐诸局"⑤。那么，

① 《辽史》卷116《国语解》，第1538页。
② 津田左右吉即持此见，见氏著《遼の制度の二重體系》，载《津田左右吉全集》第12卷，第343页。据白鸟库吉整理发现，"闸撒"一词在通古斯语族各语种中的对音，意为"村"。不过，辽代契丹语中的"闸撒"一词的原始含义，很难由此追溯。关于"瓦里""得里""抹里"等，白鸟也梳理了它们在阿尔泰语系各语种中的词义，但也同样无法确知它们在契丹语中的原意。并见氏著《东胡民族考》，载《白鸟库吉全集》卷4，岩波书店，1970年，第270—271页。
③ 杨军认为："斡鲁朵体制出现后，对契丹人旧有部族组织的拆分，是以石烈的下属机构甚至是契丹人的家族为单位进行的，这无疑是对原有石烈结构的冲击。"（《契丹部族组织中的石烈》，《黑龙江社会科学》2011年第6期，第107页）
④ 《辽史》卷61《刑法志一》，第936页。
⑤ 《辽史》卷45《百官志一》"北面著帐官"条，第702页。爱宕松男亦据此作解，并谓籍入瓦里的宫室、外戚、大臣，其家产亦随这些"特权阶级"没入所属瓦里（《爱宕松男东洋史学论集》第3卷《キタイ·モソゴル史》，三一书房，1990年，第224页）。

"人户益众"之后，著帐郎君便再次从瓦里析出，"瓦里"与"著帐郎君院"也就被区分开来。另有没入者，又区别为"著帐户"，或亦自"瓦里"中析出。

据上，瓦里在阿保机建国以前早已有之，其中包括本部落的罪人，由《刑法志》之语意可以探知，辽有将罪人没入瓦里的习惯，但随着俘户的迅速增多，罪人在瓦里中的比重逐渐下降，而后随着著帐郎君、著帐户的析出，瓦里便基本由蕃汉转户构成。这由《营卫志上》所载，瓦里数达七十四个之多，亦可略知其数之众。上文提到，每名正军应役，需自带两名家丁。很难想象，所有的正户，每丁都能拥有两名以上的家奴，故而蕃汉转户平时属于瓦里所管，战时，则从中抽丁，配与正军。而这也符合辽代兵制，即除著帐户外，所有人丁均有服兵役之义务，包括蕃汉转户在内。

剩下的"著帐郎君""著帐户"，是皇家执役之人。《辽史》称"著帐为近侍"。"著帐户司……凡御帐、皇太后、皇太妃、皇后、皇太子、近位、亲王祗从、伶官，皆充其役。"又评曰："古者刑人不在君侧。叛逆家属没为著帐，执事禁卫，可为寒心。此辽世所以多变起肘掖欤。"[1]

据上引《刑法志》《百官志》所载，著帐郎君、著帐户与斡鲁朵的关系应如此变化：辽前期（包括痕德堇可汗时）没入瓦里者，于阿保机建斡鲁朵之后，部分随某些瓦里入斡鲁朵，仍在瓦里管下，另一部分则在斡鲁朵体系以外的瓦里管下。至"淳钦太后时"即太祖崩后，贵戚出身者由瓦里析出，置著帐郎君院，世宗废之，而后复置，执役于宫禁之内，至于其他著帐户，部分亦留侍皇家；[2]另一部分著帐户，在乙室部管下；[3]又有一部分著帐郎君、著帐户在斡鲁朵内，这也是《营卫志上》在记载了诸斡鲁朵管理机构、户数、军数之后，附"著帐郎君""著帐户"两条于文末的缘由。同属"著帐"，但由身份差异而形成两类人群，他们之间的职业是否有异，或"著帐户"所执之役更为低下，则未见详载。

然两类"著帐"者无论何种流向，其管理机构大体皆为闸撒。仅就斡鲁朵内部而言，闸撒之置，可能与应天太后析出著帐郎君、娘子同时，故而《辽史》载诸斡鲁朵之下有闸撒者，自太宗国阿辇斡鲁朵始（《营卫志上》）。闸撒管著帐郎君、著帐户，在承天太后孤稳斡鲁朵下辖闸撒的名称中，可见端倪：

> 孤稳斡鲁朵，承天太后置。是为崇德宫。……
>
> 闸撒五：曰合不直迷里几频你，曰牒耳葛太保果直，曰爪里阿本果直，曰僧隐令公果

---

[1] 《辽史》卷45《百官志一》，依次见"北面御帐官"条，第697页；"北面著帐官"条，第706、702页。然尚有可辩者："凡御帐、皇太后、皇太妃、皇后、皇太子、近位、亲王祗从、伶官，皆充其役"一句，中华本句读以一串顿号混淆了逻辑，语句欠通，或应作"凡御帐、皇太后、皇太妃、皇后、皇太子近侍，亲王祗从、伶官，皆充其役"。"近位"实不可解，应作"近侍"。据卷96《耶律良传》：耶律良"著帐郎君之后……重熙中，补寝殿小底，寻为燕赵国王近侍"（第1398页）。燕赵国王，便是重熙中的皇太子洪基。

[2] 故而在《辽史》卷45《百官志一》"北面著帐官"条下，既有"著帐郎君院"，又有"著帐户司"（第702、706页）。

[3] 乙室部下有著帐户，见《营卫志下》："乙室部……闸撒狨。"（第385页）

直,曰老昆令公果直。

其中鰈耳葛太保,在《辽史》中有迹可寻。

鰈耳葛太保,应当就是活跃于太宗会同至世宗朝、《纪》中作"鰈虫葛"而《传》中载为"鰈蜡"者。①按"太保"之名,辽初即有:"契丹国自唐太宗置都督、刺史,武后加以王封,玄宗置经略使,始有唐官爵矣。其后习闻河北藩镇受唐官名,于是太师、太保、司徒、司空施于部族。太祖因之。"②鰈耳葛于天显中已为渤海右相,世宗朝又任东京留守,甚得信用,其为太保,应正是最初由唐引入的三师之中的太保,为虚衔耳。

鰈蜡后以谋逆被诛③,可以想见,其族人亦遭连坐,被没入瓦里,后改为著帐郎君或著帐户,拨隶于孤稳斡鲁朵。大约族人甚众,故集中于一个闸撒管理,且以本主之名,名其闸撒。

闸撒之官长,称为"闸撒狨"。《营卫志下》载有"撒里葛"部,"奚有三营:曰撒里葛,曰窈爪,曰耨盌爪。太祖伐奚,乞降,愿为著帐子弟,籍于宫分,皆设夷离堇。圣宗各置为部,改设节度使,皆隶南府,以备畋猎之役"。然则"夷离堇"为"统军马大官"(《国语解》),则撒里葛等三个奚营转为"著帐户"且入宫籍之后,仍维持其原有编制,以近于从军行伍的方式为皇帝服务。④故而圣宗脱其宫籍,使自成部落之后,仍以之"备畋猎之役",大约正是其隶宫籍之时的原有使命。又圣宗开泰初,萧敌烈"率兵巡西边。时夷离堇部下闸撒狨扑里、失室、勃葛率部民遁,敌烈追擒之,令复业⑤。萧敌烈追还者不知为何部,但据《营卫志下》所载,至圣宗时,各部之长,若非早已,改为"大王"(如五院、六院、乙室等大部),即称节度使(其他诸小部),由"夷离堇"所掌者,惟有脱宫籍之前的撒里葛等奚三营之民,疑萧敌烈所追之部民,或正是撒里葛等三营之众。当开泰之初,这部分著帐户或曾被遣去助西北之役,如此,则撒里葛等著帐户,于"夷离堇"之下尚有闸撒狨数人。这更可证明,闸撒、闸撒狨,应是著帐户特有的单位与管理机构。

闸撒的分法隐晦不明,比较可能的是以专职来分,这些专职,自然与宫廷的需要相适应。宫廷事务颇多,据《营卫志上》,"凡承应小底、司藏、鹰坊、汤药、尚饮、盥漱、尚膳、尚衣、裁造等役,及宫中、亲王祇从、伶官之属",一切宫廷杂役,由著帐户充之。其所执之役,种类极繁,因此分门别类,由"十闸撒郎君"统之。著帐户虽是罪人,但服侍皇室,绝非细

① 《辽史》卷5《世宗纪》,天禄二年(948年)十月壬午,第64页;卷113《逆臣传中·耶律鰈蜡》,第1506页。
② 《辽史》卷47《百官志三》,第771页。
③ 《辽史》卷6《穆宗纪上》,应历二年七月乙亥,"政事令娄国、林牙敌烈、侍中神都、郎君海里等谋乱就执"(第70页)。卷112《逆臣传上·耶律娄国》载,娄国谋逆事觉,"缢于可汗州西谷,诏有司择绝后之地以葬",处罚殊为严厉(第1501页)。卷113《逆臣传中·耶律鰈蜡》载,鰈蜡参与弑世宗之谋,寿安王(当年即位为穆宗)兴兵讨之,"鰈蜡不降,陵迟而死,妻子皆诛"(第1506页)。
④ 辽前期"取诸宫及横帐大族奴隶"置稍瓦、曷术两部,分掌"罗捕飞鸟"及冶铁,恐亦同一性质,此二部与撒里葛等三部一样,于圣宗朝改置为部(《营卫志下》,第389页)。
⑤ 《辽史》卷88《萧敌烈传》,第1339—1340页。

务,故而管辖他们的"闸撒郎君",与皇帝极亲近且地位甚高。①此"闸撒郎君"者,《辽史》中仅一见,疑即他处所载"闸撒狨"。至于在外——包括斡鲁朵及乙室部内——之著帐户,是否每个闸撒与一位闸撒狨对应? 更不得而知。惟上引"夷离董部下闸撒狨扑里、失室、勃葛"之说,可知一部之下有数位闸撒狨,他们很可能与闸撒的数目对应。然无进一步的证据,聊备一说耳。

总而言之,斡鲁朵内的著帐郎君、著帐户,如同乙室部内以及直接在"御帐"或说宫廷服务的同样身份者一般,属于皇室仆隶,且皆以"闸撒"之建制、"闸撒狨"之官进行管理。《国语解》称"闸撒狨亦抹里官之一","闸撒狨:抹里司官,亦掌宫卫之禁者",应缘于《营卫志上》闸撒、抹里并称之故,实想当然之辞耳。

至此则可知斡鲁朵内部管理机制之大略:石烈—抹里(弥里)为正户和部分蕃汉转户之管理单位,瓦里辖有蕃汉转户,而闸撒则统著帐郎君、著帐户。

四、斡鲁朵户的大区域管理机构——提辖司

不同宫籍种类的斡鲁朵户,由石烈、抹里、瓦里、闸撒分管。但是,斡鲁朵以下数量最少——应当也是规模最大——的石烈,至多相当于县的等级,自石烈以下,皆是规模很小的单位。斡鲁朵户分散于四方,终年随捺钵迁徙不定的契丹行宫都部署、汉人行宫都部署及各宫使,无法有效担负起下属人户的管理之责。这些处于顶端的宫官,是通过提辖司建立起他们与斡鲁朵户的联系。明确地说,提辖司是以常驻一地的方式,管理周边相当大的空间范围之内的各类型斡鲁朵户。由是,每个斡鲁朵对下属户口的统辖权,由数十个石烈、瓦里等小单位,集中于个位数的提辖司;辽末全国共二百余个石烈、抹里、瓦里、闸撒,由四十余个提辖司管理,大大便利了更高一层的机构行使其职。

提辖司在斡鲁朵中处于怎样的地位、履行何种职责,在津田左右吉之后,屡有讨论,亦长期存在争议。津田以为,提辖司与隶宫州县所管,皆为俘户,是皇帝的"部曲",其人数不足以构成州县的,方由提辖司统之。②岛田正郎大致持相同看法,只是认为由提辖司转归隶宫州的民户,在州县统辖之下,渐由奴隶变为平民。③如此,则提辖司被视作隶宫州县的补充,而提辖司之民身份更低,为"部曲"甚至"奴隶"。至于"人数不足以构成州县"一说,未

① 《辽史》卷 50《礼志二》"凶仪"条,辽末皇帝之丧葬仪,"惕隐、三父房、南府宰相、遥辇常衮、九奚首郎君、夷离毕、国舅详稳、十闸撒郎君、南院大王、郎君,各以次荐奠"(第 839—840 页)。
② 《津田左右吉全集》第 12 卷《遼の制度の二重體系》,第 341 页。
③ 岛田正郎:《大契丹国:辽代社会史研究》,第 153—154 页。

免缺乏说服力。傅乐焕判断它是斡鲁朵所属城市——隶宫州县——人口的管理者。①杨若薇则以为,提辖司所管的民户是定居的,所以并非是游牧的契丹族,而是以汉、渤海人户为主的他族人民,又因宫分户是随皇帝大帐移动,提辖司的定居之民即不属宫分户。②这一看法与津田、岛田有相同之处,即认为提辖司户来源于俘户;但又有新的见解,即提辖司户不隶宫籍,自然就不是皇帝的私部曲了。

李锡厚则认为:"提辖司是军事机构,遇有战事……在辖区内点集兵马,其点集的对象即所辖地区的民户,但似乎并不干预当地的民政事务,因为那些地区另有并不隶属宫卫的行政机构。"③此观点的独特之处在于,视提辖司为军事机构。不过,却没有解释"所辖地区的民户"是何种性质的民户。这些民户与"并不隶属宫卫的行政机构"是何关系,他们与斡鲁朵是何关系也未被提及。

提辖司是管民户还是管军事,两种看法出于对《辽史》中不同材料的关注。前者主要受到《地理志》中某些州由"提辖司户置"之影响。而后者,则源于《国语解》"提辖司,诸宫典兵官"之说,以及《兵卫志中》所载"乃立斡鲁朵法……有兵事,则五京、二州各提辖司传檄而集,不待调发州县、部族,十万骑军已立具矣"一语。其实,《地理志》《兵卫志》以及《营卫志》所载各斡鲁朵皆在各个地区中心置有提辖司,大致无误,而且也并不矛盾,互相参看,恰能勾勒出提辖司的全貌,即,它是一个兼管军事、民事的斡鲁朵之下的负责机构。对于以部族的形式组织起来的民众,军事上的管理权,往往代表着全方位的管辖权。通过各京、州提辖司可以将所有"十万骑军"集中起来,正说明,提辖司就是斡鲁朵户的管理者,它所辖的,绝不止于俘户,也并非管理着一群既不属州县,又不属斡鲁朵的人户。当然,由《营卫志》所载,可知以俘户为主的蕃汉转户,占了宫分户的大部分,这也正是提辖司时常出现在与俘户有关的事项中的原因。总之,虽无任何证据表明它与宫分军的战时统率体系有关,但其有固定驻地,便于建立对周边斡鲁朵户的日常管理,也便于对斡鲁朵军的召集。

既然提辖司管领本宫某一范围的所有斡鲁朵户,故而《营卫志》载各宫所辖单位时,按州、县、提辖司、石烈、瓦里、抹里、闸撒的次序排列。自石烈以下,其实皆应是归提辖司所辖的单位,并非与提辖司同级。这种记载次序是没有问题的,问题在于,提辖司作为石烈以下各种单位的上级机构,在《营卫志》中,应较石烈等提一格。

在《辽史》中,关于提辖司的记载不多,但是综合诸处关于提辖司的记载,还是能够理解斡鲁朵户的生存状态、分布范围与提辖司设置的关系。辽之众多部族,部众居于一地而

---

① Fu Lo-huan, *Natpat and Ordo: a Study of the Way of Life and Military Organization of the Khitan Emperors and their People*, pp.120—121.

② 杨若薇:《契丹王朝政治军事制度研究》,第65页。

③ 李锡厚、白滨:《辽金西夏史》,上海人民出版社,2003年,第313页。

戍兵驻守在遥远的另一处,这一点在《营卫志下》中有清楚的反映。可知兵民分离之制,实是辽普遍实行的制度,斡鲁朵亦不例外。平日跟随捺钵移动的,是由斡鲁朵抽取的部分正军,而非全部二十万斡鲁朵户。斡鲁朵户的主体,包括正户、蕃汉转户,有相对固定的居所,他们的居住地,《营卫志》并未详细说明,但《营卫志》记载各斡鲁朵提辖司的分布,却指示着石烈、抹里等单位的大致分布区域:各斡鲁朵的提辖司,皆驻于各地区中心,基本可以肯定,哪个京、州有某宫的提辖司,那么,它周围的区域内便有该宫的斡鲁朵户。比如,穆宗夺里本斡鲁朵(延昌宫)三处置提辖司:中京、南京、平州,这意味着,夺里本斡鲁朵全部在上述二京一州周边地区,大约在上京道、东京道、西京道的范围内,不存在延昌宫的斡鲁朵户。

虽然无法得知所有二百多个石烈、瓦里等的具体所在,但关于斡鲁朵户分布的规律,仍可略知一二。从较小的空间范围——比如一道、一路之内——来看,斡鲁朵户的分布,应靠近地区中心,也即设有提辖司之处。因为宫分军是皇帝最为依赖的军队,"有兵事,则五京、二州各提辖司传檄而集,不待调发州县、部族,十万骑军已立具矣",亦已表明了宫分军被"优先"调拨的事实。由此,对宫分军的使用,是最需要效率的,这就注定了他们不大可能被置于音讯难及的偏僻之处。从辽的整个疆域来看,斡鲁朵户大部分被置于西京道、南京道,即接近于辽宋边境之处。诸斡鲁朵提辖司的分布,即强烈反映了这种地域倾向。《兵卫志中》统计了四京二州的提辖司数,其中南京十一、西京八、奉圣州九、平州九、中京二、上京一,并认为道宗太和宫和天祚永昌宫失载提辖司,其情况应与圣宗兴圣宫、兴宗延庆宫相同,即置提辖司于南京、西京、奉圣、平州,最终的情况,就是"重地每宫皆置,内地一二而已"。可见辽仍将宋看作首要对手,故而将最称腹心的国民置于南境,以期战时可迅速征得战斗力强大的军队。至于奉圣州如此受到重视,则是由于奉圣州作为上京、中京、南京、西京道与西南面等诸大区域沟通的枢纽地位,在该州附近安置诸多斡鲁朵户,除了防宋,尚有应付西夏和西南面鞑靼诸族的目的。

每个斡鲁朵,由驻各京(州)的提辖司分管本区域斡鲁朵人户,使上级机构的统管事务得以大大简化。即便如此,时常从行捺钵或统军作战的宫使,仍不便于行使日常的统管之职。于是,在宫使之外,辽代另有某宫提辖司的建制,作为该宫各京(州)提辖司的直接上级。如"知延庆宫提辖""知永兴、彰愍宫提辖司事"等只有宫名而不系地名的"提辖"即是。[1]作为辽代重北轻南的表现,某宫提辖司应当是辅佐宫使的机构[2],故而较少受到重视,在《辽史》中甚至未尝一见。

---

[1] 分见王泽:《王泽妻李氏墓志铭》,载向南:《辽代石刻文编》,第 241 页;郑硕:《郑颉墓志铭》,载向南等辑注:《辽代石刻文续编》,辽宁人民出版社,2010 年,第 179 页。又应历五年(955 年)无名氏所作《刘存规墓志》有"积庆宫都提辖使"(向南:《辽代石刻文编》,第 9 页),称"都提辖"者,未见他例,或辽代前期之制。

[2] 杨若薇认为,"诸宫使是诸斡鲁朵中最高军事统帅,又是最高行政长官,对于宫内的军政、民政事务无所不统",而行宫都部署司是"总辖诸宫者"(《契丹王朝政治军事制度研究》,第 167 页)。

　　若各宫使借重该宫提辖司来管理本宫人户,那么作为所有宫使的上级,契丹行宫都部署、汉人行宫都部署是否也有"提辖司"之类的机构来辅佐他们呢? 我们同样可在《墓志》找到线索:辽末有李贻训,曾担任"诸宫提辖制置"一职;而在辽金之际有重大影响的时立爱,在辽末曾被任命为"诸行宫提辖制置使"。①此职即余靖笔下的"十宫院制置司"②,他们便是某宫提辖司的直接上级,代契丹、汉人行宫都部署行使所有斡鲁朵人户的日常管理之职。③

　　于是,我们在辽代的斡鲁朵管理体系中,可以发现两条管理路径。由高到低,分别是:(1)"诸宫提辖制置司"—"某宫提辖司"—"某宫某京(州)提辖司";(2)"行宫都部署司"—"某宫都部署司"—"某宫某京(州)提辖司"。

　　前一条可称为"住"的路径,其主职在日常管理民事,故而至今发现的"提辖司",皆为汉人,因汉人较擅长行政工作;后一条为"行"的路径,统本宫军队,又统管兵民之事。两条路径又相互勾连,在日常管理方面,两级"都部署"都因同级的"提辖(制置司)"而成事。而在用兵之时,则由基层的"某宫某京(州)提辖司"点集兵马,交由"都部署"带领。辽代的南、北两面之制,在斡鲁朵内部也同样存在,通过这两条路径得而合一。

　　因"诸宫提辖制置司"和"某宫提辖司"的存在,以"宫"为轴,一个垂直统辖体系成形了(见图1)。不过,几乎每一个斡鲁朵都在南部几个重镇设了提辖司,各宫户口在空间上的分布仍是如此分散,若仅在某个区域调动诸斡鲁朵的力量,这个管理体系仍有其不便之处。这个破绽,辽廷通过"某京(州)诸宫提辖制置"一职的设置予以弥补。④余靖在"十宫院

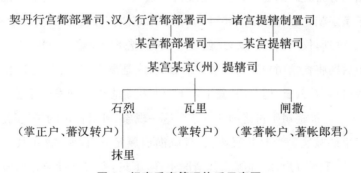

图1　行宫垂直管理体系示意图

---

① 张峤:《马直温妻张馆墓志》,载向南:《辽代石刻文编》,第635页;河北省文化局文物工作队:《时立爱墓志铭》,见于《河北新城县北场村金时立爱和时丰墓发掘记》,《考古》1962年第12期,第647页。

② 余靖:《武溪集》卷18《契丹官仪》,《文渊阁四库全书》,第1089册,第175页下。

③ 据上引《时立爱和时丰墓发掘记》,时立爱在辽受任为"诸行宫提辖制置使",入金,金太祖"嘉之,超授同中书门下平章事、诸行宫都部署",亦大体沿用辽制。是知"诸行宫都部署"之位明显在"诸行宫提辖制置使"之上,两者应是主、辅关系。

④ 据《辽史》卷105《能吏传·马人望》,人望曾任"南京诸宫提辖制置"(第1462页)。又,辽代曾有某宫都提辖使之职,见上引应历五年《刘存规墓志》序。然而,某宫都提辖使之职,仅见此一例,其地位职责,当俟另有史料后再考。按本文图1,则该职似与某宫都部署在同一节点上,职务当有重合,且《辽史》既未载,或在应历以后废罢。此外,据辽无名氏保宁元年(969年)所作《张建立墓志》序,墓主"任榆州刺史兼番汉都提辖使,天显五年十月十六日,染疾卒于公府"(向南:《辽代石刻文编》,第42页)。

制置司"条下注"奉圣州、平州亦各有十宫院司"①，此处具有地方性的"十宫院司"，即"某京（州）诸宫提辖制置"。和"某宫提辖司"一样，它也处于行宫都部署与提辖司之间，但却是以区域为纲。显然，只有在诸宫皆置提辖司的南部重镇，才需有制置司，上京、中京等仅一、二提辖司，就大可略去了。"诸宫提辖制置"的存在，使斡鲁朵的管理体制中，出现了某京（州）提辖制置司—某宫某京提辖司的同一个大区域内部的横向统辖体系。由此，形成了斡鲁朵内部管理的网状的结构，最后汇总于诸行宫提辖制置司（见图2）。

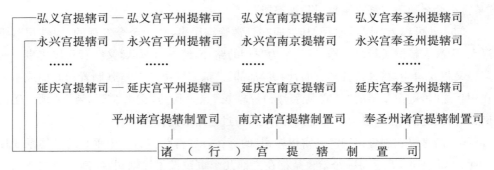

图2　对提辖司的垂直、横向管理体系示意图

观察提辖司分布状态的变化，可以发现斡鲁朵人户，有一个由内而外的迁移过程，这一转向发生于圣宗朝。统和八年（990年），"诏东京路诸宫分提辖司，分置定霸、保和、宣化三县，白川州置洪理，仪坤州置广义，辽西州置长庆，乾州置安德各一县"②。此一记载常被用来说明辽中后期将提辖司户转为州县户的做法，这是事实，但又不止于此。《辽史》尝称"五京、二州各提辖司"云云，但是检《营卫志上》和《兵卫志中》，却发现辽止于四京、二州置提辖司，东京之各宫提辖司则付诸阙如。结合这一现象，可以肯定的是，正是在该年，东京的诸宫提辖司全部被废。当时新置诸县，仅临潢府属定霸、保和、宣化县，及仪坤州广义县，即已达一万二千五百户，洪理等三县情况不详，不过，七县合计应达两万户左右，即使只是半数来自提辖司，这些人口也占了东京诸提辖司原管户数的很大一部分。③不过，建置州县多为农耕者，也就是说，新置诸县，占去了东京各提辖司所管的大量蕃汉转户，以及少

---

① 余靖：《武溪集》卷18《契丹官仪》，《文渊阁四库全书》，第1089册，第175页下。
② 《辽史》卷13《圣宗纪四》，统和八年七月庚辰，第140页。
③ 《辽史》卷37《地理志一》载，上京临潢府辖下定霸、保和、宣化三县，来自渤海扶余府强师县、富利县与鸭渌府神化县，太祖灭渤海之后，徙其民于上京西面、南面，至圣宗统和八年，"以诸宫提辖司人户置"（第439—440页）。对照卷13《圣宗纪四》所载，统和八年"诏东京路诸宫分提辖司，置分（分置）定霸、保和、宣化三县……"，显然是相互矛盾的。两条记载之所以不能相合，应是定霸三县之民，其来源既包括辽初徙来上京附近的渤海强师等三县民，亦有统和八年从东京徙来的提辖司户。如此，则定霸等三县共万户，原非全属东京提辖司所管。

部分汉、渤海正户。那么,体现斡鲁朵主要力量的那部分人户,即出正军的部族正户去向如何呢? 东京提辖司虽然撤销,诸斡鲁朵犹存,其他各处的提辖司仍在,部族正户,以及剩余的蕃汉转户,最有可能的是南徙至接近宋辽边境的地区,改隶于南京、云州、平州、奉圣州等提辖司。"重地每宫皆置(提辖司),内地一二而已",这种状态,应是圣宗以后才形成的。而作为标志性年代的统和八年,上距宋雍熙北伐仅五年,宋辽交兵仍然不断,而内部以及其他诸段边境却很稳定。这种局势,正应是圣宗将诸斡鲁朵的重心南移的根本原因。当然也存在另一种可能,即这些正户转归南枢密院体系,从而脱离了斡鲁朵。这类做法未见先例,不敢妄断。但无论如何,斡鲁朵力量在东京道的消失,总是意味着它的分布状态在南境显得更为集中。

　　东京的诸宫提辖司的撤销,是圣宗朝斡鲁朵的相关制度和内涵发生变化的重要表征,但辽代并不仅仅曾废去东京提辖司,辽前期尚有其他提辖司,比如太祖所置的黑水河提辖司①,太宗所置的怀州提辖司②,可能也建于太宗朝的西南路提辖司(在榆州)③,后皆不见于记载,或亦废于圣宗朝。

　　这种变化,正昭示了斡鲁朵与两枢密院体系逐渐融为一体,皇帝与政府利益合流。但其形式,非如岛田所说,"由于服从提辖司的统治,直属于斡鲁朵的汉人聚落大体上在圣宗晚年转换于州县制之下"④,而是通过提辖司数量、所在地的变化,以及这种变化所展示的斡鲁朵户的作用与两枢密院下辖人户趋同,而得到体现。圣宗以后,斡鲁户为皇帝"制内",防范内部危机的作用没有得到施展,却被大量徙置于南部边境,这与戍守其他方向边境的部族,并无功能上的实质区别。但是,直到辽末,它仍是独立于两枢密院、内部有完善管理体系的政治体。⑤

---

① 《辽史》卷 39《地理志三》,中京道黔州条称:"太祖平渤海,以所俘户居之,隶黑水河提辖司。"(第 487 页)
② 《营卫志上》:"国阿辇斡鲁朵,太宗置。……以太祖平渤海俘户,东京、怀州提辖司及云州怀仁县、泽州滦河县等户置。"(第 363 页)按怀州为耶律德光即位之前"行帐放牧"地,他随父征渤海,所得俘户皆置于此,当时实为头下,即位以后,对本人"龙潜之地"亦颇为重视,"会同中,掠燕、蓟所得亦置此",后遂为其葬地(《辽史》卷 37《地理志一》,第 443 页)。故而,太宗在即位以后置提辖司于大本营,是很正常的。
③ 此见上引《张建立墓志》序:张建立"任榆州刺史兼番汉都提辖使"(向南:《辽代石刻文编》,第 42 页)。
④ 《大契丹国:辽代社会史研究》,第 156 页。对于圣宗朝提辖司制度的变化,岛田认为:"天子身边的警卫和作为其财政收入的地方,已经没有必要再保持天子个人领有了。这个时期大体上是在圣宗朝以后。从这时起就是因为转换了所属人户的编制,实行了提辖司制度。"事实上,不仅提辖司制度不是始行于圣宗朝,而且提辖司制度之实行更不意味着"警卫和作为其财政收入的地方"不再属于天子个人领有,恰恰相反,提辖司正是为管理这些"警卫和作为其财政收入的地方"而置。岛田以为圣宗朝实行提辖司制度,可能是因为误将统和八年"诏/东京路/诸宫分/提辖司"读作"诏/东京路/诸宫/分/提辖司",即以斡鲁朵分置为提辖司,若非如此,实不知有何史料可做出如此理解。
⑤ 辽最后建置的两个斡鲁朵,即道宗的阿思斡鲁朵(太和宫)和天祚帝的阿鲁盌斡鲁朵(永昌宫),《营卫志上》未载其提辖司,但应是并未曾建置,而是《辽史》阙载。《兵卫志中》提到:"太和、永昌二宫,宜与兴圣、延庆同。旧史不见提辖司,盖阙文也。"是"阙载",而非斡鲁朵管理制度在辽末发生了重大变化。

五、结语

至此,本文对斡鲁朵的性质与管理体制,有了较全面的描述。由于头绪甚为纷繁,故在此作一概括。

辽代的斡鲁朵,核心内容是"行宫",它处在捺钵之中,是皇帝在捺钵中的所居之处。斡鲁朵意义的外延,则是以护卫行宫为职责的宫分军以及出宫分军的宫分户,以及对军、户进行管理的体制。自太祖起,每个皇帝即位之初,以其亲信为骨干,摘取部族、州县户口组建一个斡鲁朵。这些人户脱离原有的户籍,加入所在斡鲁朵的"宫籍",平时散居于全国各处,并抽取部分丁壮从军,随侍于皇帝之捺钵,战时,全体丁壮有从军的义务,并且被当作首先动员的对象。斡鲁朵户是直属于皇帝而非隶于政府的群体,前帝之斡鲁朵,由在位皇帝继承。

入宫籍者称"宫分户",内有三种户籍,即正户、蕃汉转户、著帐郎君与著帐户,其身份分别相当于平民、农奴和皇家仆隶。皇帝对斡鲁朵,主要征索军事方面的服务。正户之丁充当正军,为斡鲁朵军之主力,蕃汉转户以正军之"家丁"身份辅助作战。隶宫籍的正户是皇帝最亲近的团体,所以,辽人以隶宫籍为荣。横帐虽是皇帝亲属,迭剌部虽是皇帝出身部落,但只有宫卫才是离皇帝最近的特殊组织,是比州县甚至部族更优先、更亲近的团体。

斡鲁朵的下辖单位,是提辖司、石烈、抹里、瓦里、闸撒。石烈—抹里管理正户与部分蕃汉转户,瓦里管理另外大部分转户,而闸撒则管理著帐户。这几种基层单位,又上属于各京、州的提辖司。提辖司既隶属于"某宫提辖司",又处于本京、州的"诸宫提辖制置司"管辖之下,后两者之共同上级,为"诸行宫提辖制置司",由此而形成斡鲁朵管理体制内的纵、横两线。处于纵、横两条管理路径交叉点的提辖司,虽非位高权重,但却是将分散于一路各地的石烈等基层组织予以集中管理的关键机构。欲了解辽代斡鲁朵情况,必须对提辖司加以关注。

以提辖司人户建置州县,意味着以两枢密院为首的政府,与皇帝私人之间的资源流动。但是,流动是双向的,提辖司人户析出置州县,造成资源由皇帝向政府的流出,而于皇帝新建置宫卫时,反过来也由政府体系向斡鲁朵流入。若关注到两个方向的流动,终又发现,自太祖以来,斡鲁朵与两枢密院在管理体系上分离的状况始终存在,斡鲁朵的力量也并未与时消退。

通过空间分布的变化,我们能够知悉辽代斡鲁朵制度某些内涵的转变。提辖司作为各斡鲁朵执行实际管理职责的关键机构,同时它又是固定于一地,不似各宫都部署,不断随捺钵移动,故而最能反映辽代斡鲁朵户空间分布的总体情况。由提辖司分布状况可以发现,辽在圣宗朝以后,斡鲁朵户的分布重心有一个由内向外、由北向南移动的过程。这个趋势,为我们指示了斡鲁朵功能转变的迹象:随着皇权的强固,斡鲁朵的主要军事职能,由保护皇帝的地位与个人安全,转向对外作战——虽然它一直并未放弃前一种职责。这一变化,虽非一目了然,但却是整个辽代斡鲁朵制度的最大变化,即,斡鲁朵体系与两枢密院体系确有合流的迹象(并非管理体制的合并,而是职能方面的趋同)。而由斡鲁朵力量重心在辽中期的南移,可觑见辽政权的一项基本国策:它始终以宋为首要防范对象,这一点并未因为澶渊之盟的订立而发生根本转折。

北宋对外交往机制的另一面

——以《参天台五台山记》的记载为线索[*]

朱 溢[**]

一、前言

在中国传统社会,周边政权无疑被视作"天下"的边缘,然而,作为天下秩序的一部分,周边政权并非全然可以被中原王朝忽视,更何况一些政权对中原王朝的战略安全起着至关重要的作用,因此对外交往在帝制时代从不间断。中国的史料固然对中原王朝与周边政权的关系有不少记载,但是主要集中在战争方面,对和平交往的记载往往缺乏细节,具有分析价值的信息很有限。面对这种情况,我们既需要极力榨取这些史料中蕴含的信息,又有必要扩充史料的范围。在后一方面,域外汉籍可以提供一些可资研讨的史料,使我们有可能对中原王朝对外交往的具体面相有更加深入的了解。何况这些经历是作者亲身体验过的,关心的问题、呈现的视角与中国的史家未尽相同,所以其描述或比中国一侧的史料更加详细生动,或能提供不一样的历史讯息。将中国传世文献、域外汉籍甚至中外出土资料结合起来,既可以通过对这些史料的辨析获得相对客观的史实,又能显示不同的知识背景、文化传统、政治立场下历史书写的差异。

在北宋,异域人来华后留下的最翔实的文字记载莫过于日本人宋僧成寻的《参天台五台山记》了。熙宁五年(1072 年),成寻与另外七位日本僧人赖缘、快宗、圣秀、惟观、心贤、

---

* 本文原载于《域外汉籍研究集刊》第 10 辑,中华书局,2014 年。

** 朱溢,复旦大学文史研究院研究员。

善久、长明一起搭乘宋商的船,偷渡来到中国巡礼,留下了八卷日记。此书的信息非常丰富,对宋代佛教的记载固然是大宗,其他方面的史料同样值得研究。有些学者已经通过此书探讨了北宋的对外交往问题:藤善真澄由成寻参加的朝见、朝辞礼仪来讨论北宋的宾礼①;远藤隆俊通过成寻记录的北宋各种文书,来考察外国使节与北宋政府的信息沟通②;曹家齐以成寻为考察对象,研究了北宋接待外国使客的制度和机构。③

以上三位学者的研究虽然从不同的角度切入,却基于一个共同的看法,即北宋朝廷得知成寻来华后,明知他的身份并非日本国使,但还是把他当作正式使节来接待。然而,对这一论断来说,最大的挑战来自《续资治通鉴长编》的记载。元丰六年(1083 年),曾经随成寻来华的日本僧人快宗等十三人朝见宋神宗,神宗问道:"衣紫方袍者何日所赐?"都承旨张诚一对答:"熙宁中,从其国僧诚寻对见被赐,今再入贡。"神宗说:"非国人入贡也,因其瞻礼天台,故来进见耳。"④很显然,神宗没有将成寻看作前来朝贡的日本国使。可是,前面提到的这些论著在论证过程中却没有对这条史料进行合情合理的解释。另外,广濑宪雄的研究成果也很值得注意,他从朝见礼仪的角度考察了宋朝对成寻身份的定位,从而得出结论:成寻并没有被当作正式的国使来接待。他还指出,北宋对成寻的厚待是神宗外交政策的一环,意在要求日本前来朝贡。⑤我们赞成这一意见,并将成寻受到的接待视为国使交往以外北宋对外交往机制的另一面。本文将围绕《参天台五台山记》的记载,来讨论北宋各级官府如何处理成寻来华后的各项事务,并且结合其他域外汉籍、中国传世文献进行比对,分析此事与接待其他蕃客的情形有何异同,由此对北宋后期的对外交往机制庶可获得更为清晰的理解。

二、地方官府对成寻的接待

成寻一行在中国参访期间,与宋朝的地方政府、中央衙署都有不少文书上和面对面的往来。北宋政府对成寻的接待大致可以分为三个阶段:第一阶段,在成寻向杭州官府要求参访天台山之后到向台州官府要求参访五台山时,朝廷对他们的存在一无所知,只有地方

---

① 藤善真澄:《参天台五臺山記の研究》,关西大学东西学术研究所,2006 年,第 283—317 页。
② 远藤隆俊:《文书中所见宋朝对日本使客之接待——以成寻〈参天台五台山记〉为题材》,载邓小南、曹家齐、平田茂树编:《文书·政令·信息沟通——以唐宋时期为主》,北京:北京大学出版社,2012 年,第 680—699 页。
③ 曹家齐:《北宋熙宁内诸司及其行政秩序——以参与接待成寻的御药院和客省为中心之考察》,《北京大学学报》2011 年第 2 期,第 131—140 页;《宋朝对外国使客的接待制度——以〈参天台五台山记〉为中心之考察》,《中国史研究》2011 年第 3 期,第 109—124 页。
④ 《续资治通鉴长编》卷 334"元丰六年三月己卯"条,中华书局,1979 年,第 8031 页。
⑤ 广濑宪雄:《東アジアの国际秩序と古代日本》,吉川弘文館,2011 年,第 278—292 页。

官府为他们提供了一些方便；第二阶段，台州官府向朝廷报告成寻的请求后，朝廷予以认可，令台州官府支出费用并派人引伴前往开封；第三阶段，到达开封后，成寻等人由朝廷官员直接接待，哪怕是离开开封前往外地，也是由朝廷机构出面安排交通工具、引伴人选、费用等问题，沿途官府承担的事务不多。下面，我们先来看前两个阶段地方政府对成寻的接待。

熙宁五年（1072 年）四月四日，成寻一行到达明州，不过他们没有在此停留，而是立即西行，于十三日进入杭州。①二十六日，成寻向杭州州衙呈交申文，提出参访天台山的请求。杭州官府的作用主要是通过公文进行审核、批准，除了成寻本人的请求外，还有陈咏的帖文："昨于治平二年内，往日本国买卖，与本国僧成寻等相识。至熙宁二年，从彼国贩载留黄等，杭州抽解货卖。后来一向只在杭州、苏州买卖。见在杭州抱剑营张三客店内安下，于四月二十日，在本店内，逢见日本国僧成寻等八人，称说：从本国泛海前来，要去台州天台山烧香。陈咏作通事，引领赴杭州。今甘课逐僧，同共前去台州天台山烧香，回来杭州，趁船却归本国。"②五月一日，成寻等人下榻的旅店店主张三郎被召至州衙，进一步说明情况："四月初九日，有广州客人曾聚等，从日本国博买得留黄、水银等，买来杭州市船司抽解。从是本客船上，附带本国僧人成寻等八人，出来安下。今来却有明州客人陈咏，与逐人相识。其陈咏见在江元店安下，本人情教甘课逐僧，同共往台州，得前去台州天台烧香，回来杭州，趁船却归本国。如将来却有异同，各甘深罪不将宥。"③三日，州衙还派府使前来，要求成寻等人写上假名。杭州官府于当日发出公移，准许他们离开杭州，前往天台山。次日，他们踏上行程，于十三日到达国清寺，直到二十日，才拿着杭州的公移去见天台县官吏。④

按照成寻对杭州官府的承诺，在天台山烧完香后，成寻一行本应回到杭州，然后乘船归国，就像杭州出具的公移中提到的那样："已给公据，付客人陈咏收执，引带日本国僧成寻等八人，前去台州天台山烧香讫，依前带引逐僧，回来当州，趁船却归本国。"⑤但是，成寻向台州州衙呈交杭州的公移后，提出先游五台山，再在国清寺修行三年的打算。台州州衙为此向国清寺发帖照会，国清寺证实了成寻的计划。于是，台州州衙一面出具给杭州州衙

---

① 《新校参天台五台山记》卷 1"熙宁五年四月四日"条，上海古籍出版社，2008 年，第 16—17 页；卷 1"熙宁五年四月十三日"条，第 20—21 页。曹家齐推测，成寻之所以不在最初抵达的明州而是到了杭州才提出参访天台山的要求，是因为他与陈咏早有约定，而且后者在苏、杭长期经商，便于活动官府。参见曹家齐：《北宋熙宁间地方行政一瞥——以杭、台二州对日僧成寻之接待为中心的考察》，《江西社会科学》2010 年第 4 期，第 129—132 页。这一推测是有道理的，毕竟日本僧人多是通过明州进出中国的，尤其是随成寻一同前来的赖缘等五人先期回国，也是从明州离开中国的，成寻为此还请求朝廷发牒给明州市舶司给予照料，见《新校参天台五台山记》卷 6"熙宁六年正月廿五日"条，第 516—517 页。

② 《新校参天台五台山记》卷 2"熙宁五年六月五日"条，第 92 页。

③ 《新校参天台五台山记》卷 2"熙宁五年五月一日"条，第 36 页；卷 2"熙宁五年六月五日"条，第 92 页。

④ 《新校参天台五台山记》卷 1"熙宁五年五月廿日"条，第 71 页。

⑤ 《新校参天台五台山记》卷 2"熙宁五年六月五日"条，第 93—94 页。

的公据，一面要求国清寺在妥当安置成寻的同时，也向杭州州衙出具公据，两份公据由陈咏携带，向杭州缴纳。①

我们看到，杭州州衙对成寻参访天台山申请的审核、批准，没有经过更高级别的官府；在去天台山的路上，成寻等人凭借公移畅通无阻，杭州州衙的官吏没有跟随，去国清寺之前也没有去过台州州衙或天台县衙。这或许说明，在处理那些并不紧要的对外事务上，地方官府有一定的自主权。这种自主权并不是在宋代才有的，黎虎指出，唐代的边境地方政府在处理较低层次的对外问题时，不一定要上报朝廷。②到了宋代，这种自主权似有强化的趋势，山崎觉士的研究表明，无论是作为主体还是作为媒介，明州官府在对日交往中都起着非常重要的作用。③

成寻参访五台山后在国清寺修行三年的要求由台州州衙奏上。同年闰七月，枢密院批复的札子下到台州，并由台州州衙出具帖文给成寻。神宗决定："成寻等八人并通事客人陈咏，令台州选差使臣一名，优与盘缠，暂引伴赴阙。仍指挥两浙、淮南转运司，令沿路州军，厚与照管，量差人船。"④台州州衙确定成寻由内殿崇班、在城兵马都监郑玠引伴。⑤曹家齐据此认为，宋朝已经将成寻当作正式使节来看待。⑥我以为，有官员引伴、提供费用和船只、沿途州军兵士护送等待遇，并不能证明朝廷将其看作正式使节。我们以官员引伴为例来说明这一问题。引伴是负责将来访的外国人护送至都城的官员⑦，多数确实用于陪伴正式使节，但是并不尽然。例如，熙宁五年（1072 年），"木征进天竺僧二人，诏令押赴传法院。明年四月二十三日，诏以使臣引伴住五台山，从其请也，仍给递马驿"⑧。木征是唃

---

① 《新校参天台五台山记》卷 2"熙宁五年六月五日"条，第 93—96 页；卷 2"熙宁五年六月七日"条，第 108—109 页。

② 黎虎：《汉唐外交制度研究》，兰州大学出版社，1998 年，第 431—432 页。

③ 山崎觉士：《由书简所见的宋代明州对日外交》，载邓小南、曹家齐、平田茂树编：《文书·政令·信息沟通——以唐宋时期为主》，第 700—723 页。

④ 《新校参天台五台山记》卷 2"熙宁五年闰七月七日"条，第 152 页。

⑤ 《新校参天台五台山记》卷 3"熙宁五年八月一日"条，第 178 页。此条将引伴人称为郑崇班，郑玠的全名出现在卷 4"熙宁五年十月十八日"条，第 301 页。

⑥ 曹家齐：《宋朝对外国使客的接待制度——以〈参天台五台山记〉为中心之考察》，《中国史研究》2011 年第 3 期，第 112 页。

⑦ 梁建国指出，在北宋大部分时间内，接送、陪伴契丹使者的官员以"接伴""送伴""馆伴"称呼，"引伴""押伴"的称呼多用于接送、陪伴其他周边政权使者的官员。参见梁建国：《宋朝接送馆伴使的几个问题》，《隋唐辽宋金元史论丛》第 1 辑，紫禁城出版社，2011 年，第 348—351 页。不过，我们看到"馆伴"一词并不专门用于陪同契丹使臣的官员。例如，大中祥符二年（1009 年），"兴州刺史、知府州折惟昌率所部兀泥族大首领明崖等四十七人来朝，贡名马，命中使馆伴，上亲加劳问，宴赐恩泽甚厚"（《续资治通鉴长编》卷 71"大中祥符二年六月庚子"条，第 1615 页）。又如，天圣九年（1031 年），资政殿学士晏殊上奏："占城、龟兹、沙州、邛部川蛮族，往往有挈家入贡者，请如先朝故事，委馆伴使询其道路风俗及绘人物衣冠以上史官。"见《续资治通鉴长编》卷 110"天圣九年正月庚申"条，第 2552 页。更为复杂的是，在来宋的异域人笔下，"接伴""送伴""馆伴""引伴"和"押伴"的使用时常混淆，例如成寻又称郑玠为"管伴"（《参天台五台山记》卷 3"熙宁五年八月一日"条，第 178 页），"管伴"即"馆伴"。尽管如此，我们只要将这些用语理解为陪同参访者即可。

⑧ 《宋会要辑稿·蕃夷》4 之 90，中华书局，1957 年，第 7758 页。

厮啰的一名酋长，这里的天竺僧人既非木征的使臣，亦非天竺的使臣，却有引伴的待遇。再如，熙宁九年，神宗批示："高丽僧三人，见寓杭州天竺寺，可令钤辖司差指使一名，乘驿引伴赴阙。"①又如，元丰八年（1085 年），高丽王子、僧人义天为求法而搭乘宋商的船，偷渡来到中国②，宋朝知道他的身份不是入贡的使节③，但还是以朝奉郎、尚书主客郎中苏注为引伴。④另外，元丰五年（1082 年），同样是偷渡而来的日僧戒觉向朝廷上奏要求去五台山参访，得到应允后，在他去开封和五台山的路上，宋朝"以蒋侍禁为行事官"⑤，这里的行事官应该就是引伴。可见，引伴的待遇不只正式使节有，朝廷也时常给予来华的外国僧人。

成寻记录了一些与引伴郑玠有关的事情。郑玠主要负责费用支出的监督、与沿途官府的沟通。台州州衙给成寻的帖文就提到，除了从台州军资库领取的二百索钱，"如更要钱及所须物件，即请计会，管伴郑崇班申报经过州军请领"⑥。随着护送成寻等人的台州兵士的返回和越州兵士的接替，"官钱从今日以小师可用由，示崇班了"⑦。这些都说明，郑玠对成寻一行到达开封之前的花销负有责任。与所经官府的文书沟通、与其官吏的来往也是通过引伴进行。例如，成寻等人还在越州的时候，"从杭州转运使送牒崇班：'日本僧出路，久不见来。钱塘江浅，不得渡。今日之内，可出船。萧山河水浅，大船不得进，示县借小船六只，可来者。'"⑧到了苏州，成寻"与崇班参转运都督衙，拜谒了"⑨。

无论是郑玠还是后来陪同戒觉的蒋某，其职任、官阶都不算很高。州兵马都监是知州的属官，主要掌管本城厢军和负责抓捕盗贼，被认为是闲冗之职。⑩根据《职官分纪》的记载，兵马都监"以阁门祗候以上充"⑪。阁门祗候属于武阶中的大使臣，郑玠的武阶内殿崇班同样是大使臣，迁转次序在阁门祗候之上，符合兵马都监的任职要求。蒋某的武阶侍禁属于小使臣。如果要有一个直观印象的话，元丰改制后，内殿崇班和侍禁的官品分别为正

---

① 《续资治通鉴长编》卷 279"熙宁九年十二月戊子"条，第 6831 页。
② 《高丽史》卷 90《王煦传》，《四库全书存目丛书》史部第 161 册，齐鲁书社，1996 年，第 356 页。义天在元丰八年（1085 年）来到中国的说法，还能在其墓志铭中得到证实。朴浩奉的《王释煦墓志铭》说道："元丰乙丑岁，师以微行越海，巡游宋境。"见金龙善编著：《高丽墓志铭集成》，翰林大学校出版部，1993 年，第 31 页。"元丰乙丑岁"就是元丰八年。
③ 义天曾经想随告哀使来中国，神宗在元丰七年（1084 年）还为此下诏："高丽王子僧统从其徒三十人来游学，非入贡也。其令礼部别定候劳之仪。"见《续资治通鉴长编》卷 343"元丰七年二月丙戌"条，第 8246 页。由此可知，宋朝一直以来都非常清楚义天并非高丽国使的事实，且在礼仪上对朝贡使节和外来僧人有区分。
④ 《高丽大觉国师文集》卷 5《谢差引伴表》，甘肃人民出版社，2007 年，第 15 页。
⑤ 戒觉：《渡宋记》，引自王勇、半田晴久：《一部鲜为人知的日本入宋僧巡礼记——戒觉〈渡宋记〉解题并校录》，《文献》2004 年第 3 期，第 157 页。
⑥ 《新校参天台五台山记》卷 3"熙宁五年八月一日"条，第 178 页。
⑦ 《新校参天台五台山记》卷 3"熙宁五年八月十八日"条，第 198 页。
⑧ 《新校参天台五台山记》卷 3"熙宁五年八月十九日"条，第 198 页。
⑨ 《新校参天台五台山记》卷 3"熙宁五年九月四日"条，第 213 页。
⑩ 赵冬梅：《文武之间：北宋武选官研究》，北京大学出版社，2009 年，第 213—217 页。
⑪ 《职官分纪》卷 35，《景印文渊阁四库全书》第 923 册，台湾商务印书馆，1983 年，第 670 页。

八品和正九品。①后来成寻去五台山的引伴刘铎和去天台山的引伴刘政的武阶都是殿直②，即小使臣。尽管引伴的功能大同小异，其级别却可以反映出朝廷对来者的重视程度。前文提到，元丰八年（1085年）引伴义天赴阙的苏注是朝奉郎、尚书主客郎中。朝奉郎为正七品上散官，主客郎中为从六品职事官。另外，陪同义天去天台，此后又送他离开中国的杨杰是朝散郎、尚书主客员外郎③，朝散郎是从七品上散官，主客员外郎为正七品职事官。义天的引伴、送伴的品级比成寻、戒觉要高，其职位的重要程度更是不可同日而语，主客郎中、员外郎是元丰官制改革后朝廷主管涉外事务的主要负责人。这里当然有义天是高丽国王宣宗之弟的因素，但也与高丽在北宋后期对外交往中的位置有关。④

三、朝廷机构对成寻来访的应对

接下来，我们来看成寻到达开封后参与处理与其相关之各类事务的朝廷机构。

熙宁五年（1072年）十月成寻等人到达开封后，主要负责宾主双方沟通的机构是传法院、客省、御药院。传法院旧名译经院，建立于太平兴国五年（980年），太宗"诏中使郑守约就太平兴国寺大殿西度地作译经院"，太平兴国八年（983年）改名为传法院，同时另置印经院。⑤尽管名称有变，但是其功能依旧，还是以译经为主。景祐二年（1035年），仁宗令夏竦为传法院撰写碑铭，夏竦在碑文中说道："有诏刊石，译馆之荣，于斯为盛。"⑥北宋后期的《哲宗正史·职官志》还依然说："传法院掌译经文。"⑦成寻停留开封期间，住在传法院。从成寻的记载来看，同一时期传法院还接待了中天竺和丈夫国的僧人⑧，再结合前文说到的

---

① 《宋会要辑稿·职官》8之3、4，第2559页。
② 《新校参天台五台山记》卷5"熙宁五年十一月一日"条，第357页；卷7"熙宁六年三月廿六日"条，第629页。
③ 《高丽大觉国师文集》卷6《谢差送伴表》，第21页；卷7《谢差送伴表》，第26页。
④ 高丽是北宋后期用来牵制辽的重要力量，用苏辙的话说就是："高丽北接契丹，南限沧海，与中国壤地隔绝，利害本不相及，本朝初许入贡，祖宗知其无益，绝而不通。熙宁中，罗拯始募海商，诱令朝觐，其意欲以招致远夷，为太平粉饰及掎角契丹，为用兵援助而已。"见《栾城集》卷46《乞裁损待高丽事件札子》，载《苏辙集》，中华书局，1990年，第801页。尽管这一策略遭到很多士大夫的反对（参见杨渭生：《宋丽关系史研究》，杭州大学出版社，1997年，第227—232页），但是因为有皇帝及其重臣的支持而一直被贯彻执行。
⑤ 《宋会要辑稿·道释》2之5、6，第7891页。熙宁四年（1071年）三月，"诏废印经院，其经板付杭州令僧了然主持，了然复固辞。明年八月，乃以付京显圣寺三寿禅院，令主僧怀谨认印造流行"（《宋会要辑稿·职官》25之3，第2915页）。因为有这一变化，两年后成寻上奏请求获得新译佛经时，朝廷令显圣寺印造。此事见《新校参天台五台山记》卷7"熙宁六年三月廿四日"条，第634—635页；卷8"熙宁六年四月十三日"条，第681—682页。
⑥ 《文庄集》卷26《传法院碑铭》，《景印文渊阁四库全书》第1087册，第264页。
⑦ 《宋会要辑稿·职官》25之2，第2915页。
⑧ 《新校参天台五台山记》卷5"熙宁五年十二月廿七日"条，第448页。

木征进奉的两名天竺僧人住在传法院的事例,可知传法院经常成为外来僧人的安下之所。正因为这样,传法院除了为成寻提供食宿外,还为他与朝廷之间的沟通承担了不少事情。诸如成寻朝见神宗的申请、朝廷对此的回复、朝廷对成寻前往五台山烧香请求的认可、成寻安排赖缘等人先期回国和自己前往天台山修法的请求、朝廷对此的回复、成寻奏请获得宋朝新译佛经之类的事情,都是通过传法院进行的。①成寻的请求一般由传法院发牒给客省,再由客省上达;朝廷回复的公文通过客省下达传法院,再由传法院告知成寻。这些与传法院固有的译经职能无关,只不过因为传法院是成寻的安下之所,故而不可避免地卷进这些与佛教或有关、或无关的事情中。

　　我们再来看客省的情况。在北宋,客省起初与四方馆、阁门并称横行三司,到了徽宗政和年间,阁门分为东上阁门和西上阁门,引进使从迁转阶次变为引进司的主管,横行五司随之形成。②横行诸司是皇帝与外部世界联系的桥梁,无论是公文信息的上传下达,还是君臣之间的见面接触,都离不开这些机构。由于分工的不同,客省的职能侧重于收取仪物、支给赏赐物品和酒食,这既发生在中央与地方、内廷与外廷之间,也发生在蕃客来朝之时。客省招待帝国内部官员的功能多有记载。例如,"太祖、太宗朝,藩镇牧伯,沿五代旧制,入觐及被召、使回,客省赍签赐酒食",真宗也曾下制:"仆射、御史大夫、中丞、节度、留后、观察、内客省使、权知开封府,正、至、寒食,并客省赍签赐羊、酒、米、面。"③到了崇宁二年(1103 年),还可以看到礼部上奏:"客省签赐臣僚正旦、寒食、冬至节料,并到阙赐生饩羊,即日阙本色支供,欲乞自今后并支价钱。"④客省在对外交往中也承担了一定的职责,基本上限于接收仪物、支给赏赐物和酒食。例如,景德二年(1005 年),真宗"诏韩崇训管勾客省公事,如北使就客省,赐酒食,仰崇训伴赐,其客省进目,即令当上阁门使进呈"⑤。英宗即位后,西夏遣使来贺乾元节,"放夏国使人见,客省以书币入"⑥。

　　值得注意的是,从神宗朝开始,客省在北宋对外交往中的作用越来越明显。熙宁四年(1071 年),枢密都承旨李评上奏:"乞应诸国朝贡一司,总领取索诸处文案,会聚照验,预为法式。"于是,神宗"诏除契丹、夏国外,应诸国朝贡,令管勾客省官置局,取索文字"⑦。汇编契丹、西夏以外周边政权的朝贡往来文字,制定相关法式的职责落于客省,这是客省参与

---

① 《新校参天台五台山记》卷 4"熙宁五年十月十八日"条,第 301—302 页;卷 4"熙宁五年十月廿一日"条,第 309、311—312 页;卷 4"熙宁五年十月廿四日"条,第 332—333 页;卷 6"熙宁六年正月廿五日"条,第 516—518 页;卷 6"熙宁六年正月廿九日"条,第 528—530 页;卷 7"熙宁六年三月廿三日"条,第 628—629 页;卷 7"熙宁六年三月廿四日"条,第 634—635 页。
② 赵冬梅:《文武之间:北宋武选官研究》,第 257—258 页。
③ 《宋史》卷 119《礼志 22》,第 2800、2802 页。
④ 《宋会要辑稿·职官》35 之 5,第 3062 页。
⑤ 《宋会要辑稿·职官》35 之 1 至 2,第 3060—3061 页。
⑥ 《宋会要辑稿·礼》43 之 17,第 1424 页。
⑦ 《宋会要辑稿·职官》35 之 4,第 3062 页。

涉外事务程度提升的显著标志,此事正好发生在成寻入宋的前一年。

在成寻等人逗留开封期间,客省先后协助完成了成寻等人朝见神宗、参访五台山、为神宗祈雨、朝辞神宗等事情,主要发挥了以下几项功能。第一是物品的接收、授予。例如,朝廷在批准成寻一行参访五台山的请求并赐予他们盘缠后,"客省官人来,成寻钱十贯、通事钱五贯下赐宣旨持来"①。成寻等人从五台山回到开封后不久,"客省官人以取受孙宣惑为首三人,绢贰拾匹持来,回赐绢敕给者"②。后来,成寻准备离开开封前往天台山之前,神宗下了一道圣旨:"朝辞日令客省取旨支赐。"③这是客省最基本的一项职能,《神宗正史·职官志》就说:"客省掌四方诸蕃国朝贡之仪物,还则授以赐予、诏书。"④

第二是导引宾赞的功能。熙宁五年(1072年)十月二十二日,成寻等人朝见神宗,他们如此进入宫城:"先入一大门,至廊下马,有安下所,悬幕。暂逗留。客省官人引入第二门间,乘马人数百入门,升殿拜礼之人等也。次入第三大门。经数里,入东花门,南廊安下,悬幕帘,立倚子。且备飨膳间,数千人来见。辰二点,客省官人二人来,教立御前呼万岁作法。辰三点,以客省官人并通事为前立,入第四门。"⑤这里的记载可能稍有问题,东华门与朝见地点延和殿之间不只一个门⑥,但是客省官吏在引导成寻一行前往内殿、学习行礼方面的作用还是非常清晰的。熙宁六年(1073年)四月二日,因为即将前往台州,成寻向神宗朝辞。进入宫城后,成寻同样是在客省官吏的陪同下前往内殿:"卯二点,借马四匹,参东华门。途中,客省使三人来向。入三重门。"⑦

第三是在成寻与朝廷各机构的联络中处于枢纽位置。成寻等人住在传法院,他们与朝廷的联系主要通过客省进行,客省要么到传法院直接与成寻联系,要么通过传法院与成寻进行公文传递。我们可以用成寻从台州抵达开封后客省的活动为例来说明。熙宁五年(1072年)十月十三日,成寻一行在传法院安下,十七日,客省官吏即奉圣旨来传法院,问成寻:"何日欲朝见者?"成寻回答:"不日朝见。"客省官吏说:"然者,其申文可进上者。"⑧成寻很快通过传法院向客省提出了朝见神宗的请求,传法院给客省的牒文说:"据日本国大云寺主阿阇梨传灯大法师位赐紫成寻状,昨于台州天台国清寺烧香。奉圣旨,乃至引见者。牒具如前。事须牒客省,请照会施行。"⑨朝见的时间确定后,客省与成寻之间的联络通过

---

① 《新校参天台五台山记》卷5"熙宁五年十一月一日"条,第358页。
② 《新校参天台五台山记》卷6"熙宁六年正月八日"条,第477—478页。
③ 《新校参天台五台山记》卷7"熙宁六年三月廿六日"条,第642页。
④ 《宋会要辑稿·职官》35之3,第3061页。
⑤ 《新校参天台五台山记》卷4"熙宁五年十月廿二日"条,第318页。
⑥ 后来,成寻自己说:"次向北行,见东华门,东面南第一门,大楼门七间,有三门户,外面左右有十余间舍,官人进居。朝见之日,最初入门也。"见《新校参天台五台山记》卷4"熙宁五年十月廿四日"条,第330页。
⑦ 《新校参天台五台山记》卷8"熙宁六年四月二日"条,第657页。
⑧ 《新校参天台五台山记》卷4"熙宁五年十月十七日"条,第299页。
⑨ 《新校参天台五台山记》卷4"熙宁五年十月十八日"条,第302页。

三种方式进行。一是将牒文通过传法院告知成寻："传法院准客省牒,已定今月二十二日,令日本国僧成寻等八人并通事陈咏朝见。"二是通过传法院将阁门对朝见仪制的说明告诉成寻。三是派官吏送文状给陈咏："日本国僧成寻等八人朝见,不得将带头刃并怀挟文字入皇城。"①

在成寻停留开封期间,御药院也起到了非常关键的作用。《宋会要辑稿》记载:"御药院在崇政殿后,至道三年置。大中祥符八年,移于崇政殿门外、东华门南。宝元二年九月,复移于殿后东庑。皆按局秘方合和御药,专奉禁中之用,及别供御膳。……以入内供奉四人通领,有药童十二人。"②在《参天台五台山记》的记载中,传法院、御药院往往是同一个内侍勾当,如"入内内侍省内东头供奉官勾当御药院传法院李舜举"③,"入内内侍省东头供奉官、勾当御药院、权勾当传法院陈遂礼"④。御药院之所以参与对成寻的接待,恐怕与此有关,既然传法院是下榻之地,那么由同一内侍勾当的御药院加入进来,也就便于相关事务的管理、机构之间的协调。尽管如此,传法院和御药院在处理成寻的事务上还是各有侧重。传法院是安下之所,成寻与朝廷各机构的文书联系一般是通过传法院联络客省,再由客省向上奏请,在整个过程中,传法院是窗口,客省是枢纽。同样是内侍管勾的机构,御药院却更像皇帝的私人代表,他们在朝廷各机构与成寻之间的往来文书中甚少出现,主要是作口头传达或代表皇帝赠送物品。成寻抵达开封后,御药院宦官前往传法院的次数就特别频密。熙宁五年(1072年)十月十三日,成寻入住传法院,"敕使侍中御药来坐,以通事种种事问答","从御药许送羊毛叠十枚,染青色,长六尺,广三尺五寸,厚一寸。依宣旨也"。⑤十四日,御药院宦官来到传法院,用笔写下文字告诉成寻要进呈给神宗的物品:"铜坛具、画功德、皇后经、长发等,祠部入内进呈。"⑥十五日,传法院的三藏受神宗之命令向成寻询问日本的制度、风俗后,"御药来,预院书生令清书来,曰可进奉由示了"⑦。十六日,"御药来坐,沙汰问答"⑧。

在《参天台五台山记》中,御药院出现在政府公文中的次数极少,这与客省有很大的不同。其中,成寻只向御药院上奏申文的举动更少。熙宁五年(1072年)十月,成寻在神宗允许他们前往五台山烧香后,就出发时间与御药院内侍有过沟通,并且向御药院奏上申文,希望能够带上陈咏作为随从翻译,也就是《参天台五台山记》所说的:"通事相去由,申文与

① 《新校参天台五台山记》卷4"熙宁五年十月十一日"条,第309、311—312页。
② 《宋会要辑稿·职官》19之13,第2817页。
③ 《新校参天台五台山记》卷4"熙宁五年十月廿二日"条,第320页。
④ 《新校参天台五台山记》卷6"熙宁六年正月廿一日"条,第511页。
⑤ 《新校参天台五台山记》卷4"熙宁五年十月十三日"条,第277、278页。
⑥ 《新校参天台五台山记》卷4"熙宁五年十月十四日"条,第280页。
⑦ 《新校参天台五台山记》卷4"熙宁五年十月十五日"条,第295页。
⑧ 《新校参天台五台山记》卷4"熙宁五年十月十六日"条,第298页。

御药了。"这是成寻只向御药院上奏申文的一个罕见例子。御药院当天就给予答复,"御药早可赴五台由,仰通事了"①。回复很简单,且不能确定是不是口头的答复,从大量的例子可以看到,向客省奏请得到的回复显然要正式得多、复杂得多。

有时,成寻同时向客省和御药院上奏。熙宁六年(1073 年)正月,成寻安排赖缘、快宗、惟观、心贤、善久五位僧人经明州回国,令沙弥长明投坛受戒后也回日本。十三日,成寻写了申文给勾当御药院的陈遂礼,在说明自己的安排后,成寻请求朝廷为赖缘等人出具公文,以便顺利经过沿途的州县关津,并且下牒给明州市舶司,为赖缘等人在明州的住宿和搭船回国提供方便。另外,成寻希望朝廷就长明受戒之事下札子给戒坛院。对于这些安排,成寻最后在状文中说:"未敢自专,伏乞监使御药大造据状敷奏施行。"②不过,成寻还通过传法院向客省提出书面申请,在文书中,他追加了赖缘等人在二十七日向神宗朝辞的请求。到了二十五日,神宗予以同意,客省为此下牒给传法院告知此事:"奉圣旨,赖缘等五人,传宣枢密院,差三班使臣一名,押伴前去,并给与递马驿券。余并依所乞。牒具如前。今奉圣旨,令赖缘等五人,于今月二十七日朝辞。"③我们看到,为了实现自己的这一计划,成寻分别向御药院和客省提出了请求,朝廷的回复却是通过客省向传法院传递的,这说明客省是代表朝廷与成寻沟通的正式渠道。

尽管客省、御药院与成寻皆有密切联系,但是其扮演的角色并不相同,从某种程度上说,前者是朝廷的代表,后者是皇帝的代表。这里举一个很能说明问题的例子。成寻在熙宁五年(1072 年)十月十八日通过传法院向客省奏请去五台山烧香。二十二日,成寻在宫中朝见神宗后,"次敕使御药从御前来,仰参诸寺,可烧香宣旨。次他敕使从御前来,仰可参五台山了"④。尽管成寻已经知晓这一决定,然而最终还是要由客省出面以文书的形式正式告知成寻,二十四日,成寻收到了客省的牒文,其中提到:"熙宁五年十月二十二日,入内内侍省东头供奉官、勾当御药院李舜举,传宣客省,日本国僧成寻等合赴五台山烧香。"⑤御药院将皇帝的旨意直接告诉成寻的同时,又将其传到客省,最后由客省以文书的形式通知成寻,这说明客省是代表朝廷与成寻联络、交涉的机关。

与客省相比,御药院的渠道有时显得更加灵活有效。成寻因为要前往天台山而向神宗朝辞,熙宁六年(1073 年)三月二十六日,成寻向客省提出朝辞的请求,因为成寻想要得到的宋朝新译佛经短时间内无法印制出来,客省通过陈咏通知他:"明日不可有朝辞,经若迟出来,朝辞后久留住可无便者。"⑥次日,客省的孙宣惑来到传法院,告诉成寻:"新经难早

---

① 《新校参天台五台山记》卷 4"熙宁五年十月廿七日"条,第 348 页。
② 《新校参天台五台山记》卷 6"熙宁六年正月十三日"条,第 499 页。
③ 《新校参天台五台山记》卷 6"熙宁六年正月廿五日"条,第 516—517 页。
④ 《新校参天台五台山记》卷 4"熙宁五年十月廿二日"条,第 318—319 页。
⑤ 《新校参天台五台山记》卷 4"熙宁五年十月廿四日"条,第 332 页。
⑥ 《新校参天台五台山记》卷 7"熙宁六年三月廿六日"条,第 642 页。

出来，朝辞四月十六日可宜者。"①到了二十八日，御药院建议成寻："朝辞之后，经廿日、一月更无妨，早可朝辞者。"②于是，成寻向客省奏上牒状，请求提前朝辞："欲乞于四月初二日朝辞，赴台州国清寺。谨具状申客省，乞赐指挥。"③四月一日，客省孙宣惑来到传法院，将客省的札子给予成寻，札子除了响应成寻的请求，还要求成寻、圣秀、长明、陈咏"仰于今月二日，绝早趁赴东华门，祇候朝辞。不得怀挟文字并将带头刃，及不得唐突"④。在这一事例中，成寻等人要拿到新译佛经后才离开开封，客省认为，佛经的印制需要一段时间，因此他们不必过早向神宗朝辞，而按照御药院的看法，成寻等人早些举行朝辞礼仪也不要紧，可以在朝辞之后继续逗留开封等待佛经印制出来。御药院因为更靠近皇帝，透露出来的信息往往更能体现皇帝的旨意，成寻听从了他们的建议。值得注意的是，尽管御药院将便宜之计告诉了成寻，成寻还是得向客省上奏牒状，以确定朝辞日期，这又一次说明了客省在与成寻交涉过程中的枢纽作用及其与御药院之间的微妙差别。

除了传法院、客省和御药院，在成寻访问中国期间，枢密院也起到了一定作用。作为最高军政机关，对外交往自然也在枢密院的管辖范围内，不过，枢密院主要作为决策机构而存在，实际承担的事务较为有限。⑤我们来看成寻笔下有关枢密院的记载。在批复成寻等人入京并参访五台山的过程中，台州州衙上奏枢密院，枢密院根据神宗的旨意再下札子给台州州衙，这一点已在前文提及。熙宁六年（1073 年）正月，成寻向朝廷奏请赖缘、快宗、惟观、心贤、善久五位僧人经明州回国，神宗为此下旨传宣枢密院，派一名三班使臣押伴去明州，并给予递马驿券。客省在给传法院的牒文中也提到："其递马驿券已具状申枢密院。"⑥后来，成寻也要离开开封前往天台山，客省孙宣惑来到传法院，告诉成寻："枢密院牒，使臣、船等可送天台由圣旨也。"⑦随后，送成寻前往天台的使臣由枢密院确定。⑧从这些记载来看，枢密院在成寻访问中国期间起到的作用比较有限，主要是沟通皇帝与其他机构、派遣伴送使臣、确定交通工具。

我们应该如何看待以上这些机构（尤其是客省和御药院）在接待成寻过程中的作用

---

① 《新校参天台五台山记》卷 7"熙宁六年三月廿七日"条，第 645 页。
② 《新校参天台五台山记》卷 7"熙宁六年三月廿八日"条，第 648 页。
③ 《新校参天台五台山记》卷 7"熙宁六年三月廿九日"条，第 650 页。
④ 《新校参天台五台山记》卷 8"熙宁六年四月一日"条，第 655 页。
⑤ 梁天锡和吴晓萍对枢密院在涉外领域的作用有详细讨论，参见梁天锡：《宋枢密院制度》，黎明文化事业公司，1981 年，第 749—758 页；吴晓萍：《宋代外交制度研究》，安徽人民出版社，2006 年，第 31—42 页。不过，吴晓萍将枢密院、主客司、鸿胪寺一并视为外交主管机构，似有不妥，枢密院主要是作为负有一定的管理对外交往之权力的最高军政机构而存在，在对外事务中处于决策层位置，主客司、鸿胪寺之类办理对外交往的行政机构与其显然不可同日而语。
⑥ 《新校参天台五台山记》卷 6"熙宁六年正月廿五日"条，第 517 页。
⑦ 《新校参天台五台山记》卷 7"熙宁六年三月十八日"条，第 619 页。
⑧ 《新校参天台五台山记》卷 7"熙宁六年三月廿三日"条，第 629—630 页。

呢？汉代以来，尚书主客曹（司）、鸿胪寺成为最主要的外事管理机构，但是三省六部、九寺五监体制从中晚唐开始逐步瓦解，在北宋基本上只剩下一副空架子，国家行政主要通过差遣的方式完成，直到元丰三年（1080 年）开始的官制改革，才重新回到三省六部、九寺五监的行政体制。成寻来到中国的时候，宋朝官方的对外交往事务主要由国信所、都亭西驿、礼宾院、怀远驿等机构负责，按照所涉周边政权的不同进行对口管理：国信所面向辽，都亭西驿面向以西夏为首的河西蕃部，礼宾院面向回鹘、吐蕃、女真等政权，怀远驿面向交州、龟兹、大食、于阗等政权。[1]北宋与日本之间没有官方使节的往来，这些机构也就不担负对日交往的职责，不过面对不速之客成寻时，这些机构没有被要求临时承担起接待的职责，反而是客省、御药院扮演了关键角色，这是颇不同寻常的。客省是皇帝与外部世界沟通的桥梁，因此在对外交涉中起了一定作用，熙宁四年（1071 年）后，制定朝贡制度的权力更是逐渐增大[2]，客省在成寻来访期间表现出来的关键作用，与这一历史背景不无关系。然而，从其他史料来看，客省在北宋后期对外交往中的表现远没有《参天台五台山记》所记载的那样活跃，也不承担具体的接待职责。御药院更是与对外交往无关，它主要是作为内廷的侍奉机构而存在。在其他史料中，周边政权的使节来宋时，我们几乎看不到御药院的活动迹象。在我看来，以上这些都与宋朝没有把成寻看作正式使节有关，故而没有采用正常渠道来应对此事。

四、余论

在帝制时代，尽管中原王朝皆以内政为先，但是，无论从战略安全的角度，还是从建构天下秩序的需要看，都无法忽视自身与周边政权的关系。与其他朝代相比，北宋面临的周边局势尤其复杂，特别是澶渊之盟后，北宋不得不接受与辽平等交往的现实，宋、辽成为东亚政治格局的两极。西夏崛起后，对北宋造成了很大威胁，宋、夏之间战争不断。西夏和东亚政局的另一重要力量高丽还在宋、辽之间依违反复。[3]除此之外，还有其他周边政权与

---

[1] 金成奎：《宋代における朝貢機構の編制とその性格》，《史観》第 146 号，2002 年，第 36—50 页。

[2] 客省在北宋后期对外交往中作用的提升，主要表现为就相关事务向皇帝建言献策，参与制度建设。例如，因为交趾与占城是世仇，"时占城使副乞避交人，客省以闻"，于是神宗在元丰元年（1078 年）下诏，规定了双方来朝使者互相回避的制度（《宋会要辑稿·蕃夷》4 之 38，第 7732 页）。又如，崇宁四年（1105 年），在面对占城进贡的使臣是否应该向徽宗起居的问题时，客省提出了自己的见解："占城进奉人在阙，合赴起居。检会崇宁三年十月十七日，驾诣景灵西宫朝献、上清储祥宫烧香，于阗国进奉人宣德门前起居，更不随驾。今后如有对御，即随诏依例，今后诸蕃国准此。"见《宋会要辑稿·职官》35 之 5，第 3062 页。

[3] 宋、辽、西夏三角关系的研究，参见李华瑞：《宋夏关系史》，中国人民大学出版社，2010 年，第 260—290 页。宋、辽、高丽三角关系的研究，参见陶晋生：《宋辽关系史研究》，联经出版事业公司，1984 年，第 169—179 页；魏志江：《中韩关系史研究》，中山大学出版社，2006 年，第 44—70 页。

北宋有着这样那样的联系。因此，探讨北宋如何面对复杂多变的周边局势制定相应的策略，如何通过典章制度来表现宋朝与周边政权的关系，是很有意义的研究课题。

自从 894 年日本停止派出遣唐使后，中日之间长期缺乏朝廷层次的交往，两国的往来主要通过商人和僧侣进行。在北宋，宋商在中日经贸、文化交流中发挥了相当重要的作用，日僧奝然、寂照、成寻等人的来华也促进了两国间政治、宗教、文化的联系。[①]这些日僧受到了北宋朝廷的热情接待，奝然、寂照、成寻都写过旅宋日记，最后只有成寻的《参天台五台山记》完整地流传下来，并成为日本研究古代中日关系的学者经常利用的研究素材。近年来，宋史学者开始使用这一史料研究北宋政府如何处理对外关系，并取得了不小的成绩。不过，对北宋朝廷将成寻当作正式使节的观点，本文持怀疑态度，故将成寻受到的接待看作北宋后期对外交往机制的另一种表现形式。中原王朝与周边政权交往的形式多种多样，既有国使层面的互动，也有其他人员的往来，尤其是来自周边政权的僧侣往往得到中原王朝的礼遇，这在《高丽大觉国师文集》和其他文献中均有所反映，《参天台五台山记》对此更是有详细深入的记载。

获知成寻一行来华后，宋朝即邀请他们到开封访问，尽管知道成寻不是正式使节，仍然给予他们引伴、护送等待遇。成寻等人逗留开封期间，在朝见和朝辞礼仪中见到了宋神宗，与佛教人士更是有很多接触，此外还有一同远赴五台山烧香、其他人经明州回日本、成寻偕圣秀和陈咏前往天台山修法等事情。这些都离不开多个机构从中办理、协调，对其过程的梳理有利于展现北宋对外交往机制的某些面相。我们可以看到，除了作为成寻安下之所的传法院不可避免地承担了诸多事务外，客省、御药院在成寻与朝廷的联络中起到了至为关键的作用，这与正式使节来往的情形颇有不同。之所以没有完全走正常路径，与北宋统治者没有将成寻看作日本国使有关。在我看来，《参天台五台山记》尽管是一部以佛教巡礼为主要内容的旅宋日记，但也集中展示了北宋对外交往机制中相对于正式使节交往的另一面，这为我们完整地理解北宋后期的对外交往机制提供了一些可能。

---

① 木宫泰彦：《日中文化交流史》，胡锡年译，商务印书馆，1980 年，第 237—249 页。

秦少游狱事始末考[*]

马里扬[**]

　　北宋词人秦少游尚未入仕之前,曾经受牢狱屈辱——《淮海集》中《对淮南诏狱》诗二首、《谢及第启》以及周必大题跋所征引之《银杏帖》[①],俱有明确提及,是为无可争议的历史事实。但关于这桩狱事的经过与发生的事由,当年周必大诸人已不能指明。迄今,谱秦少游事迹者相继已有数家,虽是后出转精,愈加详密,然于所谓"淮南诏狱"事,皆以文献不足之故,或付诸阙如[②],或权为推论——若有疑范纯仁为脱少游狱事的有力者[③],又有疑狱事产生为东坡诗案的牵连者[④],甚或有所谓"省试事故"的引发者[⑤],终归究无实据,概属猜度之列,不免为眇邈难辨的历史真相更播散了一层疑云。即使就事件发生的时间,也存在有元丰四年、五年、六年等不同说法。[⑥]对这一事件的来龙去脉迄今未能考明之状况,最为直接地影响到对秦少游相关事迹作品判断理解的准确性。至若事件中所反映出的当日士子

---

[*]　本文原载于《国学研究(第三十八卷)》,北京大学出版社,2016年。收入本书时略有修改。

[**]　马里扬,上海师范大学人文学院中文系副教授。

[①]　按,南宋周必大《跋秦少游帖》中引及少游与人书信一通,颇涉及诏狱事(见《丛书集成初编》本《益公题跋》卷10,中华书局,1985年,第108页)。今人徐培均《淮海集笺注》据此收入补遗卷2,视为少游佚文,或据文中有"惠及银杏"一语而命名为"银杏帖"(上海古籍出版社,1994年,第1589页)。周义敢、程自信、周雷《秦观集编年校注》亦据此收入卷30,则命名为"与某知己帖"(人民文学出版社,2001年,第665页)。由于本文征引秦少游作品,如非别有标注,概依徐培均整理本,故亦沿用其命名。

[②]　秦瀛:《淮海先生年谱》,载吴洪泽等主编:《宋人年谱丛刊》第五册,四川大学出版社,2002年,第3180—3182页。又,顾毓琇:《秦淮海先生年谱》,《中国文哲研究通讯》1997年第4期。俱不曾提及此事。

[③]　徐培均:《淮海集笺注·后集》卷5《与许州范相公书》注释五,第1512页。

[④]　曹济平、何琰:《秦少游全传》,长春出版社,2000年,第55—56页。

[⑤]　秦子卿:《秦淮海年谱考订笺说》,广西人民出版社,1991年,第83页。

[⑥]　持"元丰四年"说,见王葆珍:《秦少游研究·秦少游年谱》,学海出版社,1981年,第16页。又,周义敢等:《秦观集编年校注》卷5及《附录·新编秦观年谱》,第114、909页。秦子卿与徐培均则分别持"元丰五年"与"六年"说,见前注引相关论著。

对政治气候阴晴变化的切肤体验,以及就秦少游的人生轨迹与文学创作而言实际所打上的深刻印记,同样由于事体本身的模糊难明,故而是并一切无从谈起。本文尝试从作品文本的细读出发,参证相关历史记载,勘察出"淮南诏狱"中的关键人物与经过事由,并探索此事件对词人的生存状况以及文学创作所产生之影响。

一

秦少游《淮海集》卷28《谢及第启》云:

方贤书之上献,俄吏议之旁连。窃鈇致疑,事非在我,解骖见赎,世鲜其人。尚赖平反,卒蒙昭雪。

按,秦少游元丰八年(1085 年)进士及第。徐培均先生在《秦少游年谱长编》中对谢启中的这几句解释说:"乃言因某种嫌疑,致遭吏议。其蒙诏狱,盖与此有关,终因皇恩所及,'尚赖平反,卒蒙昭雪'。"①这个解释中存有两点误会:一是谢启中的这几句话其实涉及有两件事,平反诏狱只是其中之一,另一是就"发解试"而言,此不得混为一谈;二是宋人应试"谢启"例为上主考官②,不关所谓"皇恩"。换言之,少游在此感谢的是"主考官"曾经对自己身陷诏狱的施以援手,而非由于皇帝开恩才得以平反,因此是不必张冠李戴的。

考察元丰八年的省试,主考官初为李定③,后因礼部贡院火,烧毁试卷④,又命许将、陆佃、孙觉并权知贡举。⑤且由于此间神宗的病故,因此罢殿试,"内应直赴殿试者,以前举省试等第名次编排,在今来正奏名之下"⑥。少游谢启云:"特免试言,径跻仕版。"正指本年的贡举特例。如此,当年能够"贤书上献"并"解骖见赎",即少游通过"发解试"入京应试并为其诏狱平反、施救济困者,必为主考官许将等人中之一位。《宋史·许将传》载:

进翰林学士、权知开封府,为同进所忌。会治太学虞蕃讼,释诸生无罪者,蔡确、舒亶因陷之,逮其父子入御史府,逾月得解,黜知蕲州。明年,以龙图阁待制起知秦州,改扬州,

① 徐培均:《秦少游年谱长编》卷 3,中华书局,2002 年,第 222 页。
② 宋人应试,照例要向主考官上"谢启";若所感谢对象是皇帝,则称"谢表"。如《苏轼文集》卷 46 存留有《谢制科启二首》,即上主考官吴奎、胡宿等人(参见孔凡礼:《苏轼年谱》卷 4,中华书局,1998 年,第 94 页);又如神宗元丰五年的"状元"黄裳,及考后分别向皇帝上《谢赐宴表》《谢赐诗表》,而向主考官苏颂等上《谢及第启》(见《演山先生文集》卷 25)。二者界限,甚为分明。
③ 李焘:《续资治通鉴长编》卷 351"正月甲辰"条,中华书局,2004 年,第 8404 页。以下引用该书时简称"《长编》"。
④ 《长编》卷 351"二月丁亥"条,第 8409 页。
⑤ 《长编》卷 353"三月己未"条,第 8463 页。
⑥ 《长编》卷 354"四月己巳"条,第 8469 页。

又改郓州。……召为兵部侍郎。

此处提及的"会治太学虞蕃讼"，即发生在元丰元年（1078 年）十二月牵连颇广、影响恶劣且直至次年八月才结案的"太学狱"，也是神宗朝著名的一桩冤狱。①许将在这桩诏狱中，"释诸生无罪者"，在为太学生开脱罪名的同时，引火上身，遭受陷害，父子入御史台，身心受辱②，然自信无咎，理直气壮。③在元丰二年被黜知蕲州后，本传所谓"明年"起知秦州，不确。据《长编》卷 311"元丰四年（1081 年）正月乙卯"条载，本年正月十九日，许将起知秦州，但因谏官舒亶仍以"太学狱"为"薄责"为说，故并未成行——"诏追（许）将龙图阁待制知秦州敕告，依旧知蕲州"。又，《长编》卷 325"元丰五年四月甲戌"条载："朝散郎、龙图阁待制知郓州许将试兵部侍郎。"则自元丰四年正月十九日至元丰五年四月二十三日，起知秦州受阻的许将在"依旧知蕲州"稍后，便当如《宋史》本传所载，"改扬州，又改郓州"——对于这一句的理解，显然并不是说许将自蕲州任上不曾迁徙至扬州，直接去了郓州，而是曾实际到任扬州，后又改任郓州。④

许将到任扬州的"元丰四年"，与这一年间关系秦少游的两件大事"贤书上献"与"淮南诏狱"发生在同一时间段内；且他的实际到任，也有少游在这一年与苏轼的书信可证。《淮海集》卷 30《与苏公先生简》（其四）结尾说："某数日间便西行。"是少游已经由本州发解，准备沿运河西上入京应试。信中又提及：

> 得公书，重以亲老之命，颇自摧折，不复如向来简慢。尽取今人所谓时文者读之，意谓亦不甚难及，试就其体作数首，辄有见推可者，因以应书，虽亦蒙见录，今复加工如求应举时矣。

这里所指的"蒙见录"，即参加本州解试而被录取，获得了明年省试的资格。⑤取解后，当地知州要向礼部上"解状"，并设"鹿鸣宴"以送行。陈师道《和朱智叔鹿鸣席上》："已上荐书轻一鹗，更凭诗力化群鲲。"⑥是发解试于时人眼中犹如古之孝廉察举，故"上荐书"之语既指州府所上的"解状"，又兼用古典；而少游谢启中所谓"贤书上献"，也自指发解贡举无疑。

---

① 按，"太学狱"的事由结果，见徐松辑：《宋会要辑稿·职官》66 之 9，中华书局，1957 年，第 3872 页。又，参看戴建国：《熙丰诏狱与北宋政治》，《上海师范大学学报》2013 年第 1 期。

② 魏泰《东轩笔录》卷 9 载许将御史台云"十月，京师已寒"，于家门前"地坐至晓"方入（李裕民点校，中华书局，1983 年，第 103 页）。与史书所记时间不合，此不可从。盖农历十月各地已寒，不但京师；必是八月，京师入夜，已有寒意。倘为十月，则许将地坐一夜，恐性命亦不可保。

③ 见《宋史·朱谔传》录许将狱中上章，中华书局，1985 年，第 11108 页。

④ 检核《宋史》中"改""又改"例，即连续"改任"，所经盖已实际赴任；如《文彦博传》："久之，以河阳三城节度使同平章事、判河南府，封潞国公。改镇保平、判大名府；又改镇成德，迁尚书左仆射、判太原府。俄复镇保平、判河南。"（卷 313，第 10260—10261 页）迁转赴任之迹甚明。又，《王襄传》："迁龙图阁直学士、吏部侍郎出知杭州，未至，改海州，又改应天府，徙郓州。"（卷 352，第 11126—11127 页）是若不曾赴任，或明载"未至"二字。

⑤ 关于"发解试"程序，参看祝尚书：《宋代科举与文学》第五章《宋代科举的发解试》，中华书局，2008 年，第 113 页。

⑥ 冒广生：《后山诗注补笺》卷 9，中华书局，1994 年，第 326 页。

至于此时的扬州知州，少游信中又明确地说："子骏以保任不当，罢去。莘老复固辞不来。"据李之亮先生的《宋两淮大郡守臣易替考》，元丰四年知扬州者先后为鲜于侁（子骏）、孙觉、许将——万历《扬州府志》，许将在鲜于侁后；这里添入孙觉（莘老），则是依据《淳熙三山志》卷 22 载："四月四日，（孙觉）移知扬州。"①但据少游书信，孙觉实不曾赴任，仅在本年赴任徐州途径扬州而已。②故一般认为，孙觉与少游有姻亲关系，且少游曾从之游，或为元丰八年主考官中少游所感激的最为合适之人选，然衡诸史事，却是并不吻合的。因此，秦少游元丰四年在扬州被发解入京，无论是从许将的仕履抑或少游的自述，当地知州只能是许将，故在元丰八年上主考官的谢启中提及当年的"贤书上献"之事。

秦少游具体赴京的时间，孔凡礼先生《苏轼年谱》"元丰四年"条载："冬初，秦观赴京师途中致简，报得解。"此云"报得解"，即据少游书信中所谓"蒙见录"言之；但孔先生又据书信中提及"莘老"，说："乃孙觉，时知徐州，简即作于徐州。"③则非是。少游信中写道："（孙莘老）昨过此不多日，然相聚甚款，未尝无一日不数十次及公昆仲（苏轼、苏辙）"；"某来岁东归时，庶几到徐见之也"，是不在徐，而在扬，并未动身；则信中的"即日初寒"，也不必从秦瀛《淮海先生年谱》误会为"冬初"，而是秋九月为当。④又，少游《银杏帖》中所云"去岁入京，遭此追捕"——文字写在元丰五年，而诏狱之事必在四年无疑。是少游并未如其他举子一样等到来年即元丰五年正月参加省试，而是应在被发解入京之际，即遭到追捕，系于扬州诏狱之中。⑤《淮海集》卷 7《对淮南诏狱二首》，其一云：

一室如悬磬，人音尽不闻。老兵随卧起，漂母给朝曛。樊雉思秋野，韝鹰望暮云。念归忘食事，日减臂环分。

此身在囹圄，如《银杏帖》所云是"亲老骨肉，亦不敢留乡里"，故每日相对者，惟看守之老兵与送饭之漂母。此自喻为处樊笼中雉与系臂韝上鹰，自是狱中境况。其二云："淮海行摇落，文书亦罢休。"这里的"文书"，或以为是"指诗书古籍"，恐嫌浮泛。《苏轼文集》卷 48《黄

---

① 李之亮：《宋两淮大臣守臣易替考》，巴蜀书社，2001 年，第 17—18 页。
② 见茆泮林：《宋孙莘老先生年谱》，《宋人年谱丛刊》第四册，第 2237 页。
③ 孔凡礼：《苏轼年谱》，第 518 页。
④ 按，从《对淮南诏狱》诗所谓"淮海行摇落"以及发解与诏狱在时间上的紧迫也得推知，详见下文。
⑤ 秦少游被捕的更加具体的时间应该不外在入京途中与甫至京师两种可能。王葆珍认为诏狱在少游入京前已经发生，不会妨碍随后的入京应试；而周义敢则认为少游完全不曾入京。周说近是。按，清人秦瀛以及徐培均先生等皆认为少游于元丰五年在京省试，这一观点缘于秦瀛《年谱》中不曾系有少游诏狱事，而徐培均先生则将诏狱系于元丰六年之故。至若所谓元丰五年在京前后作品，如卷 6《南都新亭行寄王子发》，秦瀛以为五年下第南归后作，徐培均《笺注》已辨其非是；又如卷 37《谢曾子开》，徐培均先生系于五年在京上书；然以书中所云"辄因西行之便，略陈固陋，并近所为诗赋文记七篇献诸下执事"，必是省试前所投献的"行卷"，而徐培均先生所说为八月间作，岂非太晚？又其所据《三曾年谱》谓曾肇元丰五年八月除国史院编修，亦不足据。曾肇任此职，史载于元丰元年七月庚寅（《长编》卷 290，第 7100 页），是知必非五年事。又若系少游五年下第有所谓西游洛阳、南游黄州、庐山诸事，皆由对作品（包括歌词）的不同理解引出，周义敢先生等《重编秦观年谱》已就其中数篇加以质疑。至若少游所谓"去岁入京"，即究竟元丰四年秋到达京师否，则亦难一定；故其遭追捕或在入京途中，或甫至即被押回，异常匆迫。另，详参见下文。

州上文潞公书》提及"乌台诗案"被追捕事,说:

> 至宿州,御史符下,就家取文书。既去。州郡望风,遣吏发卒,围船搜取,老幼几怖死。妇女恚骂曰:"是好著书,书成何所得,而怖我如此!"悉取烧之。①

是少游诗中所谓"文书",自是指作者本人的文字著述;至于"文书亦罢休"之"文书",则是专指应试赴京需要进呈或者投赠的诗赋作品,亦即所谓的"行卷"。以诏狱诗中的"淮海行摇落"来看,时间也在秋天。如是,则秦少游在写就给苏轼的书信后不久,即于秋九月左右"西行"入京,旋遭追捕。可为旁证的是,与苏轼信中提及"家叔""入京改官,尚滞留京师未还",而《银杏帖》中写明"家叔已赴滨州渤海知县";又,《银杏帖》中同时提及"李端叔从军,都无闻耗,不知何如也",所谓李之仪(端叔)"从军",是指他入西北边郡的鄜州折可适幕,此事发生在元丰四年。②当是秦少游未入诏狱前,得闻"家叔"秦定入京改官以及李之仪即将前往鄜州的消息,迨少游出狱后,秦定已获改官,但不能遽知李之仪是否已经到西北。在这一时间范围内,许将自应尚在扬州任上,方有为少游平反昭雪、施救济困之事;故而在元丰八年秦少游进士及第之日,恰逢知贡举者为许将,方才于所上谢启中就"发解"与"诏狱"两事一并言之。

二

元丰四年秋,许将既在扬州任上,则少游本年发解入京,于知州许将而言,实属分内职责所在,少游于谢启中一笔提及,不过叙旧而已。然若少游旋陷入诏狱之中,则由许将施以援手,或不能无他本人所遭受"太学狱"之影响在,即更多地归属于许将本人的禀性正直与主持公义所驱使,也是符合常情常理之推论。然而,倘不能更为明晰少游所对"淮南诏狱"究竟因何而起,则无论少游所入狱事仍为谜团,纵如许将为之平反,亦不过沦为世俗侠义而已,实无关时风趋向与历史真相之宏旨。惟此事由经过,于少游而言,断为一生难以排解之苦恨,故始终讳莫如深,文字中不见留痕迹,诚属情有可原;于整个北宋政治而言,又是极为微末之事,故自来专论宋史上的"诏狱"者,取忽略之态度,亦属适当。这两种状况的合力,便造成了自来谱少游事迹诸家所慨叹的"文献不足"。然而,历史上牵连多人之一项事件的发生,不见此则见于彼,一显一晦,宛转勾连,绝非毫无踪影可寻;况且北宋一朝史料存留至今,详赡迥非前代可比,这就为考寻出词人秦少游狱事起因提供极大的可能

---

① 孔凡礼点校:《苏轼文集》,中华书局,1986年,第1380页。
② 按,"家叔"秦定仕履一事,周义敢等《重编秦观年谱》已经提及;李之仪事,参见曾枣庄:《李之仪年谱》,载《宋代文化研究》第四辑,四川大学出版社,1994年,第218页。

性。史家所总结出的文史互证之方法，不外时地人事三种要素的相合相关①；兹依循此法，先确定时、地相合，次就事体性质与人物关系考出密切相关联处。

秦少游谢启中既云"方贤书之上献，俄吏议之旁连"，是"发解"与"诏狱"二事相继发生，其间或不能容发；更从"旁连"可见，少游实属被莫名牵连其中，事前亦毫无征兆可言。上文既考少游当于本年秋九月动身入京，则"诏狱"之起，从时间上必在同时或稍前。考《长编》"元丰四年九月壬寅"条载：

> 诏奉议郎、馆阁校勘、同知礼院王仲修罚铜十斤，冲替。仲修，宰相珪之子，先谒告往淮南，谏官蔡卞言其在扬州饮宴，所为不检，签书判官邵光与之陪涉，光替罢，即差权都水监主簿，众皆喧传非笑。诏淮南转运司体量，转运使言仲修因燕会与女妓戏，有逾违之实故也。②

按，王仲修、邵光等因在扬州"燕会逾违"遭到责罚，则事发当在此前，审讯结案在九月。此事是否与少游所云诏狱相合，先看时间；少游九月入京，而王仲修一案九月即下达处罚命令，或有疑与少游行踪不能吻合。实则，少游谢启明确说是"吏议之旁连"，"吏议"一辞本自司马迁《报任少卿书》：

> 拳拳之忠，终不能自列。因为诬上，卒从吏议。家贫货赂不足以自赎，交游莫救视，左右亲近不为一言，身非木石，独与法吏为伍，深幽图圄之中，谁可告愬者？

据李周翰注："有司以（司马）迁为诬罔天子，终从狱吏之议。"③则少游用此古典以代指实际境遇，是分毫不差的。盖在少游被追捕而押回淮南之前，王仲修等人已经开始被审查，即置狱在先，而在审查过程中，辞连少游，方才从"狱吏之议"而有追捕少游之事。至若少游当日处境，与司马子长所自述，也处处相合——子长书中说"家贫货赂不足以自赎"，少游《银杏帖》中则说："治生之具，缘此荡尽。"又，子长谓交游莫救、亲近不为一言，少游亦云亲老骨肉远避他乡；至若"独与法吏为伍、深幽图圄之中"，即少游诏狱诗中所写。是所谓"吏议"定与子长原意一致，当无可疑。④而此"吏议之旁连"的通解，可证九月少游入诏狱，时间

---

① 按，蒋天枢《陈寅恪先生传》称："先生自述所用的考证方法，先确定时与地，然后核以人事。合则是，否则非。"见《陈寅恪先生编年事辑》（增订本）附录二，上海古籍出版社，1997 年，第 224 页。

② 《长编》卷 316，第 7647 页。

③ 萧统编，李善等注：《六臣注文选》，人民文学出版社影印日本足利学校藏本，2008 年，第 2522 页。

④ 按，周义敢先生等注"吏议旁连"，"是指有人讼其试赋重迭用韵，后朝旨准其中选"（见《秦观集编年校注》卷 28，第 620 页）；此说非是。据孙奕《履斋示儿编》卷 9 载秦少游《君臣相正国之肥赋》，"系中魁选，有讼其重迭用韵，遂殿举"（《丛书集成初编》本，第 78 页）。也就是说，少游因为重用韵而遭到停止应考即"殿举"的处罚，如何有"朝旨准其中选"之事？况且从试诗赋来看，这样的事情也不会发生在元丰八年——据《宋史·选举志》，早在熙宁三年进士科考试已罢诗赋，专以经义策论；直到元祐四年方才恢复诗赋科目。如此看来，孙奕所记载的秦少游这篇科场赋作，它应该作于罢诗赋科目之前即黄庭坚中进士第的治平四年（1067 年），也就是秦少游十九岁的时候。少游三十七岁中第后自云"淹留场屋，几二十年"（《登第后青词》），正与此相合。

上并无龃龉。①然欲说明少游即受此事之牵连而入诏狱,则更待确定事体性质与人物关系,即(1)何以知王仲修事即是"诏狱"性质,而非一般性质的对官员之处罚;(2)秦少游与王仲修、邵光诸人必有密切交往,方有参予燕会而受牵连之可能。

确定此事体的性质,最为关节点在于"诏淮南转运司体量"一语,即由皇帝下诏命淮南转运使"体量"王仲修"燕会逾违"之事。而最终的结果是王本人遭受罚铜与降职处分,这里所表述的经过与结果,完全符合宋代的"诏狱"程序。②或以为这段文字中并没有出现"推勘""勘劾""案"等表明立案审查的字眼,因此质疑此度淮南转运使于当地是否"置狱"。实则,王仲修等"燕会逾违"所对"诏狱",在当日并非个案,兹更举证同类型案件之史料如下。

(1)谢景初等"燕饮逾违"案。

熙宁四年二月丁丑,兵部郎中陈经为成都府路转运使,新知果州,度支员外郎、秘阁校理雍子方提点成都府路刑狱兼常平等事。仍令经等密体量监司范纯仁、谢景初、李杲卿、薛粼燕饮逾违事以闻。先是权发遣同提点刑狱李元瑜言"纯仁等更相会饮,用妓至夜深,至有掷砖石者,不敢根究,而景初、杲卿尤无仪检,尝有逾违事"故也。③

按,此条虽然只记载说是"令(陈)经等密体量",而实际结果,却是诏狱勘劾。这从它的后续事件中看得一清二楚:起初那位上奏范纯仁等人"燕饮逾违"之事的李元瑜在此后不久去世,王安石为这位在成都推行新法的得力干将请求破例的恩赐——"特与一子官",他提及了"(范纯仁)党与多为(李)元瑜奏其沮坏新法之罪被按劾"的事。④那些被"按劾"的所谓范纯仁的"党与",是否一定被直接地冠以"沮坏新法"的罪名呢? 其实未必,像这样的"燕饮逾违"之事,也是"被劾"的绝佳理由;而实际结果,恰是如此——在"密体量"一年后,这桩"诏狱"有了最终的结果,范纯仁因"失察僚佐燕游"而"左迁"⑤;谢景初与李杲卿,这两位所谓的范纯仁"党与",皆因了这个"逾滥"的理由,遭到贬官处分。之所以拖延的时间如此之长,是因为谢景初的"不服罪",才又将他押送回成都"置勘"审查。对于这件事,时为宰辅之一的冯京认为,"刑不上大夫",未免让士大夫太过屈辱了;而神宗却说谢景初"自无廉耻,如此更困辱之,亦无伤",也就是这样做也不妨事;王安石更是道出事体本质——"若悉力公家,奉行诏令,即私行有缺,尚有可矜。今既犯令陵政,又所为自无耻,且就狱辩对虚实,于景初固无可耻"⑥。问题不在谢景初是否有什么"逾滥"的事,私生活如何并不重要,不过是针对他在"沮坏新法"而已。

---

① 另外,从作为宰相王珪家连锁案件中的"一环"的王仲修案的时间来看,也能证明这一点,详见下文。
② 关于"诏狱"程序,参看戴建国:《宋代诏狱制度述论》,载《岳飞研究》第四辑,中华书局,1996 年,第 489—505 页。
③ 《长编》卷 220,第 5357 页。
④ 《长编》卷 214,第 5462 页。
⑤ 《宋史·范纯仁传》,第 10284 页。
⑥ 《长编》卷 234"熙宁五年六月壬子"条,第 5672 页。

（2）晁端彦等"燕会违法"案。

熙宁九年五月癸酉，两浙路提点刑狱晁端彦、潘良器并冲替，待鞫于润州。初，提举常平韩正彦罢归，道遇体量安抚使沈括，自首与端彦及转运使张靓、王庭老等违法赴杭州，同天节豫教妓乐燕会，靓、庭老坐张若济事已先罢，而端彦、良器有是命。前提点刑狱陈睦令转运司体量，以御史中丞邓绾言睦事连张若济也。①

按，这个案件的政治背景貌似没有范纯仁那一桩复杂深刻，其实背后也牵扯到了参知政事吕惠卿，并不是简单的事。但因为是几件案子纠缠到一起，这里仅就燕会之事而论。它明确地说被"鞫"，因此转运司参予的"体量"，也就是"诏狱"审查。结案在熙宁十年正月，本是审查知秀州华亭县张若济收受钱财等罪，牵出燕会逾违之事，除晁端彦等人外，属官包括"发运司勾当公事、秘书丞胡志忠追一官"，也是缘于"尝预廷老等大教妓乐宴会"②。

（3）陈侗"令女妓佐酒"案。

元丰三年秋七月甲申，御史王祖道言："前知湖州陈侗，昨慈圣光献太后遗诰后，侗赴任至苏州，即令女妓佐酒，于本路自首。侗之学术纰缪，行检鄙恶，众所共闻，使之出守方州，已不足率厉民俗。况遗诰所至未久，闾巷小民莫不痛心，而侗安于为之。臣窃谓侗于法虽许首免，而臣子之义何以处此，望特案治。"诏提点两浙路刑狱孙昌龄体量。昌龄言侗实令女妓佐酒，以遗诰释服无作乐之禁，故不加罪。③

按，这桩"诏狱"距离王仲修案时间与地点最近。陈侗由于在仁宗曹后的丧期"令女妓佐酒"，属于逾违之事，遭到御史的奏举，是理所应当之事；鉴于他主动自首，且此次丧期并无"作乐之禁"，因此虽然"诏"两浙路的提刑官"体量"，从最终结果"不加罪"来看，显然是诏狱勘劾的结果是符合实情之故。

以上所举神宗熙、丰年间的三事，虽事体复杂程度各有不同，然可见其间的共通点，即由皇帝下诏，由监司官（包括转运司、提刑司等）于本地置狱，勘劾发生在当地的官员燕会逾违之事。而元丰四年的王仲修案，正是诏令扬州转运司对其诸人"燕会逾违"的"体量"，并最终在九月下达处罚命令。这应是当日所习见的"诏狱"，似无疑问。惟秦少游以一介之士，如何能够参予宰相王珪之子王仲修的燕会之中，此更需细绎其间存在的密切关系。

考秦少游与王仲修本人之交往，集中无直接说明。然《淮海集》卷37《上王歧公论荐士书》云："比者先人之友乔君执事，奉使吴越，道过淮南，具言常辱相公齿及名氏。属乔君喻意，使进谒于门下。"此元丰七年（1084年），少游以一介之士赴京应试，能够上书当朝宰相；且王珪也能够获知扬州有一举子秦观者，绝非少游父执为之传语这样简单，当是曾通过其子王仲修。又，《淮海集》卷26《代王承事乞回授一官表》，所代者即王珪兄王琇之子王仲

① 《长编》卷275，第6731—6732页。
② 《长编》卷280，第6855页。按，"廷老"即上文中"王庭老"。
③ 《长编》卷306，第7443—7444页。

甫。这封上表所关涉的事件,与王仲修扬州燕会逾违案颇有相关合之处。据史载,王琥、王仲甫父子也是在元丰四年被御史检举行为不检点而遭到"劾治",其被处分时间在六月,即在王仲修被处分前三个月,亦为"诏狱"性质。王仲修燕会逾违案与王琥、王仲甫父子行为不检案,在时间前后相联属,且同是宰相王家之事,绝非偶然。原来,王琥、王仲甫父子案,首先牵连到的是王珪之子王仲端——史载,他于本年七月四日入大理寺狱遭到勘劾。时为大理寺丞的朱援,曾受王安石之弟、时为翰林学士的王安礼以及大理少卿朱明之的举荐,朱明之的妻子又是王安礼之侄,而王安礼与宰相王珪有隙。由此,朱明之便授意朱援,"劾(王)仲端有奸状"。甚至朱明之与王安礼之子王防还伪造事实,"意欲传达言事者以闻,根治(王)仲端则事连(王)珪"①。虽然最终这项政治阴谋破产,但在这一以权力争斗而互相倾害的连环事件中,对立双方是不会错过任何有利于己的"一环",而王仲修在扬州的"燕会逾违"恰恰也便成为这一环,所以知者,是最早揭发此事的"谏官蔡卞",乃王安石之婿,史书明确记载他是与王安礼、朱明之等一道与宰相王珪有隙。

从秦少游代替王仲甫所撰《乞回授一官表》即事发四年之后的元丰八年(1085 年)请求皇帝回授一官与王琥来看,王仲甫并未受到实际处分,而王琥却放归了田里。这里相当值得一提的是,王仲甫是熙丰年间名声在外的"词人",而据叶梦得说,秦少游的歌词也是"元丰间盛于淮楚"的。②不过,后来人大多遗忘了"词人王仲甫",除了歌词作品散佚之外,也是缘于南宋时代对"王仲甫""王观"的混淆。据王兆鹏先生等的《两宋词人丛考·王仲甫考》,南宋人言称"王通叟"词为王观作,"王逐客"词多为王仲甫;"至于明确称王仲甫所作者,则可视为其本人作品无疑"③。这一考证结果大体可信。我们这里希望说明的是王仲甫以歌词名家,早传声誉于士大夫间,由于出身地位不同,当日少游亦难望其项背。此中的一个好例,也是与王珪家连锁案件有关的一例,是王安石《送程公辟得谢还姑苏》诗云:

东归行路叹贤哉,碧落新除宠上才。白傅林塘传画去,吴王花草入诗来。唱酬自有微之在,谈笑应容逸少陪。除此两翁相见外,不知三径为谁开。

其中"谈笑应容逸少陪",王安石自注:"王中甫善歌词,与相与唱酬。"李壁注:"中甫,王介也。"④按,李注既云此诗乃元丰四年(1081 年)送程公辟告老之作,而"王介"已于熙宁九年(1076 年)身故⑤,则王安石诗自注所云善歌词之"王中甫",定为王珪之侄"王仲甫"之讹。且王安石此首诗于"唱酬自有微之在"有另外一条注,云:"少保元绛,谢事居姑苏。"是以"元微之"指称"元绛",与以"王逸少"指称"王中甫"同例,也是直呼"元绛"其名,而非称其

---

① 《长编》卷 317,第 7665—7666 页。

② 叶梦得:《避暑录话》卷 3,上海书店据涵芬楼旧版影印,1990 年,第 1 页。

③ 王兆鹏、王可喜、方星移:《两宋词人丛考》,凤凰出版社,2007 年,第 36—45 页。

④ 李壁注,高克勤点校:《王荆文公诗笺注》卷 26,上海古籍出版社,2011 年,第 647 页。

⑤ 见孔凡礼点校:《苏轼诗集》卷 14《同年王中甫挽词》,第 689 页。

字曰"元厚之"。考元绛之在姑苏，正因元丰二年"太学狱"牵连，外放后致仕之故。不过，据王安石诗及自注，云："除此两翁相见外，不知三径为谁开。"元绛以"翁"称之，可也；而王仲甫恐从年岁上讲，难当得起这个"翁"字。且无论程公辟抑或元绛，皆已经致仕；王仲甫仕履虽然不能详知，但据秦少游代王仲甫文，云："臣昨自元丰元年，蒙恩授大理评事，继奉新制改承事郎，逮及七年，未曾磨勘。"是元丰间始终为官之身，如何得与两位谢事老臣并举呢？王安石纵入老境，亦不得颠顸至此。这里可能出现的讹误，是身在江宁的王安石混淆了王琦、王仲甫父子。盖此时居于姑苏者，并非王仲甫，而是元丰四年六月被"放归田里"的王琦。据《中吴纪闻》卷4载：

徐师闵字圣徒，仕至朝议大夫，退老于家，日治园亭，以文酒自娱乐。时太子少保元公绛、正议大夫程公师孟、朝议大夫间丘公孝终亦以安车归老，因相与继会昌、洛中故事，作九老会。章岵为郡守，大置酒合乐，会诸老于广化寺。又有朝请大夫王琦、承议郎通判苏湜与焉。公赋诗为倡，诸公皆属而和之，以为吴门盛事。①

此云程公辟、元绛等为九老会，而王琦恰在姑苏，得以与会，可为王安石误"父"（王琦）为"子"（王仲甫）之明证了。

秦少游既有为王仲甫代写上表事，又能直接上书宰相王珪以自荐，则秦少游与王家子弟之关系可以略见一斑。至若王仲甫与秦少游俱为善写歌词之能手，此虽不能为两者间的关系提供确凿证据，然亦为人事往来（尤其是"燕会"）不可忽略之重要一因。至若曾经陪同王仲修燕会而有"不检"举动的邵光，由于曾是扬州签判，与秦少游更有直接且频繁的往还。少游曾称他是"风流从事"②，此虽不过当年士大夫娱乐生活之习见用语，但以王仲修案中所见，也并非泛泛酬对虚语可知。

三

秦少游元丰四年秋九月所对"淮南诏狱"之事由既已考知如上，则此一事件性质与当日因"燕饮"引发的"诏狱"案件并无不同——源自政治势力间的斗争，而探取士大夫隐私莫辨之事，最终肆意牵连，受害者众。且从时间上来看，案件的发展又是极为迅迫——王琦、王仲甫父子本年六月结案，七月即更牵连王珪之子王仲端，而王仲修等于九月在扬州狱具。此际少游正被发解入京，试图通过这一次的折节读书，改变屡试科场落败的厄运，

① 龚明之撰，孙菊园点校：《中吴纪闻》，上海古籍出版社，1986年，第93页。
② 见《淮海集》卷3《和游金山》、卷30《与邵彦瞻简》（其一），第117、995页。

未料这更为巨大的不幸突然降临。以少游当日之身份地位而论,不但不能遽知其中复杂的政治背景,而且从他存留的与这次"诏狱"有关的文字来看,悚惧之中更存留有极大困惑,毕竟秦少游不外淮南一介之士,乃是一个未曾入仕的举子,如何便能被牵连入士大夫群体的案件之中?

欲于此有一明确回答,需照顾两个方面,首先是神宗朝的"诏狱",多数有着深刻复杂的政治背景与权力争斗,因此是株连之广,令人气索;张舜民《画墁录》载:

元丰中,诗狱兴,凡馆舍诸人与子瞻和诗,罔不及。其后刘贡父于僧寺闲话子瞻,乃造语——有一举子,与同里子弟相得甚欢。一日,同里不出,询其家云:"近出外县,久久复归。"诘其端,乃曰:"某不幸典着贼赃,暂出回避。"一日,举子不出,同里者询其家,乃曰:"昨日为府中追去,未几复出。"诘其由,曰:"某不幸和着贼诗。"子瞻亦不能喜愠。①

张舜民记载的刘攽所说的事,既然是"造语",自无根据;但此事具备熙丰间"诏狱"的通性事实,则无可怀疑。这里虽然只是举著名的"东坡诗案",但类似所谓"诗狱"者,张舜民自身也有亲身经历。②值得注意的是,刘攽说的这个故事中的主角,恰恰也与秦少游一样是一位"举子"。同样,在当日堪称大案的"太学狱",牵连所及,"上自朝廷侍从,下及州县举子,远至闽吴,皆被追逮。根株证佐,无虑数百千人,无罪之人,例遭棰楚,号呼之声,外皆股栗"③。这也就无怪乎当人们看到秦少游曾经有过对"淮南诏狱"的经历,会立即将它与文学史上著名的"东坡诗案"相关联——这自是于史无征的事,莫说东坡与少游的文字中不曾言及,即以"诏狱"的制度论,它的设置是"因事置推,已事而罢"④;也就是说,上述无论是刘攽对"东坡诗案"编造的故事,还是"太学狱"的实际情况,都是发生在"诏狱"设置的期间,因此是不会出现已经于元丰二年冬天结案的"东坡诗案",到了元丰四年的秋天又找到秦少游来重新审讯的事。

若以"诏狱"株连过广,会"下及州县举子",便认定秦少游被牵连其中无可避免,这还只是就神宗朝"诏狱"的一般性而言;对于秦少游所对的"淮南诏狱",尚有一特殊事项不容错过,即它的起因——从权力斗争的角度说,便是倾轧打击对手的借口——是所谓的"燕会逾违"之事。此类事体,究竟会有哪些具体事件被认定为"逾违"? 一般认为,"燕饮"是士大夫私人生活的娱乐事件,是不易指明的,即以王仲修案来看,史书所载亦不过"与女妓戏"数语带过而已。因此,说这些事件不易指明,是;但要说这由于私人事件之故,则未必是。鉴于此种特殊事项,于以歌词名家的秦少游关系非同一般,且将会深刻影响到他后来

---

① 张舜民:《画墁录》,《丛书集成初编》本,第7页。
② 按,张舜民曾因"作诗讥讪"而下"鄜延诏狱"。见《宋史》卷347《张舜民传》,第11005页。《长编》卷330"元丰五年冬十月"条,第7958页。又,《淮海集》卷3《和孙莘老题召伯斗野亭》后附录张舜民诗,云:"意同伯喈死,苟与卫士顷。"即指他身陷诏狱之事。
③ 刘挚:《论太学狱奏》,裴汝诚、陈晓平点校:《忠肃集》卷4,中华书局,2002年,第90页。
④ 马端临:《文献通考》卷167,中华书局,2011年,第4997页。

的仕途以及文学创作，因此有必要作进一步的考察。以北宋时代所发生的因"燕饮"或涉及"燕饮"出现的"诏狱"案件来看，所谓的"逾违""逾滥""违法"之事，大体可以分为三类。

时地有碍，即燕饮设置的不合时、不合地，如宋真宗大中祥符二年（1009 年）四月壬寅，"诏内外群臣，非休假，无得群饮废职"。起因是"知湖州苏为率官属涉溪载乐，诣道山祈雨，会饮暮归，舟重而侧，判官刘继能及乐妓二人溺死"①。此一月之中，必须选择假日燕会，否则可能便被认定为"逾违"。又如上举熙宁四年二月的谢景初案，被李元瑜举报是"用妓至夜深，至有掷砖石者"；即在一日之中，也需要有所节制。至于地点不合者，则著名的苏舜钦"进奏院案"，即作为进奏院的官员，在官署祠神时，"鬻故纸公钱召妓乐"，与"女妓杂坐"②，便是一例。若是"丧期"（包括国家与个人），自是严格禁止，而政敌们也往往会以此作为攻击的手段，纵然找不出实据，也会起到混淆视听的作用，如元祐三年（1088 年），赵挺之和韩川对黄庭坚的攻击便是。③

公私错乱，即召妓乐燕会之事，并非彻头彻尾的私人生活，由于官妓、营妓"入籍"，举行燕会以及与妓女往来是有所限制，换言之，这些娱乐生活本身将涉及"公事"，稍有不慎，便会落人口实，成为罪状。如仁宗景祐元年（1034 年）三月，谏官刘涣被贬黜为通判，撇开背后牵涉到仁宗废郭皇后一事不论，攻击他的"政治借口"便是他早年在并州时"与营妓游"，而他当年写给这位营妓的书信被人"缴奏"，成为无可辩白的证据。④又如仁宗庆历四年（1044 年）十一月，蒋堂因"私官妓"，"为清议所嗤"，这成为他被调离益州的一个触媒⑤；而熙宁七年（1074 年）十二月，知齐州李肃之举报"提举常平等事吴璟"的罪状之一是"收郓州官妓魏在家"，由此"诏转运司案实以闻"⑥，即设立"诏狱"审查。不过，如果官妓脱籍，士大夫不妨取以为"妓妾"，只是仍不免被视为行为不修。⑦

职务限制，即相对于上述两条"燕会逾违"之事在具体情境下尚存留有松动的空间，即是否满足被举奏定罪的条件，并无一定；且若不涉及政治斗争，亦不甚纠察。⑧但某种特殊职务的官员，不许参予燕会，在北宋一朝却有制度可循。张舜民《画墁录》载："嘉祐以前，惟提点刑狱不得赴妓乐；熙宁以后，监司率禁，至属官亦同。唯圣节一日，许赴州郡大排

---

① 《长编》卷 71，第 1603 页。
② 《宋史》卷 442《苏舜钦传》、卷 294《王洙传》，第 13079、9814 页。又，《长编》卷 153，第 3715—3716 页。
③ 《长编》卷 411，第 10000 页。另，参看拙文《黄庭坚〈小山集序〉的思想史考索——北宋后熙丰时代词学走向研究之一》，载赵敏俐主编：《中国诗歌研究》（第十辑），社会科学文献出版社，2014 年。
④ 《宋史》卷 324《刘涣传》，第 10493 页。又，《长编》卷 114，第 2672 页。
⑤ 《宋史》卷 298《蒋堂传》，第 9913 页。又，《长编》卷 153，第 3725 页。
⑥ 《长编》卷 258，第 6295 页。
⑦ 《宋史》卷 303《唐询传》，第 10043 页。
⑧ 按，譬如"非假日不得用妓乐"，在后来的具体施行中，并不严格；若"监司得替、知州转官，虽非假日，许用妓乐"的事，是时有发生的；见《长编》卷 498 曾布对吕温卿的指责，第 11853 页。另，参看张邦炜《宋代婚姻家族史论·两宋时期的性问题》，人民出版社，2003 年，第 136—140 页。

箧。"①监司官(发运、转运、提刑官)如果触犯了这条禁令,将被"徒二年";直至元祐四年(1089年)十一月,这条法令才被更改。②由此可知,上文中引述的"燕会逾违"的案例中,如熙宁四年的谢景初案、熙宁九年的晁端彦案都是当事人身为监司官引发的;而在神宗朝凡涉及此类案件,也往往交由监司官来置狱审理。秦少游所涉及的王仲修案,即是由当地的转运司来置狱的。③

此外,与秦少游关系最为深切的,是元丰元年正月,在知永兴军吕公孺的请求下,"诏自今学官非公筵不得豫妓乐会"④。这一条禁令是否严格执行,又延续到何时,尚不能确知;然而从秦少游《银杏帖》中自述出狱后,希望友朋为自己"谋一主学处",即州县学官以解除当前的经济困境,则可以推知在入狱之前,不能排除少游曾经担任学官的可能性。此一段经历,史无明文,仅能推定止于此;然秦少游元丰八年(1085年)入仕后,在蔡州任教授数年,则是一生仕途的开始。而就是在蔡州,宋人间曾盛传有少游与营妓娄东玉、陶心儿等过从甚密之事。⑤以后来人之记载来看,此不过资一时之谈助,然当事人之处境而论,却是导致极其严重之后果。据《王直方诗话》载:

山谷避暑城西李氏园,题诗于壁云:"荷气竹风宜永日,冰壶凉簟不能回。题诗未有惊人句,会唤谪仙苏二来。"少游言于东坡曰:"以先生为苏二,大似相薄。"少游极怨山谷《和寄寂斋诗》云"志大略细谨",言蔡州事少人知者,因此句使人吹毛耳。⑥

倘仅为友朋间的文字争胜与相互超越,岂能致少游于山谷之态度出现"极怨"? 此必是当年扬州"诏狱"之事始终萦绕难去,而今纵然已非熙丰诏狱大兴的时代,且秦少游也已经入仕,但身为学官而有与营妓交往密切,不免会授人口实,轻则成为少游仕进之阻碍,重则不免重演淮南诏狱之事。此少游心中隐痛而难以启齿告人者,纵然是王直方亲见少游与山谷之事,然以贵公子身份,岂能知少游这样的文士有过何种艰难苦恨之经历? 故其所记诸事,终不过是皮相之谈。况且这条记载,也并非完全符合事实;《淮海集》卷6《观觐二弟作小室请书鲁直名曰寄寂作此寄之用孙子实韵》云:"汝兄鲁叔山,正坐不前谨。"是山谷在诗中提及少游"志大略细谨",比之少游自述"正坐不前谨",尚为十分含蓄地暗示当年之事,如何又会引来王直方所记之事。不过,这里所云"使人吹毛",是确有其事的,除了史书中

---

① 张舜民:《画墁录》,第19页。
② 《宋史·哲宗纪》,第330页。
③ 据李之亮《宋代路分长官通考》上册(巴蜀书社,2003年,第23、46页)所考证,元丰四年淮南转运使为卢秉,副使为吕希绩。
④ 《长编》卷287,第7015页。
⑤ 胡仔编纂,廖德明点校:《苕溪渔隐丛话前集》卷50引《高斋诗话》,人民文学出版社,1984年,第339页。又,任渊:《山谷诗集注》卷11《次韵孙子实寄少游》,刘尚荣点校:《黄庭坚诗集注》,中华书局,2003年,第394页。
⑥ 胡仔:《苕溪渔隐丛话前集》卷50,页339。

明确记载的少游在由选人改官时被攻击为"素号薄徒，恶行非一"之外①，他在蔡州学官任上已经身陷类似的窘境。《淮海集》卷5《送裴仲谟》诗云：

> 汝南古佳郡，月旦评一易。而来似扬州，不辨龙蜥蜴。短簿髯参军，喜怒移顷刻。正平竟获免，实我文举力。

注家于以上数句，往往能明其古典所据，而不能指出今典所在，甚而更误会此数句乃指"裴仲谟"之事迹。实则，此是在今所知的少游言及"淮南诏狱"的文字之外，为数不多的提及当年之事者，但仍是十分隐晦。他说汝南（蔡州）是自古以来的佳郡，有著名士月旦的传统；然而未料在我来为学官的时候，它也变成了扬州，竟发生良莠不辨、诬罔善人的事。少游所提及者仅此，但明眼人应不难知道，此时他心中所留存的正是那当年的狱事屈辱。下面继续说，"短簿髯参军，喜怒移顷刻"，这是在讲蔡州受人排差之窘境，他在《送张叔和兼简黄鲁直》的诗中打了这样一个譬喻："汝南如一器，百千聚飞蚊。终然鼓狂闹，啾啾竟谁闻。"来说明自己的难以忍受。与在扬州诏狱时，得遇许将一样；少游在蔡州，也碰到为他济困的"太守"王存，此即"正平竟获免，实我文举力"二句以祢衡自比，而以孔融比王存，是幸有如孔文举之类的知州，自己方获免于责难。

发生在元丰四年秋天的王仲修等"燕会逾违"案之所以能够事连尚未入仕的淮南举子秦少游，除了熙丰时代"诏狱"所具有的因政治斗争的需要而株连甚广的普遍性质之外，还有这"燕会逾违"所涉及的具体事件如"时地有碍""公私错乱"等，实在是士大夫燕会无可避免之事；它是否够得上置狱审查，却并不取决于事件本身。如此，举子之身的秦少游入淮南诏狱，实在是冤枉至极却又是无能申辩。盖以燕会逾违事件本身言之，少游之不能免除当无可疑，留存至今、宛转动人的艳情小词，从侧面证明了这一点；然而以此类案件背后的政治角力来看，则少游不过其词中所写"曾陪燕游"（《梦扬州》）而已，此文士何辜而成为"贵人"与"士大夫"间争斗的牺牲品。

关于秦少游狱事的考证，可得如下结论：元丰四年秋九月，秦少游在扬州发解，入京应试；与此同时，淮南转运司受诏命在扬州置狱勘劾宰相王珪之子王仲修、扬州签判邵光等人的"燕会逾违"之事。在审查过程中，由于秦少游与王仲修、邵光等有过从，且极有可能直接参与了"燕会逾违"的具体事件，而当日少游或更有州县学官之职在身，因此遭到追捕，下诏狱审查。以举子之身的秦少游而言，遘逢不幸，或不能确知所谓王仲修等"燕会逾违"案，实在是庙堂之上翰林学士王安礼与宰相王珪之间政治权利斗争的波及所致；而如此株连甚广之势，亦熙丰大兴"诏狱"的常态。曾经亲身经历"太学狱"困辱的许将，此时恰知扬州，于少游施以援手，应是最终免除了对他的实际处罚。虽然，秦少游未曾入仕前所

---

① 见徐培均：《淮海集笺注》附录一《秦观年谱》"元祐五年""六年"，第1700、1707页。

遭受的狱事屈辱,对其后来的仕途产生了深重影响。这在当日不仅成为直接阻挠少游仕进的障碍,而且对少游的行为处事形成挥之不去的阴云,即便在他艰难地入京为官后,如宋人记载少游与馆阁诸人赋诗,为人取笑为"又入小石调",此戏谑之中夹杂着现实不公的残酷。时地移易,后来学者于所谓"女郎诗"作反复争辩,或是或否,此于时代的夹缝中寻得喘息的文士秦少游之艰难尴尬的处境,或又不免失于体察。总之是狱事背后的政治斗争对于少游这样身份与地位的文士而言,并不构成话题;反倒是引发狱事的表面事件即所谓"燕会逾违"的那些极为琐细且隐私之事,成为古今人的谈助,可谓通力合作造就出一位词人秦少游。

宋代童子科新论*

周扬波**

　　宋代科举制历来备受学界关注,但其中童子科由于选拔对象低龄且小众,研究成果屈指可数,尚存疑问和剩义。宋采义是国内较早探讨童子科的先行者,肯定了该科对宋代选举和教育的贡献,同时也认为其存在许多"难以克服和不可能克服的弊病"[①]。汪圣铎在肯定该科"一定的积极作用"后,认为其"过于偏重死记硬背和脱离社会实际",所以"失败的教训多于成功的经验"。[②]许友根认为宋代童子科属于制科,并探讨了该科的选人及影响。[③]祖慧、周佳则以统计成才比例的方法肯定了该科选拔人才的成效,并认为该科非常选的临时特征便于国家调控文治导向。[④]汪潇晨利用《宋代登科总录》的数据与传记资料,探讨了该科的停开频次、人数变化、待遇仕途及籍贯分布。[⑤]另有朱红梅[⑥]、刘钰琳[⑦]两篇硕士论文跨代探讨含宋在内的古代童子科,限于学力,问题不少。总体来说,已有成果大体解决了宋代童子科的沿革、程序、内容、待遇等基本问题,但在两个重要议题上存在较为突出的矛盾:一是成效评价,负面评价基于其专重诵记的选拔方式,肯定者则着眼于选拔结果中的优质人才;二是科目性质,或认为其属制科,或认为其属既非制科也非常科的特科。以上对立主张各有依据,之所以矛盾,是因为皆限于断代且囿于各自视角,故未能得出全

＊　本文原载于《人文杂志》2019 年第 11 期。

＊＊　周扬波,苏州科技大学历史系教授。

①　宋采义:《谈宋代神童举》,《史学月刊》1989 年第 6 期。
②　汪圣铎:《宋代的童子举》,《文史哲》2002 年第 6 期。
③　许友根:《宋代童子科考述》,《孝感职业技术学院学报》2002 年第 1 期。
④　祖慧、周佳:《关于宋代童子科的几个问题》,《中国史研究》2005 年第 4 期。
⑤　周佳、汪潇晨、平田茂树:《〈宋代登科总录〉与宋代科举政策变化研究》,《浙江大学学报》2017 年第 1 期。
⑥　朱红梅:《唐宋童子科研究》,陕西师范大学硕士学位论文,2005 年。
⑦　刘钰琳:《论童子举》,重庆师范大学硕士学位论文,2011 年。

面结论。本文拟在长时段的视野下纵向梳理宋代童子科的新变和影响,力求对其性质和成效得出较为清晰的认识,并对其在科举史中的地位做出较为中肯的评价。

一、童子科的屡废屡兴

南宋咸淳二年(1266 年)七月,礼部侍郎李伯玉上言:"人材贵乎善养,不贵速成。请罢童子科,息奔竞,以保幼稚良心。"宋度宗准奏,次年罢童子科。①自唐代设立以来,童子科废兴频繁,至此归于沉寂,且经元代短暂复设后永久废止。

李伯玉所谓"速成",是指童子应试能力达到登科要求;而"善养",可以理解为在童子成年之前充分培育综合素养。两者之间矛盾的难以解决,应是该科数百年来废兴无常的根本原因。童子科废兴频率为历代科举各科目最高,唐五代废止次数分别为四次和三次,两宋合计九次(见表1)。目前相关成果都关注到了童子科的屡废,却未留意唐五代与两宋频率的差异,以及屡废又屡兴的深层原因。宋代虽然合计废止九次,但北宋在不足百年间即废止七次,却仍屡废屡兴,南宋仅有两次(最后一次废后不设),表明童子科从北宋到南宋存在一个由动荡趋于稳定的过程。

表1 唐五代两宋童子科废兴表

朝代	序次	废止年份(事由)	重设年份(事由)	出　处
唐	1	代宗,764 年(不在常科)	代宗,766 年(不明)	《册府元龟》卷 640《贡举部·条制二》
	2	代宗,775 年(不明)	不明	同上
	3	文宗,837 年(俾繇正路,冀绝幸门)	不明	《册府元龟》卷 641《贡举部·条制三》
	4	宣宗,856 年(年齿已过,所业常流)	宣宗,859 年(不明)	同上
五代	1	后唐庄宗,925 年(不明)	不明(虽是有命,而以童子为荐者比比有之)	同上
	2	后晋高祖,940 年(止在念书)	后晋少帝,944 年(将阐斯文,用广旁求)	《旧五代史》卷 148《选举志》
	3	后周世宗,955 年(抑嬉戏之心,教念诵之语)	不再重设	《册府元龟》卷 642《贡举部·条制四》

---

① 《宋史》卷 46《度宗本纪》,中华书局,1985 年,第 896 页。

续表

朝代	序次	废止年份(事由)	重设年份(事由)	出　　处
北宋	1	仁宗,1023 年（诏乞试童子王国祥候年长令应举）	仁宗,1025 年（不明）	《宋会要辑稿·选举》9
	2	仁宗,1038 年（不得奏念书童子）	仁宗,1041 年（不明）	同上
	3	仁宗,1051 年（不得申奏发遣念书童子）	英宗,1064—1067 年间（不明）	同上
	4	哲宗,1086 年（乞试童子诵书册得收接）	徽宗,1104 年（不明）	同上
	5	徽宗,1110 年（更有似此之人不许陈乞试验）	徽宗,1112 年（不明）	同上
	6	徽宗,1112 年 9 月（陈乞诵书并不试验）	不明	同上
	7	徽宗,1112 年 12 月（不明）	徽宗,1114 年（国子监小学生李徽、金时泽合格优等）	同上
南宋	1	高宗,1133 年 3 月（求试诵书、习射九童子各赐束帛归本贯）	高宗,1133 年 4 月（不明）	同上
	2	度宗,1267 年（息奔竞,以保幼稚良心）	不再重设	《宋史》卷 46《度宗本纪》

从唐到北宋的频繁废兴到南宋的渐趋稳定,其间经历了什么转变？唐五代废兴之间虽数作调整,但收效甚微。①唐初对于登科童子,根据考试成绩或赐官或赐出身②,代宗大历三年改为全赐出身。③这些人中除少数赐官者外,多数赐出身者出仕须守选。五代后唐明宗规定童子科"及第后,十一选集"④,王勋成认为此制由唐代沿袭而来。⑤唐五代童子科及第后若求早日出仕,尚可选择再考制科、吏部科目选、进士科等。⑥但据朱红梅对唐五代童子科入仕情况的统计,唐代直接由童子科入仕者 32 人,占中童子科者总数 53 人的60.38%,而再由制科等方式入仕者仅 2 人,其他尚有不明情况者 19 人；五代直接由童子科入仕者 4 人,虽然只占中童子科者总数 14 人的 28.57%,但由于尚有 8 人情况不明,所以这

---

① ⑥　金滢坤：《唐五代童子科与儿童教育》,《西北师范大学学报》2002 年第 4 期。

②　《新唐书》卷 44《选举志上》,中华书局,1975 年,第 1162 页。

③　王溥著,牛继清校证：《唐会要校证》卷 76《贡举中·童子》,三秦出版社,2012 年,第 1199 页。

④　《文献通考》卷 35《选举考八·童科》,中华书局,2011 年,第 1018 页。

⑤　王勋成：《唐代铨选与文学》,中华书局,2001 年,第 61 页。

个比例仅是保守估计,而可考由进士科等方式入仕者仅 2 人。①总体来说,唐五代多数童子登科后都选择守选待仕,政府对他们漫长的待选期并无妥善安排。"名成贡院,身返故乡,但刻日以取官,更无心而习业"②,是当时登科童子守选的常见状态。唐五代并未有效解决童子科"速成"和"善养"的矛盾,始终未能选拔出满意的人才群体,故而屡兴屡废。

北宋及南宋初期童子科尚属废兴不定的特科,且每科登科不过二三人。但从孝宗淳熙八年(1181 年)始推行登科分等和黜落制③,表明童子科趋于制度化,登科人数也明显增多。宁宗嘉定十四年(1221 年),童子科实行由州军到国子监到中书三级考试制度,并规定"每岁以三人为额"④,表明宋代童子科此时已是常科,同时政府试图控制登科规模。可以见出,南宋童子科的稳定,背后有着较为明显的制度化努力,值得深入探究。

二、两宋童子科的变迁

纵观两宋童子科变迁,可以发现其在制度上不断调整,远较唐五代丰富和完善,根据集中记载的《宋会要辑稿·选举》9 之《童子出身》及相关史料,具体可以分为以下三个阶段:

第一阶段(太宗朝至真宗朝):此期以承袭唐五代制度为主,但已有所创新。应试合格者沿袭前朝赐童子出身,优异者径授秘书省正字等官。而杨亿、邵焕、宋绶、晏殊等杰出者于秘阁读书,则是宋代新创。应试方式以皇帝亲自召试为主,其他尚有国学考试、中书试等,报名方式主要是州路荐名和诣阙自陈等,所以此时性质上属于接近制科的特科。⑤

第二阶段(仁宗朝至徽宗朝):本阶段是调整频率最繁而又初显宋制新貌的时期。废兴频率上,罢科多达七次。仁宗即位次年(1023 年),由刘太后垂帘听政的宋廷令乞试童子王国祥候年长应举,是有记载的宋代首次拒绝童子应试。天圣七年(1029 年)赐童子刘应祥出身后,令于国学听读。以上两项变动,初步体现出宋廷将童子科与进士科、学校教育融合的愿望。仁宗明道二年(1033 年)亲政后,先后应试的四位童子无一称旨,仅各赐绢二十匹,此为宋童子科黜落之始。之后即在景祐五年(1038 年)声明"今后不得奏念书童子",

---

① 朱红梅:《唐宋童子科研究》,第 23 页。
② 张允:《请罢童子科奏》,董诰等编:《全唐文》卷 855,中华书局,1983 年,第 8968 页。
③ 徐松:《宋会要辑稿·选举》9 之 30,中华书局,1957 年,第 4411 页。
④ 《宋会要辑稿·选举》12 之 40,第 4467 页。
⑤ 《宋会要辑稿·选举》9 之《童子出身》,第 4407—4411 页。本节文献出处由于以《宋会要辑稿》该篇为主,故除其他史料外,不另逐一出注。

并在赐数位童子出身后（其中庆历七年赐郑佐尧出身后许国子监听读），又于皇祐三年（1051年）重申罢科，且终仁宗朝未复科。哲宗元祐元年（1086年）再次罢科，但之前童子朱君陔受赐出身时，诵书成绩"为第一等"，且其兄弟朱君陛仅受赐绢，表明此时不但有黜落机制，且对考试成绩作了分等。徽宗即位初期，在先后录取和黜落几位童子后，于大观四年（1110年）宣布罢科。政和二年（1112年）九月拒绝了九名童子乞试，并于同年十二月重申止绝。继于政和六年将念书童子应试年龄由十五降低至十岁，尽管四年后又取消了这项限制，但结合徽宗不断调整且录取有限的情况，说明宋廷对童子科相当不满且一直试图努力改善。徽宗朝做出的最重要调整，是政和五年（1115年）①赐国子监合格优等小学生金时泽、李徽童子出身，并赴将来廷试，这是继仁宗赐童子出身令于国子监听读后，首次将童子科与学校升级体系、进士科三方面结合起来。

第三阶段（高宗朝至南宋咸淳三年罢科）：此期仅在高宗初期罢科一次，此后即趋于稳定，是自唐以来童子科最为稳定时期，也是宋制完善成形的时期。高宗于绍兴三年（1133年）以"可以知人主好恶，不可不审"为由，拒试九童子而各赐束帛遣归本贯。绍兴二十八年高宗君臣之间作了一番颇具代表性的对话，高宗说应考诵书童子"未闻有登科显名者"，参知政事沈该回奏"此等但能诵读，未必能通义理作文"，表明与历届宋廷相似，高宗政府仍觉童子科人才质量堪忧。但高宗贡献了两大重要革新举措，也是宋代童子科由动荡趋于稳定的关键举措。一是绍兴三年（1133年）诏童子林佐国与免文解一次，从此免文解成为次于赐童子出身一级的奖励手段，也成为最主要的奖励手段，进一步将童子科与进士科结合。二是绍兴二十八年（1158年）因礼部援引真宗朝童子黄敖中书再试例，高宗下令今后童子（含诸州保明和奏乞两类）先送国子监考试，合格后再送中书覆试，确立了童子科的覆试制度，推动了童子科的制度化。孝宗淳熙八年（1181年），诏童子科合格者分三等，上等推恩赐童子出身命官，中等免文解两次，下等免文解一次；中书覆试不合格者，赐帛。在之前童子科与进士科结合的基础上，进一步将其制度化。宁宗嘉定十四年（1221年），针对童子科冒龄滥取痼疾，下诏："自今后童子举每岁以三人为额，仍令礼部行下诸路州军，须管精加核实年甲挑试，结罪保明申礼部。国子监定以三月初七日类聚挑试，将试中合格人具申朝廷，用三月十七日赴中书后省覆试。"②这是两宋童子科首次确定取放名额和试期，并确立了童子结保由州军到国子监再到中书的三级考试程序，意味着宋代童子科经二百多年在特科与常科之间摇摆的状态后，终于确立为常科。之后实行的状况，成书于理宗端平三年（1236年）的《朝野类要》有载："十岁以下能背诵，挑试一经或两小经，则可以应补州

---

① 《宋会要辑稿·崇儒》2载政和五年，而同书之《选举》9载政和四年。据《崇儒》2政和四年条制，优等四人，曹芬、骆庭芝同上舍出身，成绩更优者金时泽、李徽童子出身。
② 《宋会要辑稿·选举》12之40，第4467页。

县小学生。若能通五经以上,则可以州官荐入于朝廷,而必送中书省复试,中则可免解。"① 十岁以下挑试合格儿童,可应补州县小学生,这是对于应试体制"速成"痼疾的最佳"善养"方式,对后世有重要影响,此待后述。至于复试"中则可免解",文天祥在《壬戌童科小录序》中有较详描述:"童子十人挑诵国子监,既中,试中书如初考。吾里王元吉为首,该恩许两试太常,以次九人一试。童子归而课业,当为来科新进士。否则再试,能文,中即待年出官矣。"②可知中书复试至少有两次机会,初次中书复试"如初考",合格为首者免解两次,余人免解一次,来年到太常寺参加别头试。③若未中进士则还可再参加中书复试,以"能文"为标准,又中即可授官守选。戴表元概括此时童科考试方式也说:"盖其法以通念九经而复试中能文为出身。"这应是鉴于之前一味念诵之弊,引进了进士科考试作文的方式。两次复试通过才授官增加了难度,但到南宋末仍旧出现得人过滥的问题。戴表元回忆儿时耳闻情形说:"试者岁不过一二十人,而中者不过一二人,则亦可谓难矣。景定咸淳中试员稍众,有司厌之……废其科不用。"④戴氏所谓"中者",从数量上看应是指授官者而不包括免解者。既然考生越来越多而所得人才又有限,而且考试标准和程序已与进士科趋同,则宋代童子科自然已经完成历史使命,可以退出历史舞台了。

经过以上梳理,再来检视文首所揭先行研究成果之间存在的两项矛盾。首先科目性质上宋童子科既非单纯的特科、制科或常科,而是从类似制科的特科经数次调整逐渐转型为常科,然后到南宋末期因完成历史使命而戛然废止。其次检视成效。宋代童子科长期被视作得才有限,但祖慧、周佳列出含数位杰出人物在内的宋代童子科出身为官者42人,认为相较十万进士多沉选海,该科成就人才已算众多。⑤此论断改变了学界成见,但其实42名童子出仕后不少也只是沉浮选海,而其中优异者可以基本分为两类,他们均需在童子科出身基础上再获出身:一类是秘阁读书(元丰改制后改为"秘书省读书")出身计7人⑥,另一类是进士出身计20人⑦,由于两类兼备有4人(杨亿、宋绶、晏殊、王克勤,他们代表最杰出的神童群体,其存在一直是童子科延续的重要理由),故统计得优异者23人。这两

---

① 赵升撰,王瑞来点校:《朝野类要》卷2《称谓·神童》,中华书局,2007年,第54页。

② 《文天祥全集》卷9《壬戌童科小录序》,第354页。

③ 张希清在《中国科举制度通史·宋代卷》(上海人民出版社,2015年,第333页)中指出,宋别头试先后有太常寺、武成王庙、大理寺数处。故此处推测童子科免解人到太常寺是参加别头试。

④ 戴表元撰,陆小东、黄天美点校:《戴表元集》卷7《昌国应君〈类书蒙求〉序》,浙江古籍出版社,2014年,第165页。

⑤ 祖慧、周佳:《关于宋代童子科的几个问题》,《中国史研究》2005年第4期。

⑥ 原文尚遗漏赐秘阁读书首位神童邵焕,因不影响统计结果分析,此处暂不计。赐神童秘阁读书的考虑,是"以其尚少,虑性或迁染故也"(程俱撰,张富祥校证:《麟台故事校证》卷3,中华书局,2000年,第121页)。

⑦ 原文统计16人,漏计其自制官员表中进士陆德舆、余应求、周天骥、蔡蒙吉4人。另有陈晦登童子科后再登制科,因数量上不影响统计结果此处暂不计。

类出身均可在唐五代找到源头，如唐吴通玄"举神童，补秘书正字"①，五代贾黄中"六岁举童子科……十五举进士"②，但皆偶见不成制度，所以这种双轨措施的定形，可以视作宋朝童子科的时代创新。前者用于培育尤为颖异的童子即公认的神童，后者主要用于再造表现相对普通的童子，两类童子待到出仕时，通常在年龄和素质上也都达到了政府的用人标准，较好地解决了"善养"和"速成"的矛盾。两类措施相比，前者所得人才，不到优异者的三分之一，仅占总数的六分之一；而后者得到的人才，占优异人才的绝大多数，并占总数约一半，成为宋代童子科的主要选育方式。唐宋童子科屡废屡兴，性质上则存在特科与常科之间的变迁，至此也可获得合理解释：荐举灵活但登科规模和劝学效果都有限，不符合科举社会儿童群体应试的时代需求；常科登科规模较大，劝学效果较佳，但仅获少量优异人才，成本过高。通过南宋一主一辅的双轨选拔措施，童子科历来存在的主要问题基本得到了圆满解决。

三、从童子科到童子试

宋代童子科承袭唐五代童子科而来是常识，但对元明清相关制度的影响却未受关注。循着宋代童子科双轨措施往下考察，则可梳理出它们在后世或明或暗的变迁轨迹。首先是明线。元大德三年后始开童子科，通过者"并令入国学教育之"。明代"不设童科，间有以神童荐者，召至亲试，或留中讲读，或遣归就举"③。这明显继承了宋代童子登科后再教育的做法，只是从元至明童科又从常科重返为偶然荐举的特科，终于至清代基本湮灭无闻。④更值得重视的是暗线，即童子科与进士科结合的选拔方式。元代进士科只面向二十五岁以上成年人，可置之不论。明清则有面向所有儿童且制度相当成熟的选拔方式，即童子试。童子试作为明清进士科最基层选拔方式受到关注有限，已有成果的兴趣点也主要在成年和老年童生身上。其实只要眼光下移到儿童童生即原本意义的童生⑤身上，即可发

---

① 《新唐书》卷 145《吴通玄传》，第 4732 页。
② 《宋史》卷 265《贾黄中传》，第 9160 页。
③ 王圻：《续文献通考》卷 49《选举考》，万历三十年松江府刻本。
④ 清代偶见"举神童"记载。如徐旭旦"十岁举神童，以燕子赋、榴花七律受知当路，一充拔贡，三中副车"（潘衍桐：《两浙輶轩续录》卷 3，清光绪刻本）。戴敦元"十岁举神童，学政彭元瑞试以文，如老宿；面问经义，答如流。叹曰：'子异日必为国器。'年十五，举乡试"（赵尔巽：《清史稿》卷 374《戴敦元传》，中华书局，1977 年，第 11551 页）。看文意，均指破格考童子试之意。
⑤ 郭培贵考察了"童生"一词来历，指出该词始自元代，原指少年儿童，明中叶以后用以专称未入儒学的士子，见郭培贵：《明史选举志考论》，中华书局，2006 年，第 124 页。

现明清童子试与宋代童子科的渊源。一般认为童子试始于明英宗正统元年（1436 年）提学官制度建立①，童生通过县、府、院三级考试方可进入官学成为生员，从而在"科举必由学校"②的明清踏上科举征途的起点。陈宝良较为详尽地梳理了英宗之前生员的录取方式，指出在此制度草创期，有生员直接由府、州、县地方官或监察御史、按察司官考取，及里社推荐补员等方式。尽管这一时期官学录取生员的年龄要求是"年及十五之上"③，但其实也可看到儿童生员的身影。如明初刘子敏，乡校教官"识子敏于童丱，言于邑大夫，以为弟子员"④，性质近于前述北宋仁宗朝郑佐尧进国子监听读和南宋理宗朝童子应补州县小学生，差异在于前者是推荐而后者经过考试。这种差异到正统元年童试确立就消失了，而且童子同样须保结无过⑤，通过考试成为官学学生。此外，明清"童子试"一词本身，即源于宋童子科，《宋史》有"裁童子试法"⑥语，即指淳熙八年孝宗整顿童子科。这样宋代童子科的两种制度创新，在后世分化成高层和基层两条路线而被继承。有明人返观宋代自己家族的科举成绩，有"中童子科者一，中神童科者二"之语，不知宋代"童子科"与"神童科"是同一科⑦，正是宋代此科至明分化为二的体现。

当然，若视童子科为童子试唯一来源，未免太低估历史进程的复杂性。童子试作为进士科基层考试，主要源头还得从进士科上寻找。除了前述明初生员和元代进士有年龄限制外，进士科各个环节皆可见儿童与成人同场竞技。刘海峰统计得出，历代"大部分朝代进士及第平均年龄皆在 35 岁上下"（唐代 34.5 岁，南宋绍兴十八年 35.8 岁、宝祐四年 35.6 岁，明清进士平均约 35 岁、举人平均约 30 岁、秀才平均约 24 岁），同时也指出平均及第年龄与科举考试竞争激烈程度成正比，元代以前由于地区性解送考试无正式科名，所以 20 岁左右进士时有出现。⑧考虑到古代官年作伪风气由增年向减年的转型正在两宋之际⑨，且明嘉靖以后少报岁数越来越大（明代科举平均少报 5.05 岁，崇祯朝平均少报 11.53 岁）⑩，刘氏这一看似矛盾的判断便可成立。李弘祺对两宋进士及第年龄的统计是，北宋平

① 李兵、李志明：《明代童试及生员中举率再探》，《大学教育科学》2013 年第 4 期。郭文安《明代童试确立时间考》（《江海学刊》2018 年第 3 期）则认为童试确立应以州县、府、院道三级考试完善为标志，因此认为出现在正德朝，确立于嘉靖朝。
② 《明史》卷 69《选举志》，中华书局，1974 年，第 1675 页。
③ 佚名：《大明立学设科分教格式》，汪心，《（嘉靖）尉氏县志》卷 2《庙学》，上海古籍书店，1981 年，第 33 页。
④ 杨士奇：《东里文集》卷 8《送刘子敏序》，《四库全书存目丛书》，集部第 28 册，齐鲁书社影印本，1997 年，第 337 页。
⑤ 陈宝良：《明代儒学生员与地方社会》，中国社会科学出版社，2005 年，第 230 页。
⑥ 《宋史》卷 35《孝宗本纪三》，第 674 页。
⑦ 曾丰：《缘督集》卷 17《重修族谱序》，《文渊阁四库全书》，第 1156 册，上海古籍出版社影印本，1987 年，第 189 页。
⑧ 刘海峰：《科举考试的教育视角》，湖北教育出版社，1996 年，第 210—214 页。
⑨ 张剑：《中国古代文人官年现象综论》，《中国文化研究》2017 年夏之卷。
⑩ 陈长文：《明代科举中的官年现象》，《史学月刊》2006 年第 11 期。

均 30 岁，南宋时增至 33 岁，也可印证这一判断。① 目前所能见到的十五岁以下儿童进士，皆出产在科举早期竞争相对尚不剧烈的时期，如唐刘宪"年十五进士擢第"②，五代贾黄中"十五举进士"③，北宋端拱二年（989 年）刘少逸 13 岁中进士④，仁宗朝 14 岁李慎交与兄慎修（16 岁）"同时擢第"⑤等。宋以下与儿童进士逐渐淡出相伴随的情形，是越来越多的儿童身影活跃在省试以下的科考层级中。如蔡襄"十五再就乡举……（其弟）时十三，盖亦与焉"⑥，王安中"年十四荐于乡"⑦，史尧弼"方十四岁……赴鹿鸣燕，犹著粉红袴"⑧，陆九龄"五岁入学……十三应进士举"⑨，阳枋"年九岁，九经诵毕……年十二，是岁应举"⑩，陆秀夫"年十五应乡举"⑪，总体由北宋至南宋呈渐多之势。这一方面是科考规模不断扩大的结果，另一方面也是入学年龄下降、幼教举业内容增加等应试氛围不断下移所致效应。这一趋势的方向是覆盖越来越多的平民子弟，可称之为"考下庶童"。上节讨论宋代童子科登科和应考规模壮大的情形，也应置于这一历史洪流中考量。总体来说，儿童与成人相比，在科场竞技中处于劣势地位，随着南宋以下科举竞争日趋激烈，儿童能够崭露头角的层级，便从北宋之前偶见少儿奇才的殿试，逐渐下降到南宋的省试、解试，然后到科举必由学校的明清，基本稳定在科举起点即童子试层面。

综上所述，宋代童子科经多方调整，发展出对登科者赐秘阁读书、免文解两种主要安置方式，较好地解决了童子科内在的"速成"与"善养"之矛盾，因此由之前的频繁废兴而至南宋趋于稳定，且最终因与进士科高度重合而退出历史舞台。宋以下则分化成两条路线，一方面向上发展成神童荐举，另一方面则与进士科"考下庶童"这一浩荡洪流相结合，向下汇聚成明清科举起点选拔制度童子试。

---

① 李弘祺：《宋代教育散论》，东昇出版事业公司，1980 年，第 126 页。
② 毛阳光：《新出土唐刘宪墓志疏证》，《中原文物》2013 年第 1 期。
③ 《宋史》卷 265《贾黄中传》，第 9160 页。
④ 《续资治通鉴长编》卷 30"端拱二年三月壬寅"条，中华书局，2004 年，第 678 页。
⑤ 吕陶：《净德集》卷 25《秭归县令李君墓志铭》，《文渊阁四库全书》，第 1098 册，第 202 页。
⑥ 蔡襄撰，吴以宁点校：《蔡襄集》卷 36《祭弟文》，上海古籍出版社，1996 年，第 657 页。
⑦ 陈振孙撰，徐小蛮、顾美华点校：《直斋书录解题》卷 18《别集类下》，上海古籍出版社，1987 年，第 523 页。
⑧ 周密撰，孔凡礼点校：《浩然斋雅谈》卷中，中华书局，2010 年，第 39 页。
⑨ 陆九渊撰，钟哲点校：《陆九渊集》卷 27《全州教授陆先生行状》，中华书局，1980 年，第 313 页。
⑩ 阳炎卯：《纪年录》，载阳枋：《字溪集》卷 12《附录》，《文渊阁四库全书》，第 1183 册，第 430 页。
⑪ 龚开：《陆君实传》，陶宗仪：《草莽私乘》，清初钞本。

从宗子进士数据看宋代宗室科举政策的演变与影响*

周　佳**

　　宗室科举是宋代科举制度的一项创举,始于北宋,盛于南宋。明清承袭,但在制度设计、考试规模、持续时间、应举和录取人数等方面,均不及宋代。①对宋代宗子应举制度层面的规定,学界已有考订,情况大致清楚②:北宋前期,宗室子弟禁止参加科举,皆由国家授官,坐食俸禄而不任事。神宗熙宁二年(1069 年)颁布《宗室法》,允许宗子通过应举入仕。至南宋,宗子可以通过三种考试途径获得科举出身:一是有官锁应,二是无官应举,三是宗子取应试(相当于特奏名,合格第一名即可参加文举正奏名殿试)。这一制度产生后,一方面对宋代科举公平性造成了一定冲击,另一方面则推动了相当一部分宗子"士大夫化",并在政治、文化诸领域多有成就。对宋代宗室科举的研究,如上所述,目前主要集中在制度

* 　本文受浙江大学文科教师教学科研发展专项资助,初刊于《浙江大学学报(人文社会科学版)》2017 年第 1
　　期。收入本书时重作增订。

** 　周佳,浙江大学古籍研究所副教授。

① 参见张国勇:《晚明宗室制度变革研究》第三章第三节《宗室入仕的开放》,河北大学硕士学位论文,2006 年,
　　第 33—40 页;袁健:《明代宗室科举研究》三之《宗室进士登科录》,辽宁师范大学硕士学位论文,2015 年,第
　　24—25 页;吴吉远:《清代宗室科举制度刍议》,《史学月刊》1995 年第 5 期;李世愉:《清代科举制度考辨》,沈
　　阳出版社,2005 年,第 65 页。

② 关于宋代宗室科举制度的代表性研究,参见贾志扬(J. W. Chaffee):《天潢贵胄:宋代宗室史》,赵冬梅译,江苏
　　人民出版社,2005 年,第 76—77、172—174 页;张希清:《宋代宗室应举制度述论》,载《第二届宋史学术研讨
　　会论文集》,台北中国文化大学,1996 年;祖慧:《南宋宗室科举制度探析》,《历史研究》2011 年第 2 期,第
　　35—49 页。关于宋代宗室教育、入仕、成就方面的主要研究,参见汪圣铎:《宋朝宗室制度考略》,《文史》第 33
　　辑;倪士毅:《赵宋宗室中之士大夫》,《杭州大学学报》1984 年增刊;《宋代宗室士大夫在学术和文艺上的成
　　就》,载常绍温主编《陈乐素教授(九十)诞辰纪念文集》,广东人民出版社,1992 年;葛庆华:《宋代宗室教育
　　及应试问题散论》,《中州学刊》1999 年第 1 期;何兆泉:《宋代宗室研究》,浙江大学博士学位论文,2004 年;游
　　彪:《天族的尴尬:实权的丧失与"安全"之法——以赵宋宗室子弟授官制度的变迁为例》,载氏著《宋代特殊群
　　体研究》,商务印书馆,2006 年。

层面,顺带提及科举公平性、宗室文化等问题。

但是,该制度的实施情况究竟如何?数量不容小觑的宗子应举和及第群体,到底对其自身及当时社会有何实际影响?这些问题,以往因为相关传记资料稀少分散,故难以有进一步深入。《宋代登科总录》①(以下简称《总录》)的问世,填补了宋代科举基本史料的空白,全书收录两宋登科 4 万余人信息,附有详细的传记资料出处,包括迄今最丰富的宗子登科名录,涉及进士科、武科、上舍释褐、明法科、博学宏词科、童子科、特奏名、特赐第等多种科目,其中人数最多、影响最大的当属进士科。本文即以其中进士科出身宗子群体②的相关统计数据为样本,讨论科举制度对宗室家族造成的实际影响。

一、宗子进士登科数据

从北宋熙宁二年(1069 年)至南宋末,210 年间共开科 68 次。有学者推算,平均每榜宗子有官锁应、无官应举登科约 40 人,共计约 2700 人,约占宋代正奏名取士总数的 5％。③笔者在《总录》中统计到身份明确可考的进士科登科宗子 904 人(表 1)。④

表 1 《总录》进士登科宗子人数分布统计

北宋 13 人		南宋 852 人					
哲宗朝	徽宗朝	高宗朝	孝宗朝	光宗朝	宁宗朝	理宗朝	度宗朝
4 人	9 人	55 人	59 人	28 人	211 人	396 人	103 人

注:另有无榜次进士宗子 39 人,其中北宋 16 人,南宋 21 人,不明确南、北宋 2 人。

从朝代分布看,宗室应举政策在北宋影响不大,及第宗子数量有限,至南宋方人数激增。神宗熙宁二年(1069 年)宗室改革,其基本原则是按服属远近逐次降杀宗室待遇,其中五服内近属宗子仍享有赐名授官待遇,并可以和普通官员一样参加锁厅试;疏属宗子则取消赐名授官,只能通过参加科举获得官职。⑤但是改革出台后,至熙宁十年(1077 年)才立《宗子试法》,将宗室科举制度化,该制度在哲宗、徽宗朝又几经反复⑥,制度的不稳定性,应

① 龚延明、祖慧编著:《宋代登科总录》,广西师范大学出版社,2014 年。
② 是指限于有官锁应、无官应举、取应试第一名,即被赐予进士及第、进士出身、同进士出身的宗子。另外,还包括上舍释褐宗子。
③ 张希清:《宋代宗室应举制度述论》。
④ 从取名规则看,《总录》中收录的登科宗子人数应当远不止 904 人,但不少登科人史料信息中并未明确注明宗子身份。为谨慎起见,笔者只统计史料出处中明确标注"宗室""宗子""宗室子""本贯玉牒所"信息的登科人。
⑤ 周佳:《从授官到应举——以北宋宗室召试制度为中心》,《中国史研究》2010 年第 1 期。
⑥ 祖慧:《南宋宗室科举制度探析》。

是宗室应举政策在北宋影响不大的一个重要原因。

另一方面，所谓"君子之泽五世而斩"，疏属宗子是指太祖、太宗、廷美的第五代以降后裔。①换言之，熙宁二年改革之后，宗子从第六代"子""不""公"辈②开始，只保留宗籍，基本等同庶民，只能通过科举入仕。《总录》中收录最早的进士登第宗子是哲宗元祐三年（1088年）的赵令畤、赵子湜，这两人应是北宋皇族登科最早的宗子。③此后北宋陆续登第宗子集中在"令"（太祖五世孙）、"子"（太祖六世孙）、"伯"（太祖七世孙）、"士"（太宗五世孙）、"之"（廷美五世孙）、"孝"（英宗二世孙）几辈，其中以"子"字辈居多。他们显然是宗室改革政策的第一批受益者，通过科举谋求入仕出路，突破了宗室不能做官的藩篱。

宗子族群首次大规模出现在进士登第舞台，是在南宋高宗朝绍兴年间。《总录》显示，高宗朝登科宗子集中在子、伯、师（太祖八世孙）、不（太宗六世孙）、善（太宗七世孙）、汝（太宗八世孙）、之、公（廷美六世孙）、彦（廷美七世孙）几辈，其中第六、七代孙占据多数。按照宗室改革条文，第六、七代孙正是最早面临"取消赐名授官"而需自谋生路的宗子。

从高宗绍兴年间开始，直至南宋末年，宗子应举和登第人数逐渐增多且居高不下。孝宗朝已是"淳熙以来，（宗室）贤才彬彬，由进士出矣"，至宁宗嘉定时期，更至"本朝公族之盛，其在今日以儒自致者几半进士"④的局面。南宋进士登科宗子究竟有多大规模，因史料佚失，已难以统计。但是南宋现存绍兴十八年（1148年）、宝祐四年（1256年）两榜完整的登科名录，《总录》中保存登科宗子信息最多的两榜是宝庆二年（1226年）、咸淳元年（1265年）⑤，人数接近完整，故笔者选取这四榜数据做一统计（表2），庶几可见大概。

表2　南宋四榜登科宗子比例统计

	1148 年	1226 年	1256 年	1265 年
进士登科总数	330 人	989 人	601 人	635 人
宗子登科人数	16 人	96 人	76 人	88 人
宗子所占比例	4.8%	9.7%	12.6%	13.8%

从表2看，南宋前期宗子登第人数在本榜中所占比例已接近5%，至南宋中后期，这一比例提高并稳定保持在10%左右。这一数据本身就值得我们对南宋登科宗子群体总数及

① 《宋朝事实》卷8"玉牒"条载："非祖免亲，乃祖宗六世孙。"《丛书集成初编》本，第834册，第128页。
② 参见何兆泉：《宋代宗室研究》表2-1《宋朝宗室世系联名表》，第26页。
③ 王应麟：《玉海》卷130"淳熙皇族登科题名"条载："一卷。大宗正士畅、丞耿延年编，淳熙二年成书，始于元祐三年李常宁榜：子湜、令畤。"江苏古籍出版社、上海书店联合出版，1987年，第3册，第2416页。
④ 卫泾：《后乐集》卷18《故中大夫提举武夷山冲佑观祥符县开国男赵公（善恭）墓志铭》，《景印文渊阁四库全书》本，第1169册，第724页。
⑤ 宝庆二年（1226年）和咸淳元年（1265年）分别是理宗、度宗即位后的第一次开科取士，不排除有照顾宗子倾向的可能性。但是，这两榜内明确注明宗子身份的人数最多，数据接近完整，而且从宗子所占比例看，并未偏离宝祐四年（1256年）的12.6%，基本符合南宋中后期每榜常态，因此可以作为样本统计。

其影响进行重新评估。南宋宗子应举人数,应低于开封府、国子监、诸路州输送的解额,何以宗子进士比例比北宋陡然高出十倍以上呢? 其原因与科举政策向宗室倾斜有很大关系。宋代有官锁应、无官应举宗子,一律"别试别取",即单独参加科举考试,不与普通举子同场,解试、省试的录取比例比普通举子要高。①但进一步统计《总录》数据,会发现新的问题。

在表 2 的基础上,笔者进一步统计了《绍兴十八年进士小录》和《宝祐四年登科录》中登第宗子的甲第、举数信息(表 3、表 4)。②

表 3　绍兴十八年、宝祐四年登第宗子甲第信息统计

	一甲	二甲	三甲	四甲	五甲
绍兴十八年(共 16 人)			4	12(75%)	
宝祐四年(共 76 人)	2	2	21	51(67%)	

表 4　绍兴十八年、宝祐四年登第宗子举数信息统计

	一举	二举	三举	四举	五举	免举	未写举数
绍兴十八年(共 16 人)	15(94%)	1					
宝祐四年(共 76 人)	41(54%)	16	7	9	1	1	1

表 3 中五甲宗子为零,因为徽宗宣和六年(1124 年)开始规定宗子登第者享有"末科升甲"的恩宠,所以"宗室不入五等",并一直沿用至南宋末。③但绍兴十八年与宝祐四年相隔108 年,宗子"一甲至三甲"人数比例由 25% 上升至 33%,与此同时,表 4 中"二举至五举"宗子人数比例由 6% 上升至 46%。因为是登科录,所以表 4 中的"举数"应是"参加省试的次数"。④宝祐四年的一甲至三甲宗子中,就有不少是二举以上。⑤这两组数据说明,至南宋中后期,出现了专门从事举业的宗子群体。其中不少宗室举子虽一举、二举不能登龙门,却不善罢甘休,一而再、再而三地在科举道路上冲刺。在仕途上,宗子与平民一样,科举已成为挤入仕途的最重要途径。

---

① 据祖慧《南宋宗室科举制度探析》,宋代宗子应举录取比例高于一般举子。南宋宗子发解试录取比例是:有官锁应,每 7 人取 3 人,后降至 7 取 2;无官应举,每 7 人取 4 人,后降至 7 取 2。孝宗时宗子省试录取比例是 10 取 1,淳熙后比例降低。但若宗子与一般举子混同省试,则按照一般举子比例录取。南宋以后,朝廷在保留"别试别取"旧制的同时,鼓励宗子与普通举子混同省试。

② 目前只有这两榜保留了完整的进士甲第、举数信息。

③ 李心传著,徐规点校:《建炎以来朝野杂记》甲集卷 13"宗室锁试迁官"条,中华书局,2000 年,第 275 页。

④ 表 4 中的"免举"应当是指"免省试,直接参加殿试"。

⑤ 例如宝祐四年榜一甲第 16 名赵必选"四举",二甲第 26 人赵孟俹"四举",三甲第 69 人赵崇铬"三举",三甲第77 人赵与桴"三举",等等。

二、宗室科举家族的形成

从南宋解试、省试宗子录取比例和目前所知宗子登科人数来看,南宋从事举业的宗子数量十分可观。随着宗子在科举考试中竞争力的提高,三代以内连续登第的情况开始出现并逐渐增多。笔者统计到,《总录》中宗子三代以内直系亲属(即祖孙、父子、同父兄弟)连续登第,且居处信息显示在同一地的家族,共 52 组。其中按照朝代,北宋 2 组,南宋 50 组。按照亲属关系,兄弟 27 组,父子 13 组,兼有父子、兄弟关系 8 组,祖孙两代 3 组,祖孙三代 1 组。另外,52 组家族中,有兄弟同榜 18 组,父子同榜 3 组。

美国学者贾志扬在《天潢贵胄:宋代宗室史》一书中曾注意到,南宋宗室呈现分散的、"个体家族"形式的发展:

> 宗室在南宋的社会进化牵涉到不同的问题和过程。从传记资料、墓志铭和族谱中可以看到的宗室分散在中国南方各地。这些宗室家族以个体家族的形式发展,随着时间的推移,通常会显现出"族"的特点。它们购置地产,同精英家族联姻,参与地方文化,入仕为官,成功地同化于地方士大夫社会。当然,这种同化是有限度的,他们仍然是宗室成员……①

从父系血缘上讲,宗子属于同一宗族(赵氏皇族)②,但南宋登科宗子基本是祖宗的第六世孙以降后裔,若非同一支系近亲,则彼此已是五服以外的远属,基本只有同姓的关系。南渡宗室散居各处,在当地购置产业、墓地,各自定居生根,融入地方社会。③比如绍兴十八年进士宗子赵彦恂,南渡后随其父寓居南康军,这一支至彦恂孙辈时已被称为"南康之赵"④。考虑到上述统计的登科宗子亲属关系限于三代以内,且传记资料显示他们多是日常生活

---

① 贾志扬:《天潢贵胄:宋代宗室史》,第 257 页。

② 滋贺秀三:《中国家族法原理》:"宗是一个排除了女系的亲属概念,即总括了由共同祖先分出来的男系血统的全部分支,就是所谓的一个宗……只要由共同的祖先分衍的事多少在记忆中存在,那么无论隔了多少世代也不失为同宗者。"(张建国、李力译,法律出版社,2002 年,第 15 页)王善军:《宋代宗族和宗族制度研究·引言》:"宗族指以父系世系联系起来的同一男性祖先的所有后代,是在一定社会条件下自然形成的血缘团体。"(河北教育出版社,1999 年,第 1 页)

③ 贾志扬:《天潢贵胄:宋代宗室史》:"在北宋,所有的宗族成员——除了已出嫁的宗女——都葬在河南的两大集体墓地里。到了南宋,这样的集体墓地当然是没有了。并且我们知道,除了绍兴的皇陵,政府并未试图为宗室成员建立新的集体墓地。……各个家族在居住地自己置办坟地,自己使用,不与同居一地的其他宗室家族合作。……这样一来,使宗室不同于普通宗族的一项社会文化行为消失了,独居的宗室家族变得越来越像他们与之交往的社会精英。"(第 156—157 页)

④ 刘宰:《漫塘文集》卷 35《故令人汤氏行状》:"南康之赵,自南渡流寓,世显官。……祖讳彦恂,绍兴王佐榜登第。"《景印文渊阁四库全书》本,第 1170 册,第 778 页。

同居一地的状态,故本文在"宗族""家族""家"诸词中①,选择以"家族"称呼。

在上述统计结果中,北宋2组,从取名规则看,均是祖宗五代孙以内,与在位君主的关系还算近属,当时宗子应举法刚刚推行,其中是否有推恩因素,尚未可知。这2组登第宗子,从其父辈开始,已经业儒好学,在科举之外的其他文化考试中崭露头角,并开始注重对子孙辈的举业教育。②

北宋2组尚属个例,但南宋50组已是祖宗五服以外的疏属,与在位君主并无特别密切的亲属关系,基本平民化,不少人已经形同寒素子弟。③南宋时期,三代以内连续甚至同榜登第的宗室科举家族④不断出现,即使宗子身份在科举考试中可以获得一定照顾,但这一现象的持续产生,并非仅仅是政策倾斜所能解释的。

《总录》统计到南宋50组宗室科举家族的地域分布为:福建路23组,两浙路12组,江南东西路11组,成都府路2组,定居地不明2组。其中福建路几乎占到50%。排名前三位地区,尤其福建,自北宋以来就是科举大省⑤,在南宋也是经济发达、科举成功率高的地区,在此定居的宗室家族首先在地域文化上就享有优势。

根据《总录》提供的资料出处进一步搜讨,显示出上述家族宗子接受应举教育的途径多样:如绍兴十八年(1148年)进士赵伯术入洪州州学⑥;绍兴二十七年(1157年)进士赵善

---

① "宗族"侧重父系血缘关系,包括共同祖先的所有后代男性后代,对宋代宗子进士群体来说,概念过大,无法进行群体内部的区分。"家"在中国古代侧重户籍意义,多被称为"户",即"主要是作为课税的对象"。参见滋贺秀三:《中国家族法原理》,第40—41页。"家族"能够涵盖父系血缘和婚姻两方面亲属关系,如黄宽重在《宋代的家族与社会·序》中所言:"家族是以血缘、婚姻为基础组成的群体。"(东大图书股份有限公司,2006年,第1页)故本文选择"家族"这一称呼,以便下文分析,并与"赵氏皇族"这一"宗族"概念做一区分。

② 范祖禹:《范太史集》卷47《保宁军节度观察留后东阳郡公妻仁寿郡夫人李氏墓志铭》:"夫人年十五归于东阳郡公宗办……常勉东阳公以学,东阳由是力于文。皇祐中为举首,召试禁中,独中高选。熙宁初薨,夫人……训诸子孙以学,继东阳之业,诸子孙服其教,菲饮食,躭经史,癏瘝勤劳,数年之业,成于是。仲缩、仲瑝、仲缄、士获,继登科第,迁优秩。"(《景印文渊阁四库全书》本,第1100册,第506页)《范太史集》卷49《右武卫大将军赠华封观察使追封华阴侯(仲遄)墓志铭》:"(士沘、士宇之父)讳仲遄……两试秘阁,不中第,遂不复举……教二子力学,试有司中选。"(第520页)

③ 比如绍兴二十七年(1157年)登第的宗子赵彦堪,其"衣冠笑貌退然如寒士,识与不识莫辨其宗室子也"(韩元吉:《南涧甲乙稿》卷22《左奉议郎知太平州芜湖县丞赵君(彦堪)墓表》,《景印文渊阁四库全书》本,第1165册,第373页)。淳熙十年(1183年)同登进士第的彦演、彦漳、彦法三兄弟,其父赵平仲"及父丧,上无诸父,下无同产兄弟","短褐脱栗,饮水抔菇,以终其身"(杨万里:《诚斋集》卷122《澹然居士赵公平仲墓表》,《景印文渊阁四库全书》本,第1161册,第564页)。

④ 据笔者所见,学界目前对"科举家族"的定义并不明确,其基本特征是从事举业人数众多,且有数世、多人登第。参见方芳:《"科举家族"定义商榷》,《汕头大学学报(人文社会科学版)》2008年第2期,第29—31页;王善军:《宋代华阳王氏家族科举论略》,《中华文化论坛》2005年第1期,第31—34页;王善军:《"尽有诸元":科举与宋代浦城章氏家族的发展》,《中国史研究》2014年第3期,第129—150页;柳立言:《科举、人际关系网络与家族兴衰:以宋代明州为例》,《中国社会历史评论》第11卷,2010年,第1—37页。本文所举家族登第情况基本符合这一特征,因其属于宗室子弟,故称之为"宗室科举家族"。

⑤ 参见张剑:《从地域和家族视角看〈宋登科记考〉的文化价值》,《清华大学学报(哲学社会科学版)》2010年第3期,第39—43页。

⑥ 赵善括:《应斋杂著》卷4《赵运幹(伯术)墓志铭》,《景印文渊阁四库全书》本,第1159册,第42页。

俊受州学教育后再向张栻求学①；嘉定十三年（1220 年）进士赵必健，幼时以"乡先生"为师，后跟随罗必元学习②；嘉定十六年（1223 年）进士赵岱夫是"少游宗学中选"③；隆兴元年（1163 年）进士赵彦真曾"从故侍御史王公十朋学"④，同榜进士赵师龙，幼年随父亲仕宦徙居余姚，当时"太师史魏公（按史浩）初为邑尉，二子与公同研席"⑤；庆元二年（1196 年）进士赵希錧从石鼓书院肄业后，又随陈傅良、徐谊学习经书，他的三个进士出身的儿子与汶、与潞、与洗，却是"宗学诸生"⑥。

从现有资料来看，较之庶民，南宋宗子可供选择的教育资源更加丰富，不仅基础启蒙教育有保障，而且进一步深造的途径也比较广泛。首先是宗学。南宋在临安府、泉州、福州设有宗学教育，宗学教授按照州学教授标准选任，多由进士出身、学问渊博的名士硕儒充任，疏属宗子只要通过补试就能入学。对于散居其他各处无法入宗学的宗子，自高宗朝起，朝廷便允许他们与寒门士子一道入所在地学、县学听读。⑦州、县学分布广，廪给优厚，入学竞争激烈，"宗室这种毫无限制的入学资格是绝无仅有的"，而"在学必须满一年，正是参加科举的前提条件"。⑧此外，宗子还可以和普通士子一样，到书院就读，向大儒求学，去邻家就学，在家中延聘教师，进入家塾⑨，或者接受父辈的直接指导。

应举不是一代人的努力就能成功的，未能登第的宗子，多寄希望于下一代，着力培养。例如赵不侮是太宗六世孙，通过恩荫入仕后，"笃于教子，延礼髦俊，朝夕讲肄"⑩，儿、孙辈陆续有人登第。赵辚之"少处上庠，不克卒业，常欲励诸子稍酬其志，及诸子就学问，方流离兵火间，君课使读书，日夜不倦，且厚礼俾择师友游"⑪，在他亲自督促下，其子赵公晰于绍兴十二年（1142 年）成功登第。

成功登第的宗子为了延续家族门楣，与同时代其他科举家族一样，重视子孙教育和联姻选择。典型事例是隆兴元年（1163 年）进士赵善待，他亲自指导四子登科，同时，将一个女儿、一个孙女都嫁给进士，其他女儿、孙女也多嫁入仕宦之家。⑫但是，南宋宗室科举家族

---

① 朱熹：《晦庵先生朱文公文集》卷 92《赣州赵使君（善俊）墓碣铭》，《四部丛刊》本。
② 刘克庄：《后村先生大全集》卷 160《英德赵使君（必健）》，《四部丛刊初编》本。
③ 《（嘉靖）龙溪县志》卷 7《选举·宋·进士》。
④ 陆游：《渭南文集》卷 34《知兴化军赵公（彦真）墓志铭》，《四部丛刊》本。
⑤ 楼钥：《攻媿集》卷 102《知婺州赵公（师龙）墓志铭》，《四部丛刊》本。
⑥ 魏了翁：《鹤山先生大全集》卷 73《安德军节度使赠少保郡王赵公希錧神道碑》，《四部丛刊初编》本。
⑦ 何兆泉：《宋代宗室研究》第四章《宗室的教育》，第 65—77 页。
⑧ 贾志扬：《天潢贵胄：宋代宗室史》，第 165 页。
⑨ 参见贾志扬：《天潢贵胄：宋代宗室史》，第 166 页。
⑩ 刘一止：《苕溪集》卷 51《宋故从义郎密州兵马都监累赠右奉直大夫赵君（不侮）权厝铭》，《景印文渊阁四库全书》本，第 1132 册，第 273 页。
⑪ 韩元吉：《南涧甲乙稿》卷 20《武经郎主管台州崇道观赵府君（辚之）墓志铭》，第 306 页。
⑫ 袁燮：《絜斋集》卷 17《朝请大夫赠宣奉大夫赵公（善待）墓志铭》，《景印文渊阁四库全书》本，第 1157 册，第 233、235 页。

的持续出现，有其宗室政策方面的特殊原因。

首先，宗子登第入仕后，不仅重视自己家族子孙的教育培养，也争取提高整个宗子族群的教育和应举环境。隆兴元年（1163 年）进士赵善待曾向孝宗建言，放宽宗子发解试录取比例，被采纳，他的四个儿子后来相继登科，也是这一政策的受益者。①乾道五年（1169年）进士赵善誉长期在地方任职，"所至就郡庠，立学以教宗子，率知向学"②。庆元二年（1196 年）进士赵希錧在任大宗正丞期间，向宁宗建议加强宗学建设，这一建议的受惠者涵盖整个宗子群体，也包括他自己的子孙，事实上，他的三个儿子就是接受宗学教育然后取得进士出身的。③

其次，《总录》所收南宋登科宗子，有不少是先参加取应试，然后进士登第。取应试是南宋为解决无官宗子出路问题而增设的考试，略通文墨即为合格，且无人数限制，也分为发解试、省试、殿试三级。虽然制度规定取应省试第一名才能参加文科正奏名殿试并赐出身，但取应试成绩排名靠前的宗子，有时也会获得君主特许，参加文科正奏名殿试。④取应试与进士科考试相结合，是南宋宗子在应举时常见的一条途径。

综上来看，南宋宗室呈现分散的、"个体家族"形式的发展。其中宗室科举家族形成与延续，既有一般科举家族的普遍性原因，比如家族内部的经济支持、父兄应举经验的传授、与进士或仕宦之家的联姻；更有其自身的特殊因素，即宗室南渡后定居地的集中分布、朝廷科举制度的照顾、官方教育资源的选择特权、整个赵氏宗族内部在政策层面的彼此扶持等。

三、结论

自神宗熙宁宗室政策改革以后，太祖、太宗第五服外宗室，于北宋后期开始有少量宗子应举，其时宗子由荫补入仕到靠科举入仕转型初始，举业准备底气不足。进入南宋后，高宗绍兴间，宗子入仕方式转型已有较长时间的适应，于是开始大规模登第。再到南宋中后期，宗子族群应举普遍化、常态化，并在此基础上形成宗室科举家族。这是我们根据《总录》数据勾勒出的宋代宗子群体应举的演变路径。

本文只统计了《总录》中直系亲属的登第情况，如果将叔侄、堂兄弟关系考虑在内的

---

① 袁燮：《絜斋集》卷 17《朝请大夫赠宣奉大夫赵公（善待）墓志铭》，第 233—235 页。
② 楼钥：《攻媿集》卷 102《赵公（善誉）墓志铭》。
③ 魏了翁：《鹤山先生大全集》卷 73《安德军节度使赠少保郡王赵公（希錧）神道碑》。
④ 如绍兴十五年（1145 年）进士赵伯撼。见《总录》第 6 册，第 2787 页。

话,三代以内连续登第的情况更多。①这一现象从高宗绍兴年间兴起,持续至南宋后期,反映出南宋时期宗室科举家族的稳定存在。

宗子举业群体和宗室科举家族的出现,其直接原因,是北宋宗室制度改革剥夺了远属宗子赐名授官的政治、经济特权。随着世代延续,南宋宗子绝大多数已是皇室远属,形同庶民,而其中的佼佼者通过科举入仕,成为朝廷官员,又重新获得政治权力和经济利益,这一过程构成为一种特殊的"社会流动"。这支数量众多的科举家族队伍,就目前宋代科举史、家族史研究来看,还有较多研究空间。

史料是历史研究的基础。史料的有无、多少,不仅可以丰富、扩展现有议题的研究深度与广度,更能直接带动新的研究议题和视角的产生。以宗室登第群体为例,《总录》所提供的数据和材料,无疑为宋代宗室制度、科举家族、社会流动等问题打开更为广阔的研究空间。

---

① 比如南宋官至枢密使、右丞相的赵汝愚,他本人是乾道二年(1166 年)进士第二名,其长子赵崇宪是淳熙十一年(1184 年)进士,其孙赵必摤(父赵崇要)是宝祐四年(1256 年)进士。另外,《总录》开禧元年(1205 年)进士赵不侯,据《八闽通志》卷 54《选举·科第·兴化府·宋》记载是"汝愚之裔",但按照宗子取名规则,"不"是太宗六世孙,"汝"是太宗八世孙,故与赵汝愚关系存疑。

允文允武
——北宋家族文武转化探析*

姜　勇**

　　为了扭转晚唐五代以来武夫跋扈、纲纪陵替的局面,宋初统治者在立国之初便确立了文治的导向。读书业文的社会风气逐渐形成,士大夫阶层也逐渐崛起。推进文治的过程也贯穿着对武臣群体的改造,这必将对武官家族的发展取向产生重要的影响。虽然有不少武官家族开始转换门庭,"其子孙之家,往往转而从进士矣",但这一转变的范围多广,深度如何,还需要进一步探讨。学界基于"文不换武"说法的讨论,也加深了我们对宋代文武之间区分与对立的认知。但是,在家族发展的取向方面,文官家族当中有不少投笔从戎者,家族的发展道路也呈现出不同程度的转变,更值得注意。宋代家族史的研究经历过一个繁荣期,但绝大多数研究的关注点集中于各个家族在文官抑或武官各自系统内的兴衰沉浮,对文武家族相互转化的问题却较少涉及。这两种不同的家族发展取向与北宋朝廷文治政策的关系,以及影响其家族发展取向的因素,是本文讨论的主要问题。

一、武官家族向文官家族的转化

　　宋初三朝的政策,从太祖时提倡读书至真宗朝崇儒,文治的导向愈发明朗。朝廷的倡导、时论的认同以及任职的需要,不仅使得武臣读书越来越普遍,还使得他们更加注重教育子孙向学。真宗时禁军将领高琼,由于在澶渊之盟事件中的过激言行,事后被真宗训

＊　本文原载于邓小南、范立舟主编:《宋史会议论文集2014》,中国社会科学出版社,2016年,第259—280页。
＊＊　姜勇,浙江工商大学人文学院历史系讲师。

诚："卿本武臣,勿强学儒士作经书语也。"①但当真宗问及"卿子几人"时,高琼仍答曰:"臣子十有四人,臣诚愚不肖,然未尝不教以知书。"②

这种武臣子孙读书的风气变得越来越普遍。如太祖主婚王承衍"善骑射,晓音律,颇涉学艺,好吟咏"③,其孙克臣还曾及景祐进士第;孙继鄴,"年十五,左藏(继鄴父孙承睿)以元白诗示之"④。同时,也有不少武臣子孙一改父辈"不事学"的形象。如王显"昧于学识",但其子希逸,"以荫补供奉官。好学,尤熟唐史,聚书万余卷"⑤,后来还"换秩授朝奉大夫,太子中允,咸平初改殿中丞,直史馆"⑥,并曾预修《册府元龟》,已然成为饱学之士。

武臣及其子孙的读书活动,对其家族的发展产生了重要的影响。像王希逸这种因读书好学而转为文资的武臣子孙并不少见。兴盛的科举也为武臣子孙转向文资提供了另一个重要途径。北宋初已有不少武官家族的子弟参与科举⑦,开始文官生涯,北宋中后期这种转化有增无减。

武官家族向文官家族转化的例子,最为典型的要数慕容氏。自慕容章始,其三子延钊、延忠、延卿,均在军中。延钊是这一家族成就最为显赫的成员,以"起义将帅"身份入宋,并受到宋太祖器重。第三代中,延钊四子,德业、德丰、德均、德正;延忠二子,德俨,另一子名讳无考,为彦逢祖父;延卿一子,德琛,均为武职。较为知名者为德丰与德琛二人,均继续戎马生涯。第四代,其家族便明显从史籍中淡出,可考者仅有德丰子惟素,德俨子惟绪,延忠孙、彦逢父慕容理数人。事迹也乏善可陈,除了慕容理仕途不详之外,其余慕容氏子孙仍旧是以武职进取,但已不见有军功。到了第五代,家族发生了较大的变化,延忠一支的后代已经普遍转向文官。伯才以文登科之后并没有太显赫的官位和作为,子孙皆业进士。彦逢则受知于徽宗,列侍从达十五年,诸兄弟基本都任文职官员,二子邦佐和邦用,孙男九人也均文官,已经呈现为一个典型的文官世家。

慕容氏家族转化的轨迹有两个特点:一是在时间上比较晚。伯才为皇祐五年(1053年)进士,此时已经是仁宗朝后期。彦逢则要更迟一些,直到元祐三年(1088年)才进士及第,入仕时已是北宋后期了。而无论是伯才还是彦逢,如从有史可考的慕容章算起,均为慕容氏的第五代子孙,即便是从延钊这一后世共同追忆的祖先算起,他们也已经是第四代。第二个特点是在向文转化的范围上,仅限于延忠这一支的子孙。延钊和延卿两支,其子孙未见向文官家族转化的相关记载。

---

① 司马光:《涑水记闻》卷6,中华书局,1989年点校本,第114页。
② 王珪:《华阳集》卷36《高琼神道碑》,《丛书集成初编》本。
③ 《宋史》卷250《王承衍传》,第8818页。
④ 胡聘之:《山右石刻丛编》卷13《孙继鄴神道碑》,清光绪二十七年刻本。
⑤⑥ 《宋史》卷268《王显传》,第9233页。
⑦ 何冠环曾就宋初武臣子弟循科举出身做过统计,将近有二十家。详见何冠环:《败军之将刘平——兼论宋代的儒将》,《北宋武将研究》,香港中华书局,2003年,第286页。

其他家族，与慕容氏所反映出的这两个特点相比，虽有差异，但相似之处颇多。尽管也有在宋初便迅速向文转化的家族，但更多的则是如慕容氏所呈现的，多是自孙辈或曾孙辈才逐渐开始向文官家族的转化。宋初颇受排挤的南方诸政权的武官，其家族也多有至第四代才出现文官或参与科举的。如后蜀武官苏厚，仕蜀为尚食使，其子苏进之，为蜀牙兵校长，入宋之后署为东宫率府副率。其孙苏继，"以父任，累迁殿直，太平兴国中，授深州安平寨主"①。至曾孙苏咸熙才明经擢第，而家族第一个进士——玄孙安世，天圣二年（1024 年）才及第。另外，来自漳泉的苏海以及南唐的侍其禛家族也均与之相似。

较早向文官转化的家族，都有自身的内在因素。太宗朝，有许多武官的子辈进士及第或转为文资。如赵延进之子赵昂，"太平兴国二年登进士第，至户部郎中、直昭文馆"②。再如太宗晋邸旧臣杨守一之子安期"历国子博士，坐事贬卒"③。安期之子梦得，后来也曾进士及第。这两个家族子辈或考取进士或转为文官，家族转化如此之速，并非偶然，从父辈的经历来看，其实已经做好了铺垫。赵延进自幼颇亲学，少时"尝与军中少年入民家，竞取财贿，延进独持书数十编以归"④。正因如此，"士流以此多之"。杨守一虽然不像赵延进那样"涉猎经史，好作诗什"，但在太宗晋邸之时，也"稍通《周易》及《左氏春秋》"。⑤父辈的好学读书自然容易对子孙的文化教育和职业选择产生影响，而相对于文化素质普遍不高的宋初武臣群体而言，这些家族向文官群体的转化尤其具有优势。父辈的好尚及与士人的交游同样也会对子孙产生影响，如杨廷璋"美髯，长上短下，好修容仪，虽见小吏未尝懈惰"⑥，显然一副文士风范。"善待士，幕府多知名人"，亦应对子孙习文有正面的引导作用。"垣至屯田员外郎，盐铁副使、判官，埙为都官郎中。"⑦而"廷璋子七人，皆不为求官"，似乎并不为他们的仕途担心，也许这是他有意让后代走文官道路的一种引导。

家族成员的仕途前景也是促使武官家族较早转变的因素之一。参与平蜀的将领康延泽，因主将王全斌得罪，坐贬唐州教练使，"十年不调"。十年的时间，使得康延泽颇有些心灰意冷，从此"筑室垦田，聚书训子"。五子当中，长子怀玉举进士业；次子怀珪，任文职。孙辈当中，赞华也举进士。

就向文官家族转化的范围而言，与慕容氏家族所展现的类似，我们较少能见到整个家族彻底转换的情况。反而，像侍其玮那样"家世以武显，族大且贵，闻天下。公独自刻习儒学词章，从进士"⑧的情况则是较为常见。相似者如翟守素，颇为太祖亲信任事，官至商州

① 余靖：《武溪集》卷 19《宋故殿直苏府君墓志铭》，《影印文渊阁四库全书》本。
② 《宋史》卷 271《赵延进传》，第 9300 页。
③⑤ 《宋史》卷 268《杨守一传》，第 9224 页。
④ 《宋史》卷 271《赵延进传》，第 9299 页。
⑥⑦ 《宋史》卷 255《杨廷璋传》，第 8905 页。
⑧ 葛胜仲：《丹阳集》卷 13《朝散大夫致仕柱国赐紫金鱼袋侍其公墓志铭》，《影印文渊阁四库全书》本。

团练使。其父翟令图官至率府率。兄守序,以太子左清道率府率致仕。子继恩,为右班殿直,长孙惟德,官至商州衙内都指挥使。其族人多为武吏,只有守序之子翟希言"独好文学,举进士中第"①。再如曾与皇室联姻的焦氏家族。焦继勋在太祖朝为西京留守,颇有治绩。其女开宝八年(975 年)嫁为赵德芳夫人。继勋有二子,长为守吉,次守节。守吉有三子,宗嗣、宗简及宗彝,均为武职。守节共九子,长子宗说"出将门,席世勋"②,膝下有三子,"长曰世卿,内殿崇班、曹州兵马都监;次曰世安,右侍禁;次曰世宁,终右班殿直"③,均为武职。另有焦世隆和焦世昌,亦应是焦宗说子侄辈。世昌官至右侍禁;世隆为左藏库副使,七子也均为武职。而焦宗古则是八岁肄进士业,已善属辞。祥符初中进士第,试教书郎。墓志载:"君挺生将门,世跻美仕。幼闻军旅之学,家传韬略之书。联姻王室,喧嚇贵盛,伯仲尤众,银荚相照。独能逊志励□,肩儒素伍,褒衣博带,游场屋间,耻□任子之禄,自致决科之美。"④所言非虚。就史籍和墓志的记载来看,在焦氏家族中,焦守节的确是唯一业文的成员。子从约,为内藏库使。孙男四人:平叔,左班殿直,颖叔、和叔,并三班奉职,康叔尚幼,看来似无子孙继承其文学家风。

　　北宋长期的文治导向,崇文的社会风尚日益兴盛。在英宗治平年间,郭周田之父墓志铭中也曾记有其少任侠、不琐琐治家事的行迹,儿子读书业文便是资本:"但我业此,而所恃者,我有子矣。异日教之,使立千万人上。令晓道义、善文章者,争来推高之。"⑤神宗熙宁年间,俞充之母辜氏亦日夜教诸子读书:"学所以求仕,仕矣,必求名誉于其身,使人知汝父有子。"⑥元丰年间,董之奇墓志铭中也曾记有其母胡氏的教导:"汝曹无父,不为儒学,何以光□□□。"⑦这些记载所反映的,正是北宋长期文治导向对社会风尚的影响,读书人的地位提高,读书业儒,以考取功名、光大门庭是许多普通的平民家族对子孙的期望。

　　不过,我们也应该看到,文治导向对不同阶层的家族影响是有所区别的。对于上述郭氏、俞氏及董氏尚无先祖步入仕途的家族来说,通过读书参与科举起家是一条不错的道路。但是,对于早就通过军功进入仕途的一些武官家族而言,文治导向的影响则如前所述,并非立竿见影。究其原因,与武官家族延嗣的方式息息相关,即使没有军功,仅靠荫补也能使许多武官家族在武官序列中延续数代。而如慕容氏到了慕容彦逢一辈,军功既少,恩荫渐衰之时,科举这一重要的文治政策才成为家族重新振兴的主要途径。

---

① 王安石:《临川先生文集》卷 100《乐安郡君翟氏墓志铭》,《四部丛刊》本。
②③ 李昭文:《大宋故右侍禁焦君墓志铭》,《千唐志斋藏志》,第 1271 页。
④ 李昭遘:《故朝奉郎尚书□田员外郎上骑都尉南安焦府君墓志铭》,《千唐志斋藏志》,第 1264 页。
⑤ 文同:《丹渊集》卷 38《卭州处士郭君墓志铭》,《四部丛刊》影印明汲古阁刊本。
⑥ 王珪:《华阳集》卷 57《辜氏墓志铭》,《丛书集成初编》本。
⑦ 《安徽通志稿·金石古物考》卷 3《繁昌县尉董君墓志铭》,1934 年。

二、文官家族向武官家族的转化

与从武到文的转化相反，有不少向武官转化的例子。太祖朝即有许均转为军职，太宗朝也有张昭允娶潘美女而换为武职，曹利用之父曹谏换崇仪副使。真宗朝时有雷有终、靳怀德等家族，仁宗朝有张亢、陆赓、王世隆、郭庆宗、景泰等，神宗朝党光嗣、杨宗闵、徐量等武官也都是从文官家族中转化而来。

这些向武官转化的文官家族成员有些是因为军功或本身的军事才能而获得皇帝青睐的。如曹利用之父曹谏，本"擢明经第，仕至右补阙"，因在知定远军时，"会虏入寇，兵少而城不固，人心危惧，欲降于虏，谏斩数人乃定"①，获得太宗嘉奖，由左拾遗改秩为崇仪使。曹利用便是以恩荫入仕："谏卒，补殿前承旨，改右班殿直，选为鄜延路走马承受公事。"②再如雷有终，父雷德骧，为后周进士，入宋后官至户部侍郎，兄有邻也曾任秘书省正字。有终以荫补入仕，多年在蜀，常任随军转运使。真宗即位不久，会王均叛乱，"主上讲求将帅，思得颇、牧，公久于边事，深达武经，陟以廉车，付之兵柄，特拜庐州观察使，知成都军府事，兼兵马钤辖"③。而得到大臣的荐举则是从文官转为武官的最主要的途径。靳怀德，咸平中知德州，契丹入寇，怀德固守城壁，连获褒奖。其后，"盐铁使陈恕、判官王济荐其武干，换如京使，知邛州"④。王世隆在秦州时为曹玮所器重，"世多知其有武略，王丞相遂典枢密，言公策略可试，遂领使职"⑤。王翊以书艺补官，"夏随为陕西招讨使，荐君智能，授左侍禁、泾州长武寨主"⑥。郭谘曾献《拒马枪阵法》，被擢为判镇戎军，后来"用宰相吕夷简荐，起为崇仪副使、提举黄御河堤岸"⑦。蒋偕曾数次上书论边事，"用庞籍、范仲淹荐，改北作坊副使、环庆路兵马都监"⑧。另外，进士起家的景泰、习儒业的张佶，也都曾为人所荐"知兵、有武干"，而换为武职。

许多文人子孙还可以通过其他方式获得武职，如应募从军、入武学、参加武举等。太祖朝许均以文官子孙应募为禁军，史载："许均，开封人。父邈，太常博士。均，建隆中应募

① 钱若水撰，燕永成点校：《宋太宗实录》卷41，甘肃人民出版社，2005年，第102页。
② 《宋史》卷290《曹利用传》，第9705页。
③ 王曙：《大宋故雷公之墓志铭》，《新中国出土墓志·陕西》一下，文物出版社，2000年，第152页。
④ 《宋史》卷310《靳怀德传》，第10168页。
⑤ 尹洙：《河南先生文集》卷16《王世隆墓志铭》。
⑥ 蔡襄：《端明集》卷35《内殿承制王君墓志铭》，《影印文渊阁四库全书》本。
⑦ 《宋史》卷326《郭谘传》，第10503页。
⑧ 《宋史》卷326《蒋偕传》，第10519页。

为龙捷卒,征辽州,以功补武骑十将。"①而显名真宗朝的武官冯守信,也是在太平兴国年间以儒者身份应募入伍的。通过武学和武举进入武官序列的,尤以神宗朝居多。如杨宗闵:"少而气节,尝语人曰:'丈夫处世,要以功名自见,不能为章句儒。'"②于是,参加武举,"以绝伦科试艺殿庭,与卫士较骑射,皆莫及……时神宗皇帝特授三班借职,调雁门县巡教保甲"③。再如徐量,"曾大父初以儒术起家,为郎出使有指,子孙继登进士第"④。出身于典型的文官世家,但却"独慷慨沈固,喜读《司马兵法》",并在神宗元丰年间入武学,而且成绩出色,只不过在廷试中,"用字犯昌陵嫌名,财(才)得三班借职"⑤。

以上由文入武的种种方式,体现了国家对武官的实际需求和选择标准。宋初两朝兼用文士以对武臣群体进行改造。太祖时即选"儒臣有武干者"百余人,分治大藩。宋太宗也"以五代战争已来,自节镇至刺史,皆用武臣,多不晓政事,人受其弊。上欲兼用文士,渐复旧制"⑥,继续实施着太祖朝的政策。但文臣转为武职目的并不仅限于此,在雍熙北伐失利,边防告急之时,也有大量文臣愿意"任以河朔用兵之地",转为武职。"于是,上亦欲并用文武,戡定寇乱。乃诏文臣中有武略知兵者,许换秩。"⑦柳开即是因此自殿中侍御史转授崇仪使,曹利用之父曹谏也是此时转为武职。真宗即位之初,边防形势及蜀中叛乱也促使"主上讲求将帅",选用儒将的呼声,也推动了文臣向武官的转化。仁宗朝中期,"元昊既叛,边将数败。朝廷颇访知兵者,士大夫人人言兵矣"⑧。王世隆、王翊、郭谘、蒋偕、景泰等大批有武干的文臣也纷纷获得荐举,改为武职,被任命为将帅。

同时,文官家族向武官家族转化的过程也贯穿着家族成员的个体选择。冯守信,早年曾"从其乡人受学,以三礼举于乡"。太平兴国年间,宋廷"取兵民间","有司以公儒者,欲免之。公曰:'吾以子弟免,而父兄任其劳,此儒者所不为。'遂行",似乎从军是他不忍心父兄的被迫选择。但又有记载云"自为儿童,状貌巍然,慷慨有大意,人固已奇之矣"⑨,以此看来,从军应该是冯守信自己主动的选择。再如神宗朝出身于文臣世家的杨宗闵和徐量,一个"要以功名自见,不能为章句儒",一个"独慷慨沈固,喜读《司马兵法》",更加明确地阐明了自己向武官方向发展的志向。

文官家族向武官家族的转化,就范围而言,既有仅一两位家族成员换授武职者,也有

① 《宋史》卷279《许均传》,第9484页。
② 刘一止:《苕溪集》卷48《杨宗闵墓碑》,《影印文渊阁四库全书》本。
③ 刘一止:《苕溪集》卷48《杨宗闵墓碑》。
④ 程俱:《北山小集》卷34《故武功大夫昭州团练使骁骑尉徐公行状》,《四部丛刊》本。
⑤⑥ 程俱:《北山小集》卷34《故武功大夫昭州团练使骁骑尉徐公行状》)。
⑦ 李焘:《续资治通鉴长编》卷28"太宗雍熙四年五月乙丑"条,中华书局,2004年,第637页。
⑧ 晁公武撰,孙猛校证:《郡斋读书志校证》卷14,上海古籍出版社,1990年,第634页。
⑨ 王安石:《临川先生文集》卷88《冯守信神道碑》。

家族中的一支大都转为武职的例子。前者如陆廙,祖讳崇扆,随钱氏入宋后官至殿中丞;父讳中和,赠官至职方员外郎;兄陆广,进士及第,官至集贤校理。长子宪元,嘉祐二年(1057年)赐进士出身;次子长宾,为蔡州司理参军。陆廙则连蹇场屋,“庆历二年春特奏名,试中方略,为三班奉职,四转至左侍禁,历官河中府及建州、剑州、汀州、邵武军五巡检”①。陆氏家族中的成员大多是文职官员,仅有陆廙一人转为武职。

家族中一支大多转为武职的例子也有不少,而较为典型者,如仁宗朝中期由进士转武职的景泰家族。景泰进士起家,补坊州军事推官。元昊犯边,曾上《边臣要略》二十卷,奏《平戎策》十五篇,获得大臣荐举,“召对称旨,换左藏库使、知宁州”②。三子,思忠、思立和思谊。思忠,“以父西上阁门使荫,累官西京左藏库使”③,思立,“以荫主渭州治平砦”④,兄弟二人皆于神宗朝死于王事。景思谊也因此获准从文官转为武官:“大理寺丞景思谊为内殿崇班、秦州都监。思谊,思立弟也。时丁母忧,以思立故,特有是命。”⑤景氏第三代中,名字可考的仅景思忠之子昌符,熙宁六年(1073年)五月乙丑“录思忠子昌符等凡七人为三班奉职至殿侍”⑥。景思谊随军殁于永乐城之后,景氏其他子孙亦皆录为武职。如此,自景泰以进士转为武官以来,家族通过恩荫的方式,已三代从武。再如党氏家族。党光嗣祖父党宣,以文臣起家,曾为秘书省著作佐郎。父党武,已转为武职,至西头供奉官。党光嗣长于京师,虽然曾应进士举,但失利后即以小校身份从王韶入熙河开边,累迁至左藏库使。⑦已知入仕的二子中,涣为三班奉职,淳为三班差使。其家族似已完全转化成为武官世家。

以上各个家族的转化,无论范围大小,均基于家族核心成员的由文换武,这与目前学界较为流行的“文不换武”的观点有些出入。太祖朝辛仲甫、真宗朝陈尧咨、仁宗朝余靖、范仲淹等著名文臣的确有不愿改为武职的事例。但是,如果据此认定北宋存在着普遍的“文不换武”现象,且将其作为北宋重文轻武的一种体现,则不免有失偏颇。据统计,北宋文官换为武职的人数远比武职转为文官要多。⑧不仅包括诸如曹谏、景泰等得到帝王青睐以及得到大臣举荐而改为武职的情况,更有冯守业、杨宗闵、徐量等主动从文官家族走进武官序列的事例。“文不换武”的现象有其特殊情形。

根据前面的分析可知,文官向武官的转化,体现出了北宋朝廷对武官的实际需求,而将辛仲甫、陈尧咨及范仲淹等文臣转授武职的提议,也均因北宋朝廷对他们军事才能的需

---

① 陈襄:《古灵集》卷25《左侍禁陆君墓志铭》,《影印文渊阁四库全书》本。

② 《宋史》卷326《景泰传》,第10517页。

③ 《宋史》卷452《景思忠传》,第13286页。

④ 《宋史》卷452《景思立传》,第13287页。

⑤ 《长编》卷273“神宗熙宁九年三月庚辰”条,第6696页。

⑥ 《长编》卷245“神宗熙宁六年五月乙丑”条,第5959页。

⑦ 黄庭坚:《豫章黄先生文集》卷22《左藏库使知宣州党君墓志铭》,《四部丛刊》本。

⑧ 有明确史料记载的北宋文换武人数为108,武换文人数为57。详见杜情义:《北宋文武换官制度研究》,浙江大学硕士学位论文,2009年,第7页。

求和依赖。也就是说,文官向武官的转化,朝廷的立场较为一致,只是在文官的团体中出现了分歧,即是否换武体现出的是文官的个体选择。

具体来看,文不换武的几位均为一时名臣,其官位要比前文所列张亢、郭咨、党光嗣等要高出不少,名望也远非这些人所能及。且陈尧咨"策名第一,父子以文章立朝为名臣",他在文官序列的发展应当比武官前景更加广阔。范仲淹等拒绝换武职,在《让观察使第一表》中其实已经说得较为明白了,即换为武职之后,"入朝则不复其位",他在文臣方向发展的各种优势均会丧失。①本文所列之武官,大多官位较低,且均有武干,正可在武职上发挥优势,建功立业。同时,这也是帮助家族走向兴盛的一个难得的机会,如景泰、杨宗闵等家族的崛起,即是在这种情况之下实现的。

三、政策导向与家族利益

(一)兼顾文武二途——家族转化后的生存状态

同样有家族成员向文官转化,焦氏与慕容氏的情况有着明显的差异。焦宗古虽然未冠及第,但在其家族中始终是一人业文,子孙并无继承其文风者。慕容氏则不同,其子孙均秉承其父家风,以文世其家。如果把这两个家族的情况作为典型,则处于二者之间文武兼顾的家族更为普遍。

先来看高赋家族的例子。高赋出身武官之家,初"以太尉荫补右班殿直",但"公初为武爵,非其所好。力学中第,乃仕"。②景祐中登进士乙科,改授奉礼郎,神宗朝时为集贤院学士。可谓成功地由武转文,但二子中,兴礼为文职,另一子兴仁却仍官如京副使。孙辈中,虽然大多也荫补文职,但也有为三班借职者。

张牧家族与高氏发展状况类似。张牧,字养正,父皓,卒于东头供奉官,因在澶渊之战时汇报过重要军事情报而得录其一子。张牧虽因举进士不第而受荫为三班借职,但"其少强学",仍"以其素学,不乐以武用,自谓为苏州常熟主簿"③,终改为文资。牧有二子,亦一文一武,长子蒭,为刑部郎中、秘阁校理;次子荛,为三班奉职。

而文武兼顾的家族中,最为典型的当属裴延家族。裴延生平不详,但三个儿子却比较

① 王瑞来:《宋代士大夫主流精神论——以范仲淹为中心的考察》,《宋史研究论丛》第六辑,河北大学出版社,2005年。
② 范祖禹:《范太史集》卷43《集贤院学士致仕高公墓志铭》,《影印文渊阁四库全书》本。
③ 沈括:《长兴集》卷25《张中允墓志》,《四部丛刊》本。

有名:长子丽泽,右补阙;次子济,内客省使;季子丽正,尚书金部员外郎,赠刑部尚书。"补阙以文学,客省以武功,尚书以政事,皆为祖宗名臣。于是,开封之裴独盛于世。"①即兄弟三人中既有文臣又有武官,庙堂之上与疆场之远,都有裴氏家族的身影。而裴济诸子德谷、德丰等逐步从武转文的同时,丽正之子德舆的身份却从文换武,"大臣荐公有文武材,拜西上阁门使、益州路兵马钤辖"②。家族的发展始终是以兼顾文武的面貌呈现。

自文转武的家族,多数也呈现出横跨文武二途的态势,其中最具代表性的当属活跃在仁宗朝的张亢家族。张亢字公寿,其先为濮州临濮人,至祖父居实时,起家为鄂州嘉鱼令。父余庆,为太子右赞善大夫;张亢兄奎,大中祥符五年(1012年)进士;张亢亦中天禧三年(1019年)甲科,但其"喜读诸家兵法,常慕古大丈夫立奇功伟节以震暴于当世,不为拘儒龊龊龌之行"③。尤其是在通判镇戎军时,"于兵事益以究习",不久便因"契丹聚兵幽、涿,北边摇动",换为武职。在麟、府二州多有建树,御史中丞王畴曾上奏乞褒赠其功。其子男九人中,有五子被荫为武职,而只有樵、煦及已官至试秘书省校书郎的悦三人继续从事文职。张亢兄奎之子张焘,官至龙图阁直学士,以文世其家。而张亢这一房,则已兼在文武两个领域拓展家族的势力。再如神宗朝的杨宗闵家族。杨宗闵祖、父均为文官,前已述及。宗闵在神宗朝以武举绝伦科获授三班借职,历仕五朝,官至武功大夫。有子四人,长子杨震,虽然起初"以明经上第,历保定、清源二县主簿",但成年后仍转为武官,"既冠从戎,以斩馘功补三班差使"④。次子杨霖,为乡贡进士,三子杨云,为承信郎,四子杨霆,为承节郎。四子之中,既有文士,也有武官。孙辈七人中,杨存中最为知名,高宗朝时任宁远军节度使,兼领殿前都指挥使职事。杨居中、杨执中皆早卒。杨师中为右奉议郎,杨彦中未仕,杨安中为右儒林郎,杨守中为右从事郎。可见,杨氏的孙辈中虽然多为文官,但也有知名将领杨存中。家族始终是在文武两个领域发展。

还有一些家族,看似是典型的武官或文官世家,但通过家族的姻亲关系,同样可以达到兼顾文武的效果。哲宗朝贾嵒,拔自行伍,五子也皆就武职,但其女婿中高建一、折可畏、李孝纯等均为进士出身。而文官中同样不乏类似的情况,被称为"大范老子"的范雍,其祖父在后蜀时为刑部侍郎,入宋转为左屯卫将军。父荫补为供奉官。家族自范雍之后重新转为文官家族,子孙未见有再入武职者。但范雍生前唯一出适之女就嫁给了眉州防御使高继宣。

综上所述,既有焦氏仅焦宗古一人独自从文的例子,也有慕容氏彦逢一房子孙均能秉承其父家风、以文世家的范式,更多的则是出现转化之后文武兼备的家族群体。就北宋文

---

① 沈遘:《西溪集》卷10《洛苑使英州剌史裴公墓志铭》,《四部丛刊》本。
② 沈遘:《西溪集》卷10《洛苑使英州剌史裴公墓志铭》。
③ 韩琦:《安阳集》卷47《故客省使眉州防御使赠遂州观察使张公墓志铭》,《影印文渊阁四库全书》本。
④ 刘一止:《苕溪集》卷48《杨震墓碑》。

治导向的影响范围而言,向文官群体的转化并非全体家族成员的普遍行动,而是一个或几个家族成员的个体行为。这些成员的子孙是否遵循父辈读书的风气要视具体情况而定,其个人职业生涯的选择,也并不局限于父辈所选择的以文入仕之路。文转武家族的情况亦与此类似,既有仅一两位家族成员换授武职的家族,也有家族中的一支大多转为武职的例子,但最为普遍的仍是文武兼顾的情况。总而言之,我们很少能见到武官家族与文官家族全员替换的类型。

家族发展过程中,兼有文武二途也成为家族向文或向武这两个方向转化之后共同的生存状态。我们很难再单纯以文官家族或武官家族区分他们家族发展的趋势。之所以能够在家族内部突破文武之间的间隔,虽然与北宋的政策导向及现实需求有很大关系,但应有更重要的因素贯穿在家族发展的理念之中。

(二) 家族利益的考量

家族的发展是一个趋利避害、不断追求壮大的过程,家族整体利益的最大化是家族理性发展的明显特征,家族利益的考量,是贯穿在这些家族发展脉络中的一条主线。

在宋朝文治的导向下,虽然武官家族有向文官家族转化的倾向,但就其转化的时间和范围而言,这一倾向并未形成一种彻底转换的趋势。反倒是另一种逆向的转化,即仁宗朝以降从文官转为武官,更值得我们注意。这种转化并非文治导向所能解释,与认定宋朝"重文轻武"的观念更是背道而驰。

综合这两个完全相逆的过程及相关家族的发展情况,我们不难看出,各个不同的家族都在不停地对自己的发展方向和方式进行着抉择。如赵延进及杨守一家族,父辈已经为家族的转化做好了铺垫,对子孙的文化教育自然成为其参与科举或转为文资的资本和优势条件,早早顺应朝廷的政策倡导无疑会为家族的发展占得先机。而康延泽本人仕途的挫折及无望也迫使他重新考虑以后家族延续的方式,教子读书并考取功名是他想到的主要手段,但以老疾辞官之时,也并未忘记为其二子求补三班奉职。而这一抉择的过程,虽然体现着朝廷政策的清晰导向,但家族的利益及发展资本则是更为重要的参考指标。

且看《玉壶清话》所载的一条材料:

昝太尉居润,博州人。不识字,每按牍,以左手捉巨笔一画,长画寸余,虽狡史善诈也,摹之则败。沈相伦在幕府,谓所亲曰:"吾观沈推官五载未曾妄发一笑一语,行步端重,如履庙堂,吾见则礼敬之,必为宰相。"遂力荐于太祖,称沈沈厚可用。后果作相。昝恨其不知书,昝氏子孙皆召于家,建学立师傅,如己子教之,以报其知人之德也。[1]

---

[1] 释文莹:《玉壶清话》卷 6,中华书局,1984 年,第 59—60 页。

沈伦为报答昝居润当年推荐之恩,将昝氏子孙招致家中,聘请教师,如同对待自己的子孙那样教其读书,不可谓不用心。但昝氏子孙中,"子惟质,至内园使……大中祥符三年,录其孙建中为三班借职"①,有史可考者皆为武职。良好的文化教育并未促使昝氏的子孙中有人参与科举取士,也没有换取文资的记载。大中祥符年间,其孙尚能被录为三班借职,说明其家族仍能维持武职的荫补,并不一定需要参与科举行列进行竞争。

焦继勋家族与北宋宗室联姻不断,赵德芳娶其女为妃,曾孙焦世隆仍与太宗皇帝之曾孙女婚配。焦宗古虽然能试进士业,"致决科之美",但其孙平叔,仍"尚宗室女,任左班殿直"。与宗室的累世联姻能使其恩荫不衰,应该是焦氏家族成员主要仍在武职道路发展的主要原因。

而另一个典型,即慕容氏家族向文官转化的背景却明显不同。慕容氏发展到第四代,家族仕宦出现了明显的衰落迹象。惟绪与慕容理并无战功的记录,而通过荫补所得官位俱不显,更无力荫及子孙,到彦逢时,已经属于"起家单平"②者了。军功与荫补,是武官家族赖以延续的两个重要条件。而既无战功,恩荫渐衰的情势使得慕容氏家族不得不考虑"嗣其家而以文登科"。王宲的墓志记载:"洛阳王君彦辅卒,里人慕容嗣祖状其行来请铭,且曰:'昔我大父朝请公授组之归乡里,十余年间得君,且以教诸孙,既相与游处,燕乐酬咏滋久,益见其操,知为德人。'"③据此可知,慕容伯才在致仕后,特意聘请了"自苦以学"的王宲来教导其子孙读书业文,以争取通过科举的手段来光大其门。

同样的境遇还可见于南宋初校书郎曹崇之家族。其高祖曹霸隆,以勇略从太宗平河东有功,官至瀛州团练使,其后"累世皆右职,而仕不大显"。曹崇之父曹辅曾感叹"天下承平久,谋臣猛将无所用其武",故"独感激读书,欲以文儒起身"④。无论是慕容氏的以文嗣其家,还是曹氏的以文儒起身,都是针对家族仕途的日益衰落被迫做出的选择。而曹辅所言,更像是讳言家族衰落现实的借口。

仁宗宝元以后,西北战事时断时续,但北宋朝廷则面临着时时缺乏将领的窘境,即苏辙所谓:"曩之所谓西边之良将,亦已略尽矣。"⑤这种情况下,出现了许多由文向武转型的家族个案,同时,也有许多已经实现向文官转化的武官家族成员又做回武官的情况。郭逢原之父、刘平等均属此类。郭逢原,开封人,曾祖超,为邓州团练使;祖守信,为右侍禁;父庆宗,补京兆府文学参军,本已经转为文资,后"文正范公、忠献韩公荐其材武",又换授武职,至副供备库使。刘平字士衡,父汉凝,尝从太宗征河东岢岚、宪州,累迁崇仪使;弟兼济

① 《宋史》卷 262《昝居润传》,第 9057 页。
② 慕容彦逢:《摛文堂集》附录《慕容彦逢墓志铭》,《影印文渊阁四库全书》本。
③ 李尧文:《王宲墓志》,《北京图书馆藏中国历代石刻拓本汇编》第 41 册,中州古籍出版社,1989 年,第 30 页。
④ 王廷珪:《卢溪文集》卷 47《故校书郎曹公行状》,《影印文渊阁四库全书》本。
⑤ 苏辙著,陈宏天、高秀芳点校:《苏辙集·栾城应诏集》卷 7,中华书局,1990 年,第 1298 页。

用父荫为三班奉职,累迁西上阁门使;而刘平"读书强记,进士及第"①,选择了向文官方向发展。虽然"真宗知其才,将用之",但"丁谓乘间曰:'平将家子,素知兵,若使将西北,可以制敌。'后章献太后思谓言,特改衣库使,知汾州"②,刘平最终又走回了以武嗣其家的路子。丁谓是因对刘平有所忌恨才推荐他去改武职,但何冠环却相信他是自愿的。③毕竟,只有战争才能为武官家族的生存与发展提供更加充分的空间。况且,自武转文的家族成员,仕途也未必顺利。如翟守素从子翟希言,"独好文学,举进士中第,负材任气,不肯有所屈,以终不得意"④。慕容彦逢入仕之初也无所附。而西北边防的压力和战争的启动,对郭庆宗这种原本已没落或刘平这种仕宦并不大显的家族是一个利好,这对于他们重振家声或光大门楣是一个机会。

最后,我们再通过一个没落之家的例子来看家族发展的策略选择。王明,官至光州刺史,后"表求换秩",改礼部侍郎。三子,"挺、扶,并进士及第。历台省,累为转运使,皆知名。挺至殿中侍御史,扶尝直集贤院,至工部员外郎"⑤。幼子掞,景德中录为光禄寺主簿。孙辈中仅有王扶之子王师颜一人见诸史籍,《宋史》记载:"大中祥符八年,又录其孙师颜为三班借职。"⑥而围绕荫补之事,曾有一段有意思的讨论。陈尧佐为奏王师颜恩荫之事:"君功臣之家,有行谊,不宜使终身为布衣,乃补三班借职。"⑦面对这一入仕的时机,也许是仍然坚持其"少时有奇操,不肯从荫补,欲以辞学自奋于一时"⑧的梦想,王师颜竟然"辞不就"。但鉴于他"及举进士,辄黜于有司"的现实,王氏亲旧却与之有着截然相反的观点:"家世没落如此,尚择禄耶?"⑨最终,王师颜"乃受命",接受了补为武职这一更加理性的建议。

从王氏的例子来看,从进士业考取功名,虽然是具有士大夫情结的家族成员所坚持的入仕途径,但大多数亲旧所考虑的,则首先是入仕的机会,而并非文武职业的选择。王师颜有子七人,其中广延、广巨未仕,另二子早卒,广渊为兵部员外郎、直龙图阁、东京转运使,广临为左骐骥使、河北沿边安抚副使,广廉为太常博士、河北都转运司勾当公事;孙五人中,得与为郑州司户参军,得君为进士、承三班差使,得凝为郊社斋郎。从他们的仕宦情况也可以看出,既有文官也有武官,其家族的发展较之早前显示出更加理性化的一面。

---

① 《宋史》卷 325《刘平传》,第 10499 页。
② 《宋史》卷 325《刘平传》,第 10500 页。
③ 何冠环:《败军之将刘平(973—1040 后)——兼论宋代的儒将》,《中国文化研究所学报》新第 8 期,1999 年,第 103—135 页,载氏著《北宋武将研究》,香港中华书局,2003 年,第 299 页。
④ 王安石:《临川先生文集》卷 100《乐安郡君翟氏墓志铭》。
⑤⑥ 《宋史》卷 270《王明传》,第 9267 页。
⑦ 郑獬:《郧溪集》卷 20《右侍禁赠工部侍郎王公墓志铭》,《影印文渊阁四库全书》本。
⑧⑨ 郑獬:《郧溪集》卷 20《右侍禁赠工部侍郎王公墓志铭》。

四、结语

通过对上述诸种家族发展取向的讨论，可知北宋文治导向的影响不可谓不深远。宋初即有武官家族的第二代子孙转从进士业者，教子读书也在各级武官家族中普及，甚至连世代与宗室联姻的各家族也不乏读书业文、考取进士者，武转文的家族也相对普遍。但同时我们也可以看到，各个家族所选择的道路无不是根据自身优势条件，从自身根本利益出发进行的。康延泽虽聚书教子，考取功名，但仍不忘奏荫子孙。焦宗古虽在科举与政坛均"才具该洽""绰有余裕"，但恩荫颇盛的子孙竟无一人继承其文学家风。昝居润的子孙在宰相沈伦家中所受的教育，也未能让其向文官转化。在这些家族身上，其实看不出文、武两种职业观念的明显差异。而在张亢、景泰、杨宗闵等由文转武的家族以及从武到文再转回武官的刘平、郭庆宗家族中，竟然出现了与北宋文治导向相逆的转化过程，究其原因，不外乎严峻的边防形势及战争为其家族的发展提供了新的机遇，而他们本身"知兵""习边事"的个人或家族优势更促成了这样的转化。这种转化本身成就了这些武官"以功名自显"的个人追求，他们的家族也因此而世代获益。文与武的观念，在他们眼里，仅仅是嗣其家的两种不同的职业方式而已。而对于没落之家或欲跻身仕途的家族而言，更加理性的选择是入仕的机遇而非文或武的职业选择。

北宋文武换官制度探析[*]

尤东进[**]

一、前言

在中国古代官僚制度之官阶品位的变迁过程中存在着五条基本线索或五种分类,即"贵—贱""士—吏""文—武""宫—朝""胡—汉"。[①]由此可见,文武是分析和理解中国古代官僚制度的一个重要手段。文武之分,由来已久,以职位为本位的文武区分西周时即已出现[②],它产生于国家管理事务的需要,并随着国家机器的发展而逐渐发达。迨至战国,文官之长称之为相,武官之长称之为将。[③]发展至唐代,在官制上出现了文、武职事官和文、武散官两个系列,文武畛域渐渐明晰。进入北宋,文武分立则进一步制度化,形成了相对严格的文武分途。

然而一直以来,官僚制度上的文武之分不存在不可逾越的鸿沟,文、武可以互换,其间并没有太大的障碍,历史上"出将入相"或"出相入将"的事例屡屡可见,史不绝书。如西汉

---

* 本文系浙江省哲学社会科学规划课题一般项目"北宋文武换官制度研究"(项目编号:16NDJC061YB)之初步成果。

** 尤东进,杭州师范大学人文学院历史系副教授。

① 参看阎步克:《中国古代官阶制度引论》第十一章《品位结构变迁的五线索:贵贱、士吏、文武、宫朝、胡汉》,北京大学出版社,2010年,第391—438页。

② 参看许倬云:《西周史》(增订本)第七章《西周政府组织》第二节《金文资料中的官职》,生活·读书·新知三联书店,1994年,第206—222页。

③ 杨宽:《战国史》,上海人民出版社,1998年,第221页。

大将周勃曾以主管军事的太尉之职转任丞相,唐代名相房玄龄也曾担任过军职。北宋神宗元丰改制前,官制上存在"官""职""差遣"之分,王曾瑜分析研究指出,"区分文武以官为准,而不以差遣为准"①,即以阶官(本官)为标准,加以区分文武。元丰改制后,文、武阶官虽易以新名,但文武之分仍以此为准。简而言之,北宋文武之区分,不以实际职务之"差遣"为准。北宋制定了换官法②和文武换官格③,允许文资(文阶)换武资(武阶)、武资(武阶)换文资(文阶),史籍中亦记之为"换秩"或"换职"。研究北宋的文武换官现象及其制度,可以加深对北宋一代复杂多变的官僚制度的认识与理解,并在此基础上重新剖析北宋的"重文轻武"抑或"崇文抑武"等基本国策,以期深化对北宋社会文武关系及其时代特征的认识。

管见所及,目前为止,国内外学界对该论题有所涉及,如龚延明在《宋史职官志补正》一书中,对《宋史·职官志》中关涉"换官"的条目进行了考订;日本学者梅原郁的《宋代官僚制度研究》以及中国香港学者曾瑞龙的《北宋种氏将门之形成》附录《北宋武臣换文资条例述要》等对文武换官中的等级对应关系进行了有益探讨;浙江大学古籍所杜情义的硕士学位论文《宋代文武换官制度研究》首次对文武换官制度进行了比较系统的学术梳理与考察。近日,范学辉在其《宋代三衙管军制度研究》一书第十五章《三衙管军的任职资格》之第二节《出身要求》中对北宋文官转换武官之制进行了精辟论述。但上述研究尚不够深入与全面,且在史料的解读与运用、换官的政治社会意义的理解等方面存在误解与不足。为了繁荣学术、推动宋史研究的深入与发展,笔者不揣谫陋、再作考述,以就教于方家。

二、制度复原

北宋之前,虽然文武之间可以互换,如唐代文阶出身者可以转换为武阶,武阶出身者亦可以改为文阶,但却没有明确的、详细的制度性规定。进入北宋,开始出现明文规定的、系统性的《换官法》,使文武在进行互换时,有章可循、有法可依,而不显得杂乱无序。现根据相关记载,对其制度进行复原,以期恢复其本来面貌。

目前,可以见到的、比较详细的关于换官制度的规定最早出现于仁宗时期。《宋会要

---

① 王曾瑜:《从岳飞及其部将的仕历看南宋前期武官的升迁资序》,载氏著《岳飞和南宋前期政治与军事研究》,河南大学出版社,2002年,第298页,原载岳飞研究会编:《岳飞研究》第三辑,中华书局,1992年。
② 宋代还有一种特殊的换官法,即宗室换官法。其针对对象主要是宗室成员,宗室成员一般只能担任环卫官。由于外任等原因,需要将环卫官换成一般的武阶官。本文所言"换官"或"换官法",姑依龚延明《宋史官制辞典》(中华书局,1997年,第659页)中对"换官"的注释,即指文资换武资与武资换文资。因此,宗室换官法暂不在本文讨论范围之内。
③ 见李攸:《宋朝事实》卷9《官职》。

辑稿·职官》61之7、8云:

> [天圣四年(1026年)]十一月,诏三班使臣内有元是举人入班行者,如乐换文资者①,左班殿直与试衔近地知县,候得替、无脏罪与节察推官;右班殿直与家便大县簿尉,候得替、无脏罪与初等职事官,诸科与令录;三班奉职与除簿尉,进士与家便,诸科与近地;三班借职与小处判官、簿尉;殿侍补郊社斋郎。

将上文所述的文武换官等级对应关系进行梳理,可制成表1。

表1 仁宗时期三班使臣换官表

武	文
左班殿直	试衔近地知县,候得替、无脏罪与节察推官
右班殿直	家便大县簿尉,候得替、无脏罪与初等职事官,诸科与令录
三班奉职	除簿尉,进士与家便,诸科与近地
三班借职	小处判官、簿尉
殿侍	郊社斋郎

然而,上述规定只是临时性的举措,并不是系统性的换官法,因为其适用的对象范围极其有限,只限于原是举人的三班使臣。另据记载,真宗天禧年间曾补举人为三班使臣,这也极可能是应急之举。至仁宗朝形势缓和后,则听由他们改换文秩,从而出现上述规定。这虽然反映了文武分途的严格化,但在下级文、武官之间仍然可以自由改换,一旦事毕,可以改回原秩。同时,从上述规定中也可以看出出身之进士与诸科、得替有无脏罪等均被加以严格区分,对换官予以较大影响。

北宋前中期有无《换官法》,因史料亡佚或缺载,现已无从得知。现在能够见到的最早的北宋《换官法》,应是神宗熙宁五年(1072年)颁布的《换官法》。现根据相关记载,尝试复原北宋神宗时期文武换官之制。梅原郁②、曾瑞龙③、范学辉④已在相关论著中对此文武换官之制进行了有益的探讨,成绩斐然,笔者从中获益良多。但三人的研究尚存在如下不足之处:第一,在史料的使用方面有失谨慎,如梅原郁将横行使之阁门使视为诸司使;第二,在文武换官的等级对应关系方面不够翔实、全面。有鉴于此,笔者在前贤研究的基础上,进一步复原北宋神宗时期文武换官之制,以期更加全面、准确。

在现存的宋代典籍中,有两处详细载录了神宗熙宁五年的《换官法》,兹引述如下。

① 《续资治通鉴长编》(以下简称《长编》)卷104"天圣四年十一月甲辰"条载,"诏天禧中举人补三班使臣者,听换文资",与《宋会要辑稿》的记载关联,可一并参阅。
② 见梅原郁:《宋代官僚制度研究》第二章《宋代的武阶》,同朋舍,1985年,第101页。
③ 见曾瑞龙:《北宋种氏将门之形成》之附录《北宋武臣换文资条例要述》,香港中华书局,2010年,第140—141页。
④ 见范学辉:《宋代三衙管军制度研究》第十五章《三衙管军的任职资格》,中华书局,2015年,第863—864页。

《长编》卷 231"熙宁五年三月戊戌"条载：

中书言："礼房修《换官法》。自今秘书监换防御使。大卿、监换团练使。秘书少监，太常、光禄少卿换刺史。卫尉以下少卿、监换皇城使、遥郡刺史。前行郎中换宫苑使，中行郎中换内藏库使，后行郎中换庄宅使，并带遥郡刺史。前行员外郎换洛苑使，中行员外郎换西作坊使，后行员外郎换供备库使。已上如正郎带职即换阁门使，仍带遥郡刺史，员外郎带职即换遥郡刺史。太常博士换内藏库副使，国子博士换左藏库副使。已上如带职换阁门副使。太常丞换庄宅副使。秘书丞换六宅副使。殿中丞、著作郎换文思副使。太子中允换礼宾副使。赞善大夫、太子中舍换供备库副使。秘书郎、著作佐郎换内殿承制。大理寺丞换内殿崇班。诸寺监丞，节、察判官，并换东头供奉官。大理评事，支使，掌书记，并换西头供奉官。太祝、奉礼并换左侍禁。正字，秘校，监、簿，两使职官，防、团判官，令、录，并换右侍禁。初等职官，知令、录，并换左班殿直。初等职官，知令、录未及三考，换右班殿直。判、司、主簿、尉成三考已上换三班奉职，未及三考并试衔斋郎各换三班借职。内如带职，各升一资。起居郎、起居舍人、左右司谏、正言、侍御史、殿中侍御史、监察御史已上，各比类官序，依带职人例。如籍人材或曾有过犯，并临时取旨，特与升降官资。其右职换文资并依此。内奉职已下并换堂除主簿、尉。三班差使、殿侍换郊社斋郎。"从之。

又，《宋会要辑稿·职官》61 之 13、14 云：

（熙宁五年）三月十九日，中书言："礼房修《换官法》。自今祕书监换防御使，大卿、监换团练使。秘书少监，太常、光禄少卿换刺史。卫尉以下少卿、监换皇城使、遥郡刺史。前行郎中换宫苑使，中行郎中换内藏库使，后行郎中换庄宅使，并带遥郡刺史。前行员外郎换洛苑使，中行员外郎换西作坊使，后行员外郎换供备库使，以上如正郎带职即换阁门使、仍带遥郡刺史；员外郎带职郎（即）换遥郡刺史。太常博士换内藏库副使，国子博士换左藏库副使，以上如带职换阁门副使。太常丞换庄宅副使，秘书丞换六宅副使，殿中丞、著作郎换文思副使，太子中允换礼宾副使，赞善大夫、太子中舍换供备库副使，祕书郎、著作佐郎换内殿承制，大理寺丞换内殿崇班，诸寺监丞、节、察判官并换东头供奉官，大理评事、支使、掌书记并换西头供奉官，太祝、奉礼并换左侍禁，正字、祕校、监簿、两使职官、防团判官、令录并换右侍禁，初等职官、知令录并换左班殿直，初等职官、知令录未及三考换右班殿直，判、司、主簿、尉成三考以上换三班奉职，未及三考并试衔斋郎各换三班借职，内如带职各升一资。起居郎、起居舍人、左右司谏、正言、侍御史、殿中侍御史、监察御史已上，各比类官序，依带职人例。如籍人材或曾有过犯，并临时取旨，特与升降官资。其右职换文资并依此。内奉职以下并换堂除主簿、尉，三班差使、殿侍换郊社斋郎。"从之。

以上是熙宁五年颁布的《换官法》，《长编》和《宋会要辑稿》的记载大同小异，它们的史源当一致，或为宋代的《国朝会要》。同时，《宋史·职官志》中也有一段关于文武换官制的记载，姑引如下。

《宋史》卷 169《职官志九》之《文臣换右职之制》①云：

秘书监换防御使。

大卿、监换团练使。

秘书少监，太常、光禄少卿换刺史。

少卿、监换皇城使、遥郡刺史。

带职郎中换阁门使。

前行郎中换宫苑使。

中行郎中换内藏库使。

后行郎中换庄宅使。

带职前行员外郎。

前行员外郎并换洛苑使。

带职中行员外郎，起居舍人，侍御史，中行员外郎并换西京作坊使。

带职后行员外郎，左、右司谏，殿中侍御史，后行员外郎并换供备库使。已上并带遥郡刺史。

带职博士，左、右正言，监察御史换阁门副使。

太常博士换内藏库副使。

国子博士换左藏库副使。

太常丞换庄宅副使。

秘书丞换六宅副使。

殿中丞，著作郎换文思副使。

太子中允换礼宾副使。

太子左右赞善大夫、中舍、洗马换供备库副使。

秘书郎，著作佐郎换内殿承旨。

大理寺丞换内殿崇班。

诸司监丞，节度、观察判官换东头供奉官。

大理评事，节度掌书记，观察支使换西头供奉官。

太常寺太祝，奉礼郎换左侍禁。

初等职官，知令、录并两使职官，防御、团练判官，令、录未及三考换左班殿直。

初等职官，知令、录未及三考换右班殿直。

判、司、簿、尉换三班奉职。

---

① 龚延明的《宋史职官志补正》（浙江古籍出版社，1991 年，第 547—552 页）对此进行了考订，贡献巨大，但也有欠缜密之处。如"秘书郎，著作佐郎换内殿承旨"，此处"内殿承旨"当作"内殿承制"为是，龚氏未校出。

试衔斋郎并判、司、簿、尉未及三考换三班借职。已上京官至太常丞带职，加一资换。

右文官换右职者，除流外、进纳及犯私罪情重并赃罪外，年四十以下并许试换右职。三班使臣补换及三年、差使及五年，方许试换。已上并召京朝官或使臣二人委保。其文臣待制、武臣观察使已上愿换官，取旨。

《宋史·职官志》错讹甚多，已为学界所共识，目前已有多部校订专著问世。《宋史·职官志》上述有关文武换官之制的记载与《长编》《宋会要辑稿》等迥异，其具体年代虽没有详述，但应在神宗元丰改制前，因为其文武阶的名称均为旧称。同时，它也是研究北宋文武换官制的重要史料，价值不容忽视，可与熙宁五年之换官法进行比较研究。但毋庸置疑，其讹误亦不少，如将带职郎中与郎中、带职员外郎与员外郎不加区分、混淆杂糅，眉目不清，令人费解；如缺少"正字，秘校，监、簿，两使职官，防、团判官，令、录，并换右侍禁"等相关重要条目。然较之《长编》《宋会要辑稿》，其亦有详当之处。如《长编》《宋会要辑稿》中仅言"起居郎、起居舍人、左右司谏、正言、侍御史、殿中侍御史、监察御史已上，各比类官序，依带职人例"，至于如何"比类官序、依带职人例"则不得而知，幸而《宋史·职官志》中将"起居舍人、侍御史、左、右司谏、殿中侍御史、左、右正言、监察御史"等进行了"比类"，如此方可了解言官、台宪官改换武官之制。又，根据《宋史·职官志》，可以正《长编》《宋会要辑稿》之误，如《长编》与《宋会要辑稿》中的"中行员外郎换西作坊使"，此处"西作坊使"，显误，而应作资次在"洛苑使"与"供备库使"之间的"西京作坊使"，脱一"京"字。总而言之，上述三则材料详略互见，可互为补充、参对，兹综合三者，对北宋神宗时期的文武换官法进行了复原，详见表2。

表2　北宋神宗熙宁五年文武换官表

文	说明	武	说明
秘书监	卿监以上（文臣待制、武臣观察使以上，临时取旨）	防御使	正任
大卿、监		团练使	
秘书少监，太常、光禄少卿		刺史	
卫尉以下少卿、监		皇城使、遥郡刺史	遥郡
正郎（郎中）带职	带职郎中	閤门使（横行）、遥郡刺史	
前行郎中	郎中	宫苑使、遥郡刺史	
中行郎中		内藏库使、遥郡刺史	
后行郎中		庄宅使、遥郡刺史	
前行员外郎带职	带职员外郎	洛苑使、遥郡刺史	
中行员外郎带职（起居舍人、侍御史）		西京作坊使、遥郡刺史	
后行员外郎带职（左、右司谏，殿中侍御史）		供备库使、遥郡刺史	

文		说明	武	说明
前行员外郎		员外郎	洛苑使	诸司使
中行员外郎			西京作坊使	
后行员外郎			供备库使	
太常博士、国子博士带职（左、右正言，监察御史）		朝官	阁门副使	横行
太常博士			内藏库副使	诸司副使
国子博士			左藏库副使	
太常丞			庄宅副使	
秘书丞			六宅副使	
殿中丞、著作郎			文思副使	
太子中允			礼宾副使	
太子左右赞善大夫、中舍、洗马			供备库副使	
秘书郎、著作佐郎		京官与选人	内殿承制	大使臣
大理寺丞			内殿崇班	
诸寺监丞	节、察判官*		东头供奉官	小使臣
大理评事	观察支使、节度掌书记*		西头供奉官	
太常寺太祝、奉礼郎			左侍禁	
秘书省正字、校书郎、监簿、	两使职官、防团职官、令、录*		右侍禁	
	初等职官，知令、录*		左班殿直	
	初等职官，知令、录未及三考*		右班殿直	
	判、司、簿、尉成三考以上*		三班奉职	
试衔斋郎	判、司、簿、尉未及三考*		三班借职	

注：带 * 者为选人。

梅原郁分析指出了此换官法在文武换官时的等级对应关系，即选人、京官与三班使臣对应，京官最高阶的秘书郎、著作佐郎、大理寺丞与大使臣之内殿承制、内殿崇班对应；朝官与诸司副使，员外郎、郎中与诸司使，卿、监以上与遥郡、正任对应。梅原郁的结论大体正确，但也有可商榷之处。如员外郎、郎中与诸司使对应恐不当，据上表，员外郎确是与诸司使对应，但郎中是与遥郡刺史对应，是诸司使带遥郡刺史，属于遥郡之列。可举例如下：

至和元年（1054 年）十二月，内园使、昭州刺史谭嘉震为司门郎中。嘉震自换右职，累更边任，晚以目疾，愿得复还文资也。

神宗熙宁元年（1068 年）五月七日，以驾部郎中陈求古换官苑使、遥领团练使，不得为例。求古累历知州有治声，翰林学士郑獬应诏举官力荐之，故有是命。①

在上述熙宁五年的换官法中，需特别指出的是，文官带职（帖职）与否，在改换武资时，至关重要，差别很大。文官带职是文学侍从之臣，为"清华之选"，待遇较优，升迁较快，故在文武换官时也有所体现，如带职员外郎即换遥郡刺史，而一般员外郎则换诸司使。普通京朝官带职换官时，特加一资。此外，高级文武官换官时，在该换官法中没有特定的规定，即文臣待制以上、武臣观察使以上换官，并临时取旨。有以侍郎换观察使者，雷有终、钱若水、王嗣宗等即是，也有以尚书左丞换观察使者，如李仕衡。

除上述熙宁五年文武换官法之外，李攸《宋朝事实》卷 9《官职》中还记载了《文武换官格》，其文如下：

中大夫防御使

中大夫团练使

中散大夫刺史原注：候通除七年，除团练使

朝议大夫刺史

奉直大夫武功大夫遥郡刺史原注：旧皇城使

朝请大夫武德大夫遥郡刺史

朝散大夫武德大夫遥郡刺史原注：旧内藏库使

朝奉大夫武节大夫遥郡刺史原注：旧庄宅使

朝请郎武略大夫原注：旧洛苑使

朝散郎武义大夫原注：旧西京作坊使

朝奉郎武义大夫原注：旧礼宾使

承议郎武翼大夫原注：旧供备库副使

奉议郎武节郎原注：旧庄宅副使

通直郎武义郎原注：旧礼宾副使

宣教郎敦武郎原注：无出身未及三年换修武郎

宣义郎从义郎

---

① 俱见《宋会要辑稿·职官》61《换官》。

承事郎秉义郎

承奉郎忠训郎

承务郎忠翊郎

《宋朝事实》原书已佚，现本为四库馆臣从《永乐大典》中辑出。四库馆臣在其案语中云："此《文武换官格》，不著何年所定。"但其中的文阶官之名称显为元丰新制，并且其中的奉直大夫为徽宗大观年间新置，宣教郎则为政和年间(1111—1117 年)由宣德郎所改而来。同时，武阶之诸司使副已易以新名，此乃政和新制。另外，四库馆臣在《宋朝事实》提要中，引用了《永乐大典》中南宋人曹叔远编纂的《江阳(属潼川府路泸州)谱》，认为《宋朝事实》的记事原本起于太祖建隆，止于徽宗宣和。综上所述，可以认定此《文武换官格》为徽宗之制，最可能是政和之制。又，《宋史》卷169《职官志九》之《文臣换右职之制》云：

绍兴复修试换之令，淳熙增广尚左、尚右、侍左、侍右换官之格，列而书之，以见新式。若中大夫而下文臣换官，仍政和旧制，则不书。

《宋史·职官志九》所云"政和旧制"极可能即是《宋朝事实》所载录的《文武换官格》。但《宋朝事实》的记载亦有不当之处，如承议郎换武翼大夫，原注旧供备库副使，此处供备库副使显误，供备库副使资次在庄宅副使、礼宾副使之下。据《宋大诏令集》卷163《改武选官名诏》及《宋史·职官志九》可知，武翼大夫对应之旧官名为供备库使，为是，则"供备库副使"当作"供备库使"。此外，有数处文阶或武阶重复出现，似不加区分，疑有脱误、错讹，如中大夫换防御使，而中大夫亦换团练使，如此含混不清，令人费解，遍检政和年间之文阶官，此处独缺大观年间所置之"中奉大夫"，而"中奉大夫"之资次正在"中大夫"与"中散大夫"之间，与此处亦相吻合，故第二处之"中大夫"或作"中奉大夫"，为是。综合以上考述，现将其绘制成表3。

表3　徽宗政和年间文武换官表

文 阶	备 注	武 阶	备 注
中大夫	卿、监	防御使	正任
中奉大夫		团练使	
中散大夫		刺史	
朝议大夫		刺史	
奉直大夫	大观新置	武功大夫、遥郡刺史	遥郡
朝请大夫	正郎(郎中)	武德大夫、遥郡刺史	
朝散大夫		武德大夫、遥郡刺史	
朝奉大夫		武节大夫、遥郡刺史	

文 阶	备 注	武 阶	备 注
朝请郎		武略大夫	
朝散郎	员外郎	武义大夫	原诸司正使
朝奉郎		武义大夫	
承议郎		武翼大夫	
奉议郎	朝官	武节郎	原诸司副使
通直郎		武义郎	
宣教郎		敦武郎	
宣义郎		从义郎	
承事郎	京官	秉义郎	使臣
承奉郎		忠训郎	
承务郎		忠翊郎	

将上述徽宗时期的文武换官格与神宗熙宁五年的文武换官法进行比较，可以发现以下数点不同：第一，文武换官的等级对应关系发生了变化。如依神宗熙宁五年之换官法，太常博士换内藏库副使，国子博士换左藏库副使，均为诸司副使；而依徽宗文武换官格，由左、右正言、太常、国子博士换成元丰后寄禄官阶之承议郎却换为武翼大夫，原供备库使，为诸司正使。第二，徽宗时期的文武换官格没有规定下级之文官选人如何换官，或许继续沿用熙宁五年之制。第三，在神宗熙宁五年换官法中严格加以区分的带职与不带职，在徽宗文武换官格中毫无体现，这或许是徽宗之制的新变化，但也可能继续祖述神宗之制。同时，两者也存在共同之处，如徽宗朝之文武换官格对中大夫以上之高级文官如何换官亦没有特别说明，恐怕如神宗之制，需临时取旨。

以上由于史料的限制，仅仅复原了神宗朝和徽宗朝的换官制度，它们都是北宋中后期的。而且内容都是关于中下级文武官的，因此可以推测中下级文武官是换官的主体。

三、事例分析

北宋一代，存在着众多的文武换官事例，通过对这些事例加以具体分析，可以进一步理解北宋文武换官制度的实际运行。

《宋会要辑稿·职官》61《换官》比较集中记载了北宋文武换官的事例。现以《宋会要辑稿》该部分的记载为中心,将其具体事例整理成表 4 和表 5。

表 4　《宋会要辑稿·职官》61 所见北宋文资换武资事例一览表

人　名	文　资	武　资	时　期	说　明
郑　宣*	侍御史	如京使	太宗	《宋史》卷 440《柳开传》
刘　埠	司封员外郎	如京使	太宗	《宋史》卷 440《柳开传》
赵　载	户部员外郎	如京使	太宗	《宋史》卷 440《柳开传》
柳　开	殿中侍御史	崇仪使	太宗	《宋史》卷 440《柳开传》
刘　庆	左拾遗	西京作坊使	太宗	《宋史》卷 440《柳开传》
陈舜封	大理评事	殿直	太宗	
秦可观	选人	右班殿直	太宗	
陈　廉	冀州属邑簿	右班殿直	太宗	
钱　昱	工部侍郎	郢州团练使	太宗	《宋史》卷 480
乔维岳	给事中	海州刺史	太宗	《宋史》卷 307 本传
鲜于粲	国子博士	如京副使	真宗	
雷孝若	太常寺奉礼郎	西头供奉官	真宗	《宋史》卷 278《雷德骧传》
魏　霁	殿中丞	崇仪副使	真宗	
刘　固	国子博士	如京副使	真宗	
石熙政	太子右赞善大夫	西京左藏库副使	真宗	
王　瞻	郓州观察推官	西头供奉官	真宗	
张利涉	殿中侍御史	崇仪使	真宗	
邢文纪	秘书丞	崇仪副使	真宗	
张志言	虞部员外郎	西(如)京使	真宗	《宋史》卷 308《张佶传》
钱若水	工部侍郎、集贤院学士	邓州观察使	真宗	带职、《宋史》卷 266 本传
王嗣宗	御史中丞兼工部侍郎	耀州观察使	真宗	《宋史》卷 287 本传
王　序	虞部员外郎	如京使	真宗	
郭怀玉*	国子博士	供备库使	真宗	
高志宁	太子右赞善大夫	供备库副使	真宗	
史　莹	殿中丞	崇仪副使	真宗	
雷孝先	都官员外郎	内园使	真宗	《宋史》卷 278《雷德骧传》
骆与京	屯田员外郎	如京使	真宗	
田定机	虞部员外郎	西京左藏库使	真宗	
宋　平	太子左赞善大夫	供备库副使	真宗	
丁　珝	太常寺丞祝(太祝)	内殿崇班	真宗	
宋世基	右赞善大夫	供备库副使	真宗	
王　准*	虞部员外郎	西京左藏库副使	真宗	
刘象中	大理寺丞	内殿承制	真宗	
魏昭文	殿中丞	崇仪副使	真宗	
窦　谒	秘书丞	洛苑副使	真宗	

续表

人 名	文 资	武 资	时 期	说 明
赵宗奭	试将作监主簿	右班殿直	仁宗	
刘 平	侍御史	衣库使	仁宗	《宋史》卷 325 本传
钱 晦	大理评事	内殿崇班	仁宗	
刘 牧	屯田员外郎	如京使	仁宗	
李 维	翰林学士承旨、刑部尚书	相州观察使	仁宗	带职、《宋史》卷 297《鞠咏传》
陈尧咨	翰林学士兼龙图阁学士、工部侍郎	宿州观察使	仁宗	带职、《宋史》卷 284 本传
韩 琦	枢密直学士、礼部郎中	秦州管内观察使	仁宗	带职、《宋史》卷 312 本传
王 沿	枢密直学士、右司郎中	泾州管内观察使	仁宗	带职、《宋史》卷 300 本传
范仲淹	龙图阁直学士、左司郎中	邠州管内观察使	仁宗	带职、《宋史》卷 314 本传
庞 籍	龙图阁直学士、吏部郎中	鄜州管内观察使	仁宗	带职、《宋史》311 本传
杨 畋*	太常博士	东染院使	仁宗	《宋史》卷 300 本传
余 靖	光禄卿	左神武军大将军、雅州刺史	仁宗	遥郡、《宋史》卷 320 本传
苏 缄	秘书丞	供备库使	仁宗	《宋史》卷 446 本传
种 诊	殿中丞	左藏库副使	英宗	《宋史》卷 335《种世衡传》
种 谔	国子博士	洛苑副使	英宗	同上
种 古	大理评事	殿内（内殿）崇班	英宗	同上
陈求古*	驾部郎中	宫苑使、遥领团练使	神宗	遥郡
刘 瑄	太子中舍	西京左藏库副使	神宗	
陈 箴	太常博士	西上閤门副使	神宗	
尚 缜	虞部员外郎	西京作坊使	神宗	
谢 麟	太常博士	西上閤门副使	神宗	《宋史》卷 330 本传
李 琬	通直郎	供备库副使	哲宗	
朱 衍	朝奉大夫	庄宅使、文州刺史	哲宗	遥郡
黄 絢	奉议郎	庄宅副使	哲宗	
种师中	宣德郎	内殿承制	哲宗	《宋史》卷 335《种世衡传》
陈 安	通直郎	礼宾副使兼閤门通事舍人	哲宗	带职（武）
陶 逵	通直郎	礼宾副使	哲宗	
张 撝	通直郎	礼宾副使	徽宗	
章 綖	承奉郎	内殿崇班	徽宗	
郭 晔	承议郎	右武郎	徽宗	
骆 阅	进纳登仕郎	承信郎	徽宗	
王 康	迪功郎	成忠郎	徽宗	
曹 济	朝奉大夫	成安大夫	徽宗	
曹 澄	奉议郎	成安郎	徽宗	

表5 《宋会要辑稿·职官》61 所见北宋武资换文资事例一览表

人 名	武 资	文 资	时 期	说 明
王 操*	殿直	太子中允	太宗	
和?	三班奉职	大理评事	太宗	
张 晟	供奉官	左赞善大夫	太宗	
张敏中	供奉官	大理寺丞	太宗	《宋史》卷 268《张逊传》
钱 昱	白州刺史	秘书监	太宗	《宋史》卷 480
钱惟演	右神武军将军	太仆少卿	真宗	《宋史》卷 317 本传
王宝臣	右班殿直	试衔知县	真宗	
张 旦	下班殿侍	一斋郎	仁宗	《宋史》卷 308 本传
刘允中	东头供奉官	光禄寺丞	仁宗	
孙雍、孙维、孙雄、孙雅	右班殿直	无料钱京官	仁宗	
王 恪	三班奉职	无料钱京官	仁宗	
监司竹监候?	三班借职	簿尉	仁宗	
陈绍孙	三班奉职	无料钱京官	仁宗	
郭道暝	左班殿直	簿尉	仁宗	
马仲甫	左侍禁	大理评事	仁宗	《宋史》卷 331 本传
张龟年	内藏库副使	太常博士	仁宗	
杨 畋	东染院使	屯田员外郎、直史馆	仁宗	带职
谭嘉震	内园使、昭州刺史	司门郎中	仁宗	
柴 咏	内殿崇班	殿中丞	仁宗	《宋史》卷 119《礼志二十二》
张 亢	客省使、眉州防御使	秘书监	仁宗	《宋史》卷 324 本传
刘 几	西上阁门使、循州刺史	兵部郎中	仁宗	
曾孝广	右班殿直	堂除初等职官	神宗	《宋史》卷 312《曾公亮传》
王 亚	皇城使	虞部郎中	神宗	
石 凿	皇城使、忠州刺史	卫尉少卿、直昭文馆	神宗	带职
刘 佋	东头供奉官	太史(局)丞	神宗	
文贻庆	供备库副使兼阁门通事舍人	奉议郎、都官员外郎	神宗	带职(武)
朱 衍	庄宅使、文州刺史	朝奉大夫	哲宗	
姚汝贤	忠训郎	承奉郎	徽宗	

同时,《宋史》也记载了大量的文武换官事例,除去与上述《宋会要辑稿》重复的以外,现将其整理成表 6 和表 7。

表6 《宋史》所见文资换武资事例一览表

人 名	文 资	武 资	备 注
魏咸信	太子右坊通事舍人	供奉官	《宋史》卷249《魏仁浦传》
王 明	给事中	光州刺史	《宋史》卷270本传
张保续*	宗正卿	泰州刺史	《宋史》卷274本传
曹 谏	右补阙	崇仪使	《宋史》卷290《曹利用传》
李仕衡	尚书左丞	同州观察使	《宋史》卷299本传
靳怀德	比部员外郎	如京使	《宋史》卷309本传
刘 涣*	工部郎中	吉州刺史	《宋史》卷324《刘文质传》
蒋 偕	秘书丞	北作坊副使	《宋史》卷326本传
王 果	殿中丞	衣库副使	《宋史》卷326本传
向传范	卫尉丞	内殿崇班	《宋史》卷464
向 经	虞部员外郎	庄宅使	同上
高保寅*	将作监	内作坊使	《宋史》卷483
张昭允*	大理评事	右班殿直	《宋史》卷279
郭 谘	殿中丞	崇议副使	《宋史》卷326本传
刘 几*	将作监主簿	如京使	《宋史》卷262《刘温叟传》
宋 沆	太子中允	如京副使	《宋史》卷287《宋湜传》
张 升	度支员外郎	六宅使	《宋史》卷318本传
王 素	侍御史、端明殿学士？	澶州观察使	《宋史》卷320本传
景 泰	都官员外郎	左藏库使	《宋史》卷326本传
李 渭	太常博士	北作坊副使	《宋史》卷326本传
王 厚	通直郎	礼宾副使	《宋史》卷328《王韶传》
王 观	屯田员外郎	崇仪使	《宋史》卷329《王广渊传》
陶 弼	未详	崇仪副使	《宋史》卷334本传
种师道	未详	庄宅使	《宋史》卷335本传
吕大忠*	秘书丞	西上閤门使	《宋史》卷340《吕大防传》
李 逖*	承议郎	庄宅副使	《宋史》卷447本传
马季良*	兵部郎中	濠州防御使	《宋史》卷463本传

表7 《宋史》所见武资换文资事例一览表

人 名	武 资	文 资	备 注
石中立	西头供奉官	光禄寺丞	《宋史》卷263《石熙载传》
张敏中	供奉官	大理寺丞	《宋史》卷268《张逊传》
王希逸*	供奉官	太子中允	《宋史》卷268《王显传》
窦舜卿	邕州观察使	刑部侍郎	《宋史》卷349本传
高 赋*	右班殿直	奉礼郎	《宋史》卷426本传
和 岘*	三班奉职	大理评事	《宋史》卷439《和岘传》
石延年*	右班殿直	太常寺太祝	《宋史》卷444本传

续表

人 名	武 资	文 资	备 注
苏子元*	西头供奉官、閤门祗候	殿中丞	《宋史》卷446《苏缄传》
高保寅	内作坊使	少府监	《宋史》卷483
张佶(志言)*	殿前承旨(制)	国子监丞	《宋史》卷308
王 观*	皇城使	兵部郎中	《宋史》卷329《王广渊传》
种师道	三班奉职	熙州推官	《宋史》卷335本传
郭忠孝	右侍禁	将作监主簿	《宋史》卷447
高遵惠	供奉官	大理寺评事	《宋史》卷464《高遵裕传》

　　据《宋会要辑稿·职官》61的记载,文武换官似开始于太宗时期,其实不然,太祖时期即有之,如王明以秘书少监、领韶州刺史。①综合上述四表,文官换武官的事例为97件,武官换文官的事例为41件,则龚延明在《宋史官制辞典》中指出的"由于两宋重文轻武,以武臣换文官者为多、限制也严;文官换武职者较少,限制较宽",有待商榷,从上述诸表来看,文官换武官者较武官换文官者为多。再以时期区分来看,暂以明确记载时间的《宋会要辑稿》所记事例为考察对象,可知太宗朝共有15件,真宗朝27件,仁宗朝27件,英宗朝3件,神宗朝10件,哲宗朝7件,徽宗朝8件。就北宋而言,真宗、仁宗时期的换官事例为多,均占总数的一半。另外,诸表中带星号的事例与神宗熙宁五年之《文武换官法》以及徽宗政和之《文武换官格》间有较大的出入,比如郭怀玉以文资之国子博士换武资之供备库使,按制度规定,国子博士当换诸司副使,而不应是诸司正使之供备库使。不符合制度规定之文武换官事例数目不少,占有一定的比例。由此可见,文武换官法、文武换官格在实际运行的过程中,存在一定的可操作性和灵活度。

　　同时,如上述诸多事例所示,文武在北宋可以互换,但也有史料表明宋廷曾多次禁止下级武官转换文官。如《宋会要辑稿·职官》61《换官》条载:

　　[天圣七年(1029年)]七月,诏令后殿直已上、乞换文资者,并不行。②

　　庆历元年(1041年)七月,诏言边事补班行者,自今不许换文资。③

　　(元丰)五年(1082年)十月十八日,诏自今义勇、保甲及呈试武艺得班行者,不许试换文资。④

　　[元祐二年(1087年)]十一月二十七日,诏罢内殿承制至差使试换文资法。⑤

　　上述诏令的颁布自有其特定的时代背景,现在完全厘清,似无可能。由于可以通过多

---

① 参看《长编》卷12"开宝四年五月丁酉"条、《宋史》卷270《王明传》。
② 《长编》卷108"天圣七年七月乙亥"条作"诏殿直以上,自今不得换文资"。
③ 《长编》卷132"庆历元年七月乙卯"条同。
④ 《长编》卷330"元丰五年十月乙丑"条同。
⑤ 《长编》卷407"元祐二年十一月乙亥"条同。

种渠道获得武阶,因而下级武官的数量是极其庞大的。从具体条文来看,上述诏令只是禁止某些特定的武官转换文官,如言边事补班行者,其目的大概是限制下级武官转换文官的规模。但从总体上来讲,只要满足一定的条件,经过特定的途径,武官转换文官是被认可的。

四、换官原因、途径之分析

如前所述,北宋存在着大量的文武换官的事例,那么他们是什么原因,或者出于什么目的而进行换官的呢? 仅就文官转换为武官而言,何冠环在《败军之将刘平(973—1040)》一文中指出:“宋代文臣愿意转资为武臣,一方面是受传统的儒将观念所致,不以为转为武臣,会低人一等;另一方面,是受太祖、太宗兄弟大力鼓励推动所致。”[1]但陈峰对此提出了质疑,认为“自宋太祖朝逐步萌发‘崇文抑武’治国思想方略,再经宋太宗朝推行并确定后,宋朝政坛逐渐形成浓烈的‘文不换武’现象。纵然有文官转换为武资,人数既很少,大多又非主动情愿,拒绝改换身份的文臣实在是不胜枚举”[2]。由前文可知,北宋文臣换武资的事例并不少见,且多于武资转换文资者,至于其是否主动情愿,则不可一概而论,因为正反两方面的事例都存在,有人主动或愿意接受,如柳开、韩琦;有人抵制反对,如范仲淹。与此同时,北宋逐步形成文臣统兵体制,在中央,文臣逐渐担任主管军事的枢密使副;在地方,以一路首州知州兼任的安抚使掌管一路之兵权。因此认为文臣转武官受传统的儒将观念的影响一说,值得商榷。现将文官转换武资与武臣转换文资单独分列,以期分析其原因与目的。

根据文官转换武资的情况,大致可举出如下数种情形。

第一,追求高俸禄。宋代对待武臣的一般政策是,“宋朝之待武臣也,厚其禄而薄其礼……自遥郡而上,本俸皆厚;其使臣本禄虽稍薄,而添支给券皆优”[3]。这是宋太祖开国以来的一贯政策,“杯酒释兵权”后,太祖对解除兵权的禁军高级将领等武臣给予优待,与其联姻,并推行经济笼络政策,所以“厚其禄”。正由于此,有些文官为了追求较高的经济利益,主动要求或愿意接受改任武官。兹举例加以说明。

首先,《宋史》卷 270《魏丕传》云:

---

① 收录于氏著《北宋武将研究》,香港中华书局,2003 年,第 296 页。

② 陈峰:《“入乎于情,近乎于理”——〈北宋武将研究〉评析》,载《唐研究》第十一卷,北京大学出版社,2005 年,后收入氏著《宋代军政研究》,中国社会科学出版社,2010 年,第 355 页。

③ 章如愚:《山堂先生群书考索》后集卷 21《张演论》。

雍熙四年,代郝正为户部使。端拱初,迁度支使。是冬,出为黄州刺史,还朝,召对便坐,赐御书《急就章》《朱邸集》。丕退,作歌以献,因自述愿授台省之职。太宗面谕曰:"知卿本儒生,然清望官奉给不若刺史之优也。"①

魏丕本是文官,五代后周时转为武臣。北宋太宗时,希望转回文资,但经过太宗面谕文臣的俸禄比武臣低后,最终放弃转换为武资。

其次,翰林学士承旨兼侍读学士、工部尚书李维引李仕衡故事,求换官,遂转换为武阶之相州观察使,而右正言刘随上奏"维以词臣求换武职,非所以励廉节"②。据三司使张方平等编著的《嘉祐禄令》的记载,观察使的月俸为200千钱,即200贯,而翰林学士承旨的月俸仅为120千钱,即120贯,两者差别甚大。③身为清华之选的李维在仕途受挫之时,求改换武官观察使,本可理解,情尚可原,但却被言官斥之为贪图经济利益。

最后,南宋叶梦得《避暑录话》卷上云:

然余观《文正奏议》,每诉有言,多为中沮不得行。未几,例改授观察使,韩魏公等皆受,而公独辞甚力,至欲自械系以听命,盖疑以俸厚啖之。

范仲淹抵制、反对转换武官的原因,根据上述叶梦得的记载,是为怀疑朝廷以厚禄来收买、笼络他。④

第二,规免解官持服。北宋是极其讲究礼制的时代,丁父母忧、解官守制,是对文官最起码的孝道要求。而仁宗嘉祐年间以前对武官并无此要求。武官遭父母丧不解官之制,始于五代。相承至宋,武臣"例不解官,又无给假日限"⑤。一些不良文臣为了规免解官持服,乞求改换武官,以至于言官提出对此种行为应加以遏制、规范。如《宋会要辑稿·职官》61之6、7云:

[乾兴元年(1022年)]十二月,御史中丞、知审官院刘筠言:"近岁以来,京朝、幕职州县官颇援条例乞换武班,臣体量得多以父母之年逼于喜惧,苟希改转,幸免持服。欲望今后乞换武班者,令所司勘会,委是永感即许依条例施行。"从之。

又,《长编》卷99"乾兴元年十二月丙申"条载:

---

① 曾巩:《隆平集》卷18"武臣"《魏丕传》作"知卿本儒生,然两省不若刺史俸优也"。参看曾巩撰、王瑞来校证:《隆平集校证(下)》,中华书局,2012年,第521页。
② 《长编》卷104、《宋史》卷282《李维传》、《宋史》卷297《刘随传》。
③ 参看《宋史》卷171《职官志十一》;张全明:《也论宋代官员的俸禄》,《历史研究》1997年第2期。
④ 《长编》卷136"庆历二年五月癸亥"条记载了范仲淹本人在奏文中提出的理由,即"观察使班待制下,臣守边数年,羌胡颇亲爱臣,呼臣为'龙图老子',今改观察使,则与诸族首领名号相乱,恐为贼所轻,且无功,不应更增厚禄。由此可见,辞退厚禄正是理由之一。另,关于"今改观察使,则与诸族首领名号相乱,恐为贼所轻",《宋史》卷340《范仲淹传》作"今退而与王兴、朱观为伍,第恐为贼轻矣"。对此,李焘在上述记载的小注中已指出了国史之《范仲淹传》中"王兴、朱观"的人名错误,而今本"二十四史"之《宋史》的《范仲淹传》源于国史之《范仲淹传》,因而也承袭了上述错误。此外,《宋史·范仲淹传》无"且无功,不应更增厚禄"之重要内容。
⑤ 《长编》卷109"仁宗天圣八年正月甲戌"条。

御史中丞刘筠言："比岁京朝、幕职州县官乞换右职，皆以父母年高，规免持服，自今须皆亡者乃听。"从之。

第三，文士武举及第或朝廷奖励、提拔有武勇的文士，使之改换武资。《宋会要辑稿·选举》17"武举"条云："真宗咸平三年五月十三日，诏两制、馆职详定武举、武选人官资故事。"①真宗咸平年间，契丹多次侵入河北地区，北宋国防情势紧急。因此，朝廷有恢复武举的动向，并正式于仁宗天圣年间实施。进而，允许文臣参加武举，一旦及第，便改授武资。如《宋会要辑稿·职官》61之4、5云：

咸平三年（1000年）五月八日，以国子博士刘固为如京副使，太子右赞善大夫石熙政为西京左藏库副使，赐袍带如例，从武勇之举也。……六月，以殿中侍御史张利涉为崇仪使，秘书丞邢文纪为崇仪副使，从武勇之举也。

同时，在文臣中存在着不少具有军事才能或者武干的人才，宋朝顺势将他们换秩为武官，以便各尽其才。如《宋会要辑稿·职官》61《换官》云：

雍熙四年（987年）五月，以侍御史郑宣、司封员外郎刘墀、户部员外郎赵载，并为如京使。殿中侍御史柳开为崇仪使。左拾遗刘庆为西京作坊使。宣等儒业登科，咸负勇敢之气，累当边任，能干戎事，故以命之。

然而，最突出的事例当为活跃于宋夏战争前线的文臣范仲淹、韩琦等。这种活跃于战争前线、具有文韬武略的高级统兵官或可称为儒将。

第四，文官成为外戚或与宗室联姻，须改换武资。北宋对外戚和宗室有一套严格的防范措施，不使之干涉朝政。一般情况下，北宋的外戚和宗室不得担任文官，通常担任环卫官或普通武选官。文臣一旦成为外戚，或与宗室联姻，则其必须改换武资，以避嫌。可举数例如下。

《宋史》卷464《向经传》曰：

（向）经字审礼，以荫至虞部员外郎。神宗为颖王，选经女为妃，改庄宅使。帝即位，妃为皇后，进光州团练使。

又同书同卷《向传范传》云：

向传范字仲模，尚书左仆射敏中之子。以父任为卫尉丞。娶南阳郡王惟吉女，改内殿崇班、带御器械，历知相、恩、邢三州。

武官转换文资的情况，大体有如下两种情形。

第一，因荫封得武资，后科举合格，转文资。按照北宋的恩封制度，文武高官的子孙、门人等均可获得武资。而中高级武官一般不能荫封其子孙、门人等为文资。因此，大量因

---

① 《长编》卷47"咸平三年四月乙丑"条、《宋史》卷157《选举志三》"武举、武选"条、《玉海》卷116"武举"等记载与此存在差异，具体考证详见日本中岛敏编：《宋史选举志译注（二）》，东洋文库，1995年，第173—174页。

荫封而得武资的武臣,为了获得较高的社会地位以及较好的仕途前程,继续从事举业,参加科举考试,一旦及第,即可转任文官。如《宋史》卷 426《高赋传》云:

> 高赋字正臣,中山人。以父任为右班殿直。复举进士,改奉礼郎。四迁太常博士。

再如,《宋会要辑稿·职官》61《换官》云:

> [乾兴元年(1022 年)]五月,右班殿直王宝臣言:"臣应进士四举,三经御试,乞换文资。"诏授试衔知县。

第二,武臣习文或通过一定的考试,得到认可,即可改换文资。①兹举数例如下:

> [淳化三年(992 年)]十月,以供奉官张敏中为大理寺丞。敏中,宣徽北院使逊之子,尝进所业文,愿改秩,从其请也。

> [咸平三年(1000 年)五月]二十日,以右神武军将军钱惟演为太仆少卿。惟演,吴越王俶之子,幼好学,至是献所著文,召试学士院而有是命。

> [天圣八年(1030 年)]七月,三班院言:"左班殿直郭道暌乞换文资,试读律稍熟,诏与换簿尉。"②

五、换官的政治社会意义

马端临在《文献通考·自序》中云:"古者因事设官,量能授职,无清浊之殊,无文武之异,何也? ……古者文以经邦,武以拨乱,其在大臣,则出可以将,入可以相;其在小臣,则簪笔可以待问,荷戈可以前驱。后世人才日衰,不供器使,司文墨者不能知战阵,被介胄者不复识简编,于是官人者制为左右两选,而官之文武始分矣。"马端临将文武始分的原因简单地归结为"后世人才日衰",这恐是泛泛之论、不着边际。随着国家管理事务的繁增、国家机构的日益庞大,专业化的、严格化的官僚队伍必不可少。因而,文武分途是社会、国家发展到一定阶段的必然产物,它的出现应有积极意义。

同时,北宋为了转换五代以来以武人为主导的藩镇节度使体制,采取了多种举措。其中最主要的政策为:大力推行科举制度,扩大录取进士的名额,并让其担任中央和地方各级机构的重要官职。换言之,即北宋积极推行士大夫官僚政治,以至于有人发出"今世用人,大率以文词进。大臣,文士也。近侍之臣,文士也。钱谷之司,文士也。边防大帅,文

---

① 关于武臣转换文资的考试,有一个长期演变、发展的过程,至北宋徽宗崇宁年间形成了严格的、明晰的"武官换官试法"制度,并为南宋所继承。在此,由于篇幅原因,容另文详述。

② 俱见于《宋会要辑稿·职官》61《换官》。

士也。天下转运使，文士也。知州，文士也"①的感叹。但另一方面，北宋的外患非常严重，一直受到辽和西夏的威胁。同时，北宋奠都开封，开封为平原，无险可守，为四战之地。因此，在外交、军事、国防等方面"武"或"武官"的存在必不可少。然而，在官制上重要的职位都为文官所占据，毋庸讳言，这也一定程度上带来了文武之间的对立。

关于文武对立，兹举二例加以说明。第一，景德元年（1004 年），辽军侵入河北腹地，宰相寇准力劝真宗亲渡黄河，进入澶州北城，其时殿前都指挥使高琼也对此大力支持。史云："高琼亦固以请，且曰：'陛下若不幸北城，百姓如丧考妣。'签书枢密院事冯拯在旁呵之。琼怒曰：'君以文章致位两府，今敌骑充斥如此，犹责琼无礼，君何不赋一诗咏退敌骑耶？'"②第二，王铚《默记》记载了文臣韩琦与武将狄青之间的几件轶事，现姑引其文如下：

后（狄）青旧部曲焦用押兵过定州，青留用饮酒，而卒徒因诉请给不整。魏公命擒焦用，欲诛之。青闻而趋就客次救之。魏公不召，青出立于阶之下，恳魏公曰："焦用有军功，好儿。"魏公曰："东华门外以状元唱出者乃好儿，此岂得为好儿耶？"立青而面诛之。青甚战灼，久之。或曰："总管立久。"青乃敢退，盖惧并诛也。其后，魏公退朝，青位枢密使，避火般家于相国寺殿。一日，衩衣衣浅黄袄子，坐殿上指挥士卒，盛传都下。及其家遗火，魏公谓救火人曰："尔见狄枢密出来救火时，着黄袄子否？"青每语人曰："韩枢密功业、官职与我一般，我少一进士及第耳。"③

上述两则事例较好地说明了文武之间的对立。同时，北宋的荫封制度产生了大量的中下级武官，朝廷为了怀柔与安抚此一阶层，便为其开辟了一条转换文资的通道。于是，为了消除文武对立所带来的负面影响，以及安定广大的中下级武臣阶层，北宋制定了翔实的《文武换官法》和《文武换官格》，从而建立了文臣、武将之间相对自由流动的渠道，加强了社会各阶层之间的流动，有利于社会的稳定。与此同时，也可见北宋官僚制度具有一定的开放性。简而言之，从加强社会阶层流动这一层面来讲，文武换官制度也具有积极的社会意义，应予以积极评价。

更进一步而言，研究文武换官，有助于理解分析北宋的文武关系。目前管见所及，专从文武换官的角度探讨北宋文武关系的，仅有陈峰《从"文不换武"现象看北宋社会的崇文抑武风气》④一文，其结论为："北宋时文臣武将之间存在着巨大的鸿沟，彼此换职已不多见，文臣不愿充任武官，武将更难转为文职。推究其因，即在于'重文轻武'政策及风气的影响。"诚然，以往学者众多论著都阐明北宋实行"重文轻武"或"崇文抑武"的基

---

① 蔡襄：《端明集》卷 22《国论要目》。
② 《长编》卷 58"景德元年十一月丙子"条。
③ 见王铚：《默记》卷上。
④ 载《中国史研究》2001 年第 2 期，又见氏著《宋代军政研究》（中国社会科学出版社，2010 年）。

本国策。①但一直以来,对此说表示怀疑的学者亦存在。邓广铭是其杰出代表,其观点具有典范意义。邓广铭在《宋代文化的高度发展与宋王朝的文化政策——〈北宋文化史述论稿〉序引》一文中指出:"重文轻武只不过是一种表面现象。……从北宋政权一开始就注定了'国倚兵而立'的局势,如何能够制定轻武的政策呢?……至于所谓'右文',无非指扩大科举名额以及大量刻印书籍等类事体,我认为这也都是顺应当时社会发展所已经具备的条件,因势利便而作出来的,并非真有什么右文政策。"②又,王铚《枢廷备检》云:

> 州郡节察防团刺史,虽召居京师,谓之遥郡。至于一郡,则尽行军制,守臣通判名衔必带军州,其佐曰签书军事及节使观察军事推官、判官之名,虽曹掾悉曰参军。一州税赋民财出纳之所,独曰军资库者,盖税赋本以赡军,著其实于一州官吏与帑库者,使知一州以兵为本,咸知所先也。③

对此,邓广铭结合前后几段文字评述道:"通过这几段文字,我们不仅可以了解到从宋初以来创立兵制的主旨所在,而且还可以了解到,其地方文武官员的设置,财政制度的建置,一切都是以'军事'为中心而进行安排的。这也颇能启发我们对于已经沿用了千百年的'宋代重文轻武'之说究竟正确与否进行更深层次的思考。"④

与此同时,近年来,也有学者对"重文轻武""崇文抑武"等提出质疑,发出了不同的声音,代表性的学者为曾瑞龙和伍伯常。⑤伍伯常对"重文轻武"政策提出了质疑,指出"重文"并不必然导致"轻武"⑥;"文臣而兼具武将的功能,固然道出北宋文武界线模糊,非如想象之中壁垒分明"⑦。

综上所述,似有必要进一步探讨宋代"重文轻武""崇文抑武"学说。仅就文武换官的

---

① 相关代表性的论著有:蒋复璁:《一个国策的检讨》,载《宋史研究集》第一辑,国立编译馆,1980 年;赵铁寒:《关于宋代"强干弱枝"国策的意见》(同上书);宁可:《宋代重文轻武风气的形成》,载《学林漫录》第三集,中华书局,1981 年;黄宽重:《中国历史上武人地位的转变:以宋代为例》,载氏著《南宋军政与文献探索》,台湾新文丰出版公司,1990 年;陈峰:《武士的悲哀——北宋崇文抑武现象透析》,陕西教育出版社,2000 年;陈峰:《北宋武将群体与相关问题研究》,中华书局,2004 年;李贵录:《宋朝"右文抑武"政策下的文臣与武将的关系——以余靖与狄青关系为例》,《中山大学学报(社会科学版)》2002 年第 4 期。
② 参看《邓广铭治史丛稿》,北京大学出版社,1997 年,第 70—71 页。
③ 见王明清:《挥麈后话》《余话》卷一,中华书局,1961 年,第 283 页。另,陈傅良《历代兵制》卷 8 有几乎相同的文字。邓广铭先生研究指出,陈傅良《历代兵制》卷 8 系伪书,是抄录王铚《枢廷备检》。见邓广铭:《陈傅良的〈历代兵制〉卷八与王铚的〈枢廷备检〉——为纪念陈援庵先生诞辰 110 周年而作》,载《邓广铭全集》第 9 卷《史籍考辨》,河北教育出版社,2005 年,第 499—506 页。
④ 见邓广铭《陈傅良的〈历代兵制〉卷八与王铚的〈枢廷备检〉——为纪念陈援庵先生诞辰 110 周年而作》,第 501—502 页。
⑤ 可参看曾瑞龙:《经略幽燕(979—987)——宋辽战争军事灾难的战略分析》,香港中文大学出版社,2003 年;伍伯常:《北宋初年的文士与豪侠:以柳开的作风形象为中心》,《清华学报》2006 年第 36 卷第 2 期;伍伯常:《北宋初年的文武界线——以出身文官家庭及文士背景的武将为例》,载浙江大学宋学研究中心编:《宋学研究集刊》第 1 辑,浙江大学出版社,2008 年。
⑥ 参看伍伯常:《北宋初年的文士与豪侠:以柳开的作风形象为中心》,第 338 页。
⑦ 伍伯常:《北宋初年的文武界线——以出身文官家庭及文士背景的武将为例》,第 42 页。

角度而言，北宋时期，文武之分虽然渐趋严格，但并不是壁垒森严、不可逾越，而是在一定的条件下可以互换，某些人甚至在文、武资之间进行多次转任，自由选择，如杨畋、钱昱等。同时，宋人王应麟亦指出："宋朝文武无轻重之偏。有武臣以文学授文资者，……有文臣以智略易右职、当边寄者，……"①又《宋会要辑稿·职官》61 之 23 记载，孝宗隆兴元年（1163年）六月二十六日，臣僚言："伏睹祖宗朝文武两途视为一体，未尝偏轻偏重，故有自武臣而以文学换授文资，或有自文臣而以材武智谋换右职、当边寄者多矣。"②可见，北宋视文武为一体，无孰轻孰重之分，文臣武将之间并不存在巨大的鸿沟，而是可以互换的。从这点来看，北宋决不意味着是"轻武"或"抑武"。③

六、结语

文武换官制度是北宋一项非常重要的官僚制度。换官的主体是广大的中下级文武官阶层，其在实际的运行中具有可操作性和灵活度。就其政治社会意义而言，换官制度则加强和促进了社会阶层的流动，有利于消除或缓解文武之间的对立。再从换官的角度来看北宋的文武关系，可以认为北宋并不"轻武"或"抑武"。

另外，文武虽然在北宋可以互换，但其间存在着等级差异。中下级文武官之间互换比较严格，有一定的障碍。如中下级武官改换文官时，需要官员保举，进行文化水平的考试，试验诗赋、法律等；同时，中下级文臣转为武资时，也需加试一些兵法知识或弓箭等武艺。④至于高级文武官僚之间的转换，可能因国防形势、朝廷用人的需要，临时取旨，因而显得比较灵活。但以高级文臣转任武官者为多，而高级武官转任文臣者较少。高级文臣转任武官者多，应是文韬兼具武略，而武臣中恐罕有文武全才。

至于南宋的换官制度是如何规定的？⑤其具体实行情形又如何？ 与北宋相比又有哪些变化与发展？ 以上这些都是今后值得探讨的课题。

---

① 王应麟：《玉海》卷 127。
② 又《宋史》卷 160《选举志六》载："隆兴二年，廷臣上言，谓：'国朝视文武为一体，故有武臣以文学换授文资，文臣以材略智谋换右职当边寄者。盖文武两途，情本参商。若文臣总干戎事，不换武阶，则终以气习相忌，有不乐从者矣。今兵尘未息，方厉恢复之图，愿博采中外有材智权略可以临边、可以制阃者，仿旧制改授。'从之。"与《宋会要辑稿》的记载有异，待考。
③ 笔者曾从武将的婚姻这一角度入手，论述了北宋并不"轻武"或"抑武"。参看拙稿《北宋における武将の婚姻》，载《宋代史から考える》，汲古书院，第 81—110 页。
④ 见《宋会要辑稿·职官》61《换官》以及《宋史》卷 169《职官志九》"文臣换右职之制"。有关南宋的情况，参阅谢深甫：《庆元条法事类》卷 15《选举门二》之"试换官资"条。
⑤ 《宋史》卷 169《职官志九》"文臣换右职之制"对此稍有涉及。

北宋的治吏之道
——以闺门、女口为中心的考察*

刘　宇**

吏治,是中国古代王朝始终关注的问题,北宋政权也是如此。宋太祖建立政权后,对吏治十分重视,采取了多种措施加强吏治建设,其中一条就是重用读书人,大力倡导儒家文化,以扭转唐五代以来武将骄横跋扈的风气。对于官员,宋政府又采取了一系列的制约措施。有关宋代的吏治研究,学界成果颇为丰硕,本文试图换个角度,从官员的家庭——闺门、女口入手来探讨吏治问题。闺门,在古代中国的含义有多种,其本意指宫苑、内室的门,借指宫室、家庭。《礼记·乐记》:"在闺门之内,父子兄弟同听之,则莫不和亲。"①闺门也指妇女所居之处,本文所讨论的"闺门"系指官员的内室,"女口"则指雇用的婢女而言。

一、宋代政府对于官员闺门的约束

中国古代社会婚姻制度实行的是一夫一妻多妾制,家庭以男子为主导,强调男尊女卑。对于人伦秩序非常重视,"夫妇别,夫子亲,君臣严"②。妇女要遵守三从四德,维持家庭和谐。早在汉代,班昭就写作了《女诫》,对妇女的日常行为作了规范:"谦让恭敬,先人后己,有善莫名,有恶莫辞,忍辱含垢,常若畏惧。"③强调家门和谐、夫妻和睦。家庭虽小,

*　　本文原载于《江西社会科学》2017 年第 8 期。
**　　刘宇,上海师范大学人文学院古籍整理研究所讲师。

① 《礼记正义》卷 39《乐记》,北京大学出版社,1999 年,第 1145 页。
② 《礼记正义》卷 50《哀公问》,第 1375 页。
③ 范晔:《后汉书》卷 84《列女传》,中华书局,1964 年,第 2787 页。

对于整个社会的和谐稳定来说,却起着不容小觑的作用。对于夫妻和睦、家庭和谐者,人们往往加以称颂,相反,对于不能制约家中闺门风纪者,社会往往会给予激烈的批评。如《北齐书·尉瑾传》载:"(尉)瑾外虽通显,内阙风训,闺门秽杂,为世所鄙。"①宋代的官员除了妻妾之外,尚有为其服务的雇佣婢女。宋代婢女大致有罪犯婢女、略买婢女、雇佣婢女三类。②其中前两类属于贱口奴婢,依附于主人,终身没有人身自由,但为数不多。大多数是雇佣婢女,他们属于良人,与主人签订雇佣契约,拥有一定的人身自由。这些婢女在官员家内劳作,在宋代也被视作"闺门"之人。妻、妾、婢女同处一隅,各种各样的问题也随之而来。在宋代文献中,通常以"闺门不睦""闺门不肃"等"闺门之故"来指代家中妇女不和谐的事件,为了行文方便,笔者将这些统称为"闺门之故"。一些官员家中的闺门之故也引出了不小的风波,甚至是政治上的事件。虽然是家中妇女所犯的过失,但是其中作为一家之长的官员对治理家庭负有不可推卸的责任。中国古代强调修身、齐家,逐渐发展到治国、平天下。家不治,何以治国? 为此,宋政府将官员的家庭治理视作吏治的一个重要组成部分,对出现闺门之故的官员予以惩处。笔者查阅史料,找到了在宋代牵涉到闺门之故的一批典型官员:陈执中、孔冕、范育、孙准、夏竦、王遵诲、曹玙、王彭、陈绛、王安礼等。这些官员家中发生的问题不尽相同,笔者经过初步整理,分为以下两类。

(一) 闺门不睦

闺门不睦指的是闺门之间不和睦的事。《说文解字》云:"睦,目顺也。从目,坴声。一曰敬和也。"③家庭成员和睦相处,才能使家庭生活和谐美满。闺门不睦主要是夫妻、妻妾之间的不和,如陈执中、孙准、孔冕、夏竦、王安礼等人。

陈执中家中闺门不睦,导致了妻妾杀人的刑事案件。此案见于《续资治通鉴长编》(以下简称《长编》)中,"至和元年十二月癸丑"条:"殿中侍御史赵抃言:'臣窃闻宰臣陈执中本家,捶挞女奴迎儿致死,开封府见检覆行遣,道路喧腾,群议各异。'"④此案件引起宋政府高度重视,先由开封府审理此案,仁宗后下诏命太常少卿、直史馆齐廓专门调查此案。后又改命龙图阁直学士、左司郎中张昇调查,又改给事中崔峄。查案官员接连改易,调查取证颇为艰难。陈执中在调查过程中扣留证据,后遭到赵抃、孙抃等人的弹劾。仁宗下诏停止调查,又遭欧阳修等人的反对。根据《长编》的记载,此案是由陈执中的妾张氏引发,甚至有传说使女是陈执中亲手鞭打致死。又据《长编》所载的赵抃的弹劾书,陈执中家中虐杀

① 李百药:《北齐书》卷40《尉瑾传》,中华书局,1972年,第527页。
② 朱瑞熙等:《辽宋西夏金社会生活史》,中国社会科学出版社,1998年,第106页。
③ 许慎:《说文解字》卷4,中华书局,1963年,第72页。
④ 李焘:《续资治通鉴长编》卷177"至和二年十二月癸丑"条,中华书局,2004年,第4296页。

女仆的事件在一月中先后发生了三次。①此案引发朝中众臣争论，论辩双方一度僵持不下。及至至和二年六月，陈执中被罢免宰相之位，出为镇海节度使。②陈执中家的闺门之故似乎远不止此，据《宋史》本传载，"子世儒，官至国子博士，妻李与群婢杀世儒所生母，世儒与谋，皆弃市"③。陈执中子陈世儒也卷入了闺门的纠纷，并获罪被处以死刑。

孙准家中妻妾不和，发生了家庭冲突，可能是妻妾为争夺孙准宠爱而相互争斗。家中的不睦扩大到了孙准与妻族之间的纠纷，竟致对簿公堂。孙准前因司马光推荐担任馆职，后孙准家中之事被司马光得悉，于是上书弹劾。《通鉴长编纪事本末》卷 93 载司马光上言：

> 臣举状奏准行义无阙，今准闺门不睦，妻妾交争，是行义有阙，于臣为责举非其人，臣不敢逃刑。况臣近奏设十科，或有不如所举，其举主从贡举非其人律科罪。虽见为执政，朝廷不可报者，亦须降官示罚。臣备位宰相，身自立法，首先犯之，此而不行，何以齐众？乞如臣所奏，从贡举非其人律施行。所贵率厉群臣，审慎所举。④

司马光的自我弹劾并没有得到批准，但是孙准最终受到了严厉的处分。朝廷下诏孙准不得参加馆职的测试，他的晋升之路由此中断。

孔冕因为与妻子不和睦，波及了姻亲。《宋史》卷 287《王嗣宗传》载："知制诰王曾从妹适孔冕家，闺门不睦。曾从东封，至冕家啜茗中毒，得良药乃解。"⑤后孔冕为王曾所讼，被治罪。由于孔冕家庭内部不和谐，将妻舅王曾卷入其中，酿成了毒害当朝重臣的恶性案件。此案牵涉极广，更是惊动了皇太后过问，案情颇为反复。

夏竦的情况比较特殊，因为妻子与妾不和睦，进一步发展成夫妻之间的不和，甚至于发展到夏竦家与妻子娘家发生冲突。《宋史》本传载："竦娶杨氏，杨亦工笔札，有钩距。及竦显，多内宠，寝与杨不谐。杨悍妒，即与弟婿疏竦阴事，窃出讼之。又竦母与杨母相诟詈，偕诉开封府，府以事闻，下御史台置劾，左迁职方员外郎、知黄州。"⑥夏竦闺门之内闹得沸沸扬扬，遭御史台弹劾后被贬官，且最后被责令"与（妻）杨离异"⑦，夫妻两人以强制离婚收场。

（二）闺门不肃

闺门不肃多指家中妇女通奸的行为。《说文解字》云："肃，持事振敬也。"⑧由于家中女

---

① 李焘：《续资治通鉴长编》卷 178"至和二年二月庚子"条，第 4310 页。
② 李焘：《续资治通鉴长编》卷 180"至和二年六月戊戌"条，第 4352 页。
③ 脱脱：《宋史》卷 285《陈执中传》，中华书局，1985 年，第 9605 页。
④ 杨仲良：《皇宋通鉴纪事本末》卷 93，黑龙江人民出版社，2006 年，第 1604 页。
⑤ 脱脱：《宋史》卷 287《王嗣宗传》，第 9649 页。
⑥ 脱脱：《宋史》卷 283《夏竦传》，第 9571 页。
⑦ 李焘：《续资治通鉴长编》卷 90"天禧元年十二月庚寅"条，第 2090 页。
⑧ 许慎：《说文解字》卷 3，中华书局，1963 年，第 65 页。

眷的不谨，败坏了门风，对丈夫的社会评价产生了不好的影响。如范育、王遵诲、曹玘、王彭、陈绎等人。

曹玘是北宋枢密使曹彬次子，秦王之婿，其妻为秦王女兴平郡主。①《长编》卷 45 载："（咸平二年十一月）丙申，内园使曹玘坐闺门不肃，责授均州团练副使。"②兴平郡主是否因此遭受处分，不得而知。

陈绎家的婢女因与士兵通奸，最后酿成惨案。《宋史·陈绎传》载："绎不能肃闺门，子与妇一夕俱殒于卒伍之手，傲然无惭色。"③此事于《长编》中有详细记载：

（熙宁七年八月）癸未，翰林侍读学士杨绘、陈绎并为翰林学士。已而知制诰、兼知谏院邓润甫言："尝论陈绎过恶，今绎除翰林，臣适当制，乞令以次当制官撰辞。"诏罢绎命。先是，润甫尝言"邓州卒陈美、齐贵夜入州廨，与婢奸，杀绎子及其妇，绎自见闺门狼籍，一切宽贷庇覆。邓州所劾，与转运司奏不同，乞遣官覆案"，故也。④

陈绎因未约束家人，坐使奴婢与士兵通奸，秽乱闺门，导致儿子与儿媳被奸夫杀死。陈绎也受此牵连，遭到惩处，出知邓州。

从事件的结果来看，各官员的境遇存在着不同。陈执中、范育、孙准、夏竦等人遭受了行政处罚，被免去官职或遭到降级。孔冕的处罚虽记载不详，但是从史料上来看，似乎受到刑责。除此以外，也有因夫妻不和被判处离异者，如夏竦。最极端的例子是王遵诲因寇准庇护免于刑罚。《宋史·戚纶传》载："王遵诲为劝农副使，尝佐西边，寓家永兴，闺门不肃，事将发，知府寇准为平之。纶因戏谑语及准，遵诲恚怒，以为污己，遂奏纶谤讪，坐左迁岳州团练副使，易和州。"⑤王遵诲因为闺门不肃事将接受调查，但是因为寇准包庇而躲过惩处。不仅如此，王遵诲更诬告戚纶，导致其被贬官。

从当事人的身份来看，上至中央大员，下至地方官吏皆有牵涉到闺门之故者。其中官职最高的为陈执中，官至同平章事兼枢密使，最后因为闺门之故而遭到弹劾，竟被罢免相位。夏竦也是官至宰相的大员，他所牵涉的闺门之故发生在早年，对其仕途造成了一定的影响。曹玘虽是武将，但系名臣之后，配偶又是宗室之女，具有较高的社会地位。范育、孙准都是在朝中任职，且在当时都是飞黄腾达受到重用之时，因闺门之故断送了自己的前途。孔冕的官职最为低微，担任应城县主簿，但是他身为孔子后裔，再加上他加害的姻亲王曾是当朝重臣，又因案情反复，不仅将另外一位官员王嗣宗卷入其中，更是三番五次翻案，直至惊动皇太后出面说情，在当时造成了极大的影响。从朝廷对于牵涉闺门之故官员

---

① 脱脱：《宋史》卷 258《曹彬传附曹琮传》，第 8989 页。
② 李焘：《续资治通鉴长编》卷 45"咸平二年十一月丙申"条，第 969 页。
③ 脱脱：《宋史》卷 329《陈绎传》，第 10614 页。
④ 李焘：《续资治通鉴长编》卷 255"熙宁七年八月癸未"条，第 6237—6238 页。
⑤ 脱脱：《宋史》卷 306《戚纶传》，第 10106 页。

的态度来说,不论多高级别,不论是否为皇亲国戚,只要被揭发出来,必经查处。当然,囿于封建社会的局限性,其中也不乏漏网之鱼。

朝廷是国家的中枢神经系统,在朝中任职的官员相比地方官员来说,闺门中的问题更引人注目。范育、孙准、王彭等人都在被提拔前因闺门之故遭受弹劾处分。范育在被任命为光禄卿、枢密都承旨时遭到弹劾,孙准在被推荐为馆职后遭到弹劾,王彭在刑部郎中任上遭受弹劾。此三人皆任职于朝廷的要害部门,是通向宰执的必经之路。从他们被弹劾的罪名来看,闺门之故乃为主要因素,甚至是唯一缘由。而对于身处宰相之位的陈执中来说,作为百官之首,更应该严格要求自己。赵抃在弹劾陈执中的奏章中说:"夫正家而天下定,前训有之。执中家不克正,而又伤害无辜,欲以此道居疑丞之任,陛下倚之而望天下之治定,是犹却行而求前,何可得也?"①在这份奏章中,赵抃历数了陈执中八条罪状,闺门之故即是其中一条。从各个遭贬官员的经历来看,其间或有在官公正无私者,仅仅因为闺门之故而降职,于此可见北宋政府对官员操守的重视程度。此外,宋政府对于闺门之故的惩罚还有追溯性,官员如果在此前任职时发生问题,在后续任职时被揭发,一样会遭到处理。如陈绎之例。又如王安礼在中央任职时,遭受御史张汝贤的弹劾:"左丞王安礼素行贪秽,身任润州太守日,倡女共政,私其部内馆阁故老侍婢以归,闺门之内数至忿争。安礼修身治家如此,其能为陛下正百官、理万民乎?"安礼求去,遂知江宁。②于此可见宋政府对于官员要求之严格。

二、宋代政府对于官员置女口的约束

宋政府除了要求官员对闺门严加约束外,对于官员置妾、雇用婢女以及特定的两性关系也有严格的约束。

其一,官员不能雇用管辖区内的女子为其服务。宋代文献有不少关于官员因"纳部内女口"而被惩处的记载。

《宋会要辑稿·职官》64 之 20、21 载:

(景德三年十月)两浙转运使、起居舍人、直史馆姚铉除名为连州文学。铉在任鬻银多取直,托湖、婺、睦三州长吏市缣帛不输征算,占留州胥在司,又擅增修廨宇,贸部内子女,为知杭州薛映所发。③

---

① 李焘:《续资治通鉴长编》卷 177"至和元年十二月癸丑"条,第 4296 页。
② 卢宪:《(嘉定)镇江志》卷 21《杂录》,清道光二十二年刊本。
③ 《宋会要辑稿·职官》64 之 20、21,上海古籍出版社,2014 年,第 4776 页。

姚铉的罪名有多条，值得注意的是，罪名中有一条为"贸部内子女"，即买部内子女。此同一事所云罪名，在另一文献《宋史》中记为"纳部内女口"。《宋史》卷 305《薛映传》："（薛映与姚）铉既不协，遂发铉纳部内女口及鬻扣器抑取其直，又广市绫罗不输税，真宗遣御史台推勘官储拱劾铉，得实，贬连州文学。"①换言之，"纳部内女口"就是买部属或管辖区内的婢女。不过宋代文献所云"买卖"婢女，实际上是有期限的典买或雇佣性质的交易，又称典买、雇买。②如《宋史》卷 311《庞籍传》："（庞籍）坐令开封府吏冯士元市女口，降知汝州。"③这里所言"冯士元市女口"，在《长编》中又称"士元雇女口"，"籍与公绰、公弼皆尝令士元雇女口"。④所谓买"女口"即典买或是雇佣婢女。婢女又称女使。元符元年，发运使吕温卿"顾⑤部内人充女使，以二十岁者作绣工，以十六七岁室女作乳媪"⑥。吕温卿后遭弹劾罢官，遣送"舒州居住"⑦。

类似的例子还有不少。《宋史》卷 301《边肃传》：

（王）嗣宗与肃有旧隙，讽通判东方庆讼肃前在州，私以公钱贸易规利，遣吏强市民羊，买女口自入。嗣宗上其事，帝以肃近臣，不欲属吏，遣刘综、任中正，以章示之，肃引伏。⑧

边肃的罪状亦有多条，内一条为在任州长官时"买女口自入"。我们再看另一条相关的史料。《长编》载：

新知江州、刑部郎中萧固追三官勒停，广南西路转运使、度支郎中宋咸追一官勒停。固坐知桂州日，令部吏市女口及差指挥入两浙，商贩私物。⑨

萧固的罪名与边肃的罪状几乎相同，都有雇买所辖女口的行为。一个州的主要官员雇用所在地区的婢女为何属于违法行为？这样的规定是否过于苛刻了呢？

今考《宋刑统》卷 14《户婚律》：

诸监临之官，娶所监临女为妾者杖一百；若为亲属娶者，亦如之。其在官非监临者，减一等。⑩

所谓"监临之官"，《宋刑统》于此条之后的疏议解释曰，"监临之官，谓职当临统案验者"，即指职掌管辖，对事有处断权的官员，无此权的一般官员即"非监临者"，如娶所辖地区百姓

① 脱脱：《宋史》卷 305《薛映传》，第 10090 页。
② 参见戴建国、刘宇：《宋代奴婢问题再探讨》，《中国史研究》2011 年第 1 期。
③ 脱脱：《宋史》卷 311《庞籍传》，第 10199 页。
④ 李焘：《续资治通鉴长编》卷 125"宝元二年十一月丁酉"条，第 2939 页。
⑤ 原文作"顾"，疑"雇"之误。
⑥ 李焘：《续资治通鉴长编》卷 504"元符元年十二月辛卯"条，第 12016 页。
⑦ 李焘：《续资治通鉴长编》卷 514"元符二年八月"条，第 12232 页。
⑧ 脱脱：《宋史》卷 301《边肃传》，第 9984 页。
⑨ 李焘：《续资治通鉴长编》卷 194"嘉祐六年七月己亥"条，第 4692 页。
⑩ 窦仪：《宋刑统》卷 14《户婚律》，法律出版社，1999 年，第 250 页。

为妾,减监临长官一等处罚。宋代这一规定实际沿用了唐律的规定。在宋代,"妾通卖买"①,既然娶妾是买卖行为,当地官员,特别是监临之官娶妾,因职务之便就容易产生索贿现象,或者成为行贿对象,或因此产生权力寻租的现象。因此《宋刑统》严禁监临之官娶所辖地区的百姓为妾,旨在防止贪腐现象发生。

上述一系列史料充分说明官员任官期间雇用辖属的婢女属于违法的行为,宋政府这样有点苛刻的规定是有其合理性的。基于这一宗旨,同样,长官与属下女性发生性关系也是不容许的。如汾州知州温仲舒,"坐私监军家婢,除籍为民,穷栖京师者屡年"②。不过,对于官员在所管辖的地区之外雇佣女子的行为是不在禁止之列的。

其二,宋政府要求官员洁身自好,不得与社会上的倡女有染。倡女为从事卖唱伎艺、身份低贱的下层妇女。如北宋宰相宋庠之孙宋乔年,"用父荫,监市易,坐与倡女私,及私役吏,失官落拓二十年"③。他因与倡女发生性关系这一污行,长期得不到升迁。后因姻家蔡京当权,才得以起用。又如成都府路提刑谢景初,"与倡女逾违,特追两官勒停"④。官员更不能将倡女纳为妾。元丰时,大理评事来之邵"买倡家女为妾",遭御史中丞黄履弹劾,"劾其汙行",结果"左迁将作丞"。⑤这些记载也都反映出宋代对官员的严厉约束,违反者将受到惩处。与闺门之故一样,这一约束具有追溯性,并在官员的晋升考评中起到极大影响。

三、宋代政府对于闺门、女口约束的历史原因

宋代对于闺门、女口的约束之所以如此严格,究其原因,与当时的时代发展密切相关。在思想领域,儒家学说在宋代得到了长足的发展。在儒家思想的主导下,宋政府非常重视官员闺门和睦与否,对于闺门"不睦""不肃"的官员往往施以贬官或相应的处罚。官员因闺门之故而影响仕途,甚至影响到了最后的盖棺定论。陈执中去世后,最初被谥为"荣灵",按照谥法"宠禄光大曰荣,不勤成名曰灵",此谥并非佳谥。其中给出该谥的一条理由就是:"闺门之内,礼分不明,夫人正室疏薄自绌,庶妾贱人悍逸不制,其治家无足言者。"⑥

---

① 窦仪:《宋刑统》卷 14《户婚律》"婚嫁妄冒",第 241 页。
② 李焘:《续资治通鉴长编》卷 32"淳化二年九月丁丑"条,第 720 页。
③ 脱脱:《宋史》卷 356《宋乔年传》,第 11208 页。
④ 李焘:《续资治通鉴长编》卷 504"元符元年十二月乙未"条,第 12019 页。
⑤ 脱脱:《宋史》卷 355《来之邵传》,第 11181 页。
⑥ 脱脱:《宋史》卷 285《陈执中传》,第 9604 页。

后来虽经过讨论改谥"恭襄",皇帝又亲自下诏谥曰"恭",但仍然在史书中留下不好的名声。陈绎生前颇有政绩,被神宗赞赏"论事不避权贵",而《宋史》给陈绎的评论是"希合用事,固无足道,然于狱事多所平反,惜乎闺门不肃,廉耻并丧,虽明晓吏事,亦何取焉"①。《宋史》主要以宋人的《国史》为基础修纂而成,其中对于陈绎的评价应是宋人观念的真实写照:对于一个"廉耻并丧"的官员,即使其有高超的理政之才,亦有所不用。这无疑是宋代选吏、任吏、治吏的原则。

北宋对于闺门之故的重视是前代所未见的。前代不乏闺门不睦、闺门不肃之事,尤其在唐代,两性关系宽松,社会礼俗对于婚外两性关系持宽容态度。张剑光先生指出:"在(唐代)的非婚性关系中,男性往往是主动者,但女性有时因为一些特殊的原因也会同意发生婚外性关系。非婚性关系在各个阶层中都有,但社会上层发生的比例较高。"②唐代官员因"闺门之故"受惩罚者寥寥,但这一现象到了宋代就屡屡见诸史籍。笔者认为,这与宋代的社会发展有关。

自唐宋以来,整个中国古代的社会发生了重大变革,原有的门阀士族逐渐淡出历史舞台,取而代之的是新兴的庶族地主,是为唐宋变革。与世卿世禄的门阀士族不同,庶族地主通过科举考试取得官职,而科举考试以儒家思想为指导。儒家思想强调修身、齐家、治国、平天下,如《大学》所说:"古之欲明明德于天下者,先治其国。欲治其国者,先齐其家。"③如果一个官员连自己的家庭都治理不好,那么他必然无法治理好一个国家。而齐家的关键在夫妻和谐,要求家主能够"刑于寡妻,至于兄弟,以御于家邦"。《孝经》云:"治理家者,不敢失于臣妾,而况于妻子乎?"④如果一个家庭之间夫妇不睦,妻妾交争,就意味着家主的品德和能力都有所亏欠。司马光提出:"古之人称有国有家者,其兴衰无不本于闺门。"⑤司马光将闺门的治理与国家的兴衰联系在了一起,并以此作为衡量官员是否清正的标准。因而当他举荐的孙准出现"闺门不睦,妻妾交争"之行后,他即行上书弹劾孙准。司马光非常重视闺门内的秩序,专门制定了《涑水家仪》,其中就有规范家中妇女行为的准则。

在经历了唐五代社会变革后,到了宋代,社会阶级结构发生了变化,原先的私奴等贱口奴婢数量大为减少,代之而起的是广大的失去生产资料的良人。她们与雇主签订雇佣契约,为雇主从事家内服务,这种雇佣行为广泛流行。与此同时,由于婢女法律身份的提高,也极易成为官员置妾的对象,且宋代的妾与婢女的身份往往混而不分。从而引出如何

① 脱脱:《宋史》卷329《陈绎传》,第10614页。
② 张剑光:《唐五代的婚外两性关系和社会认同——以宋人笔记为核心的考察》,《上海大学学报(社会科学版)》2016年第5期。
③ 朱熹:《四书章句集注·大学章句》,中华书局,1983年,第3页。
④ 《孝经注疏》卷4《孝治章》,《十三经注疏》本,中华书局,2009年,第2552页。
⑤ 司马光:《温国文正公集》卷76《苏主簿夫人墓志铭》,《四部丛刊初编》本。

防范官员以权谋私、贪腐的问题,因此宋政府自然而然地将严禁"监临之官娶所监临女为妾"的约束规定进一步扩大为禁止"监临之官娶所监临女为婢"。

　　肃闺门,防女口,是宋政府十分注重的吏治建设的内容。司马光在《张存墓志铭》中以赞许的语气写道:"闺门之内,肃然如官府,事小大皆有条理。"①这无疑也是宋统治阶级倡导的一种理想的愿景,以此来导引吏治之风。惩处有闺门之故的官员,在一定程度上也起着净化社会风气的作用。如果一名官员不能有效地约束自己的家人,对他们平时的过错姑息养奸,长此以往,官员也会受到家人的连累甚至影响,或因枕边之风,或因亲信之言,逐渐腐化堕落,利用手上的职权走上犯罪的道路。因此,对闺门之故不能掉以轻心。宋代对闺门之故的防治,严禁官员雇用所辖部内婢女以防权力寻租的规定,对于当下加强廉政建设也具有积极的借鉴意义。

---

① 杜大珪:《名臣碑传琬琰集》中卷 11《张恭安公存墓志铭》,台北文海出版社,《宋史资料萃编》第二辑景印本,1969 年。

高遵裕与宋夏灵州之役的再探讨*

雷家圣**

一、前言

　　宋朝立国以后,采取重文轻武的政策,抑制武人的地位,因此以往的宋史研究中,除了岳飞等少数特例之外,对于武将的研究常常受到轻视与忽略。近年来,对宋代武将的研究已有蓬勃发展的趋势,相关研究成果不断出现。①不过,关于宋代武将研究,仍有许多部分有待深入的发掘与探讨。

　　宋神宗元丰四年(1081 年),宋朝以五路大军讨伐西夏,动员的兵力在三十万人以上,堪称宋朝立国以来最大规模的军事行动。然而,此役中环庆路高遵裕、泾原路刘昌祚两路围攻灵州城,西夏决黄河堤以水灌宋军,又派军抄截宋军粮道,导致宋军大败。②学者聂丽娜认为,灵州之战宋军大败的原因,与高遵裕好大喜功,没有做好战略准备有关,但宋神宗对另一将领刘昌祚的不信任与神宗本人独断的行事风格,也是导致战争失败的因素。③可

＊　本文原载于《首都师范大学学报(社会科学报)》2019 年第 2 期。

＊＊　雷家圣,上海师范大学人文学院古籍整理研究所副教授。

① 关于宋代武将的研究成果,例如何冠环:《北宋武将研究》,香港中华书局,2003 年;陈峰:《北宋武将群体与相关问题研究》,中华书局,2004 年;曾瑞龙:《北宋种氏将门之形成》,香港中华书局,2010 年;何冠环:《攀龙附凤:北宋潞州上党李氏外戚将门研究》,香港中华书局,2013 年。

② 关于元丰四年宋夏灵州之战的经过,可参见李华瑞:《宋夏关系史》,中国人民大学出版社,2010 年,第 139—144 页。

③ 聂丽娜:《高遵裕与元丰四年灵州之战》,《宁夏社会科学》2015 年第 1 期,第 137 页。

见高遵裕对此一败绩,负有很大的责任。

由于高遵裕的侄女为宋英宗之皇后、宋神宗的母亲,元朝脱脱所修的《宋史》将高遵裕列于《外戚传》中,因此后世多认为宋朝在灵州之役失败的重要原因之一,是高遵裕以外戚身份掌兵。学者黄纯怡《北宋的外戚与政治》一书中即认为:"神宗即位后,高氏家族因高太后为神宗生母,高遵惠、高遵裕都受到重用。"[①]聂丽娜注意到高遵裕本身武将世家的背景,但仍称高遵裕"具有外戚和武将的双重身份,他是宋英宗宣仁圣烈皇后高氏的堂叔"[②]。

然而,这种说法却有值得商榷之处:高遵裕其人真的是一无是处的外戚子弟吗? 本文透过高遵裕的家世与生平,分析高遵裕军事上的表现才能,并进一步探讨宋夏灵州之役宋朝致败的根本原因。

二、高遵裕的家世

高遵裕的祖父为北宋名将高琼[③],高琼出身于宋太宗赵光义之幕府,"以材勇事太宗于潜邸",宋太宗即位后,任命高琼为御龙直指挥使,"从征太原,命押弓弩两班合围攻城",在征北汉的战争之中立下战功。太宗灭北汉后,继续北征幽蓟,与辽国发生战争。高梁河之战宋军战败,"太宗倍道还京师,留琼与军中鼓吹殿后,六班扈从不及,惟琼首帅所部见行在,太宗大悦,累迁侍卫步军都指挥使,领归义军节度使,移镇保大"[④]。高琼在高梁河宋军大败之际,率军殿后,又首先率部保卫逃难中的太宗,因此受到太宗的信任,升迁至三衙禁军统帅之一的侍卫步军都指挥使。然而,高琼对宋朝最大的功绩,却是在宋真宗澶渊之役:

> 景德初,契丹入寇,大臣有欲避狄江南、西蜀者,寇准不可,诸将中独琼与准意同。准既力争之,真宗曰:"卿文臣,岂能尽用兵之利?"准曰:"请召高琼。"琼至,乃言避狄为便,准大惊,以琼为悔也。已而徐言避狄固为安全,但恐扈驾之士,中路逃亡,无与俱西南者耳。真宗乃大惊,始决北征之策。真宗既亲征,时前军已与契丹战,或有劝真宗南还者,琼因言

① 黄纯怡:《北宋的外戚与政治》,万卷楼,2016 年,第 71 页。

② 聂丽娜:《高遵裕与元丰四年灵州之战》,第 135 页。

③ 关于高琼的研究,参见刘学峰:《北宋高琼家族初探》,《巢湖学院学报》2003 年第 5 卷第 1 期,第 54—58 页;韦祖松:《高琼与"澶渊之盟"》,《青海师范大学学报(哲学社会科学版)》2005 年第 3 期,第 60—64 页;韦祖松、张其凡:《简论高琼澶渊之功》,《历史教学》2005 年第 10 期,第 65—67 页;韦祖松:《论北宋安徽名将高琼》,《安徽师范大学学报(人文社会科学版)》2006 年第 34 卷第 1 期,第 24—28 页;李鲜:《宋史高琼传考证》,《许昌学院学报》2014 年第 3 期,第 87—88 页。

④ 王称:《东都事略》卷 42《高琼传》,《文渊阁四库全书》本,台湾商务印书馆,1986 年影印本,第 382 册,第 268 页上栏。

契丹师众已老，陛下宜亲临观兵，督其成功，真宗嘉其言，即幸澶州南城。琼固请度河，真宗从之，至浮桥，驻辇未进，琼乃执挝筑辇夫背曰："何不亟行？今已至此，尚何疑？"真宗乃命进辇。既至，登北门城楼，张黄龙旗，城下将士皆呼万岁，气势百倍。会契丹大将挞览中弩死，契丹遂退。①

高琼在契丹南侵、宋朝危急之际，与寇准一起建议真宗亲征，由于寇准是文官，所言尚不为真宗所信；而曾经身经大战的武将高琼，其建议更可取得真宗的信任，可见高琼在真宗亲征的决策过程中，扮演了重要角色。其后真宗又有犹豫动摇的想法，但屡为高琼所劝止，促使真宗亲赴澶州北城，最后与契丹签订澶渊之盟，开启了宋辽间百余年的和平。学者韦祖松认为，当时宋之战略形势颇有可为，若真宗亲临前线，则河北诸军士气益壮，大有胜辽之望，亲征澶州应是最佳选择，高琼则是促其实现的关键性人物。②

高琼卒于景德三年（1006 年）十二月③，其子有继勋、继宣、继忠、继密、继和、继隆、继元诸人。④长子继勋于真宗时曾参与平定益州王均的叛乱，继勋子遵甫，遵甫之女即为英宗高皇后。⑤高琼次子为高继宣，宋仁宗时西夏元昊称帝，宋夏战争爆发，继宣以捧日天武四厢都指挥使、恩州团练使的身份知并州，与西夏作战，"进屯府谷，间遣勇士夜乱贼营。又募骁勇配厢军，得二千余人，号清边军，命偏将王凯主之。军次三松岭，贼数万众围之，清边军奋起，斩首千余级。其相蹂藉死者不可胜计"⑥。然而当时宋夏战争的主战场在陕西环庆、鄜延、泾原等路，并州在河东路，属次要地区，故高继宣对战局影响并不大。高继宣之子，即为高遵裕，据王称《东都事略》记载：

遵裕字公绰，继宣子，以父任为三班借职，稍迁供备库副使、镇戎军驻泊都监。夏人寇大顺城，谅祚中矢引去。会英宗崩，遵裕告哀，抵宥州下官，夏人遣王盥受命，至则吉服廷立，遵裕切责之，遂易服听遗命。既而具食上官，语及大顺城事，盥曰："剽掠辈耳。"遵裕曰："扶伤而遁者，非若主邪？"夏人怒曰："王人蔑视下国，弊邑虽小，控弦数十万，亦能躬执櫜鞬，与君周旋。"遵裕瞋目叱之。时谅祚觇于屏间，摇手使止。神宗闻而嘉之，擢知保安军。⑦

可见高遵裕是因父亲高继宣的恩荫而任官，与英宗高皇后（神宗时的高太后）没有太大的关系。英宗治平四年（1067 年）时，高遵裕的官职为供备库副使、镇戎军驻泊都监，同时期

---

① 王称：《东都事略》卷 42《高琼传》，第 268 页上栏至下栏。
② 韦祖松：《论北宋安徽名将高琼》，第 27 页。
③ 《宋史》卷 7《真宗纪二》，中华书局，1985 年，第 132 页。
④ 《宋史》卷 289《高琼》，第 9694 页。刘学峰根据王珪《华阳集》卷 36 所收《卫武烈王高琼决策靖难显忠基庆之碑》，考证高琼之子还有继伦、继荀、继芳、继融、继丰、继敏、继昌。参见刘学峰：《北宋高琼家族初探》，《巢湖学院学报》2003 年第 5 卷第 1 期，第 56 页。
⑤ 《宋史》卷 289《高琼附高继勋》，第 9694—9696 页。
⑥ 《宋史》卷 289《高琼附高继宣》，第 9697 页。
⑦ 王称：《东都事略》卷 42《高琼附高遵裕》，第 269 页上栏至下栏。

的种谔"以父任累官左藏库副使,延帅陆诜荐知青涧城"①,按照当时宋朝武选官的阶级,左藏库副使为"诸司副使"的第五阶,供备库副使为"诸司副使"的第二十阶②,可见当时种谔的官阶略高于高遵裕。在元丰四年灵州之役时,种谔"迁东上合门使、文州刺史、知泾州,徙鄜延副总管"③,高遵裕则于"以功进团练使、龙神卫都指挥使,知熙州。……元丰四年,复知庆州"④。种谔的官阶为东上阁门使、文州刺史,属于遥郡刺史,高遵裕则为正任团练使,在官阶上高遵裕高于种谔;实际职务上,种谔从知泾州升为鄜延路马步军副总管,高遵裕则在元丰四年时知庆州(同时兼任环庆路经略安抚使、马步军都总管),高遵裕的实际职位也略高于种谔。大体看来,种谔、高遵裕二人由治平四年到元丰四年约十五年的时间中,各自立有战功,在官阶与职务上互有高低,但差距不大,看不出高遵裕挟外戚的身份而特别飞黄腾达。

高遵裕无法以外戚的身份飞黄腾达,另一方面也取决于英宗高皇后对外戚的节制与压抑。《宋史》记载:

> 后弟内殿崇班士林,供奉久,帝欲迁其官,后谢曰:"士林获升朝籍,分量已过,岂宜援先后家比?"辞之。神宗立,尊为皇太后,居宝慈官。帝累欲为高氏营大第,后不许。久之。但斥望春门外隙地以赐,凡营缮百役费,悉出宝慈,不调大农一钱。⑤

高后为了避嫌,拒绝了英宗为其弟高士林升迁的建议。神宗即位后,又一度拒绝了神宗为高氏家族营建邸舍的建议,最后虽同意兴建邸舍,但费用由高后自行负担。可见高后为了避嫌,连自己亲弟弟的升迁都予以婉拒,高遵裕为高后的堂叔父,血缘更为疏远,自然更难从中得到利益。

另外,高后对政治的态度也值得加以考虑,神宗死后,哲宗即位,高后以哲宗祖母的身份,成为高太皇太后,并因哲宗年幼而摄政。高后对于神宗的新政新法采排斥的态度,"凡熙宁以来政事弗便者,次第罢之。于是以常平旧式改青苗,以嘉祐差役参募役,除市易之法,遁茶盐之禁,举边砦不毛之地以赐西戎,而宇内复安"⑥。可见高后对于神宗的财经改革、西北拓边采否定的态度,因此,高后对于在西北拓边中追求表现的高遵裕,自然不会给予过多的关照。

在王称《东都事略》之中,高遵裕附于高琼的传记之后;而在《宋史》之中,高遵裕则被列入《外戚传》。本人认为《东都事略》的作法较《宋史》更为合理。高遵裕虽然具有武将世

① 《宋史》卷335《种世衡附种谔》,第10745页。
② 参见龚延明:《宋代官制辞典》,中华书局,1997年,第693页。
③ 《宋史》卷335《种世衡附种谔》,第10746页。
④ 《宋史》卷464《外戚中·高遵裕》,第13576页。
⑤ 《宋史》卷242《后妃上·英宗宣仁圣烈高皇后》,第8625页。
⑥ 《宋史》卷242《后妃上·英宗宣仁圣烈高皇后》,第8626页。

家与外戚的双重身份，但他出身武将世家的背景，显然高过外戚的身份。《宋史》之所以作此一修改，可能是源自徽宗时期的"元祐党人碑"，将高遵裕列在元祐党人的"余官"项目之下。[1] 高遵裕于神宗时期在西北拓边中有许多表现，但却被视为旧党，名列元祐党人碑，正是因为他的外戚身份，因此被视为与高太皇太后同属旧党阵营。此后高遵裕的外戚身份被不断放大检视，才导致《宋史》将高遵裕列入《外戚传》之中。

三、高遵裕的军事表现

虽然高遵裕并未因外戚的身份而得到特殊的升迁，但还是受到神宗特别的信任。治平四年英宗崩，神宗即位后，发生了种谔攻取绥州的事件，"横山豪欲向化，帝使遵裕谕种谔图之，谔遂取绥州。帅怒谔擅发兵，欲正军法，谔惧，称得密旨于遵裕，故谔被罪，遵裕亦降为乾州都监"[2]。按《宋史·种谔传》记载：

> 夏将嵬名山部落在故绥州，其弟夷山先降，（种）谔使人因夷山以诱之，赂以金盂，名山小吏李文喜受而许降，而名山未之知也。谔即以闻，诏转运使薛向及陆诜委谔招纳。谔不待报，悉起所部兵长驱而前，围其帐。名山惊，援枪欲斗，夷山呼曰："兄已约降，何为如是？"文喜因出所受金盂示之，名山投枪哭，遂举众从谔而南。……遂城绥州。[3]

种谔招降了西夏绥州守将嵬名山的弟弟夷山，又收买了嵬名山的手下李文喜，遂有招降嵬名山，进而攻占绥州的计划。种谔"即以闻"，应该是通过高遵裕向神宗报告，而神宗也"使遵裕谕种谔图之"，神宗与种谔之间，靠着高遵裕往来联系，最后种谔得到了神宗的同意，遂诱降嵬名山，攻占绥州。但此举引起了朝廷大臣们的反弹，翰林学士郑獬说道：

> 种谔不顾国家始末之大计，乃欲以一蝼蚁之命，以天下为儿戏，苟贪微功，以邀富贵，此正天下之奸贼，若不诛之，则无以厉其余。臣以为陛下必欲逆折祸乱之机牙，使不为异日之悔，则莫若下诏声谔之罪，诛于塞下。及薛向、高遵裕、杨定、张穆之等，皆赴有司，次第以治其罪。[4]

知谏院杨绘也上奏：

> 比者西戎新纳信款，切闻高遵裕诈传圣旨，与种谔等纳西夏叛人首领近三十人，仍深入虏界地名绥州，筑城以居之。臣切谓朝廷若遂从其计，则失信于戎狄，生起边事，无穷极

---

① 黄以周等辑注：《续资治通鉴长编拾补》卷24"崇宁三年六月甲辰"条，中华书局，2004年，第813页。
② 《宋史》卷464《外戚中·高遵裕》，第13575页。
③ 《宋史》卷335《种世衡附种谔传》，第10745—10746页。
④ 黄淮、杨士奇等编：《历代名臣奏议》卷329，哈佛大学燕京图书馆藏明永乐本，第21页a。

矣。为今计者,莫若贬谪其矫制擅兴之罪,以正典刑。①

在朝廷官员的弹劾之下,种谔、高遵裕遂以矫制擅兴之罪被贬官。但新即位的神宗,"知祖宗志吞幽蓟、灵武,而数败兵,帝奋然将雪数世之耻"②。种谔、高遵裕积极拓边的态度,与神宗意欲开将拓土的观点不谋而合。因此,在短暂的贬谪之后,高遵裕又受到了重用。

神宗熙宁元年(1068年),前耀州司户参军王韶上《平戎三策》,主张"国家必欲讨平西贼,莫若先以威令制服河湟;欲服河湟,莫若先以恩信招抚沿边诸族"③。神宗同意了王韶的建议,"用王韶复洮、陇,命为秦凤路沿边安抚,以遵裕副之"④。即用王韶为秦凤路沿边安抚使,却以高遵裕为副使,其原因在于王韶为文官出身,不谙军旅事务,因此神宗以武将世家出身的高遵裕辅佐之,以达成经略河湟的军事使命,从此我们也可看出神宗对高遵裕的信任。

王韶与高遵裕受命之后,奏请将古渭砦升格为通远军,又攻占武胜城,改置为镇洮军,其间高遵裕经常对于王韶的军事计划提出不同看法,王韶若不采纳,往往导致行动失利:

> 韶欲取河州,遵裕曰:"古渭举事,先建堡砦,以渐而进,故一举拔武胜。今兵与粮未备,一旦越数舍图人之地,使彼阻要害,我军进退无所矣。"韶与李宪笑曰:"君何遽相异邪?"檄使守临洮。韶攻河州,果不克。帝善遵裕议,令专管洮、岷、叠、岩未款附者。⑤

可见高遵裕的军事素养对王韶开边有非常重要的作用。至熙宁五年(1072年)十月,"升镇洮军为熙州镇洮军节度,置熙河路"⑥,熙河路的设置象征着王韶西北开边的初步成果。而宋神宗以"韶帅熙河,徙遵裕为总管"⑦,以王韶为熙河路经略安抚使,却不按照常例由王韶兼任熙河路马步军都总管,而由高遵裕担任都总管一职,显然也是考虑王韶为文官出身,不晓兵事,故实际指挥兵马的都总管一职由武将出身的高遵裕担任,较为适当。

熙宁六年(1073年),高遵裕随王韶攻取岷州⑧,七年(1074年)十二月,"观文殿学士、兼端明殿学士、龙图阁学士、礼部侍郎、知熙州王韶为枢密副使,……岷州团练使、知岷州高遵裕为龙神卫四厢都指挥使,知熙州"⑨,王韶调任为枢密副使,高遵裕则正式成为熙河路经略安抚使,使得高遵裕的仕宦生涯,达到了最高峰。按宋朝惯例,安抚使通常兼任都总管,由文官担任,武将只能做到副总管⑩,而身为武将的高遵裕竟能突破常规,担任熙河

---

① 黄淮、杨士奇等编:《历代名臣奏议》卷329,第21页b至第22页a。
② 《宋史》卷16《神宗纪三》,第314页。
③ 黄淮、杨士奇等编:《历代名臣奏议》卷329,第17页a。
④ 《宋史》卷464《外戚中·高遵裕》,第13575页。
⑤ 《宋史》卷464《外戚中·高遵裕》,第13575—13576页。
⑥ 《宋史》卷15《神宗纪二》,第282页。
⑦⑧ 王称:《东都事略》卷42《高琼附高遵裕》,第269页下栏。
⑨ 李焘:《续资治通鉴长编》卷258"熙宁七年十二月丁卯"条,第6293—6294页。
⑩ 参见赵冬梅:《文武之间:北宋武选官研究》,北京大学出版社,2010年,第209—210页。

路安抚使,除了熙河路特殊的军事地位之外,高遵裕多年来辅佐王韶的称职表现也是重要原因。

然而高遵裕不久即在官场上遇到挫折,高遵裕"坐荐张穆之为转运使,而穆之有罪,罢知颍州。未几,徙庆州,又坐事黜知淮阳军。元丰四年,复知庆州"①。高遵裕两度被罢,又两度担任知庆州(兼环庆路经略安抚使),证明高遵裕既有军事才能,也深得宋神宗之信任,即使短期因事被贬,也很快重获重用。

元丰四年,西夏发生政变,国主秉常被囚,梁太后摄政,宋神宗决定趁机讨伐西夏,于是宋夏再度爆发战争。宋神宗命熙河经制使李宪为帅,兵分五路(熙河路李宪,鄜延路种谔,环庆路高遵裕,泾原路刘昌祚,河东路王中正),出兵伐夏。刘昌祚与高遵裕先后攻至灵州城下:

> 高遵裕攻围灵州,十有八日不能下,粮道且绝。贼决七级渠以灌我师,水至,遵裕断炮为梁以济,刘昌祚殿,手剑坐水上,待师毕济然后行。贼骑追袭,转战累日,至韦州,士争入寨,无复队伍,贼乘之,我师溃死者甚众。……遂班师。②

西夏决开黄河七级渠,水淹宋军,又派兵断绝宋军的补给路线,导致高遵裕、刘昌祚两路大军惨败而归。种谔、王中正两路也死伤惨重,唯熙河路李宪以偏师取胜,攻占兰州③,进兵至天都山。④

元丰四年宋夏灵州之战,为何会以宋军大败收场?宋军的五路统帅,高遵裕虽为高太后之叔父,但其祖父为名将高琼;种谔之父为仁宗宋夏战争时期守青涧城的种世衡⑤,种谔本人"善驭士卒,临敌出奇,战必胜"⑥;刘昌祚之父为仁宗宋夏战争时战殁于定川的刘贺⑦,刘昌祚本人也被宋人称为"气质雄深"⑧,"绥怀羌右,有长辔远驭之谋;镇靖疆陲,得轻裘缓带之体"⑨,"整于治军,才出边将之右;勇于对敌,声着陇山之西"⑩,以上三人皆出身军旅世家,军事经验丰富。至于李宪、王中正虽为宦官,但李宪一路却是五路中战功最佳者,我们很难以宦官误国之类的说法来解释。

又谓刘昌祚部先至灵州,"城未及阖,先锋夺门几入,遵裕驰遣使止之,昌祚曰:'城不

---

① 《宋史》卷464《外戚中·高遵裕》,第13576页。
② 《续资治通鉴长编》卷320"元丰四年十一月辛丑"条,第7720页。
③ 《续资治通鉴长编》卷316"元丰四年九月乙酉"条,第7638页。
④ 《续资治通鉴长编》卷319"元丰四年十一月己丑"条,第7709页。
⑤ 《宋史》卷335《种世衡》,第10741—10744页。
⑥ 《宋史》卷335《种世衡附种谔》,第10747页。
⑦ 《宋史》卷349《刘昌祚》,第11053页。
⑧ 黄震:《古今纪要》卷19《刘昌祚》,《文渊阁四库全书》本,第384册,第375页上栏。
⑨ 苏颂:《苏魏公文集》卷24《赐新除殿前副指挥使武康军节度使刘昌祚上第一表辞免恩命不允批答》,《文渊阁四库全书》本,第1092册,第306页上栏。
⑩ 苏辙:《栾城集》卷33《除刘昌祚武康军节度使殿前副指挥使制》,《文渊阁四库全书》本,第1112册,第349页上栏。

足下,脱①,朝廷谓我争功,奈何?'命按甲勿攻"②。意即高遵裕因恐刘昌祚先攻下灵州城,抢了功劳,因此阻止刘昌祚的进攻,才导致后来西夏决七级渠,逆转战局。然而,出身军旅世家、军事经验丰富的刘昌祚会为了避免争功的嫌疑,放弃攻占灵州的大好时机,或者只是刘昌祚在战败后的推托之词? 刘昌祚受高遵裕指示暂停进攻的说法,出于张舜民所撰之刘昌祚墓志铭③,作者立场偏袒传主刘昌祚,真实性值得商榷。如此一来,究竟是什么原因导致灵州之役宋军大败?

四、灵州之役宋朝致败的原因

宋夏灵州之役,宋朝大败的原因,一方面是西夏采取了正确的战略与战术,据《宋史·夏国下》记载:

> 初,夏人闻宋大举,梁太后问策于廷,诸将少者尽请战,一老将独曰:"不须拒之,但坚壁清野,纵其深入,聚劲兵于灵、夏,而遣轻骑抄绝其馈运,大兵无食,可不战而困也。"梁后从之,宋师卒无功。④

西夏的战略,就是坚壁清野,抄截饷道。然而为何此一战略会取得非常大的功效?

除了西夏方面战略正确、战术灵活之外,宋军大败最大的原因在于宋朝军队本身的补给困难。学者梁庚尧指出,出征西夏的五路大军,其中三路没有抵达预定目标,在中途因为军粮不继而折返,不战而溃;另外两路虽然抵达灵州,却粮草已尽,粮道又被夏军截断,最后战争失利,溃败而归,五路的士卒役夫在征程中都大量死亡逃散。⑤然而造成补给困难的因素为何? 梁先生文中却未多作分析。本人认为,造成当时宋军补给困难的因素,包含下列几点。

(一) 宋朝军队人数庞大

元丰四年宋夏战争宋朝动员的兵力,据《宋史·夏国下》记载:

> (李)宪总七军及董毡兵三万,至新市城,遇夏人,战败之。王中正出麟州,禤辞自言代

---

① 疑为"胜"字之误。
② 《宋史》卷349《刘昌祚》,第11054页。
③ 《续资治通鉴长编》卷318"元丰四年十月壬午"条,第7697页。
④ 《宋史》卷486《夏国下》,第14011页。
⑤ 梁庚尧:《北宋元丰伐夏战争的军粮问题》,《宋史研究集》第26辑,台湾"国立"编译馆,1997年,第158页。

皇帝亲征，提兵六万，才行数里，即奏已入夏境，屯白草平九日不进。环庆经略使高遵裕将步骑八万七千、泾原总管刘昌祚将卒五万出庆州，（种）谔将鄜延及畿内兵九万三千出绥德城。①

熙河路李宪除羌人董毡出兵三万人外，另有"七军"，实际人数不详，河东路王中正出兵六万人，环庆路高遵裕出兵八万七千人，泾原路刘昌祚出兵五万人，鄜延路种谔出兵九万三千人，总计三十二万人（尚不计李宪的"七军"），这种动员规模，不只在宋朝历史上是空前的，在当时世界范围内也十分罕见。元丰四年（1071年）宋夏战争之前十年，西亚的拜占庭帝国与塞尔柱土耳其帝国之间的曼齐克特战役（Battle of Manzikert）中，塞尔柱土耳其帝国动员二至三万人，拜占庭帝国动员四到七万人，结果拜占庭大败，阵亡约二千至八千人，皇帝罗曼诺斯四世（Romanos IV）被俘。这场战争震撼欧洲，但与元丰四年宋夏战争相比，塞尔柱与拜占庭双方动员兵力的总和，不过是宋朝动员兵力的三分之一。

再与四十年前宋仁宗时期的宋夏战争比较，更可凸显元丰四年宋朝军队动员规模之大，仁宗康定元年（1040年）宋夏之间发生三川口之役：

（刘）平、（石）元孙领骑兵先发，步军继进，夜至三川口西十里止营……戊寅，旦，步兵未至，平与元孙还逆之，行二十里乃遇步兵。及（黄）德和、（万俟）政、（郭）遵所将兵悉至，五将合步骑万余，结陈东行五里，平令诸军齐进，至三川口，遇贼。……平与元孙巡阵东偏，贼冲阵分为二，遂与元孙皆被执。②

宋朝方面，刘平、石元孙、黄德和、万俟政、郭遵五路，总计不过"合步骑万余"，这就是三川口之役宋朝动员的军力。

庆历元年（1041年）宋夏之间又爆发了好水川之战：

（二月）己丑，（陕西经略安抚副使）韩琦亟趋镇戎军，尽出其兵，又募敢勇，凡万八千人，使（任）福将以击贼，泾原驻泊都监桑怿为先锋，钤辖朱观、泾州都监武英继之，行营都监王珪、参军事耿傅皆从。……福、怿合军屯好水川，……癸巳，至龙竿城北，遇贼大军循川行，出六盘山下，距羊牧隆城五里，结阵以抗官军。……（任福）挥四刃铁简，挺身决斗，枪中左颊，绝其喉而死。福子怀亮亦死之。③

此役任福主力有一万八千人，军队死伤数字为："指挥使、忠佐死者十五人，军员二百七十一人，士卒六千七百余人。"④

为何宋仁宗时期动员的兵力如此有限？笔者曾指出，宋神宗变法之前的宋朝禁军，若派驻在外，分为驻泊、屯驻、就粮三类，各路安抚使仅能指挥驻泊禁兵，屯驻、就粮禁兵由各

① 《宋史》卷486《夏国下》，第14010页。
② 《续资治通鉴长编》卷126"康定元年正月丁丑—己卯"条，第2967—2968页。
③ 《续资治通鉴长编》卷131"庆历元年二月己丑—癸巳"条，第3100—3101页。
④ 司马光：《涑水记闻》卷12，中华书局，1989年，第225页。

州的知州负责指挥,安抚使无法干预,故仁宗宋夏战争,安抚使韩琦、范仲淹等能指挥调度的兵力非常有限,动员上万人,便是大举,死伤数千人,便是大败。宋人吴儆说道:"所谓帅臣(安抚使)者,虽名为一路兵民之寄,其实一大郡守耳。"①而宋神宗时期可以动员庞大兵力的原因,在于蔡挺推行"将兵法",将驻泊、屯驻、就粮禁兵乃至乡兵、蕃兵都纳于"将"的新编制之下。孙逢吉《职官分纪》举陕西泾原路为例:"屯、泊、就粮上下番正兵、弓箭手、番兵分为五将。"②马端临《文献通考》亦记载:"凡诸路安抚(使),逐州知州兼,以直秘阁以上充,掌总护诸'将',统制军旅。"③将兵法的新编制——"将",打破了原有禁军的界限,增加了安抚使的权力,使得宋朝可以动员数量更多、规模更大的兵力。④

然而,随着宋朝动员兵力的扩大,后勤补给的需求也随之增加,如果没有做好后勤补给的规划,庞大的军队人数不但不能展现战力,反而成为宋朝军队的弱点。

(二)主动出击,深入敌境,征战距离远

宋朝自宋太宗雍熙三年(986年)岐沟关之战后,对外作战基本上采取守势。学者李华瑞在《宋夏关系史》中指出,北宋对西夏作战的特点是以防御战为主,原因在于:其一,由于宋朝建国之初,既失长城之险,又失草原之利,不能组建骑兵,加上"强干弱枝"的政策,使而宋朝军队不能像汉、唐一般与游牧民族一争长短,只能采取防御的策略。其二,在防御思想的影响下,宋朝自真宗时期曹玮守边,组织沿边熟户、弓箭手,把民众武装作为一种防御手段,仁宗时范仲淹主张效法唐朝府兵制,神宗时王安石推行保甲法,都是主张以民兵防御敌人入侵。其三,在防御思想的影响下,宋朝常在边境地区修筑堡寨城池,作为抵御外敌入侵的手段。其四,利用西夏与周围其他少数民族政权的矛盾,建立联盟关系,作为防御的重要手段。⑤

以防御为主的军事手段中,军队的移动多是城池到城池之间的短线移动,对于后勤补给的要求不高。我们再次看看宋仁宗时期的三川口之役,观察当时宋朝军队调度移动的情况:

元昊乃盛兵攻保安军……遂乘胜抵延州城下。雍(安抚使范雍)先以檄召鄜延、环庆副都部署刘平于庆州,使至保安,与鄜延副都部署石元孙合军趋土门。及是,雍复召平、元孙还军救延州。平得雍初檄,即率骑兵三千发庆州,行四日至保安,与元孙合军趋土

① 吴儆:《竹洲集》卷2《论广西帅臣兼知漕计》,《文渊阁四库全书》本,台湾商务印书馆,1986年影印本,第1142册,第218页下栏。
② 孙逢吉:《职官分纪》卷35《将官》,《文渊阁四库全书》本,中华书局,1988年影印本,第663页上栏。
③ 马端临:《文献通考》卷61《职官十五·安抚使》,台湾商务印书馆,1987年缩印本,第558页。
④ 参见雷家圣:《北宋禁军编制的演变与"置将法"的实施》,《史学汇刊》2015年第34期,第99—124页。
⑤ 李华瑞:《宋夏关系史》,第165—167页。

门。……而后雍后檄寻到，平、元孙遂引还。①

安抚使范雍先命鄜延、环庆副都部署刘平率兵自庆州出发到保安军与副都部署石元孙会合，再合兵进攻土门。其后范雍得到元昊攻打延州的消息，再下令要求刘平、石元孙回师救延州。而刘平、石元孙就是在返回延州的路上，在三川口与元昊大军遭遇，而有三川口之败。从上面的叙述中，我们看到刘平军队的移动，从庆州出发，行四日到保安军，再向土门前进，其后折回延州。庆州、保安军、土门、延州即为城池或堡寨，宋军在这些城池堡寨间移动设防，行军时间不过数日，因此对后勤补给的要求不高。

宋军即使主动出击，行军距离也不远，本文前引庆历元年宋夏好水川之战，韩琦派任福率军，于二月己丑由镇戎军出发，至癸巳遇西夏大军于好水川，结果任福战死，宋军大败，前后不过五日。

再看庆历二年（1042 年）宋朝与西夏的定川寨之战：

（闰九月庚寅，泾原副都部署葛怀敏）命诸将分四路趣定川寨，刘湛、向进出西水口，赵珣出莲华堡，曹英、李知和出刘璠堡，怀敏出定西堡。……（辛卯）怀敏入保定川寨，贼毁版桥，断其归路，别为二十四道以过军环围之，又绝定川水泉上流，以饥渴其众。……怀敏及曹英、李知和、赵珣、王保、王文、刘贺、李岳、张贵、赵璘、许思纯、李良臣、泾原巡检杨遵、笼竿城巡检姚奭、都巡检司监押董谦、同巡检唐斌、指使霍达皆遇害。余军九千四百余人，马六百余匹悉陷于贼。②

宋军同样是进行城池对城池的移动，分别由西水口、莲华堡、刘璠堡、定西堡四处出发，目的地是定川寨，结果遭到西夏军围攻，葛怀敏战死。

由上述三个例子可以看出，在宋朝防御型的战略思想之下，军队的移动距离短，对后勤补给需要求不高。但是，元丰四年宋夏战争，是宋朝方面主动出击，且深入敌境之中，对宋朝军队来说，是前所未有的挑战。

（三）武器装备革新，但新式武器的运输更费时费力

宋仁宗时期的曾公亮、丁度编纂的《武经总要》，记载了当时宋朝军队的各类新武器，包括了"引火球""蒺藜火球""竹火鹞""铁嘴火鹞""霹雳火球"等火器③，熙宁六年，宋神宗又设立"军器监"④，成立了制造军器的专责机构。因此，宋朝在武器的制造上是十分先进

---

① 《续资治通鉴长编》卷 126"康定元年正月壬申"条，第 2967 页。
② 《续资治通鉴长编》卷 137"庆历二年闰九月庚寅—辛卯"条，第 3301—3302 页。
③ 曾公亮、丁度：《武经总要》前集卷 12，《文渊阁四库全书》本，台湾商务印书馆，1986 年影印本，第 726 册，第 427 页上栏至第 429 页下栏。
④ 《宋史》卷 15《神宗纪二》，第 284 页。

的。然而,这些先进的武器(如火器)要考虑防火防潮等问题,运送时更为不便,加重了宋军后勤补给的负担。

从上述三个方面,我们看出元丰四年宋夏战争时宋朝军队面临的问题,而宋朝便在后勤补给无法满足新编组的军队(将兵)、新式战略(主动出击)、新式武器(火器)的情况下,发动了对夏战争。战争发起后,宋军很快面临了后勤补给上的问题,例如渡河时缺少渡河工具:

> 种谔乞计置济渡桥栿椽木,令转运司发步乘运入西界。诏:"凡出兵深入贼境,其济渡之备,军中自有过索、浑脱之类,未闻千里运木随军。今谔计置材木万数不少,如何令转运司应副步乘?纵使可以应副,亦先自困。令种谔如将及河造栿,贼界屋并可毁拆,或斩林木相兼用之,如更不足,以至枪排皆可济渡。"上坐制兵间利害,细微皆得其要,诸将奉行惟恐不及也。①

种谔需要椽木制造桥梁以渡河,但却被神宗否决,要种谔拆毁敌境房屋、砍伐树林,甚至用枪排造筏以渡河。种谔麾下的部队有九万三千人,需要坚固耐用的桥梁,临时砍树拆房甚至使用枪排搭造的桥,可能无法符合实际的需要,但神宗用纸上谈兵的办法,处理前线将领所遇到的后勤问题,而这些作法只能让将领们哭笑不得。而在后勤物资的运送上,也是弊端丛生:

> (元丰四年九月壬子)又批:"闻三司昨雇百姓车户大车辇绢赴鄜延路,才入半道,其挽车人已尽逃散,今官物并抛弃野次。逐县科差保甲,甚扰费人力,未知何人处画如此乖方,可取索进呈。"三司言:"起发应副鄜延、环庆、泾原三路经略司绢十七万五千匹,市易司起发十五万五千匹,用骡百二十四头,及管船水运至西京,乃用步乘。应副河东衣赐绢十万匹,赴泽州绅二万匹,用骡百八十三头及小车五十辆并橐驼般驮,又三万匹用步乘。应副延州银十五万两,盐钞三万席,用骡九十八头;绢十五万匹为五纲,一纲用橐驼,四纲用小车二百一十辆。应副河东、鄜延、环庆、泾原、熙河、秦凤路绅绢总百万匹,用小车为三十纲,并不用官私大车辇载。"诏三司选差勾当公事官一员缘路点检催趣,其津般乖方处,根究以闻。②

神宗向三司询问雇用大车运送物资,却发生挽车人逃跑、官物被抛弃的弊端,应由谁负责?三司报告了向河东、鄜延、环庆、泾原、熙河、秦凤等路运送各种物资的情形,其手段包括步乘(人力)、小车、骡、橐驼、水运等,但是对于神宗的问题,三司却回答"并不用官私大车辇载",否认有任何弊端。

随着宋朝军队的推进,后勤补给的负担越来越重,已经到达征调民力的极限,加上西

---

① 《续资治通鉴长编》卷316"元丰四年九月己亥"条,第7643页。
② 《续资治通鉴长编》卷316"元丰四年九月壬子"条,第7653—7654页。

夏军队伏击骚扰，更使宋军的后勤补给雪上加霜。鄜延路经略使沈括向神宗奏请：

> 本路运粮，延州诸县丁夫发尽，已差及妇女，虽累戒官吏毋得括责妇女，而运粮须办，则势不得不极民力，恐无以为继。闻出界后死亡逃散人夫头口不可胜计，至全军溃散，委弃粮仗，不免资寇。今边粮已费力，又益河东兵，愈阙粮食，以臣愚见，河东、鄜延行营恐须分遣将兵，搜讨伏留贼兵，候道通，节次量留人马，依峻置顿屯守，南北照望粮道。①

河东太原府路钤辖张世矩也请求神宗暂缓进兵：

> 臣领兵西讨，所逢皆精骑，其老小深遁沙漠。由此观之，其建言破贼，使朝廷于数路动百万众，当大冬隆寒之际远征未利者，斯人之罪也。伏乞抚养士马，待来春青草未发，牧马正羸，妨彼农时，乘彼虚弱，进兵攻取，则不及三二年，必当传首北阙。如其谓期月可破，则非臣之所及也。②

结果这番话触怒了神宗，认为张世矩"沮挠大议"，命令王中正将张世矩逮捕下狱。

宋朝方面极尽民力进行运粮，导致丁夫死亡逃散不可数计，又遭到西夏抄截，使得补给路线不通，前线军队的处境更为恶化。河东路王中正认为出兵后即与鄜延路会师，故全军只携半月粮，属下官吏庄公岳等恐粮草不足，多准备了八日粮，结果王中正出师二十余日，始至宥州，因此面临缺粮的问题。③面对该问题，神宗只好下诏："王中正兵自麟州出界，已至鄜延路，闻暴露日久，人多疾病，今虽驻并边，亦虑无以休息，可令计会沈括，分擘于延州、保安军诸城寨歇泊。"允许河东路大军撤回到鄜延路延州、保安军等地。于是"王中正引军还延州，计士卒死亡者近二万，民夫逃归大半，死者近三千人"④。

在鄜延路，种谔也面临乏粮的问题：

> 种谔初被诏当以兵会灵州，而谔枉道不进，既发夏州，即馈饷乏绝。谔驻兵麻家平，士卒饥困，皆无人色。谔欲归罪漕臣，诛稷（权鄜延路转运使李稷）以自解，或私告稷，稷请身督漕运，乃免。民夫苦折运，多散走，稷不能禁，使士卒斩其足筋，宛转山谷间，数日乃死，至数千人。稷初被诏得斩知州以下乏军兴者，上下以严令相驱迫，选人、摄官、部夫，上道即专戮，惟百姓多被杀云。⑤

种谔的鄜延大军面临"馈饷乏绝，士卒饥困"的问题，使得种谔一度要诛杀负责运粮的转运使李稷。而李稷为了满足运粮的需求，将逃亡的民夫斩断脚筋丢弃在山谷中，使其饿死。李稷又奉诏得以斩杀知州以下运粮不力的官吏，于是基层官吏为了自求生存，纷纷逼迫甚

---

① 《续资治通鉴长编》卷319"元丰四年十一月己丑"条，第7709—7710页。
② 《续资治通鉴长编》卷319"元丰四年十一月己亥"条，第7716—7717页。
③ 《续资治通鉴长编》卷319"元丰四年十一月甲申"条，第7701页。
④ 《续资治通鉴长编》卷319"元丰四年十一月丙戌"条，第7705页。
⑤ 《续资治通鉴长编》卷319"元丰四年十一月甲申"条，第7702页。

至杀害百姓。最后，"种谔驻兵麻家平以俟折运，逾期不至，士卒益饥困，行八日次盐州，会大雪，死者十二三"①。种谔鄜延大军大败而回。

围攻灵州城的泾原、环庆两路宋军，"城久不下，粮草告乏，(刘)昌祚侦巾子岌、鸣沙川有积聚，白(高)遵裕，愿遣骑往取之。凡往复两日，得草一万余束，粟、豆千三百斛，使自输官取直，泾原兵仰给有余，则转给环庆"②。靠着从西夏掠夺而来的粮草，勉强维持泾原、环庆宋军的生计。至于攻城方面，高遵裕"以环庆兵攻灵州城，时军中皆无攻具，亦无知其法者，遵裕旋令采木为之，皆细小朴拙不可用"③。宋代军队攻城时，主要用"炮"(投石机)作为主要的武器，《武经总要》中记载的"炮"，种类众多，包括"炮车""单稍炮""双稍炮""五稍炮""七稍炮""旋风炮""虎蹲炮""拄腹炮""独脚旋风炮""旋风车炮""卧车炮""车行炮""旋风五炮""合炮""火炮"等多种④，此外还有观察敌方城中情形的"望楼"⑤，都是攻城时必备的装备。由于宋朝军器制造越来越复杂进步，使得军器制造成为专门的知识，"知其法者"有限。在运路不通无法运来先进的攻城器具，土法炼钢自制攻具又不可用的情况下，泾原、环庆围攻灵州城久攻不下，西夏趁机决黄河七级渠以灌宋军，导致泾原、环庆两路宋军的溃败。

熙河路李宪大军，由权管勾熙河、秦凤路转运司公事赵济负责军粮转运，赵济向神宗报告：

勘会都大经制司要一月人粮马食，臣已牒本司，将先差下急夫津般人马食三万，干粮一百五十万斤，自通远装发，赴西宁寨会合，据即今人马，可作一月之备。目今见存准备五十日支用，深入讨定，委不阙误。⑥

赵济的准备较为充足，使得熙河路大军较无缺粮的问题。但熙河路民夫负担亦重，"时陕右数调役，旷日持久，众且溃，(赵)济度无以制，使民自溃则后不可复役，乃悉纵遣，辍马负粮，军迄还不饥"⑦。赵济在民夫溃散逃亡之前先将民夫遣散，避免了鄜延路民夫逃亡甚至被杀的惨剧，而熙河路大军也未因此而缺少军粮，可算是十分幸运的。

由上可见，元丰四年灵州之战宋军大败的原因，在于宋朝动员了过多的军队，数量远远超过了后勤补给体系所能负荷的程度，导致前线军队无法得到足够的军粮与攻城器具，结果攻城不利，士兵乏食；加上西夏决黄河七级渠水淹宋军，达到奇袭的效果，又遣兵断绝宋军的粮道，加深了宋军粮运不继的问题，导致宋朝大军的挫败。

---

① 《续资治通鉴长编》卷319"元丰四年十一月丁酉"条，第7715页。
② 《续资治通鉴长编》卷319"元丰四年十一月乙亥"条，第7704页。
③ 《续资治通鉴长编》卷319"元丰四年十一月戊子"条，第7707页。
④ 曾公亮、丁度：《武经总要》前集卷12，第414页下栏至第423页下栏。
⑤ 曾公亮、丁度：《武经总要》前集卷13，第446页下栏。
⑥⑦ 《续资治通鉴长编》卷319"元丰四年十一月庚寅"条，第7711页。

五、结论

从本文的讨论中，我们可以看出，元丰四年宋夏战争，宋朝的后勤补给体系无法支应前线三十余万大军的需要，导致前线乏食缺粮，终至战争失败。这是军事动员规模与后勤体系无法配合的问题，这牵涉到国家的军事与经济能力的规划与计算，故应负其责者应为宋神宗与幕僚机构（如枢密院、三司等），前线将领如高遵裕等人，主要责任在攻城略地，对于后勤补给乃至国家经济状况的掌握，实非其责任。

高遵裕虽然为英宗高皇后之叔父，但观其仕宦升迁之路，实际上受外戚身份的庇荫非常有限。高遵裕主要的背景，是祖父高琼、父亲高继宣相传而下的武将家风，而他在西北拓边的表现，虽不能说全无缺点，但也算得上称职尽责。高遵裕对于灵州之役宋军战败，虽有不可推卸的责任，但若将灵州之败视为外戚掌兵的结果，则又失之公允。

南宋诸儒对国家战略防御体系的建构及其作用[*]

孔妮妮^{**}

从宋廷南渡到南宋灭亡,战、和、守之争贯穿始终。南渡之初,名儒胡安国父子与杨时、张九成等就在对经典的诠释中论述了自己的战略思想,为国策的选择和制定提供了重要的理论指导。嘉定和议签署后,宋金进入了较为稳定的相持阶段,以史弥远为首的主和派执掌朝政,因循纵弛,边备不修。随着金国国势的衰弱、北方蒙古的崛起,朝廷依旧以岁币媾和的政策激起了理学诸臣的强烈不满,对边防的战略规划成为南宋后期理学家的重要议题,"当今之务,有不可一日缓者,边防是也"①。"今日所至急者边防,而决不可恃者和议。"②理学诸臣根据局势的发展变化,不断调整着攻守之策,逐步建构起以边防、城防、民防为中心的战略防御体系。

一、对边防的战略规划

自宋廷南渡,长江天险就被南宋君臣视为护卫帝都的生命防线,而两淮荆襄在战略防御体系亦起着藩篱门户的重要作用。守境固圉必先控遏淮汉,是胡安国、朱松等众多理学家始终坚持的战略主张。绍兴元年(1131 年),胡安国以《时政论》二十一篇献高宗,其中论

---

*　本文原载于《江汉论坛》2017 年第 2 期。

**　孔妮妮,上海师范大学人文学院古籍整理研究所副教授。

①　袁燮:《絜斋集》卷 4《论备边劄子(一)》,《文渊阁四库全书》本。

②　真德秀:《西山先生真文忠公文集》卷 14《十一月癸亥后殿奏已见札子(一)》,《四部丛刊初编》本。

"设险"曰："昔人谓大江之险，天所以限南北。而陆抗以为长江峻山限带封域，此乃守国末务，非智者之所先……欲固上流者必先保汉沔，欲固下流者必先守淮泗，欲固中流者必以重兵镇安陆，此守江常势。虽有小变，而大概不可易者也。"①朱松亦在奏疏中明确强调了经略淮襄的重要意义："自古国于东南者必西据襄沔，东倚淮泗，以为捍蔽。吴魏之际，孙权屡悉其国兵，身自将之，以攻魏之新城。后世或以谓权虽国于东南，未尝一日忘求逞于中原。臣有以知其不然者……盖我有淮肥之障，然后东南可以安居而无事。是以陈氏、南唐之末世，淮壖尽失而后国随之。"②

　　作为南北之间的战略要地，对两淮荆襄之地的经略部署成为决定南宋防守成败的关键。早在嘉定四年（1211 年），理学名臣郑昭先便奏请在两淮荆襄之地垦荒屯田以固藩篱屏障："窃惟两淮荆襄，实今日藩篱捍蔽之地。淮东如三阳、滁阳，淮西如濠梁、安丰，荆襄如德安、信阳等郡，流离之民未尽复业，闲土旷土，不可以亩计。乞严两淮郡守三年为任之制，勿数更易，乘此麦熟，俾之招集流移，耕垦荒地。或借之种粮，或宽其租赋，以垦田之多寡为守令之殿最。"③嘉定七年（1214 年），真德秀提出了移江防重兵守淮的战略规划："沿江列屯亡虑十数万，劲骑精卒皆当移驻并边，而增募舟师，以扼江面。凡城池楼橹之未固，若要害之未筑者，就遣屯兵，并力缮治，使沿边数千里脉络相联，有贯珠之势，首尾相应，有率然之形。"④在即将发生的大战中，唯有将两淮荆襄之地构筑为进可攻、退可守的堡垒门户，才能阻遏外敌，确保东南无虞。崔与之、陈𬩽等人均是这种战略部署的积极践行者，并在嘉定年间的抗金战争中取得了显著成效。嘉定七年，崔与之守扬州，主管淮东安抚司公事。就任后，他展开了对两淮地区的防御部署，"如滁州，合整辑关隘，以为障蔽；盱眙，合措置山寨，以为声援；楚州，合经理清河口，守把淮口，以为控扼。轮日教阅，激作士气，常时戒严，以守为战，非惟缓急不致误事，亦可集事"⑤。崔与之在统制官中精选智勇双全者总成，同时依据地形之势建山寨、以忠义民兵为外援，"因滁有山林之阻，创五砦，结忠义民兵，金人犯淮西，沿边之民得附山自固，金人亦疑设伏，自是不敢深入"⑥。在扬州，崔与之建强勇、镇淮两军，月以三、八日习马射，并令所部兵皆仿行之。嘉定十四年（1221 年），陈𬩽被淮东制置使贾涉辟为京东、河北节制司干办公事。为了增强两淮地区的战斗力，陈𬩽建议贾涉"河南首领以三两州归附者与节度，一州者守其土，忠义人尽还北，然后括淮甸闲田，仿韩魏公河北义勇法募民为兵，给田而薄征之，择土豪统帅。通、泰盐贩又别廪为一

① 杨士奇：《历代名臣奏议》卷 47，《文渊阁四库全书》本。
② 朱松：《韦斋集》卷 7《上皇帝疏》，《文渊阁四库全书》本。
③ 徐松：《宋会要辑稿·食货》6 之 32，中华书局，1957 年，第 4895 页。
④ 真德秀：《西山先生真文忠公文集》卷 3《使还上殿劄子》，《四部丛刊初编》本。
⑤ 崔与之撰，张其凡、孙志章整理：《宋丞相崔清献公全录》卷 2《言行录中》，广东人民出版社，2008 年版，第 11 页。
⑥ 《宋史》卷 406《崔与之传》，中华书局，1977 年，第 12258 页。

军"①,作为拱卫国都的藩篱屏障,对于入侵的金军,使卜整、张惠、范成进等将领屯重兵于庐州、盱眙等战略要地,同时派遣时青、夏全等设伏邀击,俘虏了金国四驸马,取得堂门大捷。这样的边防战略在一定程度上遏制了和议之论,维护了东南之地的安定。但是这些举措和建议在史弥远执政时期并未真正被执行,崔与之守淮,"淮民多畜马善射,欲依万弩手法创万马社,募民为之,宰相不果行"②。陈韡赴行在奏事,直陈边患:"今为边患者三:有垂亡之金,有新造之鞑,有归附之忠义。金、鞑存亡未分,忠义叛服难保,一二年后,虽欲安坐固守不可得也。宜早夜以克复激励中外之心,不可以自守沮抑将士之气。"③并献储材、屯田、练兵等治边三策,然皆不为朝廷所采纳。

嘉定十年(1217 年),赵方任京湖制置使,置司襄阳。嘉定十二年(1219 年),罢江淮制置司,另设沿江、淮东、淮西制置司,将战略防线从长江北拓到了两淮、襄汉之地。此举对于抵御金军入侵、御敌于藩篱之外具有积极意义,但也存在着弊端,"两淮金陵,断而为三,鄂与荆襄,裂而为二。金陵常为文具,而两淮各不通。襄阳既处极边,不能力庇鄂荆;鄂州自守江,徒欲以名兼蕲黄"④。数十年军政不修、守备空虚使得真德秀等人在嘉定初年提出的将屯江之兵移驻淮防,同时增募舟师以控遏长江的战略主张,非但没有形成沿边数千里脉络相联、首尾相应的边防守备,相反,无论是极边还是次边的防御,都出现了严重的问题:"屯江者尽屯淮,而江上更募市人,以为防江之兵;屯鄂、江陵者尽以屯汉上,而腹心之地,但加以副使之虚名。又不能择要地而聚大兵,不过千人,或三百,或五百,蜂屯蚁列,皆不成军,欲使沿淮沿汉千里之地尺寸而守,得乎?"⑤即使是在近畿腹心之地,守备兵力也极为空虚,"两浙诸郡,都邑之门壁也。而兵备单弱,春秋教阅,操弊竹以为弓,揭腐缯以为旗,老弱杂陈,真同儿戏。加之财计空乏,莫能疏通"⑥。

随着国力的日渐衰退,以魏了翁为代表的晚宋儒臣渐悟进取之难,其边防策略也渐呈固近怀远的整合之势,"宜亟循阜陵分隶之旧,宿师于江南,而分戍于淮汉,庶几根本先固,人心不摇。既可以厚重门之守,又可以省分籴之费,不犹愈于虚内事外,以贻一旦仓卒之忧者乎"⑦。他们根据形势发展的需要,积极倡导以大战区为核心的战时防御体系,以革除事权不专、互为掣肘的积弊,"不并江淮之势,合异为同,则事权必不一"⑧,"以荆湖诸郡仍旧并归一帅,总治江陵,且拨湖南九郡以隶之,庶几形势便顺,事力从容"⑨。对于选拔重臣整合军力、开府建幕,理学诸臣更是寄予了极高的期望,"诸军有节度则观听一,事权有总

①③ 刘克庄:《后村先生大全集》卷 146《忠肃陈观文神道碑》,《四部丛刊初编》本。

② 《宋史》卷 406《崔与之传》,第 12259 页。

④⑤ 吴潜:《许国公奏议》卷 1《应诏上封事条陈国家大体治道要务凡九事》,《十万卷楼丛书》本。

⑥ 徐鹿卿:《清正存稿》卷 1《四年丁酉六月轮对第二劄》,《文渊阁四库全书》本。

⑦ 魏了翁:《鹤山先生大全文集》卷 19《被召除授礼部尚书内引奏事第五劄》,《四部丛刊初编》本。

⑧ 袁甫:《蒙斋集》卷 6《陈时事疏》,《文渊阁四库全书》本。

⑨ 袁甫:《蒙斋集》卷 6《奏备边四事劄子》,《文渊阁四库全书》本。

统则人心奋。湖湘之平,藉塘之胜,采石之捷,介胄先登而鲸鲵骈戮,皆肇开督府之功也"①。"本道官吏惟其所辟置,要害之地,守令可以委任责成,则久其考任,而就加爵秩焉,省部皆毋拘以文法也。财赋得以专其出入,他司不得尚循旧比,以掣其肘也……三边隐然为国长城,缓急有恃矣。"②端平二年(1235 年),朝廷以魏了翁同签枢密院事,督视江淮、京湖军马。吴潜、宋慈、方岳等名臣均入其幕府,吴潜时以右文殿修撰知太平州,被魏了翁辟为幕府领袖之士。为了最大程度地给督府重臣提供财政保障,吴潜甚至建议"合制总两司",将对屯驻大兵赋有监督之责的淮东总领所职事由淮东制置大使司兼领,"臣以为总计并国之制司,有数利焉……籴买粮草,可以督责,不时借兑,可以挪融。纲船往来,郡县决不敢差踏;纲米程限,巡尉决不敢羁违。凡有行移,自如臂之使指,无不如意"③。

虽然大战区防御体系曾在南宋王朝的历次战争中发挥过重要作用,但制阃是否得人是其能否发挥作用的关键所在。理学诸臣对督府重臣的人选提出了极高的要求:"其才气之雄,智略之伟,立乎千万人之上,折冲御侮,谈笑间尔。然则今日之典方面、镇全蜀者,其可不以前修自励哉! 付之以众人所不敢当之事,期之以众人所不能成之功。兼总四路,专其委寄,则威望日益隆;优选僚佐,为之强助,则谋虑日益广。"④然而在权臣政治的阴霾下,纵观晚宋军政,除少数如沿江制置大使陈韡、四川安抚制置使余玠、京湖安抚制置大使马光祖等有所建树外,制阃之位多成为权臣揽权牟利之阶。开庆元年(1259 年),贾似道任京西、湖南、湖北、四川宣抚大使,都大提举两淮兵甲,总领湖广、江西、京西财赋,湖北、京西军马钱粮,独揽军政大权,专横跋扈无人制衡,重要战区的指挥权逐渐落入其亲信之手,理学诸臣对边防的战略规划也丧失了其存续的重要前提。

二、对城防的重视与实施

有宋一朝,宋在和辽、金、蒙的战争中更倾向实施以防御为主的战略。和北方政权擅长骑兵突袭相比,宋军更擅长把守城池、阻遏敌军。宋廷南渡后,在淮汉、川陕边界大规模修筑城池,曾有效地阻挡了金军的入侵。南宋后期,筑坚城以备战守更成为理学诸臣重要的战略主张。

嘉定七年,金宣宗将都城南迁至汴。真德秀、刘爚等纷纷奏请绝输岁币,将其用于缮

① 吴泳:《鹤林集》卷 17《论命枢臣督视军马疏》,《文渊阁四库全书》本。
② 魏了翁:《鹤山先生大全文集》卷 15《奏论州郡削弱之弊》,《四部丛刊初编》本。
③ 吴潜:《许国公奏议》卷 2《奏乞令东阃兼领总司以足兵食》,《十万卷楼丛书》本。
④ 袁燮:《絜斋集》卷 4《论蜀劄子(二)》,《文渊阁四库全书》本。

修戎备、激励士气。拥有丰富政治经验的黄榦等人意识到宋金之战将无可避免,"今既彼为鞑靼所驱,失其巢穴,岂肯甘心处河南数州之地哉? 其垂涎两淮以广其境土者非一日也。今吾又绝其岁币,则彼之决于一战既无可疑,吾亦不得不与之为敌"①。首要急务当广筑坚城、增兵聚粮,以防御金兵的入侵,"伏自开禧丙寅,往来兵间,亲见北兵入寇。枣阳无城最先破,随州无城则又破,复州无城则又破,信阳、荆门无城则又皆破。郢州号为石城,敌人围之三日而去;襄阳、德安城最坚,攻累月而不破,以是知古人筑城凿池以为捍御,此不可易之长策也"②。真德秀也认为,在两淮沿边地带构筑坚城对于延续国脉具有至关重要的作用,"夫高城深池,劲兵重戍,边之大命也,今淮东要害在清河之口,敌之粮道,实在于兹……淮西要害在涡颍之口,敌之粮道,亦自此出,而濠、梁、安丰,城则庳薄,池则埋狭,兵则单虚,徒以庐、和可恃而已。有安丰之屏扞,则敌始不得以犯合肥,有濠、梁之遮蔽,则敌始不得以走历阳。藉有它径可由,而吾之庐、和当前,而濠、寿断后,则彼有腹背之虞,我有犄角之助,其能长驱深入、荡无所畏乎"③。淮东的清河之口、淮西的涡颍之口是两淮的要害之地,也是控遏敌军粮道的咽喉,在此战略要冲筑坚城、屯劲旅,就能形成犄角夹攻之势,使敌军不敢深入江南。

对城防的重视使理学诸儒不但进行了详细的规划,且尽己所能地付诸实施。嘉定七年,崔与之主管淮东军政。面对日益衰落的金朝,谋臣纷纷建议崔与之当乘此时机以建奇功,但崔与之却认为踞险筑城、强本备战才是当前急务。为了充分发挥扬州城的战备功能,嘉定八年(1215 年),崔与之将旧有的城壕重新修浚,"其施功自东徂西而终于南,因地相宜。河面阔至十有六丈,底杀其半,深五分广之一,环缭三千五百四十一丈。壕外余三丈,护以旱沟"④。经过一年的整建,扬州城壕以丈计者七百三十有一,且甓女墙以壮其势。其外则有陈公塘、句城塘、雷塘相环,坚固的城防使扬州成为淮东的守边重镇。嘉定十年(1217 年),黄榦出知安庆。安庆为宋金对峙的前沿,此时恰逢金军攻破光山,淮西震动,安庆去光山不远,民情震恐。黄榦乃请于朝,在安庆筑城以备战守。在修筑安庆城的过程中,黄榦亲督城役,官吏、士人、商贾、百姓全城动员,终于在次年元宵前将安庆城修筑完毕。新修的安庆城城势团簇、壕堑深险、守御坚固,"后二年,金人破黄州沙窝诸关,淮东、西皆震,独安庆按堵如故。继而霖潦余月,巨浸暴至,城屹然无虞。舒人德之,相谓曰:'不残于寇,不滔于水,生汝者黄父也。'"⑤黄榦所筑安庆城在此后的二十年中一直发挥着战略堡垒的重要作用。端平三年(1236 年),安庆府从潜山移治罗刹洲,又移杨槎洲。真德

---

① 黄榦:《勉斋集》卷 10《与金陵制使李梦闻书》,《文渊阁四库全书》本。
② 黄榦:《勉斋集》卷 28《安庆与宰相乞筑城及边防利便》,《文渊阁四库全书》本。
③ 真德秀:《西山先生真文忠公文集》卷 3《直前奏事剳子》,《四部丛刊初编》本。
④ 洪咨夔:《平斋集》卷 9《扬州重修城壕记》,《四部丛刊续编》本。
⑤ 《宋史》卷 430《黄榦传》,第 12779 页。

秀门人马光祖鉴于安庆府自移治以来无城守御，遂选定宜城，并以制阃身份亲任其事，于景定二年（1261 年）完成了对新安庆城的修筑，"向之荒墟，今为坚垒。设敌南来，猝攻之不能克，欲舍之深入，则惧吾金汤之拟其后"①，对完善长江沿线的防御体系起到了重要作用。

南宋后期，面对外敌的进攻，城防压力与日俱增。每逢金蒙大军南下，边帅便在两淮荆襄等沿边之地广筑高城以备御。一旦边患稍解，即兵去城空，曾经万夫喧喧的城池立即陷入荒废的境地，"汉家丞相方忧边，筑城功高除美官。旧时广野无人处，而今烽火列屯戍。君不见高城矗矗如鱼鳞，城中萧疏空无人"②。对此，黄榦等人极言其弊，"但筑城则当思所以守，可筑而不可守，则不如勿筑。故筑城之法，以小为贵。小则守城之人用力为易。若所筑大阔，兵力不及，反误百姓，利害非轻"③。筑城乃是为了长期的坚守，"须是思其始而图其终，考其利而究其害，务求实而不求其名"④。盲目筑城以邀战功，俟敌退后略不经营，便失去了城防作为防御堡垒的重要意义。嘉定五年（1212 年），为了防备金人入侵，赵知军欲在合肥筑城御敌，西连大别山，东西两面下瞰大江，意图凭借山川之险建城，其筑城规划宏伟雄壮。黄榦以为赵知军此举乃欲仿效鄂州城的规模，使城池接连崇山并以大江环绕，但大别山阔远险峻，难以用工；且大别山去民居遥远，一旦有警，欲帅市民守城，其声援难以相及，因此并不适用于合肥城。因此黄榦建议："依郡治后小山，向西筑至朝天门，即自朝天门斜取壕东门，过水军寨，至南纪门，沿堤包筑，后接郡治后山。周回不满七里，则四面皆有城壁。一城之民知有城壁，则人心可安。城之四面皆可相望，厢禁军及市兵以至义武民兵亦可固守。"⑤只有根据合肥的实际情况，先筑可恃之城，令其坚固而不可拔，然后才可分步骤在大别山设险为障，使之发挥护卫合肥的战略作用。在理学诸臣的战略规划中，广积粮粟、充实武备、凝聚民心乃是城防体系中的核心，"今浮光、安丰、庐、濠诸州既皆有城，则当预积粟于诸郡，以闲暇之日为缓急之备，则军不至于乏绝，民不至于骚动。苟为不然，平居暇日恬不为备，至于两锋相交，方且望粮食于千里之外，饷道既绝，则虽有精将良卒，亦安所施"⑥。从黄榦到真德秀，南宋后期的理学诸臣将城防视为地方官员的重要职责。杨楫出知安庆，对城防未能给予足够的重视，仅草草修葺子城，黄榦责其为无远虑之人："龙舒为郡，财最匮乏，杨通老为之，最得善为郡之名，然坏此郡者通老也……财赋虽羡，而不为长久之计，一郡之大，漫无城池之可恃，而可以为郡乎？"⑦真德秀送友人刘伯谆知江宁，特赠以城防之要："秣陵为今东都，而以君所治言之，则其附庸者也。昔尹铎之在晋阳，不忍茧丝其民，嘘嚅休息，迄成保障之势；而董安于之经营斯邑也，下至墙之苫、楹

---

① 周应合：《景定建康志》卷 3《御劄奖谕马光祖筑宜城》，《宋元方志丛刊》（第二册），中华书局，1990 年，第 1361 页。
② 刘克庄：《后村先生大全集》卷 8《筑城行》，《四部丛刊初编》本。
③ 黄榦：《勉斋集》卷 37《晓示城西居民筑城利便》，《文渊阁四库全书》本。
④⑤ 黄榦：《勉斋集》卷 18《回总郎言筑城事》，《文渊阁四库全书》本。
⑥ 黄榦：《勉斋集》卷 25《安庆府拟奏便民五事》，《文渊阁四库全书》本。
⑦ 黄榦：《勉斋集》卷 10《与金陵制使李梦闻书》，《文渊阁四库全书》本。

之质,且为备豫百年计焉。盖铎之心厚民如身,而安于之心恤公室如其私,故异时赖之,以保其国。"①真德秀将春秋时期赵简子家臣董安于、尹铎营建晋阳城作为城防中的经典。董安于治晋阳,城郭坚实高大,且以荻蒿楛楚为墙,以炼铜为柱,为防御战争准备了充足的战略物资。继董安于之后,尹铎在晋阳城中进一步加固城防,同时轻徭薄赋,使晋阳百姓得以休养生息。在尹铎的治理下,晋阳城仓廪充实,府库足用,民心归附,使赵氏得以在退守晋阳的生死关头击退强敌,为赵国的崛起奠定了坚实的基础。身为地方守牧,不可一意以课税理财为务。边患四起之时,尤当稳固民心,以坚固的城防守土保境,为国家计深远。

南宋后期,蒙军对江南的攻势日趋猛烈,在坚固城防的依托下,南宋军民顽强抵御,控遏着蒙军南下的咽喉要地。在淮东,昭信、淮安依险筑城,"粮道亦便,又各有旬岁之储。若得二万人守之,而泗州、涟水为之外堡,敌人虽来,未容遽渡也"②。在川蜀,则依山势"筑青居、大获、钓鱼、云顶、天生凡十余城,皆因山为垒,棋布星分,为诸郡治所,屯兵聚粮为必守计"③,形成了严密的防御网络,对于保卫腹心地带具有重要的战略意义。

三、对民防的倡导与强化

在国家防御体系中,民防作为重要的组成部分一直为南宋理学家所倡导。南宋中期,以朱熹为代表的理学家已在奏章中提出应以民兵义勇取代战斗力低下的驻屯大兵。南宋后期,军政腐败,国家财政日益窘迫,冗兵积弊却更为严重,"国家财力,尽耗于饷军,而官军之不可用,无愚智皆知之。开禧丙寅之事,弃甲曳兵而走者,皆平日厚廪于县官者也。其间称以立功自见,及控扼关隘之人,大抵皆义勇民兵,万弩手、雄淮敢死诸军耳。所谓兴屯田之利者,官军既不足用,则当以民守淮"④。袁甫认为,兵政不修、兵源冗滥是导致大军战斗力低下的重要原因,而在防御战争中屡建奇功之人则多为自发抗敌的义勇民兵。因此,提高民兵义勇在国家军事体系中的地位,将在很大程度上改变竭民膏血以养冗兵的局面,对提升整体防御能力具有积极的作用。

虽然南宋理学家对王安石变法多持否定态度,但对王安石所推行的保甲之法被废弃却深为惋惜:"京畿保甲之法,荆公做十年方成。至元佑时,温公废了,深可惜!盖此是已成之事,初时人固有怨者,后来做得成,想人亦安之矣。却将来废了,可惜!"⑤将各地丁壮

---

① 真德秀:《西山先生真文忠公文集》卷28《送刘伯谆宰江宁序》,《四部丛刊初编》本。
② 魏了翁:《鹤山先生大全文集》卷19《被召除礼部尚书内引奏事第四劄》,《四部丛刊初编》本。
③ 《宋史》卷416《余玠传》,中华书局,1977年,第12470页。
④ 袁甫:《蒙斋集》卷2《入对劄子》,《文渊阁四库全书》本。
⑤ 黎靖德辑:《朱子语类》卷130,载朱杰人、严佐之、刘永翔主编:《朱子全书》第18册,上海古籍出版社,2002年,第4042页。

按保伍进行编制，平居时治安弭盗，战时编入军旅，是对国家防御力量的重要补充。因此，一些颇具远见的地方官员纷纷在治邑大力推行保甲法，"王介甫锐意欲行保伍法，以去天下坐食之兵，不曾做得成。范仲达为袁州万载令，行得保伍极好……每有疑以无行止人，保伍不敢著，互相传送至县，县验其无他，方令传送出境。讫任满，无一寇盗"①。黄榦知安庆府，张榜劝谕治下百姓力行保伍之法以保乡间："淮人忠实勇健，若能平日团集保伍，阅习武艺，叶心一意，共保乡间，虽有强敌，莫能为患……凡尔百姓各宜为乡间室家相保之计，解仇息讼，务相和叶，闲暇之日阅习武艺，务令精熟，遇有缓急，递相应援，以保室庐，以安妻子。守御之策，无以易此。"②袁甫知衢州，保甲久已弛废无实，民心涣散、习俗浇漓，遂会集僚属，上下齐心以恢复保甲之法，"遂稽乡评，择众所推服者，请充乡官，俾之领袖。每寨或三四人，或五六人，视乡界之广狭，以为人数之多寡。区画既定，众论皆以为允"③。通过举行民兵团结之政，不仅有力地维护了地方安定，同时也成为了国防力量的重要辅助，"应沿边州郡，日下举行团结民兵之政。其间或有规模已成者，更须精加整葺，务令缜密。如其未曾结集去处，宜及今严行约束，亟作措置。处处有保甲，人人知固守，无柝虚疏薄之患，有周卫捍御之功，此实当今至大至急之务也"④。

南宋后期，诸儒以民防为急务，并在团结民兵屯垦备战、招纳土豪义甲克复境土等方面提出了一系列的规划。黄榦对淮防极为重视，但由于屯驻大军人数有限，即使是凭借坚固的城防也无法克服守御之难，"无两淮是无长江也。今日选守，明日择令，今日浚壕，明日修城，是亦足恃以为经理乎？今日之患，莫大于兵力之不足，沿江数千里屯戍之兵不过二十万，分戍淮郡，多者二三千人，少者数百人，虽有守令，何所用力？虽有城壁，将谁与守？岂可不深虑乎"⑤。对此，黄榦建议应以民防作为辅翼："用淮人之策，必先明保伍，自五家为伍，则伍有伍长；五伍为队，则队有队长；四队百人，则有百人之长。五百人则为一将，二千五百人则为一军，有统领；四军万人，则为统制以总之……其为保伍，不过以防捍乡井为名而已，及至缓急，人自为战，皆精卒也。"⑥在修明保伍的基础上，黄榦进一步提出了设立山水寨、提供马匹武器对淮民进行军事训练等一系列战备规划，"保伍既明，则为之立堡塞，蓄马、制军器以资其用，不过累月，军政可成"⑦。通过在地方上推行保甲之法，可将两淮民众纳入保卫乡井、御敌守土的战备体系中。两淮百姓坚韧强悍、勇健善战已有数百年历史，况其知地利，得人和，以淮人守淮，不啻立增数十万精卒而不增养兵之费。嘉定年间，淮西义勇、六安义甲等民众防御力量始终活跃在两淮之地，对金兵南侵起到了重要

---

① 黎靖德辑：《朱子语类》卷第 111《朱子八》，载朱杰人、严佐之、刘永翔主编：《朱子全书》第 18 册，第 3563 页。

② 黄榦：《勉斋集》卷 34《安庆劝谕团结保伍榜文》，《文渊阁四库全书》本。

③ 袁甫：《蒙斋集》卷 3《知衢州事奏便民五事状》，《文渊阁四库全书》本。

④ 袁甫：《蒙斋集》卷 7《奏乞团结民兵劄子》，《文渊阁四库全书》本。

⑤⑥ 黄榦：《勉斋集》卷 18《代胡总领论保伍》，《文渊阁四库全书》本。

⑦ 《宋史》卷 430《黄榦传》，第 12780 页。

的牵制作用。真德秀在嘉定七年出使还朝后即向朝廷建言,应对两淮民众的抗敌力量给予充分的重视,"其齐民则天性健斗,每易视虏兵;其豪民则气概相先,能鸠集壮勇。使范蠡、诸葛亮辈得而用之,力本以务农,教民以习战,虽方行天下可也"①。在训练精兵劲卒守卫淮襄的同时,必须充分利用当地的义勇民丁,团结什伍,修垦田之政,屯田积谷,"数年之后,积贮充实,边民父子争欲自保,因其什伍,勒以军法,不待粮饷,皆为精兵。金汤之势成,盘石之基立,则退足以守,进足以攻"②。然而,真德秀这一建议却未被朝廷所采纳。端平元年(1234年)真德秀在回顾自己当初的战略建议时依然扼腕痛心:"使权臣有意为国经营,选用得人,措置有方,不数年间,可以坐收成功。而所用守将,大抵非材,经理之方,未尝介意,塞下之备,枵然无有。一旦举兵,方远漕浙米以入江,自江而入淮。汴既久堙,又须陆运,其为劳费,甚于登天。以军食之艰,臣是以忧进取之难也。"③自端平入洛大败后,宋军伤亡惨重,守御力量更加薄弱,以土豪率众保土守境被大力倡导,"并边诸郡,每遇虏人入寇,皆得土豪统率义丁,为官军掎角之助。只如今春鞑蹂浮、光、随、信,管下如罗山、杏山诸处,率是义甲头目、牛社总首随宜剿遏。其间又有庄农自相结集,俟虏骑入村游抄,或伏险邀击,或随后蹑袭,必有斩获……若奖拔而倚用之,固与官军之更递往来,驱之战守者,不可同日语也"④。早在嘉定十六年(1223年),魏了翁就曾上书力陈土豪在蜀地屯垦中的重要作用。筑堡兵耕在军额累减的情况下已很难实施,况兵士久戍之余不可再加役使,应充分借助川蜀土豪之力屯田积粟做好战备,"今闻三路土豪之为忠义者,有愿自备费用,自治农器,自办耕牛,自用土人,各随便利,趁时开垦,及秋布种……积以岁月,则今之垦田又可为后之屯田,今之耕夫可为后之精兵。救蜀大弊,为蜀永图,无出于此"⑤。端平三年(1236年),襄阳兵变,京湖安抚制置大使赵范仓猝逃离,襄阳为叛军占据并向蒙军投降。魏了翁闻赵范弃襄之报,急遣榜札招谕土豪结约义甲收复襄阳,土豪刘廷美收复樊城后,在督府的支持和策应下,与其弟廷辅率众与叛军激战,成功收复了襄阳城,为朝廷捍卫了长江中游的门户重镇。收复襄阳后,魏了翁向朝廷复命奏报,恳陈招纳土豪等安边十条:"自京湖诸郡残破以来,乡民丁壮屯聚相保者,在在有之。若不因其土豪就令结集,则涣然无依,或生他变。臣尝委参谋官别之杰结纳襄、随两郡土豪,旬又差官赍榜文札子前去汉上招集。近日刘廷美收复樊城,一号召之顷,遂得四万人。其后刘廷美与其弟廷辅,又以督府旗榜于南漳县老鸦山等处,招收山寨民丁、庄农与诸处溃散官民兵,同力克复襄阳。土豪之效,大略可睹。臣愚欲乞行下制副等司,于襄、汉、两淮州郡,随宜结集,借补官

① 真德秀:《西山先生真文忠公文集》卷3《直前奏事劄子》,《四部丛刊初编》本。
② 真德秀:《西山先生真文忠公文集》卷3《使还上殿劄子》,《四部丛刊初编》本。
③ 真德秀:《西山先生真文忠公文集》卷13《召除户书内引劄子(二)》,《四部丛刊初编》本。
④ 魏了翁:《鹤山先生大全文集》卷30《缴奏奉使复命十事》,《四部丛刊初编》本。
⑤ 魏了翁:《鹤山先生大全文集》卷16《奏论蜀边垦田事》,《四部丛刊初编》本。

资，假以事权，必能以功自见。"①在川蜀、襄汉、两淮等沿边州郡，各种势力交错盘结。土豪甲首作为民防首领，其影响不容小觑，及时补以官资、优与差遣，将其纳入国家防御体系，已经成为稳定地方秩序、增强防御力量的有效方式。

要言之，南宋后期，在权臣政治的阴霾下，国势日衰。对于备战固边的军事经略，朝廷概以"但求镇静，焉用张皇"②为戒。作为坚守夷夏之防、以名节自期的儒臣群体，对北方的金、蒙政权始终坚持不与之和议的政治态度，力谏朝廷以进取之心修明内政，视冒进、因循皆为误国之论。战事的发展证明了晚宋理学家并非皆为迂阔不经、只知空谈心性的腐儒，他们以两淮、襄汉、川陕等沿边诸州作为藩篱屏障，修筑城池、团结保伍，恤民生、修武备，为稳固国防、防御外敌进行了周详的规划，在南宋后期的战争中发挥了积极的作用。

---

① 魏了翁：《鹤山先生大全文集》卷 30《缴奏奉使复命十事》，《四部丛刊初编》本。
② 真德秀：《西山先生真文忠公文集》卷 3《直前奏事劄子》，《四部丛刊初编》本。

从宣押入内到独班奏事：南宋韩侂胄的专权之路 [*]

韩冠群^{**}

 韩侂胄是南宋宁宗朝的重要政治人物，后来被称为权相或者权臣。前人对宁宗朝政治史的研究，主要关注点也在于韩侂胄与史弥远这两位权相。具体到韩侂胄的研究，学界主要讨论的是其在绍熙内禅、庆元党禁、开禧北伐等重大历史事件中的行为表现及其历史评价问题。[①]不过这些研究都是基于韩侂胄专权已然成立展开的，而对于其专权为何能够实现则措意较少。赵冬梅较早地指出韩侂胄所担任的知阁门事的官职特点使得他靠近皇权，受到皇权的纵容，为其弄权干政提供了机会。[②]小林晃进一步指出在宁宗滞留重华宫期间，担任知阁门事的韩侂胄与宁宗的联系更为密切，使得其在与赵汝愚的权力争夺中占据上风，最终击败赵汝愚一派，韩侂胄专权由此得以确立。[③]两人探讨的韩侂胄上台过程即专权的成立很有价值，然而对于之后韩侂胄如何维持其专权以及当时的中枢权力运作特点却很少涉及。特别是自绍熙五年（1194 年）十二月，韩侂胄即不再担任知阁门事，被

---

* 本文原载于《北京社会科学》2016 年第 4 期。
** 韩冠群，上海师范大学人文学院古籍整理研究所副教授。
① 陆成候：《论韩侂胄》，《史学月刊》1958 年第 7 期；郦家驹：《试论关于韩侂胄评价的若干问题》，《中国史研究》1981 年第 2 期；冯永林：《关于韩侂胄评价的几点看法》，《内蒙古大学学报》1983 年第 1 期；张邦炜：《韩侂胄平议》，《四川师范大学学报》1991 年第 1 期；李传印：《韩侂胄与开禧北伐》，《安庆师范学院学报》2000 年第 4 期；何忠礼：《南宋政治史》，人民出版社，2008 年，第 268—289 页。此外，研究宋代理学发展演变以及朱熹、叶适、辛弃疾、陆游等著名人物的论著也对此有所涉及，不再一一列举。
② 赵冬梅：《试论宋代的阁门官员》，《中国史研究》2004 年第 4 期。赵文本是针对阁门官员群体的整体性研究，对韩侂胄专权实现的论述并不多，但很有启发性。几乎与之同时，日本学者藤本猛也意识到了知阁门事这一官职对于韩侂胄专权成立的重要作用，惜未展开论述。见氏著《武臣の清要——南宋孝宗朝の政治状況と阁门舍人》"结语"部分，《东洋史研究》第 63 卷，第 1 号，2004 年。
③ 小林晃：《南宋中期における韓侂冑専権の確立過程・寧宗即位直後の政治抗争を中心として》，《史学雑誌》第 115 卷第 8 期，2006 年 8 月。

授予宫观官①，此后直到开禧元年（1205 年）七月，韩侂胄实际上并未担任实任职务，那么在这十余年时间里，韩侂胄是如何实现个人专权的呢？其专权的方式究竟是什么？在担任平章军国事后，其专权方式又发生了哪些新变化？这些问题对于进一步探明这一时期的中枢政治运作特点，对于理解所谓的"权相"政治都有一定的学术意义。需要指出的是，宋代中枢权力的运作始终是以皇帝为中心，辅以宰执大臣、台谏、侍从等官僚而做出的政务裁决。韩侂胄个人专权也无法越出这一核心权力范围。若要完整地呈现韩侂胄专权的中枢权力格局，除了联系当时的中枢制度，尤需考察韩侂胄与皇帝，与宰执、台谏、侍从等官员间错综复杂的关系，从制度与人事两个方面呈现专权的权力形态。限于篇幅，本文侧重于韩侂胄与皇帝的关系的角度，结合排班奏事制度，对以上问题试作一些探讨，并在此基础上回应学者通常所论及的韩侂胄为权相的命题。

一、宁宗的信任：韩侂胄专权形成的首要原因

韩侂胄字节夫，系北宋著名宰相韩琦的曾孙。其父韩诚，娶高宗吴皇后的女弟。侂胄因此得以恩荫入官。淳熙末，担任知阁门事。在赵汝愚为首的外朝大臣谋划拥立宁宗的过程中，需要得到吴太后的旨意。但吴太后居住在重华宫，外朝大臣不得入内，遂物色进入重华宫传达内外信息的人选。在吴太后侄子吴琚、吴环相继拒绝传达之后，韩侂胄作为吴太后的外甥，其妻又是吴太后的侄女，成为最合适的人选。借助于重华宫提举内侍关礼的帮助，韩侂胄成功得到吴太后的旨意，拥立宁宗得以顺利进行。第二天宁宗即位于重华宫。②

在此过程中，韩侂胄实际上立有大功，但赵汝愚认为："我与赵尚书皆宗臣，而韩知阁乃戚，各不言功，惟爪牙之臣所当推赏。"③殿前副都指挥使郭杲被擢为武康军节度使。韩侂胄落阶官，为汝州防御使。在拥立前负责联络殿帅郭杲的工部尚书赵彦逾也立有大功，赵汝愚也迟迟不对其擢升封赏。一直到闰十月，赵彦逾才被授予端明殿学士、知建康府，后改除四川制置使。赵彦逾原本希望赵汝愚将自己除为执政，现在竟然被外放任官，"彦逾怨之，遂与韩侂胄合"。两人愤愤不平地说："此事皆吾二人之力，汝愚不过蒙成耳。今自相位以专其功，乃置我辈度外邪？于是始有逐汝愚之谋矣。"汝愚虽然收召李祥、杨

---

① 脱脱：《宋史》卷 474《韩侂胄传》，中华书局，1977 年，第 13772 页；佚名撰：《宋史全文续资治通鉴》卷 28，文海出版社影印元刻本，1969 年。

② 拥立宁宗的过程详见周密撰，张茂鹏点校：《齐东野语》卷 3《绍熙内禅》，中华书局，1983 年，第 40—41 页。

③ 佚名撰：《宋史全文续资治通鉴》卷 28。

简、吕祖俭等道学士人以自壮，"然宫中及一时之议，皆归功于侂胄，自是出入宫掖，居中用事"①。这里的"宫中"显然是指被拥立即位的宁宗。可知，赵汝愚虽然未对韩侂胄封赏，但在宁宗看来，自己能够即位主要是韩侂胄的功劳（事实上也确是如此）。从这意义上说，他任用韩侂胄的部分原因当是出于对韩侂胄的感激。

宁宗任用韩侂胄的另一个原因在于侂胄是他的亲戚，是可以信赖的人。韩侂胄既是吴太皇太后的外甥，又与宁宗的韩皇后是近亲。韩皇后的父亲是韩同卿，而同卿的季父是韩侂胄，"时天下皆知侂胄为后族，不知同卿乃后父也"②。华岳也说："侂胄以后族之亲，位居极品，专执权柄。"③可见，后族的身份对于韩侂胄个人权势的膨胀很有影响。当然，这都离不开宁宗对这位"亲戚"的看重和信任。这从宁宗对彭龟年与韩侂胄冲突一事的处理可以看出。

彭龟年早年曾经兼任嘉王府直讲，担任宁宗的老师。宁宗即位后，彭龟年升为吏部侍郎兼任经筵讲读官。彭龟年看到韩侂胄一步步掌控了台谏言官以及执政的任用，遂于绍熙五年（1194年）十二月九日，上奏揭发其擅权之事。他着重陈述道："然日来藉藉，皆云数入禁近，干预政事。……陛下进退大臣，更易言路，皆初政最关大体者。其所以进退之由，更易之故，大臣或不能知，而侂胄能知之，大臣或不能言，而侂胄能言之，不知侂胄何以得此？"他担心"一旦外戚乃得阴乘其机，簧鼓于外，则陛下总揽之权，恐为此人所盗矣"④。可知，在宁宗进退大臣、更换言路官之时，允许韩侂胄参与其事，影响了宁宗的最终决定。而在彭龟年看来，这是对祖宗家法的破坏，是外戚干政、窃取皇帝大权。他请求宁宗罢黜韩侂胄，"以解天下之疑"。宁宗回答道："只为是朕亲戚用之，不知如此。"⑤按照宋代制度，阁门官员通常都是由外戚勋贵来担任。宁宗任用自己的亲戚来担任知阁门事，在制度上没有什么特异之处，宁宗的回答也确是实情，所以他并不认同韩侂胄侵权的说法。

彭龟年奏事后就居家待罪。第二天，右丞相赵汝愚面见宁宗，请示如何处分。宁宗言，"韩侂胄是朕亲戚，彭龟年是朕旧学，诚是难处"，仍然强调韩侂胄亲戚的身份。赵汝愚建议同时留两人在京，以韩侂胄奉内祠，彭龟年依旧任职。宁宗云"甚好"⑥，但所下御批却是："韩侂胄转一官，依所乞除在京宫观。彭龟年除焕章阁待制与郡。"中书舍人楼钥、林大中缴奏曰："次对不过在外之职，序位反下于贰卿，廉车之升留务，则宠之已至。况一去一留，恩意不同，去者遂远，不复得侍左右，留者既曰内祠，则召见无时，终不能远。人言籍籍，尚以为不平。"他们请求宁宗，或者仍旧留龟年于经筵，令其担任讲读官；或者命侂胄以

① 周密撰，张茂鹏点校：《齐东野语》卷3《绍熙内禅》，第43页。
② 脱脱：《宋史》卷243《韩皇后传》，第8656页。
③ 华岳：《翠微南征录》卷1《上皇帝书》，《四部丛刊初编》本，上海书店，1989年。
④ 彭龟年：《止堂集》卷5《论韩侂胄干预政事疏》，《影印文渊阁四库全书》本，台湾商务印书馆，1986年。
⑤⑥ 彭龟年：《止堂集》卷5《论韩侂胄干预政事疏》后附日记。

外祠，或外出任职，这样处理才算公正。①"次对"是指彭龟年所授的焕章阁待制贴职，虽然是文学高选，但就实际职事而言，在外郡守的序位低于吏部侍郎。授予贴职名为优异，实为谪降；"廉车之升留务"是指韩侂胄的阶官由观察使升为承宣使。承宣使已是备受尊崇的武官高阶，并且一内一外，宁宗对两人的处理难言公平，故受到中书舍人的抵制。

宁宗再下御批："彭龟年除职与郡，已是优异；韩侂胄初无过尤，屡求闲退，罢职奉祠，亦不为过。并依已降指挥。"可见，宁宗坚持要将彭龟年调任京城，并且为韩侂胄辩护，认为韩侂胄的行事并无大的过错，也不是窃弄权柄，将其罢职予祠的处理是合适的。楼钥、林大中再次缴奏，他们认为既然彭龟年决然外任，韩侂胄也难以独留，请求宁宗将韩侂胄外任或者奉外祠，"以均事体，以慰公议"②，宁宗置之不理。最终的结果是，韩侂胄罢任知阁门事兼枢密都承旨，进保宁军承宣使，提举佑神观③；宁宗的旧学彭龟年则以焕章阁待制知江陵府、湖北安抚使，此后再也没有返回朝廷。④从对两人的处理结果来看，宁宗显然是更加偏向亲戚韩侂胄，对韩侂胄的处理也留有余地。尽管受到彭龟年、楼钥、林大中等士大夫的反对，但宁宗对韩侂胄的信任没有变，这也为韩侂胄个人专权的成立、维持提供了机会。

自绍熙五年十二月罢任实职，到开禧元年七月担任平章军国事之前，韩侂胄并没有被授予实际差遣。他的官阶却不断提升。庆元元年（1195年）二月，赵汝愚被罢相；六月，韩侂胄被授予保宁军节度使、提举万寿观，终于得偿所愿；庆元二年（1196年）七月，晋升为开府仪同三司、万寿观使。此后，本是武官的韩侂胄继续升迁，被授予文官的最高阶。嘉泰二年（1202年）十二月，晋升为太师。⑤至此，韩侂胄已经位极人臣。从宁宗对其一次次的恩赏擢升，可见对其恩宠、信任与倚重之深。嘉泰元年（1201年）五月，监太平惠民局夏允中请求效仿文彦博故事，以韩侂胄为平章军国重事。侂胄上书拒绝并自请致仕。宁宗批其奏章云："卿辅翊初政，累岁于兹，忠诚备殚，勋绩益茂，朕方得所倚赖，岂容远嫌，力求休佚？"⑥从宁宗的这句话可知，自即位之初，韩侂胄就一直辅佐宁宗，勋绩卓著。宁宗视其为可以倚重和信赖的人，不允许其致仕。从此意义上讲，无论在罢任知阁门事后，还是之前，宁宗自始至终对韩侂胄的高度信任与倚重是韩侂胄专权形成、维持的最重要原因。

---

① 楼钥撰，顾大朋点校：《楼钥集》卷29《缴韩侂胄转一官彭龟年除职与郡》，浙江古籍出版社，2010年，第514页。

② 楼钥撰，顾大朋点校：《楼钥集》卷29《再缴韩侂胄彭龟年奏》，第515页。

③ 脱脱：《宋史》卷474《韩侂胄传》，第13772页。

④ 脱脱：《宋史》卷393《彭龟年传》，第11998页。

⑤ 韩侂胄官阶的升迁过程详见佚名撰，汝企和点校：《续编两朝纲目备要》卷4、5、6相对应条目，中华书局，1985年，第59—114页；脱脱：《宋史》卷37《宁宗本纪一》，第719—728页，卷38《宁宗本纪二》，第730—733页，卷474《韩侂胄传》，第13773—13774页。

⑥ 佚名撰，汝企和点校：《续编两朝纲目备要》卷6"嘉泰元年五月"条，第111页；佚名撰：《宋史全文续资治通鉴》卷29下同；脱脱：《宋史》卷474《韩侂胄传》系于韩侂胄官至太师后即嘉泰三年，恐误。

二、宣押入内，密赞万机：开禧元年前的专权方式

尽管宁宗对韩侂胄一直恩赏有加，但韩侂胄毕竟没有担任实职差遣，那么，他是如何辅佐宁宗、实现专权的呢？其秘密就在于楼钥所说的"召见无时，终不能远"，即宁宗可以随时召见韩侂胄，侂胄借此来实现一人专权。魏了翁也说："韩侂胄盗权之始，犹分其责于宰丞，侂胄不过于日中以宣押入内，密赞万机，三省六曹之统体未尽废也。""于日中以宣押入内，密赞万机"可谓是切中肯綮。魏了翁又言："韩侂胄既盗威柄，出入禁中。"①可见，在任平章军国事之前，韩侂胄专权的方式就在于出入禁中，密赞万机。在开禧元年（1205 年）七月颁授韩侂胄平章军国事的制书中，宁宗对其功绩大加赞赏："以谟训启迪上心，以勤劳昭示臣节"，"内外单尽，始终扶持"，"凡有益于朕躬，居必关于卿虑"。②虽然文学之词不免夸张，但至少证明宁宗与韩侂胄的联系交流是十分频繁而密切的。考虑到在韩侂胄罢任知阁门事之前，宁宗对其倚重已经达到"每事询访，觊有俾补"③的程度，那么之后对其更加依赖实为顺理成章。

韩侂胄被诛杀后，朝臣纷纷上章批判韩侂胄并反思其专权出现的原因，其中也透露出其专权的一些途径，如蔡幼学称其"出入禁掖，肆为奸欺"④。卫泾言："臣象祖等惟朝殿奏事，得侍清光，退后凡有事件，多是缴入，非时无缘可得通达内外之意。所以向来韩侂胄因此得以窃弄威福，稔成奸恶，几危国家。"⑤魏了翁也说："崇陵享国日浅，肆开皇上，克念厥绍，始初清明，率吁群献，将有志于庆历、元祐之盛者。天下延颈企踵以需太平，而韩侂胄已居中窃弄威柄矣。"⑥"韩侂胄以戚畹出入禁中……阴窃国柄。"⑦"（韩侂胄）出入禁庭，了无顾忌，虽孝宗皇帝畴昔燕坐思政之所，亦偃然冒居。"⑧从士大夫的批判性言论也可反证，韩侂胄充分利用了宁宗对他的信任，出入宫廷，辅佐宁宗处理政务，由此实现一人擅权。那么，韩侂胄具体运用了哪些手段来实现专权呢？假借御笔行事是最主要的方法。

---

① 魏了翁：《重校鹤山先生大全文集》卷 18《应诏封事》，《四部丛刊初编》本，上海书店，1989 年。
② 徐自明撰，王瑞来校补：《宋宰辅编年录校补》卷 20，中华书局，1986 年，第 1329 页。
③ 叶绍翁撰，沈锡麟、冯惠民点校：《四朝闻见录》戊集《臣僚雷孝友上言》，中华书局，1989 年，第 169 页。此文虽然完成于韩侂胄死后，不过雷孝友的这句话无意中透露出在韩侂胄罢任知阁门事之前，宁宗对其信任、依赖程度之深，以至于事事都需要咨访于韩侂胄。出自政治对手的言论更加值得重视。
④ 蔡幼学：《育德堂奏议》卷 2《缴韩侂胄陈自强与在外宫观指挥状》，载曾枣庄、刘琳主编：《全宋文》，上海辞书出版社、安徽教育出版社，2006 年，第 289 册，第 281 页。
⑤ 卫泾：《后乐集》卷 21《缴进御笔札子》，《影印文渊阁四库全书》本。
⑥ 魏了翁：《重校鹤山先生大全文集》卷 40《广安军和溪县安少保丙生祠记》。
⑦ 真德秀：《西山先生真文忠公文集》卷 46《宋集英殿修撰王公墓志铭》，《四部丛刊初编》本，上海书店，1989 年。
⑧ 佚名撰，汝企和点校：《续编两朝纲目备要》卷 10，第 186 页。

韩侂胄本是武官，并不懂得如何拉拢士大夫，最初连如何擅权、排斥打击对手都不清楚。这些方法得之于知阁门事刘弼。因为不得预闻绍熙内禅事，刘弼对赵汝愚心怀不满，遂党附韩侂胄。侂胄问以应对之策。刘弼说："惟有用台谏尔。"侂胄仍然不解。刘弼曰："御笔批出是也。"侂胄醒悟。①刘弼的建议即是用御笔除授台谏官，再利用台谏言论来弹劾罢免对手。虽然这里只是打击政治对手赵汝愚的方法，不过从之后的政局演变来看，韩侂胄一次次地利用这一方法来排斥异己，操纵权柄，实可视为个人专权的通用手段。但这里有两个环节需要打通。

第一个是下发、传达御笔的权力需要掌握在韩侂胄手中，这样他才可以上下其手。阁门司虽然亲近皇权，负责"排班引班、宣赞辞令、接收通达奏状、递送诏敕"②等事务，但尚有更加亲近皇帝的机构，即内侍省、入内内侍省等内廷机构，特别是后者。所谓"通侍禁中、役服亵近者，隶入内内侍省"③。入内内侍省设有都都知、都知、副都知、押班等官职。《神宗正史·职官志》载："都知、押班，掌禁中供奉之事。……颁诏札之附疾置者，边奏或机速文字则受而通进。"④李心传言："今入内内侍省，旧后省也，……所掌内殿引对群臣，发金字递、收接边奏……"⑤可知，入内内侍省负责内殿引对的排班赞导、收接边奏，特别是机速文字，还负责下发宋代文书传递最高级别的金字牌递。而在日常的事务中，皇帝的御笔、御批有时候也由入内内侍省的宦官来送达，并不全是由阁门官员来传达。如周必大《思陵录》载，宋孝宗多次派遣入内内侍省知省、副都知或御药院的其他宦官来送达皇帝的御笔、上批等。韩侂胄最初就是以"导达中外之言，遂见宠任"⑥。但到了绍熙五年（1194年）十二月罢任知阁门事之后，阁门官员的人选便不为其所掌握。在利用既有通道已经无法奏效的情况下，韩侂胄试图加强对入内内侍省的介入和控制。宁宗当时信任内侍王德谦，绍熙五年闰十月罢免朱熹的御批即是由他送达朱熹的，韩侂胄遂设法逐去王德谦。《四朝闻见录》载：

> 侂胄知上之信用王德谦也，阳与之为义兄弟，相得欢甚。一日谓德谦曰："哥哥有大勋劳，宜建节钺。"……何澹时为中丞，侂胄密谕之曰："德谦苦要节钺，上重违之，已草制。中丞宜卷班以出。"翌日廷播，何悉如所教，继即合台疏德谦罪，乞行窜殛。……德谦既逐，自此内批皆侂胄自为之矣。⑦

---

① 脱脱：《宋史》卷474《韩侂胄传》，第13772页。
② 赵冬梅：《试论宋代的阁门官员》，第110页。
③ 脱脱：《宋史》卷166《职官志》，第3939页。
④ 徐松辑，刘琳等点校：《宋会要辑稿·职官》36之13，上海古籍出版社，2014年，第3894页。
⑤ 李心传撰，徐规点校：《建炎以来朝野杂记》甲集卷10《内侍两省》，中华书局，2000年，第210页。点校本所采用的底本适园丛书本作"金字号"，殿本、阁本作"金字递"，是指金字牌递，意思更通，故取后者。
⑥ 脱脱：《宋史》卷474《韩侂胄传》，第13777页。
⑦ 叶绍翁撰，沈锡麟、冯惠民点校：《四朝闻见录》乙集《吴云壑》，第50页。

可知,韩侂胄利用台谏官,特别是御史中丞何澹的力量逐去了王德谦。这件事也见于《宋史·京镗传》:

后宦者王德谦除节度使,镗乃请裂其麻,上曰:"除德谦一人而止可乎?"镗曰:"此门不可启。节钺不已,必及三孤。三孤不已,必及三公。……"上于是谪德谦而黜词臣吴宗旦。或曰,亦侂胄意也。①

以上两处记载的逐去王德谦的过程略有不同,但相同的是何澹和京镗都是奉承韩侂胄的旨意而行事。《宋史全文续资治通鉴》载,庆元三年(1197 年)二月丙寅,"诏以昭庆军承宣使、内侍省押班王德谦为节度使,台谏交章论列,宰相京镗亦言其不可,遂罢。"三月丙申,王德谦夺三官,抚州安置。②王德谦被逐去后,"内批皆侂胄自为之"。这里的"内批"也就是御笔、御批。③自此之后,韩侂胄更加专擅,"凡所欲为,不复奏禀,伪作御笔批出。同列惮其权势,不敢争执"④。在开禧三年(1207 年)被诛杀的时候,殿帅夏震的下属对韩侂胄说,"有御笔押平章出国门",侂胄仓忙说,"御笔我所为也"。⑤周密则记作:"(夏震)曰:'有旨,太师罢平章事,日下出国门。'(韩侂胄)曰:'有旨,吾何为不知,必伪也。'"⑥叶绍翁与周密所记虽略有不同,但都指出了韩侂胄对御笔的掌握与专擅。第一个关节已经打通。

第二个关节在于台谏官的言论需要得到宁宗的认可,然后再下发诏旨罢免。由于宁宗个人的原因,这一环节很容易实现。宁宗本身资质不高,却对经筵讲读极为重视。有学者统计,宁宗在位的三十年间,至少有二十七年连续地参与了经筵学习。⑦学习内容既有儒家经典,也有《资治通鉴》《帝学》《续帝学》《宝训》《圣政》等帝王书籍。在士大夫多年的灌输下,特别是对《宝训》《圣政》的不断讲读,宁宗已经接受了士大夫对祖宗家法的理解,即祖宗家法不可违、尊重台谏官等。这一方面,黄裳对此贡献良多。黄裳曾经担任嘉王府翊善长达五年多。他对宁宗的教导也耗尽心力,重病之时,还不忘叮嘱宁宗道:"委任大臣,政出中书,万事坐理,此正得人君好要之道。奖用台谏,每有弹劾,无不听从。善恶区分,纲纪振立,此正得祖宗设官之意。"并告诫他"此二事者,朝政之大者也……陛下虽终身守之可也"⑧。宁宗本身资质不高,初临大政,经验不足,却记得黄裳对他说的话:"奖用台谏,

---

① 脱脱:《宋史》卷 394《京镗传》,第 12038 页。

② 佚名撰:《宋史全文续资治通鉴》卷 29 上。

③ 御笔,也称内批、御批,在处理朝政时为君主所用,径由禁中付出。虽然仍需要下至中书,由中书拟定诏令实行,中书舍人、给事中也可以封驳,言官可以论谏,但因为是皇帝意志的最直接表达,通常难以改变事实。特别是在内批除授官员时候,更加难以封驳。这也是最容易被宦官、权臣所利用的手段之一。关于御笔、内批、御批的研究详见方诚峰:《"御笔"、"御笔手诏"与北宋徽宗朝的统治方式》,载《"中古时期的日常秩序"国际青年学术研讨会论文集》,2010 年 8 月;德永洋介:《宋代的御笔手诏》,《东洋史研究》第 57 号第 3 期,1998 年。

④ 徐松辑,刘琳等点校:《宋会要辑稿·刑法》6 之 48,第 8557 页。

⑤ 叶绍翁撰,沈锡麟、冯惠民点校:《四朝闻见录》丙集《虎符》,第 91—92 页。

⑥ 周密撰,张茂鹏点校:《齐东野语》卷 3《诛韩本末》,第 48 页。

⑦ 邹贺:《宋朝经筵制度研究》,陕西师范大学博士学位论文,2010 年,第 61 页。

⑧ 楼钥撰,顾大朋点校:《楼钥集》卷 106《端明殿学士致仕赠资政殿学士黄公墓志铭》,第 1832—1833 页。

每有弹劾，无不听从。"从之后的实际作为来看，宁宗的确做到了这一点。叶绍翁也记载道："（宁宗）动法祖宗，每对左右，以为台谏者公论之自出，心尝畏之。"①宁宗认为台谏的言论代表着士大夫公论，内心对其有着几分敬畏。所以除了即位之初罢免朱熹事件外，对台谏官的上言，宁宗基本上都会听从。《四朝闻见录》记载的一事可以作为宁宗听从台谏言论的生动例证：

> 止斋实为宁皇旧学，上尝思之，语韩侂胄曰："陈某今何在，却是好人。"侂胄对上曰："台谏曾论其心术不正，恐不是好人。"上曰："心术不正，便不是好人耶。"遂不复召用。②

可见，韩侂胄假托台谏言论轻松地将陈傅良（止斋）定性为"不是好人"。宁宗也很快改变原来的看法，对其表示认同。可以想见，韩侂胄借助于台谏的言论以掌控宁宗的意志，实现个人专权是很容易做到的。王居安曾言韩侂胄"托以台谏大臣之荐，尽取军国之权，决之于己"③。卫泾也说韩侂胄"借台谏以钤制上下，除授之际，名为密启，实出己私"④。这都可以证明韩侂胄对台谏官言论的利用，以此来除授官员、窃取军国大权。第二个关节已然打通。

三、独班奏事与留身独对：开禧元年后的专权方式

开禧元年（1205 年）七月，宁宗同意丞相陈自强的奏请，以韩侂胄担任平章军国事，其制度大致是比照元祐时期的文彦博和吕公著而定。韩侂胄比吕公著所拜"同平章军国事"少了"同"字，则其体尤尊，比文彦博所拜"平章军国重事"省"重"字，则其参与之事更广，即"政事无所不关，第省其常程细务而已"。又诏侂胄立班丞相上，三日一朝，赴都堂治事。北伐战事起，又改为一日一朝。尚书省印也纳于其府邸，宰相仅比参知政事，不再知印。⑤至此，韩侂胄完全从幕后走向了台前，宰相类似于参知政事，他成为拥有实权的宰相。短短数年之间，韩侂胄便"位极三公，列爵为王，外则专制东西二府之权，内则窥伺宫禁之严"⑥，已然处于权势的最顶峰。他对朝政的控制也更加直接。那么这一时期，韩侂胄专权的方式又呈现哪些新变化呢？

---

① 叶绍翁撰，沈锡麟、冯惠民点校：《四朝闻见录》戊集《考异》，第 180 页。
② 叶绍翁撰，沈锡麟、冯惠民点校：《四朝闻见录》甲集《止斋陈氏》，第 15 页。
③ 王居安：《乞诛殛韩侂胄陈自强疏》，见《嘉庆太平县志》卷 16《艺文》，载《中国地方志集成·浙江府县志辑》，第 50 册，上海书店，1993 年，第 351 页。
④ 黄淮、杨士奇编：《历代名臣奏议》卷 184，上海古籍出版社影印明刻本，1989 年。
⑤ 李心传撰，徐规点校：《建炎以来朝野杂记》乙集卷 13《平章军国事》，第 710—711 页。
⑥ 脱脱：《宋史》卷 405《王居安传》，第 12251 页。

魏了翁言："自侂胄平章军国，然后二府属官益重，而六曹长贰益轻。然是时方谋开边，事有期程，侂胄久而厌之，则令六曹凡遇勘当，即据事指定，不得辄称取听朝廷指挥。中书之务，由是稍清。"①这表明韩侂胄试图越过尚书六曹，令二府的属官直接指挥行事，但因为正当谋划北伐，事务繁杂而紧迫，侂胄就令六曹直接处理相关事务，不得事事向其请示，最终没有实现直接管辖。在担任平章军国事之前，韩侂胄更多地是依仗其近习宠臣的身份，借助宁宗对其信任倚重，绕开中枢士大夫集团，以非常规的手段实现他的专权，因此多少有些窃取皇权的意味；在担任平章军国事后，韩侂胄便可以利用既有制度，名正言顺地"密赞万机"。不过由于史料匮乏，其具体的运作已不可能完全澄清，笔者只能从时人的议论中尽量钩索。

首先，韩侂胄利用既有的排班奏事制度，维持自己与宁宗的单独进对。宁宗下诏平章军国事立班在宰相之上，这固然表明韩侂胄的身份地位高于宰相，更为实际的政治意义可能在于：在早朝排班之时，平章军国事是独自一班，排在宰相之前。按照宋代的奏事制度，在元祐之后，基本上实行的是三省枢密院合班奏事，东西二府的宰执大臣通常一起面奏皇帝、进呈取旨。②南宋时期也延续这一制度，不过对平章军国事的奏事制度并无明确的规定。③虽然并无直接史料可查证，但嘉定元年（1208年）倪思的言论却可以为我们提供一个旁证。他在反对史弥远独班奏事的时候说："侂胄盗权擅国，专行执奏，所称圣旨类杂己意，今弥远亦独班奏事矣。"④史弥远时任知枢密院事，独掌枢密军务。⑤这里他将史弥远与韩侂胄擅权做类比，并且指出韩侂胄所领为"圣旨"，则必然是在韩侂胄担任平章军国事后，因为在此之前，韩侂胄没有任何实际差遣，无法在早朝时奏事，只能通过掌握宁宗的御笔内批来擅权，不可能领取"圣旨"。细玩其语意，大概韩侂胄此时是独班奏事的，这样便可以径直绕开其他宰执大臣，单独和皇帝商议政事，获得圣旨，在单独取旨的过程中上下其手。

其次，留身独对也是韩侂胄影响宁宗的决策，进而实现个人擅权的重要方式。按照宋代的视朝制度，皇帝在坐殿听取群臣奏事后，有时还单独留下一人或数人继续谈话，是为

---

① 魏了翁：《重校鹤山先生大全文集》卷18《应诏封事》。
② 方诚峰：《走出新旧：北宋哲宗朝政治史研究》，北京大学博士学位论文，2009年，第138—141页；王化雨：《北宋后期三省奏事班次考》，《北京大学学报》2013年第2期。
③ 笔者尝试考察北宋元祐时期担任平章军国重事的文彦博和担任同平章军国事的吕公著的奏事排班顺序，没有发现相关记载。而且从上朝和议事的频率上讲，他们二人也不及韩侂胄。文彦博是"六日一入朝，因至都堂与执政商量事"（李焘撰，上海师范大学古籍整理研究所、华东师范大学古籍整理研究所点校：《续资治通鉴长编》卷377"元祐元年五月丁巳"条，中华书局，2004年，第9148页）。吕公著是"二日一朝，因至都堂议事"（李焘撰：《续资治通鉴长编》卷409"元祐三年四月辛巳"条，第9963页）。而韩侂胄最初是三日一朝，至都堂议事，后来改为一日一朝。上朝、议事的频率都高于二人。
④ 魏了翁：《重校鹤山先生大全文集》卷85《显谟阁学士特赐光禄大夫倪公墓志铭》。
⑤ 脱脱：《宋史》卷414《史弥远传》，第12417页。

"留身"，留身一般是一名大臣独自和皇帝谈话，也称为"独对"。①熙宁年间，宋神宗经常要求宰相王安石留身，与之继续商讨军国大事。这一奏对方式在持有共同理想的君臣二人合力推动变法事业中发挥了独特作用。若君臣之间并无此理想，或者某一位宰执留身奏事过多，难免会引起宰执之间的猜忌和不和。哲宗元符二年（1099 年），当时的宰相章惇频频留身，排斥其他宰执，与哲宗商议朝政，这引起曾布的不满和种种猜测。曾布在日记中写道："自乙未夒连日留身奏事。是日，有三札子留御榻上。"②"夒"即代指宰相章惇。曾布对他的这一举措颇有猜度，但没有完全明白留身的原因。一直到九月丁未，哲宗立刘贤妃为皇后，"是日宣制，惇自初议，凡五日留身，众皆哂之，唯恐他人之与闻也"③。可见，章惇五日留身，实际上是单独和哲宗商议立皇后的事宜，不希望其他臣僚参与其事，以便独揽立后之功。这种频频留身的行为难免使得本已不和的大臣间更加猜忌和相互防范，以至于高宗绍兴初年的侍御史辛炳强烈反对大臣留身。他上言，"每见朝殿进呈，宰执有留身奏事者"，然而天下有大利害，政事有大因革，人才有黜陟等，大臣们"相与敷陈于陛下之前，盖有不容不公者。留身之际，何所不有"？他担心由此形成"分朋植党之渐，为害滋大"，请求高宗降旨，"自今三省、枢密院朝殿进呈讫，不得留身，违者许御史台弹奏"④。高宗下诏依阁门现行条法执行。但实际上这一规定很难执行，特别是在国家初建、战事紧急之时。大约一个月后，高宗下诏："自今允许执政官按照宰臣例留身奏事。"⑤这又表明这一奏对方式对于皇帝与宰执大臣之间商议朝政的不可或缺。

　　韩侂胄担任平章军国事后，相当于宰相之上的宰相，不仅可以独班奏事，有时候韩侂胄也会请求留身独对，借此机会来影响宁宗的决策。这从罢免苏师旦一事便可看出。

　　韩侂胄既丧师，始觉为苏师旦所误，欲去之。李壁时在翰林，一夕，侂胄招之饮……壁乃悉数其罪，劝之斥去。侂胄纳其言，请壁代己草奏。……壁抒思良久，奏牍遂成。明日朝退，壁坐玉堂，遣人伺其事。或报平章奏事毕，随驾入内矣。壁闻之，且惊且喜。少顷批出，师旦与在外官观。⑥

　　"明日朝退"是指早朝奏事后，李壁退回学士院处理本司事务。"平章奏事毕，随驾入内"，尤其不可忽视。是指韩侂胄在奏事完毕后，被宁宗带入内殿继续商议政事。可知，韩侂胄就是利用留身独对的机会来劝罢苏师旦的。虽然史籍中没有留下更多的记载，但可以想见的是，韩侂胄既然拥有独班奏事与留身独对两种单独面奏皇帝的方式，在此过程中

① 朱瑞熙：《中国政治制度通史·宋代卷》，人民出版社，1998 年，第 147 页。
② 曾布著，程郁整理：《曾公遗录》卷 8"元符二年八月丙申"条，载《全宋笔记》第一编（八），大象出版社，2003 年，第 156 页。
③ 曾布著，程郁整理：《曾公遗录》卷 8"元符二年九月丁未"条，第 162 页。
④ 李心传撰，胡坤点校：《建炎以来系年要录》卷 67"绍兴三年八月己酉"条，中华书局，2013 年，第 1320 页。
⑤ 李心传撰，胡坤点校：《建炎以来系年要录》卷 68"绍兴三年九月丙寅"条，第 1332 页。
⑥ 佚名著，汝企和点校：《续编两朝纲目备要》卷 9"开禧二年六月戊寅"条，第 166 页。

便可以影响皇帝的决策,甚至令宁宗对其言听计从。与之前的"宣押入内,密赞万机"相比,这一时期,韩侂胄仍然保持着与宁宗的密切联系,利用既有制度比宰执大臣拥有了更多面见皇帝的机会,借此实现个人擅权。①

当然,这一时期韩侂胄对既有制度的利用,并不意味着他放弃了假借御笔和控制台谏官的固有方式。前述韩侂胄被诛杀时候,他自言"御笔我所为也",表明他对御笔的掌握依然如初。只不过担任平章军国事之后,他对既有制度的利用更多一些,不需要完全依赖对御笔的专擅了。

四、余论

论者论及南宋政治史,最显著的特征似乎在于宰相专权。自高宗朝的秦桧开始,韩侂胄、史弥远、贾似道等宰相相继出现在政治舞台上。这几个宰相通常被称为权相。权相专权、权相擅政几乎成为我们对南宋政治史的固有认识。笼统地将四人称为权相或者权臣当然不至大误,但具体到宁宗朝的韩侂胄,又必须细加辨析。所谓权相,主要是指宰相个人权力超过了中枢决策制度所赋予的限度。对臣僚而言,权相以个人专断取代宰臣集议的程序;对皇帝而言,宰相通过各种手段影响君主,使得君主对其言听计从,变私意而为君命。②如屈超立将权相定义为"宰相利用掌握的权力,专立己威;排斥政敌,网罗党羽;控制台谏,抑制言路;蒙蔽君主,专擅大权"③,也即"权相"成立的前提必须是宰相。如前所述,自绍熙五年(1194 年)十二月至开禧元年(1205 年)七月的十余年时间里,韩侂胄实际上并未担任实任职务,只是作为皇帝的宠臣而被允许进入宫中,辅佐宁宗理政。这一时期,他的身份并非宰相,实现个人专权的手段仍在于凭借宁宗对其信任,趁机掌握御笔的下发、控制台谏官,行一己之私。故韩侂胄专权之所以形成与其是否官居宰相无关,关键在于宁宗的信任以及韩侂胄的个人手段。士大夫常常批评其"居中窃弄威柄""阴窃国柄"等,这正表明这一时期韩侂胄处于幕后,位于政务前台的始终是皇帝宁宗。直到开禧元年七月,

① 平田茂树曾以"议"和"对"为线索来考察宋代的政治结构,其中列举了转对、召对、引对、入见入谢、经筵留身等多种奏对方式。见平田茂树:《宋代政治结构研究》,林松涛等译,上海古籍出版社,2010 年,第 168—189 页。但这只是针对中低级官僚奏对的一般性归纳。就宰执大臣而言,独对的实际意义更为重大。

② "权相"这一名词的产生与意义变迁也是值得探讨的话题,在北宋的士大夫言论中,笔者尚未发现这一词汇,而在南宋中后期逐渐增多,似乎可作为士大夫对当时政治形态的一种认识。不过其具体意义如何变化还需仔细辨析。

③ 屈超立:《从贾似道专权看南宋权相政治形成的原因》,载四川大学古籍整理研究所、四川大学宋文化研究中心编:《宋代文化研究》第 4 辑,四川大学出版社,1994 年,第 102 页。

他才真正担任宰相之职，不过主持朝政的时间只有两年（开禧元年七月至开禧三年十一月）。在此期间，他凭借着平章军国事的官职，充分利用了既有制度，使得宁宗继续对其言听计从，实现个人专权。这一时期的韩侂胄才可以称为权相。就此意义而言，我们称韩侂胄为权相似乎涵盖力不足，称之为权臣似乎更为恰当。将韩侂胄定性为权相或者权臣，看似只是两个名词的辨析，不过对于细致剖析宁宗朝中枢政治运作的实态不无意义，甚至对于与之后史弥远主政时期中枢权力特点的对比而言，也有一定参照价值，故略加阐释。

从“天章召对”到“神御所在”
——宋代天章阁政治职能的演变*

汪潇晨**

为已故君主建阁，以收藏君主《御集》以及御物、图籍，并依照阁名设置学士、直学士、待制、直阁等文官职名，授予文学高选之士以“备西清之咨访”①，是宋代独有的政治传统。宫禁内诸阁之设，始于真宗朝为太宗所建龙图阁。继而真宗又建造了天章阁，这是宋代诸帝阁中唯一一座君主在位时为自己所建之阁，又经后代君主着意经营，政治地位在诸阁中最为重要。迄今学界尚无针对天章阁的专门论述。宋代制度史研究，多在分析宋代文官贴职以及宫廷藏书机构时，将天章阁纳入讨论范围。②天章阁作为内廷诸阁之首，除上述职能外，在宋代君臣交流奏对、政务讨论处理以及礼制典仪等方面承担了重要的政治功能，为宋代中央政治制度的重要组成部分。同时，由于两宋间政局变动以及内廷诸阁、诸殿建制的调整，天章阁的职能随之变动，体现了宋代殿阁制度变化的轨迹。本文以分析天章阁建制与职能变化为基础，进而讨论宋代天章阁在政治功能上演进的特点与原因。

---

* 本文原载于《河北大学学报(哲学社会科学版)》2017年第4期。

** 汪潇晨，浙大城市学院讲师。

① 李攸：《宋朝事实》卷9《官职》，中华书局，1955年，第146页。

② 论及天章阁职名的有：梅原郁：《宋初的寄禄官及其周围》，载刘俊文主编：《日本学者研究中国史论著选译》第五册《五代宋元》，索介然译，中华书局，1992年；龚延明：《宋代官制辞典》第三编《北宋前期中枢机构类·附殿阁学士与三馆秘阁门》，中华书局，1997年；李昌宪：《宋代文官帖职制度》，《文史》第30辑，中华书局，1982年，载氏著《五代两宋时期政治制度研究》，生活·读书·新知三联书店，2013年；祖慧：《南宋文官贴职制度研究》，《文史》第44辑，中华书局，1997年。讨论天章阁藏书制度的有：方建新、王晴：《宋代宫廷藏书续考——专藏皇帝著作的殿阁》，《浙江大学学报(人文社会科学版)》2008年第3期。

一、从"侍讲"到"召对"——北宋天章阁政务职能的形成

　　宋代诸阁始于真宗咸平间为太宗所建龙图阁，其确切建成时间暂不能确考。阁名首见于咸平四年（1001 年）十一月，真宗"幸龙图阁，召近臣观太宗御书及古今名画"[①]。可见此时阁已建成。龙图阁位在会庆殿西，北连禁中，阁东为资政殿，西曰述古殿。[②]阁中藏太宗《御集》、御书及典籍、图画、宝瑞等文物。

　　天章阁为真宗尚在位时为标榜自我文治而建。天禧四年（1020 年），《真宗御集》编成，真宗遂令建阁奉藏。[③]天禧五年（1021 年）三月阁成。[④]在会庆殿西、龙图阁之北，藏《真宗御集》以及御书、御物，以及宗正寺所进属籍、世谱等宗室档案。[⑤]天圣八年（1030 年）置天章阁待制，庆历七年（1047 年）置天章阁学士、直学士，又有天章阁侍讲、直阁。天章阁学士位在龙图阁学士之下，但北宋时期罕置。《官制旧典》称："天章阁只除待制，不除学士，难称呼也。"[⑥]自真宗朝创建龙图、天章阁后，君主故后为其编纂《御集》并建阁奉藏成为宋代固定的制度。其中天章阁作为其中"首阁"，地位最为重要。

　　天章阁初建时的职能定位为：一是收藏《御集》以及御制文字、书画图籍，为"祖宗藏书之所"[⑦]；二是"为储祖宗制作之所"[⑧]。除收藏职能外，逐渐形成了与之相关的，由君主主持、臣僚参与的临阁观赏图籍书画集会等文化活动。天禧五年天章阁新成，即"召近臣、馆阁、三司、京府官诣天章阁观御书、《御集》"[⑨]。天圣八年，仁宗"召近臣及宗室观三圣御书于龙图、天章阁"，随后使"从臣赋诗，赐御飞白字各一轴，遂宴蕊珠殿"。[⑩]天章阁观书成为北宋时期君臣交流文翰、瞻仰祖宗文治的重要文化活动，也是天章阁最为基础的职能之一。

　　出于崇奉真宗建制的目的，仁宗朝格外重视对天章阁的制度完善。北宋天章阁在藏

① 李焘撰，上海师范大学古籍整理研究所、华东师范大学古籍整理研究所点校：《续资治通鉴长编》（以下简称《长编》）卷 50"咸平四年十一月丁亥"条，中华书局，1992 年，第 1088 页。

② 王应麟：《玉海》卷 163《宫室·咸平龙图阁　六阁》，广陵书社，2016 年，第 3039 页下。

③ 《玉海》卷 28《圣文·天禧真宗御集》，第 577 页下。

④ 徐松辑，刘琳等校点：《宋会要辑稿·职官》7 之 11《天章阁学士　直学士》，上海古籍出版社，2014 年，第 3210 页。

⑤ 《宋会要辑稿·职官》20 之 56《修玉牒官》，第 3597 页。

⑥ 谢维新：《古今合璧事类备要·后集》卷 57《阁学门》8《天章阁》，《四库类书丛刊》，上海古籍出版社，1992 年，第 202 页上。

⑦ 郑居中等：《政和五礼新仪》卷首，《文渊阁四库全书》本，台湾商务印书馆，1986 年，第 647 册，第 10 页上。

⑧ 马端临撰，上海师范大学古籍整理研究所、华东师范大学古籍整理研究所点校：《文献通考》卷 54《职官考八》按语，中华书局，2011 年，第 1603 页。

⑨ 《长编》卷 97"天禧五年四月壬戌"条，第 2246 页。

⑩ 《长编》卷 109"天圣八年八月丁亥"条，第 2542 页。

书观书的基础上,逐渐从经筵、召对、问政等方面演变为参与实际政务决策的场所。

首先是经筵侍讲。就设官而言,此前龙图、天章二阁仅设学士、直学士、待制、直阁四等职名作为文臣之加官贴职,不领阁事,为"西清之极选"①。诸阁中唯天章阁增置天章阁侍讲,作为实职的经筵讲书官。设立侍讲在仁宗景祐四年(1037 年)三月,将天章阁由单纯的藏书之府纳入经筵讲习的场所之一,此职能为宋代其他诸阁所无。天章阁侍讲在经筵官中的地位较为特殊。仁宗朝初期的经筵官皆以东宫僚属充任,自景祐元年(1034 年)设置"崇政殿说书"这一新讲官名位,以贾昌朝等品秩低者四人充,为仁宗亲政后调整经筵官人员结构的举措。②在与讲三年后,又同时将四人升为新置之职名"天章阁侍讲",位在崇政殿说书之上。③天章阁侍讲官在经筵过程中对于实际政治的参与度也有所提高。由于天章阁官位处侍从,升迁较速。就初授四人而言,贾昌朝在任侍讲四年后,于庆历元年(1041 年)职名升为龙图阁直学士,是年十二月即迁权御史中丞;庆历三年(1043 年)即任参政。④

其次是天章召对。由于天章阁经筵官职份的限制,对于实政的参与度有限。带职侍从官参与的召对则不同。天章阁侍从官由单纯的经筵侍讲活动,演变为对实际政务决策的参与。仁宗朝由于天章阁地位的逐渐提升,观书、赐宴等单纯的文化活动逐渐演变为遇有军国大事时君主召集带职侍从集议、问政之所。诸阁在实际政务运行中的职能在真宗朝已见其例。大中祥符元年(1008 年),真宗开龙图阁召对宰臣王旦,并出示《封禅图》,议定封禅之事。⑤

再次为问政奏对。庆历以后,仁宗着意于天章阁召对。庆历三年九月,仁宗开天章阁召对辅臣,遂有范仲淹"条陈十事",展开庆历新政。⑥除专门召对活动外,在天章阁观书活动过程中,逐渐加入了问政奏对的程序。庆历八年(1048 年),仁宗幸天章阁,与"近臣、宗室观太宗《游艺集》、三朝瑞物",又"出手诏赐辅臣",涉及西夏备边、裁抑冗官、财政收入等时政问题,令宰执条画方案,进行政策调整。⑦

由于天章阁深处禁中西北角,又因其"西清咨访之地"的性质,便于君主与宰执、侍从官等进行较为私密的闭门讨论,以便新政策议定成熟后对外发布。同时,天章阁召对延请带阁职名侍从官参加:一是出于名副其实的考虑。例如参与天章召对的范仲淹就曾带"天章阁待制",其时又已升为"龙图阁直学士"职名。⑧带阁职侍从官与宰执共同参与龙图、天

① 胡寅撰,容肇祖点校:《斐然集》卷 13《制·张谊龙图阁学士知温州》,中华书局,1993 年,第 273 页。

② 《长编》卷 114"景祐元年正月丁亥"条,第 2662 页。

③ 《长编》卷 120"景祐四年三月甲戌朔"条,第 2822 页;《宋会要辑稿·职官》7 之 11、12《天章阁学士　直学士》,第 3211 页。

④ 《长编》卷 132"庆历元年五月庚午"条,第 3127 页;同书卷 134"庆历元年十二月壬辰"条,第 3207 页;同书卷 140"庆历三年三月乙酉"条,第 3359 页。

⑤ 《长编》卷 69"大中祥符元年五月辛巳"条,第 1545 页。

⑥ 《长编》卷 143"庆历三年九月丁卯"条,第 3431 页。

⑦ 《长编》卷 163"庆历八年三月甲寅"条,第 3922 页;《宋会要辑稿·帝系》9 之 11、12《诏群臣言事》,第 217 页。

⑧ 楼钥编,范之柔补,刁忠民校点:《范文正公年谱》,《宋人年谱丛刊》第一册,四川大学出版社,2003 年,第 615、621 页。

章阁奏对活动,在名义上较为适切。二是带职官员为皇帝特旨提拔的"文学高选"之士①,除授系君主一时恩旨,"非有必得之理"②。带职侍从官与会既符合天章召对的高层会议级别,又体现了君主超擢任用之"私人侍从"的"一时甄擢之权"色彩。③

仁宗朝以来"天章阁召对"成为北宋固定的政治传统。熙宁七年(1074 年)二月,神宗开天章阁召对王安石等宰执问契丹军动向以及河北择帅之事。④其后又"连开天章,召执政"议定宋辽边界⑤,为重新划定疆域之事张本。元丰四年(1081 年)十一月,开天章阁诏中书进呈新官制,与辅臣"议行官制"⑥。北宋时期的许多国家重大决策的谈论议政活动,特别是关于制度改革的议题,都在天章阁举行。由于在议定制度改革初期,正常的议政、奏对渠道并不利于新制的出台,君主更倾向于选择"天章召对"这类非常规、临时性、少数高级官员参与的议政形式,在体现其高规格的同时,确保议政内容的私密与政策制定的高效。

出于对《真宗御集》等御物的尊奉以及内廷诸阁职能制度化的考虑,仁宗朝是天章阁职能发展最为丰富的时期。在藏书、观书的基础上纳入了经筵、召对、问政等职能。其中"天章问政""天章召对"成为北宋中期以来内殿奏对系统的重要补充。此后天章阁这类注重实务职能的倾向逐渐弱化,主要体现在以下三个方面:首先,元丰改制后,文官职名逐渐阶官化,非复"不次拔擢"的功能。其次,天章阁在经筵讲读上的作用弱化,侍讲之职在元丰二年(1079 年)后不见除授,退出经筵官的序列。⑦最后,北宋晚期的君主理政之所逐渐向禁中内殿转移,例如徽宗朝集中于深处内廷西北角宣和殿群听政。⑧天章召对作为临时性的高级别议政会议形式渐趋衰落。从听政、经筵两个方面从实际政务中淡出。

二、南宋初期天章阁的重建与职能转换

南渡后,刘豫入汴京毁天章阁,诸阁内藏物星散。⑨唯有原天章阁旧藏的祖宗神御御容

---

① 《宋会要辑稿·职官》7 之 21《学士》,第 3205 页。

② 《长编》卷 373"元祐元年三月乙酉"条,第 9039 页。

③ 汪藻:《浮溪集》卷 2《奏论宋晦落职不当行词状》,《文渊阁四库全书》本,台湾商务印书馆,1986 年,第 1128 册,第 21 页。

④ 《长编》卷 250"熙宁七年二月丙子"条,第 6087、6088 页。

⑤ 《长编》卷 262"熙宁八年四月癸亥"条,第 6372 页。

⑥ 《长编》卷 319"元丰四年十一月庚寅"条,第 7715 页;《宋会要辑稿·职官》56 之 7《官制别录》,第 4530 页。

⑦ 《长编》卷 296"元丰二年春正月己卯"条,第 7195 页。

⑧ 藤本猛:《北宋末の宣和殿——皇帝徽宗と学士蔡攸》,《東方学報》第 81 辑,2007 年,第 21 页。

⑨ 李心传:《建炎以来系年要录》(以下简称《要录》)卷 128"绍兴九年五月庚寅"条,上海古籍出版社,1992 年,第 737 页上。

尚有遗存。北宋时期天章阁已有收储祖宗御容的制度,这项职能为他阁所无。庆历八年二月,奉安真宗御容于天章阁。①熙宁四年(1071年),更是将宗室家藏等在外君主御容尽皆收归天章阁保管。②考虑到安全问题,建炎间高宗曾将原天章阁内神御暂寓温州天庆宫③,专称"天章阁神御"④。驻跸临安后,迎奉至行在临时保存。⑤绍兴初期天章阁尚未成规模,临时寓居皇城西北部万松岭,仅在方位与名称上保持了北宋天章阁的规制。⑥至绍兴二十四年(1154年)《徽宗御集》成书需入阁奉安,高宗以此为契机下诏重建天章等北宋君主六阁。⑦礼部考察北宋诸阁制度后,因"《国朝会要》即不该载","乞置天章等阁一所,将诸阁御书、《御集》、图籍等分诸阁安奉",高宗即令临安府、修内司共同修盖。⑧是年十一月新阁成。⑨新阁位于大内北门和宁门内,皇城之西北角⑩。

北宋时,包括天章阁在内,皆一帝一阁,"唯太祖、英宗无集,不为阁"⑪。诸阁"是皆有是书,有是阁;书必有阁;阁必有地。亦未尝止揭名称"⑫。南宋诸阁非复北宋每帝一阁之旧制,而是仅重建天章阁:"置天章等阁一所,将诸阁御书、《御集》、图籍等分诸阁安奉。"⑬其后新增的南宋诸帝之阁皆存空名,并不重新营建。⑭君主退位或薨逝后即于天章阁阁牌后添入新阁名,"'自龙图至显文之阁'二十四字,合为一匾"⑮。仅意在"以寓不忘"⑯。

南宋初期以来天章阁建制为备,其职能渐趋单一,专司奉藏。在重建后,其礼制典仪功能逐渐丰富,为北宋天章阁建制所不及。主要体现在两个方面:一是御容奉祀。南宋天章阁除继承北宋以来收藏历代君主御容这一传统外,每逢"时节、朔望、帝后生辰日",又举行荐献御容仪式,以示崇奉之意。⑰二是官修典籍的进奉仪式。南宋以来,出于用严宝藏各类祖宗档案的目的,除《御集》、图籍、符瑞外,君主的身份证明玉牒以及日历、国

---

① 《长编》卷163"庆历八年二月丁酉"条,第3920页。

② 《长编》卷225"熙宁四年七月庚子"条,第5489页。

③ 李心传撰,徐规点校:《建炎以来朝野杂记》甲集卷2《景灵东西宫》,中华书局,2000年,第76页。

④ 潜说友:《咸淳临安志》卷2《行在所录·宫阙二·祖宗诸阁》按语,《宋元方志丛刊》第四册,中华书局,1990年,第3367页上、下。

⑤ 《宋会要辑稿·礼》51之21《朝谒上帝祖宗圣容》,第1903页。

⑥ 岳珂撰,朗润点校:《愧郯录》卷14《天章阁》,中华书局,2016年,第184页。

⑦ 《要录》卷167"绍兴二十四年九月乙亥"条,第341页上。

⑧ 《宋会要辑稿·方域》2之19《行在所 临安府》,第9292页。

⑨ 《要录》卷167"绍兴二十四年十一月戊戌朔"条,第342页上。

⑩ 周淙:《乾道临安志》卷1《行在所·台阁》,《南宋临安两志》,浙江人民出版社,1983年,第5页;陶宗仪:《南村辍耕录》卷18《记宋宫殿》引陈随应《南渡行宫记》,中华书局,1959年,第223页。

⑪ 叶梦得撰,宇文绍奕考异,侯忠义点校:《石林燕语》卷6,中华书局,1984年,第82—83页。

⑫ 《愧郯录》卷14《九阁》,第182页。

⑬ 《宋会要辑稿·方域》2之19《行在所 临安府》,第9292页。

⑭ 《愧郯录》卷14《九阁》《天章阁》,第183、184页。

⑮ 《咸淳临安志》卷2《行在所录·宫阙二·祖宗诸阁》按语,第3367页上、下。

⑯ 《愧郯录》卷14《九阁》,第183页。

⑰ 《建炎以来朝野杂记》甲集卷2《太庙景灵宫天章阁钦先殿诸陵上宫祀式》,第70页。

史、实录、会要等官方史籍除了在宗正寺以及玉牒殿、秘书省等处供奉以及存档外,皆另行誊抄一份藏于帝阁①,较之北宋逐渐丰富完善了天章阁的纸本文献以及实体文物的收藏门类。

同时,每逢玉牒属籍、御集御制、国书实录会要等“国书”修成,皆举行盛大仪式,由秘书省等处迎至天章阁奉安。关于进奉“国书”的定义,《玉海》概括为:“玉牒,国史纪志传、实录、日历、宝训、政要会要,仙缘类谱、积庆图,御集,经武要略,敕令格式、宽恤诏令。”②天章阁进书举行仪式始于进奉《徽宗御集》。绍兴二十四年《徽宗御集》成书后,高宗特令阁门讨论制定详细的仪节。进奉前二日,差官“奏告景灵宫逐殿圣像神御”③。将《徽宗御集》自秘书省迎奉至宫城内,高宗亲于垂拱殿受书,并亲制序。④后置于天章阁安置。⑤其后,南宋各朝设立帝阁、奉安前代君主《御集》时,皆“置礼仪使,为安奉、宿卫等制”,“遂以为例”。⑥除《御集》外,凡有以上官修“国书”成书,皆举行进书仪式于天章阁奉安。例如,绍兴二十六年(1156 年)实录院上《皇太后回銮事实》,其奉安仪制“与昨《徽宗皇帝御集》仪注一同”⑦。绍兴二十八年(1158 年)至淳熙初年,实录院、国史院进呈《徽宗实录》《永祐陵迎奉录》以及新修成《宝训》《日历》《实录》等书都行进书奉安天章阁仪式。⑧南宋天章阁进书种类完善,已成体系,《宋会要》中专列《进书门》加以收录⑨;《宋史》则专类“进书仪”一门予以归纳。⑩尽管南宋天章阁在建制方面不如北宋时期宏大,但在藏品种类、集中程度以及典礼职能方面更加丰富,趋于完善。

三、宋代天章阁的职能演变与内朝殿阁布局的关系

两宋间天章阁职能发生的变化除因政局变动导致的建制职能调整外,与宫城格局的变化也密切相关。北宋宫城外朝大庆、文德等正殿、正衙,垂拱、紫宸等常朝内殿以及禁内

① 《文献通考》卷 54《职官考八·天章阁》,第 1597 页。
② 《玉海》卷 203《辞学指南·表》,第 3737 页下。
③ 《宋会要辑稿·礼》14 之 87、88《群祀三》,第 789 页。
④ 陈骙撰,张富祥点校:《南宋馆阁录》卷 4《修纂上》,中华书局,1998 年,第 28 页;《玉海》卷 28《圣文·绍兴徽宗御集》,第 581 页上。
⑤ 刘时举撰,王瑞来点校:《续宋编年资治通鉴》卷 6“绍兴二十四年十一月”条,中华书局,2014 年,第 132 页。
⑥ 《宋会要辑稿·职官》18 之 68《实录院》,第 3518 页。
⑦ 宋太常寺纂修:《中兴礼书》卷 215《嘉礼四十三·进呈安奉皇太后回銮事实》,《续修四库全书》,上海古籍出版社,2002 年,第 823 册,第 67 页下。
⑧ 《南宋馆阁录》卷 4《修纂上》,第 32—38 页。
⑨ 《宋会要辑稿·礼》49 之 43《尊号十》,第 1807 页。
⑩ 《宋史》卷 114《礼十七·进书仪》,中华书局,1977 年,第 2713—2718 页。

崇政、延和等便殿区三重构造层级分明。天章阁位于内朝区西北,靠近便殿区,其召对等政务活动主要作为内朝政务处理的补充。

南宋以来,禁中殿阁建制的调整,导致了天章阁职能的变革。

首先,君主听政的内殿化。南宋宫城格局狭小,外朝与内殿的布局与政治功能并不能如北宋时期那样划分明细。外朝的大庆、垂拱、集英等殿,一殿多用,"随事揭名"①,且多用于元日冬至大朝会、临轩册命、延见外使等礼仪性场合,并不承担日常实际政务运行。同时,由于宫城采用"坐南朝北"的格局,北部内殿区更为靠近皇城外的三省、枢密院等中央官署政务机构。考虑到空间距离,日常政务处理更趋向内殿进行。②同时,由于南宋初期国事严峻,需要君臣间更为直接、快捷、高效地接触,因此对内殿听政、议政、奏对等流程加以简化。高宗时期即集中于内殿听政:"内殿禁严,名曰复古,以为省览延访之所。"③孝宗时期延续传统,专御内殿之选德殿引对、听政。④理宗则着意于内殿区新建缉熙殿举行经筵以及听政活动。⑤君主专御一殿听政,以致天章阁此前所承担的部分集议、召对等实际政务职能消失,成为专一奉藏御制的典仪性的场所。

其次,除御容奉祀外,绍兴间禁中玉牒殿、神御殿等宗室档案场所以及宗庙建筑尚未重建,天章阁遂成为保存宗室属籍等档案、祖宗御制御物以及御容最为集中的场所。⑥除君主身份证明文件玉牒外,君主未即位前所受册宝制书、藩邸旌节等身份档案亦在天章阁收藏之列。例如,绍兴三十二年(1162年)孝宗即位后,将东宫藩邸旌节置天章阁收藏。⑦其后,光宗、宁宗亦循例在即位后将东宫旌节移藏天章阁。⑧可以说南宋天章阁整合了其他奉祀祖宗宗庙的职能,为保存历代君主、宗室个人信息最为集中的宗庙场所。加之绍兴二十四年前,天章阁建制未备;重建后的规模也只一阁之地,非复北宋时期诸阁旧观,举行问政等活动也不十分便利。

再次,藏书职能的消失。南宋初期官方藏书散佚严重,遗留的部分绍兴初期暂存于行在法慧寺。⑨绍兴十三年(1143年)秘书省重建以来,藏书"多充秘府",内府藏书职能集中于秘书省。⑩其后天章阁重建时亦未恢复图籍蒐藏的传统,天章阁不复承担藏书等图书文

① 《咸淳临安志》卷1《行在所录·宫阙一》,第3359页上。
② 参考平田茂树:《解读宋代的政治空间》,载氏著《宋代政治结构研究》,上海古籍出版社,2010年,第289—333页。
③ 《咸淳临安志》卷1《行在所录·宫阙一》,第3359页下。
④ 王化雨:《南宋宫廷的建筑布局与君臣奏对:以选德殿为中心》,《史林》2012年第4期,第68页。
⑤ 汪桂海:《南宋缉熙殿考》,《文献》2003年第2期,第118页。
⑥ 《文献通考》卷54《职官考八·天章阁》,第1597页。
⑦ 《宋会要辑稿·舆服》6之22《旌节》,第2293页。
⑧ 《宋史》卷150《舆服二·旌节》,第3515页。
⑨ 《要录》卷150"绍兴十三年十二月癸巳"条,第98页上。
⑩ 《文献通考》卷174《经籍考一》,第5209页。

化职能。

最后，就设官而言，仁宗朝设立天章阁职名以来，"其官视三馆"①。带职侍从官与侍讲经筵官除了与备顾问、与讲席外，也承担与馆阁官相似的相关实职。例如值宿。天章阁"自学士以下，并寓直于秘阁，每五日一员递宿。令直阁与馆职轮宿"②。又如编书、编敕。天章阁带职侍从、侍讲官需履行"文学高选"之义务，参与制度类图籍条制的编纂任务。仁宗朝有天章阁侍讲王洙编修《大飨明堂典礼》、枢密院例策③；天章阁侍讲曾公亮删定《审官三班院流内铨条贯》。④神宗朝天章阁待制孙永兼看详编配罪人元犯，提举详定编敕。⑤天章阁的图籍收藏与设编纂等职之间的互动关系十分紧密。

元丰改制后，诸阁职"以为朝臣补外加恩之官，盖有同于阶官，而初无职掌矣"⑥。南宋以来，阁职进一步阶官化，"积岁月可至"，其名益轻。⑦南宋天章阁不唯在建制上不如北宋完善，仅以备官称；在职名授予方面，带职侍从官也非复担任实职。加之天章阁不复图书收藏的职能，二者的职能互动的基础消失，建阁、置官逐渐分离。更重要的是，天章阁职名因"非臣下称呼"自高宗朝以来就几乎不见除授。⑧绍兴二十一年（1151 年），直显谟阁秦堪进职名二等至直天章阁，"以称呼不便为辞"⑨，"自是天章不为带职"⑩。从实职与名号两方面都退出职官序列。

基于上述原因，南宋天章阁仅保留北宋奉藏《御集》御制以及御容两项职能，并集诸阁之收藏于一阁。同时，高宗着意经营、完善进奉"国书"与御容仪制，使之成为南宋禁中重要的宗庙场所。

四、余论

天章阁创设之初以奉藏御集御物为主，辅以四部图籍、书画，与外朝之馆阁、禁中后苑

---

① 《文献通考》卷 54《职官考八·直秘阁》按语，第 1603 页。
② 孙逢吉：《职官分纪》卷 15《龙图阁》，《文渊阁四库全书》本，第 923 册，台湾商务印书馆，1986 年，第 364 页。
③ 《宋会要辑稿·礼》24 之 31《明堂御札》，皇祐二年十月五日，第 1155 页；《长编》卷 146"庆历四年二月戊戌"条，第 3535 页。
④ 《长编》卷 146"庆历四年二月丁巳"条，第 3550 页。
⑤ 《长编》卷 212"熙宁三年六月丁亥"条，第 5160 页。
⑥ 《文献通考》卷 54《职官考八·直秘阁》按语，第 1603 页。
⑦ 洪迈：《容斋随笔》卷 16《馆职名存》，上海古籍出版社，1996 年，第 206 页。
⑧ 周必大撰，李昌宪点校：《二老堂杂志》卷 3《敕用准字》，载上海师范大学古籍研究所编：《全宋笔记》第五编第八册，大象出版社，2012 年，第 357 页。
⑨ 《要录》卷 162"绍兴三十一年三月庚寅"条，第 264 页上。
⑩ 《宋史》卷 162《职官二·天章阁学士》，第 3819 页。

之太清楼组成官方藏书的三大机构。①由于仁宗朝的着意经营与制度化建设,使得其职能逐渐丰富。这也是天章阁所处的连接禁中与内殿的特殊位置使然。仁宗朝以来,天章阁身兼内殿召对、馆阁储书编书、经筵侍讲、侍从职宿待诏、神御奉藏等其他中央官署机构承担的听政、编纂、典仪等部分职能,成为以御制文字、图籍收藏为主,兼以进行集议、奏对等政治活动的综合性机构。特别是北宋时期的多次制度改革,例如庆历新政、熙宁对辽交涉边境、元丰官制改革等关键节点,都是在天章阁议定后再予以发布实施。从议题的重大到与会侍从官职名的清要等方面,体现了天章阁政治会议的非常性与高级别。"天章召对"遂成为宋代重要的政治传统与祖宗家法。

南宋以来,由于外部政局的变动以及内廷诸殿、诸阁内部职能的重整规划,诸殿阁体现出各自承担职能的单一化、集约化的倾向。重建天章阁后,南宋宫城布局变动导致禁中殿阁职能重新分割,实际政务处理以及经筵等职能向内殿集中,图籍收藏与编纂则汇集于秘书省,天章阁的职能从此前的综合政治机构转以集中发展奉藏"国书"与奉祀御容等典仪功能。在这一过程中,鉴于天章阁为首阁的地位,使得其统合了宋代诸阁的建制与功能,在收藏御物、文书门类上取得了较大发展,成为收储君主个人信息文件以及重要政治文书最为集中之地。出于崇奉北宋列圣制作的目的,南宋朝廷着意创设天章阁进奉仪典,使得其在进呈御制、奉安收藏方面体现了崇高的仪式感,成为禁中重要的宗庙场所。

以上天章阁职能从实政到典仪的演变也通过侍从官的设置方面体现,二者互为表里。天章阁侍从官从北宋时期参与召对、编纂、经筵等实务到北宋晚期至南宋以来逐渐"不领阁事",为文臣罕除之加官。这不惟与宋代殿阁、馆阁职名阶官化趋势相关,也是天章阁自身实际职能的典仪化所导致的。通过对宋代天章阁政治职能的分析,不仅看到两宋间诸阁职能政治传统的演变轨迹,也考察了宋代内朝格局分布与职能分配的变化为诸殿阁职能、殿阁官职分所带来的影响。

---

① 黄淮、杨士奇编:《历代名臣奏议》卷 275《经籍 图谶》,至和二年翰林学士欧阳修上奏,上海古籍出版社,1989 年,第 3592 页上。

以职事官为重心:试析北宋元丰后的文官班位[*]

任 石[**]

班位,是文武百官在朝堂上的相对位置,又称朝位、朝班、班序。作为一种重要的等级安排手段,班位能够在以宫殿为主要场所的多种场合之下,集中地展示官僚群体的身份、权力与地位。事实上,官员序位排班的做法,每一朝代都存在,但宋代的排班方式却颇为独特,出现了突破类别与层级界限、对各类官职进行混合排序的杂压、合班制度。而更重要的是,经过元丰改制,在寄禄品阶恢复效用、职事官系统重新注入职掌以后,杂压与合班之制依然持续地行用,其时,借助杂压来搭建各类官职之间等级联系的情形更为普遍[①],运用杂压进行排序的场合也趋于多元化。[②]为何会如此?

推究其原因,杂压制度的出现,与宋代官员复合性的身份构成方式密切相关。以文官为例,本官、职名、差遣(元丰后为职事官、寄禄官、贴职)等多个序列共同承担着标志身份的作用,致使实际职任不断向品秩体系渗透,二者糅合在一个统一体之内,不再是平行分立。换言之,杂压没有被废罢,根源于元丰时期的官制改革,重点厘正的是设官分职之中官失其守、名实不副的弊病,改革没有从根本上消除官与差遣的分离[③],也未能够改变宋代官员身份要素一体多元的发展趋向。

---

[*] 本文原载于《中华文史论丛》2018 年第 2 期。收入本书时略有修改。

[**] 任石,上海师范大学人文学院古籍整理研究所副教授。

[①] 举例来说,在元丰以后,实有职掌的职事官可以借助杂压,与寄禄官之中的各个等级层次建立更为直接的联系。

[②] 如内宴座次、集议座次、经筵讲读座次、朝臣上下马次序、朝服等级等。

[③] 邓小南先生曾指出,元丰官制改革虽然"改变了官与差遣的分离形式,却未能从根本上消除官与差遣的分离",参见邓小南:《宋代文官选任制度诸层面》,河北教育出版社,1993 年,第 26—27 页。

班位制度是宋代官制研究中一个相对薄弱的环节①,宋代班位研究的重点与难点,在于厘清排班的原则。本文尝试结合元丰改制期间等级结构的变化、合班之制的重组,以及元祐以后的局部调整,初步讨论北宋后期排定文官②班位的主要原则。

一、元丰时期的结构性转变与合班之制的重组

与熙宁变法时期的情形有所不同,元丰年间,政事的主导者已转换为神宗皇帝本人。这一时期由神宗主持的官制改革,表面上来看,似乎是在向唐代前期的制度回归,但实际上,从等级安排的角度观察,改革是在承袭北宋前期制度(复合性的身份等级——宰执③·侍从④·庶官⑤)的基础上,选择性地恢复了唐代旧制(以职事官序列为重心)。

北宋前期,文官的班位安排是以无权责的本官为衡量基准⑥,在此基础上,选择性地叠加一系列与职任相关的插入项⑦,决定班位的优先项并不十分稳定,需要在相互叠加的多重因素之中权衡、取舍⑧;元丰以后,这一局面发生了改变,实有职掌的职事官序列成为班位的衡量基准,相应地,在原有本官阶基础上、由散官称谓改造而成的寄禄官,贴职、资序,以及作为身份标志的"二府旧臣""曾任侍从"等一系列要素,则演变为插入项,优先项的选择不具有唯一性,仍然需要权衡、取舍。不过,与北宋前期的安排模式相比,此时的变化主要体现在:阶官与实职的功能发生了一定的改变,概言之,恢复职掌的职事官一个序列,承担起了元丰以前作为基准项的本官与时常充当着优先项的差遣双重角色,致使影响班位高下的基准项与优先项由分离走向了合一。

事实上,这种结构上的调整,也在很大程度上影响了宰执、侍从⑨、庶官三个等级群体

---

① 既有研究成果主要包括,阎步克:《品位与职位》,中华书局,2002 年;阎步克:《中国古代官阶制度引论》,北京大学出版社,2010 年;龚延明:《宋代官制辞典》,中华书局,1997 年;李昌宪:《略论北宋前期官制中的比品与序班》,《中山大学学报》2010 年第 6 期;李昌宪:《宋朝官品令与合班之制复原研究》,上海古籍出版社,2013 年;陈文龙:《北宋本官形成述论——唐后期至北宋前期官僚品位结构研究》第三章,北京大学博士学位论文,2011 年。

② 本文所讨论的文官群体,以中央官员为主体。

③ 宰执,以二府成员为主,宰执的身份主要由差遣职任得以体现。

④ 侍从,是身份与职任不完全契合的等级群体,北宋前期,侍从官的范畴由本官、职名、差遣三个序列共同界定。

⑤ 侍从官以下属于庶官的范畴。

⑥ 基准项,即相对恒定的基础标准。

⑦ 插入项,即灵活多变的附加因素。

⑧ 涉及北宋前期文官群体的排班原则,参见拙文《分层安排:北宋元丰改制前文官班位初探》。

⑨ 元丰以后,侍从官的范围改变为由职事官、贴职、寄禄官三个序列共同界定:职事官谏议大夫或权侍郎以上、职名待制以上及寄禄官太中大夫以上官员。参见张祎:《宋代侍从官的范围及其相关概念》,《国学研究》第 34 卷,第 83—107 页。

之中职任对于个人待遇决定作用的影响程度。具体而言，北宋前期，"等级层次越高，差遣作用越是显著，等级层次越低，本官作用越是突出"的两极分化局面，逐渐转变为优先项相对集中在职事官一个序列之上，所以，等级安排以职事为重心的趋势更加明显。也正是在优先项相对稳定的前提之下，元丰以后班位制度的复杂、烦琐程度要大为降低。不过，有必要指出的是，基准项与优先项的合一趋向以及优先项的相对稳定，并不意味着真正地回归到了唐代旧制，因为在宋代官员一体多元的身份要素之中，一系列插入项的存在，即决定着作为基准项的职事官终究是影响班位的诸多因素之一。

在这一背景下，与排班安排紧密相关的合班之制的组合方式，也发生了一定的改变。从本质上来看，宋代的合班之制是一种对身份等级的排序，所排定的是能够标志身份、参与排班的各类官职在等级秩序中的相对地位，以此作为衡量班位高下的基本依据。北宋前期，合班之制的形成原则是以无权责的本官阶为基准项，其后，通过参比本官的相对位次，将待制以上职名、部分差遣、武阶官、环卫官、伎术官、班官等官职逐一插入，顺次相压。但在元丰之后，合班之制的组合方式改变为以实有职掌的职事官（省台寺监）为基础，并将参与排班的寄禄官、贴职[1]、武阶官、环卫官、伎术官等官职依次插入，从而扭转了北宋前期的排序方式。于此之后，纳入合班之制的各类官职中，实际职任占据的比重要明显增大。李昌宪先生曾指出，元丰以后，合班制度中重视实际职任的精神并未改变，仍然不单纯以品秩确定官位的高下，而是以紧要官压闲散官。[2]这一论断确有道理。不过，不可忽略的一点是，原本抽离职事的重心序列——职事官（本官）重新注入了职掌，致使在进行等级安排时，职任发挥着比以往更关键的作用，因而，合班制度之中重视实际职任的精神，在官制改革以后要体现得更为显著、充分。

另一方面，即使在官品恢复效用以后，对各类官职进行混合排序的合班之制也持续存在，以上两套等级排序的方式，侧重点各有不同。官品主要是在一个纵列之内进行高下的排序，与之相对，杂压能够跨越多个序列，突破类别与层级[3]，更直接地在阶官与职任之间搭建等级联系。以南宋中期编修的《庆元条法事类》卷4《职制门一》所载"官品""杂压"为例，职事官、寄禄官、贴职三个序列既纳入了官品，也纳入了杂压。但是，在合班之制中，职事官的排序原则却突破了官品的限制，品级偏低的中书·门下两省官、尚书省官一般会压

---

① 需要指出的是，元丰以前，馆职不在杂压的范围之内，至徽宗政和六年，修撰、直阁开始纳入杂压。《宋会要辑稿·仪制》3之44，中华书局影印本，1957年，第1893页下。

② 李昌宪：《宋朝官品令与合班之制复原研究》，第3页。

③ 如现有A、B两类官职，"官品"若是统一排为：一品A、一品B、二品A、二品B，"杂压"则可以冲破品级与类别，将其混排为：二品B、一品A、一品B、二品A。另一方面，"官品"与"杂压"所囊括的官职范围也存在一定的差异。据庆元合班之制，爵入品而不入杂压，阁职、六院官入杂压而不入品。

在品级较高的寺监官之上①，这与北宋前期本官阶序中以台省官压诸司官②的基本格局有相似之处；相应地，寄禄官也是以品级偏低的京官压在品级较高的选人之上③；唯有贴职，其杂压的次序与品阶的高下基本保持一致。

正是受到官制改革的影响，元丰期间，文官群体的排班原则也发生了相应的改变。元丰三年（1080年）六月，神宗设立了"详定官制所"，作为制定新官制的专门机构。同年八月，在颁布《以阶易官寄禄新格》、正式实行新官制以前，"诏文武官非相统摄而官同者，其序位以职，职同以服色，服色同以资序，资序同以改官，改官同以出身"④。这一诏令，是推行官制改革前的一项必要准备，也是针对北宋前期班位制度的一种整理、合并，其主要目的在于整齐制度。根据当中的内容，在职任不相统摄的官员范畴内，影响班位的各类要素其优先级为：本官、职名、服色、资序、改官、出身。笔者以为，这种尽可能将"优先项"整合到本官（原职事官）之上的安排方式，是为了便于职事官恢复职掌以后，能够更顺利地将其发展为承担等级待遇的"重心序列"。

在新制全面推行之后，宋廷重新规定了执政的排班原则。宋代的执政官，主要包括副宰相与枢密院长贰。元丰五年（1082年）二月癸酉，诏令："知枢密院、门下中书侍郎、同知枢密院、尚书左右丞为定班，班次以是为差。"⑤实际上，元丰改制并没有废除枢密院，枢密院成员的"内职"身份也未予以改变。按照规定，枢密与其他执政官一同排班时，通常会优先官位的高下。其后，又对"同知枢密院事"与"尚书左右丞"的班位顺序做出了调整。元丰六年（1083年）七月丙辰，安焘由试户部尚书除授同知枢密院事⑥，八月辛卯，李清臣自吏部尚书拜尚书右丞⑦，两位执政的班位也受到了神宗皇帝的干预：

> 官制，知枢密院与门下中书侍郎、左右丞、同知枢密院同一班，不以拜命先后，同知院常在后。因景陵酌献立班，神宗见之，顾辅臣曰："安焘不当在李清臣上。"自此为定制。⑧

根据元丰五年的既定原则，安焘本应在李清臣之上，然而，神宗却不满意这一排序方式，强

---

① 在庆元合班之制中，职事官以两省官、尚书省官压寺监官：（1）（从四品）左右谏议大夫、权六曹侍郎在（正四品）太常卿、宗正卿、秘书监之上；（2）（从六品）尚书左右司郎中在（正六品）国子司业、少府·将作·军器监、都水使者之上；（3）（正七品）尚书诸司员外郎在（从六品）少府·将作·军器少监之上。
② 在北宋前期，本官阶序的构成原则为机构优先，官品次之，机构内部按官品顺序排列；更具体地说，中书·门下两省、御史台及尚书省的位次要明显高于同品诸司官，"官与品轻重不相准"。参见赵冬梅：《北宋前期"官与品轻重不相准"含义试释》，《北大史学》第11辑，北京大学出版社，2005年，第219—231页。
③ 根据庆元合班之制，寄禄官以京官压选人：京官（正九品）承事郎、承奉郎、（从九品）承务郎在选人（从八品）儒林郎、文林郎、从事郎、从政郎、修职郎之上。
④ 李焘：《续资治通鉴长编》（以下简称《长编》）卷307"元丰三年八月癸巳"条，中华书局，2004年，第7452页。
⑤ 《长编》卷323"元丰五年二月癸酉"条，第7789页。
⑥ 徐自明撰，王瑞来校补：《宋宰辅编年录校补》卷8，中华书局，1986年，第503页。
⑦ 《宋宰辅编年录校补》卷8，第505页。
⑧ 莫君陈：《月河所闻集》，《全宋笔记》第1编第10册，大象出版社，2003年，第314页。

行将安焘移至李清臣之下，即令尚书右丞居于同知枢密院事之上。究其原因，神宗此举是侧重于从"人"的角度着眼，优先考虑资历的深浅，而不再拘泥于官位的高下；由神宗亲自调整过的这一顺序，也逐渐成为原则的一部分。由此可以看出，在班位的安排上，某些人事的因素也得以凌驾于制度的规定，对排序的结果产生巨大的冲击力。

与此同时，亦涉及其他职事官的排班原则，元丰七年（1084年）十月丁亥，诏曰："应职事官以除授先后为序，同日除者以寄禄官。"①元丰官制推行以后，废罢了三馆秘阁，并罢除了职事官带职，这就意味着，职名已暂时性地退出排班的原则，加上当时规定"除用职事官，不问资序高下，但随阶品，而加行、守、试以赋禄"②，致使职事官与寄禄官两个序列，进一步成为这一时期牵动班位高下的核心要素。所以，执政以下职事官逐渐明确了以除授先后为序，同日除授的官员，再比较寄禄官的高低。

二、元祐以后文官排班原则的变化

由于等级安排的重心相对稳定，优先职事官的趋势也比较明显，因而在元丰期间，文官排班的原则已趋于明确。不过，在元祐以后，为了应对纷繁丛脞的现实情况，使君主控御、驱策臣下的手段更加多元，宋廷开始有意识地向北宋前期的一些做法靠拢，对官制改革的内容进行了调整。其后，在职事官、寄禄官之外，贴职、资序、"二府旧臣"与"曾任侍从"等要素，又一次成为影响班位的关键性因素，这也使神宗时已经过整合、精简的班位安排，呈现出烦琐、细密化的发展倾向。

（一）执政排序原则的调整

元丰八年（1085年）三月，宋神宗赵顼去世，年幼的哲宗即位，哲宗的祖母太皇太后高氏垂帘听政。同年五月，门下相王珪去世，这一突发性的事件，也带动了宰执群体新一轮的位序变更。

神宗上仙，王珪病薨，蔡确迁左仆射，宣仁问确："右仆射阙，谁合做？"确对曰："以即今班序论之，即知枢密院事韩缜合做。若以祖宗故事论之，则东厅参政合做。"东厅参政，即今门下侍郎章惇也。宣仁识确语意主惇，因曰："且只依今班序。"③

① 《长编》卷349"元丰七年十月丁亥"条，第8372页。
② 洪迈撰，孔凡礼点校：《容斋随笔·四笔》卷14《郎中用资序》，中华书局，2005年，第800页。
③ 《长编》卷356"元丰八年五月戊午"条注文，引吕本中：《杂说》，第8520页。

蔡确由中书相升任门下相,次相的位置出现了空缺,接替这一职位的可能人选主要包括知枢密院事韩缜与门下侍郎章惇二人。就班位的顺序来看,知枢密院事韩缜仅次于蔡确,本当优先,但就祖宗旧制而言,门下侍郎章惇理应迁补次相,经过考量,宣仁后并没有遵从蔡确的意愿,而是选择了韩缜。这是一种权衡利弊的结果,也正揭示出朝堂之上的班序,不仅仅是一种身份与权力的集中展示,更是迁补宰执之时重要的考虑因素之一,至少可以在必要的时候,成为一个比较恰当的借口。

元祐垂帘时期,由于政治局势的变更,也曾对神宗元丰新制的内容作局部的调整。元祐二年(1087 年)五月戊辰,"诏同知枢密院事范纯仁与尚书左、右丞理,先除授者立班在上。先是,神宗厘正官名,各有位序,以官职为次,不以除授为先后。于是特降新制"①。此时,尚书左丞、右丞分别由刘挚与王存充任。元祐元年(1086 年)十一月戊午,刘挚自试御史中丞除授尚书右丞②,二年五月丁卯,又迁为尚书左丞,同一日,王存也自守兵部尚书除授尚书右丞。③不过,值得注意的是,范纯仁进入执政行列的时间要早于刘挚、王存,在元祐元年三月,范纯仁即由试吏部尚书除授同知枢密院事。也就是说,三位执政之中,官位在尚书左、右丞之下的同知枢密院事反而更为资深。为了有效解决这一矛盾,戊辰之日"特降新制",将元丰时期执政"以官职为次"的原则调整为"以除授为先后",这与北宋前期(尤其是真宗、仁宗)的制度④也颇为接近。然而,更耐人寻味的是,由人事因素所促成的"新原则",最终也不免为人事因素所打破。元祐五年(1090 年)三月壬申,

> 御史中丞梁焘言:"伏见近除韩忠彦同知枢密院,苏颂尚书左丞,续有指挥,令忠彦立班在颂之下。臣窃惑之。以官制言之,则同知枢密院在左、右丞之下;以近例言之,则同知枢密院先入者,在左、右丞之上,忠彦自合在左、右丞上。今既不依官制,又不循近例,仰惟圣意,必以颂为耆旧,故特赐此优礼。忠彦虽是晚辈,然进之在前;颂虽是旧人,然用之在后。窃以朝廷尚爵,宜正先后之次,今既不以先后次之,则是陛下特形重轻之意。"⑤

根据元丰新制,同知枢密院韩忠彦官位在尚书左丞苏颂之下,但若遵从元祐近例,则同知枢密院先除授者在尚书左丞之上,这是两种截然不同的排序结果。优先考虑到苏颂的旧臣身份,以及为显示重用苏颂的实际意图,宣仁后强行将除授在先的韩忠彦降至苏颂之下,打破了"以除授为先后"的原则。这样的安排,也激起了朝臣们的反对,御史中丞梁焘的上奏正是此意。在此期间,苏颂也曾推辞礼让,希望韩忠彦的班位在上。⑥而果不其然,

---

① 《长编》卷 401"元祐二年五月戊辰"条,第 9767 页。

② 《宋宰辅编年录校补》卷 9,第 567 页。

③ 《宋宰辅编年录校补》卷 9,第 570 页。

④ 《长编》卷 88"大中祥符九年九月戊申"条:"诏自今参知政事、枢密副使、宣徽使立位,并以先后为次。"(第 2014 页)

⑤ 《长编》卷 439"元祐五年三月壬申"条,第 10574—10575 页。

⑥ 苏颂撰,王同策、管成学、颜中其等点校:《苏魏公文集》卷 69《辞免立班札子》,中华书局,1988 年,第 1044 页。

元祐七年（1092 年）六月辛酉，苏颂即自尚书左丞拜相（右仆射、兼门下侍郎）①，"自左辖登庸，时以为异恩"②。到了徽宗崇宁元年（1102 年）七月，蔡京取代曾布除拜右仆射③，名义上也沿用了这一故事。由此不难看出，即使是在官制改革以后，渗透在排班过程中的权力干扰尤其是皇权对于宰执班位的有意干预，仍然不能够被彻底地排除。

（二）贴职、资序的再度介入

元祐以后，伴随着允许职事官带职，以及"权侍郎""权尚书"等称谓相继出现，意味着融于一体的职事官、寄禄官、贴职、资序共同被纳入序班要素之中，班位制度的复杂性也进一步凸显出来。元祐元年（1086 年）三月乙酉，诏："职事官许带职，其班序、杂压依职事官。"④对于贴职存在的意义，徐度在《却扫编》中曾有颇为精辟的论述：

> 余观元丰官制，既职事官各有杂压，则既上者不可以复下，故自六尚书、翰林学士而除中丞，六曹侍郎而除给舍、谏议，非不美而不免为左迁。若使带职而为之，则无此嫌矣。……及前执政入为尚书，皆带殿学士之类，既近于为官择人之义，且于人品秩无伤。⑤

贴职是一种相当有效的调控手段，能够在一定程度上弥补赋有实职、纳入等级体系的职事官序列迁转路线的单向性、局限性（所谓"既上者不可以复下"）；同时，针对身份相对特别的"前任执政"，贴职的存在，既足以彰显其尊崇的身份，又避免了不恰当地提高其品秩。《长编》卷 403"元祐二年七月癸丑"条载：

> 诏："除诸行侍郎，如未历两省及待制以上职者，并带'权'字，叙班在诸行侍郎之下，杂压在太中大夫之上，禄赐比谏议大夫，仍不赐金带，候及二年取旨。"⑥

另据《长编》卷 419"元祐三年闰十二月庚申"条：

> 置六曹尚书权官，俸赐依六曹侍郎守法，叙班在试尚书之下，杂压在左右常侍下，满二年取旨。⑦

根据这两条材料的记载，资序再次介入到排班原则之中，不可避免地加剧了这一时期班位安排的繁复程度。其中，资序低浅的权侍郎、权尚书，叙班、杂压、禄赐时的参比标准各不相同。值得注意的是，叙班与杂压是两种原则不同的排序方式：前者以朝参拜谒场合为主，需要根据官员类别、职事部门等因素组合成相应的班列；与之相对，后者是一种突破了

---

① 《宋宰辅编年录校补》卷 10，第 600 页。

② 王明清：《挥麈录·前录》卷 3，中华书局，1961 年，第 23 页。

③ 《宋宰辅编年录校补》卷 11，第 700 页。

④ 《长编》卷 373"元祐元年三月乙酉"条，第 9038 页。

⑤ 徐度：《却扫编》卷中，《全宋笔记》第 3 编第 10 册，大象出版社，2008 年，第 151—152 页。

⑥ 《长编》卷 403"元祐二年七月癸丑"条，第 9801 页。

⑦ 《长编》卷 419"元祐三年闰十二月庚申"条，第 10159 页。

类别与层级界限的单向排队,更适用于一些非正式的谒见场合。①事实上,不同于北宋前期的一点是,元丰以后资序低浅的职事官已能够独立决定班位,而不再需要将优先项转移到寄禄官之上,或是结合寄禄官的高下来综合判定班位;这一转变的出现,恰恰是由于此时决定班位的基准项与优先项走向了合一,且相对集中在职事官一个序列之上。

其后,南宋绍兴初年,也曾针对资序低浅者的朝参立班原则,进行过深入的讨论。绍兴元年(1131 年)三月十三日,

> 阁门言:"自来职事官差权职任高者,与寄禄官差权人趁赴朝参立班不一。欲乞今后臣僚若系得旨差权职任,朝参立班并权依正官(议)[仪],罢日依旧。侍从官已上权职任高者止立旧班。"从之。既而臣僚言:"祖宗旧制,应在京职事官兼权他职,并止立本班。若便依阁门奏请,即郎官以下被旨权卿监者须立卿监班,卿监以下被旨权侍从者须立侍从班,显见班列之中纷然殽乱。"遂寝不行。②

依照规定,同为资序低浅者(结衔中带"权"字),职事官兼权职事官与寄禄官差权职事官的立班原则存在一定的区别:前者一般会"从本班"(正职事官);后者则是"从一高班"(权职事官、寄禄官),即忽略资序的深浅,使权官与正官的原则保持一致。阁门司之意,是令朝参立班之时,庶官以下官员,不顾及资序,权官统一依正官仪;相反,侍从以上官员,则不论差权职任高下,只以正官立班,突出资序的作用。但这一提议,却遭到了臣僚的反对,其原因主要在于,在京职事官兼权其他职任者,通常要将优先项锁定为正职事官,由阁门提出的对侍从、庶官进行分层安排的方式,更容易造成庶官群体班位安排的纷然殽乱。举例来说,郎官以下(庶官)权卿监者(庶官),立在庶官班,卿监以下(庶官)权侍从官者,立在侍从班;从排序的结果来看,同属于庶官,正官高者因权官较低反而要屈居于正官低者之下,权官达到侍从的官员,甚至跳出了庶官的班列,显见权庶官与权侍从的待遇标准存在较为悬殊的差距。最后,诏旨不得不舍弃这一不甚合理的安排方式。

(三) 特殊身份:"二府旧臣"与"曾任侍从"

事实上,不只是宰执、侍从具有标志身份的功能,曾经拥有过上述身份的"二府旧臣"与"曾任侍从",也逐渐成为一种特定的身份标志,被纳入排班原则之中。元祐元年(1086

---

① 有必要指出的是,元丰改制以后直至南宋时期,运用杂压进行排序的场合趋向多元化:(1)品官诣尚书省六曹时上下马的顺序,《长编》卷 339"元丰六年九月癸丑"条,第 8165 页;(2)(元丰时)尚书省集议座次,庞元英:《文昌杂录》卷 4,《丛书集成》初编本,第 44 页;(3)台谏上殿奏对班次,杨士奇、黄淮等编:《历代名臣奏议》卷 162《建官》(侍御史李光上奏),上海古籍出版社,1989 年,第 2117 页;(4)(淳熙间)常朝时文武臣僚入殿的行进次序,《容斋随笔·五笔》卷 4《近世文物之殊》,第 877 页;(5)(绍熙年间)经筵讲读的座次,彭龟年:《止堂集》卷 4《论经筵讲读不当以官职杂压为序奏》,《丛书集成》初编本,第 59 页。

② 《宋会要辑稿·仪制》3 之 46,第 1894 页下。

年)闰二月甲申,诏:"自今观文殿学士、资政殿大学士班序、杂压在六曹尚书之上。资政殿学士曾任执政官者,准此。"①在合班之制中,资政殿学士的位次在六曹尚书之下②,但是,曾任执政官的资政殿学士,则带有了二府旧臣的身份,等级地位要高于一般的侍从官,故而立班、杂压时,将其班位统一升至六曹尚书之上。试举一例:元祐五年(1090 年)十二月,尚书右丞许将遭到台谏官的弹劾,被罢为资政殿学士、知定州。随后,兴龙节上寿(哲宗生日)时,许将"乞缀寄禄官班",但诏令"立班在六尚书上"。③这一安排,正是顾及许将身份的特殊性。元祐六年(1091)九月,"辛卯,诏六曹尚书曾任执政官者,立班在六曹尚书之上少前"④。与前一处理方式趋近,同为六曹尚书,曾任执政者的班位也往往得到优先。

再如集贤院学士,"自官制行,不复除";元祐五年(1090 年)九月复置,属于贴职。

> (元祐)六年[闰]八月十六日,以权工部侍郎李周为之。诏集贤院学士如曾任权侍郎已上人充者,立班、杂压并在太中大夫之上。⑤

政和六年(1116 年)以前,集贤院学士(后改名为集贤殿修撰、右文殿修撰)还未纳入杂压⑥,其"体制与诸直馆颇同"⑦。而实际上,曾任权侍郎以上,标志着兼有曾任侍从的身份,换言之,集贤院学士虽然不属于侍从官的范畴,但凭借其曾为侍从的身份,也可以将班位提升到一定的高度。元祐时,这一高度达到了太中大夫之上⑧,恩数视待制⑨,意味着已迈入到侍从的班列之中。哲宗亲政以后,一改元祐的旧规定,又将班位下调至中散大夫之上。绍圣元年(1094 年)三月二十三日,

> 诏(令)[今]后除集贤院学士曾任权侍郎以上者,立班、杂压、封赠在中散大夫之上,其余恩数、仪制并依中散大夫。余人立班、杂压在中散大夫之下,荫补依朝(仪)[议]大夫,官高者从本条。⑩

中散大夫在庶官的范畴内,杂压的位次要低于太中大夫。经过调整,曾为侍从的集贤院学士,其班位降到了中散大夫之上,归入庶官的班列之中,未任侍从以上者,则班位在中散大夫之下。徽宗政和年间,右文殿修撰始入杂压,其位次也远低于中散大夫。

另外,由权侍郎除授帅臣(安抚使路首州知州)的官员,其恩例也依照权侍郎(侍从)。元祐八年(1093 年)二月八日,范子奇权户部侍郎不满二年即遭罢免,此时,不应除授待制,

---

① 《长编》卷 368"元祐元年闰二月甲申"条,第 8871 页。
② 《宋史》卷 168《职官志八》"元丰以后合班之制",中华书局,1977 年,第 3991—3996 页。
③ 《长编》卷 452"元祐五年十二月辛卯"条、"乙未"条,第 10841、10851 页。
④ 《长编》卷 466"元祐六年九月辛卯"条,第 11128 页。
⑤ 《宋会要辑稿·职官》18 之 11,第 2760 页上。
⑥ 《宋史》卷 168《职官志八》"元丰以后合班之制",第 3991—3996 页。
⑦⑩ 《宋会要辑稿·职官》18 之 13,第 2761 页上。
⑧ 这一位次的确定,应是根据"权侍郎"而来。元祐二年七月已有规定,杂压时,权侍郎在太中大夫之上。参见前引《长编》卷 403"元祐二年七月癸丑"条,第 9801 页。
⑨ 《长编》卷 465"元祐六年闰八月壬申"条注文,第 11112 页。

即以集贤殿修撰知庆州,而"止得庶官恩例";但在不久之后,范子奇自诉于朝廷,因而提高了恩例的等级,依从权侍郎。①

需要指出的是,在元丰改制前后,宰执、侍从群体因获薄罪而被夺职,其现实的境遇也大为不同。

旧制,二府、侍从有薄罪,多以本官归班朝请而已,初无职掌,然班着、请给并只从见在官,初不以所尝经历为高下也。……元丰以阶易官,此制遂革。凡侍从以上被谪夺职,非守郡则领祠,无复留京师者。②

北宋前期,脱离差遣的在京官员一般"以本官归班",无权责的本官则充当着见在官的作用,能够独立决定官员的班位、俸禄(两项基本待遇);但在其后,元丰新制以阶易官,新的寄禄阶难以脱离职任而单独存在,进而失去了"见在官"的意义,因而,被夺去职事官的在京官员,或出外守郡,或为祠禄官,不再留在京师。

元丰以后,另一个突出的变化体现在,脱离职事的在京官员,仍旧以寄禄官序位,不过,颇为特殊的是,曾为二府旧臣或为侍从者,可以直接越过寄禄官,凭借其优越的身份标志居于庶僚之上。

政和中,刘器之既复旧官领祠,然才得承议郎。所至与人叙位,必谨班着,不肯妄居人上。一日,谒乡人赵畯朝奉,坐未久,有张基大夫者继来。刘与之叙官,张虽辞让,既不获,又不知避去,因据上坐。刘归之明日,偶微病,人有候之者,曰:"比谒赵德进,坐于堂中,适张基大夫继至,吾官小,宜居下,遂坐德进傍,正当房门之冲,风吹吾项,遂得疾。"客至必以此告,是亦不能不介意之辞也。近岁,尝任侍从者,虽被夺职,亦偃然以达官自居,凡遇庶僚,必居其上无所屈,则非复责降之本意矣。③

这里的"复旧官"是指寄禄官(承议郎),祠禄官又为闲职,不入杂压;此段的文意,是在赞许刘安世为人谨守班仪,仅以寄禄官序位,不肯妄居人上。其后,尝任侍从的官员,虽已被夺职,仍多以达官自居,必欲居于庶僚之上。

入宋以后,二府旧臣与曾任侍从时常能够作为插入项影响班位的高下,但是在元丰前后,二者的作用方式却存在一定的差异:其中,北宋前期,侍从以上"前任官"再入旧职,多位居"现任官"之上④;元丰以后,"前任官"即使不入旧职,也得以借助二府旧臣或曾任侍从的身份标志,达到提高班位的目的。

鉴于此,进入侍从序列的次序先后,也逐渐发展成为左右班位的重要因素。绍兴九年

---

① 《长编》卷482"元祐八年三月乙酉"条,第11465页。
② 朱弁撰,孔凡礼点校:《曲洧旧闻》卷9《苏子容刘器之之风》,中华书局,2002年,第219—220页。
③ 《曲洧旧闻》卷9《苏子容刘器之之风》,第220页。
④ 周必大:《周益公文集》卷126《乞序位李彦颖下札子》载:"国朝故事,侍从而上或遇旧人再入,其序位多在见任人之上。非徒重朝廷之体,亦以兴廉逊之风。"(《宋集珍本丛刊》第50册,第87页下)在北宋前期,此类情况以两制居多。

（1139 年）九月十五日，

新除给事中刘一止言："奉诏，刘一止、冯檝并除给事中。依条，同日除以寄禄官为序。今冯檝系朝散大夫，一止系朝奉郎，乞以官序系衔。"诏刘一止系自中书舍人除授，序位合在冯檝之上。①

按照惯例，职事官同日除授者应以寄禄官为高下，即冯檝（朝散大夫）在刘一止（朝奉郎）之上，但是，刘一止先于冯檝一步获得了侍从官的身份，绍兴八年（1138 年）十二月，刘一止已除中书舍人②，受到这一附加因素的影响，寄禄官在下的刘一止班位居于冯檝之上。

在班位之外，其他一些等级特权也往往渗透着对于前宰执、前侍从的特殊照顾，如公服③之上用以彰显官员身份的佩件。

故事，从官不带待制已上职名而罢者，止服黑带佩鱼。淳熙中，王仲行自吏部尚书除端明殿学士、知绍兴府，未行，以言章夺职。仲行朝辞上殿，服金带垂鱼而入，阁门吏止之。仲行即解所佩鱼，阁门犹以为不可，乃从小吏假黑带以见，仲行殊不平。（淳熙）十年十月，始有旨：权侍郎以上罢任不带职，许服红鞓排方黑犀带，仍佩鱼。自是遂为定制。④

不同于唐代的四等服色，宋代公服的服色一般分作绿、绯、紫三个等级，就文官群体而言，服紫袍者的佩件又可以分作六个层次，在六等之中，庶僚黑角带，佩金鱼；（侍从以上）中书舍人、谏议、待制、权侍郎，红鞓黑犀带，佩鱼；权尚书、御史中丞、资政、端明殿学士、直学士、正侍郎、给事中⑤，金御仙花带，不佩鱼，谓之"横金"；翰林学士以上正尚书，御仙带，佩鱼，谓之"重金"。⑥王希吕自吏部尚书（即"重金"）除授端明殿学士、知绍兴府，本应当归入横金一等，但被夺去了职名以后，王希吕的系衔之中已不存在提升佩件等级的基本要素，因此，阁门官员也顺理成章地将其归入了等级最低的黑带佩鱼一等。颇为讽刺的是，朝辞上殿谢恩时，王希吕不只解去了佩鱼，又被迫以小吏的黑带换掉了原本的金带，经过如此一番折腾，真可谓相当窘迫。为了避免这一情况的再次发生，淳熙十年（1183 年）十月颁行诏旨，令"权侍郎以上罢任不带职"者与权侍郎、待制划为一等，许服"红带佩鱼"，这正是充分顾及其曾任侍从的身份，尽可能缩小官员进入与退出侍从序列时相对悬殊的待遇差异⑦，给

---

① 《宋会要辑稿·仪制》3 之 47、48，第 2778 页。

② 李心传：《建炎以来系年要录》卷 124"绍兴八年十二月丁丑"条，中华书局，2013 年，第 2342 页。

③ 宋代文官的服饰，主要包含祭服、朝服、公服三个等级。其中，祭服多用冕服，主要配合祭祀大礼，陪从祭祀或大朝会时着朝服，日常朝见及出入官衙时着公服。

④ 李心传：《建炎以来朝野杂记·甲集》卷 9《前从官许服红带》，中华书局，2000 年，第 188 页。

⑤ 给事中原系红带，与舍人并为一等，其后改系金带。《高斋漫录》载："给舍旧为一等，并服赪带排方佩鱼。元丰中，有自侍郎为夕拜者，故仍旧系金带。崇宁初，乃援以为例。自是给事中并金带矣。"（曾慥：《高斋漫录》，《全宋笔记》第 4 编第 5 册，大象出版社，2008 年，第 109 页）

⑥ 《容斋随笔·四笔》卷 12《仕宦捷疾》，第 776—777 页。

⑦ 有必要指出的是，与北宋前期相比，元丰以后官员退出侍从行列的情形要更为多见，寄禄官太中大夫以下的职事官在其卸任时，若未能得到待制以上职名，则意味着退出了侍从的行列。

予其一定程度的尊重,从而达到适当地缓解臣僚心理落差的目的,有效提高其积极性。可以说,这也是宋代等级安排的突出特色之一。

(四) 阶秩与职任存在等级差距

经过元丰改制,恢复职掌的职事官序列演变为衡量班位的基准项,相应地,寄禄官等要素则成为插入项,因此,当这二者之间存在一定的等级差距时,优先的原则往往要偏重于职任。

以京朝官为例,宋代的封赠,包含着封赠三代、二代、一代的等级区分,一般在文官群体之中,寄禄官在通直郎以上,即达到朝官这一等级,遇大礼时允许封赠一代。①也就是说,大礼封赠一代的依据是取决于寄禄官。不过,绍圣二年(1095 年)八月,却出现了一个新的规定,诏曰:"寺监官以杂压在寄禄官通直郎之上者,虽系宣德郎,遇大礼亦许封赠。"②宣德郎属于京官。实际上,诏旨的主要目的,是借助杂压得以突破官职类别的特点,搭建职事官与朝官之间的等级联系,在实际的操作中尽量放宽标准,优先顾及职任,将更多的职事官纳入封赠的范畴之内。具体来说,寄禄官没有达到朝官这一层级的寺监官,同样可以通过职事官杂压在通直郎之上的方式,获得大礼封赠的资格。而这一做法,突破了既有局限,将封赠的资格从寄禄官达到升朝官以上的单一标准,巧妙地转换成或寄禄官,或职事官达到这一等级层次的双重标准。大观元年(1107 年)七月,又遇到了学官封赠的问题:

广亲北宅宗子博士叶莘等状:"伏觌见行条令,大理评事叙位杂压在国子博士之下,遇大礼并许封赠。今朝廷置立国子博士,与宗子博士叙位杂压,即未有明文。如宗子合在国子之上,伏望详酌,特许比类,遇大礼封赠。"吏部状:"契勘宣德郎任大理评事、国子博士,系寺监官,杂压在寄禄官通直郎之上,遇大礼依条合该封赠外,其宗子博士序位班在太学博士之上,系在通直郎之下,不该封赠……"诏:"宗子博士序位立班在国子博士之上,余依所乞。"③

国子博士、宗子博士、太学博士都属于学官。由于此前大礼封赠的资格已扩展成为双重标准,对阶官的等级要求有所降低,因而叶莘指出,杂压在朝官之上的大理评事具备封赠的资格这一点无疑,国子博士杂压又在大理评事之上,也应当具备这一资格,那么,只要宗子博士杂压能够在国子博士之上,他们便可以顺理成章地纳入封赠的范畴。不过,对这一请求,吏部有不同的看法,吏部认为,宗子博士班位在太学博士之上,而太学博士杂压的位次

---

① 《宋史》卷 170《职官志十》,第 4086 页。
② 《宋会要辑稿·职官》9 之 4,第 2593 页下。
③ 《宋会要辑稿·职官》9 之 4、5,第 2593 页下至第 2594 页上。

要低于朝官①，等级相当于京官，这就意味着，宗子博士杂压也应在朝官之下，而没有达到封赠的等级要求。诏旨的裁定结果是提高宗子博士的班位，使其升至国子博士之上，毫无疑问地获得了大礼封赠的资格。

不同于朝官、京官，选人是一个相对特殊的群体，在崇宁二年（1103 年）改定选人七阶以前，相对于京朝官而言，选人的阶秩与职任分离并不彻底。而在宋代，以选人身份出任相对较高层级的职事，是颇为常见的情形，宋廷针对这一类官员，也采用了更为特殊的班位安排方式。元祐七年（1091 年）四月丁丑，

> 大理寺言："伏睹五月十六日纳后，文臣承务郎、使臣殿直以上并赴陪位。大理评事虽有选人补充者，缘据杂压，评事叙位在通直郎之上，欲乞特降指挥，并许陪位。庶使凡任职事官之人，皆得伸臣子之礼，及预观仪物之盛。"从之。其选人充在京职事，于杂压在承务郎之上者亦准此。②

通直郎是朝官的最低一等，承务郎是京官的最低一等。一般来说，杂压要遵循从一高班的原则，在各类系衔要素之中，选取官位最高的一个官职参与序位。不过，充任职事官的选人（阶秩与职任在等级上不能够对应）却不完全遵循这一既有原则，而是结合职事官的位次做更细致的安排。所以，同为正八品的大理评事与通直郎，杂压时大理评事在通直郎之上，这也体现着元丰以后序位排班时"重职任"（职事官）而相对"轻阶秩"（寄禄官）的基本倾向。另据《庆元条法事类》卷 4《职制门一》载："诸选人任删定官、大理司直·评事，杂压在太学博士之下。（京官序位自依本法。）"③南宋以后，班位安排的主要原则与北宋后期趋于一致。这里所列举的若干事例即已揭示出，当选人充任一般由京官以上担任的职事官或是入杂压的在京差遣时，杂压的班位需要进行特别安排，其中太学博士的位次大致是在朝官之下、京官之上。④同时，注文中所谓"京官序位自依本法"，也意味着寄禄官若是达到了京官以上，则依然遵循从一高班的原则。回到前面引述的材料中，也能够发现，大理寺的上奏内容，正是试图忽略掉阶秩的等级高下，统一将在京职事官纳入到纳后陪位的行列之中。

还有一类情况值得注意，是带有朝官以上寄禄官的三省高级吏员。政和六年（1116年）六月十二日，

> 新湖南转运副使聂山奏："三省都录事在元丰法不得过朝请大夫，比年有用特恩至中奉大夫者。遇春、秋内宴，其位乃在左、右史、侍御史、左右司郎官之上。左、右司宰属，侍

---

① 《宋史》卷 168《职官志八》"元丰以后合班之制"，第 3991—3997 页。
② 《长编》卷 472"元祐七年四月丁丑"条，第 11272—11273 页。
③ 谢深甫：《庆元条法事类》卷 4《职制门一》，载杨一凡、田涛主编，戴建国点校：《中国珍稀法律典籍续编》第 1 册，黑龙江人民出版社，2002 年，第 26 页。
④ 《宋史》卷 168《职官志八》"绍兴以后合班之制"，第 4010—4013 页。

御史弹治不法,左、右史日侍清光,其选高矣,而都录事位其上焉,无乃未正乎,乞特改正。其寄禄官虽高,亦宜在左、右司之下,庶几隆杀有别,而名分正。"诏:"三省都录已转奉直大夫以上依朝请大夫班,自今特恩转奉直大夫令出职。"①

这里提及的是内廷宴会的等级安排,内宴一般要遵循杂压从一高班的原则来排定座次,也就是说,身为吏员的三省都录事,其预宴座次主要取决于所带寄禄官的高下。然而,这也带来了一个新的问题,即阶秩过高的三省吏员有可能坐在等级偏低的职事官之上。元丰期间,曾对三省都录事的阶秩等级有所限制,规定其不得高过朝请大夫,但在徽宗政和以后,这一上限逐渐被突破,寄禄官甚至达到了中奉大夫。不同于奉直大夫,中奉大夫是庶官范畴内等级较高的寄禄官,杂压在左右司郎中、起居郎、起居舍人、侍御史之上,正是由于此,都录事坐在了台谏、史官等重要的职事官之上。这种座次高下与职任紧要程度严重脱节的状况,也引起了宋廷的重视,为避免这一局面再次出现,宋廷得不得限定都录事班位的上限,阶官达到奉直大夫者令其出职,强行把都录事的位次控制在二史等职事官之下。

(五) 逾越旧规:寺监长官班缀"视待制"

所谓"视待制",是指原本不属于待制,但班位及其他等级待遇却可以参比待制来进行安排,这也是一类特殊的情况。陆游《老学庵笔记》卷8载:

> 政和以后,斜封墨敕盛行,乃有以寺监长官视待制者,大抵皆以非道得之。晁叔用以谓"视待制"可对"如夫人",盖为清议贬黜如此。又往往以特恩赐金带,朝路混淆,然犹以旧制不敢坐狨。故当时谓横金无狨鞯,与阁门舍人等耳。②

这种情况,主要出现在徽宗政和以后,且以寺监长官居多,通过绕开常规的申覆程序,敕命由禁中直接降出颁行(内降)。晁冲之戏称之为"如夫人"(小妾),足见其得之非以正道,名不正则言不顺,因而遭到了朝中清望之士的鄙夷。更为有趣的是,视待制者官服上的佩件出于特赐,通常与从属于侍从官的权尚书、正侍郎、直学士归为一等(横金),而相对地,鞍褥的材质则不敢妄用狨毛③("狨毛为坐"属于侍从官的一项特权④),只得与庶官处在同一个等次,官服与坐骑的等级配备极不相称,时人以"横金无狨鞯"称之,也正是源于此。另外,在宋代,带有特殊身份的某些官员(如内职、伎术官)往往也要服金带⑤或佩金鱼,以致

---

① 《宋会要辑稿·职官》4之22,第2447页下。
② 陆游撰,李剑雄、刘德权点校:《老学庵笔记》卷8,中华书局,1979年,第106页。
③ "狨坐,以金丝狨饰鞍坐也。"参见方以智:《通雅》卷28,《影印文渊阁四库全书》本,第857册,第558页下。
④ "国朝之制,待制、中书舍人以上皆坐狨。"参见《铁围山丛谈》卷2,中华书局,1983年,第38页。
⑤ 徽宗崇宁二年,诏:"六尚局奉御,今后许服金带。"参见《宋史》卷153《舆服志五》"诸臣服下",第3566页。

与朝中士大夫官服上的佩件存在一定程度的重合。对于这一现象,在宝元二年(1039年)闰十二月,直史馆苏绅曾明确提出质疑,请求"异服章":"朝廷中有执技之人与丞郎清望同佩金鱼,内侍班行与学士同服金带,岂朝廷待贤才加礼遇之意?"①

在徽宗后期,某些伎术官开始获得视待制的待遇。如政和六年(1116年)十一月二日,诏:"大司乐马贲秩视待制,班着依旧。"②随后,逐渐延伸到了寺监长官的班位、恩数。宣和元年(1119年)九月六日,诏:"军器监邓之纲已降指挥,特视待制。今后应诸朝参、扈从、筵宴等并缀待制班。"③其间,御史中丞王安中也提出过反对的意见:

官有定职,职有定员,名位不同,命数亦异,此先王之法、元丰之制也。今有秩视之例,非待制而视待制,非卿而视卿,凡此之类,无乃非所谓严分守、正名实者哉!此紊纲纪之一也。④

但是,徽宗本人的态度却颇为敷衍,御笔中即写道:"臣僚所言可采,利害甚明,已行者与免改正,今后仰三省、枢密院遵守,御史台觉察弹奏,违者以违诏论。"⑤最终,徽宗不顾朝臣的反对,已降出的指挥依旧得以施行。宣和二年(1120年)正月二日,又诏:"太中大夫、将作监贾谭班缀、恩数可视待制。"⑥而直到宣和七年(1125年)四月,"视待制"之制也没有彻底地被革除。⑦

三、结论

班位,作为一种身份、权力与地位的集中展示,在宋代士大夫群体的心目中占据着相当重要的地位,这一点,从宋代史籍中不厌其烦地载录关于班位问题的争论就足以窥见。不止如此,宋代的统治者也十分重视班位的安排,时常会借助"非次"提升班位的方式来彰显重用臣僚的意图;甚至连居于庙堂之高的宰相,也要想尽办法来干预一些与其切身利益息息相关的臣僚的班位。元丰改制以后,文官的排班原则主要包括以下几个方面的变化。

其一,重新恢复职掌的职事官演变为衡量班位高下的基准项,寄禄官、贴职、资序作为插入项。京朝官出任职事官者,立班时优先职事官的除授先后,杂压则遵循着"从一高班"

① 《长编》卷125"宝元二年闰十二月"条,第2951页。
② 《宋会要辑稿·职官》56之44,第3647页上。
③⑥ 《宋会要辑稿·仪制》3之45,第1894页上。
④ 《历代名臣奏议》卷162《建官》,第2116页。
⑤ 《宋会要辑稿·职官》56之47,第3648页下。
⑦ 宣和七年四月七日,诏:"大理寺奉公不挠,狱无淹留。大理卿陈迪可视待制官,令中书省取索,量度轻重,特与推恩。"参见《宋会要辑稿·职官》24之15,第2899页下。

的原则;但区别于京朝官,由选人充任职事官或入杂压的在京差遣时,班位需要进行特殊安排。

其二,元丰时,影响班位高下的要素以职事官、寄禄官二者为主;到元祐年间,职名、资序的再度介入,一定程度上加剧了班位安排的复杂程度。同时,在职事官的范畴内,资浅的"权侍郎""权尚书"班位均比较稳定,而在京职事官差权其他职事官时,优先项一般要转回到正职事官,这也根源于决定班位的基准项与优先项走向合一的发展趋向。

其三,元丰之后,宰执、侍从、庶官三个群体的等级区分依然存在,但北宋前期分层安排的基本模式、近乎"一人一面"的安排手法已发生了转变,决定班位的重心(尤其是京朝官)相对集中在职事官之上,优先的原则也更加齐整、统一,大大降低了班位安排的繁复程度,这也是元丰官制改革的重要贡献之一。

此时,宋廷尤其注重缩小官员进入与退出宰执、侍从行列时过于显著的待遇差距,避免其因职事调动、等级下调而造成强烈的心理落差或不满情绪。正是源于此,二府旧臣与曾任侍从日益发展为一种固定的身份标志,被优先纳入排班原则之中。无论是已经罢任的宰执,抑或是职事官卸任之际未能获得待制以上贴职的侍从官,乃至于因薄罪而被夺去职事官的侍从官,都可以凭借其原有的优越身份标志,享有一部分与离任前大致相当的等级特权。

文本与书写

文以明道:9—13 世纪《原道》的经典化历程*

刘成国**

作为韩愈文集中的"命根"①,《原道》是中国古代文学史、思想文化史上最经典的篇章之一。1954 年,陈寅恪先生发表《论韩愈》一文,高度推崇韩愈在唐宋思想文化转型中的承上启下之功,将其历史功绩归纳为:建立道统证明传授之渊源;直指人伦,扫除章句之烦琐;排斥佛老,匡救政俗之弊害;呵诋释迦,申明夷夏之大防;改进文体,广收宣传之效用;奖掖后进,期望学说之流传。②其中前五点,即与《原道》密切相关。理学家程颐认为,自孟子以后截至北宋,只有《原道》一篇,"要之大意尽近理"③。同时在散文史上,《原道》也长期享有"古文之祖"的崇高地位。不过,《原道》的这种经典地位,并非一蹴而就,而是在漫长的历史进程中,由士人精英、国家意识形态、科场文化等多方建构而成。以下试图追溯 9—13 世纪《原道》经典化的历程,呈现出在这一历程中,围绕《原道》而激发的种种文学、思想、文化新变。

一、走向经典

韩愈文集中,共有五篇文章以"原"名题,分别是《原道》《原性》《原毁》《原人》《原鬼》。通

---

* 本文原载于《文史哲》2019 年第 3 期。收入本书时略有修改。

** 刘成国,华东师范大学古籍研究所研究员。

① 茅坤:《唐宋八大家文钞》卷 9,《影印文渊阁四库全书》,第 1383 册,第 0107c 页。

② 陈寅恪:《论韩愈》,《历史研究》1954 年第 2 期,第 105—114 页。

③ 《河南程氏遗书》卷 2 上,程颢、程颐著,王孝鱼点校:《二程集》,中华书局,2004 年,第 37 页。

常认为,这五篇文章作于唐德宗贞元十九年(803 年)韩愈贬谪阳山前后,是他有感于张继来书,深思熟虑地扶树教道之作。①其中《原道》一篇,尤其堪称韩文代表,于后世影响深远。

在文章中,韩愈首先以"仁义"来界定儒家之道,并与老子之道划清界限:

博爱之谓仁,行而宜之之谓义,由是而之焉之谓道,足乎已,无待于外之谓德。仁与义,为定名,道与德,为虚位。故道有君子有小人,而德有凶有吉。老子之小仁义,非毁之也,其见者小也。坐井而观天,曰天小者,非天罪也。彼以煦煦为仁,孑孑为义,其小之也则宜。其所谓道,道其所道,非吾所谓道也。其所谓德,德其所德,非吾所谓德也。凡吾所谓道德云者,合仁与义言之也,天下之公言也。老子之所谓道德云者,去仁与义言之也,一人之私言也。②

文章继而追溯儒家之道创自三代圣王,包涵广大,是社会秩序、文明形成、历史发展的基础。此道在古代圣王、孔子、孟子之间传承。孟子之后,由于秦朝暴政,以及佛、老异端的干扰,儒道衰微不振,导致生民"不闻圣人仁义之说","穷且盗焉"。欲改变这一状况,须恢复先王之道,排斥佛、老二教,"人其人,火其书,庐其居"。

无论在内容还是形式上,《原道》都体现出强烈的开拓与创新,洋溢着韩愈炽热的卫道精神。它首次运用散体单行的形式,避开当时已趋圆熟的"论"体,而选择以"原"名篇,来论述一个儒道本原、异化或衰微、回归与重振的三部曲。它首次提出了一个儒道传承的完整谱系,对儒道的内涵做出清楚界定,并首次拈出《大学》中"正心诚意而将有为",来与儒、道的清净寂灭对峙,进而主张一种激烈的排佛举措。

《原道》问世后,一些韩门弟子及古文家,如中唐李翱、皇甫湜、赵德、林简言,晚唐五代孙樵、皮日休、陆龟蒙、沈颜、孙郃等,接受了道统说,并顺理成章地将韩愈置于其中,与孟子、扬雄并称。③这样,从上古圣王,中由孔、孟、荀、扬,直至韩愈,就构成了一个完整的传道谱系。

不过,从现存文献看,《原道》在中、晚唐远未取得"经典"地位。这或许因为中、晚唐的主流文化依然是一种文学文化,它的核心特征为综合和兼容,尤其体现在三教关系中。④在

① 关于《原道》的写作时间与背景、意旨,可见罗联添:《韩愈〈原道篇〉写作的年代与地点》,《唐代文学研究论集》下册,学生书局,1989 年,第 443—452 页;张清华:《韩愈的道、道统说及〈五原〉的写作时间辨析》,《韩山师范学院学报》2005 年第 4 期;刘真伦:《五〈原〉的创作与道统的确立——兼论韩愈阳山之贬与文风之变》,《周口师范学院学报》2006 年第 1 期;方介:《韩愈五原作于何时——兼论韩愈道统说之发展时程》,《台大中文学报》(2010 年 12 月)第 33 期。

② 韩愈著,马其昶校注:《韩昌黎文集校注》卷 1《原道》,上海古籍出版社,1986 年,第 13 页。

③ 根据赵德《昌黎文录序》:"昌黎公,圣人之徒欤……所履之道,则尧、舜、禹、汤、文、武、周公、孔、孟、扬雄所授受服行之实也,固已不杂其传。"董诰等编:《全唐文》卷 622,中华书局,1983 年,第 6276 页。林简言《上韩吏部书》载:"去夫子千有余载,孟轲、扬雄死,得传说圣人之旨、能传说圣人之道,阁下耳。"《全唐文》卷 790,第 8280 页。

④ 关于中唐文人文化的研究,可见包弼德:《斯文:唐宋思想的转型》,刘宁译,江苏人民出版社,2017 年,第 45—185 页;Anthony DeBlasi, *Reform in the Balance: The Defense of Literary Culture in Mid-T'ang China*, New York University Press, 2002;龚鹏程:《唐代思潮》,商务印书馆,2007 年,第 225—240 页。

社会生活和群体秩序方面，士人遵循儒家的社会伦理规范；而在个体心灵、内在信仰层面，则往往从佛教和道家中寻求精神解脱。①身处此种文化氛围之浸染，《原道》激进的反佛立场显得相当偏执而突兀。比如，韩愈的好友兼古文同道柳宗元、刘禹锡，就表示出与《原道》迥异的倾向。②晚唐由古入骈的文学巨匠李商隐，则对以《原道》为核心的排佛卫道系列论述，进行了犀利批评。③至于一般的士人群体，不妨接受禅宗的"传灯"说，可对同属权力谱系话语、以排佛为标的的儒家道统，也很难认可。

　　五代文坛，骈文复盛，古文衰微，甚至于韩愈文集都已流失散佚，难睹全貌。④现存的五代文献，未见明确针对《原道》的评论或引述。⑤明显秉持骈体文学观而反对复古的《旧唐书》史臣，虽然认可韩愈的古文创作"务反近体，抒意立言，自成一家……世称韩文焉"，但并不承认他的儒道传承之功，反予指责："然时有恃才肆意，亦有驳孔、孟之旨……又为《毛颖传》，讥戏不近人情，此文章之甚纰缪者。"⑥

　　洎赵宋开国，结束了五代几十年的干戈扰攘，文教重启。韩愈文集从断壁残垣中被发现，逐渐流行于世。柳开、王禹偁这两位宋初古文领袖，已经开始运用《原道》中的儒道谱系话语。仁宗即位后，古文运动在历经真宗朝的萧条后重振，士人群体中的"尊韩"思潮蔚然成风。⑦韩愈文集经过柳开、穆修、刘烨、尹洙、欧阳修等人的校勘整理，也已经完整面世。⑧《原道》一文在士人群体中开始引起广泛共鸣，逐渐走向经典。

　　仁宗朝天圣至嘉祐初的三十多年间（1023—1056 年），是《原道》经典化历程中的关键时刻。它被士人推崇为排斥异端、以文以明道的典范，与《孟子》《荀子》《法言》等相提并论，共同羽翼六经。韩愈本人则厕身于孔子之后的"五贤"行列，身系道统之传，如石介曰：

　　孟轲氏、荀况氏、扬雄氏、王通氏、韩愈氏五贤人，吏部为贤人而卓。不知更几千万亿

---

① 钱穆曾指出："唐代人物，一面建功立绩，在世间用力；一面求禅问法，在出世间讨归宿。始终是分为两扇的人生观。"见氏著《中国学术思想史论丛》第 5 册《初期宋学》，安徽教育出版社，2004 年，第 6 页。陈弱水则将唐代士人的心态和思想格局概括为一种典型的"外儒内释"。《柳宗元与中唐儒学复兴》，载氏著《唐代文士与中国思想的转型》，广西师范大学出版社，2009 年，第 268—280 页。

② 柳宗元于天台宗颇有好感，曾明确表示不赞成韩愈排佛，《柳宗元集》卷 25《送僧浩初序》，中华书局，1979 年，第 673 页。刘禹锡则对《原道》中道统话语不以为然，可见刘禹锡著，瞿蜕园笺证《刘禹锡集笺证》卷 29《赠别君素上人》，上海古籍出版社，1989 年，第 942 页。

③ 《上崔华州书》，李商隐著，刘学锴、余恕诚校注《李商隐文编年校注》，中华书局，2002 年，第 108 页。具体阐述，可见拙文《9—12 世纪的道统前史考述》，《史学月刊》2013 年第 12 期。

④ 韩集在五代的流传情况比较模糊。刘真伦认为："晚唐五代众多的文学选本中，仅《又玄集》选录韩诗两首，表明了韩文在这一时期的衰微。"见氏著《韩愈集宋元传本研究》，中国社会科学出版社，2004 年，第 27 页。

⑤ 《旧五代史》中，仅卷 127《马裔孙传》提及后周马裔孙"慕韩愈之为人，尤不重佛"，"生平以傅奕、韩愈为高识"（《旧五代史》，中华书局，2016 年，第 1942—1943 页）。

⑥ 刘昫等：《旧唐书》卷 160《韩愈传》，中华书局，1975 年，第 4204 页。

⑦ 顾永新指出："最晚在天圣中，尊韩在北宋的士人阶层中已经初成风气。"《北宋前中叶的尊韩思潮》，《北大中文研究》第 1 辑，北京大学出版社，1998 年，第 160 页；杨国安：《宋代韩学研究》，中国社会科学出版社，2006 年，第 17—44 页。

⑧ 北宋前期韩集的校勘整理，可见《韩愈集宋元传本研究》，第 25—26 页；《宋代韩学研究》，第 196—212 页。

年复有孔子,不知更几千数百年复有吏部。孔子之《易》《春秋》,自圣人以来未有也;吏部《原道》《原仁》《原毁》《行难》《对禹问》《佛骨表》《诤臣论》,自诸子以来未有也。呜呼,至矣!①

圣贤之道无屯泰。孟子、扬子、文中子、吏部,皆屯于无位与小官,而孟子泰于《七篇》,扬子泰于《法言》《太玄》,文中子泰于《续经》《中说》,吏部泰于《原道》《论佛骨表》十余万言。②

石介,字守道,号徂徕先生,宋学开山之一,与孙复、胡瑗一起被后世尊为"宋初三先生"。他是仁宗朝古文运动的先锋、"尊韩"思潮的倡导者,其卫道之炽热,辟佛之激烈,不逊色于韩愈。《原道》即充当了他排斥异端的理论根据。他甚至认为,由于韩愈排佛之难远过孟子,《原道》在儒家典籍中的重要性也在《孟子》之上:

《书》之《洪范》,《周礼》之六官,《春秋》之十二经,《孟子》之七篇,《原道》之千三百八十八言,其言王道尽矣。箕子、周公、孔子之时,三代王制尚在,孟子去孔子且未远,能言王道也,不为艰矣。去孔子后千五百年间,历杨、墨、韩、庄、老、佛之患,王道绝矣。虽曰《洪范》、曰《周官》、曰《春秋》、曰《孟子》存,而千歧万径,逐逐竞出,诡邪淫僻、荒唐放诞之说,恣行于天地间,无有御之者。大道破散消亡,睢盱然惟杨、庄之归,而佛、老之从。吏部此时能言之为难,推《洪范》《周礼》《春秋》《孟子》之书则深,惟箕子、周公、孔子、孟轲之功,则吏部不为少矣。余不敢厕吏部于二大圣人之间,若箕子、孟轲,则余不敢后吏部。③

石介对佛老的抨击,尤其强调夷夏之辨和伦理纲常,如谓"夫佛、老者,夷狄之人也,而佛、老以夷狄之教法乱中国之教法,以夷狄之衣服乱中国之衣服,以夷狄之言语乱中国之言语"④。"灭君臣之道,绝父子之亲,弃道德,悖礼乐,裂五常,迁四民之常居,毁中国之衣冠,去祖宗而祀夷狄。"⑤这与《原道》中视佛教为"夷狄之法",教唆民众"子焉而不父其父,臣焉而不君其君,民焉而不事其事",是一脉相承的。至于石介对佛教的措置应对,也沿袭了《原道》的激烈粗暴,欲将之逐出中国、摒弃四夷:"或曰:'如此,将为之奈何?'曰:'各人其人,各俗其俗,各教其教,各礼其礼,各衣服其衣服,各居庐其居庐。四夷处四夷,中国处中国,各不相乱,如斯而已矣。则中国,中国也;四夷,四夷也。'"⑥

在石介的引领下,仁宗朝士人纷纷接受了《原道》中的排佛立场,开始大张旗鼓,诋斥佛教。陈善《扪虱新话》卷11:"退之《原道》辟佛老,欲'人其人,火其书,庐其居',于是儒者

---

① 石介著,陈植锷点校:《徂徕石先生文集》卷7《尊韩》,中华书局,1984年,第79—80页。
② 《徂徕石先生文集》卷19《泰山书院记》,第223页。
③ 《徂徕石先生文集》卷7《读原道》,第78页。
④ 《徂徕石先生文集》卷6《明四诛》,第71页。
⑤ 《徂徕石先生文集》卷5《怪说上》,第61页。
⑥ 《徂徕石先生文集》卷10《中国论》,第117页。关于石介排佛,可见徐洪兴:《思想的转型——理学发生过程研究》,上海人民出版社,1996年,第364—368页。

咸宗其语。"①其中欧阳修的地位最为崇高，影响也最为深远。叶梦得《避暑录话》卷上记载：

> 石介守道与欧文忠同年进士，名相连，皆第一甲。国初诸儒以经术行义闻者，但守传注，以笃厚谨修表乡里。自孙明复为《春秋发微》，稍自出己意。守道师之，始唱为辟佛、老之说，行之天下。文忠初未有是意，而守道力论其然，遂相与协力，盖同出韩退之。②

据此，作为仁宗朝古文领袖，欧阳修起初并未有明确的排佛之意，因受同年好友石介之影响，故相与协力排佛。他立足于人情常理，批评佛教"佛言无生，老言不死，二者同出于贪"③。佛教徒"坐华屋享美食而无事"④，擅于"动摇兴作"⑤，诱民为非，弃绝人伦。"彼为佛者，弃其父子，绝其夫妇，于人之性甚戾，又有蚕食虫蠹之弊。"⑥他庆历年间排佛的代表作《本论》，即模仿《原道》而撰。⑦只是，欧阳修对待佛教的举措，远较韩愈、石介温和。他不主张"人其人，火其书，庐其居"，而强调儒家须修政教之本以胜之："今尧、舜、三代之政，其说尚传，其具皆在。诚能讲而修之，行之以勤而浸之以渐，使民皆乐而趣焉，则充行乎天下，而佛无所施矣。《传》曰'物莫能两大'，自然之势也，奚必曰'火其书'而'庐其居'哉！"⑧

除石介、欧阳修外，仁宗朝前期以排佛著称的古文家还有李觏、章望之、黄晞等。张舜民《镡津明教大师行业记》曰："庆历间……当是时，天下之士学为古文，慕韩退之排佛而尊孔子。东南有章表民（望之）、黄聱隅（晞）、李泰伯（觏），尤为雄杰，学者宗之。"⑨他们沾丐于《原道》，或援引其中"六民"说以为排佛的理论基础，或对其中"人其人"的做法予以调整。如李觏对《原道》相当服膺，尝谓："孟氏荀扬醇疵之说，闻之旧矣，不可复轻重。"⑩他针对仁宗前期财政之困窘，提出富国之策在于"殴游民而归之"，佛教徒即为当殴之冗者："古者祀天神，祭地祇，享人鬼，它未闻也。今也释老用事，率吾民而事之，为缁焉，为黄焉，籍而未度者，民之为役者，无虑几百万。广占良田利宅，媆衣饱食，坐谈空虚以诳曜愚俗。此不在四民之列者也。"⑪李觏强调，"缁黄存则其害有十，缁黄去则其利有十"。他认为《原

---

① 戴建国主编：《全宋笔记》第 5 编第 10 册，大象出版社 2012 年，第 87 页。蒋义斌："在讨论宋代排佛的声浪中，应该注意韩愈古文的鼓动力。宋代排佛论者，往往是因为喜爱韩愈的文章，而引发排佛的情绪。"见氏著《宋代儒释调和论及排佛论之演进》，台湾商务印书馆，1988 年，第 12 页。
② 《全宋笔记》第 2 编第 10 册，大象出版社，2006 年，第 281 页。
③ 欧阳修著，李逸安点校：《欧阳修全集》卷 142《唐会昌拔龙文》，中华书局，2001 年，第 2295 页。
④ 《欧阳修全集》卷 60《原弊》，第 870 页。
⑤ 《欧阳修全集》卷 39《御书阁记》，第 568 页。
⑥ 《欧阳修全集》卷 17《本论》，第 291 页。更详细的阐述，可见刘子健：《欧阳修的学术与政事》，新文丰出版社，1984 年，第 115 页；徐洪兴：《思想的转型——理学发生过程研究》，第 287—291 页。
⑦ 南宋孙奕著，侯体健点校：《履斋示儿编》卷 7 曰："公（欧阳修）以文章独步当世，而于昌黎不无所得。观其词语丰润，意绪婉曲，俯仰揖逊，步骤驰骋，皆得韩子之体，故《本论》似《原道》。"（中华书局，2004 年，第 103 页）
⑧ 《欧阳修全集》卷 17《本论下》，第 292 页。
⑨ 释契嵩著，林仲湘校注：《镡津文集校注》卷首，巴蜀书社，2014 年，第 3 页。
⑩ 李觏著，王国轩点校：《李觏集》卷 28《答李观书》，中华书局，2011 年，第 337 页。
⑪ 《李觏集》卷 4《富国策第四》，第 143—145 页。

道》提出的排佛举措"言之太暴，殴之亡渐"，难免扰民，转而主张"止度人而禁修寺观者，渐而殴之之术"。①细绎其理论基础，则仍然脱胎于《原道》。②

《原道》在仁宗朝前期之所以流行，并遽然被提高至文以明道的经典地位，远远超过韩愈文集中其他篇章，当非偶然。这与仁宗朝前期抑制佛教的政策，以及政治变革的呼声有关。

如前所述，自问世以来，《原道》在三教并重的中晚唐其实颇惹非议。北宋开国后，太祖、太宗、真宗三朝意识形态以模仿唐代为基调，在崇尚儒家文教同时，对佛、道二教均有扶持。如宋太祖于开宝四年（971 年）派人赴益州开雕大藏经。宋太宗曾普度僧尼，大规模营寺造塔，建立译经院、印经院。真宗佞道之余不忘崇佛，尝撰《崇释论》论儒、释"迹异道同"。仁宗佛教造诣颇深，曾与多位佛教大德来往，探讨义理，并撰《佛牙赞》《景祐天竺字源序》等文，谄神佞佛。③在帝王支持下，佛教势力在真宗朝后期急剧膨胀④，随之引发了严重的社会治安、财政民生等一系列问题。仁宗即位后，陆续有朝臣上奏，请求抑制佛教。⑤天圣五年（1027 年），范仲淹上书执政，请求停止修建寺院，限制度僧，约束僧徒游方，并将此视为变革更张的重要措施，"斯亦与民阜财之端也"。其立论基础便是《原道》中的"六民"说，以佛教徒不事生产、耗费民食，导致物贵民困："盖古者四民，秦汉之下，兵及缁黄，共六民矣。今又六民之中，浮其业者不可胜纪，此天下之大蠹也。士有不稽古而禄，农有不竭力而饥，工多奇器以败度，商多奇货以乱禁，兵多冗而不急，缁黄荡而不制，此则六民之浮不可胜纪，而皆衣食于农者也，如之何物不贵乎？如之何农不困乎？"⑥

范仲淹不是单纯的排佛论者。⑦他请求抑制佛教势力，主要着眼于国计民生，将佛教视

① 《李觏集》卷 4《富国策第五》，第 145—146 页。
② 其他如强至：《祠部集》卷 3《卖松翁》（《影印文渊阁四库全书》第 1091 册，第 0029d 页）："群雄驰骋尚谲诈，轲以仁义游六国。时乎释老肆分籍，愈以《原道》破群惑。"
③ 北宋前期佛教政策，可见笠沙雅章：《宋朝的太祖和太宗》附录《宋初政治与宗教》，方建新译，浙江大学出版社，2006 年，第 165—186 页；汪圣铎：《宋代政教关系研究》，人民出版社，2010 年，第 1—90 页。
④ "国初，两京、诸州僧尼六万七千四百三人，岁度千人……（天禧五年）僧三十九万七千六百一十五人，尼六万一千二百三十九人。景祐元年……僧三十八万五千五百二十人，尼四万八千七百四十二人。庆历二年……僧三十四万八千一百八人，尼四万八千四百一十七人。"徐松辑，刘琳等点校：《宋会要辑稿·道释》1，上海古籍出版社，2014 年，第 9979—9980 页。
⑤ 《续资治通鉴长编》载："权判都省马亮言：'天下僧以数十万计，间或为盗，民颇苦之。请除岁合度人外，非时更不度人，仍自今毋得收曾犯真刑及文身者系帐。'诏可。"（李焘：《续资治通鉴长编》卷 102"天圣二年十二月丙寅"条，中华书局，2004 年，第 2370 页）《宋会要辑稿》载："（天圣）四年正月，开封府以长宁节，请放试到僧、尼、道士、女冠、童行，及诸禅院拨放者三百八十九人，止放三百人。宰臣王曾等言：'剃度太多，皆堕农游手之人，无益政化。'张知白曰：'臣任枢密日，尝断劫盗，有一火之中全是僧徒者。'仁宗曰：'自今切宜渐加澄革，勿使滥也。'"（《宋会要辑稿·道释》1，第 9986—9987 页）
⑥ 范仲淹：《范文正公文集》卷 9《上执政书》，范仲淹著，李勇先、王蓉贵点校：《范仲淹全集》，四川大学出版社，2002 年，第 216 页。
⑦ 关于范仲淹与佛教的关系，可见黄启江：《从范仲淹的释教观看北宋真仁之际的儒释关系》，载氏著《北宋佛教史论稿》，台湾商务印书馆，1997 年。

为国家财政困难的根源之一。稍后,由于与西夏开战,宋廷财政愈形窘迫,三冗问题凸显。宝元二年(1039 年),权三司度支判官宋祁上疏论三冗三费,将"僧道日益多而不定数"视为三冗之一,将"道场斋醮"、京师寺观视为"三费"中的两费,请予抑制裁减。①在巨大的财政压力下,仁宗被迫调整佛教政策。如景祐元年(1034 年)闰六月,"毁天下无额寺院"②。康定元年(1040 年)八月,"罢天下寺观以金箔饰佛像"③。庆历四年(1044 年)六月,开宝寺灵宝塔火灾,仁宗遣人于塔基掘得旧瘗舍利,内廷看毕,再命送还本寺,许令士庶烧香瞻礼。谏官余靖极力谏止:

> 臣观今天下,自西陲用兵以来,国帑虚竭,民间十室九空。陛下若勤劳罪己,忧人之忧,则四方之民安,咸蒙其福矣。如其不恤民病,广事浮费,奉佛求福,非所望于当今。且佛者方外之教,理天下者所不取也。割黎民之不足,奉庸僧之有余,且以侈丽崇饰,甚非帝王之事。④

正是在佛教势力膨胀、用兵西夏、朝廷财政危机严重等严峻的社会问题刺激下,北宋的精英士大夫们将《原道》拈出褒扬,从中汲取解决当代困境的思想资源。盖《原道》之作,本身就"具有特别时代性,即当退之时佛教徒众多,于国家财政及社会经济皆有甚大影响",它将汉代以后帝国秩序之混乱、治道之不振,归结于佛教入侵所导致的民生凋敝、经济萧条和伦理失范,"实匡世正俗之良策"。⑤这为仁宗朝前期抑制佛教势力的发展以解决财政危机,以及效法先王的政治变革,提供了一个合法化论证,可供仿效。以上所举石介、孙复、欧阳修、李觏、余靖等人,既是庆历革新的参与者,又是儒学复兴的领导者。他们对《原道》的推崇,对佛教的排斥,除了财政方面的务实考虑外,也体现出一种深沉的文化忧患意识、本位心理。这尤其弥漫于石介的《中国论》《怪说》、欧阳修的《本论》等文中。而追根溯源,则与《原道》一脉相承,"因释迦为夷狄之人,佛教为夷狄之法,抉其本根,力排痛斥"⑥。正如葛兆光所指出:

> 他们再一次重新发掘历史资源,发现了韩愈以及新思路的存在……他们在原有的传统中发掘着历史记忆,在这种历史记忆中,他们凸显着历史时间、地理空间和民族群体的

---

① 《续资治通鉴长编》载:"时陕西用兵,调费日蹙,祁上疏论三冗三费曰:'……何谓三冗? 天下有定官,无限员,一冗也。天下厢军不任战而耗衣食,二冗也。僧道日益多而无定数,三冗也。三冗不去,不可以为国。请断自今日,僧道已受戒具者姑如旧,其方著籍为徒弟子者悉还为民,勿复岁度。而州县寺观留若干,僧道定若干,后毋得过此数……何谓三费? 一曰道场斋醮,无日不有,或七日,或一月,或四十九日。各挟主名,未始暂停。至于蜡、蔬、膏、面、酒、稻、钱、帛,百司供亿,不可赀计……二曰京师寺观,多设徒卒,或增置官司,衣粮所给,三倍他处。帐幄谓之供养,田产谓之常住,不徭不役,坐蠹齐民。而又别饰神祠,争修塔庙,皆云不费官帑,自募民财,此诚不逞罔上之尤者……请一切罢之,则二费节矣。'"(《续资治通鉴长编》卷 125"宝元二年十二月癸卯"条,第 2942—2943 页)
② 脱脱等:《宋史》卷 10《仁宗二》,中华书局,1977 年,第 198 页。
③ 《续资治通鉴长编》卷 128"康定元年八月戊戌"条,第 3034 页。
④ 《续资治通鉴长编》卷 150"庆历四年六月丁未"条,第 3633 页。
⑤⑥ 陈寅恪:《论韩愈》。

认同感。他们在原来的典籍中获取历史资源,在这些资源中,他们试图建构一个可以与种种异端相对抗的知识与思想体系。①

其次,《原道》中的道统谱系话语,为北宋士人提供了新型的价值标准和行为依据,被他们广泛接受。或用于排斥异端、树立自己学派的合法性;或用于日常交游,用以构建社会网络,建立群体认同。

《原道》所揭橥的道统谱系,具有排斥与建构两种功能。通过树立一个圣贤谱系,并把自己(或师友)列入其中,可以申明本人学说在儒学传统中的合理性、合法化;而那些没有列入谱系中的前贤或时辈,则被视为儒学中的异端,或处于次要地位。我们在北宋文献里,追溯到至少有四五十位著名士人,曾经完整或片断地运用《原道》中的道统话语。他们基本沿袭了《原道》中的儒道传承模式而有所新变,即:……尧舜—文王、武王、周公—孔子—孟子……荀子……扬雄……王通……韩愈……②其中,"—"部分是韩愈提出的谱系,"……"部分,诸家根据自身学术建构以及对儒学传统的体认,认识不同。至于韩愈之后的空位,北宋士人有时以身自任,表明本人在这一谱系中的地位,从而为本学派在儒家传统中争取正统地位。另一种常见的情形是属之于师友,表明归趋之意。

众所周知,北宋儒学自仁宗一朝焕发出全新生机,各个学派纷纷涌现,儒学思想呈现出一种多元开放的格局。《原道》中的道统谱系,为这些学派争取正统地位提供了新颖的话语表述方式。程颐固然以此种话语形态来表明理学的独特地位,如谓:"周公没,圣人之道不行;孟轲死,圣人之学不传。道不行,百世无善治;学不传,千载无真儒……先生(程颢)生千四百年之后,得不传之学于遗经……圣人之道得先生而后明,为功大矣。"③其他士人也未尝不然。日本学者土田健次郎将此种现象称为"继承绝学观念的普遍性"④。这种为各家学说争取正统地位的话语功能,是《原道》在北宋中期获得经典化的重要原因。

此外,在士人社会交游和人际网络的构建上,《原道》中的道统话语也发挥着微妙作用。在宋代士人广泛的社交活动中,如干谒、走访、行卷、投赞等,道统话语可以为宾主双方提供一种新型的身份认同方式,让干谒者在志于圣人之道的幌子下,正大光明地向对方表明诉求,并且为一些身处逆境的士人提供一种崇高价值观念的支持和归属感。道统话语固有的"派系"属性,对于士人间师生关系的形成、师友传承的纽带,也提供了一种高明的话语修辞。⑤

---

① 葛兆光:《理学诞生前夜的中国》,《中国史研究》2001年第1期。
② 北宋道统话语也发生了一些变异,如话语重点更加倾向于对儒学传统的清理和学派自身合理性的申明,攘佛色彩相对弱化;一种以儒、释调和为取向的谱系话语初露端倪,等等。详细探讨,可见拙文《九至十二世纪的道统前史考述》。
③ 《河南程氏文集》卷11《明道先生墓表》,《二程集》,第640页。
④ 土田健次郎:《道学之形成》,朱刚译,上海古籍出版社,2010年,第37页。
⑤ 可见拙文《九至十二世纪的道统前史考述》。

从文体角度看,以《原道》为首的《五原》开创了一种新型的文章议论方式——原体。现存的唐代文章中,韩愈之前尚无以"原"名篇者。再往前追溯,尽管《淮南子》卷一有《原道》,刘勰《文心雕龙》中有《原道》篇,但二者均为学术著述中的一个片段、部分,并非独立成篇的文章,后者且以骈文出之。①直到韩愈《五原》,方以追溯本原的方式,来论述一些宏大抽象的命题,剖析现状,指出症结,从而承担、分化了"论"体文中的某些特殊功能。徐师曾《文体明辨序说·原》:"按字书云:'原者,本也,谓推论其本原也。'自唐韩愈作'五原',而后人因之,虽非古体,然其溯原于本始,致用于当今,则诚有不可少者……其题或曰原某,或曰某原,亦无他义。"②随着《原道》的日益流行与渐受推崇,"原"体在仁宗朝获得众多士人的模仿,如孙冲《原理》、贾同《原古》、尹洙《原刑》、石介《原乱》、欧阳修《原弊》、释契嵩《原教》《广原教》《原孝》《论原》、张方平《原蛊》、李觏《孝原》《原文》《原正》、胡瑗《原礼》、蔡襄《原赏》、司马光《原命》、王安石《原性》《原教》《原过》、潘兴嗣《原谏》、孙洙《明堂原》《封禅原上》、李清臣《法原》《势原》等。以上作者均为仁宗朝古文名家,他们的参与写作,标志着一种新型文体逐渐定型。其所原均为一些相对抽象、宏大的概念或社会问题,如礼、乐、人、性、道等;其表述则围绕着本原、异化、回归而展开。

仁宗嘉祐五年(1060 年)七月,《新唐书》修成,其中《韩愈传》赞曰:

> 当其所得,粹然一出于正,刊落陈言,横骛别驱,汪洋大肆,要之无抵捂圣人者。其道盖自比孟轲,以荀况、杨雄为未淳,宁不信然?……昔孟轲拒杨、墨,去孔子才二百年。愈排二家,乃去千余岁,拨衰反正,功与齐而力倍之,所以过况、雄为不少矣。自愈没,其言大行,学者仰之如泰山、北斗云。③

试与五代《旧唐书·韩愈传》所谓"时有恃才肆意,亦有鰲孔、孟之旨","文章之甚纰缪者"相比,对韩愈的评价可谓云泥悬殊。这个论断,可以视为仁宗朝"尊韩"思潮的一个官方总结。④而《原道》则被特地拈出予以表彰,认为足以和孟子、扬雄的著述相提并论:"其《原道》《原性》《师说》等数十篇,皆奥衍闳深,与孟轲、杨雄相表里而佐佑六经云。"⑤《原道》文以明

---

① 韩愈自称:"非三代两汉之书不观。"(《韩昌黎文集校注》卷 3《答李翊书》,第 170 页)此言虽不可尽信,但迄今为止,现存文献中尚无证据表明他曾提及、评论或引用过刘勰及《文心雕龙》,自然难以在《原道》和《文心雕龙》之间建立影响的链条。有学者认为:"韩愈未曾对刘勰及《文心雕龙》有过评论,至少现存文献无法钩稽出相关的直接证据。但没有直接论述,并不意味着韩愈与《文心雕龙》没有关系。"继而论述《文心雕龙》对韩愈思维方式的影响,似涉穿凿(雷恩海:《一种隐性文学现象之考察——以〈文心雕龙〉思维方式对韩愈的影响为例》,《文学评论》2010 年第 5 期。其实,《文心雕龙》中《原道》篇,只是为文章寻求一个终极的根源——道,并非所原者即道。

② 徐师曾认为,"原体"与一般的论说文无甚差异,"至其曲折抑扬,亦与论说相为表里,无甚异也"。见氏著《文体明辨序说》,中华书局,1962 年,第 132 页。笔者并不认同,因另有专文讨论"原体",此处不赘。

③ 宋祁等:《新唐书》卷 176《韩愈传》,中华书局,1975 年,第 5269 页。

④ 杨国安认为:"以正史中的热情歌颂为标志,韩愈的地位得到了官方认可。而元丰年间韩愈晋爵为昌黎伯,从祀于孔子,不过是庆历尊韩思潮的余波而已。"见《宋代韩学研究》,第 29 页。

⑤ 《新唐书》卷 176《韩愈传》,第 5265 页。

道的经典地位,已经初步确立。

二、质疑和批判

就在仁宗朝的古文家们配合朝堂上陆续实施的各项抑制佛教政策,以韩愈《原道》《谏佛骨表》等为理论旗帜进行排佛运动时,佛教徒立刻敏锐地觉察到这一思想趋势,并迅速展开反击。其代表人物是明教大师契嵩。

契嵩,俗姓李,字仲灵,自号潜子,藤州镡津人。七岁出家,十三得度落发,十四岁受具足戒,云门第四世弟子。仁宗庆历年间,契嵩以古文著《辅教编》,阐明儒、释一致,试图调和二教。嘉祐元年(1056年),随着排佛浪潮的高涨,契嵩的护教行为更趋积极,在上书仁宗、公卿大臣请求护法的同时,撰写了《非韩子》三十二篇,严厉批评古文家排佛的精神领袖韩愈,试图为排佛之举釜底抽薪。其诋韩的策略,即力辨韩愈仅为文词之士,并未真正领悟圣人之道:

> 刘昫《唐书》谓韩子"其性偏僻刚讦",又曰:"于道不弘。"吾考其书,验其所为,诚然耳。欲韩如古之圣贤,从容中道,固其不逮也,宜乎识者谓韩子第文词人耳。夫文者,所以传道也;道不至,虽甚文,奚用? 若韩子议论如此,其道可谓至乎? 而学者不复考之道理中否,乃斐然徒效其文。①

《原道》作为韩愈文以明道的代表作,"宋代儒学复兴之肇基""儒佛对抗的交锋重点"②,遂名列《非韩子》第一篇,成为契嵩重点批判的对象。

针对《原道》中"博爱之谓仁"至"道与德为虚位"六句,契嵩首先指出,既然道与德为虚位,则《原道》之名不妥:"道德既为虚位,是道不可原也,何必曰《原道》?《舜典》曰:'敬敷五教。'盖仁义,五常之谓也。韩子果专仁义,目其书曰《原教》可也,是亦韩子之不知考经也。"③继而,契嵩旁征博引儒家中《曲礼》《说卦》《论语》《系辞》《礼运》等经典,指斥韩愈故意颠倒道德仁义的次序,置仁义于道德之前。然后再引《系辞》中"一阴一阳之谓道,继之者善也,成之者性也。仁者见之谓之仁,智者见之谓之智,百姓日用而不知,故君子之道鲜矣",《说卦》中"昔者圣人之作《易》也,将以顺性命之理。立天之道曰阴与阳,立地之道曰柔与刚,立人之道曰仁与义",《中庸》"天命之谓性,率性之谓道,修道之谓教",等等为据,力证圣人之道,决不止于仁义而已,而是"天地万物莫不与之"。"是道德,在《礼》则中庸

---

① 《镡津文集校注》卷19《非韩子第三十》,第382页。
② 洪淑芬:《儒佛交涉与宋代儒学复兴——以智圆、契嵩、宗杲为例》,大安出版社,2008年,第132页。
③ 《镡津文集校注》卷17《非韩子第一》,第320页。

也、诚明也,在《书》则《洪范》皇极也,在《诗》则思无邪也,在《春秋》则列圣大中之道也。"① 韩愈将儒家之道德,仅仅局限于日常伦理行为之仁义,乃"(忘)本略经",只能愈辨愈惑。②

《原道》中最犀利的排佛利器是"六民说",即以士、农、工、商为四民,儒者主教,而佛老为冗:

> 古之为民者四,今之为民者六;古之教者处其一,今之教者处其三;农之家一,而食粟之家六;工之家一,而用器之家六;贾之家一,而资焉之家六。奈之何民不穷且盗也!③

契嵩则以为,"古今迭变,时益差异,未必一教而能周其万世之宜也"④。自周、秦以后,时益浇薄,人心益伪,仅凭儒家已无法满足教化之需,佛教应时而出,"欲其相与而救世",决非空耗民食之冗。唐贞观、开元年间,天下大治,佛、老益盛,即是明证。⑤

至于《原道》所揭橥的儒家道统谱系"斯吾所谓道也,非向所谓老与佛之道也。尧以是传之舜,舜以是传之禹,禹以是传之汤,汤以是传之文、武、周公、孔子,孔子传之孟轲。轲之死,不得其传焉",契嵩则予以尖锐质疑:"(周公孔子、孔子孟子相去百年)乌得相见而亲相传禀耶? 哂韩子据何经传,辄若是云乎?"另据《论语》等儒家典籍,禹、汤所传,亦"未闻止传仁义而已"。"至于汤、文、武、周公、孔子、孟子之世,亦皆以中道、皇极相慕而相承也。"《原道》中的道统谱系,无论是传承方式,还是所传内容,均与儒家经传扞格。最后,契嵩得出结论:《原道》徒守人伦之理,昧于大道。⑥

以外在的仁义行为、规范来界定儒家之道,的确是《原道》的特色所在。它是汉唐儒学外向礼教经世传统的沿袭,同时也契合中唐以后兴起的天人相分思潮。契嵩凭借着深厚的佛学心性素养,深入到儒学内部,从儒家经典中挖掘不同的思想传统,如《中庸》《大学》《系辞》以对天道、心性的诸多论述,来凸显"道德"的形而上意义,批判韩愈仅以仁义界定道德是"小之也",未得儒家真谛。这是《原道》问世以来所遭受到的最严峻、最深刻的批判。此后直至南宋以后,宋代儒、释两教对韩愈及《原道》的批评,义理方面均未超出契嵩之阃域,无非有所损益而已。

契嵩的生卒年代与欧阳修相同,各具极高的古文造诣。不同的是,欧阳修继承韩愈的衣钵,以平易流畅的文风推进宋代古文运动,契嵩则以古文操戈入室,力攻韩愈的文章、经术及出处进退。⑦他对于《原道》的批判,具有重要的学术思想史意义。在经历了中晚唐短

---

① 《镡津文集校注》卷 17《非韩子第一》,第 322 页。
② 《镡津文集校注》卷 17《非韩子第一》,第 323 页。
③ 《韩昌黎文集校注》卷 1《原道》,第 14 页。
④ 《镡津文集校注》卷 17《非韩子第一》,第 327 页。
⑤ 《镡津文集校注》卷 17《非韩子第一》,第 328—329 页。
⑥ 《镡津文集校注》卷 17《非韩子第一》,第 331—332 页。
⑦ 相关研究,可见洪淑芬:《儒佛交涉与宋代儒学复兴》,第 123—163 页;Huang Chi-chiang:"Chi'-sung as a Critic of Confucianism Represented by Han Yu",《汉学研究》1998 年第 16 卷第 1 期;钱穆:《中国学术思想史论丛》卷 5《读契嵩镡津集》,第 35—36 页。

暂的天人相分思潮后，北宋中期以后的学者又试图重新绾结天人分裂，为儒家伦理行为、价值观乃至政治制度，寻求一个超越的宇宙本体依据，从而为秩序寻求一个更加牢固的基础。它不仅仅是外在的、超越的，而且根植于人的本性中，具有内在的心性根源。契嵩对《原道》的批判，开启了这一思想史转变的契机，促使北宋儒学向本体与心性两个层面作更深的探寻。

契嵩的批判，在仁宗嘉祐、英宗治平年间产生了极大反响，许多排佛论者由此戛然而止，转而趋之好之。陈舜俞《镡津明教大师行业记》曰：

仲灵独居，作《原教》《孝论》十余篇，明儒释之道一贯以抗其说。诸君读之，既爱其文，又畏其理之胜而莫之能夺也，因与之游。遇士大夫之恶佛者，仲灵无不恳恳为言之，由是排者浸止，而后有好之甚者，仲灵唱之也。①

值得一提的是，这种批评很快便以对话方式，编入北宋治平年间徐君平所撰《韩退之别传》中，以更为通俗的媒介广泛传播：

子之不知佛者，为其不知孔子也，使子而知孔子，则佛之义亦明矣。子之所谓"仁与义为定名，道与德为虚位"者，皆孔子之所弃也。愈曰："何谓也？"大颠曰："孔子不云'志于道，据于德，依于仁，游于艺'？盖道也者，百行之首也，仁不足以名。周公之语六德，曰知、仁、信、义、中、和。盖德也者，仁义之原，而仁义也者，德之一偏也。岂以道德而为虚位哉？子贡以博施济众为仁，孔子变色曰：'何事于仁？必也圣乎？'是仁不足以为圣也。"②

唐宪宗元和十四年正月，韩愈因谏佛骨被贬潮州。其间，他曾与僧人大颠交往，赞其"能外形骸以理自胜，不为事物侵乱"，并"留衣服为别"。③之后，佛教徒中逐渐流传韩愈晚年信佛，甚至虚构出他受大颠点化而证悟佛法。《韩退之别传》即在此传说基础上踵事增华。文中大颠对《原道》的驳斥，正是从仁义道德的次序入手，引证儒家经典，点出韩愈"不知孔子"，这明显是抄自契嵩。不同的是，契嵩《非韩子》中的雄辩滔滔、论端锋起，被一种诙谐、幽默、调侃的机锋所取代，最终韩愈"瞠目而不收，气丧而不扬，反求其所答，忙然有若自失"，在大颠面前俯首敛眉。在南宋以后的禅林道场中，《韩退之别传》以其特有的戏谑风格风靡一时，在某种程度上颠覆了韩愈的卫道形象，解构了《原道》的文本。④钱钟书认为："盖辟佛而名高望重者，如泰山之难摇，大树之徒撼，则释子往往不挥之为仇，而反引之为友……释子取韩昌黎、胡致堂而周内之，亦正用吞并术。"⑤可谓得之。

---

① 《镡津文集校注》卷首，第 3 页。
② 《隆兴佛教编年通论》卷 23，第 325 页上，转引自洪淑芬：《儒佛交涉与宋代儒学复兴》，第 211 页。《韩退之别传》的作者，一直饶有争议。承杭州市社科院魏峰兄赐示徐君平墓志铭，知作者为徐君平，字安道，王安石高足。
③ 《韩昌黎文集校注》卷 3《与孟尚书书》，第 212 页。
④ 洪淑芬以为，《韩退之别传》中"韩愈参禅问道"之公案话头的流行，是丛林道场"尊韩"的体现（洪淑芬：《儒佛交涉与宋代儒学复兴》，第 183—184 页）。非也。
⑤ 钱钟书：《谈艺录》，中华书局，1984 年，第 383—384 页。

　　大约从仁宗至和、嘉祐之际开始,随着儒学复兴的深入发展,庆历之际兴起的儒学各派逐渐走出对韩愈的亦步亦趋,心模手仿,对其诗文写作、学术思想、人品道德展开了与契嵩相似的质疑和批判。①总体而言,这些质疑和批判,主要集中于两个方面。第一,韩愈汲汲于富贵,戚戚于贫贱,不能固贫②,无异庸人③,"好名"④,"畏死"⑤。人品道德,颇可挑剔。第二,进而与韩愈的学术思想相联系,怀疑其学问根底,认为这反映了韩愈性命之学的不足,并进一步得出他由文见道、"倒学"的评价:"愈之视杨、墨,以排释、老,此愈之得于孟子者也。至于性命之际,出处致身之大要,而愈与孟子异者,固多矣。故王通力学而不知道,荀卿言道而不知要,昌黎立言而不及德。"⑥"退之晚来为文,所得处甚多。学本是修德,有德然后有言,退之却倒学了。因学文日求所未至,遂有所得。"⑦与此相关的则是韩愈性三品说,混淆才、性,不足定论。⑧韩愈本质上是一文人,不知圣人之道⑨,"韩愈之于圣人之道,盖亦知好其名矣,而未能乐其实"⑩。

　　作为韩愈文以明道的代表作,《原道》成为众矢之的,尤其是开篇八句。如二程批评曰:"恻隐固是爱也。爱自是情,仁自是性,岂可专以爱为仁? ……退之言'博爱之谓仁',非也。仁者固博爱,然便以博爱为仁,则不可。"⑪"(韩愈)只云'仁与义为定名,道与德为虚

① 这些儒者中,有些曾受契嵩影响。如文同《新刻石室先生丹渊集》卷10《送无演归成都》:"曾读契嵩《辅教编》,浮屠氏有不可忽。"《宋集珍本丛刊》第9册,线装书局,2004年,第168页。
② 司马光著,李文泽点校:《司马光集》卷68《颜乐亭颂》(四川大学出版社,2010年,第1401页):"韩子以三书抵宰相求官,《与于襄阳书》谓先达后进之士,互为前后,以相推授,如市贾然,以求朝夕刍米仆赁之资,又好悦人以铭志而受其金。观其文,知其志,其汲汲于富贵,戚戚于贫贱如此,彼又乌知颜子之所乐哉!"
③ 《欧阳修全集》卷69《与尹师鲁第一书》(第999页):"每见前世有名人,当论事时,感激不避诛死,真若知义者。及到贬所,则戚戚怨嗟,有不堪之穷愁形于文字,其心欢戚无异庸人,虽韩文公不免此累。"
④ 程颢、程颐:《河南程氏遗书》卷18(《二程集》,第232页):"退之正在好名中。"
⑤ 张舜民《史说》:"马文渊有言:'……韩退之潮阳之行,齿发衰矣,不若少时之志壮也,故以封禅之说迎宪宗……退之非求富贵者也,畏死尔。'"见吕祖谦编,齐治平点校:《宋文鉴》卷108,中华书局,1992年,第1498页。
⑥ 王令著,沈文倬点校:《王令集》卷14《说孟子序》,上海古籍出版社,2011年,第266页。
⑦ 《河南程氏遗书》卷18,《二程集》第232页。"倒学"之说,肇自吴孝宗,被二程吸纳。吴曾:《能改斋漫录》卷8(上海古籍出版社,1979年,第234页):"程正叔云……。然此意本吴子经耳。子经《法语》曰:'古之人好道而文,韩退之学文而及道。'子经名孝宗,欧阳文忠公尝有诗送吴生者也。荆公与论文甚著,临川人。"
⑧ 《河南程氏遗书》卷19(《二程集》,第252页):"杨雄、韩愈说性,正说著才也。"苏轼著,孔凡礼点校:《苏轼文集》卷4《扬雄论》(中华书局,1986年,第110—111页):"韩愈者又取夫三子之说,而折之以孔子之论,离性以为三品,……圣人之论性也,将以尽万物之天理,与众人之所共知者,以折天下之疑。而韩愈欲以一人之才,定天下之性,且其言曰'今之言性者,皆杂乎佛、老'。愈之说,以为性之无与乎情,而喜怒哀乐皆非性者,是愈流入于佛、老而不自知也。"
⑨ 杨时著,林海权点校:《杨时集》卷25《与陈传道序》(中华书局,2018年,第666页):"若唐之韩愈,盖尝谓世无仲尼,不当在弟子之列,则亦不可谓无其志也。及观其所学,则不过乎欲雕章镂句,取名誉而止耳。然则士固不患不知有志乎圣人,而特患乎不知圣人之所以学也。"
⑩ 苏轼《韩愈论》(《苏轼文集》卷4,第114页):"韩愈之于圣人之道,盖亦知好其名矣,而未能乐其实。何者?其为论甚高,其待孔子、孟轲甚尊,而拒杨、墨、佛、老甚严。此其用力,亦不可谓不至也。然其论至于理而不精,支离荡佚,往往自叛其说而不知。"
⑪ 《河南程氏遗书》卷18,《二程集》,第182页。

位'，便乱说。"①《原道》中的道统谱系，则遭到司马光从根本上的冲击、颠覆：

> 足下书所称引古今传道者，自孔子及孟、荀、扬、王、韩、孙、柳、张、贾，才十人耳。若语
> 其文，则荀、扬以上不专为文；若语其道，则恐韩、王以下，未得与孔子并称也。若论学古之
> 人，则又不尽于此十人者也。孔子自称述而不作，然则孔子之道，非取诸己也，盖述三皇五
> 帝三王之道也。三皇五帝三王，亦非取诸己也，钩探天地之道以教人也。故学者苟志于
> 道，则莫若本之于天地，考之于先王，质之于孔子，验之于当今。四者皆冥合无间，然后勉
> 而进之，则其智之所及、力之所胜，虽或近或远、或小或大，要为不失其正焉。舍是而求之，
> 有害无益矣。彼数君子者，诚大贤也，然于道殆不能无駮而不粹者焉。足下必欲求道之
> 真，则莫若以孔子为的而已。夫射者必志于的，志于的而不中者有矣，未有不志于的而中
> 者也。彼数君子者与我皆射者也，彼虽近，我虽远，我不志于的，而惟彼所射之从，则亦去
> 的愈远矣。②

韩愈自称因读扬雄书而尊信孟子，因读孟子书而知孔子之道，而荀子之书也与孔子之道相
合。三人大醇小疵，与孔子之道最终一脉相通，故可以位列道统谱系中。③其中隐含之义，
则是凡、圣有间，士人修业进德，不能一蹴而就，不妨先向道统中的诸贤学习，逐渐靠近圣
境。司马光则以为，孟子、荀子、韩愈等人不足以继承儒家之道，与其效仿他们，不如直接
学习孔子。又《原道》之"道"，虽系先王所创，却与天地自然无关。而司马光则以为孔子之
道来自先王，而先王则"钩探天地之道以教人"。这其实对《原道》乃至个唐宋古文运动理
论预设，予以质疑乃至否定。据题注，此书作于仁宗嘉祐二年（1057 年）九月二十四日，正
与契嵩非韩同时。

北宋后期苏门高足张耒继承苏轼的观点，认为韩愈"以为文人则有余，以为知道则不
足"。他最核心的论证，便是《原道》前八句所言不当：

> 然则愈知道钦？曰：愈未知也。愈之《原道》曰："博爱之谓仁，行而宜之之谓义，由是
> 而之焉之谓道。"果如此，则舍仁与义而非道也。"仁与义为定名，道与德为虚位。道有君
> 子有小人，德有吉有凶。"若如此，道与德特未定，而仁与义皆道也。是愈于道本不知其何
> 物，故其言纷纷异同而无所归，而独不知子思之言乎？"天命之谓性，率性之谓道，修道之
> 谓教。"曰性、曰道、曰教，而天下之能事毕矣。礼乐刑政，所谓教也，而出于道；仁义礼智，
> 所谓道也，而出于性。性则原于天。论至于此而足矣，未尝持一偏曰如是谓之道，如是谓
> 之非道。曰定名，曰虚位也，则子思实知之矣。愈者择焉而不精，语焉而不详，而健于言
> 者钦？④

---

① 《河南程氏遗书》卷 19，《二程集》，第 262 页。
② 《司马光集》卷 59《答陈充祕校书》，第 1237—1238 页。
③ 《韩昌黎文集校注》卷 1《读荀》，第 37 页。
④ 张耒著，李逸安点校：《张耒集》卷 41《韩愈论》，中华书局，1990 年，第 677—678 页。

张耒的指摘,其实是沿袭契嵩。他以儒学中的《中庸》传统,来抨击《原道》仅以外在行为言仁,忽略了性与天道,的确不无道理。

以上诸人,皆为有宋一代文化巨子。他们的批判,并非欲彻底否定韩愈,而是在高度崇敬同时①,企图超越《原道》,往本体论和心性论方向研精覃思,致广大而极精微。这与契嵩对《原道》的批判,有着根本不同。在这方面,北宋新学领袖王安石体现得最为明显。

王安石早年诗文创作出入韩愈之藩篱,对之极为推崇,尝谓"自孔子之死久,韩子作,望圣人于百千年中,卓然也"②。"时乎杨墨,己不然者,孟轲氏而已;时乎释老,己不然者,韩愈氏而已。如孟韩者,可谓术素修而志素定也,不以时胜道也。惜也不得志于君,使真儒之效不白于当世,然其于众人也卓矣。"③中年以后,则欲跨越中唐古文诸家,直溯孔、孟,故讥讽韩愈"力去陈言夸末俗,可怜无补费精神"④。又曰:"他日若能窥孟子,终身何敢望韩公。"⑤"韩公既去岂能追,孟子有来还不拒。"⑥这种行为,绝非仅仅如钱钟书所云"拗相公之本色"⑦,而是"晚年所学有进,不欲仅以文章高世,而岂有意于贬韩子哉"⑧。这反映了北宋中期儒家中的一流学者,已不甘心再受《原道》之笼罩,而力图超越。其《答韩求仁书》曰:"扬子曰:'道以道之,德以得之,仁以人之,义以宜之,礼以体之,天也。合则浑,离则散,一人而兼统四体者,其身全乎?'老子曰:'失道而后德,失德而后仁,失仁而后义,失义而后礼。'扬子言其合,老子言其离,此其所以异也。韩文公知道有君子有小人,德有凶有吉,而不知仁义之无以异于道德,此为不知道德也。"⑨此中已鲜明体现出一种欲统摄诸家、融会贯通的学术取向。

因此,以上种种质疑和批判,并未从根本上撼动《原道》的历史地位,逆转其经典化进

---

① 欧阳修被称为宋代韩愈,自不待言。苏轼则对韩愈极为推崇,称其"文起八代之衰,而道济天下之溺"。《苏轼文集》卷17《潮州韩文公庙碑》,第509页。司马光也认可韩愈之排佛,并非一概否定:"世称韩文公不喜佛,常排之。余观其《与孟尚书书》论大颠云:'能以理自胜,不为事物侵乱。'乃知文公于书无所不观,盖尝遍观佛书,取其精粹而排其糟粕耳。不然,何以知不为事物侵乱,为学佛者所先邪(耶)?今之学佛者,自言得佛心,作佛事,然曾不免侵乱于事物,则其人果何如哉?"见《司马光集》卷69《书心经后赠绍鉴元丰五年十二月十三日作》,第1409—1410页。关于北宋诸家尊崇韩愈之言论,可见钱钟书:《谈艺录》,第62—65页;杨安国:《宋代韩学研究》,第17—38页;顾永新:《北宋前中叶的尊韩思潮》。

② 王安石:《临川先生文集》卷77《上人书》,中华书局上海编辑所,1959年,第811页。此文作于宋仁宗庆历六年(1046年),具体考证可见拙著《王安石年谱长编》卷2,中华书局,2018年,第158页。

③ 《临川先生文集》卷84《送孙正之序》,第885页。此文作于仁宗庆历二年,具体考证可见拙著《王安石年谱长编》卷2,第109页。

④ 《临川先生文集》卷34《韩子》,第372页。

⑤ 《临川先生文集》卷22《奉酬永叔见赠》,第264页。

⑥ 《临川先生文集》卷12《秋怀》,第181页。

⑦ 钱钟书:《谈艺录》,第62—65页。

⑧ 蔡上翔:《王荆公年谱考略》卷5,詹大和等著,裴汝诚点校:《王安石年谱三种》,中华书局,1994年,第282页。

⑨ 《临川先生文集》卷72《答韩求仁书》,第763—764页。

程。《原道》中的排佛卫道，代表了一种儒家本位主义立场，后世任何自居于儒家正统的学派，都难以抹煞其合法性、必要性。如理学创始人二程兄弟，尽管自许继承了孟子之后千年不传之道，将韩愈排除在道统外，也不得不承认："韩愈亦近世豪杰之士。如《原道》中言语虽有病，然自孟子而后，能将许大见识寻求者，才见此人。至如断曰：'孟氏醇乎醇。'又曰：'荀与杨择焉而不精，语焉而不详。'若不是佗见得，岂千余年后便能断得如此分明也？"①"孟子论王道便实……孟子而后，却只有《原道》一篇，其间语固多病，然要之大意尽近理。"②随着经典化的进展，《原道》逐渐成为一种恪守本位、与异端划清界限的象征、符号，每当儒学面临佛、老冲击时，便会被卫道者当作圣物一般顶礼膜拜。谢薖《适正堂记》载：

　　然今之世，学释、老者竞非吾儒，其言汪洋浩渺，足以骇世绝俗。而儒者反取释老之言，以明六艺之学。呜呼！安得孟轲、扬雄、韩愈之徒出而排之，使吾圣人之道廓如也。吾友吴迪吉作楼于其居第之西，其下辟以为堂，图孔子、荀卿、扬雄之像于其间，又取韩愈《原道》之书写于其壁，而名其堂曰适正。盖取扬雄《法言》所谓适尧、舜、文王为正堂者也。迪吉属予为记，且使道其名堂之意。余谓迪吉："子坐于中堂，瞻数子之容而思其学，观《原道》之书而详其义，则尧、舜、文王之道参乎其前矣。"③

吴迪吉生活于北宋后期。他将孟子、扬雄等像绘于堂上，并将《原道》文本书之于壁，再请谢薖撰文记之。这一系列的行为，极富象征性地表明了他坚守儒家、拒斥异端的价值取向、学术立场。圣贤图像与《原道》文本，作为一种隐喻符号而承担了吴迪吉这位儒家士人的精神寄托：微斯人，吾谁与归？

　　同样重要的是，《原道》对儒学史的叙述在北宋后期获得官方认可，被纳入朝廷意识形态的建构中。这主要表现在孔庙从祀制度上。与唐代相比，宋代孔庙制度一个最深刻的变化，便是接受了《原道》中的道统说，将传道谱系中的各位贤人，以明道之儒的身份，区别于汉唐郑玄等传经之儒，从祀孔庙，并分别封以公、伯爵位。神宗元丰七年（1084年）五月，从礼部林希议，诏："自今春秋释奠，以邹国公孟轲配食文宣王，设位于兖国公之次。荀况、扬雄、韩愈以世次从祀于二十一贤之间，并封伯爵：况，兰陵；雄，成都；愈，昌黎。"④由此，《原道》中的儒道传承谱系，通过孔庙从祀、配享而被制度化、意识形态化，一直延续到清末。这也不妨视为北宋朝廷对《原道》经典地位的认可。

---

① 《河南程氏遗书》卷1，《二程集》，第5页。
② 《河南程氏遗书》卷2上，《二程集》，第37页。
③ 谢薖：《竹友集》卷8，杨守敬主编：《续古逸丛书》之42，广陵书社，2001年。
④ 《续资治通鉴长编》卷345"元丰七年五月壬戌"条，第8291页。作为国家祭典之一，孔庙从祀制由东汉以下逐渐成形，至唐玄宗开元年间开始完整运作。相关研究，可见黄进兴：《优入圣域：权力、信仰与正当性》，陕西师范大学出版社，1998年，第329—334页。

三、经典铸就

南渡以后,韩愈文集的整理笺注异常兴旺,出现了若干搜罗宏富、校勘精细的笺注本,如樊汝霖《韩集谱注》、严有翼《韩文切证》、祝充《音注韩文公文集》、王伯大《别本韩文考异》、文谠《详注昌黎先生文集》、魏仲举《五百家注昌黎文集》、廖莹中《东雅堂昌黎集注》等。①它们引证丰富,注释详尽,为《原道》的广泛流行提供了坚实的文本基础。

南宋的学术版图则发生了巨变。王安石新学不再是朝廷正统意识形态,而理学则日益壮大。作为一代理学宗师,朱熹对《原道》的评价被其门人后学奉为圭臬,影响深远。

朱熹"自少喜读韩文"②,早年即立志校勘韩愈文集,直至晚年去世前方穷几十年之功完成《韩文考异》,用力甚勤。他继承、总结了北宋各家的质疑、批评,将韩愈彻底驱逐出道统谱系,但同时又不得不承认《原道》确系由文见道之作:

> 孟轲氏没,圣学失传,天下之士背本趋末,不求知道养德以充其内,而汲汲乎徒以文章为事业……韩愈氏出,始觉其陋,慨然号于一世,欲去陈言以追《诗》《书》六艺之作,而其弊精神、縻(糜)岁月,又有甚于前世诸人之所为者。然犹幸其略知不根无实之不足恃,因是颇沂其源而适有会焉,于是《原道》诸篇始作……则亦庶几其贤矣。然今读其书,则其出于诙谐戏豫放浪而无实者自不为少。若夫所原之道,则亦徒能言其大体,而未见其有探讨服行之效……至于其徒之论,亦但以剽掠僭窃为文之病,大振颓风、教人自为为韩之功。则其师生之间、传受之际,盖未免裂道与文以为两物,而于其轻重缓急、本末宾主之分,又未免于倒悬而逆置之也。③

"其弊精神、縻岁月,又有甚于前世诸人之所为者",这是批评韩愈本质上不脱文人习气;"颇沂其源而适有会焉,于是《原道》诸篇始作",这是承认韩愈于儒道确有所见,《原道》即是代表作。"所原之道,则亦徒能言其大体,而未见其有探讨服行之效",这是批评韩愈虽能见道,但缺少践履操持之实。"裂道与文以为两物,而于其轻重缓急本末宾主之分,又未免于倒悬而逆置",此即程颐"倒学""由文见道"之引申发挥。可见朱熹继承了北宋诸家之说,将韩愈牢牢界定在"文人"的身份,无预道统。正所谓"考其平生意向之所在,终不免于文士浮华放浪之习,时俗富贵利达之求"④。

---

① 相关研究,可见《韩愈集的宋元传本研究》,第 25—27 页;《宋代韩学研究》,第 239—242 页。
② 朱熹:《晦庵先生朱文公文集》卷 83《跋方季申所校韩文》,朱熹著,朱杰人等点校:《朱子全书》第 24 册,上海古籍出版社,2002 年,第 3905 页。
③ 《晦庵先生朱文公文集》卷 70《读唐志》,《朱子全书》第 23 册,第 3374—3375 页。
④ 《晦庵先生朱文公文集》卷 67《王氏续经学》,《朱子全书》第 23 册,第 3283 页。

朱熹也批评《原道》以爱言仁,仅得其用,而遗其体①;又批评"《原道》中举《大学》,却不说'致知在格物'一句"②。但整体上,他承认《原道》于儒道确有发明:"退之《原道》诸篇,则于道之大原,若有非荀、扬、仲淹之所及者。"③"如《原道》之类,不易得也。"④"《原道》其言虽不精,然皆实,大纲是。"⑤这种评价较之二程并无多少新意,只是由于朱熹崇高的历史地位以及理学成为王朝的意识形态,遂对后世产生了巨大影响。南宋晚期理学家真德秀编选《文章正宗》,即贯彻了朱熹的评价。书中选录《原道》,承认其传道有功,只注释文章的史实、典故等,对修辞、技巧则不予置评。篇末又附程、朱二人对《原道》之评价,强调必须参考二人之说,方可理解此篇大旨。

南宋时期,儒学内部对《原道》的批评整体上明显减弱。尽管不时有一些企图融会儒释的学者对《原道》发出微词,质疑其中的传道谱系⑥,可针对这些批评的辩护,也与日俱增。如杨万里即为《原道》中"道与德为虚位""人其人火其书庐其居"两个最惹争议的问题辩解。他指出,"道德"有名而无形。无形,指道德是一套价值观念。"惟其有名,圣人之所以实之以用世也;惟其无形,异端之所以入之以欺世也。"所谓"道与德为虚位",并非指道德的内涵为虚,而是指由于道德是一种无形的价值观念,所以倘若"天下既安而侈心生焉","玩以为常",不知践履服行,则佛教异端便可乘虚而入,以其价值观来把持天下。杨万里把道德比喻成"巨室",指出韩愈将儒家仁义确定为道德的内涵,"而后道德之虚位,可得而实矣"⑦。他进而将"天下之入于佛老"者分为三类:士大夫中"好焉者",以为借助佛教"可以悟性命而超死生";普通士民中"畏焉者",侥幸于借助福田利益超脱轮回报应;其他"愚夫细民之惰者、无能者、废疾者、鳏寡孤独者",则羡慕佛教徒"不业而食,不劬而居"从而依附其教,此为"利焉者"也。针对前者,《原道》中提出须"人其人,火其书,庐其居"以去之;针对民之"利焉者",《原道》则提出恢复先王之道,"鳏寡孤独废疾者有养也";针对"畏焉者",韩愈的《与孟简书》《吊武侍御书》中则力破福田之妄。⑧杨万里将《原道》置于韩愈的

---

① 黎靖德编,王星贤点校:《朱子语类》卷137(中华书局,1986年,第3270—3271页):"器之问'博爱之谓仁'。曰:'程先生之说最分明……要之,仁便是爱之体,爱便是仁之用。'蒋明之问:'《原道》起头四句,恐说得差。且如博爱之谓仁,爱如何便尽得仁?'曰:'只为他说得用,又遗了体。'"

② 《朱子语类》卷137,第3271页。

③ 朱熹:《晦庵先生朱文公文集》卷67《王氏续经学》,《朱子全书》第23册,第3283页。

④ 《朱子语类》卷137,第3260页。

⑤ 《朱子语类》卷137,第3270页。

⑥ 如南宋范浚:"韩愈《原道》以为尧传舜,舜传禹,至汤、文、武、周公、孔子、孟轲。轲之死,不得其传。呜呼!愈诚知道者,而略子思耶?《原道》而不知有子思,则愚;知有子思而不明其传,则诬。愚与诬,皆君子所不取。愈诚知道者耶?"(《范浚集》卷15《题韩愈原道》,浙江古籍出版社,2014年,第181页)刘子翚:"圣贤相传一道也,前乎尧、舜,传有自来;后乎孔、孟,传固不泯。韩子谓'轲死不得其传',言何峻哉……莘门圭窦,密契圣心,如相授受,政恐无世无之。孤圣人之道,绝学者之志,韩子之言何峻哉!"(《屏山集》卷1《圣传论·孟子》,《影印文渊阁四库全书》第1134册,第0377b—0377c页)此皆沿袭北宋余论,无甚新见。

⑦ 杨万里著,辛更儒笺校:《杨万里集笺校》卷86《韩子论上》,中华书局,2007年,第3409—3410页。

⑧ 《杨万里集笺校》卷86《韩子论下》,第3411—3412页。

排佛事业整体中予以考察,凸显其意义,是对以往批评者的委婉回应。

南宋后期大儒黄震则对北宋以来对《原道》的主要批评逐一反驳。这些批评包括《原道》以博爱言仁,以道德为虚位,只提及《大学》"正心诚意"却不及"格物致知",《原道》中传"道"内容及方式等。黄震认为,以上批评主要来自二程语录,但"决非程氏之言"或为"程子一时偶然之言"。程颐门人中沾染佛学者,如上蔡谢氏(良佐),托附二程语录,批评《原道》,"发为异说","吹毛求疵",其目的是"欲阴为异端报仇"。倘若稽以孔、孟之说,则《原道》与之契合,"不可非也"。黄震高度肯定了《原道》文以明道的典范地位:"自昔圣帝明王所以措生民于理,使其得自别于夷狄、禽兽者,备于《原道》之书矣。孔、孟没,异端炽,千有余年,而后得《原道》之书辞而辟之,昭如矣。"①"自孔孟殁,异端纷扰者千四百年。中间惟董仲舒'正谊''明道'二语,与韩文公《原道》一篇,为得议论之正。"②

黄震,字东发,庆元慈溪人,宝祐四年(1256 年)登进士第。其学博而能醇,专崇朱子,"然于朱子成说亦时有纠正,不娭娭姝姝务墨守"③。他为《原道》所作的辩解相当中肯。平心而论,程颐、朱熹等理学家对韩愈及《原道》的批评,大都基于本学派的独特学术思路,属于后见之明,偏离了《原道》写作时的历史语境、思想氛围。黄震提出"学者无以其语出于《程录》而遽非《原道》,必以孔孟之说而稽之,则于读《原道》几矣",是一项高明的策略,既未得罪师门,又凸显出《原道》的价值所在。钱穆认为:"北宋儒学复兴,靡不尊韩,直至二程而其说始变。……下逮朱子,晚岁亲校《韩集》,于昌黎可谓偏有所嗜,然亦每讥韩公为文人。……至东发乃始畅发之,几乎依据《原道》非议《遗书》,此在伊洛以下理学传统中洵可谓未有之创举也。"④

从以上为《原道》极力申辩、曲为维护的议论中,可以看出南宋儒学对《原道》的评价渐趋一致,其经典地位已经稳定,故而对于其经典化历程中所遭遇的各种非议,予以驳斥。《原道》是文以明道的典范,这几乎成为南宋主流学术思想文化的共识,即便是至高无上的皇权,也难以扭转。李心传《建炎以来朝野杂记》载:

淳熙中,寿皇尝作《原道辨》,大略谓三教本不相远,特所施不同,至其末流,昧者执之而自为异耳。以佛修心,以道养生,以儒治世可也,又何惑焉。文成,遣直殿甘昺持示史文惠。史公时再免相,侍经席也。史公奏曰:"臣惟韩愈作是一篇,唐人无不敬服,本朝言道者亦莫之贬。盖其所主在帝王传道之宗,乃万世不易之论。原其意在于扶世立教,所以人不敢议。陛下圣学高明,融会释、老,使之归于儒宗,末章乃欲以佛修心,以道养生,以儒治世,是本欲融会而自生分别也。《大学》之道,自物格、知至而至于天下平,可以修心,可以养生,可以治世,无所处而不当矣,又何假释、老之说邪?陛下此文一出,须占十分道理,不

---

① 黄震:《黄氏日钞》卷 59,《影印文渊阁四库全书》第 0708 册,第 0467b 页。
② 黄震:《黄氏日钞》卷 33,第 0018c 页。
③ 钱穆:《中国学术思想史论丛》卷 6《黄东发学述》,第 1 页。
④ 钱穆:《中国学术思想史论丛》卷 6《黄东发学述》,第 14 页。

可使后世之士议陛下，如陛下之议韩愈也。望陛下稍审定末章，则善无以加矣。"程泰之时以刑部侍郎侍讲席，亦为上言之，于是易名《三教论》。①

孝宗一向钟情于佛教，"博通内典"②，佛学造诣颇深，并以佛教护法自居。淳熙八年（1181年），他撰写《原道辨》反驳韩愈的排佛论，显然是体会到《原道》对佛教的巨大威胁，有感而撰。其观点并不新颖，无非是唐代"以佛修心，以道持身，以儒治世"三教分工论之翻版，而北宋太宗、真宗也曾持有。但此文居然遭到前宰相史浩、刑部侍郎程大昌的反对，不得不易名为《三教论》。

史浩，字直翁，南宋名相，《宋史》卷396有传。他对佛教其实并无恶感，其文集中有多篇与佛教徒唱酬之什。他之所以对孝宗所撰《原道辨》排出异议，主要是考虑到《原道》宣扬的儒家之道已经是朝廷正统意识形态，"所主在帝王传道之宗，乃万世不易之论，原其意在于扶世立教，所以人不敢议"。倘若此文颁行，势必会助长佛教气焰，动摇《原道》这一面反佛赤帜，引起莫大争端："臣恐陛下此文一出，天下后世有不达释老之说而窃其皮肤以欺世诳俗者，将摭陛下之言，以为口实，靡然趋风，势不可遏。"③《原道》作为坚持儒家文化本位的一种象征、一个典范，轻易撼动不得。

士大夫精英们的推崇、批评，或创作中的模仿、学术中的借鉴，乃至朝廷意识形态的建构，通过注释、序跋、史评、语录、笔记、书信等各类书写体裁，引领风气之先，推动思潮转换，将《原道》一步步推向经典。但《原道》经典地位的最终铸就，尚有赖于南宋科场文化催生的各类看似不登大雅之堂的科举参考用书。作为士人社会流动、改变命运的一种主要途径，科举考试在南宋的竞争变得异常激烈。随着印刷技术的提高，图书出版的繁荣，以通过考试为目的各类参考书广泛刊刻流传，如类书、古文选本、时文选本等。④它们在上层权力文化精英与下层普通民众士人之间，搭建起沟通的桥梁，将精英阶层推许的《原道》经典，广泛地传播、普及，而这又转而强化了《原道》的经典地位。正如吴承学先生所指出："中国古代文学经典形成的重要而独特的条件之一，是通过选本即通过对作品的删述、汇编和价值阐释，达成形成经典的目的……比起西方的理论阐释，选本的重要和独特之处更为明显。此外，如评点、引用、类书的采用、史书经籍志或艺文志、目录学的记录和评价等，也是中国古代文学具有自身特色的几种经典形成方式。"⑤

第一类，古文选本。南宋几种重要的古文选本《古文关键》《崇古文诀》《文章轨范》《古

①　李心传著，徐规点校：《建炎以来朝野杂记》乙集卷3，中华书局，2000年，第544页。
②　叶绍翁著，冯锡麟点校：《四朝闻见录》甲集，中华书局，1989年，第31页。孝宗之崇佛，可见汪圣铎：《宋代政教关系研究》，第226—240页。
③　史浩：《鄮峰真隐漫录》，《影印文渊阁四库全书》第1141册，第0612b页。
④　刘祥光：《印刷与考试：宋代考试用参考书初探》，"国立"政治大学历史学报》2000年5月第17期。
⑤　吴承学、沙红兵：《中国古代文学的经典》，《中山大学学报》2004年第6期。

文集成》等，都是为士人参加科举考试而编写的入门读物①，它们均选录《原道》。与之前或同时刊刻的各种韩愈文集、选本不同，这几种选本不仅提供《原道》的文本、词语异文、注释训诂等，而且利用圈点涂抹等新型文学批评方式，对《原道》的用词、造句、修辞、构思、结构上的抑扬、开阖、奇正、起伏等艺术技巧，进行详细点评，剖析无遗。如被称为评点第一书的吕祖谦《古文关键》，于卷首冠有"总论看韩文之法"："第一，看大概、主张；第二，看文势、规模；第三，看纲目、关键。"②"看韩文法：简古，一本于经。学韩文简古，不可不学他法度。徒简古而乏法度，则朴而不文。"③卷3选入《原道》全文，予以评点涂抹。如特别点出文中十七个"为之"字，以示醒目；于"奈之何不穷且盗也"旁批曰"好句法"；于"甚矣，人之好怪也"旁批曰"接有力"。④其特色是集中作形式技巧的批评，而不涉及儒家之道。"既是对全文要有一个整体的把握，也要具体考察其章法、布局、结构，分析各段落如何铺叙，各段落之间如何响应，研究其遣辞造句、起结、剪裁、转折等文字功夫。"⑤

吕祖谦弟子楼昉所编《崇古文诀》"大略如吕氏《关键》"⑥，卷8亦选《原道》，题下评曰："词严意正，攻击佛老，有开阖纵舍，文字如引绳贯珠。"⑦南宋晚期谢枋得所编《文章轨范》于韩文尤所用心，"所录汉、晋、唐、宋之文凡六十九篇，而韩愈之文居三十一"⑧。如卷4录《原道》：

> 博爱之谓仁，五字句。行而宜之之谓义，七字句。由是而之焉之谓道，八字句。足乎已无待于外之谓德。十字句○开端四句，四样句法，此文章家巧处。仁与义为定名，道与德为虚位。上句长，此两句短，便顿挫成文。⑨

《原道》开首六句，最惹争议。诸家所评，一向都集中于其内涵，即何为仁义，何为道德，何为虚位，韩愈之界定妥否。谢枋得则完全从修辞入手，着眼于这六句的句法、句势之美感，堪称创举。又如评"为之师"至"其亦不思而已矣"一段，也不评价这些措施的妥当与否，而是拈出抉发其句法、章法顿挫之妙："此一段连下十七个'为之'字，变化九样句法，起伏顿挫，如层峰叠峦，如警涛巨浪，读者快心畅意，不觉其下字之重叠。此章法也。"⑩

① 南宋古文选本的兴起与科举之关系，可见祝尚书：《论宋代时文的以古文为法》，《四川大学学报（哲社版）》2007年第4期；王明强：《科举时文"以古文为法"与古文之复兴》，《江苏社会科学》2011年第2期；林岩：《南宋科举、道学与古文之学——兼论南宋知识话语的分立与合流》，《中山大学学报（社科版）》2013年第6期。
② 吕祖谦：《古文关键》卷首，《影印文渊阁四库全书》第1351册，第0718a—0718b页。
③ 《古文关键》总论，《影印文渊阁四库全书》第1351册，第0718b—0718c页。
④ 《古文关键》总论，《影印文渊阁四库全书》第1351册，第0723a—0725b页。
⑤ 吴承学：《现存评点第一书——论〈古文关键〉的选编、评点及其影响》，《文学遗产》2003年第4期。
⑥ 纪昀等：《四库全书总目》卷187，中华书局，1965年，第1698页。
⑦ 楼昉：《迂斋先生标注崇古文诀》卷8，中华再造善本，北京图书馆出版社，2005年，第24页。
⑧ 《四库全书总目》卷187《文章轨范》提要，第1703页。
⑨ 谢枋得：《叠山先生批点文章轨范》卷4，中华再造善本，北京图书馆出版社，2005年，第1页。
⑩ 《叠山先生批点文章轨范》卷4，中华再造善本，第3页。

　　尽管早在 11 世纪，宋祁即已留意到《原道》的艺术创新，"韩退之……《原道》等诸篇，皆古人意思未到，可以名家矣"①。黄庭坚也强调"文章必谨布置"，"每见后学，多告以《原道》命意曲折"。②但宋、黄二人皆点到为止，无甚发挥，对《原道》的艺术特色仅作整体印象式品评。而以上几种古文选本中的评点，从整体式把握，转向对《原道》的语言、句式、结构等进行细致入微的剖析。在巨细无遗地呈现出《原道》的艺术特色时，也为初学者传授技巧做法，指点创作的具体途径、入门轨辙。这种金针度人式的普及工作，诚然不免琐碎细杂之嫌，也难入大家法眼③，但它把《原道》中艰苦的构思、艺术新创，条分缕析，使之变成一种古文写作的常识和技巧，并借助科举场域"以古文为时文"的观念，使之广泛传播，从而极大地拓展了《原道》的传播、授受，使之从精英群体的高头大章走向平民化。

　　第二类，应付科举考试的各种学习类书。宋代自神宗熙宁三年（1070 年）以后，科场上重视以策、论取士，催生了类书的繁荣："宋自神宗罢诗赋、用策论取士，以博综古今，参考典制相尚，而又苦其浩瀚，不可猝穷，于是类事之家，往往排比连贯，荟粹成书，以供场屋采掇之用。"④这些类书从浩瀚的典籍中，将考生所需要的各种知识、文献分门别类地予以纂集，以适应策、论写作中引喻论证之需。现将南宋几部重要科举应试类书征引《原道》列表如下。

表 1　南宋六部类书征引《原道》

类 书	作者	卷数	类别	征引《原道》中文字
群书会元截江网	佚 名	34	异端类	自"老子之小仁义"至"人其人，火其书，庐其居，庶乎其可也。"
		35	诸子类	《新唐书韩愈传》、两宋诸儒评韩愈及《原道》。
记纂渊海	潘自牧	50	"论议部"之"任情不任理"	责冬之裘者曰："曷不为葛之之易也?"责饥之食者曰："曷不为饮之之易也。"
		79	"性行部"之"疾恶"类	人其人，火其书，庐其居。
		98	"识见部"之"闻见浅狭"类	老子之小仁义，非毁之也，其见者小也。坐井而观天，曰天小者，非天罪也。
事文类聚	祝 穆	别集卷 5	韩退之文	其《原道》《原性》《师说》数十篇，皆奥衍宏深，与孟轲、扬雄相表里，而佐祐六经云。

---

① 宋祁:《宋景文公笔记》卷中,《全宋笔记》第一编第五册,大象出版社,2003 年,第 56 页。

② 胡仔:《苕溪渔隐丛话前集》卷 10,人民文学出版社,1962 年,第 63 页。

③ 《朱子语类》卷 139（第 3321 页）:"因说伯恭所批文,曰:'文章流转变化无穷,岂可限以如此?'某因说:'陆教授谓伯恭有个文字腔子,才作文时,便将来入个腔子做,文字气脉不长。'先生曰:'他便是眼高,见得破。'"

④ 林駉:《源流至论》提要,《四库全书总目》卷 135,第 1151 页。

续表

类　书	作者	卷数	类别	征引《原道》中文字
事类备要	谢维新	外集卷17	刑法门	是故君者出令者也……以事其上则诛。
		外集卷32	玺绶门	相欺也,为之符玺以信之。
		外集卷35	服饰门	是责冬之裘者曰:曷不为葛之之易也。
		外集卷60中	锦绣门	夏葛而冬裘,渴饮而饥食。其事殊,其所以为智一也。今其言曰:曷不为太古之无事?是责冬之裘者曰:曷不为葛之之易也。
新笺决科古今源流至论	林駧	后集卷1	韩门	《原道》一篇扶持名教,与轲书相表里。《进学解》《师说》等作,精粹入道理,不下刘向。
		后集卷8	排异端	《原道》一篇,名教砥柱。《佛骨》一疏,群疑冰释。障百川而东之,回狂澜于既倒者,昌黎之功也。
历代名贤确论	佚　名	卷88	评骘人物	历代对韩愈的评价,包括《原道》。

　　作为普通士人的日常工具书,学习、应试时的必备参考资料,以上类书按照某些主题,将《原道》中的文字分门别类,割裂掎摭。这种做法饾饤琐屑,断章取义,将《原道》文本分拆离析,不成片段。不过,通过这种方式,《原道》更容易成为士人一般性的知识储备和文学常识,在写作时可以随手拈来,左右逢源。经典真正成为日用。

　　第三类,时文选本。时文,即科场应试之文。①那些成功通过各级考试的科举时文,对于一心企望登第的士人而言,诱惑极大:阅读、模仿时文,无疑是一种最稳妥、快捷、高效的考试速成方式。时文选本的刊刻,自北宋前期即已有之,至南宋时随着科举应试人数的剧增,其需求更大,其刊刻流传更加广泛。②在鱼龙混杂的各类时文选本中,魏天应编、林子长笺注的《论学绳尺》被视为"最适合考生学习揣摩科场论体文的参考书,最能反映南宋科场论体文的体制形态"③,很适合考察此类选本如何参与到《原道》经典化形塑中。此书"编辑当时场屋应试之论,冠以论诀一卷。所录之文,分为十卷,凡甲集十二首,乙集至癸集俱十六首。每两首立为一格,共七十八格。每题先标出处,次举立说大意,而缀以评语,又略以典故分注本文之下"④。全书所选南宋时文有150余篇,上自南宋绍兴二年(1132年),下

①　关于宋代时文内涵的演变,可见朱瑞熙:《宋元的时文——八股文的雏形》,《历史研究》1990年第3期;罗时进:《唐宋时文考论》,《文艺理论研究》2004年第4期。

②　刘祥光认为:"宋人一旦走上了考进士的路,其生活即免不了读、写时文……阅读时文是如此重要,它成为士人的'习性'……阅读时文成为士人的一个标记,无论他们有无崇高的理想,毕竟出仕是或曾是他们的重要目标。"参见《宋代的时文刊本与考试文化》,《台大文史哲学报》2011年11月,第75期。

③　张海鸥、孙耀斌:《〈论学绳尺〉与南宋论体文及南宋论学》,《文学遗产》2006年第1期。

④　《四库全书总目》卷187《论学绳尺》提要,第1702页。

迄理宗咸淳四年（1268 年），文章作者多为南宋历届科考之省元、亚魁、状元或舍魁、太学私魁、太学公魁等。圈点批抹，形式兼备，有总批、眉批、旁批等。

在《论学绳尺》中，至少有 30 位作者曾征引《原道》。其中，有两篇的论题直接出自《原道》，即陈傅良《博爱之谓仁》、黄九鼎《定名虚位如何》，全文即围绕论题展开议论。也有时文直接评论《原道》观点之得失，如卷七载方澄孙《庄骚太史所录》："异时因文以见道，《原道》中数语，君子许焉。然后世终不以为得六经、孔孟之正传者，盖愈之学虽正，而其文终出于变，则亦秦汉而下之文杂于其心，足为之累者多耳。"①更多的时文，则或是直接引用、化用《原道》中的词汇、语句，如卷 3 载文及翁《文帝道德仁义如何》："世之人主，惟患其天资之不本于仁且厚也。夫苟一本于仁且厚，则由是而之之谓道，足已无待于外之谓德，事合乎宜之谓义。"②此出自《原道》首四句。卷 5 载高起潜《仁义礼智之端如何》："绝灭之学，惨于老氏。"③此出自《原道》"老子之言道德，吾有取焉耳。及抵提仁义，绝灭理学，吾无取焉耳。"又或是学习《原道》中的字法、句法、文法，如卷 3 载丁应奎《太宗文武德功如何》："噫！其亦幸而太宗之天终定也，其亦不幸而太宗之天未纯也。"注曰："'幸不幸'三字，学韩《原道》文。"④卷二载方岳《圣人道出乎一》："圣人之为天下也，其具则礼乐刑政、典章文物，其伦则君臣父子、夫妇朋友，其教则仁义礼乐、孝慈友悌，其位则宗庙朝廷、州闾乡党。其所酬酢，其所经纶，盖有万之不齐也。"注曰："以下数句说圣人之道，是学韩《原道》文法。韩《原道》：'其文诗书易春秋，其法礼乐刑政，其民士农工贾，其位君臣父子师友宾主昆弟夫妇，其服桑麻，其居宫室。'"⑤

据笔者统计核对，以上 30 多位作者，对《原道》的征引、化用高达 90 多处。《原道》被这些公魁、私魁、状元、省元等科场达人，真可谓寻奢殆尽，体无完肤。这一方面说明，《原道》已经在南宋时文写作中成为士人手摹心追的文章典范；另一方面，这些成功的应试范文借助于选本形式，在南宋科举社会中发挥着巨大的传播效应、示范效果，又转而深化、强化着《原道》的经典地位。经典的铸就，从而跨越了南宋士人中各个阶层。

四、断裂与恢复

以上所述，空间上仅止于南宋一百五十余年统治的淮河以南区域。至于先后在女真、

---

① 魏天应编，林子长笺：《论学绳尺》卷 7，《景印文渊阁四库全书》第 1358 册，第 0422b 页。
② 《论学绳尺》卷 3，第 0177a 页。
③ 《论学绳尺》卷 5，第 0292c 页。
④ 《论学绳尺》卷 3，第 0181c 页。
⑤ 《论学绳尺》卷 2，第 0140d 页。

蒙古统治下的北方中国,《原道》的经典化则经历了一个从突然断裂到逐渐恢复的坎坷历程。绍兴和议后(1141年),金源与南宋形成南北对峙之势,地理悬隔,而学风、文风亦颇不同。所谓"程(颐)学盛于南,苏(轼)学盛于北"①。正当理学在南宋逐步兴起并蔚为大观时,北方金源流行的则是与程学势如水火的苏轼、苏辙之学。前者力排佛、老异端,后者则以融汇儒、释、道为特色。金源统治百年间,苏文、苏诗、苏词风靡文坛,儒林中则普遍弥漫着"三教同源""三教归一""三教同功"的思想,对士人的影响广泛而深远。②单就儒、释关系而言,由于新道教在北方的异军突起,势力之盛足可凭凌儒家,有些士人为应对其冲击,转而与佛教寻求合作,"对南宋理学家严格排斥佛老的言说有所抵制,认为这将自剪羽翼"③。在以上学术思想背景下,主张激烈辟佛的《原道》,在金源一代的评价、影响,自然与南宋不可同日而语。从借材异代至国朝文派,直至贞祐南渡后,金源诸位大儒、著名文士,如宇文虚中(1079—1146年)、蔡松年(1107—1159年)、蔡珪(?—1174年)、王寂(1128—1194年)、党怀英(1134—1211年)、王庭筠(1151—1202年)、李纯甫(1177—1223年)、杨云翼(1170—1228年)等,大都曾出入三教,为文则兼师欧(阳修)、苏(轼),对《原道》均甚少提及。金末文坛领袖王若虚(1174—1243年)所著《滹南遗老集·文辨》,是金源评论韩愈及其文章最丰富、最重要的文献,从中可窥一代风气。

《文辨》共四卷,136条,其中42条评论韩文。此书特色,在于"尊苏轼而于韩愈间有指摘"④。尊苏是金源一朝之风气,而指摘韩愈则体现了金源文人面对这位文化巨人的微妙态度。一方面,即使被奉为圭臬的苏轼,对韩愈也崇敬有加,誉之为"文起八代之衰,道拯百世之溺";另一方面,韩愈激烈的排佛态度,使得这些出入儒释的文人、儒士难免尴尬。他们采取的应对策略,或者是有意或无意地回避、曲解,又或者在勉强认可韩愈开拓性地位的同时,百般挑剔。王若虚即如此。在整体上,他肯定韩愈的古文成就:"为诗而不取老杜,为文而不取韩、柳,其识见可知也。"⑤在此前提下,则对韩文的文体、文势、立意、遣词、用句等进行全方位地指摘批评。⑥如评《伯夷颂》曰:"止是议论散文,而以颂名之,非其体也。"⑦评《樊少述墓志》中"其可谓至于斯极者矣"曰:"'斯极'字殊不惬。古人或云'何至斯极者',言若是之甚耳,非极至之极也。"⑧评《猫相乳说》云:"'猫有生子同日者,其一母死

---

① 翁方纲:《石洲诗话》卷5,人民文学出版社,1981年,第153页。
② 《石洲诗话》卷5(第156页):"尔时苏学盛于北,金人之尊苏,不独文也,所以士大夫无不沾丐一得。"相关研究,可见胡传志:《"苏学盛于北"的历史考察》,《文学遗产》1998年第5期;周良霄:《程朱理学在南宋、金、元时期的传播及其统治地位的确立》,《文史》第37辑,中华书局,1993年。
③ 邱轶皓:《吾道——三教背景下的金代儒学》,《新史学》第20卷第4期,三民书局,2009年,第59页。
④ 《四库全书总目》卷166《滹南遗老集》提要,第1421页。
⑤ 王若虚:《文辨四》,王若虚著,胡传志、李定乾校注:《滹南遗老集校注》卷37,辽海出版社,2006年,第424页。
⑥ 可见王永:《〈滹南遗老集·文辨〉韩愈批评论》,《江苏大学学报(社科版)》2014年第6期。
⑦ 《文辨二》,《滹南遗老集校注》卷35,第395页。
⑧ 《文辨二》,《滹南遗老集校注》卷35,第398页。

焉，有二子饮于死母。母且死，其鸣咿咿。''母且死'一句赘而害理。'且'字训'将'也。"①
对于韩愈为人，王若虚不仅沿袭北宋诸儒"不善处穷"的陈调，更以《潮州谢表》劝宪宗封禅
为其"罪之大者"。②具体到《原道》，则谓："寒然后为之衣，饥然后为之食。木处而颠，土处
而病也，然后为之宫室。三'然后'字，慢却本意。"又云："'责冬之裘者曰：曷不为葛之之
易？责饥之食者曰：曷不为饮之之易？''葛之''饮之'，多却'之'字。"又谓："退之《原道》等
篇，末云作《原道》……犹赘也。"③对于韩愈的道统说，也予以驳斥："韩退之尝曰：孟氏醇乎
醇，荀、扬大醇而小疵。以予观之，孟氏大醇而小疵，扬子无补，荀卿反害，不足论醇疵。"④
细究王意，恐不止对韩愈仅仅"间有指摘"，而是对北宋以来形成的韩愈在儒道传承及古文
运动中的崇高地位，提出质疑和挑战，转而以苏轼代之："韩愈《原道》曰：'孟轲之死，不得
其传。'其论斩然，君子不以为过……韩愈固知言矣，然其所得亦未至于深微之地，则信其
果无传已。"⑤这其实已隐然将韩愈逐出孟子后的传道谱系了。

　　直到金源贞祐南渡（1214年）后，随着国势日颓，儒林中要求重建思想秩序和重估儒学
价值的诉求日趋高涨。⑥文坛上在"尊苏"主流之外，一股宗韩之风才开始隐约出现。至金
末元初，韩愈的地位越来越重要，成为士人写诗作文的重点师法对象⑦，《原道》作为儒学正
统的经典意义重新凸显。例如，金源后期文坛盟主、儒林领袖赵秉文（1158—1232年）早年
为文尊崇欧、苏，素喜佛学，然"颇畏士论，又欲得扶教传道之名，晚年，自择其文，凡主张佛
老二家者皆削去，号《滏水集》，首以中和诚诸说冠之，以拟退之原道性"⑧。《滏水集》以《原
教》为压卷第一篇，是现存金代文献中仅见的原体之作。而以中和诚诸说冠于文集之首，
以拟《原道》，这正是对《原道》文以明道、排斥异端的经典象征性之肯定。

　　自蒙古灭金至元朝灭宋近五十年间（1235—1279年），北方文坛上的宗韩群体逐渐壮
大。金、元之际最杰出的文学家元好问（1190—1257年）视韩愈为唐宋文坛之巨擘，"正大
卓越，凌厉百家，唐宋以来，莫与之京"⑨，并自称"九原如可作，，吾欲起韩欧"⑩。与元齐名

① 《文辨二》，《滹南遗老集校注》卷35，第399页。
② 《滹南遗老集校注》卷29《臣事实辨》，第330页。
③ 《文辨二》，《滹南遗老集校注》卷35，第394页。
④ 《滹南遗老集校注》卷30《议论辨惑》，第343页。
⑤ 《滹南遗老集校注》卷44《道学发源后序》，第533页。
⑥ 包弼德将之称为"金代儒学复兴运动"，并指出它与唐宋古文运动极为类似。可见氏著《寻求共同基础》，林岩译，载张三夕主编：《华中学术》第六辑，华中师范大学出版社，2012年。
⑦ 高桥幸吉：《金末文人对韩门文学的接受——以李纯甫、赵秉文为中心》，《唐代文学研究》第13辑，广西师范大学出版社，2010年，第739—760页。
⑧ 刘祁：《归潜志》卷9，中华书局，1983年，第106页。
⑨ 蒋之翘辑注：《唐柳河东集》卷首《读柳集叙说》，转引自吴文治编：《韩愈资料汇编》第2册，中华书局，1983年，第612页。
⑩ 元好问著，姚奠中主编：《元好问全集》卷1《赠答刘御史云卿四首之三》，三晋出版社，2013年，第12页。

的杨焕（1186—1255年）"作文……以蹈袭剽窃为耻"①，曾删集韩文成《韩子》十卷，又撰《韩子辨》，"配合《韩子》，在竖立韩愈道统、文统地位的同时，对长期盛行于北方的苏学进行清算"②。其他如雷渊（1184—1231年）、郝经（1223—1275年）、魏初（1232—1292年）、阎复（1236—1312年）、姚燧（1238—1313年）、卢挚（1242—1314年）、张之翰（1243—1296年）、元明善（1269—1322年）、张养浩（1270—1329年）等著名士人均以韩文为典范，予以不同程度地仿效，试图以韩文之雄浑奇古，矫苏文之率易流滑之弊。刘祁（1203—1250年）、王恽（1227—1304年）等人亦以学韩为标榜，"引韩以矫苏"，蔚然成风。尽管诸人所得深浅不一，风格各异，但基本已实现创作典范从宗苏至韩、柳、欧、苏多元化的转变。

此期随着赵复北上（1235年），南宋理学也开始全面北传，并与金源地区原有的理学余绪合流。一批服膺理学的文士、儒者试图整合理学与古文两大传统，文、道并重，遂援引韩愈为同道。③被南宋理学家驱出道统的韩愈又被重新纳入，成为孟子与北宋理学五子之间传道的中介，而《原道》文以明道的经典意义，也随之凸显。在此过程中，大儒郝经（1223—1275年）与有力焉。

郝经字伯常，蒙元著名政治家、理学家、文学家。他曾拜元好问为师，早年即喜韩文，尝撰《赠韩愈礼部尚书制》，对韩愈推崇备至。身处金、元易代之乱世，郝经虽信奉理学，却反对空谈道德性命，而注重儒学之经世实用，强调"道贵乎用，非用无以见道也"④。他主张士人当以济民为己任，不拘小节，出仕行道，并身体力行之，于金源亡后积极仕元，为忽必烈出谋划策。以此种出处哲学为标准，他对韩愈作出了崭新的评价。例如，韩愈曾三次上书宰相求官，两宋诸儒普遍视为韩愈道德上的瑕疵，以及心性修养不足、缺乏道德践履之反映。郝经却认为，韩愈此举并非戚戚贫贱而汲汲富贵的躁举轻进，而是为了行道济民，不以一身之私而忘天下之忧患。这与北宋范仲淹居丧言事、先天下之忧而忧的精神是一致的。⑤他进而高度评价韩愈在儒学传承中攘斥异端、力挽狂澜的功绩，以为"立圣人之道者，莫如韩文公"，足以与北宋周敦颐、邵雍、二程等并立道统。⑥甚至于被理学家视为不传之秘的孔孟心学，湮没千年后，也是由韩愈发其端绪，继而由理学家揭示本源：

> 颜夭曾始传，心授相世及。《大学》宏纲举，《中庸》性理切。浩气有孟轲，六经复为七。向微三大贤，圣统几废绝。尔来一千年，晦没无人说。韩李端绪开，伊洛本根揭。⑦

---

① 《元好问全集》卷23《故河南路课税所长官兼廉访使杨公神道之碑》，第438页。
② 魏崇武：《论蒙元初期散文的宗韩之风》，《西南民族大学学报（社科版）》2012年第2期。
③ 金代文士中，王郁（1204—1233年）较早揭橥此种主张，欲绾合韩、柳文辞与程、朱性理为一，以矫学苏之弊："尝欲为文，取韩、柳之辞，程、张之理，合而为一，方尽天下之妙。"见《归潜志》卷3，第24页。
④ 郝经著，秦雪清点校：《郝文忠公陵川文集》卷24《上紫阳先生论学书》，山西人民出版社，2006年，第343页。
⑤ 《郝文忠公陵川文集》卷34《上赵经略书》，第347—348页。
⑥ 《郝文忠公陵川文集》卷26《去鲁记》，第367页。
⑦ 《郝文忠公陵川文集》卷3《子思墓》，第33页。

这恐怕是程颐、朱熹等难以接受的。

在此种思想语境中，作为韩愈扶树教道的名篇，《原道》顺理成章被抬升为辅助六经之作："不读《易》《诗》《书》《语》《孟》，不见圣人之功。知圣人者，孟子而下，惟韩文公为最。《原道》一篇，详且尽焉。"①类似的褒扬，在北宋初期的尊韩思潮中曾由石介等古文家提出，但在蒙元时期的思想文化语境中，则赋予了新的内涵，即《原道》与宋代理学经典著作《通说》《太极图》《西铭》等共同辅助六经，同为文以明道的典范：

> 异端起而杨、墨出，故孟子辞而辟之。圣学失其传，故子思作《中庸》；孟子没而道学不传，故韩子作《原道》；科举极盛不适用，而言不成章，浮淫鄙俚之极，故周子作《太极图》《通书》。圣经虽存，而诂训乖谬，义理昏昧，故二程、朱、张辈为之注解。②

> 邪说兴而大道废，议论胜而文气卑，其来久矣……若《原道》《原人》《太极图说》《通书》《西铭》等作，方可称继三代者。③

一些理学家也模仿《原道》进行写作，把两宋以来业已成熟的"原"体继续推进完善，如胡祗遹（1227—1295 年）撰《原心》《原教》，吴澄（1249—1333 年）撰《原理》，吴师道（1283—1344年）撰《原士》等。

截至 14 世纪，《原道》"文以明道"的经典性，已经体现在士人的儒学启蒙教育中。出生于 13 世纪末的谢应芳（1295—1392 年），便以诗歌形式极具象征地表现出《原道》的经典意义所在："六经家业愧无传，教儿只读《原道》篇。有怀欲得语同志，东飞恨不生双翅。牛鬼蛇神虽孔多，青天白日奈人何。愿言正己斥邪说，始终一念坚如铁。寸膏欲澄千丈浑，厥功有无宜莫论。"④六经虽谦称不传，但以《原道》教儿，亦足以排斥牛鬼蛇神等异端学说，捍卫儒家正统。经历了近五百年的曲折历程后，《原道》的经典化最终融汇了南宋、金源两条不同的空间轨迹，在大一统的元朝得以确立。

以上追溯了《原道》在 9—13 世纪的经典化历程。大致而言，北宋时期《原道》的经典化，主要聚焦于它所原之"道"的内涵及传承谱系。南宋时期，这一进程则转移至"文"的方面。关于韩愈所原之"道"的认识渐趋一致，而《原道》的形式技巧则借助于科举文化的推动，成为士人古文写作的圭臬与范式。《原道》的经典化决非一个单纯的时代审美问题，而是文学审美与学术思想、国家意识形态、科场文化相互纠结、共同发力的结果。这一过程，首先由士人群体中"创造性的少数"精英所发起，继而被纳入朝廷意识形态的建构中，最终在科举文化场域中，《原道》的经典化地位得以铸就。

至于在金源统治下的北方中国，《原道》的经典化进程则出现断裂，呈现出不同空间轨

---

① 胡祗遹：《紫山大全集》卷 10《创建三皇庙记》，《影印文渊阁四库全书》第 1196 册，第 0189a 页。
② 胡祗遹：《紫山大全集》卷 20《立言》，《影印文渊阁四库全书》第 1196 册，第 0338a—0338b 页。
③ 程钜夫：《雪楼集》卷 15《李仲渊御史行斋遗稿序》，《影印文渊阁四库全书》第 1202 册，第 0207a 页。
④ 谢应芳：《龟巢稿》卷 6《寄野居处士》，《丛书集成续编·集部》第 110 册，上海书店，1994 年，第 471 页。

迹。直至金、元易代之际，随着文坛上尊韩之风的兴起、理学的北上，《原道》的经典地位才逐渐得以确立。

就《原道》本身而言，它涵盖了中国文化史上"正统与异端""帝国的兴衰"等多重宏大主题，足以吸引各个时代、各个群体的关注。它首次以散体单行的形式，以一种崭新的言说方式，通过追溯本原，对历史的起源、发展、变异、衰落提供了一个全面的叙述，并将根本原因归咎于异端的侵扰而导致儒家正统价值观念的湮没，继而提出了相应举措，发掘出新的思想应对因子。这就为中唐以后儒学的反思重建和政治变革，提供了合法化论证，指明了方向。它那激烈的排佛举措，表现出坚守儒家文化本位、对抗佛道异端的毫不妥协。凡此种种，都是《原道》被奉为经典的文本机制。一旦遭遇相似的历史情景，这种独特的文本机制便会激发出一代又一代关于正统—异端对峙的历史想象，以及回归本原的变革诉求。

作为宗教信徒的苏辙
——一个北宋官僚士大夫的信仰轨迹[*]

林 岩[**]

　　宋代的官僚士大夫,多与僧人、道士有着广泛的交往,关于这一点,学界大多已有共识。但在现有的研究中,学者们一般多将兴趣集中在宋代官僚士大夫与佛教(尤其是禅宗)的关系上,而对于他们与道教的关系,则较少给予关注。一般而言,往往又多是选取某一位官僚士大夫,就其与佛教或道教的交涉,进行单一维度的考察,而极少能够进行综合的探讨。这固然是为了研究深入而采取的权宜之计,但不可避免地,却也影响了我们去了解这位官僚士大夫在面对佛教、道教时,到底有着怎样的权衡和取舍,在其心目中,哪一种宗教信仰更为重要,以及为何如此?

　　苏辙(1039—1112 年)作为一位具有很高声望的宋代官僚士大夫,在信仰方面,也几乎可以被视为一位严肃的宗教践行者。在其现存的诗文著述以及笔记当中,他对于自己与佛教、道教接触的过程,有着相当清晰的记述。更为重要的是,他对于自己在宗教实践中所进行的探索、所面临的困惑,尤其是晚年的宗教转向,都提供了极为丰富的细节描述,从而为我们勾勒其信仰轨迹提供了诸多线索。换言之,苏辙本身丰富的宗教体验,为我们了解宋代官僚士大夫如何与佛教、道教发生关系,又如何在两者之间取舍,提供了一个生动的案例。[①]

　　有一点必须予以指出:与此前关于苏辙的思想研究有所不同,本文明确将苏辙的学术著述与其信仰实践区分开来。在笔者看来,前者如《诗集传》《春秋集解》《老子解》《古史》

---

[*]　本文原载于東英壽编著:《唐宋八大家の世界》,花書院,2019 年,第 223—252 页。
[**]　林岩,华中师范大学文学院教授。
[①]　关于苏辙宗教信仰的研究,较具参考价值的论述有:张煜:《苏辙与佛教》,《宗教学研究》2006 年第 3 期,后收入其著作《心性与诗禅——北宋文人与佛教论稿》第八章《苏辙、苏门与佛教》,华东师范大学出版社,2012 年,第 335—345 页;沈如泉:《苏辙养生修道简论》,《乐山师范学院学报》2014 年第 2 期。

之类,主要是以一种"学问家"的姿态来进行撰述,尽管会有一些个人创见,但主要是秉承传统的著述方式;而后者则是基于其宗教实践的体验、行为,以及他个人的主观感受,而我们也以此作为主要依据,从宗教信徒的角度来探寻苏辙的信仰追求。如果将两者混淆起来,则无法对苏辙的宗教信仰予以准确的把握。①

一、疾病与养生:早年与道教之接触

尽管苏辙在幼年时,曾和兄长苏轼一起在天庆观跟随道士张易简读书,但这显然不能作为他受到道教影响的依据,因为那不过是跟随道士读书识字,接受启蒙教育而已。②根据苏辙的自述,他初次接触到道教的修炼之术,大约是在治平三年(1066 年),因父亲苏洵病逝,他和兄长苏轼一起运送灵柩返回四川,在经过三峡时,有仙都山的道士出示《阴真君长生金丹诀》给他看,并告诉他内丹、外丹之说。③但他似乎并没有就此进行道教修炼的尝试。

熙宁三年(1070 年)正月,朝廷任命张方平做陈州的地方长官(知州),张方平随即征召苏辙担任陈州教授。④正是在陈州教授任上,苏辙开始了自己道教修炼的实践。据其所作《服茯苓赋》,其中有一段文字说:

余少而多病,夏则脾不胜食,秋则肺不胜寒。治肺则病脾,治脾则病肺。平居服药,殆不复能愈。年三十有二,官于宛丘,或怜而受之以道士服气法,行之期年,二疾良愈。盖自是始有意养生之说。⑤

根据此段文字所述,苏辙是因为脾、肺有病,服药效果不佳,得人传授道士服气法,自行修炼之后,发现颇有效果,才由此留意道教养生之说。至于何人传授他此种养生术,文中虽未明言,但从他的其他著述中,还是可以找到答案的。

在苏辙笔记中的一条记述中,他提及自己在担任陈州教授时,结识了一位名叫王江的道人,曾向他请教过养生之术,结果遭到了对方的拒绝。⑥但在他别的文字中,却又透露出,正是这位道人王江向他传授了养生术。如熙宁五年(1072 年),他在一首酬答苏轼的诗作

---

① 由于没有能够在苏辙的学术著述与其信仰实践之间做出明确的区分,所以在关于苏辙的思想研究中,经常会出现一种论调,即认为苏辙的思想是以儒家为主,同时兼融佛、道二教,因而是一种三教合一的思想。笔者认为此种论述,在研究路径上存在缺陷。例如:吴增辉:《从"省之又省"到圆融三教——党争及贬谪与苏辙的思想蜕变》,《西华师范大学学报》2012 年第 4 期。

② 孔凡礼:《苏辙年谱》,学苑出版社,2001 年,第 4 页。

③ 苏辙:《龙川略志》卷 1"养生金丹诀"条,中华书局校点本,1997 年,第 3 页。

④ 孔凡礼:《苏辙年谱》,第 81 页。

⑤ 苏辙:《栾城集》卷 17《服茯苓赋》,中华书局校点本,1990 年,第 332 页。

⑥ 苏辙:《龙川略志》卷 2"王江善养生"条,第 8 页。

中有如下叙述：

　　先师客陈未尝饱，弟子于今敢言巧。败墙破屋秋雨多，夜视阴精过毕昴。虀盐冷落空杯盘，且依道士修还丹。丹田发火五脏暖，未补漫漫长夜寒。我生疲驽恋笙豆，崔翁游边指北斗。唯有王江亦未归，闭门无客邀沽酒。

　　（自注：宛丘道人王江好饮酒，去冬游沈丘，遂不归。）①

诗中明确说明，他是从道士那里得到了养生之术，而且在自注中特别提到了道士王江的名字。这就暗示，养生之术极有可能是王江传授给他的。而且，另一个旁证是，在他晚年所作的一首诗中，再次提及了王江的名字：

　　幽居漫尔存三径，燕坐何妨应六窗。老忆旧书时展卷，病封药酒旋开缸。

　　小园摇落黄花尽，古桧飞鸣白鹤双。珍重老卢留种子，养生不复问王江。②

根据这些一再出现的证据，我们可以合理地推断，传授给苏辙养生术的正是道士王江。

　　苏辙在结束了陈州教授的任期后，熙宁六年（1073年）四月又被征召为齐州掌书记，在今天的山东济南一带做官。③在他的上司中，有一位是李常，他是黄庭坚的舅舅。也许是通过这层关系，他认识了黄庭坚的兄长黄大临，而黄大临就曾在齐州向他传授过养生术，这在他后来给黄庭坚的一首诗中提及了此事：

　　病卧江干须带雪，老捻书卷眼生烟。贫如陶令仍耽酒，穷似湘累不问天。

　　令弟近应怜废学，大兄昔许叩延年。比闻蔬茹随僧供，相见能容醉后颠。

　　（自注：鲁直兄旧于齐州以养生见教。）④

此后，在他的齐州掌书记任满之际，熙宁十年（1077年）二月，苏轼被任命为徐州知州。苏辙陪同苏轼一起到徐州上任，他在那里认识了退休官员王仲素，对方也曾向他传授养生术。这在他赠给王仲素的一首诗中叙及此事：

　　濡山隐君七十四，绀瞳绿发初谢事。腹中灵液变丹砂，江上幽居连福地。彭城为我住三日，明月满船同一醉。丹书细字口传诀，顾我沉迷真弃耳。年来四十发苍苍，始欲求方救憔悴。它年若访濡山居，慎勿逃人改名字。⑤

苏辙在诗中说，因为自己身体状况不好，年近四十已白发苍苍，所以特别沉迷于养生之术，幸好得到王仲素的指授。在同一时期苏轼写给刘攽的信中，也特别提及了此事，信中说：

　　王寺丞信有所得，亦颇传下至术，有诗赠之，写呈，为一笑。老弟亦稍知此，而子由尤为留意。淡于嗜好，行之有常，此其所得也。吾侪于此事，不患不得其诀及得而不晓，但患

---

①　苏辙：《栾城集》卷4《次韵子瞻对月见忆并简崔度》，第79页。

②　苏辙：《栾城三集》卷3《十月二十九日雪》四首之三，第1192页。

③　孔凡礼：《苏辙年谱》，第102页。

④　苏辙：《栾城集》卷12《次烟字韵答黄庭坚》，第223页。

⑤　苏辙：《栾城集》卷7《赠致仕王景纯寺丞》，第129页。

守之不坚,而贼之者未净尽耳。①

根据信中所述,显然苏辙对于养生之术颇为着迷,而且严格地遵照实施,以至于苏轼对其坚强的意志也感到佩服。

熙宁十年(1077年)二月,张方平被朝廷任命为南京(应天府)留守,他又征召苏辙担任签书应天府判官。在此期间,通过苏轼与友人的书信,我们看到苏辙正不间断地按照遵照养生术进行修炼。如苏轼在给范景山的信中说:

> 子由在南都,亦多苦事。……近斋居,内观于养生术,似有所得。子由尤为造入。景山有异书秘诀,倘可见教乎?②

又在给王巩的书信中说:

> 子由昨来陈相别,面色殊清润,目光炯然,夜中行气脐腹间,隆隆如雷声。其所行持,亦吾辈所常论者,但此君有志节能力行耳。③

根据信中所述,苏辙一直在坚持养生术的修炼,而且似乎也颇有成效,身体状况大有改观。所以苏轼十分佩服弟弟超出常人的意志力。

应当提及的是,苏辙之所以对道教养生术有如此大的热情,也极有可能受到了周围人的影响,其中最可能影响到他的就是张方平。张方平不仅很早就赏识苏氏兄弟的才华,而且他还两度征召苏辙做自己的僚属,两人有着十分密切的私人关系。而张方平本人就热衷于道教养生修炼。如苏辙在应天府做官时,他就发现张方平专门在家里养了一位道士,让其为自己炼丹。苏辙在笔记中记述说:

> 后十余岁,官于南京,张公安道家有一道人,陕人也,为公养金丹。其法用紫金丹砂,费数百千,期年乃成。公喜告予曰:"吾药成,可服矣。"予谓公何以知其药成也。公曰:"《抱朴子》言:药既成,以手握之,如泥出指间者,药真成也。今吾药如是,以是知其成无疑矣。"予为公道仙都所闻,谓公曰:"公自知内丹成,则此药可服,若犹未也,姑俟之若何?"公笑曰:"我姑俟之耶。"④

另外,苏辙在元丰二年(1079年)为张方平生日所作的一首诗歌中,更是明确提及了张方平对于自己道教信仰的直接影响。诗中说:

> 嗟我本俗士,从公十年游。谬闻出世语,俛作笼中囚。俯仰迫忧患,欲去安自由。问公昔年乐,孰与今日优?山中许道士,非复长史俦。腹中生梨枣,结实从今秋。⑤

诗中的最后一句,采用道教养生修炼的术语,表达了自己意欲效仿张方平,将道教养生修

---

① 苏轼:《苏轼文集》卷50《与刘贡父》第三简,中华书局校点本,1998年,第1465页。
② 苏轼:《苏轼文集》卷59《答范景山》,第1794页。
③ 苏轼:《苏轼文集》卷52《与王定国》第三简,第1514页。
④ 苏辙:《龙川略志》卷1"养生金丹诀"条,第2页。
⑤ 苏辙:《栾城集》卷9《张公生日》,第165页。

炼坚持下去，直到成功的自我期许。

二、贬逐与求法：谪筠期间的禅林交游与道教修炼

　　元丰二年（1079 年）八月，苏轼因在诗歌中讥刺新法，被人抓住了把柄，下御史台狱。苏辙为了营救兄长，上书朝廷，表示愿意纳官为苏轼赎罪。十二月，朝廷处分下来，苏轼谪迁黄州团练副使，苏辙则被贬为监筠州盐酒税。苏辙由此开始了自己长达七年的谪居生活，在此期间，由于深入接触禅宗僧人，他的宗教信仰发生了显著的变化。

　　在贬逐筠州之前，苏辙与禅宗僧人有过一定的接触，但关系似乎并不密切。①但是到了筠州之后，这里浓厚的宗教气息，却使他与禅宗僧人有了密切交往的机会，同时他的道教养生修炼也在持续进行。对于筠州的宗教氛围，他曾在元丰四年（1081 年）文章中有如下叙述：

　　昔东晋太宁之间，道士许逊与其徒十有二人，散居山中，能以术救民疾苦，民尊而化之。至今道士比他州为多，至于妇人孺子，亦喜为道士服。唐仪凤中，六祖以佛法化岭南，再传而马祖兴于江西。于是洞山有价，黄蘗有运，真如有愚，九峰有虔，五峰有观。高安虽小邦，而五道场在焉。则诸方游谈之僧接迹于其地，至于以禅名精舍者二十有四。此二者，皆他方之所无，予乃以罪故，得兼而有之。

　　余既少而多病，壮而多难，行年四十有二，而视听衰耗，志气消竭。夫多病则与学道者宜，多难则与学禅者宜。既与其徒出入相从，于是吐故纳新，引挽屈伸，而病以少安。照了诸妄，还复本性，而忧以自去，洒然不知网罟之在前与桎梏之在身，孰知夫险远之不为予安，而流徙之不为予幸也哉！②

根据文中所述，筠州当地不仅散居许多道士，而且也有不少禅宗道场，因而当地的宗教气息特别浓厚。而苏辙本人多病的身体状况以及在贬逐中的多难处境，则促使他去与这些僧人、道士广泛接触，从而使自己的宗教信仰生活变得更加丰富、充实，也减轻了因贬逐而带来的精神苦闷，兹分述之。

（一）筠州期间的禅林交游

　　根据苏辙自己的诗文记述，他在谪居筠州期间，交往的禅宗僧人主要有洞山克文、黄蘗道全、圣寿省聪、景城顺长老、石台问长老。正是通过这些禅僧，他对于禅宗修习有了深

---

① 苏辙：《栾城集》卷 3《游净因院寄琏禅师》，第 47 页；《栾城集》卷 6《赠净因臻长老》，第 119 页。
② 苏辙：《栾城集》卷 23《筠州圣寿院法堂记》，第 401 页。

入了解和亲身实践的机会。对此他在诗文中，有明确说明。如他在给圣寿省聪禅师所撰写的墓碑中说：

予元丰中，以罪谪高安，既涉世多难，知佛法之可以为归也。是时洞山有文、黄蘗有全、圣寿有聪，是三老人皆具正法眼，超然无累于物。予稍从之游，既久而有见也。居五年，予自高安移宰绩溪。未几而全委化，文去洞山，聪去圣寿。凡十年，予再谪高安，而文住归宗，聪退老黄蘗不复出矣。①

同时，他又在另外一首诗中说：

身老与世疏，但有世外缘。五年客江西，扫轨谢往还。依依二三老，示我马祖禅。身心忽明旷，不受垢污缠。偶成江东游，欲别空凄然。缘散众亦去，飘若风中烟。

（自注：高安三长老，与之甚熟，别后文老去洞山，聪老去圣寿，全老化去。）②

通过这些诗文可知，洞山克文、黄蘗道全、圣寿省聪，在禅宗修习方面，给了他许多直接的指导，正是在筠州，他接触到了马祖禅，即禅宗的临济宗一派。

关于这些禅僧，通过苏辙的诗歌，可以看出他们相互交往的情形。如他与洞山克文之间，有过多次的往还。他在诗中提及洞山克文与黄蘗道全曾在雪天拜访自己：

江南气暖冬未回，北风吹雪真快哉。雪中访我二大士，试问此雪从何来。

君不见六月赤日起冰雹，又不见腊月幽谷寒花开。纷然变化一弹指，不妨明镜无纤埃。③

又提及曾与洞山克文一起夜话：

山中十月定多寒，才过开炉便出山。堂众久参缘自熟，郡人迎请怪忙还。问公胜法须时见，要我清谈有夜阑。今夕客房应不睡，欲随明月到林间。④

在自己离开筠州时，洞山克文曾与石台问长老一起送行：

窜逐深山无友朋，往还但有两三僧。共游渤澥无边处，扶出须弥最上层。

未尽俗缘终引去，稍谙真际自虚澄。坐令颠老时奔走，窃比韩公愧未能。⑤

此外，他还曾为洞山克文开堂说法时的禅宗语录，写过序言。文中对其禅法给予了很高的评价：

有克文禅师，幼治儒业，弱冠出家求道，得法于黄龙南公，说法于高安诸山。晚居洞山，实继悟本，辩博无碍，徒众自远而至。元丰三年，予以罪来南，一见如旧相识。既而其徒以语录相示，读之纵横放肆，为之茫然自失。盖余虽不能诘，然知其为证正法眼藏，得游

① 苏辙：《栾城后集》卷24《逍遥聪禅师塔碑》，第1145页。
② 苏辙：《栾城集》卷14《送琳长老还大明山》，第264页。
③ 苏辙：《栾城集》卷11《雪中洞山、黄蘗二禅师相访》，第211页。
④ 苏辙：《栾城集》卷13《约洞山文老夜话》，第249页
⑤ 苏辙：《栾城集》卷13《谢洞山、石台远来访别》，第250页。

戏三昧者也。故题其篇首。①

洞山克文是临济宗黄龙派之开创祖师黄龙慧南的弟子,在当时的禅林界声誉卓著,故而有众多弟子追随,也因此留下了自己传法的语录。

他与黄檗山的道全禅师有过交往,但并不频繁,主要的原因大概是道全禅师当时已经生病,身体不适。所以他曾有诗表示慰问:

四大俱非五蕴空,身心河岳尽消镕。病根何处容他住,日夜还将药石攻。②

在道全禅师过世之后,苏辙曾为之撰写塔铭,追忆了彼此交往的情形,特别提及道全热心向自己传授禅法:

元丰三年,眉山苏辙以罪谪高安,师一见曰:"君静而惠,可以学道。"辙以事不能入山。师每来见,辄语终日不去。六年,师得疾甚苦,从医于市,见我语不离道,曰:"吾病宿业也,殆不复起矣。君无忘道,异时见我,无相忘也。"既而病良愈,还居山中。③

根据文中所述,我们还可得知,黄檗道全是洞山克文的弟子,经由后者指点而得悟禅法,所以道全禅师也是属于临济宗的黄龙一派。

苏辙与圣寿寺的省聪禅师,显然关系密切得多,因为他们几乎经常见面,大概是因为圣寿寺接近筠州市区的缘故。苏辙对此在诗也也有描述:

朝来卖酒江南市,日暮归为江北人。禅老未嫌参请数,渔舟空怪往来频。

每惭菜饭分斋钵,时乞香泉洗病身。世味渐消婚嫁了,幅巾绦褐许相亲。④

当苏辙离开筠州时,他还曾专门写诗道别:

五年依止白莲社,百度追寻丈室游。睡待磨茶长展转,病蒙煎药久迟留。

赞公夜宿诗仍作,巽老堂成记许求。回首万缘俱一梦,故应此物未沉浮。⑤

由此可以见出两人有着深厚的情谊。在一篇介绍省聪法师求法经过的文章中,他也提及了自己向省聪求法的情形:

禅师聪公,昔以讲诵为业,晚游净慈本师之室,诵南岳思大和尚口吞三世诸佛语,迷闷不能入。一日为本烧香,本曰:"吾畴昔为汝作梦,甚异。汝不悟即死,不可不勉。"师茫然不知所谓,既而礼僧伽像,醒然有觉,知三世可吞无疑也。趋往告本,本曰:"向吾梦汝吞一世界一剃刀,汝今日始从迷悟,是始出家,真吾子也。"乃击鼓升座,为众说此事。聪作礼涕泣而罢。聪住高安圣寿禅院,予尝从之问道。聪曰:"吾师本公未尝以道告人,皆听其自悟,今吾亦无以告子。"予从不告门,久而入道。⑥

---

① 苏辙:《栾城集》卷25《洞山文长老语录叙》,第430页。
② 苏辙:《栾城集》卷12《问黄檗长老疾》,第232页。
③ 苏辙:《栾城集》卷25《全禅师塔铭》,第421页。
④ 苏辙:《栾城集》卷12《余居高安三年,每晨入暮出,辄游圣寿访聪长老,谒方子明,浴头笑语,移刻而归,岁月既久,作一诗记之》,第250页。
⑤ 苏辙:《栾城集》卷13《回寄圣寿聪老》,第250页。
⑥ 苏辙:《栾城集》卷18《筠州聪禅师得法颂》,第345页。

根据文中所述,省聪禅师得法于在当时禅林声誉卓著的净慈宗本禅师,而宗本属于云门宗僧人,所以省聪禅师也是云门宗的禅僧。可见苏辙在筠州期间,与临济宗、云门宗的僧人都有颇为密切的交往。在省聪禅师过世之后,苏辙也为之撰写了塔铭。①

苏辙与景福顺长老的交往颇为特别,因为后者在庐山跟随云门宗僧人圆通居讷学法时,曾与他的父亲苏洵有过交集。这在苏辙写给对方的诗中,特别做了说明:

> 辙幼侍先君,闻尝游庐山,过圆通,见讷禅师,留连久之。元丰五年,以谪居高安,景福顺公,不远百里惠然来访,自言昔从讷于圆通,逮与先君游,岁月迁谢,今三十六年矣。二公皆吾里人,讷之化去已十一年,而顺公年七十四,神完气定,聪明了达。对之怅然,怀想畴昔,作二篇赠之。②

更有意思的是,苏辙在向景福顺长老请教禅法时,对方曾以特别的方式予以启发,这给苏辙留下了深刻的印象。他不仅在诗中专门记述此事:

> 中年闻道觉前非,邂逅仍逢老顺师。搊鼻径参真面目,掉头不受别钳锤。
>
> 枯藤破衲公何事,白酒青盐我是谁。惭愧东轩残月上,一杯甘露滑如饴。③

而且还在另一篇文章中追忆了此事:

> 长老顺公,昔居圆通,从先子游数日耳。顷予谪高安,特以先契访予再三。予尝问道于公,以搊鼻为答。予即以偈谢之曰:"搊鼻径参真面目,掉头不受别钳锤。"公颔之。绍圣元年,予再谪高安,而公化去已逾年矣。其门人以遗像示予,焚香稽首而赞之曰。④

此段往事后来成为禅林传法的一段佳话,被收入禅宗灯录《五灯会元》之中,并将苏辙列为景福顺长老的得法弟子之一。⑤

苏辙与石台问长老的交往,更多是出于同乡之谊,因为问长老本是成都人,后来出家到了江西。他特别精熟《法华经》,不仅自己抄写,而且还反复吟诵,这给苏辙留下了很深的印象,但是在禅法方面,似乎并没有什么传授。⑥

在谪居筠州的七年间,因为与禅宗僧人有了密切的交往,我们看到,苏辙开始对于禅宗典籍有了更多的接触和阅读。如他曾在一首诗中说:"老去在家同出家,《楞伽》四卷即生涯。"⑦这种在家如同出家的心态,以及对于禅宗奉为经典的《楞伽经》的深入阅读,恰好体现了禅宗修习对于他心境的影响。而在另一首诗中,也更生动地体现了他在谪居期间的生活状态以及心境:

---

① 苏辙:《栾城后集》卷24《逍遥聪禅师塔碑》,第1145页。
② 苏辙:《栾城集》卷11《赠景福顺长老二首》,第214页。
③ 苏辙:《栾城集》卷13《景福顺长老夜坐道古人搊鼻语》,第244页。
④ 苏辙:《栾城后集》卷5《香城顺长老真赞并引》,第945页。
⑤ 普济:《五灯会元》卷18《上蓝顺禅师法嗣》,中华书局校点本,1997年,第1176页。
⑥ 苏辙:《栾城集》卷12《赠石台问长老二绝》,第227页。
⑦ 苏辙:《栾城集》卷11《试院唱酬十一首·次前韵三首》,第212页。

少年高论苦峥嵘，老学寒蝉不复声。目断家山空记路，手披禅册渐忘情。

功名久已知前错，婚嫁犹须毕此生。家世读书难便废，漫留案上铁灯檠。①

从中不难发现，谪居的处境、与禅宗的接触，这些都深刻影响了苏辙处世的生活态度。

（二）筠州期间与道士之交往

虽然在筠州期间，苏辙与禅宗僧人有了颇为密切的交往，对于禅法修习也有了浓厚的兴趣，但是我们发现，他依然在坚持道教养生术的修炼，并不时向道士请教，以求更大进益。如他曾向路过筠州的牢山（即崂山）道士陈瑛请教过养生心得，结果不得要领：

养生尤复要功圆，溜滴南溪石自穿。近见牢山陈道士，微言约我更三年。

（自注：牢山陈道士瑛近过此，叩之竟无所云，约三年当再见。）②

他又曾接触过同样热衷于道教养生修炼的杨腾山人，诗中对于修炼过程，有一段相当细致的描写：

胸中万卷书，不如一囊钱。不见杨夫子，岁晚走道边。夜归空床卧，两手摩涌泉。窗前雪花落，真火中自然。涣然发微润，飞上昆仑颠。霏霏雨甘露，稍稍流丹田。闭目内自视，色如黄金妍。至阳不独凝，当与纯阴坚。一穷百不遂，此事终无缘。君看《抱朴子》，共推古神仙。无钱买丹砂，遗恨盈尘编。归去守茅屋，道成要有年。③

从这段对于修炼过程的叙述，可见苏辙本人对此已经修习有年，所以才能有如此精微的体会，但诗中也透露出，道教养生修炼需要耗费许多钱财，并非普通人可以承担。

在筠州期间，苏辙接触最多的是一位名叫方子明的道士。也许是因为身处市区的缘故，方子明和圣寿省聪都是苏辙经常交往的对象。因为苏辙与方子明关系甚佳，以至于对方竟然愿意秘密传授炼金术。苏辙在诗中记述了此事：

水银成银利十倍，丹砂为金世无对。此人靳术不肯传，阖户泥墙畏天戒。今子何为与我言，人生贫富宁非天。钳锤橐籥枉心力，齑盐布被随因缘。我来江西晚闻道，一言契我心所好。廓然正若太虚空，平生伎俩都除扫。子言旧事净慈师，未断有为非净慈。此术要将救饥耳，人人有命何忧饥。④

但苏辙显然对于炼金术毫无兴趣，所以并没有接受其好意。从诗歌中还可得知，这位道士也曾师事过云门宗禅师净慈宗本，所以对于禅法也有所了解，因此两人就有了更多的交谈话题。苏辙在诗中也有记述：

---

① 苏辙：《栾城集》卷11《次韵子瞻与安节夜坐》三首之二，第212页。
② 苏辙：《栾城集》卷10《再和十首》之五，第195页。
③ 苏辙：《栾城集》卷11《送杨腾山人》，第212页。
④ 苏辙：《栾城集》卷13《赠方子明道人》，第250页。

纸窗云叶净,香篆细烟青。客到催茶磨,泉声响石瓶。

禅关敲每应,丹诀问无经。赠我刀圭药,年来发变星。①

闲门何所事,毛发日青青。齿折登山屐,尘生贳酒瓶。

调心开贝叶,救病读难经。定起无人见,寒灯一点星。②

从这些诗歌中,可以看出方子明是一位略通禅法的道士。

在筠州期间,苏辙还曾遇见了一位颇具传奇色彩的人物,一位近似乞丐的有道者。他曾向苏辙传授过道教养生修炼方法,因而给苏辙留下了深刻印象,甚至为之专门撰写了《丐者赵生传》。文中记述了赵生向自己传授养生术的经过:

元丰三年,予谪居高安,时见之于途,亦畏其狂,不敢问。是岁岁暮,生来见予。予诘之曰:"生未尝求人,今谒我,何也?"生曰:"吾意欲见君耳。"既而曰:"吾知君好道而不得要,阳不降,阴不升,故肉多而浮,面赤而疮。吾将教君挽水以溉百骸,经旬诸疾可去,经岁不怠,虽度世可也。"予用其说,信然。惟怠不能久,故不能究其妙。③

根据文中所述,苏辙在道教养生术的修炼中,似乎遇到了一些问题,而赵生则传授给他一些修炼的诀窍,但苏辙尝试之后,发现仍然无法领会其中的妙处。关于此事,他在数年后所写的一首诗中,重又提及:

南方有贫士,狂怪如病风。垢面发如葆,自污屠酒中。导我引河水,上与昆仑通。长箭挽不尽,不中无尤弓。④

诗中虽然没有提及赵生的名字,但从人物形象的描述中,仍可辨别出即赵生其人。而在另外一首诗中,则直接提及了赵生其人:

西山学采薇,东坡学煮羹。昔在建成市,岂复衣冠情。朋友日已疏,止接盲赵生。啬智狗所安,元气赖以存。时于星寂中,稍护乱与昏。河流发九地,欲挽升天门。枉用十年力,仅余一灯温。老病竟未除,惊呼欲狂奔。何日新雨余,得就季主论?⑤

从这些诗文记述中,我们可以看出,苏辙在筠州期间,一直在进行道教养生术的修炼,而且也不断在寻求精进的诀窍。而在同一时期苏轼给友人的书信中,他提及苏辙自述习道颇有所得。苏轼在给李昭玘的信中说:

舍弟子由亦云:"学道三十(按:应为十三)余年,今始粗闻道。"考其言行,则信与昔者

---

① 苏辙:《栾城集》卷12《题方子明道人东窗》,第224页。
② 苏辙:《栾城集》卷12《次前韵》,第224页。
③ 苏辙:《栾城集》卷25《丐者赵生传》,第425页。同样的文字,也见于《龙川略志》卷2"赵生挟术而又知道"条,第9页。
④ 苏辙:《栾城后集》卷1《次韵子瞻和渊明饮酒》二十首之十七,第880页。
⑤ 苏辙:《栾城后集》卷1《次韵姚道人二首》,第881—882页。

有间矣。①

可见自从在陈州教授任上开始修习道教养生术以来，十三年的时间里，苏辙一直在坚持不懈，故而自己感觉颇有收获。

三、从朝堂到瘴疠之地：佛、道兼修与身心安顿

元丰八年（1085年）三月，神宗皇帝驾崩，哲宗继位，朝廷政局发生改变，以司马光为首的旧党重新进入权力中心。由此苏轼兄弟也迎来了自己命运的转机。当年八月，苏辙先是经由司马光举荐，被任命为秘书省校书郎，两个月后，又被任命为右司谏。此后，在旧党执政的八年时间里，苏辙官运亨通，不断升迁，一直做到了太中大夫、守门下侍郎，相当于次相的官位。②

虽然苏辙在宦途上越来越顺利，但是经历过筠州贬谪之后，他的心态似乎变得平和了许多，功名之念也逐渐消退，但是道教养生术的修炼，却一直坚持了下来。他在元祐七年（1092年）酬和苏轼的二十首组诗中，对此有所描述：

世人岂知我，兄弟得我情。少年喜文章，中年慕功名。自从落江湖，一意事养生。富贵非所求，宠辱未免惊。平生不解饮，欲醉何由成。

家居简余事，犹读《内景经》。浮尘扫欲尽，火枣行当成。清晨委群动，永夜依寒更。低帏閟重屋，微月流中庭。依松白露上，历坎幽泉鸣。功从猛士得，不取儿女情。③

尤其是后一首诗，对于道教养生之修炼，表达了坚持到底，一定要有所成就的坚定信念。而在绍圣元年（1094年），在酬和苏轼给他的生日赠诗中，也同样提及了自己修炼道教养生术的心得体会：

日月中人照与芬，心虚虑尽气则熏。彤霞点空来群群，精诚上彻天无云。寸田幽阙暖不焚，眇视中外绛锦纹。冥然物我无复分，不出不入常氤氲。道师东西指示君，乘此飞仙勿留坟。茅山隐居有遗文，世人心动随虻蚊。不信成功如所云，蚤夜宾饯同华勋。尔来仅能破魔军，我经生日当益勤。公裹正气饮不醺，梨枣未实要锄耘。日云暮矣收桑枌，西还闭门止纷纷。忧愁真能散凄焄，万事过耳今不闻。

（自注：《登真隐诀》云：日中青帝，日照龙韬，其夫人曰芬艳婴。）④

---

① 苏轼：《苏轼文集》卷49《答李昭玘书》，第1439页。
② 关于苏辙在元祐年间的官位升迁，可参看孔凡礼《苏辙年谱》的相关记载。
③ 苏辙：《栾城后集》卷1《次韵子瞻和渊明饮酒》二十首之三、十六，第878、880页。
④ 苏辙：《栾城后集》卷1《次韵子瞻生日见寄》，第886页。

诗中不仅提及自己参照道教典籍《登真隐诀》进行修炼的心得、体验,而且还劝勉兄长苏轼一起进行修炼。

随着朝廷政局的变化,旧党再次失势,新党重新上台执政,作为旧党阵营中代表人物的苏氏兄弟,再次遭遇了贬逐的命运。绍圣元年(1094年)七月,苏辙被再次贬谪到了江西筠州,而苏轼则被贬谪到了广东惠州。由此开始了他们长达数年之久的谪居生活。

当苏辙再次来到筠州的时候,他当年密切交往过的禅僧有些已经去世(如黄檗山的道全禅师),有些已经远离(如洞山克文),唯一还保持较多联系的只有省聪禅师,不过他也已经离开了市区的圣寿寺,去了较为偏远的逍遥禅寺,无法再经常见面了。所以,苏辙再次谪居筠州期间,并不再像以前那样与禅僧有密切的交往,反而更多是采取了自修的方式。根据苏辙此期所作的诗歌,我们可以发现,在谪居筠州期间,苏辙基本上采取了一种佛、道兼修的方式,这在他寄给苏轼的诗中有所体现。其一是:

　　除却灵明一一空,年来丹灶漫施功。掌中定有庵摩在,云际悬知雾雨蒙。

　　已赖信心留掣电,要须净戒拂昏铜。谁言逐客江南岸,身世虽穷心不穷。①

这是劝慰身处惠州贬所的苏轼,希望他能从佛教的教理中寻得精神慰藉。而在另一首诗中,则又劝兄长坚持修炼道教养生术:

　　山连上帝朱明府,心是南宗无尽灯。过此敧危空比梦,年来瘴毒冷如冰。

　　图书一笑宁劳客,音信频来尚有僧。梨枣功夫三岁办,不缘忧患亦何曾。②

诗中希望苏轼在惠州这样的瘴疠之地,一方面能以禅宗的修习来安顿精神,另一方面则通过道教养生术的修炼来抵抗恶劣的生存环境。一边以禅宗来慰藉心里苦闷,一边以道教养生术来维持身体状况,这似乎已经成为苏辙在谪居生活中安顿身心的应对之道。

有意思的是,这时远在惠州的苏轼,也时常将一些道教养生术的修炼方式,通过书信的方式来告知苏辙。根据孔凡礼先生的考证,绍圣二年(1095年)正月,苏轼写了一篇《龙虎铅汞说》寄给苏辙,随后在八月,又通过书信,告知苏辙养生的三种方式,即食茯法、胎息法、藏丹砂法。③这说明,苏氏兄弟在谪居生活中,也时常交换彼此修炼道教养生术的心得。而在此一时期苏轼给朋友的信中,也透露出苏辙在道教养生术修炼上颇有所得。如苏轼在给王巩的书信中说:"子由不住得书,极自适,道气有成矣。"④又在给张耒的书信中说:"子由在筠,甚自适,养气存神,几于有成,吾侪殆不如也。"⑤这或许可以表明,在道教养生术的修炼方面,苏辙投入了更多的精力,意志也更为坚定,较之苏轼成效也更为显著。

---

① 苏辙:《栾城后集》卷2《劝子瞻修无生法》,第892页。
② 苏辙:《栾城后集》卷2《和子瞻新居欲成二首》,第894页。
③ 苏轼:《苏轼文集》卷73《龙虎铅汞说》,第2331—2333页;《苏轼文集》卷73《寄子由三法》,第2337—2340页。
　　按:系年考证,参考孔凡礼《苏辙年谱》绍圣二年之相关记载。
④ 苏轼:《苏轼文集》卷52《与王定国》第四十简,第1531页。
⑤ 苏轼:《苏轼文集》卷52《答张文潜》第一简,第1538页。

　　绍圣四年（1097 年）二月，苏辙被贬到雷州，而苏轼则被贬到了海南岛，也就是说，兄弟二人都被放逐到了生存环境更为恶劣的地方。他们五月在藤州会面，相聚同行一个月后，苏辙抵达雷州，而苏轼则渡海到了海南岛，从此兄弟二人隔海相望。在这样一个更糟糕的生活环境中，我们看到，苏辙主要是通过佛、道兼修的方式来安顿身心。这在他此期的诗歌中多有体现。如他在诗中对自己的生活状态有这样的描述：

　　逐客例幽忧，多年不洗沐。予发梳无垢，身垢要须浴。颠隮本天运，愤恨当谁复。茅檐容病躯，稻饭饱枵腹。形骸但癯瘠，气血尚丰足。微阳阅九地，浮彩见双目。枯槁如束薪，坚致比温玉。长斋虽云净，阅月聊一沃。石泉瀞巾悦，土釜煮桃竹。南窗日未移，困卧久弥熟。《华严》有余帙，默坐心自读。诸尘忽消尽，法界了无瞩。恍如仰山翁，欲就沩叟卜。犹恐堕声闻，大愿勤自督。①

值得我们注意的是，诗中他提到自己正在阅读《华严经》，以此来漠视恶劣的自然环境。而在他写给小儿子苏远的诗中，则劝他要读《楞严经》：

　　元明散诸根，外与六尘合。流中积缘气，虚妄无可托。敝陋少空明，妇姑相攘夺。日出暵焦牙，风来动危萚。喜汝因病悟，或免终身著。更须诵《楞严》，从此脱缠缚。②

小儿子苏远正因牙痛遭受折磨，苏辙劝他通过阅读《楞严经》来忘记身体感官所引起的苦恼，这从侧面也反映了他个人对于身体不适的应对方式。

　　与此同时，他仍然通过道教养生术的修炼，来应对瘴疠之地可能带来的不良影响。如他在酬和苏轼的一首诗中述说了自己早起养生的习惯：

　　道人鸡鸣起，趺坐存九宫。灵液流下田，伏苓抱长松。颠毛得余润，冉冉欺霜风。俯就无数栉，九九为一通。洗沐废已久，徐之勿忽忽。气来自涌泉，至此知几重。近闻西边将，袒裼拥马鬃。归来建赤油，不复侪伍同。笑我守寻尺，求与真源逢。人生各有安，未肯易三公。③

在苏轼给苏辙的诗中，原本是述说自己在儋州的三种养生方式：旦起理发、午窗坐睡、夜卧濯足，而苏辙也就相应地介绍了自己如何养生。这种相互交换养生心得，也许就是患难的兄弟情谊吧。而在他酬和苏轼的一组诗中，再次提及了自己修炼道教养生术的心得体验：

　　锄田种紫芝，有根未堪采。逡巡岁月度，太息毛发改。晨朝玉露下，滴沥投沧海。须牙忽长茂，枝叶行可待。夜烧沉水香，持戒勿中悔。④

诗中不仅有对自己长期修炼养生术的叙述，同时也表达了一种坚持到底的信念。从中可以看出，从苏辙三十二岁开始修炼道教养生术以来，他一直在坚持不懈地进行实践。

---

① 苏辙：《栾城后集》卷 2《浴罢》，第 897 页。
② 苏辙：《栾城后集》卷 2《次远韵齿痛》，第 898 页。
③ 苏辙：《栾城后集》卷 2《次韵子瞻谪居三适·旦起理发》，第 900 页。
④ 苏辙：《栾城后集》卷 2《次韵子瞻和渊明拟古》九首之九，第 902 页。

四、弃道入禅:颍昌退居与宗教信仰的转向

元符三年(1100年)正月,哲宗驾崩,徽宗继位。以此为契机,朝廷缓和了对于旧党人物的打击,那些远贬岭海的旧党官僚,得以陆续北还。这年四月,已经历七年放逐生涯的苏辙,离开了广南东路的循州,开始北返。终于在年末的时候,抵达了颍昌府,并从此在那里定居下来,度过了自己的晚年生涯,直至政和二年(1112年)去世。

在苏辙退居颍昌的晚年生活中,尤其在精神层面上,投注了最大心力的事情,也许就在于对他宗教实践的热诚。而且在此过程中,他还经历了一次意义重大的转变,即放弃了自己对于道教的信仰,转而全身心投入禅宗的怀抱,这可谓是苏辙晚年信仰生活中的一件大事。

自苏辙三十二岁开始,他就一直坚持不懈地进行道教养生术的修炼,一直到大观元年(1107年)的春天,他都还保持了这种对于道教的信仰。如他在崇宁二年(1103年)的诗中说:"道成款玉晨,跪乞五色丸,肝心化黄金,齿发何足言。"[1]又在次年的诗中说:"道士为我言,婴儿出歌舞。"[2]这些都表现出他对于道教可以长生观念的信仰。甚至他在给自己写真画像所写的赞语中也有这样的自我描述:

心是道士,身是农夫。误入廊庙,还居里间。秋稼登场,社酒盈壶。颓然一醉,终日如愚。[3]

而在大观元年自己生日(二月二十日)那天所作的诗歌中,他甚至表示出了佛、道可以兼容的思想。他在诗中说:

老聃本吾师,妙语初自明。至哉希夷微,不受外物婴。非三亦非一,了了无形形。迎随俱不见,瞿昙谓无生。湛然琉璃内,宝月长盈盈。[4]

也就是说,在这年的春天,他的精神世界里,道教与佛教还是可以兼容并包的宗教信仰。但是奇妙的是,也就在这年的冬天,他在读了《传灯录》之后,思想上发生了变化,开始向禅宗倾斜。

其实这种微妙的变化,最初发生于崇宁二年(1103年),当时他为了避祸,一度从颍昌府迁居蔡州,先后生活了大约一年左右的时间。在这种身处异乡的孤独苦闷中,他开始反复阅读《楞严经》,结果对于佛教义理突然有了深刻的领悟。据他自述说:

---

[1]　苏辙:《栾城后集》卷3《白须》,第912页。
[2]　苏辙:《栾城后集》卷3《与儿侄唱酬次韵五首》,第922页。
[3]　苏辙:《栾城后集》卷5《自写真赞》,第945页。
[4]　苏辙:《栾城三集》卷1《丁亥生日》,第1151页。

予自十年来，于佛法中渐有所悟，经历忧患，皆世所稀有，而真心不乱，每得安乐。崇宁癸未，自许迁蔡，杜门幽坐，取《楞严经》翻覆熟读，乃知诸佛涅盘正路，从六根入。每跌坐燕安，觉外尘引起六根，根若随去，即堕生死道中。根若不随，返流全一，中中流入，即是涅盘真际。观照既久，如净玻璃，内含宝月，稽首十方三世一切佛菩萨罗汉僧，慈悲哀愍，惠我无生法忍，无漏胜果，誓愿心心护持，勿令退失。①

因为有了这样的领悟，所以他还一度将其心得以偈颂的方式，送呈附近资福寺的谕长老寻求印证。在诗前的引言中，他自述说：

予读《楞严》，至"尘既不缘，根无所偶，反流全一，六用不行"。释然而笑曰："吾得入涅槃路矣。"然孤坐终日，犹苦念不能寂，复取《楞严》读之。至其论意根曰："见闻逆流，流不及地，名觉知性。"乃叹曰："虽知返流，未及如来法海，而为意所留，随识分别不得，名无知觉明，岂所谓返流全一也哉。"乃作颂以示谕老。②

而在他崇宁五年（1106 年）所写的《颍滨遗老传》中，则确信自己已经找到了佛教义理的真谛。他在文中说：

昔予年四十有二，始居高安，与一二衲僧游，听其言，知万法皆空，惟有此心不生不灭。以此居富贵、处贫贱二十余年，而心未尝动，然犹未睹夫实相也。及读《楞严》，以六求一，以一除六，至于一六兼忘，虽践诸相，皆无所碍。③

后来到了大观元年（1107 年）的冬天，他又读到了《景德传灯录》，这使他的思想发生了根本性的变化，开始完全被禅宗思想所吸引。在他写于大观二年（1104 年）二月十三日的《书传灯录后》一文中，他有这样的自述：

予久习佛乘，知是出世第一妙理，然终未了所从入路。顷居淮西，观《楞严经》，见如来诸大弟子多从六根入，至返流全一，六用不行，混入性海，虽凡夫可以直造佛地。心知此事，数年于兹矣，而道久不进。去年冬，读《传灯录》，究观祖师悟入之理，心有所契，必手录之，置之坐隅。④

很明显地，自从读了《传灯录》之后，他的思想产生了某种巨大的变化。例如，他不仅专门写了一首《读传灯录示诸子》（《栾城三集》卷 1），其中有诗句云："从今父子俱清净，共说无生或似庞。"而且此后，他开始在诗歌中频繁使用《传灯录》中的传法典故，例如："自见老卢真面目，平生事业有无中。"⑤"法传心地初投种，两过花开不待春。"⑥"近听老卢亲下种，满

———————

① 苏辙：《栾城后集》卷 21《书楞严经后》，第 1113 页。
② 苏辙：《栾城后集》卷 3《示资福谕长老并引》，第 917—918 页。
③ 苏辙：《栾城后集》卷 13《颍滨遗老传下》，第 1041 页。
④ 苏辙：《栾城三集》卷 9《书传灯录后》，第 1231 页。
⑤ 苏辙：《栾城三集》卷 1《初成遗老斋待月轩藏书室三首》，第 1158 页。
⑥ 苏辙：《栾城三集》卷 1《戊子正旦》，第 1162 页。

田宿草费费锄耰。"①诗中所说的"老卢",即指六祖慧能,因他本姓卢氏;所谓"真面目",乃是六祖慧能开示悟道者的话头;而"下种""花开",则是禅宗祖师付法时的偈语。这些都表明苏辙在思想上开始向禅宗倾斜。

到了大观四年(1110年),苏辙七十二岁的时候,我们看到他明确宣告了对于道教信仰的放弃。这年冬天,他写下一首诗歌,表白了自己的宗教立场:

> 少年读书目力耗,老怯灯光睡常早。一阳来复夜正长,城上鼓声寒考考。老僧劝我习禅定,跏趺正坐推不倒。一心无著徐自静,六尘消尽何曾扫?湛然已似须陁洹,久尔不负瞿昙老。回看尘劳但微笑,欲度群迷先自了。平生误与道士游,妄意交梨求火枣。知有毗卢一径通,信脚直前无别巧。②

在诗中,他叙述了自己修习禅定的体验,认为找到了摆脱迷误的法门。而在诗的末尾,他宣称自己以往信仰道教、追求长生,完全是走入歧途,而现在他要全心投身于禅宗,放弃对于道教的信仰。这样明确宣示自己宗教立场的转变,对苏辙而言,不啻是找到了最终的精神归宿。

特别是在苏辙生命的最后两年,他在诗歌中,透露出一种对于修习禅宗的执着与热诚,这表现在他写诗时频繁地使用《传灯录》中的传法典故:"老卢下种法,从古无此妙。根生花辄开,得者自不少。要须海底行,更问药山老。"③"珍重老卢留种子,养生不复问王江。"④"下种已迟空怅望,无心犹幸省工夫。虚明对面谁知我,宠辱当前莫问渠。"⑤"老知下种功力新,开花结子当有辰。"⑥我想,如此频繁使用禅宗典故,且基本是同一话头,更多地是苏辙在记录自己的习禅心得,而不仅仅是为了写诗。

在我看来,苏辙晚年放弃道教、倾心禅宗这一宗教立场的转变,很能反映北宋官僚士大夫在精神世界里的严肃追求和探索;而且它也直接表明,直至北宋末年,道学运动的影响力远没有那么大,宗教实践(或者说禅宗)对于官僚士大夫仍有巨大的吸引力。

五、结语

虽然苏辙作为古文家,被列入"唐宋八大家"之一,但我们绝不能简单地认为他就是儒

---

① 苏辙:《栾城三集》卷1《七十吟》,第1162页。
② 苏辙:《栾城三集》卷3《夜坐》,第1184页。
③ 苏辙:《栾城三集》卷3《早睡》,第1192页。
④ 苏辙:《栾城三集》卷3《十月二十九日雪四首》,第1192页。
⑤ 苏辙:《栾城三集》卷3《白须》,第1196页。
⑥ 苏辙:《栾城三集》卷4《溽暑》,第1200页。

家学说的坚定追随者,有着对于异端学说坚决予以排斥的决绝立场。事实上,通过对其信仰生活的全面考察,我们发现,以他对于道教养生术的长期修炼,以及最后对于禅宗思想的笃信,苏辙已经完全可以被视为一位坚定的宗教信徒。

回顾他的信仰轨迹,大体有如下的一个嬗变过程:大约在三十二岁的时候,在陈州教授任上,他因长期患有肺病的缘故,开始从一个名叫王江的道士那里,接受了道教养生修炼的指点,主要是一种内丹式的服气法。他之所以会接受道教养生术的影响,也许与一直提携、关照他的张方平有着直接关系,因为后者同样热衷于道教养生术的修炼,甚至专门有道士为之炼丹。在其后,他在齐州掌书记、应天府判官任上,也都一直在进行道教养生术的修炼,并不时从别人那里寻求指点。

因为营救兄长苏轼的缘故,他被贬谪到了筠州,在五年左右的时间里,他接触了不少禅宗僧人,其中既有临济宗僧人,也有云门宗僧人,而在禅法上给予他较多指点的则是洞山克文、黄檗道全、圣寿省聪三人。尽管如此,他仍然坚持道教养生术的修炼,并与一些道士有过接触,尤其是从一位近似乞丐的赵生那里,他又得到了一些道教养生术的指点。经过十余年坚持不懈的修炼,他感觉在这方面已经获得不少进益。

元祐年间,他虽然仕宦顺利,不断升迁,但他仍坚持道教养生术的修炼。绍圣、元符年间,他和兄长苏轼再次被贬,甚至被贬逐到雷州、循州这些自然环境极其恶劣的地方,但他已经学会一方面以禅宗思想来慰藉精神的苦闷,另一方面又通过道教养生术的修炼来保持身体康健。

徽宗继位后,苏辙回到颍昌府定居,在他最后十二年的岁月中,通过对于《楞严经》《传灯录》的深入阅读,信仰方面发生了巨大的转变,最终他宣告放弃道教养生术的修炼,而全身心地投入到了禅宗的怀抱中。

通过对于苏辙信仰轨迹的考察,或许可以让我们重新去思考宋代古文家与宗教信仰之间的关系,并进而去探寻宋代的官僚士大夫为何会出现如此强烈的宗教气质,而这又与宋代社会的宗教氛围具有怎样的交互关系。

玩味与涵泳：宋代解经学的一个重要方法[*]

谷继明[**]

自汉代到宋代，其间的经学与儒学转向，是一个被反复讨论过的问题。学界曾多认为这是五经模式到四书模式的转变，然而宋学依据的不仅仅是四书学，《易传》与《春秋》尤为重要。[①]联想到宋代《春秋》的兴盛、议礼的热忱，则依据经典似乎也不能说明经典的变化。至于说汉唐重训诂、宋明主义理，这其实也稍偏颇，因为两汉的通儒皆首重义理之创发，而宋儒如朱子及元代朱子学者，亦十分重视训诂，我们这里就不多辨析了。

经学的转变不是一蹴而就的，且具有十分复杂多样的面向。单单从一个角度来研究，无法解答全面的问题。但值得注意的一个变化是，就经典理解的方法而言，涵泳与玩味在宋明特别是此时期的理学中常常被提及，这与之前的汉代经学和之后的清代经学是不同的。

一

至少可以保守地说，涵泳和玩味的方法在汉人那里并非重点。与此对照的是，宋人对于玩味和涵泳的格外重视。这种差别不仅仅是诠释方法的不同，还折射出了经学的变化、经典与社会之间双向互动结构的差异。

---

[*] 本文原载于《中国哲学史》2016 年第 3 期。

[**] 谷继明，同济大学人文学院副教授。

① 关于宋代所重视的经典，可以参看吴国武：《经术与性理——北宋儒学转型考论》，第三章第一节，学苑出版社，2009 年，第 83—112 页。

经典对于汉人的意义在于,它直接地成为汉代"宪法",所谓"《春秋》为汉制法"①。《汉书·儒林传》谓:"六艺者,王教之典籍,先圣所以明天道,正人伦,致至治之成法也。"②换句话说,经典中存在着大量具体性的指导,从天地宇宙的结构和秩序(及其与帝王和百姓生活的关系),到国家的政治制度、礼仪建设、风俗教化等,都足以给汉人提供借鉴。这也是汉人尊经、治经的目的。即便经典的制度或被视作"三代"之遗迹而不完全适应汉代,那也是由经师、博士们损益斟酌,或者辨订条例、探求精义来提出新的合于时宜的主张。汉人的眼睛,是着眼于国家的大经大法的,经典可以直接指向现实的政治。这种经典与现实的结构关系,决定了经师的主要任务在于如何能将经典与整体的社会和政治进行沟通。比如《易经》学者的工作是建立庞大复杂的卦气结构,用以占验和安排人事生活;《春秋》则成了汉代国家意识形态以及法律的基础。这里的解经,需要政治的智慧和现实的经验。

在汉代,经典直接面向政治共同体,解经者充当转译的角色。然而随着汉帝国的崩溃,经学也被问责。对于纲常和名教的批评,就是经学衰落的表现之一。南北朝的统治者无力建立一统的王朝,因之经学也无力发挥对于政治的型范和建构作用。士人便要面临这样的问题:学习经典究竟是为了什么? 自东汉开始,经学的传承形态便转向了家学③,家学中的士人修习经学,未必直接出仕或进入博士官系统。经典学习的意义,便转向了地方风俗建设和士人自身修养。东汉末的徐幹论及学习经典的意义时已指出:"贤者不能学于远,乃学于近,故以圣人为师。非唯贤者学于圣人,圣人亦相因而学也。……故六籍者,群圣相因之书也。其人虽亡,其道犹存。今之学者,勤心以取之,亦足以到昭明而成博达矣。"④贤者向圣人学习,圣人也向古代的圣人学习,也就是向经典学习;而学习的目的是明道。明道虽然包括从政,但也指向了自身的修养。不过徐幹认为学习对于自身的材质来说,是一种"饰"的作用,这意味着,学问和自身的生命仍是打成两橛的。

如果从概念史的角度来考察,以味来比拟义理,在先秦已经出现,如老子的"道之出口,淡乎其无味"。味既是名词,又是动词。班固为《汉书》所作《序传》谓:"慎修所志,守尔天符,委命供已,味道之腴。"李善注:"项岱曰:'腴,道之美者也。'桓谭《答扬雄书》曰:'子云勤味道腴者也。'"吕向注:"腴,膏腴也。言研味道德之膏腴。"⑤道的意义,在这里被比喻成了肥美之膏,而对于道的领会,便是"味道之腴"。朱子极赞赏此语,谓:"大抵读书须求其要处,如人食肉,毕竟肉中有滋味。古人所谓'味道之腴',最有理。"⑥至于"玩",本当作

---

① 孔子以《春秋》为汉制法,此汉人常有之观念。如《东观汉记·车服志》载王苍说:"孔子曰:'行夏之时,乘殷之辂,服周之冕。'为汉制法。"
② 班固:《汉书》,中华书局,1962 年,第 3589 页。
③ 西汉固然有家学,但东汉更为繁盛。
④ 徐幹:《中论》,上海古籍出版社,1990 年,第 8 页。
⑤ 萧统:《日本足利学校藏宋刊明州本六臣注文选》,人民文学出版社,2008 年,第 697 页。
⑥ 黎靖德编:《朱子语类》,《朱子全书》第 17 册,上海古籍出版社,2010 年,第 2690 页。

"翫",《说文》曰"翫,习猒也"。《周易·系辞传》有"君子所乐而翫者,爻之词也"①。在汉代,"玩"已成为一种研习经典的方法。《汉书·艺文志》说:"古之学者耕且养,三年而通一艺,存其大体,玩经文而已,是故用日少而畜德多,三十而五经立也。"这时的玩味经文,是因为诠释的历史还没有那么长、传笺章句还没有那么多,所以学者可以直接绎读经典,体会经典的大义。这里的"玩",是熟习的意思。通过"玩"所存的"大体"、发挥的大义犹为质朴,所以还没有玄妙的"玩味"方法。

"玩味"作为一种研读经典的方法,是在玄学兴起的时候才正式建立的。学界常认为,魏晋时期是人发现的时代,也是文学和美发现的时代;至于研览经典,也不仅仅是追求一种知识的获得,还有对于美和玄妙之道的追求,这种追求正恰当地被用"味"来概括。佛教在传入的时候,更是借助并深入了对此的运用。佛教特别注重对于人精神上的磨练,因此研习佛经的目的,指向的是自我解脱;即便如大乘的指向众生或一切有情的解脱,其眼光和着力点,也不在于现实的政治运作。与这种目的相关的经典研读方式,便是反复揣摩佛经所开示的修养和观想方法,这需要一个不断深入思考和揣摩,并合之于内心的过程。在南北朝时期,佛教对"玩味"一词使用得最多。比如《高僧传》僧肇"见旧《维摩经》,欢喜顶受,披寻翫味,乃言始知所归矣"②。佛教的这种解经态度自然影响了儒家经典的解读,刘勰在论列儒家经典时指出:"根柢槃深,枝叶峻茂,辞约而旨丰,事近而喻远。是以往者虽旧,余味日新。"③经典虽旧籍,而有余味,是儒家对于经典之诠释,风格已变。

然而仍需注意的是,此时的玩味多带有审美性的趋向,而"味道"的使用,也多作为一种境界形态。同时,儒家的经学,尚未转向此种方法。这里面有两个制约因素:一是义疏学在南北朝隋唐时期的兴盛,二是经学作为成德之学的理论基础在宋之前还未建立起来。义疏学固然有其自己的问题意识,有精纯的经学探讨④,但不少的讲疏沦为口耳之学也是事实;到了唐代,《五经正义》作为义疏学的总结,固然体现了编撰者的教化意图,当其悬为功令的时候,却也日趋成为记诵训诂之学。颜之推观察当时的经学现状,自数名大儒不囿于义疏以外:"率多田野间人,音辞鄙陋,风操蚩拙,相与专固,无所堪能,问一言辄酬数百,责其指归,或无要会。鄴下谚云:'博士买驴,书券三纸,未有驴字。'……夫圣人之书,所以设教,但明练经文,粗通注义,常使言行有得,亦足为人。何必'仲尼居'即须两纸疏义,燕寝讲堂,亦复何在?"⑤这样的经学,既不能满足帝王制法的需要,也不能满足士人的心灵诉

---

① 《周易释文》出"而玩"目,注谓:"研玩也。马云贪也。郑作翫。"盖郑玄本用本字(《经典释文》,上海古籍出版社,1985年影印宋元递修本,第122页)。曹元弼谓:"翫,习厌也。玩,弄也。义大同,皆反覆探索之意。"(《周易郑氏注笺释》,宣统辛亥刊本,卷11上,第36a页)
② 慧皎:《高僧传》,中华书局,1992年,第249页。
③ 范文澜:《文心雕龙注》,人民文学出版社,1958年,第22页。
④ 义疏学的相关探讨,可参见乔秀岩:《义疏学衰亡史论》,万卷楼出版社,2013年。
⑤ 王利器:《颜氏家训集解》,中华书局,1993年,第177页。

求。于是新经学和新的经典诠释方法的成立需求，越来越迫切。

二

宋代经学作为新的学术形态崛起，其背景或反对的对象之一，就是隋唐以来的义疏之学，这被宋人称为"训诂之学"。许多学者都已指出宋学与旧经学的对立关系。如侯外庐说："对传统经说的怀疑，表明以《五经正义》为代表的经学笺注的没落。尽管统治阶级扩大经书范围，从五经、七经而九经、十三经，但是也无法挽救经学笺注的没落，需要有新的学术思想以替换旧的学术思想。"①宋代理学仍可视为一种新经学，因而称为经学笺注没落不太合适，但侯先生仍敏锐地发现旧经学体系与政治脱节而衰落，必然成为新学问诞生的一个重要原因。程颐说："古之学者一，今之学者三，异端不与焉。一曰文章之学，二曰训诂之学，三曰儒者之学。欲趋道，舍儒者之学不可。"②训诂之学，指的主要是旧义疏学。③在这里，伊川将训诂与道对立起来，且明确自己的志向是求道。

将训诂与道对立，意味着建立了新的诠释方式，亦即志于在经典中探求"道"，并且不能拘泥于训诂。道是隐藏在文字之中的，所以未必训诂明便可以义理明。道的隐藏性，正如味道一样，需要实地体会。正因"玩味"这个词特别地表达了新的经学诉求，所以它为宋人所钟爱。伊川在《易传序》中说："去古虽远，遗经尚存。然而前儒失意以传言，后学诵言而忘味。自秦而下，盖无传矣。"④《周易程氏传》是程颐最为用心的思想和经学著作，其重要性高过《语录》。这篇序文尤其代表了伊川的思想精髓和学术主张。人们特别关注"体用一源、显微无间"一段的哲理，但其中所包含的文化和经学诉求更为重要。在伊川看来，秦以后不仅仅是道的中断，而且是经学的中断，其表现形态就是"前儒失意以传言，后学诵言而忘味"。所谓"言"，就是我们前引他所指责的"训诂之学"，而味、意、道都是一个层面的。"前儒失意以传言"是说前儒做的一些传、解、笺、注多失去了圣人作经的微言大义，沦为训诂；"后学诵言而忘味"则指学习经典的人，特别是唐代至宋前期的学者，学习经典变成了记诵之学。

阳明在批评追求于仪节而内心无所得的时候，曾以戏子为比喻："若只是那些仪节求

---

① 侯外庐等：《宋明理学史》，人民出版社，1984年，第7页。
② 程颢、程颐：《二程集》，中华书局，2004年，第187页。
③ 在二程的语录中可以见到数处他们对于汉儒的指摘，特别是指摘汉儒是"训诂之学"。但二程的问题意识，还主要是指向唐代以来科举取士，士人但知记诵注疏的风气。对于毛公、董仲舒、扬雄这些有创造力的经学家，二程有较高的评价。
④ 《二程集》，第689页。

得是当,便谓至善;即如今扮戏子,扮得许多温清奉养的仪节是当,亦可谓之至善矣。"①读经亦是如此。语言文字是"道"的寄托,虽说除了圣人能直接创通义理之外,其他人只能通过学习来明道,然而仅仅诵读文字却也不能体会到"道"。在现代语言哲学看来,文字作为符号施指,文字的含义是"所指";然而在训诂意义的"所指"之外还有更深一层意义的"道"。

不独程颐,王安石早已反对旧义疏之学,而表达了与伊川类似的"求味"趋向。更早的,还有欧阳修。以往学界在论及此段时期经学转变的时候,指出了许多特点,如疑经,如摆脱注疏,如以经注经。这的确是此阶段经学所具有的,但未必是独有的,且只能作为现象。像汉代的经学,郑玄调和诸经、今古,以礼经注他经;汉晋人的注释,也多简直,不是溺于名物训诂。所以,与其说北宋的经学家反对汉唐的经学内容,不如说是借此反对他们解读经典的方式和指向。

三

"玩味"与"涵泳"解经方式的理论基础,要待理学才得建立。

多次绎读,解释其中的意义,达到一种充盈和满足的状态,此即谓之酞。孟子说:"理义之悦我心,犹刍豢之悦我口。"所以酞本身就从味道的角度解释了对于义理的喜爱和吸收。以饮茶或品酒的体验而言,玩味即是仔细品察、体验其中的味道信息。不同种类的茶的味道,以至于同一品种茶不同产地和级别,对于初次接触的人来说,可能是毫无头绪的;但经过不断地磨练和细细体会,则能产生一种对于味道的敏感,同时味道与自身融为一体。这都是通过不断尝试和反复寻绎得到的。二程谓:

孟子曰:"养心莫善于寡欲。"此一句如何?谢子曰:"吾昔亦曾问伊川。先生曰:此一句浅近,不如'理义之悦我心,犹刍豢之悦我口',最亲切有滋味。然须是体察得理义之悦我心,真个犹刍豢始得。"

有恐惧心,亦是烛理不明,亦是气不足。须知"义理之悦我心,犹刍豢之悦我口",玩理以养心如此。盖人有小称意事,犹喜悦,有沦肌浃骨如春和意思,何况义理?然穷理亦当知用心缓急,但苦劳而不知悦处,岂能养心?②

第一段引文,伊川指出孟子的比喻是以味道来把握经典,真正对经典有所理解,需要

① 王阳明:《传习录》,《王阳明全集》第1册,浙江古籍出版社,2011年,第4页。
② 《二程集》,第425、66页。

达到"亲切有滋味"的状态。第二段引文则点出了达到"亲切有滋味"的方法就是"玩理以养心"。二程曾说："今之学者，惟有义理以养其心。若威仪辞让以养其体，文章物采以养其目，声音以养其耳，舞蹈以养其血脉，皆所未备。"①威仪之于体、文采之于目、声音之于耳、舞蹈之于血脉，其共同的特点，在于所修习之物与修习者（或者类似地简称为"能"与"所"）是在实地践行中融合为一的。义理之于人心亦犹如此，阅读经典习得义理，不是把经典看作一个对象性的存在以仅仅获得文字本身指示的方向，仅仅知道经典说了什么，而且使义理与己心相贯通，使浸润了义理的文字，与己心相切磨濡润，从而己心亦得润泽生长。"义理以养其心"这句话固然重要，但"玩理以养心"方更能指示出理以养心的门径。因为"玩"就约束住了对待经典（义理）不是与对象为二，而是与经典为一；不仅仅是揭示出经典的义理规则（如道德律令、政治制度、礼俗规矩），而且要实地调御自身。

"味"必然指向实践，因为即使最善修辞的文人，无论如何比喻味道，或者最杰出的科学家，无论如何分析气味分子的构成及其运动方程，都不能代替品尝者的亲身感受。诚如朱子谓："今人说仁，如糖，皆道是甜；不曾吃着，不知甜是甚滋味。圣人都不说破，在学者以身体之而已矣。"②玩味与体道，也就是存在者即自身而体会存在。贡华南对此问题曾有深入探讨，他指出："把每一个细节与自身存在相对照，使之变成自身存在的有机要素，这都需要物我之间反复不断地给予、接受。主体反复不断地出入道理，不断地把道与自身的存在联系起来，这即是人们经常强调的理解道的方式：玩味。"③贡华南从味觉的角度，对照西方存在论来延展中国存在论问题，但论及玩味的时候，唯独借重程朱的说法，可见理学对于"玩味"所具有的深刻度。

二程的弟子杨时，更形象、具体地说明了"玩味"的意义：

仲素问："《诗》如何看？"曰："《诗》极难卒说。大抵须要人体会，不在推寻文义。……今观是诗之言，则必先观是诗之情如何。不知其情，则虽精穷文义，谓之不知诗可也。""何谓体会？""且如《关雎》之诗，诗人以兴后妃之德，盖如此也。须当想象雎鸠为何物，……知如是之禽，其鸣声如是，而又居幽闲远人之地，则后妃之德可以意晓矣。是之谓体会。惟体会得，故看诗有味。至于有味，则诗之用在我矣。"④

在这里，杨时以"玩味"释"体会"，而体会则要不断地揣摩诗人当时的情境和情感，真正产生共鸣。朱子将"体"解释成"置心在物中"⑤，意同。"体"首先要求的是自己，这个自己不是私我，而是道德自我；其次要求融入某一个场域，在阅读经典的时候，便是经典的场

---

① 《二程集》，第 21 页。
② 黎靖德编：《朱子语类》，《朱子全书》第 14 册，第 259 页。
③ 贡华南：《味与味道》，上海人民出版社，2008 年，第 84 页。
④ 杨时：《龟山先生语录》，《四部丛刊续编》影宋本，卷 3，第 25 页。
⑤ 黎靖德编：《朱子语类》，见《朱子全书》第 17 册，第 3310 页。

域。"会"有两层意义：一是交接，二是通。己心与圣人之心交接感通，从而意识到自身作为道之存在的具体化，便是"会"。从某种意义上来说，"会"与"感"有其共通处。

是故玩味既适应了理学作为成德之学的要求，又是以理学为理论的基础。吕大临谓张载教人以"知礼成性，变化气质"①，气质的修养是北宋理学的主要着力处，然而这是十分不易的工夫。它有几个特点：一是内向性，二是关乎着"身—心"结构。就第一个特点而言，气质变化关系着修养者自身，也就是说，治经的目的现在首先变成了对于自身的切磋琢磨，而且这种切磋琢磨是自内而外的，这与汉代治经以治世的指向有不同。②就第二个特点而言，研习经典，如果仅仅是"知道"一些道理，是未必有助于自身之气质变化和成圣成贤的。如果稍借用西方近现代哲学来分析，即认知理性的"知道"未必会对行动产生作用。人其实是一个身心的统一体，而非心物二分。用理学的话语来说，人即是气质的存在，气质是有理的；故而身并非全是气，而心亦非纯粹的理。心的存在基础仍是气，或者说有理之气，经典亦属乎有理之气，气与气之间的感通，成就了经典能够变易人之气质的基础。这与"看"或静观求理的方式是不同的。

四

"玩味"的"玩"作为工夫，更具体来说，关联着"涵泳"。如二程说：

但将圣人言语玩味久，则自有所得。当深求于《论语》将诸弟子问处便作己问，将圣人答处便作今日耳闻，自然有得。孔孟复生，不过以此教人耳。若能于《论》《孟》中深求玩味，将来涵养成甚生气质！③

玩味以变化气质，这个过程是"涵养"的过程，也就是"涵泳"。涵泳本是潜游其中的意思。左思《吴都赋》"涵泳乎其中"，李善注："杨雄《方言》曰：'南楚谓沈为涵泳，潜行也。'言已上鱼龙潜没泳其中。"④涵泳义理，即潜游在经典义理之中，受经典之浸润。程子所谓"圣人在上而民多善者，以涵泳其教化"⑤即用的这个意思。不过，因为"涵"还有含容之义，故理学家用"涵泳"的时候，还有将某事物含容其中而细细品味的意思。此时的"涵泳义理"，即将经典文字和义理反复在胸中切劘。

---

① 《张载集》，中华书局，1978年，第383页。
② 不可否认，汉代的经学也有对士人行为规范的强调。
③ 《二程集》，第279页。
④ 萧统：《日本足利学校藏宋刊明州本六臣注文选》，人民文学出版社，2008年，第86页。
⑤ 《二程集》，第323页。

涵泳有两个特点：一是将自身深入其中，二是缓慢不迫切。所谓缓慢不迫切，如孟子所谓"勿忘勿助长"的工夫。欲速则不达，学者若怀着强烈急切的求知欲去治经，则无法体会经典的意味深长，并使之与修养自身的工夫为一。举个例子：因为文字的局限，许多丰富的义理是无法直接表述出来的，所以先圣在作经典遇到类似问题的时候，既无法完全地以文字说出妙道又不得不说，于是只能发为叹语或美辞，以引起后学者的主意。伊川解豫卦"豫之时义大矣哉"曰："既言豫顺之道矣，然其旨味渊永，言尽而意有余也，故复赞之，云'豫之时义大矣哉'，欲人研味其理，优柔涵泳而识之也。"①圣人以感叹修辞，意味深长；而后人读此感叹，亦当三复斯言，细细揣摩。朱子说：

读书，且就那一段本文意上看，不必又生枝节。看一段，须反覆看来看去，要十分烂熟，方见意味，方快活，令人都不爱去看别段，始得。人多是向前趱去，不曾向后反覆，只要去看明日未读底，不曾去紬绎前日已读底。须玩味反覆，始得。用力深，便见意味长；意味长，便受用牢固。又曰："不可信口依希略绰说过，须是心晓。"②

又说：

看道理，若只恁地说过一遍便了，则都不济事。须是常常把来思量，始得。看过了后，无时无候，又把起来思量一遍。十分思量不透，又且放下，待意思好时，又把起来看。恁地，将久自然解透彻。③

就表面意思而言，"把"可以训为"拿"④，也就是"拿起道理来思量"。但把有把持的意思，这里的"把起来"，不是说将一个客观的道理从外面拿今我的心中来，而是在内心中反复地揣摩、思考这个道理。"把"具有时间的持存性。

讲求"涵泳"，在宋代理学中不仅程朱一脉，如张九成亦曾在《横浦日新》中立"涵泳"一目。张九成说："文字有眼目处，当涵泳之，使书味存于胸中，则益美矣。韩子曰'沉浸醲郁，含英咀华'，正谓此也。"⑤又如永嘉学派的薛季宣说："古人读书百遍，其义自见，未易以浅近夺，信能反复涵泳，会当有得。得之大小，则系乎精诚所至。"⑥

不少学者注意到理学家这种"涵泳"的方法。如周膺、吴正岚、吴功正等⑦，但多局限于文学理论和"美学"，其实理学家涵泳所要达到的是对于经典的"善"的解释。最近曹海东《朱熹的"涵泳"论》一文，始从经典诠释的角度探讨了"涵泳"的意义，并指出这种方法具有

---

① 《二程集》，第 779 页。
② 黎靖德编：《朱子语类》，《朱子全书》第 14 册，第 320 页。
③ 《朱子语类》，第 3433 页。
④ 高文达：《近代汉语词典》，知识出版社，1992 年，第 12 页。
⑤ 《诸儒鸣道》，《孔子文化大全》影印宋刻本，第 1664 页。
⑥ 黄宗羲、全祖望：《宋元学案》，《黄宗羲全集》第 5 册，第 53 页。
⑦ 周膺、吴晶：《"涵泳"与南宋美学的特质》，《浙江学刊》2012 年第 6 期；吴正岚《朱熹涵泳〈诗经〉的方法论意义》，《江苏社会科学》2001 年第 4 期；吴功正：《说"涵泳"》，《福建论坛》2006 年第 6 期。

整体、感性、直观的特点。①不过,"涵泳"除了作为经典诠释的方法,更是理学修养论的一部分,与理学理论有紧密的关联。同时,我们经过以上的分析,也可以看出,"涵泳"虽非一种认识心的了解,但也绝非神秘主义和直观主义。它虽然是难以言传的,但绝对不是神秘的,而是实地有工夫过程可以做的;它是反直观、反感性、反神秘的。它的基础是道德本心,而道德本心不能用理性和感性这种方法去划分,归入任何一方。

五

二程感叹:"今之学者,惟有义理以养其心。若威仪辞让以养其体,文章物采以养其目,声音以养其耳,舞蹈以养其血脉,皆所未备。"这意味着在那个时代,古代具体的仪文制度已经发生了剧烈变化,且似乎还很难完全恢复;而就士人来说,最容易能和古人保持一致的,则是义理。同样地,经书对于宋人来说,不再是直接搬用的法典和为政的操作说明书,在经典的内容与现实的政治之间,需要有更复杂和深入的转换、诠释工作。换句话说,经典中的治具和现实中的治具是不同的,而连接两个治具的,是义理。义理的获得,需要通过"玩味"。

对于理学家来说,经典之"味"的具体内容,还是仁义之道、恻隐之心等,这便与佛教经典之味的正觉、真谛区别开来。而与汉人追求经典之"法"相比,理学家的经学,已然开始了一种内在的转向。当然,转向内在并不是指谈心性不谈事功,而是此时的理学已将个人修养作为事功展开的基础。这里的问题在于,"味"虽然有大致一致的标准,但仍处于比较"无定"的状态。所以当人们读经、察义理而皆去求"味"的时候,未免各自有各自之味。随着明代灭亡,理学趋于萧条,新的经学形态也渐渐抛弃了玩味之法,随之带来了一系列的纷争和话题②,此关系到近代学术之大变,姑俟异日研究。

---

① 曹海东:《朱熹的"涵泳"论》,《武汉冶金管理干部学院学报》2013 年 12 月。

② 张志强先生精确地将晚明以来思想史的议题归纳为四点,其中一点为"在现代条件下,成德之学如何讲"? 即"义理学所确立的价值究竟应该如何在学理上得以证明,究竟应该如何落实于实践,才能够继续成为滋养中国人生命的学问"(详氏著《朱陆·孔佛·现代思想》,中国社会科学出版社,2012 年,第 5 页)。在宋明理学那里,以玩味、涵泳为基本方法的经学,本不会对于经典滋养生命产生疑问。当其成为问题时,正说明了经学经历着剧变。

观赏与书写:宋代绘画题跋的文本解读[*]

方笑一[**]

　　题跋是中国古代一种特殊的文体,其特殊性主要体现于三个方面。首先,题跋文本并非由作者凭空杜撰,而是依托于一个具体对象产生。这个对象,可以是诗文、书籍,也可以是书画、金石器物、拓片等;其次,题跋所记,往往是作者对于所关注对象的一得之见,一时之感,而非经过长时间苦心营构或全面思考而作的系统性阐述;再次,题跋的篇幅一般比较短小,文字简练,点到为止。关于题跋的这三个特点,与题跋的写作关系可以说相当密切,明代徐师曾这样介绍题跋这一文体:"凡经传、子史、诗文、图书之类,前有序引,后有后序,可谓尽矣。其后览者,或因人之请求,或因感而有得,则复撰词以缀于末简,而总谓之题跋。"[①]这里分别点明了题跋的依托对象、作者身份、写作缘由和文本所处位置。值得注意的是,徐师曾强调题跋是"其后览者"写的,而不是诗文图书的原作者所作。关于题跋的内容和文本形式,徐师曾说:"其词考古证今,释疑订谬,褒善贬恶,立法垂戒,各有所为,而专以简劲为主,故与序引不同。"[②]可见根据所依托对象以及写作者兴趣的不同,题跋的内容其实是不拘一格的,或偏重学术考释,或抒写感受,阐发见解,表明立场,不一而足。但题跋在文本形式上有个共性,那就是"简劲",不宜作长篇大论。[③]徐师曾对于题跋文体内容和形式的分析,可以说是切中肯綮的。题跋由于所涉对象和领域的不同,其内容的确异常丰富。在以往的研究中,学界往往重视题跋中所蕴含的文学批评、艺术史、金石学、文献学

＊　本文原载于《华东师范大学学报(哲社版)》2020 年第 1 期。
＊＊　　方笑一,华东师范大学中文系副系主任,古籍研究所所长、教授。
①　吴讷、徐师曾:《文章辨体序说文体明辨序说》,人民文学出版社,1998 年,第 136 页。
②　《文章辨体序说文体明辨序说》,第 137 页。
③　题跋"简劲"的特点,元代潘昂霄表述为"明白简严",见氏著《金石例》卷 9,潘昂霄等:《金石三例》,商务印书馆,1937 年,第 113 页。

的信息,对题跋本身的写作关注不够,忽略了它作为一种文体的文本特性。其实,除了"简劲"这样一个一望而知的共性之外,题跋在写作上还有不少值得关注的地方,针对不同对象的题跋,作者"感而有得"的内容当然不同,写作方式也会存在差异,所以,我们认为,对于题跋文本的研究,应当首先根据题跋针对对象的不同分类进行,本文拟对宋人所撰写的绘画题跋略作文本解读,以探寻这类题跋的写作特点。

一、绘画题跋的写作传统

题跋文体萌芽于魏晋时期,而兴盛于宋代。朱迎平先生认为题跋有两个来源:一是由跋尾,即书画作品的末尾署名发展而来,二是由唐代古文家开创的一类标为"题后""书后""读某"的杂文发展而来。①就这两个来源而言,前者显然与绘画题跋有着更直接的关系。关于书画的跋尾,唐张彦远《历代名画记》卷3《叙自古跋尾押署》有所论述:"前代御府自晋、宋至周、隋收聚图画,皆未行印记,但备列当时鉴识艺人押署。"②从书中所列的例子可以看出,这些跋尾押署只有时间和鉴识人的官职、姓名,没有其他内容。也就是说,这些跋尾的功能仅仅在于标明此画某时某人曾经过目,并没有关于画作本身的进一步描绘。《全唐文》与《唐文拾遗》中,与绘画有关的篇章不少,但称得上绘画题跋的,仅有卢知猷的《卢鸿草堂图后跋》和罗隐的《题神羊图》两篇,前者引自叶梦得的《避暑录话》,实为两则题跋:

> 相国邹平段公家藏图书,并用所历方镇印记。咸通初,余为荆州从事,与柯古同在兰陵公幕下,阅此轴。今所历岁祀,倏逾二纪,荐罹多难,编轴尚存,物在时迁,所宜兴叹。丁未年驾在岐山,涿郡子谟记。
>
> 己酉岁重九日,专谒大仪,遂载览阅。累经多难,顿释愁襟。子谟再题。③

卢知猷字子谟,邹平段公即段文昌,柯古为文昌子成式字,兰陵公指唐懿宗时宰相萧邺,萧镇荆南,卢为掌书记。大仪指曾任太常少卿的段成式。这两则题跋撰写的时间相隔一年,前一则叙述了时隔二十四年多先后两次观赏卢鸿《草堂图》的情景,抒发了"物在时迁"的感慨,后一则简要叙述了再览此图的情形。

罗隐的《题神羊图》出自《谗书》卷一:

> 尧之庭有神羊以触不正者,后人图形像,必使头角怪异,以表神圣物。噫!尧之羊亦由今之羊也,但以上世淳朴未去,故虽人与兽,皆得相指令。及淳朴消坏,则羊有贪狠性,

---

① 参见朱迎平:《宋代题跋文的勃兴及其文化意蕴》,《文学遗产》2004年第4期。

② 张彦远:《历代名画记》卷3,上海人民美术出版社,1964年,第49页。

③ 《唐文拾遗》卷33,《全唐文》第11册,中华书局,1983年,第10752页。

人有刳割心。有贪狠性则崇轩大厦不能驻其足矣，有刳割心则虽邪与佞不敢举其角矣。是以尧之羊亦由今之羊也。贪狠摇其至性，刀几制其初心，故不能触阿谀矣。①

　　罗隐这里是借《论衡》中皋陶治狱，用一角之羊触或不触判定人是不是犯罪的故事，来讽刺当下之人贪狠、阿谀等恶劣品行。卢知猷和罗隐的画跋，或偏重叙述，或偏重议论，证明了唐代绘画题跋已成为一类文体，但写法上的确没有一定之规，由于数量稀少，我们也很难进一步总结唐代绘画题跋在书写上的共性特征。

　　宋代是题跋文体兴盛的时代。吴讷说"殆宋欧、曾而后，始有跋语"②，他认为跋语和唐代韩、柳"读某书及读某文题其后"的那种文字（即朱迎平先生所说的题跋的第二个来源）有继承关系。这个观察大致不错。宋人别集中第一次出现"题跋"的文体类别是欧阳修《居士外集》，其卷32标为"杂题跋"，收录题跋文27篇，其中绘画题跋仅《题薛公期画》一篇。之后，苏轼、黄庭坚等人以各自创作的数量可观的题跋缔造了该文体在宋代的繁盛局面。徽宗时期学者董逌的《广川画跋》共收录其撰写的画跋134篇，以考证作品题材内容与相关史实见长。到了南宋，题跋作为一种文体更获得广泛认可，吕祖谦所编《宋文鉴》是第一部设立"题跋"这一文类的总集。明代毛晋的《津逮秘书》第十二、十三集依次收录苏轼、黄庭坚、晁补之、张耒、秦观、魏了翁、陆游、李之仪、释德洪、欧阳修、曾巩、叶适、周必大、刘克庄、陈傅良、苏颂、朱熹、米芾、洪迈、真德秀的题跋，共76卷，蔚为大观，其所言"题跋一派，惟宋人当家"殆非虚语。③在宋人撰写的题跋中，绘画题跋的写作可以说尤其引人注目。

二、绘画题跋与观赏者的"选择"

　　宋代绘画题跋的内容无疑是十分丰富的，解读这些题跋也可以有多种视角。而徐师曾关于题跋写作者的说法给我们以启发。他说，题跋是"其后览者"所作，就绘画题跋而言，这就显然不同于画作者本人的题款。简言之，绘画题跋是观赏绘画的人所写的，其写作的动因首先是创作主体的观赏行为。当题跋作者决定为某一画作书写题跋时，他已观赏过这幅画。因此，观赏行为的主体与题跋写作的主体是合一的，题跋写作与观赏行为直接相关。

　　观赏行为虽然不是中国古代画论研讨的重点，但宋人画论对观画之道也偶有涉及。南朝齐谢赫提出的"六法"是品评绘画的重要标准，他说："六法者何？一，气韵生动是也；

---

① 《全唐文》卷895，第9册，第9348页。
② 《文章辨体序说文体明辨序说》，第45页。
③ 毛晋：《津逮秘书·容斋题跋跋》，《丛书集成初编》本，商务印书馆，1936年，第28页。

二,骨法用笔是也;三,应物象形是也;四,随类赋彩是也;五,经营位置是也;六,传移模写是也。"①宋代刘道醇的《圣朝名画品》在其基础上提出"夫识画之诀,在于明六要而审六长也",他又这样总结观画之法:"且观之之法,先观其气象,后定其去就,次根其意,终求其理,此乃定画之钤键也。"②这样就把观赏行为分为三个层级,首先注意"气象",其次是"意",最后是"理"。由此可见,观赏行为是从画作整体着眼,而不是先从局部的技巧着眼。因为画作是块面的,而不是线性的。呈现于观赏者面前的画作,是一个整体,所有的元素都一并出现,观赏者看到画面中的所有元素之后,才从事于题跋的写作。

观画行为究竟是如何实施的,又受哪些因素的影响和制约,古代画论并没有详细的论述。我们需要借鉴西方的影像阅读理论。关于观看影像的行为,英国学者约翰·伯格曾做过深入的研究。他有一个著名的观点:"观看先于言语。"同时他又认为,观看行为从来未曾被语言解释清楚,"我们只看见我们注视的东西,注视是一种选择行为"③。假如我们把绘画题跋视为一种言语的表现形式,那么根据伯格的观念,题跋是无法真正描述和解释清楚画作本身的。而题跋对于画作中各种元素的表现,必然是带有选择性的。从题跋写作的实际情形而论,确乎如此。题跋文字的组织既是一个线性过程,又具有即时性。它既需要观赏者面对整幅画时,选择和决定先写画作中的哪一元素或哪一方面,再写哪一个,又需要在短时间内将自己的观感即时书写出来,而非事后深思熟虑地营构文字,那么画作中首先被"选择"的这一元素或方面,往往也就是整幅画作中给观赏者视觉冲击最大最强烈的部分、留下最深刻印象的部分。这里存在两重选择。在注视绘画的一瞬间,观赏者已经对画面中的一切做出了"选择",而题跋又用文字对注视的结果进行了第二次选择,并呈现了这种"选择"。我们以人物、山水画的题跋为例,来看看观赏者的选择。如苏轼《题凤翔东院王画壁》:

嘉祐癸卯上元夜,来观王维摩诘笔。时夜已阑,残灯耿然,画僧踽踽欲动,恍然久之。④

这则题跋写嘉祐八年(1063年)元宵节夜晚观王维壁画的情景,苏轼时任凤翔府签书判官。值得注意的是,当时的观赏条件并不好,灯火阑珊,光线昏暗,在残灯摇曳之中,苏轼看到了什么呢?只有画中的一个元素:僧人。请注意,这是一位"踽踽欲动"的僧人,而题跋中只写了画中这一位"踽踽欲动"的僧人。这幅壁画中还包含什么我们不得而知,但这位孤独而逼真的僧人无疑是苏轼观画时留下最深刻印象的一个元素。僧人形象入画本来相当普遍,不值得大惊小怪,但苏轼关注的并非王维笔下僧人的样貌、服饰,而是其逼真性,具体来说,就是僧人踽踽独行的姿态的逼真。至于这位僧人是阔步昂首,还是行步伛

---

① 谢赫:《古画品录》,人民美术出版社,1959年,第1页。
② 俞剑华编:《中国历代画论大观》第二编,江苏凤凰美术出版社,2016年,第144页。
③ 约翰·伯格:《观看之道》,戴行钺译,广西师范大学出版社,2007年,第1、2页。
④ 苏轼:《苏轼文集》卷70,中华书局,1986年,第2209页。

偻,苏轼全无交代。这就说明,苏轼在观赏这幅人物画的时候,首先关注的是人物的逼真程度,与真人像或者不像。这是画中僧人留给他的第一印象,也是其题跋中呈现的唯一元素。

熟悉苏轼绘画观念的人一定觉得诧异,苏轼不是说过"论画以形似,见与儿童邻"吗?[1]那"踽踽欲动"的僧人难道不是形似真人吗? 其实,苏轼对于人物逼真程度的关注,不仅仅是重视形似,更是注重气韵。这里就要说到约翰·伯格的另一个重要观点了。他认为:"我们观看事物的方式,受知识和信仰的影响。"[2]假如联系一下宋人关于人物画的论述,我们不难发现苏轼的"选择"其实并非孤例。《圣朝名画评》云:"观人物者,尚精神体态。"[3]而《宣和画谱叙论·人物叙论》云:"故画人物最为难工,虽得其形似,而往往乏韵。"[4]"精神"和气韵在这里指向了画中人物的同一个方面,那就是"神",而不是"形"。假如联系苏轼本人的观点来看,可以发现他特别重视人物之"神"。其《传神记》一开头就说:"传神之难在目。顾虎头云:'传形写影,都在阿堵中。'"[5]这里引用顾恺之的话,强调的是画眼睛对于表现人物之神韵的重要性。由此可见,苏轼在题跋中关注的"画僧踽踽欲动",既是他观赏画作时视觉的选择,也是他写作题跋时文字的选择,而这样写,非但与影像本身对他的视觉刺激有关,同时也和他的知识体系以及当时人们对于人物画的认识有关。

假如将讨论的对象转到另一种绘画类型——山水画的题跋,我们又会发现观赏者所作的怎样的选择呢? 兹举黄庭坚与张元干为例。

黄庭坚《跋画山水图》云:

江山寥落,居然有万里势。老夫发白矣,对此使人慨然。古之得道者,以为逃空虚无人之境,见似之者而喜矣。既自以心为形役,奚惆怅而独悲? 会当摩挲双井岩间苔石,告以此意。[6]

张元干《跋米元章下蜀江山图》云:

绍兴八年季冬既望,赵无量会饭渝茗竟,出所藏米元章《下蜀江山》横卷。此老风流,晋、宋间人物也,故能发云烟杳霭之象于墨色浓淡中,连峰修麓,浑然天开,有千里远而不见落笔处,讵可作画观耶! 六朝兴亡,实同此叹。[7]

黄庭坚看这幅山水画,第一眼看到的是"江山寥落,居然有万里势"。这话虽然袭自东晋袁宏,但表明了观赏山水画和观赏人物画不同。宋人看山水画首先看画作是否有尺幅

---

[1] 苏轼:《书鄢陵王主簿所画折枝二首·其一》,《苏轼诗集》卷 29,中华书局,1982 年,第 1525 页。

[2] 《观看之道》,第 2 页。

[3] 《中国历代画论大观》第二编,第 144 页。

[4] 《中国历代画论大观》第二编,第 110 页。

[5] 《苏轼文集》卷 12,第 401 页。

[6] 《山谷题跋》,上海远东出版社,1999 年,第 84 页。

[7] 《芦川归来集》卷 9,曾枣庄、刘琳主编:《全宋文》第 182 册,上海辞书出版社、安徽教育出版社,2006 年,第 412—413 页。

千里的效果。山水画把宏大的景象浓缩在大小有限的纸面上,当然不可能每个细节都是写实的,但观赏者首先并不要求逼真写实,而是从整体来看,能否以有限的尺幅表现无限的空间感。黄庭坚的这则题跋,最终是借山水画讲他所体悟的人生境界,人要获得大道,不能仅仅希冀远避于"空虚无人之境",而是要摆脱"心为形役"的状态,没有了肉身对于心灵的束缚,才是真正的自由,眼前的山水画让他有这样的感慨。然而,这是他经过理性思考后的产物,观赏的感受已经经过理智的淬炼,文字的表达也经过组织,从山水到人生感悟再到山水,这一脉络十分明显,构思的痕迹无可隐藏。但细味这则题跋,恐怕不得不承认,对他造成首度视觉冲击的是画中山水"居然有万里势","居然"表明意象不到,黄庭坚观画之际,眼前山水的宏阔气势着实令他惊异。

张元干为米芾《下蜀江山图》所作题跋,对画作的评论更为细致。比如他揭示米芾用浓淡相间的墨色表现山间变化万端的云烟杳霭,又说这幅山水画中连绵的峰峦使他想起六朝的兴亡史。同样,这些评价和联想显然也是其理性判断之后的产物。"连峰修麓,浑然天开"则是对画面景物的客观描绘,真正传达观赏者视觉感受的是"有千里远而不见落笔处"一句。一方面,张元干和黄庭坚一样,惊叹于画作尺幅千里的艺术效果,同时,张元干还更具体地说明,"千里远"的观赏效果并非靠笔墨达成,而是根本看不见落笔的地方,也就是说,米芾用留白巧妙地营造了江山绵延不绝、横亘千里的姿态。

从上述黄庭坚和张元干的题跋可以发现,山水画在题跋作者眼中重要的是山水整体的气势和格局,这是一种意态,观赏者在赏画时并不斤斤于山水细节的真实性。观赏山水画时的这种"选择",从早期人们对于山水画的认识中已经可见端倪。南朝宋宗炳著名的《画山水序》云:"竖划三寸,当千仞之高;横墨数尺,体百里之迥。是以观画图者,徒患类之不巧,不以制小而累其似,此自然之势。"[①]这就告诉我们,画面的尺幅总是有限的,山水画可以将山水浓缩于方寸之间,山水画的"似"与"不似"并非规制大小,而是其能体现或者表现一种自然之势。正如美国学者迈克尔·苏立文所指出的:"事实上,只有中国山水画令我们的心灵遨游于方寸之间,我们才能真正欣赏山水画杰作。"[②]从山水画理论的这一渊源看,黄庭坚和张元干的"选择"是完全可以被理解的。

三、绘画题跋中观感的缺失

读宋人绘画题跋,我们非但要注意其中有什么,还要留意其中没有什么。按理说,观

① 俞剑华编:《中国画论类编》,人民美术出版社,1986年,第583页。

② 迈克尔·苏立文:《中国艺术史》,徐坚译,上海人民出版社,2014年,第192页。

赏者之所以要给画作留下一段题跋,当然首先是为了抒写自己赏画的感受,题跋中理所当然包含着对画作的观感,但事实并非如此。我们发现,当题跋作者观赏了画作之后,他们可以为之写下一长段题跋,但其中却没有他的观感。观赏者看到画的第一印象是什么?此画作中哪一元素最打动他?有时题跋中全无交代。相反,题跋作者对画作本身避而不谈的同时,却从另外三个方面营构了的内容:一是自己的绘画观念,二是日常知识,三是对画家的总体评价。这些内容替代了原本理应出现在题跋中的观赏者的鲜活观感,而占据了一则题跋文本的绝大篇幅。对于研究古代绘画而言,题跋提供了丰富的信息,可以让学者提取和运用,不过,对于绘画题跋本身的研究而言,最好不要急急忙忙把这些信息提取出来,而是应当更深入地探讨造成题跋文本中观感缺失的原因。以下就这三种情况各举一例,我们的目的并不是要借助题跋研究画史,而是要探究题跋内容与观赏者观感缺失的关系。

欧阳修的《题薛公期画》与苏轼的《题凤翔东院王壁画》写于同一年,欧公这样写道:

善言画者多云鬼神易为工,以谓画以形似为难,鬼神人不见也。然至其阴威惨淡,变化超腾,而穷奇极怪,使人见辄惊绝,及徐而定视,则千状万态,笔简而意足,是不亦为难哉?此画虽传自妙本,然其笔力精劲,亦自有嘉处。嘉祐八年仲春旬休日,窃览而嘉之,题还薛公期书室。庐陵欧阳修题。①

这则题跋所题对象是薛公期的画,显然,画的内容涉及鬼神。但作者对画作本身仅有"然其笔力精劲,亦自有嘉处"这样一句泛泛的评语,前面的主要篇幅都在谈自己对于画鬼神之难的认识。欧阳修首先叙述世人一般的观点,即画鬼神不难,反正大家没有见过真正的鬼神,但欧阳修自己认为,鬼神的千变万化需要画家有足够的想象力和非凡的功力才能令观者"惊觉",不是那么好画的。对于薛公期本人所画的鬼神,作者却没有进一步评鉴分析,以至于我们并不知他画的是哪路鬼神,其"精劲"又在何处。在这里,观赏者的具体观感被他急于想阐发的艺术观念挤压到了题跋文本的边缘。

有时,观感的缺失与题跋中充斥着日常知识有关。我们先来看苏轼两则性质相类的题跋:

黄筌画飞鸟,颈足皆展。或曰:"飞鸟缩颈则展足,缩足则展颈,无两展者。"验之信然。乃知观物不审者,虽画师且不能,况其大者乎?君子是以务学而好问也。(《书黄筌画雀》)

蜀中有杜处士,好书画,所宝以百数。有戴嵩《牛》一轴,尤所爱,锦囊玉轴,常以自随。一日曝书画,有一牧童见之,拊掌大笑,曰:"此画斗牛也。牛斗,力在角,尾搐入两股间,今乃掉尾而斗,谬矣。"处士笑而然之。古语有云:"耕当问奴,织当问婢。"不可改也。(《书戴

---

① 洪本健:《欧阳修诗文集校笺》,上海古籍出版社,2009年,第1930页。

嵩画牛》)①

这两则题跋常常被选用作青少年教育的素材,这本身就说明一个问题,它们只不过以画中场景与日常知识相背离,来说明日常知识,尤其是被底层民众掌握的常识的重要性。虽然题跋中也讲到画中鸟"颈足皆展"、牛"掉尾而斗"的特点,但对于画作本身的工拙优劣未置一词。即使是指出画中细节不尽符合生活常识,也是借他人之口,并非出于苏轼自己对画作的观感。而题跋文本最后"君子是以务学而好问也","耕当问奴,织当问婢"这样的总结,让我们想起寓言故事的写法。苏轼说理的意图非常明显,只不过运用了题跋这种形式。在生活常识和生活哲理面前,对画作的艺术感觉反而退居其次了。从日常知识的角度来观看绘画,这是宋人所具有的一种惯常思路,不仅仅见于绘画题跋之中。沈括所记的一则轶事或许能对我们了解这类题跋的写作思路有所帮助。《梦溪笔谈》记载:"欧阳公尝得一古画牡丹丛,其下有一猫,未知其精粗。丞相正肃吴公与欧公姻家,一见曰:'此正午牡丹也。何以明之? 其花披哆而色燥,此日中时花也;猫眼黑睛如线,此正午猫眼也。有带露花,则房敛而色泽。猫眼早暮则睛圆,日渐中狭长,正午则如一线耳。'此亦善求古人心意也。"②判断是什么时刻开放的牡丹,居然还要从画中花下猫眼睛的状态来印证,这种"科学"的观画态度与苏轼题跋的写作态度如出一辙。

在有些题跋中,作者对于画家本人着墨尤多,甚至主要不在于评价总结其绘画风格与技艺,而是描述其人的精神气象,以及自己对画家的认识。典型的例子是晁补之的《跋翰林东坡公画》:

翰林东坡公画蟹,兰陵胡世将得于开封夏大韶,以示补之。补之曰:本朝初以辞律谋议参取人,东坡公之始中礼部第一也,其启事有"博观策论""精取诗赋"之言,言有所纵者,有所拘也。其谢主司而誉其能如此,曰:"奇文高论,大或出于绳检;比声协句,小亦合于方圆。"盖公平居,胸中闳放,所谓吞若云梦,曾不芥蒂者。而此画水虫琐屑,毛介曲隈,芒缕具备,殊不类其胸中。岂公之才固若是,大或出于绳检、小亦合于方圆耶? 抑孔子之教人"退者进之,兼人者退之",君之治气养心,亦固若是耶? 尝试折衷于孟子之言曰:"观水有术,必观其澜;日月有明,容光必照焉。"归墟荡沃,不见水端,此观其大者也;墙隙散射,无非大明,此观其小者也,而后可以言成全。或曰,夜光之剑,切玉如泥,以之挑菜,不如两钱之锥,此不善用大者也。余于公知之。③

看了晁补之的这则题跋,我们仅仅知道苏轼画的是蟹,画得"芒缕具备",比较细致,究竟笔法如何、特色怎样,一概不知。晁补之自己的兴趣似乎也不在苏轼所画的蟹上,而是

---

① 《苏轼文集》,第 2213—2214 页。
② 沈括:《梦溪笔谈》卷 17,中华书局,2009 年,第 177 页。
③ 《鸡肋集》卷 33,《全宋文》第 126 册,第 144 页。

在苏轼这个人上。作者甚至举出苏轼省试后《谢南省主文启·王内翰》中的句子，来讨论苏轼的心胸器局究竟如何。他给人的一贯印象是"胸中闳放"，不存芥蒂，但为何能把水中区区螃蟹画得淋漓尽致呢？晁补之这篇题跋主要分析这个问题，甚至还引用孔、孟的话来解答内心的疑问。诸如此类的绘画题跋，其实用意根本不在观赏画作本身，而是借端发慨，对画家的性情、人格、境界予以评价。

由此可见，在宋人的一部分绘画题跋中，作者醉翁之意不在酒，对于他前面看到的这幅画作的观赏兴趣和审美期待，远不如他本人想要表达的思想观念和情感体验那么强烈，也许许多想法在心中压抑太久，即使不是看到画作，不写题跋，这些想法和体验也会借助另外的途径充分表露的。

四、题跋如何建立观赏者与画作的关系

绘画题跋虽然是依托画作展开的，但从绝对的意义而言，每一位题跋作者在题跋写作过程中，其实都在试图将作为观赏者的自己和画作建立一种相互关系。近年来，美术史学者对于这些问题相当关注。如石守谦曾这样分析"画家与观众互动"的研究视角："所谓'画家与观众互动'指的是一种动态的过程，而不只是一种静态的关系而已。在这个过程中，画家并非其所制作之任何山水画所含有意义的唯一生产者。……观众的身份不同，也产生对作品意涵不同的诠释，并积极地参预到整个作品意涵的形塑过程中。"[①]其实，画家与观赏者的互动关系，并不仅仅限于山水画的观赏过程中，而是存在于一切题材的画作。当观赏者对画作发表观感时，无论其真正的艺术修养如何，都仿佛评骘绘画的内行。当他们撇开画作纵谈艺术观念时，更好像人人都是艺术史家或者艺术理论家。当他们历数绘画流传的不同版本及辗转易主的过程时，似乎又成了熟悉作品身世家底的收藏家。画作既是他们观赏、分析、收藏的对象，也与观赏者本身产生了密不可分的关系。不过大多数情况下这些是写作题跋时无意为之。与之不同的是，宋人绘画题跋中有相当一部分作品，写作者也就是观赏者的形象直接呈现其中，显得十分触目。这是一个值得探究的现象。

我们先来看秦观的《书辋川图后》：

元祐丁卯，余为汝南郡学官，夏得肠癖之疾，卧直舍中，所善高符仲携摩诘《辋川图》视余曰："阅此可以愈疾。"余本江海人，得图喜甚，即使二儿从旁引之，阅于枕上。恍然若与摩诘入辋川，度华子冈，经孟城坳，憩辋口庄，泊文杏馆，上斤竹岭，并木兰柴，绝茱萸沜，蹑

---

① 石守谦：《山鸣谷应：中国山水画和观众的历史》，石头出版股份有限公司，2017年，第14页。

宫槐陌，窥鹿柴，返于南北坨，航欹湖，戏柳浪，濯栾家濑，酌金屑泉，过白石滩，停竹里馆，转辛夷坞，抵漆园。幅巾杖屦，棋弈著饮，或赋诗自娱，忘其身之鞄系于汝南也。数日疾良愈，而符仲亦为夏侯太冲来取图，遂题其末，而归诸高氏。①

　　历来为王维《辋川图》作题跋者甚多，宋代黄庭坚、黄伯思等皆有题跋流传。秦观元祐二年（1087 年）写下这则题跋时，担任蔡州教授。与其他《辋川图》题跋不同，这则题跋十分完整地描述了作者观赏王维《辋川图》的起因、过程和结果。起因是夏天得痢疾，卧病在家，而好朋友高符仲携《辋川图》来给作者消遣疗疾。接下来秦观甚至交代了自己看画的姿势，"使二儿从旁引之，阅于枕上"，看完画后，写成题跋，画作归还高氏。我们非常急切地想知道，秦观对于王维的这一名作有何观感、如何评价，但在题跋的主体部分，都是记述作者恍然与王维同游辋川的情景，一个一个景点游览过来，还下棋品茗，赋诗自娱，作者俨然化身唐人，成了虚拟世界中王维的好友。经历过这番"神游"，秦观的疾病自然痊愈，《辋川图》的使命也宣告完成，物归原主。在这则题跋里，与其说我们见识了王维的画作，不如说清晰地观察到了病中秦观的文人形象，对于画作的技法、意境，秦观没有发表评论，真所谓不着一字而尽得风流。

　　如何来看待观赏者的"介入"呢？我们仍需回到约翰·伯格的"观看之道"，他说："触摸事物，就是把自己置于与它的关系中。我们从不单单注视一件东西：我们总是在审度物我之间的关系。"②英国学者吉莉恩·罗斯进一步发挥他的观点，指出："他对于影像和观者之间存在联结关系的一般看法仍获得众多批评家的广泛赞同。影像运作的方式，是在每一次被观看的时候产生效果。仔细对待一幅影像，亦即包括思考影像把我们（影像观看者）摆在什么样的相对位置。"③通过写作题跋，秦观明目张胆地把自己放进了他心目中的理想世界，也就是王维《辋川图》描绘的世界，他成了图中人，他与王维、辋川之间建立起了牢固的联结，直到这幅画被归还。

　　假如说，秦观题跋尚有谬托知己的嫌疑，那么张元干《跋江天暮雨图》就是友情的真实记录了。这则题跋说：

刘质夫建炎初与余别于云间，今乃相遇临安官舍，出此短轴求跋。颇忆丙午之冬，吾三人者，苏粹中在焉，情文投合，皆亲友好兄弟。尝绝江同宿焦山兰若，夜涛澎湃声入梦寐中。回首垂三十年矣，人生能几别，其乐未易复得也。诗有自然之句，而句有见成之字，政恐思索未到，或容易放过，便不佳尔。粹中行且来，便当痛饮话旧，仍和我句：千山忽暗雨来时，天末浓云送落晖。老眼平生饱风浪，犹怜别浦钓船归。④

---

①　徐培均：《淮海集笺注》，上海古籍出版社，1994 年，第 1120—1121 页。

②　《观看之道》，第 2 页。

③　吉莉恩·罗斯：《观看的方法：如何解读视觉材料》，肖伟胜译，重庆大学出版社，2017 年，第 17—18 页。

④　《芦川归来集》卷 9，《全宋文》第 183 册，第 413 页。

这是作者和好朋友刘质夫、苏粹中三十年来"情文投合"的记录，凝聚着无穷的人生聚散沧桑之感慨，作者对《江天暮雨图》画面的描述，仅仅是最后一首题诗，显然并非题跋的重点所在，即使是这首题诗，作者念念不忘的仍然是老朋友的和诗，对于画作本身，再无评论。题跋中呈现给我们的，是张元干重情重义、珍视友谊，且于题跋写作一丝不苟的自我形象，题跋写作者彻底代替了画作本身，成为题跋中的主角。

综上所述，绘画题跋作为一种与画作关系至密的文本，需要我们从更广阔的文化视野加以解读。在题跋写作时，观赏者的观赏行为，直接决定了题跋文本书写的顺序、文本中各元素的组织与组合，同时塑造了观赏者与观赏对象——画作之间的关系，这些都最终决定了绘画题跋文本的构成，从中也可以发现题跋作者的深层文化心理。本文对绘画观赏与宋代绘画题跋书写的关系所进行的讨论，目的在"文"而不在"画"，希望能借此打开题跋文体研究的更多路径，进一步摸索出这种看似简短而散漫的文体的书写规律。

明清合刊本《苏黄题跋》考论
——兼论苏轼题跋的文本性质[*]

赵　瑞[**]

作为散文史上的经典作家,苏轼散文的接受与传播出现过两次风潮。一次在南宋苏文解禁之后,士子争相模习,甚至一度交口相传"苏文熟,喫羊肉。苏文生,喫菜羹"。另一次在明代,其表现为苏文选本的大量涌现。据统计,明代苏轼文选达九十八种,其中苏轼文选七十二种,三苏文选二十六种。[①]较之苏轼,黄庭坚散文在明代之前似乎为诗名所掩,并不为人所瞩目,其声名不可与苏文同日而语。明代中后期随着小品思潮的兴起,黄庭坚的短篇散文,尤其是题跋、尺牍突然被推崇到与苏轼并峙的高度。陈继儒曰:"题跋,文章家之短兵也。钵底有狞龙,靸鞋脚下有劣虎,非笔具神通者未暇办此。……惟苏、黄乃具天眼耳。……苏、黄之妙,妙在题跋,其次尺牍,其次词。"[②]毛晋曰:"元祐大家,世称苏、黄二老……凡人物书画,一经二老题跋,非雷非霆,而千载震惊,似乎莫可伯仲。"[③]风气之下,作为案头阅读或仿习对象的不同版本的苏、黄题跋不断出现,其中尤其值得注意的是三种合刊本,即明杨鹤本、黄嘉惠本,以及清温一贞本。职是之故,本文以三种苏、黄题跋合刊本为对象,从编刻、文献渊源、编选动机、选文范围、三本关系等方面考察它们的编选体例,及其背后所蕴含的社会文化,并在此基础上进一步地探讨"东坡题跋"的文本性质及其形态的变迁。

---

[*]　本文原载于《图书馆理论与实践》2019 年第 6 期。收入本书时略有修改。

[**]　赵瑞,上海师范大学教育学院副教授。

[①]　付琼:《苏文选本在明清时期的刊刻和流行——兼评明代苏轼研究"中熄"说》,《兰州学刊》2009 年第 7 期。

[②]　陈继儒:《白石樵真稿》卷 22,上海杂志公司,1935 年,第 365 页。

[③]　毛晋著,潘景郑校订:《汲古阁书跋》,古典文学出版社,1958 年,第 25 页。

一、杨鹤本《苏黄题跋》的编刻与文本还原

《苏黄题跋》，一函五册，共十二卷，明杨鹤编。包括《苏东坡题跋杂书》六卷，三册；《黄山谷题跋书后》六卷，两册。①此本校刻欠精，存在漏刻、改动、省并、脱、误、衍文等现象，并阑入苏辙、苏洵文各一条。

杨鹤，字修龄，武陵人（今属湖南常德），万历三十二年（1604 年）进士，卒于崇祯八年（1635 年），清顾景星《白茅堂集》卷 38，《明史》卷 260 有传。书前董其昌序称杨鹤为"杨侍御"，考《明史·职官四》："都察院：右都御使一人、右副都御史一人、右金都御使一人，御史等职……浙江、江西……各御史二人。福建、湖广各御史三人。"②不见侍御史一职。明太祖吴元年（1367 年）曾置侍御史，洪武九年（1376 年）罢，十三年复置，不久罢御史台，改侍御史为副都御史。董序所称"侍御"即指"副都御使"而言。据《明史·杨鹤传》载崇祯元年（1628 年）杨鹤由左金都御史迁左副都御史。又，《明通鉴》卷 81："（崇祯二年）三月……是月以左副都御史杨鹤总督三边。"③崇祯二年（1629 年）三月，杨鹤由左副都御史迁兵部右侍郎总督陕西三边军务。可知，杨鹤本《苏黄题跋》大约刊刻于杨鹤任左副都御使期间，即崇祯元年（1628 年）至崇祯二年三月间。杨鹤自万历三十二年进士及第，历任县令、御史等职，政务颇繁，惟天启末丁母忧，赋闲二年于家，《东坡题跋》的编辑可能始于杨鹤丁母忧期间，至任左副都御史时刊行。

杨鹤本《苏黄题跋》中《苏东坡题跋杂书》选文范围及体例十分复杂，而《黄庭坚题跋书后》则相对简单。因此，下文将着重分析《苏东坡题跋杂书》文献渊源、文本性质及其体例之成因，对《山谷题跋书后》文献出处仅作简单说明。

《苏东坡题跋杂书》最主要的文献源是传世苏轼文集中保存题跋最多的明茅维编《苏文忠公全集》。杨鹤对于选自《苏文忠公全集》的题跋做了两种不同的处理：一是完全承袭，不作任何改动；二是将性质类似的条目合并或改拟篇题。合并条目如卷一《评书六则》乃合并《全集》的《评草书》《论书》《题醉草》《记潘延之评予书》《跋草书后》《自评字》而成。改动篇题如卷二《戏书杜介帖》，《全集》原作《书杜介求字》。除题跋文类外，《苏东坡题跋杂书》亦有条目来自《苏文忠公全集》的其他文类。如《方丈记》出于《苏文忠公全集》卷 12"记"《方丈记》；《书雪浪斋铭》出于《苏文忠公全集》卷 19"铭"《雪浪斋铭并引》；《偃松屏》出于《苏文忠公全集》卷 21"赞"《偃松屏赞》；《与范子丰兄弟》出于《苏文忠公全集》卷 50"尺

① 北京师范大学图书馆藏本。
② 张廷玉等撰：《明史》卷 75，中华书局，1974 年，第 1834 页。
③ 夏燮著，沈仲九标点：《明通鉴》卷 81，中华书局 1959 年，第 3128 页。

牍"《与范子丰二首》。《苏文忠公全集》之外,《苏东坡题跋杂书》还选录了《东坡前集》《东坡后集》中题跋数则,如《书琅琊篆后》《书蒲永昇画后》《书乐毅论后》等。此外,《东坡前集》卷 40"释教"《朱寿昌梁武帝忏赞偈》并非题跋,但也被选入《苏东坡题跋杂书》。

《苏东坡题跋杂书》成书之前,有赵开美刻本与商濬辑稗海本两种《东坡志林》。《苏东坡题跋杂书》约五十条出于赵刻《东坡志林》,杨鹤对这些条目作了如下改动。第一,篇题重拟。如《东坡志林》的《八阵图》在《东坡题跋》中被改为《志所见八阵石》。第二,条目合并。如《读史杂书》乃合并《东坡志林》的《刘伯伦》《刘凝之沈麟士》《王济王恺》《王夷甫》而成。以上篇目二书虽在篇题上存在差异,但内容文字全同,故知二者有渊源关系。《苏东坡题跋杂书》仅一条来自稗海本《东坡志林》。卷 3《李若之事》同时见于《苏文忠公全集》、赵刻《东坡志林》、稗海本《东坡志林》,《苏文忠公全集》与赵刻《东坡志林》所述为"幸灵"事,惟稗海本《东坡志林》"幸灵"作"韦虚"。按,此事源出《晋书·幸灵传》,当以"幸灵"为是,稗海本误。《李若之事》袭稗海本之误,作"韦虚",当出自稗海本。

在《苏东坡题跋杂书》中,最能体现其"杂"的有两类条目。第一,改编自苏轼诗题与诗序的条目,此类条目本不是独立的文章,而是某一或某几首诗词的篇题或序、引。如《跋柳氏画》为《破琴诗引》之引,《仇池石三诗》为《仆所藏仇池石希代之宝也王晋卿以小诗借观意在于夺仆不敢不借然以诗先之》《王晋卿示诗欲夺海石钱穆父王仲至蒋颖叔皆次韵穆至二公以为不可许独颖叔不然今日颖叔见访亲睹此石之妙遂悔前语仆以为晋卿岂可终闭不与者若能以韩干二散马易之者益可许也复次前韵》《轼欲以石易画晋卿难之穆父欲兼取二物颖叔欲焚画碎石乃复次前韵并解三诗之意》三诗的诗题。第二,节录笔记中与苏轼相关的内容而成的条目,此类条目非苏轼所作,只是关于苏轼的文字记录。如《食次书示客》出自朱弁《曲洧旧闻》,《书醉翁操》出自《渑水燕谈录》,《书与徐信帖》出自《诗人玉屑》,《自记吴兴诗》出自《苕溪渔隐丛话前集》,《杂帖》出自朱弁《风月堂诗话》,《书王量墨》出自《春渚纪闻》。上述两类条目的篇题多为重拟或新增,拟题大致模仿《苏文忠公全集》"题跋"篇题的样式。

综上所述,杨鹤本《苏黄题跋》中《苏东坡题跋杂书》的构成十分复杂,其选文范围大大超越了苏轼文集的题跋文类,选入大量非题跋文,如铭、序、引、记、赞、尺牍、笔记等。杨鹤自知此书收文不纯,所以在书名中冠以"杂书",以示其杂合众多文本与文体的特点。

较之《苏东坡题跋杂书》,《黄山谷题跋书后》文献来源较为单一,均来自《豫章黄先生集》《山谷外集》《山谷别集》三书的题跋文类,且内容完全忠实原书,亦不存在重拟篇题的现象。杨鹤也在书名上反映出了《黄山谷题跋书后》的收文特点,"题跋"是通称,而"书后"则是题跋专名之一种,与"跋尾"类似。通过对比杨鹤本苏、黄二家题跋的书名、选文范围及其文本性质,我们发现杨鹤对题跋的文体特征具有较为清晰的认识,他将其他文体编入《苏东坡题跋杂书》并不是混淆题跋文类边界所致。

二、黄嘉惠本《苏黄题跋》的编刻与文本还原

《东坡题跋》，四卷；《山谷题跋》，四卷，明黄嘉惠编刻。与《东坡尺牍》二卷、《东坡小词》二卷、《山谷尺牍》二卷、《山谷小词》二卷合为两函，八册，或名为《苏黄风流小品》，或《苏黄题跋合刻》。①首列序两篇，一题为"旧序"，陈继儒撰；一题为"小序"，黄嘉惠撰。每页页眉有小字评语，共七家。②王纳谏评语来自《苏长公小品》，刘辰翁、袁宏道、赵用贤、李贽时代皆早于黄嘉惠，不可能为其作评。陈继儒虽在时间上有作评语的可能，但鉴于书前《旧序》尚非专为黄本《东坡题跋》而作（详见下文），为其作评语的可能不大。所以，诸家评语，除黄嘉惠评语外，非专为黄本《苏黄题跋》而作。

黄嘉惠，字长吉，安徽休宁县人，明末出版家。明曹嗣轩编《休宁名族志》"古林"条曰："（黄）嘉惠，字长吉，由太学授广东监运提举司正提举。"③大约于崇祯年间在杭州从事刻书活动，故《东坡题跋》"小序"落款自称"西湖寓客黄嘉惠长吉甫"。

书前《旧序》又见于《白石樵真稿》，题为"书杨侍御刻《苏黄题跋》"。《旧序》曰："题跋，文章家之短兵也。……苏黄之妙，妙在题跋，其次尺牍，其次词。题跋鲜有合刻者，合之自侍御杨公始。若更取苏、黄之词而并行之，或焚小宗香，手书数行。或摄取云操于纱笼间，缓歌一二十阕，使后世知元祐碑中有此风流党人，亦足为童蔡辈一洗眼也！故并识题跋之后而请之。"④所谓"旧序"实乃陈继儒为杨鹤本《苏黄题跋》所作跋语。《白石樵真稿》刊于明崇祯九年（1636 年）。⑤又，清孙铨跋曰："客岁自琉璃厂书肆购得前明黄嘉惠选定足本，与坊本异，益深宝爱。"⑥可知，黄本《苏黄题跋》大约刊于崇祯九年之后，明亡之前。

黄本《苏黄题跋》尚未见复刻本，仅有孙铨抄本。⑦孙铨，"字鉴堂，号少迂。昆山人（今江苏省昆山市），乾隆庚子举人……凡笔墨之事，所需辄应，无不得当，公卿群相推重"⑧。抄本一函八册，字仿苏体。⑨较之原本，抄本评语略有出入，王纳谏评七十一条，较原本少十条；黄嘉惠评三十四条，少一条；袁宏道评十七条，少一条；赵用贤评八条，少一条；刘辰翁

---

① 清华大学图书馆藏本。
② 卷 4《书黄鲁直李氏传》评语失名，应为王纳谏。同卷《石普》《勃逊之》二评题为"袁宏道曰"，实为王纳谏评，此三条评语均见于王纳谏所编《苏长公小品》。
③ 曹嗣轩编，胡中生、王燮点校：《休宁名族志》，黄山书社，2007 年，第 187 页。
④ 黄嘉惠辑评：《苏黄风流小品》，明崇祯刻本。
⑤ 高明：《陈继儒研究：历史与文献》，复旦大学博士学位论文，2008 年，第 23 页。
⑥ 黄嘉惠辑：《苏黄题跋》，民国中华图书馆石印本。
⑦ 孙铨，字鉴堂，号少迂。今江苏省昆山市人，乾隆庚子（1780 年）举人。
⑧ 冯金伯撰：《墨香居画识》，《清代传记丛刊》，第 072 册，明文书局，第 437 页。
⑨ 孙铨原抄本已不可见，版式与内容均据中华图书馆石印本著录。

评八条,少三条。卷尾孙铨自跋略叙抄写缘起与经过:"铨自束发受诗书,作小品文,即爱读东坡、山谷题跋,以二公斯作皆笔致高逸,澹宕可贵。所谓冷香夕艳别具丰神,只语片言堪令绝倒,斯作有焉。惟向憾无善本,客岁自琉璃厂书肆购得前明黄嘉惠选定足本,与坊本异,益深宝爱。比者笔札多暇,窗明几净,爱师摹坡老体,日手抄三五页,三旬而藏事。适为覃溪先生所见,谬荷爱赏,几为攘去。然铨自视寔不当苏老笔致万一也,遑敢自信哉!少迂孙铨抄竟自识。"①民国时期,中华图书馆以孙铨抄本为底本石印,将书名改为"明十大名家评·苏黄题跋"②。民国十三年(1924 年)上海朝记书庄又据中华图书馆石印本影印,书名又被改为"仿苏写本·苏黄题跋"③。

黄嘉惠《小序》曰:"二公之风流皆在小品,从来无拈出者。自王圣俞吏部刻有小品而仅取什之二三。杨修龄侍御毕举而止于题跋。陈眉公徵君谓二公之最妙在题跋、在尺牍、在小词,当合之另行。余因取而并采诸评隽雅者附之,每手一篇,真所谓寐得之醒,愠得之喜。"④显然,黄嘉惠所编《苏黄题跋》是步武杨鹤本《苏黄题跋》之作。在编选体例与选文范围方面,杨鹤本《苏黄题跋》是黄嘉惠的重要参考。黄嘉惠本《东坡题跋》全书共二百五十一条,其中一百六十二条来自杨鹤本《苏东坡题跋杂书》。这些条目部分是杨鹤本《苏黄题跋杂书》中特有的条目,如《书醉翁操》《和陶诗杂引》《记庐山》《酆都县鹿》,或录自宋人笔记,或合并苏轼诗题或诗序而成,或误收苏洵、苏辙文,皆杨鹤改编而成。部分条目内容又见于茅维编《苏文忠公全集》,但凡遇文字、篇题不同的情况,黄本与杨鹤本一致,与《苏文忠公全集》不同,如,黄本、杨鹤本《书煨芋帖》,《苏文忠公全集》作《记惠州土芋》;黄本、杨鹤本《海上时杂帖》,《苏文忠公全集》作《寿禅师放生》,等等。这些条目虽导源于《苏文忠公全集》,但篇题或文字皆经过杨鹤编改。

当然黄嘉惠本并不是全部照搬杨鹤本,它在杨鹤本之外,开拓了新的源文献,选了新条目。其一,黄嘉惠新选入一些赵开美刻《东坡志林》的条目。黄嘉惠本《东坡题跋》中的四十余篇同时见于赵开美刻《东坡志林》与《苏文忠公全集》,其中部分又见于《苏东坡题跋杂书》。将四书对勘,除少数漏刻与误刻外,互见条目的篇题与文字,《东坡题跋》与《志林》相同,《苏文忠公全集》与《苏东坡题跋杂书》相同,而黄本《东坡题跋》与《苏文忠公全集》《苏东坡题跋杂书》存在差异。如,《志林》《东坡题跋》之《记游松江》:"吾昔自杭移高密";"临皋亭夜坐",《苏文忠公全集》《苏东坡题跋杂书》作《记游垂虹亭》:"昔作音";阙"亭夜坐"。显然,黄嘉惠并没有沿承杨鹤本所选赵刻《东坡志林》的条目,而是重新对其进行甄选,选入更符合他序中所宣称的短小而富有韵、趣的篇目。其二,黄嘉惠本增加了新的源文献——《苏长公小品》。《苏长公小品》,明王纳谏编,卷上收赋、序、铭、书、记、启,卷下

---

① 黄嘉惠辑:《苏黄题跋》,民国中华图书馆石印本。
②③ 中国国家图书馆藏本。
④ 黄嘉惠辑评:《苏黄风流小品》,明崇祯刻本。

收题跋、杂记、杂著。黄本《东坡题跋》王纳谏评语均来自《苏长公小品》。此外，在正文内容上，黄嘉惠对《苏长公小品》也有采用。首先，黄本《东坡志林》少数条目惟见于《苏长公小品》卷下，当选自《苏长公小品》无疑。其次，黄本部分条目同时见于《苏长公小品》、杨鹤本《东坡题跋杂书》、《东坡志林》，这部分条目黄嘉惠很可能是斟酌三书，择善而从。如《游白水书付过》，黄本、《苏长公小品》作"观山烧壮甚，傀仰"，《东坡志林》作"观山烧火，甚傀仰"。《东坡志林》误而黄本不误，黄本或据《苏长公小品》改。

综上所述，黄本《东坡题跋》是沿袭杨鹤本《苏东坡题跋杂书》的另一部苏轼"题跋"选集、它继续扩展题跋的选文范围，选入大量铭、序、引、记、赞、尺牍、杂记、杂著等非题跋文，但却未在书名中反映出这一选文特点。

相对于《东坡题跋》，黄本《山谷题跋》来源非常简单，内容与杨鹤本《黄山谷题跋书后》完全相同，可目为杨鹤本的翻刻本。

三、温一贞本《苏黄题跋》的编刻与文献渊源

《苏黄题跋》五卷，五册，每册一卷，清温一贞编。字为温一贞手书，书末有温一贞跋二首。温一贞，字又元，号也痴。① 温一贞"工写山水，沉郁深秀，自成一家。……少好读书，尤嗜古文小品，曾录苏黄两家题跋付梓，风行海内"②。书后题跋落款为"乾隆五十年岁在乙巳十月之望"，书名页亦有"乾隆五十年镌"，可知，《苏黄题跋》编、刻完成于乾隆五十年（1785 年）。曹吴霞《序》曰："温生又元……取宋诸名家跋语汇而梓之。其苏黄两公先竣事，惠示一编，并请余序。……乾隆丙午春王正月望日。"③ 可知，《苏黄题跋》刻成后，先印一部（或少量几部）请曹吴霞作序，待曹序完成后，温一贞将《序》贯于书前，与《苏黄题跋》一并刊行。所以，《苏黄题跋》正式刊行应在乾隆（丙午）五十一年（1786 年）。

清同治十一年（1872 年），温一贞孙温二东重印《苏黄题跋》，是为同治补刻本。补刻变初刻五册为八册，《东坡题跋》《山谷题跋》各四册。书前增宋彀年题"又赏斋定本东坡题跋（山谷题跋）"。补刻本称曹吴霞序为《原序》，其字体与初刻本已有差别。《原序》后有沈吾序一篇，叙补刻缘起，"也痴先生曾于乾隆间手写付刻镂版，精妙为世所宗，亦将有百年矣。吾尝购得一编，携之行箧，迨咸丰庚辛见付之兵刃。自去年来游吴兴，讨其书，始知亦因是毁去卅余册版。先生元孙二东谋补刻其阙，冀复旧观，乞之序。吾虽不文，惟爱苏黄之文，

---

① 初刻本《东坡题跋》跋温一贞自署"吴兴后学温一贞"。清无吴兴县，吴兴是乌程的古称。
② 蒋宝龄：《墨林今话》卷 10，上海古籍出版社，2015 年，第 210 页。
③ 温一贞编：《苏黄题跋》，乾隆五十年刻本。

夙慕先生之名,且喜二东之绳其祖武,复得广为流传,嘉惠后学"①。补刻本刊于同治十一年(1872年)夏五月,距乾隆五十一年尚不足百年,初刻版却因兵祸(太平天国运动)而残损。所幸损毁的三十余册版在原书中所占比例不大,所谓补刻本略等于重印本。

初刻本与补刻本是为同一系统而版式略有差异的两种祖本,其后出现的数种复本均以二本为底本。初刻系统:日本天保三年(1832年),浪花城西本街心斋桥通书肆不自欺斋翻刻本。②此本刻于1832年,底本当为乾隆初刻本。和刻本共分仁、义、礼、智、信五册。书后无温一贞跋,代以日人斋滕象跋一篇。和刻本中有误字,如"徐"误为"除"、"征"误为"证"、"榆"误为"揄"、"曹"误为"曾"、"商"误为"商"等,皆因形近而误刻。补刻本系统:光绪二十年(1894年)石印本,底为盱眙吴棠"望三益斋"藏同治补刻本。③石印本改补刻本八册为五册,除封面增黄树人题书名"苏黄题跋",其他一依补刻本。晚清上海洋泾纬文阁发兑本④,其形制与光绪石印本全同,底本应为光绪石印本。周振鹤《晚清营业书目》"纬文阁营业书目"著录:"《苏黄题跋》,售价洋六角。"⑤即此发兑本。此外,底本不能确定者尚有徐嘉霖⑥抄本,内不分卷。⑦正文前无目录,亦无曹吴霞序。首页有"徐嘉霖""卡雨"印两方,册尾保留温一贞《东坡题跋》跋。《山谷题跋》册尾徐世昌跋曰:"五叔后官江西,书益纵横宽博。……端甫十弟出五叔书《苏黄题跋》二册付影印,属为题识。五叔弃尘世已廿余,端甫于先人手迹点检装饰,虽断楮零绢无敢或失。……戊辰春三月世昌敬题。"徐嘉霖自光绪二十年至光绪二十七年(1901年),共在江西为官七年。徐世昌称此时徐嘉霖"书益纵横宽博",风格与抄本相近。因此,《苏黄题跋》很可能抄于江西为官时期。影印则在民国十七年(1928年)。

温一贞本《东坡题跋》云:"题跋之作著自东坡始,故录自东坡始。其见于全集者存十之七八,凡二卷,计二百有四首。""全集"为茅维编《苏文忠公全集》,收题跋近六百条,《东坡题跋》据之收录二百余条,约为《苏文忠公全集》的三分之一。温一贞《山谷题跋》跋云:"《山谷题跋》见于全书中,撎其尤精者,录十之六七,凡三卷计三百首。""全书"为乾隆三十四年(1769年)缉香堂刻本《山谷全书》,其中包括《山谷正集》《山谷外集》《山谷别集》,共收题跋五百余首。《山谷题跋》据之收录三百余首,约占《山谷全书》的三分之二。当然,除据《苏文忠公全集》与《山谷全书》外,温一贞应参考了黄嘉惠本《苏黄题跋》。首先,温本《东

---

① 此据北京大学图书馆藏河津王彝旧藏本录,北大藏另外一本序缺一页。
② 北京大学图书馆藏本。
③ 清华大学图书馆藏本。
④ 中国国家图书馆藏本。
⑤ 周振鹤:《晚清营业书目》,上海书店,2005年,第439页。
⑥ 徐嘉霖,字叔雨,号昧痴。历任江西都昌、德安、余干知县,卒于光绪二十七年(1901年)。徐世昌:《大清畿辅先哲传》卷34有徐嘉霖小传,具载其生平。
⑦ 原抄本已不可见,现据清华大学图书馆藏影印本著录。

坡题跋》补录中《书煨芋帖》《跋王荆公书》《书寄子由》来自黄本《东坡题跋》。其次，温一贞本《山谷题跋》上《书缯卷后》亦来自黄本。《书缯卷后》较之《山谷集》少"余尝为少年言……不易吾言"一段，题下小注"从黄氏删本"，黄氏删本即黄本《山谷题跋》，此条在黄本卷2。

四、苏轼题跋文本形态的变迁

通过还原明清三本《苏黄题跋》的文献渊源我们发现，三种刻本大致可以分为两个系统：杨鹤本、黄嘉惠本在编选体例与文献范畴上存在渊源关系，其中两本《山谷题跋》完全相同；黄嘉惠本《东坡题跋》则是在杨鹤本的基础上编成，二本都选入记、序、引、铭、赞、杂记、尺牍、偈语、诗题、诗序，甚至苏轼的笔记或关于苏轼的宋人笔记。它们虽略有差异，但可目为一个系统的选本，是明人在苏轼文集题跋文类系统之外，新编的"题跋"选本。温一贞本是承续《苏文忠公全集》与《山谷全书》二集题跋文类系统的选本，收文范围基本不出二集题跋文类，只是卷帙小于文集，可以目为二书题跋的"简编本"。其中《东坡题跋》在选文范围与文本性质上与杨鹤本、黄嘉惠本都不同。

比较杨鹤本、黄嘉惠本中的《山谷题跋》与《东坡题跋》我们发现，尽管它们都名曰题跋，但文本性质却不相同。《山谷题跋》几乎全部来源于黄庭坚文集的题跋文类，而《东坡题跋》则包含了大量的非题跋文体。若是将二本《东坡题跋》纳入明人编辑的专体文选的序列来考察，它们的特殊性更加明显。无论是明人编的别集性专体选本，还是总集性专体选本，它们都一书只选一体，不会兼杂其他文类。但如果将二本"题跋"与明人所编小品集比较，我们发现它们之间竟有诸多相似之处。万历三十九年（1611年）王纳谏所编《苏长公小品》，其分类包括赋、序、铭、书、记、启、题跋、杂记、杂著，与《东坡题跋》中的文类重合颇多。鉴于两种《东坡题跋》都成书于小品风行的晚明，有理由认为它们的编辑受到了时代风气的影响，虽名为题跋，实则按小品的标准选编。如果结论成立，我们需要解决两个问题：首先，题跋文类能否够容纳其他文体？其次，何以《山谷题跋》只选文集题跋，未扩大选文范围，而与其成于一人之手且合刊的《东坡题跋》可以超越文集的题跋文类？

题跋的界定大致有两种，一种意见认为："题跋者，简编之后语也。"[1]另一种认为："题跋是指题写于书画、书籍、金石、碑帖乃至诗文作品前后的文字。"[2]无论哪一种界定，都承

---

[1]　徐师曾：《文体明辨序说》，人民文学出版社，1998年，第136页。
[2]　王晓骊：《涉笔成趣：论宋人题跋的文学性》，《吉林师范大学学报》2014年第4期。

认题跋生成之前必须有一个先于存在的文本或绘本。若以此来衡量题跋文类，自古它就不是一种严格遵守排他性原则的文类。或是因为题名、内容相似，或是文集编辑的需要，古今文集的题跋文类常收入题壁、题名、书事、书赠、碑阴文，以及各种杂文。它们的生成都不需要先于存在的文本或绘本，文体性质与题跋有本质的区别。因此，文集的"题跋"文类常常具有"杂文"或"杂著"的功能，容纳一些题名相似但体类不同的散文。周必大编欧阳修《居士外集》甚至将收录杂文与题跋的文类命名为"杂题跋"，来表明题跋文类的这一特点。尽管题跋文类存在收录其他文体的习惯，但不可否认的是，主体依然为题跋，别种文体只占少数，而且主要集中于题记、题名、书事、书赠、杂文几种体式或题名与题跋相似的文体。比如，杨鹤本、黄嘉惠本沿袭黄庭坚文集旧例编辑的《山谷题跋》，只选入题壁、题名、杂文等非题跋文，比例不足全书十分之一。反观与之合刊的《东坡题跋》，选文范围远超苏轼文集题跋文类，其中非题跋文的比例均大于四分之一。什么原因使得同一编者区别对待两个选本，从而出现一刊兼二体的状况？要弄清这个问题，必须对《苏东坡题跋杂书》的主要文献来源《苏文忠公全集》的题跋文类作史源学的考察。

《苏文忠公全集》题跋文类出于南宋人编《东坡外集》，其《原序》云："编旧集者，或摘取题跋及诗者为'诗话'，或总取'杂记'与'题跋'而目为'志林'，皆非先生本意。今故不敢妄立品目，但曰'题跋'，曰'杂记'，览者其鉴之。"①按《原序》所言，《东坡外集》题跋文类出自"志林"。据孔凡礼先生考证，宋代"志林"乃《苏东坡大全集》中的一类，"是苏轼身后人们对他的随笔、题跋、诗文话一类文字的总称……和后来的题跋、杂记一样，不过范围还要广一些"②。检索《原序》所列《外集》的资料来源恰有《东坡大全集》一种。可知，《东坡外集》题跋文类原是宋代《东坡大全集》"志林"的一部分，《东坡外集》编者认为"编旧集者"将题跋与诗话、志林混淆并不合理，遂而将它们独立编为《外集》卷37至卷55"题跋"。但逐一考察《东坡外集》的题跋文本，情况却不像编者描述的那样简单，《东坡外集》编者所谓的"题跋"其实包括大量非题跋文。《东坡外集》按题材将十九卷题跋分为杂文、诗词、书帖、画、纸墨、笔砚、琴棋杂器、游行八类。其中纸墨、笔砚、琴器杂器根本不是文本或绘本，不具有题跋的可能性，三类题跋的内容多是对笔、墨、纸、砚的记录、品评，性质与杂记或笔记类似。游行类则多录游记，传世苏轼游记名篇《记承天寺夜游》《记游定惠院》皆在其中。即使编者所谓的杂文、诗词、书帖、画题跋也夹杂着不少从宋人笔记或诗话中截取的条目。如卷41"题跋诗词"《记太白诗》乃赵令畤《侯鲭录》中秦观语③；卷42"题跋诗词"《书韩定辞马郁诗》为抄录《北梦琐言》而成；卷42"题跋诗词"《辨杜子美杜鹃诗》为北宋人李新所作《杜鹃辨》；卷49"题跋书帖"《记与君谟论书》为改易欧阳修笔记《试笔》中《作字要熟》与《苏

① 《重编东坡先生外集》，万历三十六年刻本。
② 孔凡礼：《孔凡礼文存》，中华书局，2009年，第83页。
③ 王宏生：《北宋书学文献考论》，上海三联书店，2008年，第147—150页。

子美蔡君谟书》二则而成。①又，卷46"题跋诗词"《书昙秀诗》、卷43"题跋诗词"《书渊明酬刘柴桑诗》《书司空图诗》又见于《王直方诗话》。《郡斋读书志》称："元祐中，苏子瞻及其门下士……龁会其家，由是得闻绪言余论，因辑成此书（即《王直方诗话》）。"②《东坡外集》中此三条当出于《王直方诗话》。所以，承《东坡外集》而来的《苏文忠公全集》的题跋文类包含了大量的杂记、笔记、诗话以及游记等非题跋文体。

杨鹤编辑《苏东坡题跋杂书》时，既受到小品思想的影响，又考虑到其文献来源的特殊性。它大量收录赵刻《东坡志林》的篇目，是因为《苏文忠全集》题跋本就源自宋代"志林"，所以与后世的《东坡志林》存在大量互见篇目，尽管它们在篇名与内容上略有差别，却可能给人造成同类的印象。它收入宋人笔记、杂记、游记等其他文体是沿袭《苏文忠公全集》题跋文类的收文习惯，而收录的改编自诗题、序、引的条目可能是模仿《苏文忠公全集》中收入的诗话的样式。杨鹤对于《苏东坡题跋杂书》文体杂糅的现象有清晰的认识，故在书名中冠以"杂书"，以示其特点。承续杨鹤本而来的黄嘉惠本《东坡题跋》的《小序》明确提出："夫官酝法材非不贵美，有时清酤白水足以适趣而标韵也。昔人一丘一壑自谓过之不必与川泽争多，冷香夕艳偏足以留人盼而挑人肠，不必历年襪饱霜雪而后获顾者兴嗟也。彼或赢者意气而风致稍短，此或劣者骨力而神韵独胜。比之典籍，气骨则吕不韦、刘安、班、马、屈、宋是已。风韵则晋之陶谢、唐之韦孟、宋之苏黄是已。刘义庆而后，单辞可使色飞，片语足使绝倒，寓名理于短章，寄至道于杂俎，余尤于苏黄二公服膺焉。"③其选文的标准可归纳为韵、趣、短，正合契于晚明小品思潮。但《苏黄风流小品》中《尺牍》《小词》因其文类边界的明晰，使得它们只能一书专选一体；而《山谷题跋》则受源文献题跋文类的限制，也不能任意容纳各种小品。因此，黄嘉惠沿承了杨鹤本《苏东坡题跋杂书》选文体例，并在其基础上，进一步扩大选文范围，将赵刻《东坡志林》与王纳谏编《苏长公小品》的部分条目增入《东坡题跋》中，从而满足自己尽可能多地选取小品的目的。但黄嘉惠并未如杨鹤那样在书名中标以"杂书"以提醒读者其为非纯题跋集，而是径作"东坡题跋"，从而使得本就不十分明晰的题跋文类的范畴更加模糊。

五、结论

小品语出释氏，本指略本佛经，明代以后才逐渐转变为具有文体意义的名词。尽管小

---

① 丛文俊：《〈东坡题跋·记与蔡君谟论书〉证伪》，《古籍整理研究学刊》2003年第5期。
② 孙猛校证：《郡斋读书志校证》，上海古籍出版社，2005年，第602页。
③ 黄嘉惠辑评：《苏黄风流小品》，明崇祯刻本。

品中包罗众多文体，但它们大都呈现出相似的体式与风格特征，即短小而富有韵趣。小品思潮席卷晚明之时，一方面，大量作家参与到小品的创作中；另一方面，具有典范意义的小品被编选成书，供人阅读与借镜。对于明人来说，苏轼、黄庭坚无疑是处于经典小品作家序列顶端的作者。他们篇幅短小而体式灵活的文章既能展现文人日常的雅趣与兴味，又富于真实的情感与生活，正与晚明独抒性情与性灵的文学主张符契之若合。在明人推崇、编选、模拟苏、黄小品的浪潮中，专选二家题跋的专书陆续出现，杨鹤开其先声，黄嘉惠承其余响。其间又有毛晋将宋、金二十余家题跋刻入《津逮秘书》，大大增加了题跋的阅读范本，推动了题跋传播与发展。可是，入清之后未经重刊的杨、黄二本《苏黄题跋》已不易得，存于丛书中的《津逮秘书》本"题跋"则因卷帙庞大流传受到限制。因而温一贞又重选一种《苏黄题跋》，此本乃温一贞手书苏体上版，可以为读者提供审美与阅读的双重愉悦。其适中的卷帙既宜于携带与阅读，又能反映出二家题跋的基本面貌，遂成为后世最为流行的一种《苏黄题跋》，以致流布海外。

值得关注的是，明代两本《苏黄题跋》一刊兼二体的现象。苏、黄题跋虽都以题跋命名，但文本性质却不相同。《东坡题跋》等同于小品选集，兼收笔记与各种文体；《山谷题跋》则谨守文集题跋文类的收文旧例。这一特殊现象乃是由小品思想与源文献性质的双重影响所致。两本"东坡题跋"均导源于南宋《东坡外集》的题跋文类，所谓"题跋"其实是经过改换头面的"志林"，本身就是杂合笔记、墨迹、题跋、诗话而成，虽几经编辑，依然呈现出其原始面貌特征——杂。对于题跋来说，"东坡题跋"不遵守排他性原则收录非题跋文体并不符合其文类规范。但对于小品来说，杂合众体的文本性质恰好符合晚明小品思潮的审美品位。于是，杨鹤、黄嘉惠在《苏文忠公全集》题跋文类的基础上继续开拓《东坡题跋》的文献源，遂而使之成为题跋中最为特殊的一种。值得反思的是，对各种类别与版本苏轼题跋文本性质的再检讨与对其文学价值的重估。无论哪种苏轼题跋，只要是据《苏文忠公全集》或《东坡外集》题跋文类所编，其中必然包含了大量的非题跋文，这些所谓题跋的文本是几经改编后才形成的，其文体的本来面目在南宋人所编《东坡外集》中被"题跋"所遮蔽。考察宋人所编东坡集我们发现，这一批文本不仅曾被整合为"志林"或改编成"题跋"，还曾以《东坡诗话》《百斛明珠》《仇池笔记》的面目出现过。在诸种东坡集之间，编者会根据自己的需要变换它们的篇题与文本形态。面对这些文本，研究者若是在不作考辨的情况下以之为研究对象，其结论显然是值得商榷的。因此，苏轼题跋的文本与因之而赋予的文学价值都是需要重新考察与评估的。

苏轼诗歌的"仇池石"意象探析*

姚 华**

一、引言

"华夏民族之文化,历数千载之演进,造极于赵宋之世。"①宋代文化之发达,体现为物质文化与精神文化两个领域的高度繁荣与和谐相依。徐飚《两宋物质文化引论》,扬之水、孟晖"名物寻微"式系列考证文章,通过对宋代器物艺术的剖析寻微,为我们再现了一个细致精美的物的世界。②以之为基础,古物收藏、文房清玩、名物鉴赏等围绕物所展开的艺术活动亦广泛流行于宋人之间。在这些活动中,物超越原初的实用功能,成为宋人审美活动的对象。

"物的审美"是宋代文化中的一个重要命题,关系到如何理解士大夫物质生活与精神层面的互相影响与塑造。诚如艾朗诺在《美的焦虑:北宋士大夫的审美思想与追求》一书中所指出的,宋代士大夫对物的态度具有一定的复杂性。他们既为物的感性之美所动,又需在伦理价值层面上自我辩解,为与儒家传统观念相龃龉的"美的诱惑"做出辩护。③因此,

---

* 本文原载于《文学遗产》2016 年第 3 期。

** 姚华,上海师范大学人文学院中文系副教授。

① 陈寅恪:《邓广铭〈宋史职官志考证〉序》,《金明馆丛稿二编》,上海古籍出版社,1980 年,第 245 页。

② 参见徐飚《两宋物质文化引论》(江苏美术出版社,2007 年)一书,扬之水《宋代花瓶》(《故宫博物院院刊》2007 年第 1 期)、《两宋香炉源流》(《中国典籍与文化》2004 年第 1 期)、《奢华之色——宋元明金银器研究》(中华书局,2011 年)等文章或著作,以及孟晖《花间十六声》(生活·读书·新知三联书店,2006 年)书中收录的《床上屏风》《枕前的山水》《帐中香》等文。

③ 艾朗诺著:《美的焦虑:北宋士大夫的审美思想与追求》,杜斐然、刘鹏、潘玉涛译,上海古籍出版社,2013 年。

如何理解宋人与物之间的关系、展现宋人对物的审美方式,是一个值得深入探讨的话题。而在以物为对象的诸种审美活动中,诗歌写作是极为重要的一种形式。正是通过文学性的想象与书写,特定物品得以从"物质的艺术品"(Material Artifact)转化为"美学的对象"(Aesthetic Object),这两个概念指称对象看似相同,内涵却迥异:"前者是物质性的书籍、绘画或者雕塑本身,后者则仅仅存在于人对于这一物理事实的解释之中。"①而诗这一文体所具有的抒情性与想象性特质,又使呈现于这一艺术形式中的"美学的对象"拥有了异于谱录、笔记、散文等其他文体之记载的独特形态。

与前代之诗相比,宋诗对物的审美赋予又尤具其特殊性。唐诗中常见的抒情意象往往是自然物象等具有普遍象征意义之物,而宋人却较前代远更频繁地将日常生活中真实存在、具有唯一性与特殊性、尚未在诗歌写作传统中形成固定审美联想的物象纳入诗中,这类物象因此而具有"实指性"与"特喻性"②的特点。诗人书写的是生活中真实存在的特定之物,并以自我的人生感悟,而非历史传统或文化记忆为其赋予象征意义与情感内涵——这既体现出宋人对物之审美的个性化色彩,也带来诗歌抒情形态在宋代的转变。正是基于"物的审美"问题在宋诗中的特殊形态,对诗歌物象内涵与情感意义的解读,就需结合诗人的具体写作语境与人生经历展开,在文本细读的过程中进行逐层剖析与细致呈现。

本文选择以苏轼诗中的"仇池石"意象为对象,作精细化文本释读。事实上,与"仇池石"相关的诗歌书写已获得不少研究者的关注。杨晓山在《私人领域的变形:唐宋诗歌中的园林与玩好》一书中,通过解读苏轼以仇池石的归属为主题赠予王诜等人的诗作,论述北宋诗人间物的交换关系。③艾朗诺《美的焦虑:北宋士大夫的审美思想与追求》在分析苏轼围绕"占有物"的命题展开的哲学之思时,同样给予了这组诗不小的解读篇幅。④周裕锴《苏轼的嗜石兴味与宋代文人的审美观念》一文,则从整体上论述苏轼及其所代表的宋人对石的审美观念,其中也涉及仇池石的例子。⑤这些研究皆具见地,论述苏轼思想尤为深刻,从不同角度给人以启示。不过,上述研究又都以探究苏轼思想为旨归,多将诗歌文本

---

① 穆卡洛夫斯基:《作为种种社会事实的美学功能、标准和价值》,转引自特雷·伊格尔顿:《二十世纪西方文学理论》,伍晓明译,北京大学出版社,2007 年,第 97 页。

② 侯体健在《刘克庄的文学世界——晚宋文学生态的一种考察》一书中提到,刘克庄诗中的"荔枝"意象具有"实指性"与"特喻性"的特点。"实指性"意谓这是指向当下生活世界中的具体物象,是"现实意象"而非"历史意象";"特喻性"意指这一意象对诗人而言有着特别的意蕴,与其传统意义不同。如"荔枝"在刘克庄诗中便"多隐逸之趣而少放逐之悲",对应于诗人"心灵深处的、具有象征意义的莆田"。参见侯体健:《刘克庄的文学世界——晚宋文学生态的一种考察》,复旦大学出版社,2013 年,第 54—57 页。

③ 参见杨晓山:《私人领域的变形:唐宋诗歌中的园林与玩好》第四章《言辞与实物:诗歌的交换和描写交换的诗歌》第四节《三首诗、两块石头、一幅画》,文韬译,江苏人民出版社,2009 年。

④ 参见《美的焦虑:北宋士大夫的审美思想与追求》第四章《苏轼、王诜、米芾的艺术品收藏及其困扰》。

⑤ 参见周裕锴:《苏轼的嗜石兴味与宋代文人的审美观念》,《社会科学研究》2005 年 1 月。

用作反映诗人思想的直接材料，不太关注"诗"的文体特性与诗人的写作语境对物之意义的塑造作用。这便为本文的解读留有空间。本文将以苏轼与仇池石相关的三次写作及黄庭坚对苏轼的追忆之诗为考察对象，在对诗的文体特点、游戏性写作语境及诗人经历的具体还原中，细致描述苏轼为仇池石赋予意义的过程，呈现仇池石在苏轼生命中的独特位置。

二、从"双石"到"仇池"：归隐之梦的物质寄托

苏轼对仇池石的最早记录，见于元祐七年所作《双石》一诗。此诗诗序称："至扬州，获二石。其一，绿色，冈峦迤逦，有穴达于背。其一，正白可鉴。渍以盆水，置几案间。"[1]由"双石"这一诗题可知，此时，这两块石头尚未获得"仇池石"的命名。对苏轼而言，它们并无特殊的意义。"冈峦迤逦""正白可鉴"是描述外形之美；汲水置盆、将石置于模拟自然山水的人工环境之中，也是苏轼所惯用的一种赏石方式。忽一日，苏轼发现了一个新的角度观看此双石——他记起了元祐六年颍州任上所作一个奇怪的梦。这一角度的得来非常偶然，甚至有些不合常理，苏轼于诗序中称："忽忆在颍州日，梦人请住一官府，榜曰仇池。觉而诵杜子美诗曰：万古仇池穴，潜通小有天。乃戏作小诗，为僚友一笑。"[2]"仇池"是山名，在甘肃省成县西。山方百顷，四面斗绝，有东西两门，盘道可登，上有水池，故称"仇池"。梦中苏轼来到一个题写着"仇池"二字的官府，醒后则借杜甫的诗句理解其意义。"万古仇池穴，潜通小有天"两句出自杜甫《秦州杂诗》。"潜通"是暗暗通往的意思；"小有天"在河南省王屋山，为道教三十六洞府之一。杜甫将仇池山上的池穴设想为暗通仙境的秘途——一个能够使人得道成仙、躲避世俗之乱的福地。

换言之，"仇池"二字具有浓厚的象征意味。苏轼之梦因此而值得玩味：本为福地圣山的仇池，为何会以官府的形象出现？这似乎是此梦最为明显的矛盾。不妨做一个简单的"梦的解析"：做此梦时，苏轼为颍州知州。官府是白日生活中的现实场景，意味着苏轼当时的政治身份。仇池则是一处理想之境，可以借此获得心灵的安宁。世俗之所与出世之境不合常理地结合在一个画面中——这是梦境显示内心冲突的特有方式。可以这样理

---

① 《双石》（并序），苏轼著，王文诰辑注，孔凡礼点校：《苏轼诗集》第6册，卷35，中华书局，1982年，第1880页。

② 见《双石》诗序，《苏轼诗集》，第1880页。除这一记录外，苏轼对其"仇池"之梦还有一个更为详细的描述版本，如下："予在颍州，梦至一官府，人物与俗间无异，而山川清远，有足乐者。顾视堂上，榜曰仇池。觉而念之，仇池武都氏故地，杨难当所保，余何为居之。明日，以问客。客有赵令畤德麟者，曰：'公何问此，此乃福地，小有洞天之附庸也。杜子美盖云：万古仇池穴，潜通小有天。'他日工部侍郎王钦臣仲至谓余曰：'吾尝奉使过仇池，有九十九泉，万山环之，可以避世，如桃源也。'"参见《和陶桃花源》（并引），《苏轼诗集》第7册，卷40，第2197页。

解：避世归隐是苏轼的梦想，仕途责任则是他的现实，这一人生状态的矛盾，亦即出处进退的问题，对传统士大夫而言并不特殊。对此进行调和有多种方式：梦以"超现实"的场景对此进行调和，无如哲学高度上的价值安顿更为长久。然而苏轼"戏作小诗"，以梦为背景观看双石，将"仇池"的名称与象征意义赋予偶然得来的石头，则是一种属于诗人的方式。

《双石》一诗如下：

梦时良是觉时非，汲水埋盆故自痴。但见玉峰横太白，便从鸟道绝峨眉。秋风与作烟云意，晓日令涵草木姿。一点空明是何处，老人真欲住仇池。①

梦中真切的场景在醒后淡去，苏轼又回到了汲水埋盆、赏玩二石的日常痴举中。然而这一次，"一白""一绿"两块石头向苏轼呈现了不一样的景象：仿佛梦一般，连绵的群山在他眼前生动地展开。苏轼说自己才见到太白山为积雪所覆盖的巍峨高峰，便借由飞鸟之径来到了峨眉山顶。这是化用李白《蜀道难》"西当太白有鸟道，可以横绝峨眉巅"的句意。苏轼大约是先观白石，再赏绿石，诗句却将这一简单的过程描述为群山间的飞跃穿行，意气超绝又兴致勃勃。接下来的描写则更为细致。苏轼已不再由外观看山的全貌，而是置身山林间的草木云烟之中，甚至借由具体的景物感受到了时间的存在：秋意弥漫山间，秋风时而聚拢云烟，时而吹散它们，增加了风云变幻中的起伏意态。初升的朝阳穿透云层，在林间投下一缕光线，沐浴着阳光的植物显得精神蓬勃，姿态万千。如果说前面的描写还是基于双石的自然形态，颈联两句对"秋风""晓日"等具体时间的感受则纯然基于想象，诗句中没有了石头的影子，苏轼已经完全"入境"。在此铺垫之下，诗末无端地发问也显得自然。在一片若幻若真的山林之景中，苏轼发现自己找到了一个神秘的洞穴，这让他想到了可以通往神仙居所的仇池穴。于是苏轼自问：这是什么地方？难道是仇池山？我是否真如梦中所见般，已然身处仇池？

留意诗序的读者自然明白，现实中的绿石"有穴达于背"，"一点空明"所指正在于此。双石，尤其是那块身负一洞的绿石，借着与"仇池穴"在形态上的对应，被苏轼想象为仇池山，并由此诗获得了"仇池石"的名字。②这一点空灵的想象，是苏轼自称为博"僚友一笑"的游戏之思，却也是诗歌写作超越生活、为物赋予意义的方式。从"双石"玲珑精巧的形色出发，苏轼由之展开联想，在诗中造境。当梦境已逝，欲往仇池而重寻无处时，借由石所展开的游戏性想象，提供了一条现实中的替代之路，让苏轼以诗的方式实现他的仇池之梦。而在一个更大的语境中，"仇池之梦"并不仅指颍州时的具体梦境，这一真实存在的地名已在苏轼诗中带上了个人化的情感色彩，从公共意象转化为个人意象，是象征意义上的"梦"：它不再指代具体的仇池山，而是苏轼心中的告老归隐之地，并在很多时候等同于同样地处

---

① 《双石》，《苏轼诗集》第 6 册，卷 35，第 1880—1881 页。
② 在之后的诗作中，苏轼便自称"予有仇池石，希代之宝也"，坐实了"仇池石"的名字。其在晚年的诗作中更是直接以"仇池"称呼此石。详见后文。

西南、青山连绵的蜀地，他的故乡四川。杜甫咏仇池山是即目即景的实写，对这一地方并无特殊的感情。苏轼则不然。他并未去过真正的仇池山，仇池因而是"梦想"。颍州任上的苏轼，人生之路走过大半，经历过乌台诗案后的黄州贬谪、元祐更化时重招回京任翰林学士的荣耀，此时又外任地方官、继续江山间的漂泊，不免易生沧桑感怀，归隐还乡的渴望也愈加强烈。诗中出现了诸如"此生终安归，还轸天下半"①的感喟。此时出现的仇池之梦像是对这一问题的回答，"仇池"因而成为苏轼表达归隐之思、还家之梦的象征性词汇："梦中仇池千仞岩，便欲揽我青霞襜。且须还家与妇计，我本归路连西南"②，"万古仇池穴，归心负雪堂。殷勤竹里梦，犹自数山王"③，"东坡信畸人，涉世真散材。仇池有归路，罗浮岂徒来"④。在空间和时间的双重意义上，"仇池"都是一个理想化的"他处"⑤。

也正因此，"仇池石"内涵独特，绝非"产自仇池的石头"之意。而其所寓含的象征意义由具体的诗歌文本所塑造，离开了这一文学语境，物之上的寓意便极易流失。南宋杜绾所作《云林石谱》释"仇池石"称："韶州之东南七八十里，地名仇池，土中产小石，峰峦岩窦甚奇巧，石色清润，扣之有声，颇与清溪品目相类。"⑥苏轼之仇池石确实是由程德孺携自广东⑦，然而此处将仇池理解为韶州附近的地名，却完全有违地理实情。后世记载将石的命名纪实化时所产生的误解，显露出一种将诗的虚构性想象合理化的倾向。"仇池"内涵的"特喻性"却也随之流失。有趣的是，苏轼自觉到诗中的想象是假想的"虚辞"，在诗序中称"戏作小诗"，"为僚友一笑"。"仇池"寓意与石的结合，到底是偶然和虚拟的，诗句在"老人真欲住仇池"这一假设性的表述中戛然而止。假若以清醒的现实为观照，"汲水埋盆"的举动是"痴"，"真欲住仇池"的可能性也值得怀疑。然而，假若众位"僚友"代表了外在眼光清醒的审视，在苏轼自称为"戏作"的诗歌空间中，虚构却是合法而自足的。正是在此间，诗人能借微物而咏神奇，在一块石头上实现山水、四季、故乡和梦境之寄寓。

三、"仇池石之争"与"诗战"：以物为媒介的精神交游

《双石》一诗使两块形色优美的石头超越了单纯的"娱目"功能，具有了"娱心"的意义。

---

① 《上巳日，与二子迨、过游涂山、荆山，记所见》，《苏轼诗集》第6册，卷35，第1865页。

② 《次韵晁无咎学士相迎》，《苏轼诗集》第6册，卷35，第1870页。

③ 《过杞赠马梦得》，《苏轼诗集》第6册，卷37，第2028页。

④ 《和陶〈读山海经〉》，《苏轼诗集》第7册，卷39，第2136页。

⑤ 后人将苏轼的笔记命名为"仇池笔记"，亦可见出"仇池"意义对苏轼而言的特殊性。

⑥ 杜绾：《云林石谱》，《丛书集成初编》，中华书局，1985年，第9页。

⑦ 参见苏轼《仆所藏仇池石，希代之宝也，王晋卿以小诗借观，意在于夺，仆不敢借，然以此诗先之》一诗自注，《苏轼诗集》第6册，卷36，第1941页。

而在不久之后的一场事件中,"仇池石"则跃然成为苏轼及其诗友唱酬的焦点,甚至引发了一场所谓的"仇池石之争"。

元祐七年九月,苏轼被召还朝,进官端明殿学士、翰林侍读学士、礼部尚书。通过此时其与汴京僚友的唱酬之作可知,一次,苏轼的旧友驸马王诜(字晋卿)欲借仇池石为观,苏轼认为这一行为"意在于夺",便写诗与之周旋(《仆所藏仇池石,希代之宝也,王晋卿以小诗借观,意在于夺,仆不敢不借,然以此诗先之》)。这组唱和引发了钱勰(字穆父)、王钦臣(字仲至)、蒋之奇(字颖叔)的关注,他们纷纷次韵为诗(已佚),表达对是否应借石于王诜的不同意见。苏轼再次前韵,一并回应了他们,认为若欲借石,王诜需以两幅韩幹马相交换(《王晋卿示诗,欲夺海石,钱穆父、王仲至、蒋颖叔皆次韵。穆、至二公以为不可许,独颖叔不然。今日颖叔见访,亲睹此石之妙,遂悔前语。仆以为晋卿岂可终闭不予者,若能以韩幹二散马易之者,盖可许也。复次前韵》)。王诜没有同意这一提议,为了解决这一矛盾,苏轼和朋友们另有主意,有的欲画、石兼得,有的建议二者并弃,苏轼再次作诗,认为石与画皆是身外之物,对此都不可执着(《轼欲以石易画,晋卿难之,穆父欲兼取二物,颖叔欲焚画碎石,乃复次前韵,并解二诗之意》),最终化解了这场"争执"。[1]

围绕此事件留下的三首诗因其中所体现的物的交换关系、苏轼对占有"外物"的矛盾态度而为杨晓山、艾朗诺等研究者所关注。曾声称"君子可以寓意于物,而不可以留意于物"[2]的苏轼,在这场事件中却表现出了对石的留恋与不舍,实际行为与其思想观念似乎有所矛盾。不过值得注意的是,这组诗完成于与友人交游、唱酬的语境之中。若将苏轼好玩笑、"多雅谑"的性格特点及其酬人之诗中常见的"戏赠"态度考量在内[3],我们对"仇池石之争"或许会有不一样的认识。从第一首诗的诗题"仆所藏仇池石,希代之宝也,王晋卿以小诗借观,意在于夺,仆不敢不借,然以此诗先之"的表述开始,苏轼没有明言,但叙述中的戏剧化口吻却非常明显。比对《双石》一诗可知,以"希代之宝"形容仇池石显然是夸张之语。王诜之诗如今已佚,未知内容为何。苏轼对其进行"意在于夺"的推测,或许确实有现实的根据[4],只不过,以"夺"释"借",仍带有对朋友用意的戏谑性揣度,是故作严肃之词。可与之参照的是,苏轼题跋中有《记夺鲁直墨》一则小文,亦以"夺"形容自己的取墨行径。有趣的是,这则题跋本身便是用所取之墨写就,苏轼文中称"遂夺之,此墨是也"[5],语气洋洋自

① 《苏轼诗集》第6册,卷36,第1940—1948页。
② 《宝绘堂记》,苏轼著,孔凡礼点校:《苏轼文集》第2册,卷11,中华书局,1986年,第356页。
③ 苏诗中极多戏谑之作,且多发生于交游背景之下。旧题南宋王十朋编《王状元集百家注分类东坡先生诗》一书即列有专门的"戏赠"一目,录诗32首。参见《王状元集百家注分类东坡先生诗》卷15,中华再造善本据国家图书馆藏宋建安黄善夫家塾刻本影印,北京图书馆出版社,2004年。
④ 艾朗诺指出,米芾的《画史》提到过王诜借人之画而不还之事。参见《美的焦虑:北宋士大夫的审美思想与追求》,第224页。
⑤ 《苏轼文集》第5册,卷70,第2226页。

得而颇见其乐。这里的"夺"绝非指真正的抢取，而是对友人间日常交往行为的戏谑化描述，亦是苏、黄二人亲密友谊的体现。此处，苏轼再次使用"夺"字描述王诜的行为，也带有同样的戏谑意味。而从第二首诗开始，钱勰等人参与了唱和，各持己见，众声喧哗。苏轼欲"以画易石"、钱勰欲"兼取二物"、蒋之奇建议"焚画碎石"，这些提议并不能轻易付诸现实行为，更似于观点的争锋和对话——几位诗人欲从观念上穷尽解决这一问题的不同可能。而在诗中表达"异见"，故意形成争端，这同样也是常见于宋诗中的诗人戏谑方式。①并不总是正襟危坐的严肃思辨，体现在"诗"这一文体中的说理方式具有很强的灵活性。戏剧性、想象性、游戏性的说辞，皆能为诗人用作理直气壮的辩护逻辑。

在第一首诗中，苏轼试图这样说服王诜："老人生如寄，茅舍久未卜。一夫幸可致，千里常相逐。风流贵公子，窜谪武当谷。见山应已厌，何事夺所欲。"苏轼提及自己漂泊的一生，年岁已老却仍无处可归依。而王诜曾因在乌台诗案中受牵连而贬谪于湖北均州，在那里饱览了武当的山川秀景。苏轼劝说已有过如此经历的王诜不必再抢夺这块石头，因为他曾历览过真实的山川，已经感受过那种精神的满足。

而在第二首诗中，笔下变化多端的苏轼又换了一个论说的角度，他称：

相如有家山，缥缈在眉绿。谁云千里远，寄此一蹴足。平生锦绣肠，早岁藜苋腹。从教四壁空，未遣两峰蹙。吾今况衰病，义不忘樵牧。逝将仇池石，归溯岷山渎。守子不贪宝，完我无瑕玉。

苏轼以"相如"喻王诜，又借用《西京杂记》中"卓文君姣好，眉色如望远山"之典，称其家中已有一山，就在所爱女子姣好的眉目间。②诗称这一女子随着王诜经历过富贵生涯与贬谪时期的贫困岁月，但即使家徒四壁，也从未"蹙眉"、流露过忧伤不满之意。又说自己已然年老，想着归隐之事，欲将仇池石带回四川边境岷山边的小溪中。"守子不贪宝，完我无瑕玉"一句，是对上述对比关系的总结，化用了"子罕辞玉"的典故③，苏轼劝说王诜不妨以"不贪"的品德而非具体的石头为宝贝。然而这句诗也可从字面意思上理解为：请王诜守护好

---

① 例如欧阳修《戏答圣俞持烛之句》一诗，开篇即称"辱君赠我言虽厚，听我酬君意不同"。参见欧阳修著，洪本健校笺：《欧阳修诗文集校笺》上册，上海古籍出版社，2009年，第383页。

② 杨晓山书中认为"相如"是苏轼的自指，"文君"则指仇池石，认为"仇池石之于苏轼，如同卓文君之于司马相如"，这一理解似可商榷。使人疑惑的地方在于：将石比喻为自己的妻子，进行女性化的想象，既不符合苏轼对"仇池石"的态度，在苏轼诗中也找不到类似例子。且苏轼与仇池石相伴只一年，"平生锦绣肠，早岁藜苋腹。从教四壁空，未遣两峰蹙"的追忆亦无从谈起。杨晓山自己也提到了这一理解的不圆满处："然而，苏轼把自己与仇池石的关系说成夫妻关系，这个暗喻马上就显得不那么恰如其分了。因为，苏轼的仇池石在被女性化以后，其化身更像是一名姬妾，而非妻子。"（《私人领域的变形：唐宋诗歌中的园林与玩好》，第160页）鉴于此，本文倾向于将"相如"理解为对王诜的代指。诗人起首先述王诜经历，"吾今况衰病"后再述自己与仇池石的关系，这样较为符合苏轼以诗辩争的对话语境及写作目的。

③ 出自《左传·襄公十五年》所记："宋人或得玉，献诸子罕。子罕弗受。献玉者曰：'以示玉人，玉人以为宝也，故敢献之。'子罕曰：'我以不贪为宝，尔以玉为宝。若以与我，皆丧宝也。不若人有其宝。'"杨伯峻编著：《春秋左传注》（修订本）第3册，中华书局，2009年，第1024页。

家中不需贪图别人便已获得的宝贝,也就是他所爱的女子,而使苏轼能拥有他所珍贵的石头,即仇池石。在《双石》一诗里,苏轼在普通的石头中看到了他的家乡之山。此处,借着诗意化的想象,苏轼不断提醒王诜他生命中所拥有过的山。除了武当真实的山峰之外,苏轼甚至还为王诜找到了更为美丽、持久、值得守护的山色。

在第三首诗中,苏轼援引了大量佛经典故,称"明镜既无台,净瓶何用鑢","焚宝真爱宝,碎玉未忘玉",意图从根本上解消众人对物的执念,跳出"拥有"与"放弃拥有"的二元对立思维模式。诗中有"欲观转物妙"之句,正可用以描述上述几首诗中的论辩逻辑。与受物所役、迷己于物、为物所转的被动状态不同,苏轼不断转化观物的角度,为王诜寻找"仇池石"的替代品。至于具体的物是武当还是"家山"并不要紧,关键在于观赏者能够自足于其中,获得精神满足的观照方式,以及将外物化为己用的态度。在这首诗中,苏轼称"盆山不可隐,画马无由牧",道明就其物质形态的本质而言,仇池石不过是"盆山",并无玄妙之处,正如韩幹的马也只是画家的创作。这一次,苏轼开解王诜的方式是在现实世界中寻找"真实"的解脱:"三峨吾乡里,万马君部曲。卧云行归休,破贼见神速。"然而苏轼是真的要告老回乡,并劝王诜领兵沙场么?并不一定。这仍是一种说辞,一种可能性的假设,一种用语言和思维"转物"的方式。

苏轼三首诗中包含的对话性如今已无法还原,而随时间一道散落的还有真正的历史。值得追问的是:在现实世界里,是否真的存在一场关于仇池石的"争夺"之战?王诜对"借石"之意的表达、苏轼对王诜之意的理解和回应、旁观之人对此进行的开解与议论,皆由苏轼之诗知晓于后人。然而苏轼借物而为的凿凿之语,并非对现实生活的严肃记录,更像是变化百端的精神游戏。其中既包含精妙的智慧,也不乏艺术性的想象与游戏性的说辞。

如果考虑到"仇池石之争"中的游戏成分,那么仅以这三首诗为依据,解读苏轼对仇池石的态度或苏轼和王诜之间的关系,这一方法便值得推敲。如此解诗的前提是将这三首诗视作苏轼严肃的言志之作,将句意直接等同于诗人的思想和心理。然而若以此逐句探求,便可能引起解释上的困境,带来对苏轼心理的猜测性描述,或使诗中反映的诗人形象显得很不统一。①考虑到诗人写作语气的游戏性色彩,句意与诗人形象间便不能过于简单

---

① 杨晓山书中留下了一些未解的疑问。除了上面提及的将仇池石比作卓文君的不恰当之外,还有如:"苏轼和王诜的争论却是双方欲望的直接冲突。有些令人不解的是,苏轼的欲望之所以合情合理,是因为他只拥有两座盆景小山。曾几何时,王诜却可以把武当群山一览无遗,拥为己有。……难道苏轼是在调侃王诜,警告他说,二人之间再进行礼物交换可能会有风险?"(《私人领域的变形:唐宋诗歌中的园林与玩好》,第158页)此外,杨书中还有一些对苏轼心理的推测性描述如:"我们不禁要猜测,苏轼在提出以石换画的时候,是不是对自己十几年前遭受的政治迫害仍然耿耿于怀?"(第161页)又如:"在三首诗中的第一首里,苏轼把石头描绘成他极度喜爱的东西。那时,他表现出一个收藏家的典型心态。……在第二首诗里,苏轼这个占有欲很强的收藏家变得通情达理。……在第三首诗里,苏轼这个精明强干的艺术品商戴上了诗人哲学家的面具,俨然一副超然洒脱的模样。"(第164页)据笔者看来,杨书似乎太过严肃地理解了苏轼的写作态度,将诗句与诗人心理直接对应,忽略了诗人写作语气的游戏性成分与诗歌艺术的虚构性特征,其结论之有效性颇堪质疑。

地画上等号。然而,对诗人写作态度中游戏性成分的强调,并非为了消解,而是为了补充对苏轼思想的完整认识。观物角度的多变、虚构性想象的丰富、戏谑姿态与严肃说理的并存,这些特点正是苏轼独特智慧的体现。在这三首诗中,仇池石时而被称为"希代之宝",时而是"海石"①,时而仅仅是"盆山",苏轼不断玩味意义与现实之物的不同结合可能。真正让诗人乐在其中的并非对物的实质性占有,而是写作过程中与不同人思维、才智的碰撞和对话。

在这场事件中,表面上看是众人争夺中心的"仇池石",其实始终"无动于衷",并未真正离开苏轼的居所。它是引发写作的开始,却绝非最终的落点。这场以互赠诗歌、借诗说理的方式进行的"争夺"更近似于一场"诗战"②,是智慧的交锋与情感的对话。作为物的仇池石并非众人现实欲望的对象,而是引发诗歌议论的话题与承载精神交游的物质媒介。

四、变化命运中的情感落点:作为抒情意象的仇池石

"仇池"意象再次见于诗中已近苏轼晚年,与其因政治之难南迁、继而北归的人生经历相关,并伴随着苏轼对另一块石头"壶中九华"的题咏。对命运的感受与对石的描写相交织,"仇池"意象的抒情意义在命运的动荡中得到了凸显与深化。

绍圣元年,哲宗起用章惇为相,开始"绍述"之政。苏轼再遭弹劾,落两职、追一官,责知英州。贬窜途中,三改谪命,最终以宁远军节度副使、惠州安置的身份远赴广东。在通往岭外的路上,苏轼路经湖口(今江西九江),看中了李正臣所藏一座形似九峰的异石:"湖口人李正臣蓄异石九峰,玲珑宛转,若窗棂然。予欲以百金买之,与仇池石为偶,方南迁未暇也。名之曰壶中九华,且以诗纪之。"③九华山实有其所,在安徽青阳。苏轼以石形近似,便以"壶中九华"名之,心有所好却未及购买。绍圣四年,苏轼再遭追贬,责授琼州别驾,昌化军安置,赴海南贬所。而在苏轼已准备终老海南之际,元符三年,哲宗去世,徽宗继位,重用元祐旧党,苏轼由海外招归。建中靖国元年,历经世事之变、已近人生之暮的苏轼重过湖口,发现壶中九华石已被他人取去,便又作诗一首,"和前韵以自解"④,此时距上一首

① "海石"之称见这组诗中第二首诗的诗题。王文诰释此曰"此不云仇池石,而云海石者,又以盆水为海也",并指出"石无定名"的特点。参见《苏轼诗集》第 6 册,卷 36,第 1945 页。
② 对宋人"诗战"的论述,参见周裕锴:《以战喻诗:略论宋诗中的"诗战"之喻及其创作心理》,《文学遗产》2012年第 3 期。
③ 《壶中九华诗》(并引),《苏轼诗集》第 6 册,卷 38,第 2047—2048 页。
④ 《予昔作〈壶中九华〉诗,其后八年,复过湖口,则石已为好事者取去,乃和前韵以自解云》,《苏轼诗集》第 7 册,卷 45,第 2454 页。

诗的写作已过八年,两首同韵之诗互为对话,记录了苏轼发现壶中九华石的惊喜与失去此石的遗憾。而在与"消失"的壶中九华石的对比中,八年来陪伴苏轼几番渡海、经历命运之变的仇池石显得温暖而恒久,如同情味深长的朋友。

"壶中九华石"是两首诗正面书写的对象。与《双石》一诗类似,苏轼借石展开了对山的联想。所不同的是,这一次的联想与现实尤为切近——不再是遥远的梦境与故乡,而是南迁途中的真实所历:"清溪电转失云峰,梦里犹惊翠扫空。五岭莫愁千嶂外,九华今在一壶中。"此行一路山高水急,群翠过眼,连绵山峦让人目不暇接,亦让人感到行旅奔途不由人控。千山五岭之外的南方是行途的终点,遥远而陌生;九华之峰作为中原秀丽之景的象征与此行的追忆,或可于石中获得,作为迁谪之人的慰藉。对苏轼而言,秀美的壶中九华石犹如贬谪途中"此生归路愈茫然,无数青山水拍天"[①]之景象的缩影,羁旅漂泊、行程不定之"惊",远途迷茫、难以把握之"愁",皆化解于壶中九华石所带来的惊喜之中。

大约正是因为与"壶中九华石"的相遇发生于特殊的人生状态之中,此石所激起的情感意义有异于常;八年后,得知此石已被"好事者取去"的苏轼,在诗中用了一个精彩的多层比喻,将失去此石的遗憾描绘得荡气回肠:"江边阵马走千峰,问询方知冀北空。尤物已随清梦断,真形犹在画图中。"苏轼以千峰之失形容壶中九华石的被取,山的消失,又在同一个句子中被形容为有如群马过江,不仅形象丰足,而且呈现为一个持续的、阵阵相继的过程,仿佛能见到众马之群像,亦可听闻喧嚣不止的马蹄声。正如宇文所安所指出的:"在从前的一首诗里,苏轼曾经有效地运用过这一奇异的比喻:'船上看山如走马,倏忽过去数百群。'"[②]以奔马比喻山势是苏轼诗中的常见修辞。[③]此处,苏轼以"江边阵马"之意象所形容者却非真实的山峰,而是"石被人取走"这一过程,尤以本体与喻体间的巨大差异而显出诗人的情感强度。在第二句中,苏轼继续发挥了这一联想,用了伯乐过冀北而马空的典故,以"冀北空"描述群马过江后的景象。在伯乐相马的故事中,良马是贤士的隐喻。此处,巧妙嵌套了这一典故的苏轼,将其对壶中九华石的相知、欣赏与尊重放置于隐晦的修辞中,慨叹与此"士"失之交臂的遗憾。而无论"阵马""千峰"还是"冀北空",苏轼将情感上的失落具象化为饱满的形象与遥阔的空间景象来呈现,仿佛失去的并非一块石头,而是人生版图中的半壁经历。

方勺曾在《泊宅编》中质疑苏轼对壶中九华的审美:"(壶中九华)予不及见之,但尝询正臣所刻碑本,虽九峰排列如鹰齿,不甚峥嵘,而石腰有白脉,若束以丝带,此石之病。不

---

① 《慈湖夹阻风五首》,《苏轼诗集》第 6 册,卷 37,第 2034 页。
② 《只是一首诗》,载宇文所安:《他山的石头记:宇文所安自选集》,田晓菲译,江苏人民出版社,2006 年,第 220 页。
③ 如《游径山》诗中"众峰来自天目山,势若骏马奔平川。中途勒破千里足,金鞭玉镫相回旋"(《苏轼诗集》第 2 册,卷 7,第 347 页)等句。

知坡何酷爱之如此，欲买之百金？岂好事之过乎？"①然而，石的外在形态未必是苏轼对之留恋不绝的真正原因。方勺又称，"予恐词人笔力有余，多借假物象以发文思"，或许更近实情。壶中九华石是触动诗人文情的引子，而"仇池石"便在这样的语境中再次出现。苏轼在诗题中提到，以"百金"购买"壶中九华石"的目的是欲"与仇池石为偶"，"百金"之数与诗人对仇池石的感情构成了平衡，或为虚指，却显出仇池石的分量。诗中虽以"天池水落层层见，玉女窗虚处处通"的玲珑形制形容壶中九华形态之美，但"念我仇池太孤绝，百金归买碧玲珑"才是诗人留恋此石更为深刻的情感之因：欲买壶中九华石是因为念及仇池石太过孤独，需要陪伴——在这推己及物的一"念"中，仇池石被人性化了。这一"念"，也是苏轼自我情感的流露。"一白""一绿"两块石头，本可互相为伴，未必真正孤独。某种意义上，此处的"仇池"意象指代的是苏轼自己——那将要在未来的人生中太过孤绝之人。借仇池石而为的感发，是对自我命运的抒怀。

八年后，得知壶中九华已失，苏轼的感怀再次落到了自我身上，在诗中说："归来晚岁同元亮，却扫何人伴敬通。赖有铜盆修石供，仇池玉色自琼珑。"暮年的苏轼回视自我，以隐居避世的陶潜、冯衍自比。在闭门谢客、隐居辞世的生涯中，将有谁来作伴呢？苏轼再次将目光落在了仇池石上。失去了陪伴的仇池石与没有客人作访的老人无言相伴着彼此。诗中的仇池石与初次出现时一样，被"汲水埋盆"以安置，"玉色"依然"琼珑"。苏轼在仇池石的恒定之态中找到了情感的依慰。这一长久而真实的情意，铺成了这两首诗温暖的底色。与此同时，这一意象与"归来晚岁"的诗人苏轼之间构成了一种微妙的象征关系。"玉色自琼珑"的仇池石，其玉洁冰清的本性并未随时间与经历而改变，也并不依赖于他物的认可。晚年由海南召回的苏轼，曾以类似比喻描述由政治之辱中平反的自己："参横斗转欲三更，苦雨终风也解晴。云散月明谁点缀，天容海色本澄清。"②在身不由己的政治处境中，不曾改变的是诗人高洁的本性与自守的精神坚持。同时出现在这两首诗中的"仇池"意象，与两首诗的主题——"变化"构成了角力，以其稳定之态成为诗人情感的落点，象征着那在动荡人生中支撑生命的恒久不变的精神之力。

在许多文章中，苏轼屡次强调对物的超然姿态，批评对物的"占有"之欲；然而在诗歌写作中，抒情的诗句替代了抽象的哲理，苏轼可以非常自然地流露对物的依恋和感情。"仇池"意象的抒情性，与其作为苏轼生活中的"现实物象"、和诗人相伴多年的特殊性质密不可分。历经光阴镀染的"仇池石"久而有情，正是这层私人的情感联系，使之成为苏轼动荡人生中真实的慰藉。

---

① 方勺：《泊宅编》卷中，《丛书集成初编》，中华书局，1985 年，第 187 页。

② 《六月二十日夜渡海》，《苏轼诗集》第 7 册，卷 34，第 2366 页。

五、回声：黄庭坚追忆苏轼之作中的物、诗、人

在苏轼饱含情感的观照下，仇池石不再是普通的石头，也不仅是外形优美的艺术品，甚至也不完全是抽象的象征，苏轼赋予了它人性化的情感和生命。

真实的生命却总有消逝的时候。建中靖国元年，苏轼离世。之后一年，黄庭坚路过湖口，在壶中九华石曾经的主人李正臣处看到了苏轼旧作。重遇旧时情、事，"感叹不足"的黄庭坚次韵一首，既是对苏轼原作的回应，也是对师友的深情怀念。在某种意义上，这首诗也可看作为苏轼和仇池石的故事所写下的句号：

有人夜半持山去，顿觉浮岚暖翠空。试问安排华屋处，何如零落乱云中。能回赵璧人安在？已入南柯梦不通。赖有霜钟难席卷，袖椎来听响玲珑。[1]

这是一首精心巧构的诗。诗句表面的意义和深层的抒情之间相互交织，构成了多层次的回声。就其最浅显的意义而言，此诗是在回应壶中九华石被人取去之事：沿用了苏轼惯用的想象，石在此处依旧被比喻为山。黄庭坚称这座山在静夜里被偷偷取走，让人觉得眼前空空若失。三四句借反问而议论：对石的命运而言，被安置在华丽的堂屋里，哪里比得上"零落"于自然的状态中有幸。五六句感慨那个能"完璧归赵"的诗人苏轼已经不见了，石头因而再也没有机会被取回。尾联是对全诗所问的回答：好在还有湖口附近的石钟山是无法被带走的，无妨以衣袖携铁椎来敲击，听它发出如石钟般清脆的响声。在这里，黄庭坚欲用石钟山长久的存在，告慰苏轼壶中九华石被取走的遗憾。

无法忽视的是，被取走的石头，同时也是生命消逝的隐喻。石头的命运与苏轼的命运互相言说，黄庭坚巧妙地使纪实成为象征。而这一隐喻能够实现，与典故的作用密不可分。诗歌首句是对《庄子·大宗师》之名句的化用："藏舟于壑，藏山于泽，谓之固矣，然而夜半有力者负之而走，昧者不知也。"在《庄子》的文本中，能够负山而去的夜半有力者是运运不息、创造生与带来死的大化，正是这同一种力量带走了苏轼的生命。值得注意的是此句的修辞。苏轼形容壶中九华石被取走，用了"江边阵马走千峰"这一极具画面感的比喻。黄诗中的戏剧感则体现在对动词的精心安排上，细微却令人深味。与《庄子》中有力者"负"之而走的表述不同，黄诗用了"持"山的表述方式。轻巧的"持"与沉重的"山"之间并

---

[1] 《湖口人李正臣蓄异石九峰东坡先生先生名曰壶中九华并为作诗后八年自海外归过湖口石已为好事者所取乃和前篇以为笑实建中靖国元年四月十六日明年当崇宁之元五月二十日庭坚系舟湖口李正臣持此诗来石既不可复见东坡亦下世亦感叹不足因此前韵》，黄庭坚著，任渊、史容、史季温注《山谷诗集注》上册，卷17，上海古籍出版社，2003年，第411页。对这首诗，宇文所安《只是一首诗》一文有专门的讨论，田晓菲《尘几录：陶渊明与手抄本文化研究》（中华书局，2007年）书中《得失之间》一章亦有所涉及，皆可看。

不协调的搭配，显出所谓的"山"只是一个虚假的修辞。或者不如说，对一个更强大的力量而言，世间所有看似坚固、恒定的存在，都只是虚假的修辞。死亡的无奈与必然便皆由这一个字而出。颔联则是对曹植"生存华屋处，零落归山丘"之句的化用，同样是在比喻死亡。颈联"能回赵璧人安在？已入南柯梦不通"两句，则在工整的流水对形式下，以自问自答的语气道出无限的追怀和感伤。黄庭坚将苏轼的死亡比喻为一场他人无法进入的梦。"梦"是介于生与死、现实与虚幻之间的一种状态，以此形容苏轼的离世，恍如留有一丝生存的气息。然而"南柯一梦"是可醒的，在此比照之下，死亡却显得难以挽回，无从追步，令人慨叹不已。末句的石钟山之响，不仅是对壶中九华石的回应，也是黄庭坚对苏轼的致敬和追念——以一种看似轻巧的、与死亡之沉重并不相称的方式。

以石钟山的永恒回应壶中九华石的消失是可以理解的。然而袖椎敲击，倾听石钟山的回响，却是一个看似无意义的行为。这个贸然出现的结尾，似乎消解了此诗前半部分对死亡的深沉追问。然而这一"玲珑"之响，是曾经的"生"的回声，它本身便构成了与死亡的对话。作为一首追忆亡者之诗，此诗抒情表现上的丰富，不仅体现在"壶中九华石"与苏轼命运的对照书写上，更为令人动容的，恰是诗中一些看似无意义的"回声"式存在。例如，"能回赵璧"一句，并非对"完璧归赵"之典的简单运用。苏轼为"保护"仇池石而写给王诜的诗中便已用过类似比喻："欲留嗟赵弱，宁许负秦曲。"苏轼以赵国自喻，用秦、赵争夺和氏璧的故事隐喻仇池石的归属。故而此句不仅是用典，也是苏轼往日诗句的"回声"，借此唤醒有关"仇池石"故事的整体记忆：包括苏轼和朋友间日常相交的友情、流露于其中的机智和幽默，以及所有那些精心而为的诗作。与之类似地，黄诗在末句提及石钟山，并不仅仅因为它坐落于湖口附近，是切合时、境的实写，其同时也是对苏轼《石钟山记》一文的回应。在那一篇著名的文章中，苏轼好奇于石钟山之得名，嘲笑唐人李渤验证"石钟"之名的笨拙方式："得双石于潭上，扣而聆之"，"陋者乃以斧斤考击而求之，自以为得其实"①。在诗中欲"袖锥"以敲击、听石钟山之鸣响的黄庭坚，正是将自己化作了苏轼文中的人物，化作苏轼以其智慧所嘲笑的对象。在此"回声"之中，《石钟山记》这一文本重又鲜活，苏轼的嘲笑之声宛然如新。

黄诗的写法并非长歌当哭的抒情，而是通过对过往生命片段的激活，而使死亡如同虚设。过往的生命片段以文本为形式保存，对它们的征引与呼应取代了直诉式的情感表现，非常有效地传递着黄庭坚式的深情：在对情感的刻意节制中营造出深邃的追思。然而对生命之消逝举重若轻的表达，丝毫没有削弱其中蕴含的情感力量，因为这一略显轻巧、隐含幽默的写作语气是对苏轼的致敬：面对那个以机智的诗思保护仇池石、用勇敢的冒险探求石钟山的命名、为壶中九华石被取走而喟叹不已的苏轼，面对这样一个活泼、生动、丰富

---

① 《石钟山记》，《苏轼文集》第 2 册，卷 11，第 370—371 页。

的人格，不该以悲伤的方式哀悼他的逝去。然而幽默所反映的生的活泼，却最为有力地映衬出死亡的漫长。在死亡的背景下，一切当时不知其意义的片段，都因代表着生之生动而熠熠生辉。黄庭坚的这首诗如同万花筒的透视镜般，将彩色的碎片幻化为美丽的图像，却又时时提醒我们这些碎片的本质。苏轼与"仇池石"相关的故事便是这些碎片中的一块，组成了回忆之诗令人动容的抒情图景。

"梦时觉是醒时非"的苏轼，最终进入一个更为长久的梦境之中。在"梦不通"的时候，与曾试图重往仇池之梦的苏轼一样，黄庭坚选择以作诗为方式，将物与人的生命象征化、抒情化、诗意化，使它们成为梦的某种见证。写诗是现实中做梦的方式。

在《双石》一诗里，苏轼赋予石头以"仇池"的象征意义；而在后人的追忆中，物的象征意义即是苏轼曲折而斑斓的一生。故人的情貌与哀思，戏笑及智慧，他的整个生命世界的鲜活与丰富，以物的故事为方式诉说。凡物易朽而文字长存。作为实物的"双石"早已不知所踪，而苏轼与仇池石相关的诗作却留了下来，成为后人"潜通"古人心中"小有天"的"一点空灵"。①

六、结语

凭借对"仇池石"相关诗作的细致阅读，我们得以探知苏轼如何通过想象性、游戏性及抒情性的诗歌书写，使物与归隐之思、交游故事以及变化命运中的情感相联系，将仇池石从"物质的艺术品"转化为"美学的对象"。这些寄托了个人之"梦"、融会了艺术想象与哲学思考的诗歌书写，体现了诗人对物的个人化观照方式，是一种"寓意于物"的审美实践。与此同时，现实中的独一性特质又使物具有了特殊的抒情性。可以说，诗人用自己的人生经历为物赋予了诗意。

此外，交际语境也是考察宋人与物关系时一个值得重视的因素。这意味着，宋人对物的审美活动并非仅为一种单纯的个人行为，而是内嵌于一个广泛的文化网络之中。具体之物所具有的故事性、诗人借物所展开的智慧交锋与情感交流，亦汇成物之意义的一部分。而交际之诗所特有的游戏色彩及其为诗歌句意带来的虚拟因素，亦值得正视。虽具

---

① 南宋人曾协作有《赋赵有异仇池石次沈正卿翰林韵》一诗，诗中有句称："长公仙去后，兵马遂南牧。尤物落何许，心知委沟渎。何期超世贤，爱石不爱玉。夜半负之走，包裹随窜伏。一朝返窗几，时清端可卜。"（北京大学古文献研究所编：《全宋诗》第37册，卷2047，北京大学出版社，第23003—23004页）杨晓山与艾朗诺皆据此论及仇池石在现实中的命运：宋亡之后，仇池石曾被弃置沟壑，复又为赵师严发现并收藏。由于缺乏其他材料作为佐证，我们很难确认曾协提及的"仇池石"就是苏轼旧物，这一解释仅可聊备一说。在历史的变迁中，仇池石难脱遗失、消亡的命运，无如见诸文字记载的"仇池"意象经久恒常。

游戏性，然而以相互理解的智慧为基础分享语言与思维的密码，宋人间这一交往方式背后的意义是严肃的。

这类围绕物的审美而展开的诗人故事远非仇池石一例。欧阳修文人集团对"澄心堂纸""月石砚屏"等物的集体吟咏，苏门文人间以"猩猩毛笔""高丽松扇"为主题的唱酬等皆是宋代诗歌史上为人津津乐道的佳话。正是伴随着士大夫集体走向政治、文学、艺术等各领域的前台，这些紧密体现了士人生活方式与审美趣味的物品也获得了自己的身份和意义。而物与人之间通过诗歌写作建立的深层关联，使对物的审美及书写成为一种延续文化记忆的方式。因此，对这类意象的发掘，对凝聚其上的艺术、情感与记忆的重现，将对深化认识古典诗歌的"抒情传统"有所助益。

义理不纯与文辞华妙

——论朱子对苏轼著述的批判及其原因 *

杨　曦 **

　　朱子是宋代理学的集大成者,他对苏轼著述的批判始终是学者关注的焦点。①但是回顾以往的研究,仍然可以发现其中存在不少问题。首先,在材料使用上,学者多据《朱子语类》(以下简称《语类》),对《晦庵先生朱文公文集》等其他文献发掘不足。其次,即便利用文献较为充分,学者们也往往没有注意到朱子的观点会因体裁、针对的对象以及语境的不同而发生变化,因此对记文、书信、题跋、语录等不同性质的材料必须有所区分,而不宜等同视之。最后,由于没有充分理解朱子评价历史人物的原则与方法,学者一旦遇到前后矛盾的观点,经常各执一端,争论不已。因此,这一问题仍有重检的必要。本文拟以朱子的

＊　本书原载《新疆大学学报》2019 年第 2 期。

＊＊　杨曦,上海大学文学院讲师。

①　相关研究可以分为以下四类:(1)综合研究,如合山究:《朱熹の蘇学批判——序説》,《中国文学论集》,九州大学中国文学会,1972 年,第 25—36 页;涂美云:《朱熹论三苏之学》,秀威资讯科技股份有限公司,2006 年。后者最为全面,但深度略显不足。(2)从文道关系角度着眼者,如 Peter K. Bol, "Chu Hsi's Redefinition of Literati Learning", in *Neo-Confucian Education: The Formative Years*, ed. Wm. Theodore de Bary and John Chaffee, 151—187, Berkeley: University of California Press, 1989;谢桃坊:《关于苏学之辩——回顾朱熹对苏轼的批评》,《孔孟月刊》第 36 卷第 2 期,载氏著《国学论集》,社会科学文献出版社,2011 年,第 232—246 页;沈松勤:《"新道统"理念下的偏见——朱熹讨伐"苏学"的文化诉求》,《北京大学学报》2015 年第 6 期等。他们认为朱熹对苏轼的批评,反映出新儒家对古文家的批判,这一批判是为了重新建构了符合他们需要的"道统"而服务的。(3)专论经解者,如林丽真:《〈东坡易传〉之思想及朱熹之评议》,载国立台湾大学中国文学研究所主编:《宋代文学与思想》,学生书局,1989 年,第 627—668 页;粟品孝:《朱熹与宋代蜀学》第二章《朱熹批评苏氏蜀学》、第三章《朱熹吸取苏氏蜀学》,高等教育出版社,1998 年,第 24—100 页。(4)专论文章者,如吴长庚:《朱熹文学思想论》第三章第三节《朱熹论苏轼》,黄山书社,1994 年,第 132—180 页;莫砺锋:《朱熹文学研究》第四章《朱熹的文学批评》,南京大学出版社,2000 年,第 134—208 页;张进:《论朱熹对苏轼的批评与接受》,《唐都学刊》2008 年第 2 期;韩立平:《从心性论看朱熹文学思想——兼论朱熹对苏文的批评》,载王水照、朱刚主编:《中国古代文章学的成立与展开:中国古代文章学论集》,复旦大学出版社,2011 年,第 293—305 页等。

学术思想为背景，从义理、文辞两个层面探讨朱子对苏轼著述的态度，并在此基础上分析其批判的原因，以期更全面、更深入地理解朱子的观点及其意义。

一、义理不纯：合佛老、仪秦于一人

所谓"义理"，是指作者在经解、古文乃至诗词歌赋等著述中所表达的思想内容。宋代以来，对于性命道德、仁义礼智等内容的阐发逐渐成为义理学说的核心，而这部分的内容主要都反映在经解之中。下面以苏轼的经解著作为中心，考察朱子对其义理学说的看法。

（一）言性命流入佛老

在朱子对苏轼思想的评价中，最引人注目的是其对苏轼人性论的批判。在性命道德之学方面，朱子主要继承的是孟子的性善论思想。他认为人性是宇宙中的天理落在人间的产物，由于天理至善，而人性是人所秉受的天理，因此人性也必然是至善的。此即所谓"天命之性"。因为性命道德之学在朱子的学术体系中占有重要地位，所以苏轼经解中有关性命道德的观点自然而然地成为朱子重点关注的对象。

苏轼说："夫善恶者，性之所能之，而非性之所能有也！且夫言性者，安以其善恶为哉！"[①]换言之，他认为性本身并不具备善恶的属性，善恶是人本于性、以不同的方式驾驭七情而产生的结果。"苟性而有善恶也，则夫所谓情者，乃吾所谓性也。"性不过是一种可能性，性近于好恶这种情感本身，本身不具备好善而恶恶的规定性。它在不同境况之中，或显现为善，或显现为恶。如此一来，善恶只是性的显现，而非性的本体，善恶之分也就完全成为后天的、人为的。这一观点相当于告子"性无善无不善"说的翻版，自然与朱子的性善论不能相容。

在《杂学辨》中，朱子对苏轼在《东坡易传》中所阐述的人性论作了集中批判。下面选择其中最为关键的一节加以说明。苏轼说：

君子日修其善以消其不善，不善者日消，有不可得而消者焉。小人日修其不善以消其善，善者日消，有不可得而消者焉。夫不可得而消者，尧、舜不能加焉，桀、纣不能逃焉，是则性之所在也……性之所在，庶几知之，而性卒不可得而言也。[②]

---

① 苏轼：《苏轼文集》卷 4《扬雄论》，中华书局，2004 年，第 111 页。
② 苏轼：《苏氏易传》卷 1，曾枣庄、舒大刚主编：《三苏全书》第 1 册，语文出版社，2001 年，第 142 页。

朱子对其观点作了详尽的剖析,他说:

> 苏氏此言,最近于理。前章所谓性之所似,殆谓是邪?夫谓"不善日消,而有不可得而消者",则疑若谓夫本然之至善矣。谓"善日消,而有不可得而消者",则疑若谓夫良心之萌蘖矣。以是为性之所在,则似矣。而苏氏初不知性之所自来,善之所从立,则其意似不谓是也,特假于浮屠"非幻不灭,得无所还"者而为是说,以幸其万一之或中耳。是将不察乎继善成性之所由,梏亡反覆之所害,而谓人与犬羊之性无以异也,而可乎?夫其所以重叹性之不可言,盖未尝见所谓性者,是以不得而言之也。①

值得注意的是朱子对"不善日消,而有不可得而消者"的诠释。这句话一般会被理解为是在说"有不可消之恶",但朱子却说这似乎是在说"本然之至善"。朱子为什么会做出这样的解读呢?细察文义可以发现,这句话语意的重点,可以不落在"有不可消之恶"上,而落在它的反面——"有不可增之善"上。君子日修其善,善与日俱增,最终达到了连圣人也无法再增加的程度,那么此时的善也就近于至善了。如此一来,苏轼的人性论的确与性善论相差无几。朱子敏锐地捕捉到如此解释的可能,因此说它"最为近理"。

但实际上苏轼并没有对性的道德属性做出规定,他的表述也没有鲜明地呈现出性善论的色彩。参照苏轼的其他论述,这段话更近于性无善无恶论,当然,将之理解为性恶论或性有善有恶论,也都无不可。朱子显然意识到性善论只是他一厢情愿的解读,并非苏轼的本意。只不过苏轼的观点并不清晰,包含了多种可能,朱子难以直接驳斥,对此他大概颇有些懊恼,因此才会说苏轼畏惧攻击、有意恍惚其词了。

那么,苏轼的人性论为什么会有如此似是而非的问题呢?朱子认为从根本上说这是因为苏轼没有真正领会儒家学说的精义,"不知天命人心为义理本原之正"②,反而沉溺于佛老学说,"欲以虚无寂灭之学,揣摩言之"③。苏轼说:"古之君子,患性之难见也,故以可见者言性。以可见者言性,皆性之似也。"④其意似指可见的善恶都是性的表现,而非性的本体,在可见的善恶之外,还另有一种超越善恶的本然之性,这种本然之性难以窥见,也难以言说。朱子认为此处"性别有一物"的观念,与佛教"未有天地,已有此性"的认识无别。由于这种本然之性不具备善、恶的属性,因此本质上也就是所谓知觉运动。而佛教中也有"作用是性"之说,同样是将知觉运动作为"性"的本质。苏轼还认为如果能够把握住这一本性,便足以"原始反终",对生死"了然而不骇"。⑤朱子认为,这也"溺于坐亡立化、去来自在之说",与佛教中性死而不亡的观念一脉相承。要言之,在佛教的观念中,性别有一物,

---

① 朱熹:《晦庵先生朱文公文集》卷72《杂学辨》,《朱子全书(修订本)》第24册,上海古籍出版、安徽教育出版社,2010年,第3462—3463页。
② 朱熹:《晦庵先生朱文公文集》卷72《古史余论》,《朱子全书(修订本)》第24册,第3500页。
③ 朱熹:《晦庵先生朱文公文集》卷72《杂学辨》,《朱子全书(修订本)》第24册,第3463页。
④ 苏轼:《苏氏易传》,《三苏全书》第1册,第142页。
⑤ 苏轼:《苏氏易传》,《三苏全书》第1册,第349页。

而且无去无来、不生不灭，其本质是知觉运动。由于知觉运动"既不辨善恶，亦不论趋向"①，只是虚空，因此这一观念也被称为"空性观"。在朱子看来，苏轼的人性论在性是否别有一物、性的本质如何、性是否有生灭等问题上的认识，都与佛教的空性观毫无二致，所谓"特假于浮屠'非幻不灭，得无所还'者而为是说"。苏轼虽然没有直接引用佛教的术语，但其思考人性问题的方式及其得出的观点都与佛教无异，从根本上说背离了儒家之学。

如果我们针对苏轼的观点发问的话，既然善、恶之分是后天的、人为的，那么善从何而来呢？人又为什么一定要向善而不趋恶呢？对于这些问题，苏轼并没有能够给出一个圆满的答复。这些理论上的漏洞的确可能使善的成立失去根据。朱子也正抓住了要害之处展开批判，自有合理成分。陈植锷指出，宋学中关于性命道德的内容，本身就是在佛老之学的刺激下才产生的。二程以及朱子本人之说也同样深受佛老影响，不仅苏轼一家之说如此。只不过与苏轼袭用佛老观点的形式不同，程、朱一系的道学家更多的是借鉴佛老性命学说的思维方式，建构出一套形式出于佛老但内容又属于儒家的性命道德理论。这套理论既汲取了佛老之说的精华，又能够不失儒家的立场，譬如蠹生于木，还食其木，因此最终在宋学性命理论中占据了主导地位。相对而言，苏轼人性论的核心内容既与佛教的空性观相混，理论体系也不够圆融精密，的确略逊一筹。

（二）论义利沦为纵横

朱子除了认为苏轼言性命流入佛老外，还指责其思想中杂有纵横之学的成分。所谓纵横家，大都兼擅权术与词命，既通晓机变、长于权谋策略，又辩辞利口、擅长陈说利害。纵横家与儒家的根本区别在于，前者讲求权谋，强调实用，可谓以利为心，而后者则恰恰相反，行事只问是非，不计利害，可谓以义为心。这就牵涉到中国思想史上的"义利之辨"这样一个重要命题。朱子批评苏轼的思想杂有纵横之说，正可以从这一角度来认识。

《周易·乾卦·文言传》云："利者，义之和也。"苏轼在《东坡易传》中解释说："义非利，则惨冽而不和。"此意本于其父苏洵之《利者义之和论》，其文云："义无利则不和，故必以利济义，然后合于人情。"②换言之，在苏氏父子看来，义、利两者交相为用，唯有以利济义、调和义利，才能够达到义之和的境界。朱子完全无法认同这一解读，他说："苏氏说'利者义之和'，却说义惨杀而不和，不可徒义，须着些利则和。如此，则义是一物，利又是一物；义是苦物，恐人嫌，须着些利令甜，此不知义之言也。义中自有利，使人而皆义，则不遗其亲，

① 钱穆：《朱子新学案》第 2 册《朱子论性》，九州出版社，2011 年，第 27 页。
② 苏洵著，曾枣庄、金成礼笺注：《嘉祐集笺注》卷 9，上海古籍出版社，1993 年，第 277 页。

不后其君,自无不利,非和而何?"①他认为"义"偏于割制裁断,疑若不和,但实际上只有"义"才能辨明是非,使事物各正其分、各得其理,最终无往不"利"。"利者义之和"这句话的关键在于,利不是刻意追求所得,而是处置得宜后自然而然产生的结果,"利""义"并不是两个截然分开的概念,"利"生于"义"而不外于"义"。但苏氏父子显然将"义""利"一分为二了,而且在他们看来,义是惨杀之物,利是甘甜之物。他们强调以利济义才能达到和谐,其实也就是认为行义需要有利的诱导。而在朱子看来,即便行义之前对利益心存期待都已经违背了道学的准则,更不必说是因为有利可图才去行义这种本末倒置的做法了。如果遵从苏氏父子的观点,以利为言,也许一开始人们还会兼顾义、利,但是随着时间的推移,人们就会越来越重视利,而将义抛在脑后。如果把这一趋势推到极端,最终大概会形成一个只知利而不知义的世界。而这种世界,正是纵横家追求利益最大化所必然导致的结果。当然,苏轼的思想并没有纵横家如此极端,但是推到极致也没有区别,这也可以就是朱子批评苏氏之学"为术要未忘功利而诡秘过之"②的原因所在。

二、文辞华妙:浮靡新巧与伟丽雄健

当然,朱子不是一位只知居敬穷理的道学家,他还具备很高的文学修养。他除了留意苏轼的义理学说之外,对其文辞写作也颇为关注,时有评说。下面即以朱子对苏轼古文的评价为中心探讨这一问题。

初看朱子对苏轼文辞的评论,似乎以贬抑为多。这与他个人的审美倾向有关。朱子认为文章应当宁实勿华,他说:"作文字须是靠实,说得有条理乃好,不可架空细巧。大率要七分实,只二三分文。"③这一审美倾向在他比较曾、苏两家之文时表现得最为突出。朱子偏好曾巩"词严而理正"④的文字,而对于"华艳"⑤的苏文时有指摘。他曾将曾、苏二人所作的同题材之文放在一起比较,他说:"南丰《范贯之奏议序》,气脉浑厚,说得仁宗好。

---

① 黎靖德:《朱子语类》第5册,卷68,第1709页。朱熹对苏洵之论也有所汲取,如说:"'和'字,也有那老苏所谓'无利,则义有惨杀而不和'之意。盖于物不利,则义未和。"(《语类》第5册,卷68,第1705页)这是认为如果最后的结果于物不利,是因为行事没有完全得宜,还处于不恰当、不和谐的状态。但此意与苏洵之说显然有别,朱子只是断章取义,借助此句阐发自己的理解。
② 朱熹:《晦庵先生朱文公文集》卷30《答汪尚书》,《朱子全书(修订本)》第21册,第1301页。
③ 黎靖德:《朱子语类》第8册,卷139,第3320页。
④ 朱熹:《晦庵先生朱文公文集》卷83《跋曾南丰帖》,《朱子全书(修订本)》第24册,第3918页。
⑤ 黎靖德:《朱子语类》第8册,卷139,第3314页。

东坡《赵清献神道碑》说仁宗处，其文气象不好。'第一流人'等句，南丰不说。"①这两篇文字都涉及仁宗朝的政治状况与当时言官的任职情形，而风格迥异。揆朱子之意，盖以苏文纵横驰骋、有意耸人眼目，而曾文则光华内敛、气象雍容，相比之下，苏文有浮夸张扬之弊而无蕴藉含蓄之致，远不及曾文。此其一。不仅如此，朱子认为将苏文放在历史脉络中观察，也可以看到其浮艳靡丽、刻意新巧所导致的流弊。他说：

> 国初文章，皆严重老成。尝观嘉祐以前诰词等，言语有甚拙者，而其人才皆是当世有名之士。盖其文虽拙，而其辞谨重，有欲工而不能之意，所以风俗浑厚。至欧公文字，好底便十分好，然犹有甚拙底，未散得他和气。到东坡文字便已驰骋，忒巧了。及宣、政间，则穷极华丽，都散了和气。所以圣人取"先进于礼乐"，意思自是如此。②

在这段话中，朱子借助历史叙述表达了自己的审美理想与社会理想。他认为北宋前期的制诰之文虽然质拙，但是遣词稳重谨慎，无意求工，自有浑成气象，这也是当时风俗浑厚的表现。但在欧、苏特别是苏文出现之后，文章便日趋驰骋工巧。至徽宗年间，更堕落为华丽浮靡，这意味着原有的和合之气已经消散殆尽，北宋的亡国之征已现。由此可见，朱子将苏文视为文章败坏的一大枢纽。正是由于苏文过分求新出奇，才导致此后的文章日趋卑弱纤丽，不复有质实厚重之气。孔子在"先进于礼乐"的野人与"后进于礼乐"的君子之间，选择前者而非后者。朱子也完全认同这一观点。因为华丽可能一变而为浮艳侈靡，新巧也可能一变而为驰骋好异，如此反而不如简朴质拙自有浑厚气象。朱子的再传弟子李涂在《文章精义》中说："文章不难于巧而难于拙，不难于曲而难于直，不难于细而难于粗，不难于华而难于实。"③这段话可以移来作为朱子观点的注脚。一言以蔽之，由于朱子的审美观念是宁质勿文，而苏文恰好偏重文华、质实不足，而且可能带来浮靡新巧的流弊，因此他在将苏文与曾文以及北宋前期之文比较时，经常对苏文提出批评。

不过，严格说来，这两方面的贬抑并不属于同一层面。前者是由于朱子坚持宁质勿文、宁实勿华的审美观念带来的，尚有一定合理性。而后者从根本上说是后学流弊，朱子怪罪到苏轼头上，并不合适，一如莫砺锋师所说："如果我们把衡文之言都从为后学指点学文之津梁这个角度来加以考察，也许可以对其散文批评增进理解。"④

朱子虽然不喜苏文，但他也并非完全只是从自己的审美倾向出发，而是力求客观公允，因此他对苏文的评论也有不少称扬之语。如说苏轼早年所作的贤良进卷"壮伟发越"，《六一先生文集叙》"文章尽好"，《潮州韩文公庙碑》"初看甚好读"，《伏波庙碑》《峻灵王庙

---

① 黎靖德：《朱子语类》第 8 册，卷 139，第 3314 页。
② 黎靖德：《朱子语类》第 8 册，卷 139，第 3307 页。
③ 李性学：《文章精义》，人民文学出版社，2016 年，第 63 页。
④ 莫砺锋：《朱熹文学研究》，第 151 页。

碑》两文"笔健",闲戏文字如《潜真阁铭》之类"也好"①等。对于苏文整体,他也曾给予"文字华妙"②的评价。甚至在比较曾、苏两家古文时,他也没有偏袒曾巩。尤为有趣的是一则假设曾、苏二人相见互评文章的语录,"或言:'陈蕃曳武不喜坡文,戴肖望溪不喜南丰文。'先生曰:'二家之文虽不同,使二公相见,曾公须道坡公底好,坡公须道曾公底是。'"③"好"与"是"分别代表了朱子对两家文章的理解,这两个字也恰好对应着"辞"与"理"两个层面。换言之,就义理而言,朱子认为苏文不及曾文,但是如果仅就文辞而论,他也承认苏文胜于曾文。可以说,朱子高度肯定了苏文在文辞方面的成就。

那么,在朱子看来,苏文的文辞华妙具体表现在哪些方面呢?综合《语类》各处的评价,大体有二。

其一是风格伟丽。朱子说"苏氏文辞伟丽,近世无匹"④。"伟丽"可以视为他对苏文风格的总体把握。"伟"即壮伟雄豪、波澜壮阔。苏文滔滔汩汩、随物赋形,行文跌宕起伏,富于气势。朱子说苏轼"气豪善作文"⑤,说苏文"大势好"⑥,即着眼于此。"丽"则指华艳、美丽、富于文采。朱子以"华艳"评价苏文,也是捕捉到了它绚丽多姿、神采飞扬的特点。

其二是笔力雄健。朱子认为笔力原于姿性,换言之,作者的写作能力是由个人的秉赋才质决定的。在他看来,苏轼笔力过人,能够将感知到的情事几近完美地表达出来,但又毫不费力,堪称得之于天。这种雄健的笔力使得苏文呈现出一种不可阻挡的气势。例如苏轼在《司马温公神道碑》中,先叙述天下治平之象,再阐论温公德行之美,这几大段文字读来令人兴起感动,志意发越,可谓笔力饱满,气势雄浑。朱子赞叹道"说得来恰似山摧石裂"⑦,即着眼于此。另一方面,这种雄健的笔力还体现在论说的透彻上。朱子说"东坡文字明快","东坡文说得透","如人会相论底,一齐指摘说尽了","说利害处,东坡文字较明白"⑧,也都是认为苏轼能够将事理阐发得清楚明白。

基于这一判断,朱子对并不喜好的苏文也能给予比较恰当的历史定位。他说:"文章正统在唐及本朝各不过两三人,其余大率多不满人意,止可为知者道耳。"⑨钱穆先生以为"推朱子意,东坡文章,亦当在北宋两三人之列无疑"⑩,其说甚是。朱子在《楚辞后语》也曾提到:"国朝文明之盛,前世莫及。自欧阳文忠公、南丰曾公巩与公(苏轼)三人,相继迭起,

① 黎靖德:《朱子语类》第 8 册,卷 139,第 3311—3319 页。
② 黎靖德:《朱子语类》第 8 册,卷 139,第 3319 页。
③ 黎靖德:《朱子语类》第 8 册,卷 139,第 3316 页。
④ 朱熹:《晦庵先生朱文公文集》卷 41《答程允夫》,《朱子全书(修订本)》第 22 册,第 1864 页。
⑤ 黎靖德:《朱子语类》第 8 册,卷 139,第 3320 页。
⑥ 黎靖德:《朱子语类》第 8 册,卷 139,第 3311 页。
⑦ 黎靖德:《朱子语类》第 8 册,卷 139,第 3312 页。
⑧ 黎靖德:《朱子语类》第 8 册,卷 139,第 3306—3312 页。
⑨ 朱熹:《晦庵先生朱文公文集》卷 64《答巩仲至》,《朱子全书(修订本)》第 23 册,第 3018 页。
⑩ 钱穆:《朱子新学案》第 5 册《朱子之文学》,第 168 页。

各以其文接名当世，然皆杰然自为一代之文。"①类似的评价也见于《语类》之中："文章到欧、曾、苏，道理到二程方是畅。"②在朱子的心目中，二程接续千载不传之学，使圣人之道焕然复明，实为儒学史上一大转关所在，而将欧、曾、苏与二程相提并论，也足见三人在文章史上有着举足轻重的地位。

朱子说"东坡天资高明，其议论文词自有人不到处"③，而其正典地位又从根本上赋予了它作为范本的合法性。因此，朱子认为"若欲作文，自不妨模范"④。他在为指导士人学习写作开列的名单中，也一般会列上苏轼的名字。如说"韩、欧、曾、苏之文，滂沛明白者，拣数十篇，令写出，反复成诵，尤善"⑤，这是一种最常见的组合方式。又如说，"读得韩文熟，便做出韩文底文字；读苏文熟，便做出苏文底文字"⑥，则去除了欧、曾，将韩、苏单独提出作为代表，此时苏文的典范意义就更为突出了。

朱子赞誉苏文，除了苏文本身成就极高之外，也有着针砭时弊的考量。朱子认为，时人作文完全沉溺在减字、换字等细枝末节的技巧当中，而舍弃了大道。相较而言，苏轼学有根基，其文章也平易明白、壮浪有气骨，"全不使一个难字，而文章如此好"⑦。因此，赞誉苏文也可以使后学知所趋向，而不至于误入歧途。朱子对《战国策》系文章的评价也可以用来作为参照。他曾评价战国文字兼具豪杰、英伟之气，又说："司马迁文雄健，意思不帖帖，有战国文气象。贾谊文亦然。老苏文亦雄健。似此皆有不帖帖意。"⑧可见对这一系统的文辞都颇为欣赏。大概朱子认为虽然战国文字立意不正，但是文辞超卓奇伟、恣肆辨丽，自有一股雄杰之气，其价值远在纤巧衰飒、萎靡不振的衰世文字之上。因此，在面对肤浅陈腐的时文时，对战国文字也不妨有所取材。苏文正与这一系统的文章一脉相承，而与时文有霄壤之别。朱子之肯定苏文，应当也有类似考量。

三、分途异趋：朱子批判苏轼著述的原因

以上从论道与衡文两个层面论述了朱子分别对苏轼著述的评价。但是，文、道二者毕竟不可分离，一旦合而观之，苏轼的著述便相当于以华妙之文辞阐述不纯之义理了，其危

① 朱熹：《楚辞后语》，上海古籍出版社，1979 年，第 300 页。
②⑥ 黎靖德：《朱子语类》第 8 册，卷 139，第 3309 页。
③ 黎靖德：《朱子语类》第 8 册，卷 139，第 3316 页。
④ 朱熹：《晦庵先生朱文公文集》卷 41《答程允夫》，《朱子全书（修订本）》第 22 册，第 1864 页。
⑤ 朱熹：《晦庵先生朱文公文集》卷 44《答蔡季通》，《朱子全书（修订本）》第 22 册，第 1992 页。
⑦ 黎靖德：《朱子语类》第 8 册，卷 139，第 3322 页。
⑧ 黎靖德：《朱子语类》第 8 册，卷 139，第 3299 页。

害之大可想而知。因此,朱子早年便曾发起"苏学之辩"对之大加挞伐,直至晚年讲学时也仍未停止攻击。罗大经说:"晦翁诋斥苏文,不遗余力。"①最足以反映朱子的激烈态度。那么,朱子如此批判苏轼著述的原因究竟何在呢?下面试从现实原因与根本原因两个方面进行分析。

(一) 现实原因:圣贤之学与科举俗学之异

宋室南渡以后,苏轼的著述从禁毁中被解放出来。至南宋中期,孝宗更极力推崇苏学,当时社会上也掀起了一股崇苏热潮。在科场之中苏轼的著述特别是苏文风行一时,对士子产生了巨大影响。朱子在谈及他对于苏轼著述的批判时曾说:"非欲较(苏、程)两家已往之胜负,乃欲审学者趋向之邪正。"②这句话说明他之所以如此猛烈攻击苏文,很大程度上并不在于客观地剖析学术的是非,而是针对士人的价值取向有的放矢,以期挽救时弊。朱子认为苏轼精深华妙的文辞将其义理不纯的问题掩盖起来,使得异端思想能够暗暗地渗入士子心中而使人不自知,及至发觉,其病往往已经深入骨髓,而难以挽回了。因此,他说:"其为学者心术之祸最为酷烈,而世莫之知也。"③换言之,文辞华妙不仅不足以补救其义理不纯的疏失,相反还会加重义理不纯造成的危害。朱子深刻地认识到了这一问题的严重性,并在书信中一再谈及:

苏氏之学,以雄深敏妙之文,煽其倾危变幻之习,以故被其毒者,沦肌浃髓而不自知。今日正当拔本塞源,以一学者之听,庶乎其可以障狂澜而东之。④

苏氏之学,上谈性命,下述政理,其所言者,非特屈、宋、唐、景而已。学者始则以其文而悦之,以苟一朝之利,及其既久,则渐涵入骨髓,不复能自解免,其坏人材,败风俗,盖不少矣。⑤

吾弟读之,爱其文词之工而不察其义理之悖,日往月来,遂与之化,如入鲍鱼之肆,久则不闻其臭矣。⑥

第一封信是写给国子祭酒芮晔的,朱子希望他能够力挽狂澜,给予学者以正确的引导。这是对教育部门主管的请求。第二封信是给教学者吕祖谦的,朱子建议他不以苏文教学。最后一封是写给内弟程洵的,朱子在信中直接对学者提出了恳切的警告。虽然这三封信接收对象的身份各不相同,但关注的重点全部在"学者"这一主体身上,朱子想要提

①　罗大经:《鹤林玉露·甲编》卷2《二苏》,中华书局,1983年,第33页。
②⑤　朱熹:《晦庵先生朱文公文集》卷33《答吕伯恭》,《朱子全书(修订本)》第21册,第1426页。
③　朱熹:《晦庵先生朱文公文集》卷46《答詹元善》,《朱子全书(修订本)》第22册,第2136页。
④　朱熹:《晦庵先生朱文公文集》卷37《答芮国器》,《朱子全书(修订本)》第21册,第1624—1625页。
⑥　朱熹:《晦庵先生朱文公文集》卷41《答程允夫》,《朱子全书(修订本)》第22册,第1863页。

醒所有阅读苏文的"学者"，不要被充满华藻的文章所迷惑、沉溺于功名利禄之途，而忘记了道德修养的功夫，相对前者而言，后者才是根本所在。罗大经说："（朱）文公每与其徒言，苏氏之学，坏人心术，学校尤宜禁绝。"①尤其强调学校应当禁止，正体现出朱子批判苏轼著述在相当大的程度上，源于对苏学借助学校、科举之势败坏士人心术的担忧。

在这一现实背景下，科举俗学与圣贤之学的冲突被凸显出来。朱子秉承孔子之教，将学者一分为二，即为己者与为人者。在他看来，为己者重在求道，他们希望能够通过格物、致知、正心、诚意等一系列方法，最终达到道德的自我完善；而为人者则趋向学文，他们所想得到的只是时文写作的技巧，以期通过科举考试，从而获得功名利禄、荣华富贵。朱子认为为己者从事圣贤之学，最终既能成己又能成物，而为人者从事科举俗学，终将迷失方向、外骛忘返。对士人而言，最理想的状态当然是不受科举的拘束，能够集中精力从事道德修养。但是，就当时社会情况而言，大多数人还无法彻底抛弃功名、专心求道，甚至朱子本人也不鼓励士人放弃科举。因此，在具体实践中，士人只能努力调和两者之间的矛盾。

《语类》中有一段当时教学情况的实录：

先生问寿昌："近日教浩读甚书？"寿昌对以方伯谟教他午前即理《论语》，仍听讲，晓些义理；午后即念些苏文之类，庶学作时文。先生笑曰："早间一服术附汤，午后又一服清凉散。"复正色云："只教读《诗》《书》便好。"②

寿昌即吴寿昌，浩即吴寿昌之子吴浩，当时尚属童稚，陈荣捷先生推测"大概寿昌携其子同事朱子"③。方伯谟即方士繇。从这则记录看，方士繇在教导吴浩时，将课程平均地分成了两部分，上午诵习《论语》以通晓义理，下午阅读苏文以学作时文。前者是为了完善道德，后者是为了应付科举。古人云"书犹药也"，朱子也以药物为喻，来分别形容《论语》与苏文的功用。《论语》好比术附汤，能够补中益气、治疗大病，而苏文则只不过如清凉散，最多只能去火消肿，解除些小病小痛，实属无关紧要。朱子的一笑之中，既有幽默，但又透出一丝无奈与苦涩。而当他一旦清醒地意识到苏文的危害，就立刻收起轻松的表情，板起面孔，一变而为严词厉色了。

只不过当时苏文流行势不可挡，朱子的门下弟子尚且如此教学，当时社会上的情形更可想而知了。甚至朱子本人也一度爱好苏文，所以他在感叹"今人又好看苏文"④时，应当是有着切身体会的。如此一来，不难想象朱子在面对士人沉迷于苏文时痛心疾首的模样

---

① 罗大经：《鹤林玉露·甲编》卷2《二苏》，第33页。
② 黎靖德：《朱子语类》第8册，卷118，第2859页。此条为吴寿昌所录，当系孝宗淳熙十三年丙午（1186年）以后所闻。"术附汤"以白术、附子为主，可以"治风虚头重眩苦极，不知食味，暖肌、补中、益精气"（《近效方》）。"清凉散"，由于医方所载往往不同，难以确指，但可以肯定是当时家庭中常备的普通药物，主要用于缓解"虚热上攻"（《孔氏谈苑》卷2，中华书局，1985年，第25页），或类似于今天黄连上清片之类的药物。
③ 陈荣捷：《朱子门人》，华东师范大学出版社，2007年，第62页。
④ 黎靖德：《朱子语类》第8册，卷129，第3087页。

了。阅读苏文,使得士子们只知"缀缉言语、造作文辞"而忘记道德修养,可谓误人知见、坏人心术。他曾经感叹说:"都昌一二士人好资质,然亦无意于此(道学)。盖是萧果卿亲戚念得苏文熟了,坏了见识也。可惜可惜!"①直接将士人不志于道的原因归咎于苏文了。而这还必将导致政治风俗的败坏。孟子说:"生于其心,害于其政,发于其政,害于其事。"科举所选拔的人才最终是为了治理国家服务的,如果选出的人才存心不正,那么他们在行政之时也必然不能遵循义理行事,引发连锁反应。由此可见,朱子言辞激烈地批判苏轼的著述,实有突出的现实原因。

(二) 根本原因:儒者与文人之异

当然,朱子批判苏轼著述的原因是否仅止于此呢? 其实不然。即便抛开了现实层面的考量,朱子依然丝毫不假以辞色,他对于苏轼著述的态度也没有根本性转变。因此,还有必要从更深层面进行探究。

当时士大夫如汪应辰、吕祖谦、刘清之等人大多认为士子学习苏文,主要都是学习其文辞言语,他们并不通过文章寻求义理,所以苏文在义理上的偏差其实可以忽略不计。也就是认为苏学"无大害,不必辟之"。但是文、道两者是否可以完全分离,人们是否可能只学习文辞,而不受其中思想的影响呢? 朱子认为这显然不可能。如果以简要的语言概括朱子之文道观,那么我们可以说他认为:论本末,道本文末;论先后,道先文后;论分合,文道合一。如果持此标准审视苏轼的著述,可以说苏轼可谓因文求道,恰好本末倒置了。因文求道虽然未必不想重道,但其实际结果却必然是重文,最终导致文、道分裂。朱子在与吕祖谦谈及《宋文鉴》的编纂条例时说:"一种文胜而义理乖僻者,恐不可取,其只为虚文而不说义理者,却不妨耳。"②即认为不涉及义理的空言虚文于道之害为小,不妨姑存,而文辞华妙、义理不纯之文于道之害为大,全不可取。朱子之不取苏文便基于这一考虑。

朱子在评价苏轼著述时,始终以义理为第一义,而以文辞为第二义。因为前者是大本,而后者只是枝节。他在论及苏轼的一则经解时说:"文义,东坡得之,然未见其于全体用功而有自得处也。"③虽然肯定苏轼于文义有得,但同时绝不忘批判其在义理上的错谬。因为能够正确认识义理才是根本所在,如果在这一方面存在问题,那么即便贯通文义,终究也还是无所依托。朱子也曾叙写自己阅读苏文时微妙的感情变化:"平日每读之,虽未

---

① 朱熹:《晦庵先生朱文公续集》卷 2《答蔡季通》,《朱子全书(修订本)》第 25 册,第 4699 页。萧之敏(1112—1177 年),字敏中,江州都昌(今属江西九江)人。绍兴十二年(1142 年)进士。淳熙元年(1174 年),召为太府少卿兼权礼部侍郎,进司农卿。明年,迁国子祭酒。官终秘阁修撰、湖南转运使。生平事迹见周必大《省斋文稿》卷 33《秘阁修撰萧之敏墓志铭》。
② 朱熹:《晦庵先生朱文公文集》卷 34《答吕伯恭》,《朱子全书(修订本)》第 21 册,第 1476 页。
③ 朱熹:《晦庵先生朱文公文集》卷 45《答虞士朋》,《朱子全书(修订本)》第 22 册,第 2059 页。

尝不喜，然既喜未尝不厌，往往不能终帙而罢，非故欲绝之。"①"未尝不喜"是初读之下领略到文辞之美的欣喜，"未尝不厌"是转入思考之后对义理不纯的抗拒。可见义理纯正是朱子心心念念的目标，一旦遇到背离这一目标的学说，他就必然与之划清界限，不使自己陷溺其中。这种标准的形成，从根本上说，缘于朱子志于道，即以圣贤为目标的人生追求。

朱子以"儒者"自居，而将苏轼等人视为"文人"。他自认为继承了二程等人一脉相传的心法，真正地理解了经典中有关宇宙人生的真理。在他看来，苏轼与苏门文人把最主要的精力都用在"作文章，说高妙"②上，连经解也只是"文人之经"而已。其高者尚能考究古今成败，而其下者则只是吟诗作乐、游戏文字。苏轼等将自己定位为"文人"，无疑没有能够实现自我的完成，辜负了上天所赋予人的使命。

进而言之，这种"儒者"与"文人"的不同追求，展现出善与美之间的矛盾。文辞华妙代表着文章之士对美的向往，而义理纯正则体现出道学家对善的追求。前者有自适之意，而后者有救世之心。但是如果过分强调其中某一方面，便难免发生冲突。苏轼在评价王安石的文章时说："王氏之文未必不善也，而患在于好使人同已。"③朱子则反驳道："若使弥望者黍稷，都无稂莠，亦何不可！"④这最足以反映他们价值观念的差异。朱子期待的是"同至一善"的境界，而苏轼显然认为到"同至一善"只是空想，强迫统一的最终绝不可能带来黍稷遍布，相反，只会产生一片黄茅白苇，可能达到的至多是"以不同为同""以不齐为齐"的境界，因此，不妨说他憧憬的是"各存其美"的境界。美、善两者虽然可以并存，但当事物发展到一定阶段时，美、善两者难免成为对方的阻碍。在朱子强调"善"的价值取向下，"美"必然成为"善"的阻碍，这一点决定了朱子对苏轼的总体态度必将是否定的。

四、结语

综上所述，朱子认为苏轼的思想并非纯粹的儒者之学，其中混杂了佛老之学与纵横之学，这导致他在道德领域中不能分别邪正，在政治领域内不能明辨义利。对于苏轼的文辞，他虽然有所贬抑，但也仍然承认其文辞华妙，能够欣赏其伟丽雄健，并较为客观地看待古文发展的脉络，给苏文一个恰当的历史定位。但是由于士人群趋科举事业、不务圣贤之学，而文辞华妙、义理不纯的苏文又风行科场。在朱子看来，这将对学子的心术产生恶劣

---

① 朱熹：《晦庵先生朱文公文集》卷41《答程允夫》，《朱子全书（修订本）》第22册，第1864页。
② 朱熹：《晦庵先生朱文公文集》卷39《答王近思》，《朱子全书（修订本）》第22册，第1760页。
③ 苏轼：《苏轼文集》卷74《答张文潜书》，第325页。
④ 黎靖德：《朱子语类》第8册，卷139，第3309页。

影响，使得人才败坏、风俗浇薄。基于这一现实原因，朱子对苏轼的著述展开了猛烈批判。当然，其批判的根本原因还在于朱子始终以"儒者"而非"文人"作为人生目标，以"义理"而非"文辞"作为首要的评判标准。朱子所追求的是"同至一善"的境界，他不认同苏轼"各存其美"的主张。当然，在总体否定的大前提下，他也能够认识到苏轼著述的价值，并有所取用。一言以蔽之，可谓"恶而知其美"，有是非之公，而无爱憎之私。

宋代温州墓志书写中富户业儒的临界状态 [*]

吴铮强 [**]

一、善治生与家多赀

地方士人阶层随着科举的兴起与儒学的传播而逐渐形成。在地方士人阶层日益成熟且成为"地方精英"之前，除了官府之外，在地方社会真正拥有权势的自然是富户。士人阶层的兴起对富户在地方上的影响力产生了深远的影响，但这种影响并不是单方面的冲击。长远来看，地方富户业儒、富户的士人化才是主要趋势。明清时期，地方社会中富户、宗族、科举、儒学等现象已经融为一体，就是这种趋势长期演化的结果。但是，既然是不同现象的相互融合，就意味着相互之间的界限始终存在，而且还经历了由分到合的复杂过程。这其中就有一些观察与理解的关键环节，包括最初的分化状态、融合的临界点以及融合失败导致的分裂。在最初的分化状态，士人对富户的冲击、富户业儒时产生的不适以及文化观念的冲突与转型，都是比较突出的现象。而墓志书写作为一种儒家文化的仪式，富户对此产生需求并由其子弟向儒士求铭，儒士接受请求而使富户成为墓志的传主，这个过程恰好就构成富户士人化的临界点，墓志对富户的书写也就成为临界状态的生动描述。

墓志对富户的书写，首先面临对财富的处理方式。目前所见的将近 260 篇宋代温州墓志文献中，有 18 篇明确论及传主的治生活动或者富裕多赀的情形，这就是以下讨论的

---

[*] 本文节选自吴铮强《文本与书写：宋代的社会史——以温州、杭州等地方为例》第五章，社会科学文献出版社，2019 年。

[**] 吴铮强，浙江大学人文学院历史系副教授。

墓志对富户的书写问题。

财富可能是世俗社会最普遍、最热衷追逐的目标，但在墓志文献中通篇直接描述或赞颂传主治生致富的情况非常罕见。在以事功学派而著称的宋代温州确实有个别这样的墓志文献，那就是富户胥吏家庭出身的周行己撰写的《何子平墓志铭》。这篇撰写于北宋元祐年间的墓志铭是现存年代最早的宋代温州墓志文献之一，传主永嘉人何子平是纯粹的商人，又是周行己同学何恕的父亲。碍于同学的情面，周行己无法推却作铭的请求。虽然何恕在请铭时声称"尝获私于吾子（周行己）"，但是这篇墓志铭中完全没述及何恕业儒学习的情况，并用"客有服丧者，贸贸然来"来形容何恕请铭时的情形，说明周行己与何恕并无太多的交情。周行己文集中保留的十余篇墓志文献主要是为温州籍人士撰写的，为下一代"择术业儒"几乎是这批墓志文献的核心主题。然而《何子平墓志铭》没有涉及这个话题，通篇都在热情称颂何子平经商的才能。何子平的家庭自父祖辈即以经商致富，"以乎术厚其业"，何子平耳濡目染，培养了经商的天赋，"心习气染，若不学而能"。成年后举贷"行贾江湖间"，开始时并不顺利，但何子平不畏艰难，苦心经营，对"知四方物色良窳多寡，与其价之上下"进行深入调查，很快就偿清了贷款开始赢利。此后何子平更掌握了市场的规律，"乃益罗取众贾所弃，时其钝利，为之出入。人家缓急，须索百物无不有"，因此扩大了利润，跻身于富豪之列，"物直常数倍，遂致累资千万，称于大家"。周行己指出何子平致富的经验，除了出色的经商能力之外，更重要的是正直、诚信、勤奋以及持之以恒的品格，并将何子平与《史记·殖货列传》中的人物相提并论。[1] 与其他墓志对富户的书写相比，《何子平墓志铭》的书写方式可能意味着周行己不认为何子平已经实现了业儒的转化。

在其他墓志对富户的书写中，有时候致富被描述成积累的自然结果，比如永嘉人陈元亮（1102—1173年）在北方经营贸易，靖康年间一度被金军所掳获，陈元亮灵活应对，最后竟带数千人逃脱虎口。此后"君愈种德不倦，营产□□万"[2]。更多情况下，治生作为敢于担负家庭责任的表现而获得赞颂，比如寓居于永嘉城内的处州松阳人刘仁甫（1048—1113年）：

蚤年常有志于学，因迫于养，聚二兄而谋曰："具庆在堂，甘旨不赡，奈何子职之不共乎？"遂勉二兄，力稼于家且躬服，贾于外，用孝养厥父母，然不欲远游，其卓通往来止于永嘉。[3]

永嘉人、刘安上兄弟的父亲刘弢（1048—1116年）：

皇考莹，摄长史，雅喜儒，既进诸子于学，且老矣，谓公曰："能任吾家事，俾昆弟一于学乎？"曰："惟大人命。"公警颖有志度。方营其家，规模伟然，日奔走于艰难，无厌怠色久之，

---

① 周行己：《何子平墓志铭》，《周行己集》卷7，上海社会科学出版社，2002年，第147—148页。

② 《南宋陈元亮墓志》，《温州历史文献集刊》第2辑，南京大学出版社，2012年，第41页。

③ 《北宋刘孝从墓志铭》，《温州历史文献集刊》第1辑，南京大学出版社，2010年，第164页。

凡所以为生之具毕办，而区处条理，粲然可观。①

永嘉人王之瑜及妻毛氏（1060—1111 年）：

王氏家方多资，属舅姑相继丧世，口众费广，家财稍衰。夫人才智出诸男子右，能不爱其装具，悉货所有，佐其夫以事本业。于是闭门处约，问遗服用，不敢修饰，至衣其子，虽弊不耻。艰踬数岁，家乃少赢。②

永嘉人陈世庠（1154—1215 年）：

同气者三人，旧产不克周其瞻，先君拯力扶养，略无德色……理生有纪，心计力驰，夜以继日，劳而不怨。③

瑞安人沈藻（？—1105 年）：

父惟卿既死，族人异籍而其赀无几；母夫人杜门弗出，日冀君壮大嗣其家。而君以能谨俭力于为生，家以是足。④

乐清人贾如讷（1087—1129 年）：

公勉其（弟贾如规）游太学，且躬任其家事，厚资给之，务成其志……公善治家，井井有法，不务兼并，而生产日肥。⑤

乐清人张端弼（1088—1154 年）：

先业颇广重，以兵火业寖微，君通材经画有条，未几生事大振，富甲乡邑。⑥

平阳人林南仲（1094—1168 年）：

世豪于赀，自君先公和柔不与物竞，由是稍沦落。君有兄某，不喜家人生产作业，君方少，奋曰："吾子弟也，可不任亲之忧！不能兴起吾家若祖父时，不室矣！"料理家政，一不以累父兄。行年三十有七而娶，时家道成。君于治生理财，曾不汲汲，种桑课农，井井有条理，以故他人不足，君独有余。⑦

瑞安陶山人林克诚（生卒不详）：

公幼□怙恃，生理肃然。弱冠励志入城，业于今之新河。甫十载，家遂肥。⑧

在其他一些墓志中，"家多赀"只是作为人物的家庭背景而介绍的，治生并非传主的主要事迹，比如永嘉人丁世元（998—1067 年）"其上世未有业儒为官者，家或饶资，必被役于

① 许景衡：《宣义刘公墓志铭》，《许景衡集》卷19，上海社会科学出版社，2006 年，第 530—531 页。
② 周行己：《王君夫人毛氏墓志铭》，《周行己集》卷7，第 140—141 页。
③ 《南宋陈世庠及妻李氏墓志》，《温州历史文献集刊》第 1 辑，第 171 页。
④ 许景衡：《沈耕道妻某氏墓志铭》，《许景衡集》卷20，第 539 页。
⑤ 王十朋：《贾府君行状》，《王十朋全集》卷 15，上海古籍出版社，1998 年，第 813 页。
⑥ 王十朋：《张府君行状》，《王十朋全集》卷 15，第 811 页。
⑦ 薛季宣：《林南仲墓志铭》，《薛季宣集》卷 33，上海社会科学出版社，2003 年，第 515 页。
⑧ 《南宋林克诚墓志》，《温州历史文献集刊》第 1 辑，第 166 页。

公……是时,惟吾家曾大父赠屯田君,与丁君世元顾籍文无害,出入公私,毫忽不犯"①;永嘉人陈敦化(1111—1166 年)"家累百金,益能增侈"②;瑞安人陈绍(1103—1166 年)"其用度如不节,而家赀倍于畴昔"③;乐清人万世延(1096—1154 年)"善治生,蓄而能散,亲故有不振者,每纲纪其家"④;乐清人刘愈(1095—1166 年)"家豪于赀"⑤;乐清人叶士宁(1144—1210 年)"百年之宅,千岁之田"⑥;平阳人陈宗伟(1031—1103 年)"家多赀"⑦。

由此可见,在富户业儒的临界状态中,墓志对财富有三种处理方式。一种是单纯宣扬富户的治生致富能力,这很可能意味着书写者并不认同富户已经实现业儒转型。另一种是从承担家庭负责的角度来描述传主的治生活动,这种书写一般出现在传主支持其他子弟业儒的情况下,同时也将传主的治生活动纳入儒家文化"齐家"的道德范畴中。还有一种则将"家多赀"作为家庭背景来描述,这些墓志的传主往往担负着富户业儒转型的期望,从"治生"的负担中解脱出来而投身举子业,即使一时不能成功。

二、为人谦厚与为人方整

社会舆论对于富人的评价有一些特定的标准,在某些方面比较宽容的同时在其他方面稍显苛刻,比如一般人们会认为富人享乐、生活奢侈是正常的现象,但不能容忍富人的吝啬。宋代温州墓志文献的话语体系中存在着儒家理想与社会舆论两个价值评价体系。对于那些体现了更加高级的儒家价值理念的富裕墓主,墓志文献的作者们可以投入更多个人的道德热情,对于不符合儒家道德标准的传主,则依据社会一般的舆论选择地展开描述,这也是富户业儒临界点的一种表现。

宋代温州评价富人的基本标准是勤于孝亲、轻财嗜义与谦厚为人。比如鲍耀卿的《宋故彭城府君墓志铭》描述了刘仁甫并不平静的人生经历,但其人格的总结仅局限于轻财与孝亲两个方面:

君奋虚臂积累成家,宜其尤靳于财矣,乃能收嫁孤遗,赒恤故旧,艰阸者有为之济惠,患难者有为之拯救,与夫不仁为富者盖有间焉。君赋性纯孝,能竭力以事其亲,言信行谨,

---

① 周行己:《丁世元墓志铭》,《周行己集》卷 7,第 141 页。
② 薛季宣:《陈益之父行状》,《薛季宣集》卷 34。
③ 陈傅良:《族叔祖元继圹志》,《陈傅良先生文集》卷 50,浙江大学出版社,1999 年,第 623—624 页。
④ 王十朋:《东平万府君行状》,《王十朋全集》卷 15,第 809 页。
⑤ 薛季宣:《刘进之行状》,《薛季宣集》卷 34,第 521 页。
⑥ 叶适:《叶君宗儒墓志铭》,《叶适集》卷 18,中华书局,1961 年,第 355 页。
⑦ 许景衡:《陈府君墓志铭》,《许景衡集》卷 19,第 529 页。

为闾里所称重。

其实墓志中也描述了刘仁甫乐与儒生交游的情形，但显得过于矜持而不符合世俗的一般的期待：

> 每与嘉宾语则命其子侍于侧，有善言益论必退而召之曰：斯言可矜式矣。每肆宾筵必躬涖其事，故家人供办籩豆，整楚不敢苟也。由是乡闾士君子多游其门，而人以好事之名归之。①

世俗社会的期待是富人对长幼贵贱无差别的热情招待，"好事之名"的评价中包含着对富人疏远自己的不满，以及不合身分过度讲究礼仪的讽刺。

墓志文献中保留了一些深受世俗社会欢迎的宋代温州富人的形象。陈世庠（1154—1215 年）以义勇称著，"江濑有溺者，力拯出之，活数人命，仁者必有勇信矣"，更为人称道的是他"遇人谦厚"，至于"揖每叩地，少践勿问也"，他的夫人李氏也因为"事以理裁，务存大体，御婢妾以恩，劳苦寒暑，皆有惠给"而深受人们的感念，"至今人犹思之"。②陈敦化在孝亲、轻财与谦厚三方面都堪称典范，孝亲则"公奉母夫人，经理家政，井井有条理，夫人一食不饴，公辄忧之见颜面。方疾，汤药非亲尝不进。遭丧，庐墓左，哀慕至老不衰"。轻财则"世以轻财嗜义，德施于乡。先德之施，伏腊之外，率用振业族党乡闾之急难，余以修治桥梁、平夷道路无留者。凶岁，人多闭糴，常发私廪平价出之，赈贷单贫，孜孜不倦"。谦厚则"公性夷旷，不立城府，与人接无纤芥，虽庸夫单妇、三尺童子，一皆词情温厚，有以慰怿其心"。③陈宗伟好宾客，"家多赀，度岁费外，尽以奉宾客。善饮酒，有过门者则为之欢忻引满，穷日夜弗厌"④。贾如讷也是"喜宾客，馆无虚日，雅不好饮，遇宾醉则为之极欢。敦尚礼法，遇人无厚薄必尽恭，泛爱乡党"，"乡人燕其宗，耻以贫贱者与，公曰：'是岂两姓耶？'每家宴，合疏近长幼贫富均礼"。⑤张端弼"好宾客，坐席常满，极饮不倦杯行，健语笑，年虽及而锐气不衰"⑥。陈绍"日以酒肉饮食人。时出嬉游，冬岁必为具燕，少长至僮仆不遗"⑦。

事实上"极饮不倦杯行，健语笑"是富户在乡村社会培养起来的豪杰习性，也是世俗舆论津津乐道的话题。不过在业儒的转型过程中，有些富户开始培养正襟危坐、不苟言笑的儒家君子形象，如刘愈"君为人方整，至诚出于天性，不妄言笑，终日危坐，凛如也。盛暑不

---

① 《北宋刘孝从墓志铭》，《温州历史文献集刊》第 1 辑，第 164 页。
② 《南宋陈世庠及妻李氏墓志》，《温州历史文献集刊》第 1 辑，第 171 页。
③ 薛季宣：《陈益之父行状》，《薛季宣集》卷 34，第 525 页。
④ 许景衡：《陈府君墓志铭》，《许景衡集》卷 19，第 529 页。
⑤ 王十朋：《贾府君行状》，《王十朋全集》卷 15，第 813 页。
⑥ 王十朋：《张府君行状》，《王十朋全集》卷 15，第 811 页。
⑦ 陈傅良：《族叔祖元继圹志》，《陈傅良先生文集》卷 50，第 623—624 页。

解衣带,接物温粹,见者必肃"①。林南仲"闲居冠履必整,而自奉简素,立坐未尝跛倚,对妻子无惰容,精悍至老不衰,非勉强然也"②。而如叶士宁家似有道家的风度,他的父亲"有尘外趣,虽在田野,而散朗简远,言不及利,对之泊如也",而叶士宁"故人邑子常候门下,行路惟闻棋声出空虚。山邀谷嬉,意到不择。每樵歌夜动,棹讴早发,水边林表,往往睹坠杯遗屦焉"。③

　　宋代温州墓志文献中描述富人"为人谦厚",这里的"谦厚"不是指等级观念中下对上、贱对贵的恭敬或者儒家倡导的"稳重""方整",而是指不分长幼贵贱对人亲热,是与"刻薄"相对的"厚道",可能被儒家视为"轻薄"的"好宾客,坐席常满,极饮不倦杯行,健语笑"正是这种"谦厚"的突出表现。④这种谦厚与"轻财嗜义"的富人美德密切相关,非常接近于侠义小说中所谓"仗义疏财"品格⑤,与正襟危坐、不苟言笑的儒家君子形象恰好形成鲜明的对比。

三、析产业与睦宗族

　　在宋代温州社会,兄弟析产、宗族离散是当时社会条件下的常态,也正因为如此,兄弟同居、敦睦宗族才成为儒生的理想、富民的美德,在墓志文献中被反复称颂。

　　刘仁甫为了支持两位兄长业儒从举子业,放弃学业而承担起家庭治生养亲的责任,"力穑于家且躬服,贾于外"。此后刘仁甫还令人费解地被杨氏纳为赘婿,墓志中描写他虽然寓居于妻家,仍然尽力养亲,在双亲去世后仍"奉二兄者供献如初"。他的长兄去世后,长嫂坚决要求分析家产,甚至诉讼于官府,结果兄弟离析,墓志中称刘仁甫放弃了自己分得的产业:

　　　　继而长嫂听惑□言,坚欲异处,君归,与次兄以义劝释,长嫂不从,辄言于公,有司论

---

① 薛季宣:《刘进之行状》,《薛季宣集》卷34,第521页。
② 薛季宣:《林南仲墓志铭》,《薛季宣集》卷33,第515页。
③ 叶适:《叶君宗儒墓志铭》,《叶适集》卷18,第355页。
④ 王十朋:《张府君行状》,《王十朋全集》卷18,第811页。
⑤ 《水浒传》主人公宋江就是典型的宋代富户,"及时雨""呼保义"两个绰号更凸显其富户"谦厚"的性格。《水浒传》这样描述宋江的处世风格:"平生只好结识江湖上好汉,但有人来投奔他的,若高若低,无有不纳,便留在庄上馆谷,终日追陪,并无厌倦;若要起身,尽力资助,端的是挥霍,视金似土。人问他求钱物,亦不推托,且好做方便,每每排难解纷,只是周全人性命。如常散施棺材药饵,济人贫苦,人之急,扶人之困,以此山东、河北闻名,都称他做及时雨;却把他比做天上下的及时雨一般,能救万物。曾有一首《临江仙》赞宋江好处:起自花村刀笔吏,英灵上应天星,疏财仗义更多能。事亲行孝敬,待士有声名。济弱扶倾心慷慨,高名水月双清。及时甘雨四方称,山东呼保义,豪杰宋公明。"

法，析业为三，分既定矣，次兄激切谓君曰："嫂谋不义，吾失手足，力汝其念我耶？"君恻其言曰："吾栖身妇舍，其家薄产，犹足糊口，且吾经营自力，可赡家用。今所分业愿悉以逊于兄，秋毫无取焉。"①

无论从寡妇的个人利益还是宋代的律法制度而言，刘仁甫的长嫂都有充分理由要求析产，而从儒家礼法的角度讲，被招为赘婿的刘仁甫要求兄弟乃至寡妇同居甚至有些荒诞的色彩。墓志文献记述的刘仁甫的经历，揭示了兄弟析产的现实与宗族同居的理想之间的距离，也为理解墓志中析产业与睦宗族的情形提供了确实的社会背景。

另外有八篇墓志文献称颂了宋代温州富人兄弟同居或和睦宗族的事迹。薛季宣在墓志文献中特别在意兄弟关系，在两篇墓志文献中记载了兄弟同居共财的事迹，陈敦化"兄弟相友"，即使头发花白也没有析产分居，"及见二毛不忍析异"②；又记载刘愈家中"其先世友爱，至君兄弟益雍睦，三世同居，无一言之间。君问不及生计，弟某亦任之不疑，视兄弟子若己子然，皆终始如一日"③。作为儒家文化中兄弟伦理的典范，兄弟同居共财乃至形成累世同居家庭历来受到朝廷与史家的重视，这种现象在历代各地均有出现。但这种家庭形态完全依赖于兄弟间的情感，比如王十朋记载贾如讷"公素友爱兄弟，异居非其志，当析财，命宗人区处，未尝顾视，务推逊以化偷俗，季感其德，复义聚至今"④。显然这种仅仅依赖于情感而可能有损于财产的家庭形态并不稳定，在宋代温州社会更是一种特例。与兄弟或累世同居相比，兄弟析产后家庭间的相互照顾是更常见兄弟友弟的表现，比如薛季宣记载林南仲对没有家室的兄长的照顾，"兄无室家，君事之犹父也"，对祖父的奉养，"祖居华敞，君始筑室其西，便温清"，以及兄弟析产时对财产的推让，"先公即世，君推故第与其季，无靳色"。⑤

至于富人和睦宗族的事迹，主要体现为赈济宗族，但相关记载显示宋代温州的宗族中尚未出现族产、祠堂或者其他宗族组织的形态，宗族观念体现为宗族内部小家庭之间的照料。陈傅良记载他的族叔祖陈绍"里中有故，或众不能合，族中有故，或独不能支，必须府君至而后集"⑥，无论是宗族内部还是乡里之间，发生事故必须依赖陈绍个人的召集才能共同协商解决，这既说明像陈绍这样的富户在宗族、乡里之中扮演着领袖的角色，也说明当时的宗族或乡里尚未出现稳定的组织形式，宗族或乡里的团结有赖于富户个人的行动。而王十朋记载乐清富人张端弼"雅重义概，耻为俗子富，务周旋宗族，亲旧有以窭告，济之

① 《北宋刘孝从墓志铭》，《温州历史文献集刊》第 1 辑，第 164 页。
② 薛季宣：《陈益之父行状》，《薛季宣集》卷 34，第 525 页。
③ 薛季宣：《刘进之行状》，《薛季宣集》卷 34，第 521 页。
④ 王十朋：《贾府君行状》，《王十朋全集》卷 15，第 813 页。
⑤ 薛季宣：《林南仲墓志铭》，《薛季宣集》卷 33，第 515 页。
⑥ 陈傅良：《族叔祖元继圹志》，《陈傅良先生文集》卷 50，第 623—624 页。

无难色"①,这里所谓的"俗子富"明确提示了当时温州社会中富人对宗族的冷漠态度,以及富人个人在"周旋宗族"中发挥的作用。因为赈济宗族的行为有赖富户个人的情感与价值取向,比如王十朋记载贾如讷"敦宗好施":

> 其敦宗好施盖天性也。乡人燕其宗,耻以贫贱者与,公曰:"是岂两姓耶?"每家宴,合疏近长幼贫富均礼。舅氏家不振,悉力赡之,岁时登其门,省事如父母,去必感泣。舅卒,厚礼以葬。公素友爱兄弟,异居非其志,当析财,命宗人区处,未尝顾视,务推逊以化偷俗,季感其德,复义聚至今。②

在"敦宗好施"这个段落中,将赈济舅氏的事迹放在家宴与兄弟义聚的中间,显示在当时温州的社会观念中,所谓敦宗的实质是富人赈济贫困的亲戚,并没有对宗法关系作严格的定义。那些抱有儒家伦理观念而不满于宗族离散现状的人士也清醒地意识到,个人致富是团结宗族的实现途径,比如许景衡记载刘彀:

> 常叹世俗族众则异居,异居则恩意日薄,顾弟侄孙子繁衍,乃益广室庐、殖田畴为持久计,而涵容爱拊,上下辑睦,四十年间如一日,人皆以为难而公处之裕如也。③

宋代也有温州富人试图为宗族和睦提供稳定的经济基础,比如乐清人万世延不遗余力地赈济族人:

> 性宽博,与物无忤,尤善宗族,每先其急难。遇长幼慈爱均壹,无纤芥嫌隙,族众多间有违言,君周旋其间,开释以理,众皆愧服,协比如初。由是阖族内外咸钦而爱之,称为长者。亲故有不振者,每纲纪其家。其弟子有美质,困不能自业,给饮食师资费以教之。处女贫无以归,躬为择配,奁而遣者凡数人。

万世延意识到,过度依赖于个人努力无法实现宗族的长久和睦,因此决定分割一部分田产作为赈济贫困亲戚的储备:

> 君仁而好施,志于济众者未艾也,尝割膏腴三十亩,储其入以济亲戚之贫者。死之岁,语诸子曰:"吾为是恨未广,自是而后,宜资其人,岁一易之,庶几悉周。"且枚举其所当与者。④

万世延"割膏腴三十亩,储其入以济亲戚之贫者"是目前所见宋代温州富户赈济宗族、亲戚的最高级形式,这种专项长期用于赈济宗族的财产仍然属于小家庭的财产。以上这些案例说明,宗族观念在宋代温州社会影响深远,赈济与和睦宗族已经成为一部分富户强烈的愿望,但是赈济与和睦宗族的行为主要表现为小家庭之间的贫富互济,而且贫富互济的行为并不局限于宗族内部。总之墓志文献显示,虽然和睦宗族成为一种流行的观念,但

---

① 王十朋:《张府君行状》,《王十朋全集》卷15,第811页。
② 王十朋:《贾府君行状》,《王十朋全集》卷15,第813页。
③ 许景衡:《宣义刘公墓志铭》,《许景衡集》卷19,第530—531页。
④ 王十朋:《东平万府君行状》,《王十朋全集》卷15,第809页。

为宗族组织提供经济基础的族产以及具有严格财产关系的宗法组织在宋代温州尚未出现。这种行为很大程度上是富户的自发行为，并非接受儒家文化的结果，但儒家文化对此非常认同，甚至成为儒士接纳富户的重要依据，或者说两者融合的重要社会基础。

四、嗜释氏与尚礼法

到北宋中期，已经有一些儒生对温州倾力奉佛的风俗表达了强烈的不满，许景衡是排斥佛教而极力要求复兴儒家礼法的典型代表，他为温州人撰写的墓志文献反复表达了这个主题。比如在《章延仲墓志铭》中特别强调祖母杨氏丧礼中儒家礼法与佛教风俗的冲突：

延仲持丧如礼。里俗顷资奉老佛，俾诵其书祈福死者。延仲以为谨身节用，养生葬死，吾圣人所以教人者，独不率而行之乎。乃集同志读《孝经》曰："愿以是为乡间劝也。"比举葬，江上半渡，风涛暴甚，延仲伏柩而哭，曰："罪逆应死，顾吾亲独何辜？天地神明，忍至是乎？"俄顷风息而济，议者以为延仲孝感云。①

在《丁昌期妻蒋氏墓志铭》的描述中，排佛复礼似乎是蒋氏及其家庭一生的事业：

自周后，丧祭礼废，学士大夫概仍俗，漫弗省非是，先生父子独革去，纯用古法式，闻者多窃笑，而夫人率行之无难色。温人惑浮屠说，诸子常从容道其必不然者，夫人颔可子，诚诸妇毋违夫子令。岁时宗戚趋寺庙以嬉，或请夫人。夫人曰："彼岂我属游止处耶？"不喜祈禳禁忌，曰："死生祸福，天也。"自少至老，其言多类此。②

《陈府君墓志铭》的传主陈宗伟是许景衡学生陈经德的祖父，平阳陈氏也是转而业儒的本地富户。许景衡与陈宗伟并无交往，根据陈经德的描述而对陈宗伟产生了"能自拔于流俗"的印象，并因此接受撰铭文的请求。墓志中直接引述的这段陈经德对其祖父的描述，其中排佛的部分或许也有投许景衡所好的嫌疑：

惟陈氏世为温人，吾大父生而挺特，尚气节，不事细谨，遇人洞然无疑碍，虽犯之弗校。久之，皆曰陈丈人长者不可欺也。家多赀，度岁费外，尽以奉宾客。善饮酒，有过门者则为之欢忻引满，穷日夜佛厌。邑之俗喜佛，豪民多弟姪则畀于浮屠，以并其所有。大父深疾之，每以为宗戚戒，故于今凡陈氏子弟皆儒学，无一人异趋者，吾大父之教也。③

然而即便是许景衡，也不得不为奉佛的富户撰写墓志，比如《沈君墓志铭》的传主沈藻

---

① 许景衡：《章延仲墓志铭》，《许景衡集》卷 19，第 532 页。
② 许景衡：《丁昌期妻蒋氏墓志铭》，《许景衡集》卷 20，第 540 页。
③ 许景衡：《陈府君墓志铭》，《许景衡集》卷 19，第 529 页。

是许景衡母亲的"外弟",沈藻"喜浮屠法,读其书所谓《大藏》者凡再过,又撷其可为劝戒者,手抄以示人"。①其他宋代温州墓志文献中富人奉佛的描写比比皆是,而几乎没有富人排佛的案例。比如刘仁甫得了肺喘病,他的妻子万氏"素崇信三宝,遂□洁斋,□晨夕祈祷,广作善缘,凡费金□百万,唯知专救其夫,不恤所费之多,后刘公果保其生,人咸谓夫人精诚之□也"②;陈元亮致富后,"晚年嗜释氏书,颇通大义,每见亲识,必以生□涅盘不二之法为劝诫。家藏《唐肃宗十问》《忠国师法语》并《大珠禅师入道论》《琪和尚注证道□》,悉重刊施用,广诱人,其合佛所谓'以发施者'类此,人皆以是多之"③;十年致富的瑞安人林克诚"好释氏学"④;陈世庠的妻子李氏"时偕先君诵行法经及诸佛典,如出一口,笃意义方"⑤;刘愈"四十弃场屋,游志于浮图氏学,号无相居士……晚喜读西方书,不爱金钱,佐营塔庙,谓修福田利益"⑥。

王十朋墓志文献中对富人奉佛的描写又有一些特色,一般仅记载传主在财物上施舍佛门,但不强调传主信奉佛教,如万世延"缁素叩门,随所谒而获者叵计"⑦;贾如讷"又捐百亩饭僧徒之往来者"⑧;张端弼"以亲志好佛,二弟俱从空门学。为饭万僧,开义井以侑善云"⑨。在王十朋的描述中,儒家礼法与亲近佛教也并无冲突,比如贾如讷"执丧如礼",这并不妨碍他"喜与释子游谈无生之理,务忘身世"。⑩

总体而言,崇佛是宋代温州富户精神生活的基本内容,除非在科举上获得重大成功,如王十朋考中状元,否则即使转向业儒也不会轻易放弃。宋代的士人阶层一般也深受佛教影响,极端的排佛思想可能只是一种特定的儒学表述,未必是士人精神世界的整体面貌,在现实生活中更不可能极端排佛。在富户业儒的临界状态中,佛教甚至是富户与儒士精神世界中最具重叠性的部分。

五、刘愈:富户士人化的宋代案例

绍兴三十二年(1162年),叶适随父自瑞安迁居永嘉,第二年在永嘉城南茶院寺学塾受

---

① 许景衡:《沈君墓志铭》,《许景衡集》卷20,第538页。
② 《北宋刘孝从墓志铭》,《温州历史文献集刊》第1辑,第164页。
③ 薛季宣:《陈益之父行状》,《薛季宣集》卷34,第525页。
④ 《南宋林克诚墓志》,《温州历史文献集刊》第1辑,第166页。
⑤ 《南宋陈世庠及妻李氏墓志》,《温州历史文献集刊》第1辑,第171页。
⑥ 薛季宣:《刘进之行状》,《薛季宣集》卷34,第521页。
⑦ 王十朋:《东平万府君行状》,《王十朋全集》卷15,第809页。
⑧⑩ 王十朋:《贾府君行状》,《王十朋全集》卷15,第813页。
⑨ 王十朋:《张府君行状》,《王十朋全集》卷15,第811页。

教于陈傅良,这时期他曾问学于楠溪刘愈(字进之),并与其子刘士偲(字子怡)成为学友。薛季宣的《刘进之行状》其实是代叶适而作,叶适的《刘子怡墓志铭》也主要记录刘愈的事迹。

刘愈可能是宋代温州最杰出的富豪,除了具备轻财乐施、友爱兄弟、信奉佛教、遣子业儒等宋代温州富户的典型特征之外,刘愈的出类拔萃之处在于他有足够的能力团结地方民众抵御各种灾难,并在这个过程中多次与官府交涉、为民请命,引起朝廷的瞩目,得到官府的尊崇。

刘愈出生于绍圣二年(1095 年),早年业儒,"笃志于学,试郡三舍,屡入优等,荐丁艰棘,不克荐",四十岁以后就放弃科举,陶醉于佛学,而自号"无相居士"。行状中称刘愈"家豪于赀,未尝以讼至官府",但刘愈一生为地方利益多次与地方官府或朝廷交涉。

最早是宣和三年方腊起兵时,"妖人吕师囊趣和之反黄岩,陷乐清,犯楠溪,抵菰田管界,巡检陈莘以郡兵三百人拒之,居人慴恐,多逃去",当时刘愈尚未放弃科举,奋起讨伐,"君始壮岁,奋不顾曰:'寇至则吾乡无噍类,忍相随为身地邪!'因自赞从讨贼",于是出现了地方武装与官军共同讨伐吕师囊军的局面。然而当刘愈向巡检陈莘建议"贼营凭据岩险,官兵素不习,利诱致平地,乃可击耳"的建议遭到拒绝之后,刘愈没有参加官军率领的进攻,结果"官军半渡溪,贼决积水灌而下,官军大败",陈莘与地方豪杰李徽兄弟均遇难。事后朝廷没有表彰、抚恤李徽兄弟,刘愈对官府忽略地方豪杰在地方动乱中的作用非常不满,为李徽兄弟立传"以表见于世"。[①]

温州江心屿龙判、兴庆二峰之巅有东西两塔,"其西建于后唐之末,其东建于我宋天圣间",宣和年间方腊之乱中,两塔"顷因兵火,与院俱烬,惟故址存"。绍兴八年(1138 年),已经放弃科举、转而信奉佛教的刘愈与僧人净宣瞻仰宝塔,刘愈因"悯其颓废",发起重建,"因率同志各捐己财而为之倡,鸠工修建,其西则加栱栱楹槛,盖砌而丹腰焉。以其旧筑耸固,无事改造也。其东则撤而筑之,凡形制严饰,悉与西塔等",而刘愈的捐资应该占"资用之丰,无虑二万缗"中的大部分。绍兴十一年(1141 年)两塔落成,全城内外举行盛大佛事,刘愈为之撰写记文,并作偈称:"若今有人,能生谛性,应当来世,住胜善地,获胜妙果,一切天人,悉皆敬仰!"[②]

此后,刘愈三次领导了地方的救灾运动。第一次是绍兴二十年(1150 年)因旱饥荒,刘愈"博谋赈赡之",除了"其家山樵采不禁,恣民伐薪鬻之以自给。择地不毛,道险巇副田君,买庸锄治"之外,他还发起向州衙直接请贷救灾。当时可能知州缺职,刘愈通过州教授会见州将,州将担心民众无力还贷而感到为难,刘愈立即以家中田产砧基簿作为抵押,从

① 薛季宣:《刘进之行状》,《薛季宣集》卷 34,第 521 页。
② 刘愈:《东西塔记》,释元奇:《江心志》卷 7,《四库全书存目丛书》本,齐鲁书社,1997 年,第 4—5 页。

州府获贷得三百斛米向贫困民户发放,"贫者咸赖以活",到了秋天刘愈"独不收前贷,代出私廪还官"。①

绍兴二十四年(1154年)再次发生饥荒,饥民盗劫成寇,"奸人讙起,托借粮为辞,警劫乡疃,稠树村党最悍,水陆为不通",州府派遣县尉镇压,县尉畏惧,计划用组织乡兵"讨捕",刘愈认为此举必将激化矛盾,酿成动乱,因此坚决阻止,并主要请战开说饥民首领,"单马至渡潭酒坊,呼酋首二三人命坐,谕以祸福,皆幡然感动,即日罢归,它党亦闻风而定"。绍兴二十五年(1155年),张九成知温州,也加入了为民请命的行列,罢科市柑实,蠲免酷禁以便民众丧葬,又"遗书大农"力诋"不恤州邑丰约,例遣隶属诛责军粮"之弊。绍兴二十七年(1157年),张九成又寻访孝贤,褒奖刘愈并延请其出任州学正。②

绍兴三十二年至隆兴元年(1163年),温州连续遭遇风灾,隆兴二年又有大旱,"不雨者三月,大无麦苗,农田不复播种",饥荒比绍兴二十年更为严重,"方仍岁困飓风,因之以饥疫,贫民挑蕨根舂粲充腹,或尽室胀死去,而操舣以乞者载路",偏偏这时"守倅俱阙",刘愈求救于州府无门,便直接向朝廷投匦上书,请发常平仓米赈灾,又请温州籍官员张阐协助,投书终报奏皇帝,宋孝宗"恻然听许,无一不如所乞"。在新任知州袁孚、司户参军刘朔的主持下,刘愈与乡人徐说奋力赈灾,于是"生者得食,病者得药,死者得藏,孩提之委弃者得以长养,君之居里亦缘君得官米以给,全活无虑千万计"。叶适后来总结这三次赈灾,"是三大饥,长老所记,号为厄运,而楠溪之人能团聚生活,不殚残于饿羸者,君力也"。

除了自然灾难之外,由于宋金长期开战,官府与朝廷不但疏于赈灾,反而为筹军费对地方横征暴敛,至绍兴十九年(1149年)温州的盐课已经增至每年七十四万八千五百斤,地方官府无力筹措,便向民众摊派,结果"寸产之家无免者,按月征敛,吏缘为奸,类略豪强而增敷,细民系缧于官无虚日,轻为破家者不可计"。于是刘愈在领导三次赈灾的同时,也发起了一场旷日持久的请愿减赋运动。刘愈开始派遣其子刘士直与乡人王大充向朝廷相关机构投斥,"得免增敷数万斤"。但刘愈仍不满足,再次派遣其子与外甥卢纬直接向户部请愿,要求减免一半之额,结果"时司邦计者聚敛方急,甥、子久客,困沮而归,君又遣之",这样的请愿持续了六年之久,刘愈耗费家产"钜亿计","沮挠非一,君巘然无倦",最后在温州籍官员何溥的大力支持下,终于获准"减年额二十五万二百斤,尽罢下户科抑,而上户所出亦轻"。

无论是在平乱、赈灾还是减免税赋运动中,刘愈与官府、朝廷多次交涉,无不扮演了地方利益代表的角色。不过在宋孝宗求下诏书求直言时,刘愈又上《守方略要》与《内治详览》分别讨论边防与内政大计。③

---

① 薛季宣:《刘进之行状》,《薛季宣集》卷34,第521页。
② 张栻:《横浦先生家传》,张九成:《横浦先生文集》卷首,北京图书馆出版社,2004年影印宋刻本,第12页。
③ 薛季宣:《刘进之行状》,《薛季宣集》卷34,第521页。

　　如果富户子弟科举成功，那么他的身份就实现了转换，就成了通常意义上的"地方士绅"。但在明清科举制度变革之前，这样的"地方士绅"阶层其实很难成形。①而刘愈的成功表现了富户业儒的另一种模式。他曾经投身举子业，但没有实现身份的转换，这里重要的不是科举失利，而是他不但维持着富户的财势，更保留了富户的行为模式与文化观念，崇佛、散财、"为人谦厚"。正是以富户的身份，与士大夫密切交往，并做了很多士大夫乃至官府该做而做不到的事，赢得了士大夫阶层的广泛认同。因此刘愈的富户士人化道路，不是转化，而是提升，是富户在士大夫政治环境中对自身身份地位的维护与奋争。而且他的努力并不只是偶然的特例，而是代表着一种潜在的政治文化形态，至少在为其撰写墓志文献的叶适的政治思想体系中，赋予富户更多地方自治的权力是一个重要的论点。②

---

① 　参见拙著《科举理学化：均田制崩溃以来的君民整合》，上海辞书出版社，2008 年。
② 　参见张家成：《析叶适的富民论》，《华东师范大学学报》2002 年第 1 期。

报功与崇德
——鄞县的王安石祭祀传统[*]

魏 峰[**]

王安石在鄞县的施政不但为当时地方官之榜样,更与天台县令石牧之、仙居县令陈襄一起被誉为"江东三贤宰"[①],成为治县为官的一时之范。而且鄞县士民还将王安石在任的两年多,看作鄞县地方风俗为之丕变的时期:风俗为之一改,弃佛老而重儒礼;学风因之大变,舍浮华而求实在。皇祐二年(1050年)王安石离任后,地方士民追念王安石为县之时善政,成为王安石在鄞县祠祀传统的发端。

宋代地方祭祀前贤场所众多,学者研究指出:"宋代祠祀乡贤的场所是一个多元、普遍的现象。官廨、寺、观、祠庙、祠堂等处,都可以发现乡贤祭祀的行为。即使是同一先贤,亦可同时见于不同祭祀场域。如周敦颐在韶州便有三座祠堂,分别在州学、提点刑狱司、通衢大道处。"[②]宋代王安石祭祀的场所即包括了官廨、寺院。

崇奉王安石的祭祀场所初建于嘉祐六年(1061年),在阿育王山广利寺内。此时王安石以知制诰、纠察在京刑狱,在开封任职。这座祠堂是尊王安石的生祠,为时任鄞县县令的钱公辅所建。钱公辅(1021—1072年)常州武进人,字君倚,皇祐元年进士(1049年),嘉祐中以太常博士、秘阁校理知明州。至和二年(1055年)钱公辅的母亲蒋氏去世后,曾请王安石为之撰写墓志铭。[③]治平年间,时任翰林学士的王安石曾举钱公辅为翰林学士。他与王安石虽在熙宁年间因为政见不合而交恶,但在嘉祐年间应该维持着不错的私交。王安

---

[*] 本文节选自魏峰、刘成国、郭红超:《王安石鄞县足迹》第七章,人民出版社,第116—134页。

[**] 魏峰,杭州市社会科学院南宋史研究中心副研究员。

[①] 苏颂:《苏魏公文集》卷55《朝议大夫致仕石君墓碣铭》,中华书局,1988年点校本,第832页。

[②] 郑丞良:《南宋明州先贤祠研究》,上海古籍出版社,2013年,第9页。

[③] 王安石:《临川先生文集》卷99《永安县太君蒋氏墓志铭》,《四部丛刊初编》,商务印书馆,1919年。

石生祠的祠记作者为胡宗愈。①胡宗愈，字完夫，常州人，嘉祐四年进士（1059 年），同年赴明州任节度推官。②节度推官是知州的僚属，故王安石生祠祠记当是受钱公辅之嘱所作。

为地方官立生祠始于汉代，盛行于唐代，唐代的生祠"有'报功'和'祷祀'的双重目的。一方面，老百姓以此表达对造福当地的官员之感激；另一方面，也可能是更重要的目的，则是要为未来祷祀求福"③。宋代的明州地区，除了北宋鄞县所建的王安石生祠外，以明州人楼异的生祠较为特别，楼异"在明州任上时，就已有人在州城之西的望春山为他建立了一个生祠，到嘉定间（1208—1224 年）他的孙子楼钥为执政时，地方政府'以士民之请上于朝廷'，得赐庙额为丰惠，楼异从此成为一方神，民间更流传不少关于他显灵保佑地方的神话"④。楼异从地方名宦转变为护佑地方的神灵，说明宋代的生祠同样具有"报功"与"祷祀"的功能。钱公辅顺应鄞县士民的要求建王安石生祠，也是顺应地方士民感激之情，也期望以王安石为榜样，激励属下官员。而地方士民除了感念王安石的功德，还是期望他离任之后仍能保佑地方远离灾害。

元祐元年（1086 年），王安石去世，除广利寺生祠外，鄞县在县治经纶阁建祠祭祀。"经纶阁旧在厅事之西偏。元祐中宰邑者以前宰王安石登相位而建立祠于阁之下。"⑤元祐年间曾任鄞县县令有李延世、段藻。李延世，元祐二年（1087 年）以通直郎在任。段藻，吉州庐陵（今江西吉安）人，治平二年（1065 年）进士。据舒亶《水利记》刻石时间当在元祐八年（1093 年）前。⑥元祐年间，朝廷对王安石的评价已经有所转向，在当时的政局下为王安石修建祠堂，很可能是出于地方士民的要求。

鄞县经纶阁于建炎四年（1130 年）毁于兵火。绍兴二十五年（1155 年）县令王烨重建。王烨为王安石之弟王安国曾孙，绍兴二十四年（1154 年）以右通直郎到任。⑦据徐度所撰记文，王烨到任后"自以获踵其先世故治为荣，规规焉推前人之心以施于治，不敢少自息弛"，邑人感戴，修复王安石祠堂，并向郡守王会寻求支持。王会，信州上饶人（今江西上饶），其父王仲山，他的妹夫是绍兴时权臣秦桧，他于绍兴二十四年以敷文阁直学士、右朝请郎知明州。据史载，王会依靠秦桧的关系官运亨通，在知明州前曾任湖州知州，明州任后又曾任知建康府，三度知郡所任皆是江南富庶之地。特别是他任知建康，是源于秦桧之子秦熺的请求。秦桧死后，秦熺向朝廷请求王会改任建康，以便协助秦家处理秦桧的葬事。王会自秦桧死后便遭到朝臣的弹劾，朝臣指其"出守便郡，广置田宅，贪求钱物，籍人家财，尽取其书画、古器、怪石入己；又强取寄居侍婢，及令进纳人造舟，用钱五千余缗，不支价直，却

---

① 张津：《（乾道）四明图经》卷 2《鄞县》，《宋元方志丛刊》，中华书局，1990 年，第 4886 页。

② 罗濬：《（宝庆）四明志》卷 3《叙郡》，《宋元方志丛刊》，第 5026 页。

③ 雷闻：《唐代地方祠祀的分层与运作——以生祠与城隍神为中心》，《历史研究》2004 年第 2 期。

④ 包伟民：《宋代明州楼氏家族研究》，《大陆杂志》1997 年第 5 期。

⑤ 罗濬：《（宝庆）四明志》卷 12《公宇》，《宋元方志丛刊》，第 5145 页。

⑥ 张津：《（乾道）四明图经》卷 10《水利记》，《宋元方志丛刊》，第 4960 页。

⑦ 张津：《（乾道）四明图经》卷 2《县宰提名》，《宋元方志丛刊》，第 4895 页。

令请嘱不法公事,得钱万缗以偿之等事"①,而其在明州任期只有一年,却也是所至狼藉,颇多不法。此次重建祠堂,所用工料费用皆出于民间筹集,王会的所谓支持大约只是口头支持而已。祠堂记文的作者徐度,字敦立,为靖康中宰相徐处仁之子。徐度本贯宋州宋城,南渡后奉其父母之丧葬于吴兴,大约也随之迁居到这里。②此次恢复王安石祠祀,当主要得益于王烨在任时的施政得到鄞县士民的肯定,祖孙先后任职鄞县,也被视为善政的延续,而王烨推动此事,也有为先祖正名之意。

乾道四年(1168 年)经纶阁的王安石祠堂县令杨布移祠于阁之上,后祠堂与阁俱废。杨布,乾道三年(1167 年)以右通直郎到任,乾道九年(1173 年)任满。至淳熙四年(1177 年),知县姚祐又将祠堂徙建于鄞县宅堂之北。姚祐,淳熙二年(1175 年)到任,籍贯、历官等不详。绍熙五年(1194 年)知县吴泰初重建。吴泰初,莆阳人,绍熙二年(1191 年)到任。③嘉定十七年(1224 年)知县令张公弼又重建荆公祠,移于经纶阁北之西偏,阁之旧扁时已不存。至宝庆二年(1226 年)知县薛师武重立。张公弼,嘉定十四年(1221 年)底到任。

自北宋元祐时为王安石建祠开始,经纶阁的王安石祠堂屡废屡建,后任的鄞县县令修复祠堂,不但是为了表明自己一心求治的态度,也是对王安石在鄞县施政的认同,顺应地方士民尊奉贤宦的要求。将他在鄞县施政与在朝,特别是熙宁、元丰变法区别开来,强调王安石在鄞县的施政对于地方教化、风俗的重要改变,强调其在鄞县施政令百姓受惠、造福地方,"天下虽病之,然吾邑人之于公不敢忘也",而建阁具有"表先正仁民之效""慰父老甘棠之思""示后日循吏之劝"三方面的重要功能④,这成为王安石为宋代鄞县士民崇奉的基本依据。但是正如学者指出的,王安石虽然自南宋以来一直受到非议,历朝不断有大臣要求将他从从祀孔庙的宋代诸贤中剔除出去,但是直到嘉定二年(1209 年),他仍然是南宋朝廷承认的儒家学说的正统传人。⑤这也是南宋王安石祠屡次得以官方重修的条件之一。但淳祐元年(1241 年),朝廷正式罢王安石从祀孔子,王安石作为儒学正统传人的地位随之被取消。此后,经纶阁修建的记载随之亦不见于史籍。可见,朝廷对王安石在儒学中地位的认可,是北宋以来鄞县地方官推动王安石祠祀的前提,否则即便地方士民"崇德"有崇德之意,至少地方官不便有祭祀之行。

除明州外,王安石久居的江宁府(今江苏南京),北宋曾在府学建有王安石祠,崇宁年间因为蔡京等人推尊王安石,"知江宁府邓佑甫,乞以府学所建王安石祠堂著祀典,从之"⑥。

① 徐松:《宋会要辑稿·职官》70 之 42,中华书局点校本,2014 年,第 4936 页。
② 汪藻:《浮溪集》卷 28《吴国夫人陈氏墓志铭》,《景印文渊阁四库全书》第 1128 册,台湾商务印书馆,1986 年,第 290 页。
③ 罗浚:《(宝庆)四明志》卷 12《叙县》,《宋元方志丛刊》,第 5143 页。
④ 楼钥:《攻媿集》卷 55《鄞县经纶阁记》,《景印文渊阁四库全书》第 1153 册,第 15 页。
⑤ 李华瑞:《王安石变法研究史》,人民出版社,2004 年,第 51 页。
⑥ 杨仲良:《皇宋通鉴长编纪事本末》卷 130《尊王安石》,《续修四库全书》第 387 册,上海古籍出版社,1995 年,第 378 页。

正式将祭祀王安石列入江宁官方祭祀系统中，而祠堂具体建于何时未见记载。王安石读书的定林庵，有米芾书榜的"昭文斋"，也是一处纪念王安石的所在，乾道元年（1165 年）时尚存。①抚州的王氏祖居在宣和年间也建有祭祀王安石的祠堂。②依据现有记载，祭祀王安石的祠堂最早是建于鄞县的生祠，王安石去世后，鄞县的祠堂可能是少数由地方官主持修建的祭祀王安石的祠祀，也是维持王安石祭祀较为长久的地方。

至元代，王安石在鄞县县署的祠堂已不见记载。西厅，也就是王安石读书台改称"王荆公台"，其后圃则废为菜园。③由地方官主持的经纶阁、广利寺两处祠堂是否继续有修整已不得而知。

明代鄞县祭祀王安石的祠祀中，在鄞县县治的经纶阁几度易址。天顺志载，王荆公祠一在阿育王山广利寺内，另一在魏家巷者已废。④魏家巷为宁波府城一条街巷，南宋府城宣化坊坊表即在魏家巷口⑤，而这一位置即鄞县县治左近。王安石祠最早的位置即在鄞县县治的经纶阁，元祐时所建。也就是说，在天顺（1457—1464 年）时经纶阁的王安石专祠已经废毁不存。嘉靖时原有的祠堂已经塌毁，迁建于两个衙署之间，且祠宇低矮。嘉靖二十七年（1548 年）在时任鄞县县令徐易主持下迁建。徐易，永丰人，嘉靖二十三年（1544 年）进士，号东溪，嘉靖二十四年（1545 年）到任。此次迁建是从两衙署之间，迁建到镇明岭。镇明岭上原有庵堂，嘉定十三年（1220 年）大火后重建，至元二十六年（1289 年）、至大二年（1309 年）重建。⑥在《迁建碑记》中叙述了此次迁建的始末："郡治南数百步许，崇阜数尺，纵深六丈，横倍之。以镇郡也，故题其匾曰镇明。"镇明岭因其在郡城中，而其上的庙宇供奉佛祖，知县徐易以为无以劝风化，其后以王安石于地方有治绩，"召公以甘棠而兴咏，德在一方，则一方之人祠而奉之"，而"旧祠堙圮，更置二宪署间，宫宇湫隘，且加之官吏停裹，岂崇贤意也？迁之镇明，谁曰不然。权徙佛像于南偏。岁在戊申夏四月。时东溪亲临奠，安手书宋王荆公祠。蠲镇明户籍及没官地利，岁时奉祀。即命僧慧世守之，嘉其归也"⑦。祠堂实际是对镇明岭上的寺院的改建，并由鄞县官方蠲免其户下的赋税，以没官土地的收入用作日常的祭祀费用，主持者仍是寺院原来的僧人。嘉靖二十七年（1548 年）王安石祠堂建成。

但王安石祠并未久存于镇明岭上。这里不久被新建的正学祠所取代。"后建正学祠

---

① 张学锋：《汉唐考古与历史研究》，生活·读书·新知三联书店，2013 年，第 331 页。
② 邓广铭：《关于王安石的居里茔墓及其他诸问题》，《邓广铭治史丛稿》，北京大学出版社，2010 年，第 410 页。
③ 王元恭：《（至正）四明续志》卷 11《集古》，《宋元方志丛刊》，第 6578 页。
④ 杨寔：《（天顺）宁波郡志》卷 6《祠祀考》，《中国方志丛书》，成文出版社，1983 年，第 402 页。
⑤ 罗濬：《（宝庆）四明志》卷 3《坊巷》，《宋元方志丛刊》，第 5021 页。
⑥ 张传保：《（民国）鄞县通志·舆地志》卯编"毁废寺观考略"，《中国方志丛书》，第 1464 页。
⑦ 戴枚：《（同治）鄞县志》卷 11《坛庙》上，光绪三年刻本，第 5 页。

于其所,仍归旧地,旋以郡守姜昂、张津、杨最、曹诰、沈恺附祀岁时郡邑致祭。"①嘉靖三十
年(1551 年),正学祠取代王荆公祠。所谓正学祠,是在薛应旂主持下,由宁波知府孙宏轼
修建,祭祀南宋陆学传人杨简、袁燮、舒璘、沈焕,也就是"甬上四先生",故正学祠题匾"象
山正脉"。薛应旂,字仲常,号方山,常州武进人,嘉靖十四年(1535 年)进士,嘉靖三十年
(1551 年)任浙江提学副使。薛应旂先后从学于邵宝、欧阳德、吕柟,学术上以王学为主,杂
有程朱理学,但他反对王学中空谈的取向,重视践履。②由于王学是陆学的发展,因此尊奉
陆象山传人的甬上四先生,有薛应旂自学术理路推动的动机。在为宁波正学祠所撰的记
文中,薛应旂强调以宁波一地而有陆学四贤,没有专门的祭祀场所,为识者所叹,故于宁波
"郡城镇明庵废址建正堂五楹,左神库、右神厨各三楹,外为门楣三楹,址横阔七丈四尺,纵
长五丈八尺周以砖垣"③。此前建成不久的王安石祠堂,此时已经成为"废址",但实际上应
该是让出镇明岭之地修建正学祠。

于是,王荆公祠不得不迁回旧地,而以明代郡守姜昂、张津、杨最、曹诰、沈恺等附祀,
成为鄞县一处祭祀宁波历任知府的所在。姜昂,字恒颙,江苏太仓人,成化七年(1471 年)
举人,成化八年(1472 年)进士,弘治十年(1497 年)前后任宁波知府。其为官以廉洁自守,
当得知其即将到任,宁波府同官"皆减去舆马华饰,俳优杂剧不一陈于前"④。曹诰,字廷
宠,湖北黄冈人。他在嘉靖六年(1572 年)任瑞安知县时,以才识通敏为人所知,在官军驻
扎瑞安期间,调度粮草有方而不扰民。⑤嘉靖十七年(1538 年)任宁波知府。⑥杨最,字殿之,
射洪人,正德十二年(1517 年)进士,嘉靖十年(1531 年)任宁波知府。沈恺,字舜臣,华亭
人,嘉靖八年(1529 年)进士,嘉靖十九年(1540 年)任宁波知府。张津,字广汉,博罗人,成
化二十三年(1487 年)进士,正德四年(1509 年)至六年任知府。其中,姜昂、张津、杨最三
人已被崇祀于宁波府名宦祠中。⑦

明崇祯六年(1633 年)鄞县令王章改建经纶阁王安石祠于鄞县县治之前。王章,常州
武进人,崇祯元年(1628 年)进士,崇祯三年(1630 年)自诸暨知县调任鄞县,史载王章很注
意提携当地年轻士人,其子在鄞县时也与名儒才士诗文酬唱。但王章显然对王安石多有
贬抑,在所撰的《重修经纶阁记》中,他认为王安石"凡鸠民诘戎、入而平章军国者,即其抚

---

① 汪源泽:《(康熙)鄞县志》卷 9《敬仰考》,《中国地方志集成》第 18 册,上海书店,1993 年,第 358 页。
② 侯外庐:《宋明理学史》,人民出版社,1987 年,第 370 页。
③ 薛应旂:《方山薛先生全集》卷 22《宁波正学祠记》,《续修四库全书》第 1343 册,上海古籍出版社,1995 年,第
258 页。
④ 王鏊:《福建布政司左参政姜公昂墓志铭》,载焦竑:《国朝献征录》卷 90,《续修四库全书》第 530 册,第 140 页。
⑤ 汤日昭:《(万历)温州府志》卷 9《治行志》,《四库存目丛书》史部第 210 册,齐鲁书社,1997 年,第 666 页。
⑥ 张时彻:《(嘉靖)宁波府志》卷 2《秩官》,《中国方志丛书》,第 80 页。
⑦ 张时彻:《(嘉靖)宁波府志》卷 10《秩祀》,《中国方志丛书》,第 496 页。

鄞时目箕敛而手簿书之绪余也"，其为才学本可致君尧舜，但所行却是却祸乱朝纲，鄞县士民所追念的是他在鄞县的善政。①他在鄞县士人王元等人的推动下重修了经纶阁。崇祯十七年（1644 年）李自成攻北京时，王章以御史守阜成门，城破身死，入清赠谥节愍。②自此鄞县人于经纶阁祭祀王章，后更名为"重恩祠"，在阁中上祀王安石、下祀王章。祭祀王章的另有王忠烈公祠，在天封寺内。③经纶阁从王安石的专祠，转为并祀王安石、王章两人。王章的次子王栻之，字瞻卿，年少时曾在鄞县随侍王章。顺治二年（1645 年）六月浙东以孙嘉绩起兵为起点，陆续爆发反清起义。鄞县则以生员董志宁倡议反清，推举明兵部员外郎钱肃乐为盟主，发动反清起义，各地推举台州的鲁王朱以海为监国。④王栻之以车驾主事知鄞县，父子因此先后同守一邑。但不久他就离开宁波，赴福建效忠福建的隆武帝，仍任车驾主事，不久又返回鄞县。顺治三年（1646 年）清军继续南下，陆续攻占绍兴等地，浙东的反清势力迅速瓦解，大学士朱大典率军守金华，王栻之在武义协助练兵。清军以优势兵力猛攻金华二十日，最终城破，朱大典壮烈成仁⑤，王栻之也被执身死。由于王章是死于李自成攻破北京，因此清廷有追谥；但王栻之随鲁王在浙东反清，则被清廷视为叛逆。但全祖望则强调，这是王栻"必不负故国，而后不负其父；必不负其父，而后不负圣朝"，尽管在鄞县不过五日，但因为王章的原因，当地士人仍拟别立祭祀的王章祠堂，附祀王栻之。⑥

　　明代尚存的鄞县县治附近的王安石祠，入清时可能已经被迁出县治。《（民国）鄞县通志》载，实圣庙，清同治七年（1868 年）重修。明周容有庙记。⑦周容，字茂三，鄞县人，明末诸生，以诗文书法见称于时，尤其是诗受到钱谦益称许，明亡后不仕，一度剃发为僧，以明遗民自居。⑧顺治八年（1651 年，辛卯年）春，鄞县士民集资整修了实圣庙，也就是王安石祠，周容恰与友人前往拜祭。友人对鄞县何以祭祀王安石有疑问，周容遂撰文作答。周容在记文中阐述了他对王安石的看法。他以为古来非奸邪而误天下者，唯有王安石一人。王安石为鄞县而县大治，治天下而天下乱，这并非因为天下唯有鄞县之民醇良，而是因为治理一县"廉不侵民以私，明不与吏以奸，法于是见其利而无弊"，但是以为天下之邑皆如鄞县，天下的县令都为官都如同自己在鄞县，加上贪官、元祐诸人，遂使"学问经术只见效于一邑，而不能见效天下"。他感叹如果王安石只作官鄞县令为止，则天下不免有不进用之恨；由县令至学士而止，天下便不免以不得大用为恨；若为丞相而以众议罢新法，则天下

① 王章：《重修经纶阁记》，钱维乔：《（乾隆）鄞县志》卷 7《坛庙》，《续修四库全书》第 706 册，第 128 页。
② 于琨：《（康熙）常州府志》卷 24，《中国地方志集成·江苏府县志辑》，江苏古籍出版社 1991 年，第 547 页。
③ 钱维乔：《（乾隆）鄞县志》卷 7《坛庙》，《续修四库全书》第 706 册，第 130 页。
④ 顾诚：《南明史》，光明日报出版社 2011 年，第 191 页。
⑤ 顾诚：《南明史》，第 216 页。
⑥ 全祖望：《鲒埼亭集外编》卷 14《王节愍公祠堂碑》，《全祖望集汇校集注》，上海古籍出版社，2000 年，第 1012 页。
⑦ 张传保：《（民国）鄞县通志·舆地志》卯编"庙社"，《中国方志丛书》，第 1471 页。
⑧ 全祖望：《鲒埼亭集外编》卷 6《周征君墓幢铭》，《全祖望集汇校集注》，第 860 页。

不免又以鄞县大治为证,以新法不行于世为恨。他以为鄞县王安石祠的意义在于:"秉政者悟己见之不可执,虽事经身验而犹未可自信也。如此守土者知民职之当勤,虽名负误国而尤得血食不绝,如此公庙之系于天下者岂浅显哉?"①

周容不但对鄞县王安石庙的合理性做了解释,对王安石"误国"之名也进行了辩白。关于元祐诸臣、王安石个人性格等影响变法的诸多动因,他也有个人独到的认识。而何以王安石之政行于鄞县有效、行之天下却无效这一自北宋以来士大夫们常发的疑问也作了回答。作为鄞县人,周容对王安石个人、新法的认识显然较为深刻,立场也更为客观,正是基于这一认识,他对鄞县历代祭祀王安石的传统有很强的认同。

从王章、周容两位明末清初士人的记文可以看出,在鄞县县治附近的王安石祠,虽然还是被称作"经纶阁",但位置已不在宋时原址,实圣庙,这一位于县治外的祠庙,又被称作"经纶阁",成为王安石的专祠。鄞县的王安石祠,在明清时期在鄞县县治附近只有一个。雍正时的府志记载:"王安石祠在鄞县东八十步,又称'实圣庙'。荆公行祠一在府东五十里阿育王山广利寺内。"②可以说明"实圣庙"的来源,就是最初建于鄞县县治的王安石生祠,这一点可以从周容的记文中得到佐证。在鄞县士民看来,实际的"实圣庙"与来自史籍的"经纶阁"作为祭祀王安石的场所是同一的。另一证明是明成化年间,经纶阁是列在"遗址"一类中,已经不存。③

王章、周容的记文说明,祭祀王安石的实圣庙,在明清易代之时,是由当地士民自发集资进行整修,而且由于地处通衢,来往拜谒的人非常多。这说明在明清时期,对王安石的祭祀在鄞县已经形成传统,部分任职鄞县的地方官尽管遵从当时的主流认识贬低王安石,但还是顺应地方士民的要求,对王安石祭祀场所的整修表示支持,这说明自南宋以来区别王安石在鄞县和在朝的施政,肯定王安石在鄞县施政的出发点和惠及百姓的效果的观点已经广为士民接受,由这一观点支持的鄞县祭祀王安石的传统因此表现出相当的强固性。正是这一自北宋以来延续不绝的传统,使得雍正年间一次来自上级官府拆毁鄞县王安石祠祀的檄令未被执行。那次毁祠檄令来自浙江总督李卫。

李卫,字又玠,江南铜山人,以军功起家,捐资为兵部员外郎,雍正三年(1725年),任浙江巡抚。四年命兼理两浙盐政,特任浙江总督管巡抚事,卒于乾隆三年(1738年),谥"敏达"。有关李卫为浙江总督期间毁王安石祠的记载,见于袁枚为李卫所撰传记,"公余坐南面,召优俳人季麻子说汉唐杂事,遇忠贤屈抑,金壬肆志,辄呜咽愤骂,拔剑击撞。闻鄞县有王安石祠,大怒,严檄毁烧"④。由于李卫并不知书,更加不可能了解南宋以来士大夫主

---

① 周容:《春酒堂文存》卷2《王荆公庙碑》,《丛书集成续编》第153册,新文丰出版公司,1989年,第110页。
② 曹秉仁:《(雍正)宁波府志》10《坛庙》,《中国方志丛书》,第607页。
③ 黄润玉:《成化宁波府简要志》卷5《遗址》,《四库存目丛书》史部第174册,第776页。
④ 袁枚:《小仓山房文集》卷7《直隶总督兵部尚书李敏达公传》,《丛书集成三编》第56册,新文丰初版公司,1997年,第392页。

流对王安石贬抑的原由,因此只是简单将王安石视为奸臣而已,这种脸谱化的忠奸观念,难以动摇鄞县长久以来对王安石施政的肯定。对此,为王安石辩白的蔡上翔非常不以为然:"乃阅近纪,有开府于浙者,闻鄞县有王安石祠,严檄趣令毁之。夫公之所以不朽,固不在祠之有无,而六七百年来鄞人犹祠祀之,其细民固非若崇尚淫祀求福田利益者所为,鄞为浙东南大县,其贤士大夫辈出必有不惑于群言而交相尸祝未已也,则今之毁之,安知后之人不复有起而议重修也哉。然其毁祠之由来纪者言之甚详,毁生于怒,怒激于义,义出于书,而其书不由目治而仅以耳食。呜呼!世有识字读书万卷者,其于安石无不若怒焉若激焉,断断然同于耳食也,而又何耳食者足怪云。"① 在他看来,没有祠堂并不妨碍王安石的不朽地位,鄞县崇奉王安石不是出于崇尚淫祀,或是为求福利,即便是今日毁去,他日必然复建。而目不识丁的李卫毁祠的理由也相当可笑,仅仅听书就怒而毁祠,根本就毫无由来。尽管李卫是浙江总督,但是他的"严檄"作用可能相当有限。据徐时栋记载:"雍正间,李敏达公卫巡抚浙江。严檄鄞县撤毁王荆公祠。不知何以至今其庙无恙。且荆公祠在鄞者非一处。愚谓荆公在朝误国罪不胜言,而令鄞时则惠政甚多,于吾乡水利尤极整顿。故他处庙可废,而鄞庙独不可毁。此亦改祀于乡之意也。"② 从地方志记载看,此次毁祠之令可能是一纸空文。《雍正宁波府志》载:"王荆公祠,县东八十步。"③ 此外宁波府学名宦祠、鄞县学名宦祠都有王安石木主,地方岁时与其他名宦同祭。④ 可见雍正年间官修方志时鄞县的王安石祠堂仍然保留。

除鄞县县治附近的实圣庙外,清代鄞县又新建了一些祭祀王安石的祠堂。如康熙年间见于记载的东钱湖畔的王安石祠堂,"王荆公行祠在东钱湖安石岭山之畔,盖当时垂泽于湖而祠之,故山亦以其名为名"⑤,安石岭山亦见于明代成化志,但王安石祠堂未见记载。据《(民国)鄞县通志》,鄞县有忠应庙,在下水乡下水村,建于清嘉庆年间,分祀王安石。另一为灵佑庙,在缘祥乡缘野峁西。⑥ 乾隆年间,忠应庙、灵佑庙已有记载:"灵佑庙,在县东五十五里,祀宋邑令王安石,相近有忠应庙,其分祀也。"⑦ 则灵佑庙、忠应庙皆是乾隆年间已有,但是最初的修建时间已不可考。

明清鄞县王安石祭祀出现的一个新现象是,王安石祠堂具备了一些灵应的功能。如明代武术家慈溪人边澄,其学艺据传与王安石祠有关:"年十五时闻王荆公祠祈梦有验,诣

---

① 蔡上翔:《王荆公年谱考略》附录《鄞县王荆公祠》,《王安石年谱三种》,中华书局,1994年,第629页。
② 徐时栋:《烟屿楼笔记》卷1,《续修四库全书》第1162册,第605页。
③ 《(雍正)宁波府志》卷10《坛庙》,《中国方志丛书》,第607页。
④ 曹秉仁:《(雍正)宁波府志》卷9《学校》,第514页。
⑤ 汪源泽:《(康熙)鄞县志》卷9《敬仰考》,《中国地方志集成》第18册,第358页。
⑥ 张传保:《(民国)鄞县通志·舆地志》卯编《庙社》,《中国方志丛书》,第1558页。
⑦ 钱维乔:《(乾隆)鄞县志》卷7《坛庙》,《续修四库全书》第706册,第144页。

祠祷曰:'愿学一艺立名。'梦鬼卒手教之搏,自是有膂力。"①其得到梦兆的王安石祠应当就是鄞县的某一个。

至民国时期,实圣庙、灵祐庙、忠应庙外,另有一座祭祀王安石的祠堂修建于宝幢镇玉几山麓,俗称"聚圣庙",1925 年由玉几莅刍、晦谷源龙重修。晦谷原龙,或即觉性源龙。觉性源龙,俗姓马,名玲纪,号觉性,浙江定海人。九岁出家,礼阿育王寺宗慧和尚为师。十五岁在天童寺受具足戒。十九岁任监院。二十四岁出游参学,住扬州高旻寺。1912 年回阿育王寺任当家。三十三岁接任阿育王寺方丈。1930 年用钢筋水泥结构重建遭火毁的天王殿,而形状与木结构逼真,开鄞县寺院古建筑改造之先例。②

东钱湖侧的王荆公祠,可能即灵祐庙、忠应庙中的一座,在 1928 年得到整修,主持此次整修的是鄞县知事陶在东。陶在东是绍兴人,他在给《申报》的一篇文章中提出了自己对王安石乃至新政的看法:"'公乃北宋一大政治家,指目奸邪,异党手编非信史;祀于东湖十分佳胜处,报祈父老,同情心感属民官。'此余题鄞县东钱湖王荆公祠联也。按荆公实中国数千年来肯负责任能行主义稀有之政治家,史料多采自旧党著录,执拗奸邪,传为口实,冤诬已甚。公曾知鄞县,庆历八年,重清湖界。此事本集不载,见判庆元魏王赵恺劄子,湖上立祠,盖由于此,崇报迄今,足见甬上民风之厚。余后公七百余年而为鄞令,犹是兴湖,了无兴作,能无愧疚? 既谒公祠,稍事修葺,撰留此联。感不绝于余心焉。"在文章中他强调王安石的污名源于旧党裁剪的史料,并非信史,他实为一位杰出的政治家。王安石在鄞县的惠民之政,不但为鄞县士民所追念,也是对后任官员的激劝。正如陶在东所说,正是鄞县淳厚的民风才使王安石祭祀不绝延续。③

宋代自嘉祐以来祭祀王安石,从改易风俗和农田水利两个方面展开,前者是自其儒学正统传人地位而言,后者则就其为地方能吏而言,随着王安石在北宋中后期评价渐趋负面,以儒学大家而改易学风、民风角色日淡,修水利、去弊害的面向被日益突出。官方的"崇德"逐渐让位于民间的"报功"。王安石在朝主持变法的所行及其结果,与其在鄞县施政成果的评价的巨大差异,使得"崇德"不得不让位于对特定时期、具体施政的结果肯定的"报功"。

① 曹秉仁:《(雍正)宁波府志》卷 31《艺术》,《中国方志丛书》,第 2370 页。
② 宁波市佛教协会编:《宁波佛教志》,中央编译出版社,2007 年,第 217 页。
③ 陶在东:《钱湖偶话》,《申报》,1928 年 7 月 4 日。

元代历史书写中的宋元交替
——以宋季常州守城为例*

于 磊**

长期以来,对于前近代中国历史演进的把握,唐宋变革被视为一个重要的分水岭,并获得学界的广泛认同。但近年来,内陆亚洲的研究视角愈发受到重视,并以此对唐宋变革论进行了重新反思。其主要论点在于,唐宋变革论忽略了安史之乱后内陆亚洲东部地区辽、金、蒙古诸势力的兴起对中国历史进程的影响,而正是这些北方游牧力量的影响,方使得传统"中国"的内涵和外延都发生了巨大变化。[1]与此同时,以西方学者为中心,亦曾将宋元明视作整体的进程,提出"宋元明过渡期"论[2],充分重视北方游牧力量,尤其是蒙元帝国对传统中国文明所产生的影响。但相关研究成果所呈现出的面貌特征则较为含糊,仍处于问题提出的阶段。[3]

另一方面,近年来以宋史为研究重心的学者开始注目于宋元交替时期,并以此思考从南宋开始的中国社会转型问题,尤其以科举社会为切入点讨论社会的变迁对知识人所产

* 本文系 2015 年度国家社科基金青年项目"元代江南知识人群体的社会史研究"(项目批准号:15CZS024)和江苏省社科基金一般项目"元代江南家国认同与多元文化研究"(项目号:18LSB007)的阶段性成果,原载于《江海学刊》2019 年第 4 期。

** 于磊,南京大学历史学院副教授。

① 杉山正明:《モンゴル时代史研究の现状と课题》,佐竹靖彦等编集:《宋元时代史の基本问题》,汲古书院,1996 年,第 503—509 页。
② "宋元明过渡期"的提法源自 1997 年 6 月于美国加州大学洛杉矶分校召开的"The Song-Yuan-Ming Transition: A Turning Point of Chinese History"国际会议,而后由史乐民(Paul Jakov Smith)和万志英(Richardvon Glahn)编辑成 *The Song-Yuan-Ming Transition in Chinese History*, Cambridge: Harvard University Asia Center, 2003。另参见中岛乐章:《宋元明移行期论をめぐって》,《中国—社会と文化》20, 2005 年。
③ 相关评论及批评参见近藤一成:《宋代中国科举社会の研究》前言,汲古书院,2009 年;李治安:《元和明前期南北差异的博弈与整合发展》,《历史研究》2011 年第 5 期。

生的影响。①但是在整体把握元代社会,以及对元代中后期文献资料的利用等方面仍有深入探讨的必要。对此,传统研究则更多关注于宋元之际知识人群体的动向问题②,从而揭示出了宋元之际江南社会的复杂性特征。但当时知识人群体多元化的选择对后世产生了何等影响等问题似乎少有论及。

本文即在上述问题意识的基础上,以元朝收服南宋过程中较为著名的常州之役为出发点,分析参与常州守城诸将领在元代的历史书写以及极具地方文献特征的家乘史料如何为官方的历史编纂所重视,进而被采信为官方正史的过程。以此,进一步探讨元代后期知识人群体对于宋季常州守城乃至宋元变革的认识问题。同时,亦充分利用尚未为学界所注意的《毗陵忠义祠录》③所收相关传记资料,进一步放宽时代视野,兼及明清时代对宋末常州守城诸将领的立庙、祭祀等问题的讨论,以期管窥宋元变革在整个元代及其后时代的历史意义问题。

一、宋季常州守城

欲论述常州之役守城诸将领及其在元代的历史书写问题,首先需简单叙及战争的过程。关于元朝收服南宋的战争,李天鸣的《宋元战史》已做详尽周到的研究,其中亦对常州之役的经过在不同节次中有所涉及。④本节即在此基础上,订正其不确之处的同时,参照同时代其他史料以时间为序述之。

至元十二年(德祐元年,1275 年)三月,伯颜军攻占建康后,即派军降服周边郡县。三月十一日"知常州赵与鉴闻兵至遁,常民钱訔以城降"⑤。其具体情形为:"会守臣赵与鉴称病,温人王良臣者屡举不中,流落无藉人也,适寓常,与钱訔者诈称郡官,开门迎降。上书首署钱訔,而末及已。今法以署后者为长,良臣遂守郡,訔乃次之。"⑥

---

① 近藤一成曾以宋元交替之际文天祥及其弟文璧不同的政治选择为例首次提及重新审视宋元交替的意义问题。参见 2013 年 3 月 15 日早稻田大学"中国伝统文化の形成"研讨会报告资料。另外,王瑞来亦从南宋至元代科举社会的变化探讨知识人的转向问题,并发表了一系列论作,皆收入氏著《近世中国:从唐宋变革到宋元变革》,山西教育出版社,2015 年。

② 代表性研究参见植松正:《元代江南の地方官任用について》,《法制史研究》38,1989 年,后收入氏著《元代江南政治社会史研究》,汲古书院,1997 年;陈得芝:《论宋元之际江南士人的思想和政治动向》,《南京大学学报》1997 年第 2 期,后收入氏著《蒙元史研究丛稿》,人民出版社,2005 年;包伟民:《略论元初四明儒士的遗民心态》,《中国史研究》2011 年第 1 期等。

③ 叶燮辑:《毗陵忠义祠录》,《四库全书存目丛书》,齐鲁书社,1997 年影印上海图书馆藏清钞本,史部第 90 册。

④ 参见李天鸣:《宋元战史(二)》第六章《元世祖忽必烈汗时代的宋元战争——元朝大举南侵和宋恭帝的投降》,食货出版社,1988 年。

⑤ 《宋史》卷 47《瀛国公纪》,中华书局,1977 年标点本,第 928 页。

⑥ 危素:《昭先小录序》,《危学士全集》卷 2,《四库全书存目丛书》,齐鲁书社,1997 年影印复旦大学图书馆藏清乾隆二十三年芳树园刻本,集部第 24 册,第 657 页。

其后，"淮民王通居常州，阴以书约刘师勇，许为内应。朝议乃以姚希得子訔知常州"①。由于此时"故参知政事姚公希得之子訔以知某州，家居宜兴"，故同当时因丁母忧于家的陈炤②共图复常州，"起民兵二万"③。"事闻，丙申（三月二十五日），授訔带行军器监簿，知常州，调扬州兵七千隶之。"④终与南宋都统制刘师勇的共同努力下，于五月五日"复常州，走钱訔"⑤。在姚訔奏请下，宋廷亦因授陈炤通判常州。⑥八月十日，刘师勇乘势收复常州西北之吕城（今江苏丹阳东南五十里）。⑦同时，宋廷又任命文天祥为浙西江东制置使，兼知平江府⑧，以期在最后时刻能够起到拱卫临安的作用。

对此，元朝军队于九月二十八日在阿塔海带领下击溃南宋驻防吕城的张彦，张彦为元军俘获并投降。⑨其后，阿塔海率元军围攻常州，双方展开持续的攻防战。宋廷在获知常州被围后，便派遣统制张全，而文天祥亦遣部将张华、尹玉随张全前往救援。至五牧（今江苏武进东南约四十五里）后，张全又派其部将麻士龙设伏于虞桥。后由于张全所率淮军隔岸观火，不发一卒，终使尹玉、麻士龙战死。南宋援军被击溃。⑩此即著名的宋军五牧之败。⑪

此后，元军继续围攻常州。十一月十三日伯颜亦自镇江抵常州督战。⑫据下节附表所列元初遗民记载，其战况极其惨烈。最终姚訔自焚而死，陈炤自弃撤离机会，遇兵被害。而副统制王安节亦不屈忠义殉节。三人皆受宋廷褒赠，立庙祭祀。⑬其时为守卫常州城而

① 《宋史》卷 450《陈炤传》，第 13251—13252 页。

② 《宋史》卷 450《陈炤传》（第 13251 页）："陈炤字光伯，常州人。少工词赋，登第，为丹徒县尉，历两淮制置司参议官、大军仓曹、寿春府教授，复入帅幕，改知朐山县，仍兼主管机宜文字。寻丁母忧归。"

③ 危素：《昭先小录序》，《危学士全集》卷 2，第 657 页。

④ 危素：《昭先小录序》，《危学士全集》卷 2，第 657 页。余阙：《复陈景忠修撰书》，《（光绪）无锡金匮县志》卷 36《艺文·元》，《中国地方志集成 江苏府县志辑》，江苏古籍出版社，1991 年影印清光绪七年刻本，第 24 册，第 585 页；《全元文》第 49 册《余阙一》（凤凰出版社，2004 年，第 118 页）亦辑录此文。余阙《复陈景忠修撰书》未曾为《青阳先生文集》所收，长期以来仅存于地方志中，故流传未广。作为《陈炤传》编修者所存留的书简，其中他根据在档案中发现的官方记载《德祐日记》所确定的"姚訔之常在三月廿五日，刘师勇复常在五月五日，陈通判之莅在十八日"这几个关键的时间点，无疑成为后来《宋史·瀛国公纪》和《陈炤传》的编修以及危素《昭先小录序》撰写的基础。如此一来，这几种资料的史源问题便可据此基本坐实，而该书简对于研究宋末元初历史的价值愈加凸显。尽管《宋元战史》亦间或参照了危素据此撰写的《昭先小录序》，但前述几个关键时间似并非以此为据，故导致其记叙过程中存在不小的偏颇。

⑤ 《宋史》卷 47《瀛国公纪》，第 930 页；《宋史》卷 450《陈炤传》，第 13252 页；余阙：《复陈景忠修撰书》，第 585 页。

⑥ 《宋史》卷 450《陈炤传》，第 13252 页；余阙：《复陈景忠修撰书》，第 118 页；邵焕有：《赠朝奉大夫直宝章阁常州通判陈公墓志》，叶燮辑：《毗陵忠义祠录》卷 2《稽事迹》，第 399 页。

⑦⑧ 《宋史》卷 47《瀛国公纪》，第 933 页。

⑨ 《宋史》卷 451《刘师勇传》，第 13274 页。

⑩ 李天鸣：《宋元战史（二）》第六章《元世祖忽必烈汗时代的宋元战争——元朝大举南侵和宋恭帝的投降》，第 1238—1239 页。

⑪ 刘一清撰，王瑞来校笺考原：《钱塘遗事校笺考原》7《五木之败》，中华书局，2016 年，第 244—245 页。

⑫ 刘敏中：《平宋录》卷中，台北"国家图书馆"藏旧钞本。

⑬ 李天鸣：《宋元战史（二）》第六章《元世祖忽必烈汗时代的宋元战争——元朝大举南侵和宋恭帝的投降》，第 1241—1242 页；虞集：《道园学古录》卷 44《陈炤小传》，《四部丛刊》影明景泰翻元小字本，第 16 页。

死者,尚有天庆观道士徐道明,僧人莫谦之以及时家居常州的溧水县尉胡应炎等。①对待降而复叛之城,蒙元军队多施以屠城,尽管大部分皆以各种缘由得免,但由于自襄阳之战以来,元军所受抵抗为最烈,持续时间亦最久,故常州最终未能免于屠城之祸。

二、元代史籍关于守城诸将的历史书写

基于前节宋末元初之际常州守城经过的叙述,现着重探讨元代史籍所载守城诸将领的异同问题。如前所述,常州守城之激烈,于蒙元政权收服南宋战争中所仅见。这也对江南知识人阶层产生了较大震动。战事结束不久,即有史籍对其经过,特别是守城诸将领详加记述。直至元末,相关记载仍不绝于史。对此,笔者在综合整理相关史料的基础上,胪列如表1。

表1　元代史籍所载宋季常州守城主要将领

编　号	史　籍	守城将领
①	佚名《昭忠录》 赵景良《忠义集》②	王安节、刘师勇、姚訔
②	佚名《宋季三朝政要》③	姚訔、刘师勇、王安节
③	刘一清《钱塘遗事》④	姚訔、刘师勇、王安节
④	郑思肖《大义略叙》⑤	刘师勇、王安节

① 《宋史》卷455《徐道明传》《莫谦之传》,第13382—13383页;邵焕有:《赠朝奉大夫直宝章阁常州通判陈公墓志》,叶燮辑:《毗陵忠义祠录》卷2《稽事迹》,第400页。
② 佚名:《昭忠录》;赵景良:《忠义集》卷4,刘麟瑞:《昭忠逸咏》。《昭忠录》现存《墨海金壶》《守山阁丛书》《粤雅堂丛书》《四库全书》诸版本,各版本文字间有差异,唯《四库全书》本相较为佳,本文即以此为据。同时,赵景良《忠义集》现存版本亦较多,国家图书馆、上海图书馆、台北故宫博物院等多地皆有收藏。本文仍以较为通行之《四库全书》本为据。关于两书的版本源流考述,分别参见熊燕军:《南宋佚名〈昭忠录〉作者考——兼论〈昭忠录〉与〈昭忠逸咏〉的关系》,《元史及民族与边疆研究集刊》第27辑,上海古籍出版社,2014年;闫群:《〈忠义集〉研究》,华东师范大学硕士学位论文,2011年,第3—24页。另外,关于佚名《昭忠録》和刘麟瑞《昭忠逸咏》的关系,闫群认为前者乃明末清初人辑自后者的诗后小注,而熊燕军则认为两书为同源异本,作者同为刘麟瑞。笔者在此难遽断孰非,姑存疑。但就本文所涉及关于常州守城诸将的记载,两者确乎一致,故并而论之。
③ 佚名撰,王瑞来笺证:《宋季三朝政要笺证》卷5《少帝》,中华书局,2010年,第416—417页。
④ 刘一清撰,王瑞来校笺考原:《钱塘遗事校笺考原》卷7《五木之败》。
⑤ 郑思肖著,陈福康校点:《郑思肖集·心史》,上海古籍出版社,1991年,第165页。关于郑思肖《心史》,特别是其中最具争议的《大义略叙》真伪问题,长期以来引起中外学术界广泛关注。基本上说,就其中所反映的相关史实来看,元史学者多认可其真实性。特别是近来钟焓以域外史料的记载同《心史》相互比对、考证,进一步证实该书的真实性,令人信服,本文在此亦以此为据。参见钟焓:《〈心史·大义略叙〉成书时代新考》,《中国史研究》2007年第1期。围绕《心史》真伪问题争论的系统梳理,并参见陈福康:《井中奇书新考》(下册),上海外语教育出版社,2015年,第869—964页。

编号	史　籍	守城将领
⑤	胡一桂《双湖先生文集》①	王安节、姚訔
⑥	《泰定毗陵志》②	姚訔、刘师勇、王安节、陈炤
⑦	王逢《毗陵秋怀有后序》③	姚訔、王安节、刘师勇
⑧	《至正金陵新志》④	刘师勇、姚訔、陈炤、王安节
⑨	《宋史·忠义传》⑤	陈炤、姚訔、王安节、刘师勇
⑩	陈桱《通鉴续编》⑥	姚訔、刘师勇、王安节、陈炤
⑪	《元史·伯颜传》⑦	刘师勇、王安节、姚訔、陈炤

① 胡一桂：《双湖先生文集》卷10《宋纪·度宗恭宗端宗》，《续修四库全书》，上海古籍出版社，2002年影印上海师范大学图书馆藏清康熙四十二年刻本，集部第1322册，第625—626页。

② 该志原本已佚，赖"《（洪武）常州府志》"得以保存部分内容。"《（洪武）常州府志》"的问题较为复杂。该书卷首题"谢应芳常州府志""洪武十年"，长期以来学界一般称之为"《（洪武）常州府志》"。由于其中亦载有永乐年间户籍人数等内容，故杨欣即认为该志即其成化《重修毗陵志》所提及的《（永乐）常州府志》，并以此命名。对此，叶舟进一步考证，所谓"《（永乐）常州府志》"并非原书，不过是明初纂修《（永乐）常州府志》时所做的前期准备工作。即是对永乐之前常州相关的方志加以汇编、编排而成的资料长编。参见叶舟：《永乐〈常州府志〉考》，《中国地方志》2007年第8期。此观点流传相对较广，点校版《明永乐常州府志》即以此为据。参见巴兆祥：《重刊永乐常州府志序》及朱玉411、张平生、叶舟：《点校说明》，《明永乐常州府志》，广陵书社，2006年，《序》第2页、《说明》第2页。但近年亦有学者认为，所谓"《（洪武）常州府志》"其实是《永乐大典》卷6400至卷6418"常州府一至十九"的钞本。在《永乐大典》编纂之际，时人依据宋、元、明初常州及下属无锡、江阴、宜兴诸县的多部方志，以类书体例汇编而成。参见王继宗：《〈永乐大典〉十九卷内容之失而复得——〈（洪武）常州府志〉来源考》，《文献》2014年5月。笔者详阅该书后亦对后一观点表示赞同。但不论何者，现存所谓"《（洪武）常州府志》"为明初对前代方志的汇编是没有问题的。其中所抄录元代大德《毗陵志》《泰定毗陵志》以及明初《毗陵续志》的史料价值极为值得重视。该书现存上海图书馆，清嘉庆间钞本，道光间华湛恩校，收入《上海图书馆藏稀见方志丛刊》，国家图书馆出版社，2011年，第46—49册。为行文引用方便，本文以杨印民辑校：《大德毗陵志辑佚（外四种）》（凤凰出版社，2013年）所收《泰定毗陵志》的辑本为据。

③ 王逢：《梧溪集》卷2《毗陵秋怀有后序》，《中华再造善本》影印中国国家图书馆藏元至正明洪武间刻景泰七年陈敏政重修本，第8页。

④ 张铉纂：《（至正）金陵新志》卷14《摭遗·刘虎》，《中华再造善本》影印中国国家图书馆藏元至正四年集庆路儒学溧阳州学溧水州学刻本，第61页b至第62页a。

⑤ 《宋史》卷450《忠义五》，第13251—13253页。

⑥ 陈桱：《通鉴续编》卷24，台湾"国家图书馆"藏至正二十一年松江刊本，第31页b—第32页a。

⑦ 《元史》卷127《伯颜传》，中华书局，1976年，第3107页。众所周知，《元史》由明洪武时期两次开局纂修而成，其中各传所据资料多为元人所撰碑文、墓志、行状、家传等，但诸如伯颜这类名臣传记的资料则多源自历代官方所纂修的功臣传。参见王慎荣：《〈元史〉列传史源之探讨》，《吉林大学社会科学学报》1990年第2期，第3页，后收入王慎荣主编：《〈元史〉探源》第五章《〈元史·列传〉的史源》，吉林文史出版社，1991年。具体到伯颜相关的碑传资料，主要有元明善《丞相淮安忠武王碑》（《国朝文类》卷24，《中华再造善本》影印中国国家图书馆藏元至元至正间西湖书院刻明修本，第11页至第19页a）、刘敏中《敕赐淮安忠武王庙碑》（刘敏中：《中庵集》卷1，《北京图书馆古籍珍本丛刊》，书目文献出版社，影印清抄本，第92册，第266—267页），以及苏天爵据此编辑而成的《国朝名臣事略》卷2《丞相淮安忠武王》（姚景安点校，中华书局，1996年，第16—31页）。但核查关于常州守城诸将领的相关内容，碑传资料仅有刘师勇突围事，其他皆未提及，反而《元史·伯颜传》所载更为详细。由此或可推测，明初《元史》纂修之际，《伯颜传》的内容很可能依据了元朝官方所编诸功臣传记以及后文所述及《德祐日记》等其他官方资料。故而，本文在此亦将《元史·伯颜传》作为元代史籍资料列入表中。

　　需要说明的是,本表仅针对守卫常州城的主要将领①所列,诸如文天祥所派遣尹玉、麻士龙等援军,尽管亦在救援途中战死,但不同于守城将领,故未列入表中讨论。同时,常州人胡应炎亦"署节度判官",并与同族兄弟共同参与守城。但现存两篇传记资料皆难断定为元代文献,故本文亦暂不详及。②另外,上节所提及危素《昭先小录序》、虞集《陈炤小传》及余阙《复陈景忠修撰书》等资料,虽亦述及守城诸将,但如后文所述,皆为《宋史·陈炤传》编修之际集中出现的陈炤相关传记资料群,其性质与之相类,故为避免重复,亦不列于此表。

　　据此表可知,①至⑤可视为元代初期宋遗民的私人撰述,而⑦至⑪则皆为顺帝至正四年(1344年)以后的官方记载或私人撰述。③在前者宋遗民的撰述中,④郑思肖《大义略叙》主要以时间为序叙述南宋重要将领在宋末动向及其对时局的影响,故未及当时作为地方官守城的姚訔;而⑤胡一桂则是以史论的形式慨叹"大宋三百年养士之盛",所列举"皆其最著者,余则尚多矣"。④也就是说,两者所论皆非专为记述常州守城诸将领所作,故仅提及其中他们所认为具有代表性者。但另外三则记载皆较为一致地详细叙述了知州姚訔、枢密院都统制刘师勇和副统制王安节的事迹。

　　与此相对,在元代后期的记载中,除却元初一致提及的三人之外,皆多出了通判陈炤的内容。特别是在《宋史·忠义传》对常州守城诸将领的记载中,陈炤名列首位。尽管王逢在其《毗陵秋怀》诗歌后序并未提及陈炤,但由于该诗歌主要是为其所闻刘师勇事迹感发而作,其重点在刘师勇,对姚訔和王安节亦仅略带提及,没有陈炤也可理解。

　　考虑到元初遗民群体频繁而密切的联系,他们之间应当存在某种共通的信息交流或来源渠道,而对于宋元交替之际震动江南的常州之役,他们也理应详细追索并彰显参与守城的诸将领而不致有所遗漏。但事实却并非如此。

　　元代中期开始史料记载开始发生了变化。其时对守城主要将领的记载保存在⑥《泰

---

① 常州之役后,"莫谦之者,宜兴浮屠,起兵战死。徐道明,天庆观道士,不降死"。见危素:《昭先小录序》,第658页。另据《宋史》卷455《忠义十》所附"莫谦之"和"徐道明"的简短小传,莫谦之"诏为溧阳尉",而徐道明"为管辖,赐紫",二人亦曾参与常州守城。而"时万安僧亦起兵",最终兵败战死。俱见《宋史·忠义十》,第13382—13383页。现今常州市内人民公园仍存"袈裟塔"遗迹,1989年建文笔塔园时由江苏省常州高级中学迁入。其实,当时参与常州守城的人士较多,散见于各类地方文献资料中。如《泰定毗陵志·死节》亦载有包圭事迹。参见杨印民辑校:《大德毗陵志辑佚(外四种)》所收《泰定毗陵志辑佚》,第71页。本文表格所列仅及主要将领,故不一一胪列。
② 高启:《凫藻集》卷4《胡应炎传》,《四部丛刊》影明正统刊本,第3页b至第5页。据该传中"元兵"等行文用语以及对元军将领唆都的批判来看,当作于明初。另,《毗陵忠义祠录》同卷收录"郡志"所载《胡应炎传 包圭附》,从内容上看,其事迹应当源自高启所作《胡应炎传》。
③ 王逢:《梧溪集》卷2《毗陵秋怀有后序》(第8页a):"至正甲申秋八月,逢金陵归,泊常城下,有老兵能道刘都统事。"
④ 胡一桂:《双湖先生文集》卷10《宋纪·度宗恭宗端宗》,第626页。

定毗陵志》中，其《人物·死节》条下分别列有姚訔、刘师勇、王安节、包圭四人小传①，但未及陈炤事。而同书所汇集《文章》条下，则收录牟巘所撰《陈肖梅先生遗文序》②，述及陈炤忠烈殉死之事。再结合《毗陵忠义祠录》所收元初邵焕有③撰《赠朝奉大夫直宝章阁常州通判陈公墓志》可知，这两种资料皆属于私人家传性质，时人对陈炤守城事迹的认识也应当仅限于常州地方以及相关亲友之间，范围不广。直至元代后期在纂修辽、金、宋三史风潮下，此家乘资料方逐步纳入官方正史视野，陈炤死节事亦广为众所知。

三、《宋史·陈炤传》的纂修及相关问题

众所周知，自忽必烈时代收服南宋政权以来，元朝即议修《辽史》《金史》《宋史》，但由于在三史的体例以及正统等问题上的持续争论，使得三史的纂修被长期搁置，未克展开。但其间却作了不少的准备工作，如屡为学者所提及的袁桷即上有《修辽金宋史搜访遗书条列事状》④，并开列具体搜访书目。至三史正式纂修之时，"这三国实录、野史、传记、碑文、行实，多散在四方，交行省及各处正官提调，多方购求，许诸人呈献，量给价直，咨达省部，送付史馆，以备采择"⑤。亦即，元朝正式派员多方访求资料，以备纂修。特别是危素，即曾遍历江南各地访摭遗阙。⑥如后文所详述，他同《宋史·陈炤传》的编修也有密切关联。在此国家修史所造成的风潮之下，《宋史·陈炤传》终得历经曲折编修而成。同时受此影响，前节表中⑥至⑩的记载便于元代后期集中出现。

首先来看《宋史·陈炤传》的编修。陈炤能够最终得以立传成功，全在其曾孙陈显曾的努力：

宋德祐元年十月乙卯，通判常州陈公炤死城守。后六十九年，为大元至正三年，皇帝

---

① 杨印民辑校：《大德毗陵志辑佚（外四种）》所收《泰定毗陵志辑佚》，第 71 页。

② 杨印民辑校：《大德毗陵志辑佚（外四种）》所收《泰定毗陵志辑佚》，第 108 页。

③ 《宝祐四年登科录》（《文渊阁四库全书》本）卷三载："邵焕有，第五甲第一百二十八人，字尧章，小名衍木，小字大儿。德三，具庆下。年三十一，三月二十四日申时生。治赋，一举。曾祖宏。本贯常州。"

④ 袁桷：《清容居士集》卷 41《修辽金宋史搜访遗书条列事状》，《中华再造善本》影印中国国家图书馆藏元刻本，第 31—40 页。

⑤ 《辽史》附录《修三史诏》，中华书局修订本，2016 年，第 1712 页。另，预修《宋史》的王沂在所撰《彭氏世谱序》中亦言："会廷议修辽、金、宋史，方求故家遗记。"参见王沂：《伊滨集》卷 15《彭氏世谱序》，《文渊阁四库全书》本。

⑥ 参见宋禧：《庸庵集》卷 12《代刘同知送危检讨还京师序》，《文渊阁四库全书》本；顾瑛：《草堂雅集》卷 5《危太朴以史事南来搜书风雨宿南硐明日追寄》，《文渊阁四库全书》本。关于危素对《宋史》纂修的贡献，参见孔繁敏：《危素与〈宋史〉的纂修》，《燕京学报》新 2 期，北京大学出版社，1996 年，后收入罗炳良主编：《宋史研究》，中国大百科全书出版社，2009 年。

诏修辽、金、宋史,其曾孙显曾以书告史官翰林直学士王公沂师鲁、翰林修撰陈君祖仁子山、经筵检讨危素太朴,请录公死节事。陈君及素复书曰:史官修撰余君廷心实当纪公事,而慎重不轻信。于是显曾又亟以书告余君,反复哀痛。余君虽爱其词,然犹难之。后从国史院史库得《德祐日记》,载公授官岁月与夫复城、守两转官、城破死节、褒赠等事甚悉,始为立传,而显曾未知也。遂走京师,伏谒余君以请。①

关于陈显曾,方志载:

陈显曾,字景忠,无锡人。宋常州通判肖梅先生炤之曾孙也。博学明经,为文出入汉魏间。元至正辛巳,乡试中乙科,历汉阳、常州二学教授,累迁儒学提举、福建行省都事、集贤都事、翰林修撰。元平,归老于家,年逾七十。有《昭先堂稿》若干卷行于时。②

据此可知,修史诏书颁布当年,中乡试不久的陈显曾即同王沂、陈祖仁、危素、余阙等书信联络,请求"录公(陈炤)死节事"。现无史料证明此前陈显曾同王沂③间的交往,而陈祖仁曾任晋陵县尹④,危素于江南搜集书籍、访询故老之时曾途径常州⑤,故所结识,方有是请。但由于危素和陈祖仁并不担任相关传记的编修,他们向陈显曾推荐了余阙。

关于陈显曾同余阙的往来,方志中幸存有余阙答复他的书简:

阙启:子山修撰递至所寄书,承谕令先世死事,辞义恳至,此正仁人孝子之用心。比来遣使购求四方野史诸书,宋故家子孙少有送上者。……令先世事,仆所以迟迟不可决,非敢少有他志,特以德祐时国家分崩灭亡,皆无著作,而枢密院故牒载常事特略,野史所纪特姚王刘事,又皆纷纭失真,而陈通判无能知者。夫家传不敢尽信,先辈屡有是言。必参稽众论,有可征据而后定。⑥

同时参照上引危素所记"(陈显曾)遂走京师,伏谒余君以请"可知,陈显曾当时还曾携陈炤相关传记资料谒见余阙,但由于余阙"家传不敢尽信",而又未能从官方档案中找到当时丁母忧在家的陈炤相关授官、死节、褒赠记录,故暂时未为之立传。其后,余阙"近书库中始

① 危素:《危学士全集》卷2《昭先小录序》,第656页下。
② 杨印民辑校:《大朝毗陵志辑佚(外四种)》所收《毗陵续志辑佚·文学》,第256页。
③ 王沂,字师鲁,河北真定人。延祐二年,中会试第三名,廷试登进士,历临淮县尹、嵩州同知等职。至顺三年,尝为国史院编修官。后至元六年,为翰林待制。预修《辽》《宋》《金》三史。参见沈仁国:《元朝进士集证》,中华书局,2016年,第29—30页。另,沈仁国在王沂小传中作"(王沂)至正四年,任翰林直学士"(第30页),而上引危素《昭先小录序》所载至元三年时王沂即已为翰林直学士,或可据此改正之。
④ 《元史》卷186《陈祖仁传》载:"陈祖仁字子山,汴人也。其父安国,仕为常州晋陵尹。祖仁性嗜学,早从师南方,有文名。"(第4272—4273页)
⑤ 危素:《昭先小录序》载:"素使过常,询其父老,而参以野史杂记所载。独恨忠义之家,其子孙往往材智下,不能道先世事,可胜悲哉。"(第656页下)。并参见上引孔繁敏:《危素与〈宋史〉的纂修》,收入罗炳良主编:《宋史研究》,第167页。
⑥ 余阙:《复陈景忠修撰书》,《(光绪)无锡金匮县志》卷36,第585页;《全元文》第49册《余阙一》,第117页。《全元文》此处标点为"阙启子山修撰:递至所寄书"。很明显标点者不知"陈景忠""陈子山"分别为"陈显曾""陈祖仁",同时对相关史事不熟悉,故有此误。

得《德祐日记》①数册，陈通判事始见"②，而终于《宋史·忠义传》修立《陈炤传》。此时，其中曲折原委"（陈）显曾未知也"，而直至余阙此书简递至之时方才知晓。如本文第一节所指出，余阙该书简于宋元交替历史研究意义非小，特别是官方记录《德祐日记》的发现对于《宋史》相关纪、传的编纂价值突出。

其实，陈显曾为积极彰显其曾祖陈炤所作出的努力尚远不止于此，其积极活动在三史纂修之前即早已展开。

首先从陈显曾谒见余阙之时所携陈炤相关传记资料谈起。其中较重要者当为虞集所撰《陈炤小传》。尽管现存虞集文集诸版本中，并未明确记载具体的撰写时期，但根据其中所载：

（陈炤）子四人，应凤，早卒。应鼋、应麟皆乡贡进士。某，曾孙显曾，今为儒。陵阳牟献之曰："舍门户而守堂奥，势已甚蹙，而訔、炤死，殆无愧于巡、远。"炤之友邵焕有曰："宋之亡，守藩方擐甲胄而死国难者百不一二，儒者知兵小臣，仓卒任郡寄而死，千百人中一二耳。若炤者，不亦悲夫。"史官曰："伯颜丞相之取江南，行军功簿大小具在官府，可以计日而考之也。国朝经世大典尝次第而书之。若炤之死事可以参考其岁月矣。"③

并参照上引方志所载陈显曾传，可知，虞集撰写该文时陈显曾或尚未中乡试，而仅提及"某曾孙显曾，今为儒"。同时，虞集在文后仅提及《经世大典》记录元初收服南宋将领军功事，并希冀以此考证"炤之死事"而未提及《宋史·陈炤传》编修相关的情况，更遑论余阙所见之《德祐日记》了。进一步对比《陈炤小传》所记常州之役的时间，同其后据《德祐日记》编纂而成的《宋史·陈炤传》及危素所撰《昭先小录序》皆不同。故而，虞集所撰该文的时间当在《宋史》编修为陈炤正式立传之前，从而成为陈显曾携带谒见余阙时的重要资料。

此外，该史料所提及牟献之乃元代前期寓居湖州的四川人牟巘，在当时文人群体中颇具影响力。④虞集此处所引牟巘之语实出自前文所提及牟巘撰《陈肖梅先生遗文序》。⑤但据牟巘文所载"己酉秋，友人萧子中为毗陵学官，以陈君遗事示予"可知，牟巘早在至大二年（1309年）即已受友人常州学官萧子中所请为陈炤遗文撰序。尽管未有明确史料说明萧子中同陈炤子孙的关系以及为何会以其遗文请序，但根据危素《昭先小录序》所载"（陈炤子陈应鼋）革命之后，杜门不出，命子协赎求公遗言录藏之"可知，陈炤殉节后，陈应鼋即命其子陈协积极注意搜集陈炤遗文。同时，陈协还有意识地让其子陈显曾继承并彰显陈炤

---

① 《德祐日记》，现存史籍未见。但《宋史》卷203《艺文二》载有"《德祐事迹日记》四十五册"（第5091页），不知是否即此书。
② 余阙：《复陈景忠修撰书》，《（光绪）无锡金匮县志》卷36，第585页。
③ 虞集：《道园学古录》卷44《陈炤小传》，第16页b。
④ 相关研究参见于磊：《〈癸辛杂识〉之贺诗风波——论方的人品及其他》，《元史及民族与边疆研究集刊》第20辑，上海古籍出版社，2008年。
⑤ 杨印民辑校：《大德毗陵志辑佚（外四种）》所收《泰定毗陵志辑佚·碑》，第108页。

之忠烈：

显曾之生，协棐其父，以制名字，以"景忠"训之，曰："显曾者，欲以汝显其曾祖也。景忠者，欲汝景慕曾祖之忠烈也。汝其识之！"及病革，遗言曰："汝无忘重闱之养及名字之命。"显曾泣曰："不敢忘。"而目不瞑。显曾曰："不敢忘遗训也。"乃瞑。时显曾年方十六。①

也就是说，陈炤忠义殉节后，其子孙无不以彰显陈炤之忠烈为遗训，代代相传，以至于《宋史》纂修之际才有陈显曾向危素、余阙等史官之立传请求。

关于虞集《陈炤小传》所引"炤之友邵焕有"的评价，现存邵焕有所撰陈炤墓志铭②中亦可得到确认。

总而言之，虞集所撰《陈炤小传》当是在牟巘《陈肖梅先生遗文序》和邵焕有《赠朝奉大夫直宝章阁常州通判陈公墓志》的基础上撰写而成。毫无疑问，这些所有相关传记资料当源自陈炤子孙所提供之素材。而这些素材的来源亦颇曲折：

炤死时，有仆杨立者，守之不去。北兵见而义之，缚之以归。它日将以畀人，立曰："吾从子得生，愿终身焉。若以畀人，则死耳。"从之，至燕，得不死。往来求常州人，得僧璘者，具以炤死时事告其子孙乃已。既罢兵，丞相军士管为炤孙曰："城破时，兵至天庆观，观主不肯降，曰：'吾为吾主死耳，不知其他。'遂屠其观云。"一时节义所激如此。③

据此，一为陈炤之仆从杨立，一为当年从军伯颜的管姓军官。对此，陈显曾《昭先录后跋》中所述亦详：

初，乡僧璘之母被卤（掳）北去。大德间，璘行四方求其母，得于京师。又得见乡人杨立，以立书致问先大父。杨立者，宝章公仆也。

……

延祐中，大父徙家城南。邻有管副使者，身长大魁，杰人也。自云尝从伯颜丞相军战城南，屡有胜负。一日，丞相至城下，……，明日城破。其说与杨书语合。④

毫无疑问，基于陈显曾祖父以来通过各种渠道所获信息撰写而成的陈炤相关传记资料皆成为陈显曾面呈余阙以供其立传之材料。亦如上引余阙答复陈显曾书简中所言，"德祐时国家分崩灭亡，皆无著作，而枢密院故牍载常事特略，野史所纪特姚王刘事，又皆纷纭失真，而陈通判无能知者"。故而，上述资料的存在便成也为陈氏子孙代代秉承彰显陈炤宋季常州守城忠烈殉节的明证。尽管一时未能成为史官立传的参照，但很明显在元代后期江南知识人阶层中得以还原并扩大了陈炤之影响。也正由于此，余阙深受其感发，于档案中发现官方记录《德祐日记》，最终完成立传。此后，陈显曾知道《陈炤传》成功编修后，

---

① 危素：《危学士全集》卷2《昭先小录序》，第659页上。
② 邵焕有：《赠朝奉大夫直宝章阁常州通判陈公墓志》，叶燮辑：《毗陵忠义祠录》卷2《稽事迹》。
③ 虞集：《道园学古录》卷44《陈炤小传》，第16页b。
④ 陈显曾：《昭先录后跋》，叶燮辑：《毗陵忠义祠录》卷2《稽事迹》，第403页。

即"退而辑次诸公为公所著文字，及其前后所与书问，题曰《昭先录》"①。该书现已无存，但毫无疑问当收录上述所及陈炤相关资料。

而虞集作为元代中后期极具影响的知识人，其所撰《陈炤小传》无疑也在江南知识人阶层中产生较大反响。如前节表中⑧张铉在纂修《至正金陵新志·刘虎传》叙及刘师勇事迹之时，便明言"师勇事见《陈炤小传》"②。而明初所编《毗陵续志·忠义》之《陈炤传》亦完全依据虞集所撰《陈炤小传》，并于传后说明："元朝学士虞集为公作小传云。"③尽管无史料证明⑩陈桱《通鉴续编》和⑪《元史·伯颜传》记载陈炤在常州守城之役中的作用时是否直接受到上述资料以及《宋史·陈炤传》的影响，但可以肯定的是，这些陈炤相关资料在江南知识人阶层中的广泛传播，同前节表中所列元代后期相关资料的集中出现是存在一定的逻辑关系的。特别是，如前所言，明初所纂《元史·伯颜传》中关于常州守城诸将领的叙述，在伯颜相关碑传资料中皆无。而元代前期重要的官方文献《平宋录》④中亦无相关记载。当前所见《经世大典·政典总序·平宋》⑤中亦仅提及刘师勇。由此来看，明初纂修《元史·伯颜传》时应当利用了元代后期编纂《宋史·陈炤传》时所集中出现的陈炤相关资料，特别是参照余阙新发现的《德祐日记》的可能性较大。

此外，亦如上节所述，尽管《泰定毗陵志》中已经收录牟巘所撰序文，并记载了陈炤忠义殉节的内容，但"死节"条下并未对叙及陈炤的事迹。对此，如果不考虑明初汇编所谓"《（永乐）常州府志》"之时对《泰定毗陵志》选择性的抄录或遗漏的话，那么这也可反证虞集《陈炤小传》的出现在当时所产生的影响。此外，这在某种程度上也反映出地方人物被纂修至官方史书的过程中，或者说地方家乘资料被采纳至官方信史的过程中并非顺理成章、一帆风顺的。也就是说，地方社会力量在实现其话语权的过程中是需要某种媒介的，而本文中《宋史·陈炤传》编修之际，虞集《陈炤小传》便起到了此种作用，而陈显曾很明显也是有意识地利用了这一点。综上所述，基于陈炤子孙代代有意识地搜集到的陈炤忠义殉节相关资料，至《宋史》纂修之际，通过陈显曾积极同纂修官以及江南知识人的联络，其曾祖陈炤在宋季常州守城之际殉节忠义的事迹最终得以表彰于《宋史》。这无疑在江南知识人群体间得以还原并彰显了陈炤作为常州之役守城将领的作用，同时也对后世文献记载产生了较大影响。某种程度上也体现了陈炤一族在整个元代为彰显宋元交替之际常州守城诸将领所做出的持续而积极的努力，继而从不同的维度诠释了宋元交替对元代知识人所产生的影响。

---

① 危素：《危学士全集》卷 2《昭先小录序》，第 656 页下。
② 张铉纂：《至正金陵新志》卷 14《摭遗·刘虎》，第 62 页 a。
③ 杨印民辑校：《大德毗陵志辑佚（外四种）》所收《毗陵续志辑佚·忠义》，第 258 页。
④ 刘敏中：《平宋录》卷中。
⑤ 《国朝文类》卷 41《政典总序·征伐·平宋》，第 17 页。

四、余论

　　本文通过元代不同时期关于宋末元初常州守城诸将领的记载，特别是在记录陈炤忠义殉节事迹的方面，详细分析了其中的异同。概而言之，在元初多以遗民身份出现的知识人叙事中，皆较为一致地详载了刘师勇、姚訔和王安节的忠勇殉节之举。而对当时寓居常州后重新起复的通判陈炤，尽管其后也忠义就死，但在他们的记录中则被忽略。而另一方面，陈炤子孙长期以来通过各种途径积极搜访其事迹及遗文，秉持彰显陈炤忠节之举的遗训，直至元代后期纂修《宋史》之际，在其曾孙陈显曾的不断努力下，终得于《宋史》中立传成功，并置之于守城诸将领之首。同时陈显曾亦将长期以来积累而成的陈炤传记资料及当时名宿的撰文编集成《昭先录》，流传于后。这其间所反映出的家乘资料为官方所采信并进一步进入正史，以及地方社会力量实现其话语权的过程便显得极为重要。

　　一般认为，宋元交替基本是以"无血开城"的和平方式实现的①，对江南社会并未产生太大的影响。整体而言，笔者亦对此深表赞同。但如果将视角移至政局鼎革期的具体个人乃至家族，亦即本文所述及的陈炤一族的情况，那么宋元交替似乎也别具意味。作为惨受屠城之苦②的经历者以及为元军所杀害的将领后裔，据前节所引《毗陵续志辑佚》所载，至元代后期，陈显曾长期任职学官，后至翰林院修撰，明初"归老于家"。而本文第一节所提及的胡应炎，其后人胡麟在元代后期亦曾官至杭州路学正③，尽管他未如陈显曾那般为彰显陈炤事迹积极奔走，但对胡应炎在宋末守城之际的忠义之举仍萦然不忘，高启《胡应炎传》即是在胡麟告知具体细节的基础上所撰写。④同时再结合当时知识人群体积极参与对宋末常州守城诸将的历史书写来看，一方面对宋元交替之际忠臣义士的彰显不遗余力，同时，这种积极的彰显行为同宋末元初遗民群体对待新王朝的认识已大为不同。某种程度上说，他们已主动以元朝的立场来看待王朝更替之际的忠义行为对于当下社会的意义。

---

① 杉山正明：《クビライの挑戦：モンゴル海上帝国への道》，朝日新闻社，1995 年，第 23—25 页；新版：《クビライの挑戦：モンゴルによる世界史の大転回》，讲谈社，2005 年；中译版《忽必烈的挑战：蒙古帝国与世界历史的大转向》，周俊宇译，社会科学文献出版社，2013 年。

② 刘一清撰，王瑞来校笺考原：《钱塘遗事校笺考原》卷 9《丙子北狩》："十六日早，舟次常州。毁余之屋塞路，杀死之尸满河，臭不可闻，惟此最多。"（第 319 页）常州之役对具体个人所产生影响的例证极少，管见所及，唯有黄溍所撰《赠从仕郎某官陈府君墓志铭》（黄溍：《金华黄先生文集》卷 36，《中华再造善本》影印上海图书馆藏元刻本）所记为详，弥足珍贵。

③ 立于至正十五年的《杭州路重建儒学之碑》中，碑末署名作"学正胡麟"者当即胡应炎后代。参见阮元编：《两浙金石志》卷 18《杭州路重建儒学之碑》，《石刻史料新编》，新文丰出版公司，1977 年影印清道光四年李樗刻本，第 1 辑第 14 册，第 10648 页上。

④ 高季迪：《胡应炎传》（《毗陵忠义祠录》卷 2）载："近遇胡麟江上间，为余言其祖应炎死节始末。"

对于这一元代后期知识人群体对于宋元交替认识的研究，既不同于本文开头所提及的宋代以来科举社会的延续性问题，更不属于学界持久关注的宋元之际知识人的选择问题，而是需要以更长的时段来重新加以认识、定位。

至明代，常州地方围绕宋元交替之际守城将领立庙、祭祀等问题的讨论则甚嚣尘上。《毗陵忠义祠录》即是在这一背景下编集而成，其中收录了明代中期以后常州地方同礼部间围绕在县学祭祀当时守城诸将领问题的往来文书资料。①嘉靖年间，常州地方生员请求为之立庙，春秋祭祀，终在城内得立毗陵忠义祠。但通过相关文书往来可知，此时明朝对待常州守城诸将以及蒙元政权的态度已发生极大的变化，特别是其中极具"时代化"特征的用词颇为值得注意：

> 宋运不复，无以兴褒崇之典也。元人本□□之族，岂能表亡国之臣。②

此为明朝对于常州建立忠义祠之请文书的内容。其中"□□"的部分在现存清代钞本中被涂黑，但根据上下文并结合当时的时代背景可知，此二字当为"胡虏"之类对待蒙古族蔑称之词。这也清晰揭示出明朝旨在通过宋末元初之际的守城将领的祭祀，来对蒙古、元朝加以极端反面化，进而重塑忠义观念。

而清代常州知识人又在此基础上对增祀元末以至明清时代殉死外地的常州籍官员、将领等问题广泛讨论。对此，赵翼提出了自己的见解：

> 而祠③创于前明，故并元末守常州死事之武进令刘溶亦附焉。凡以祀守常州殉节之人，非祀常州人之殉节于外者也，若并祀常州人之殉节于外者，则又不止此四公④。
>
> ……
>
> 若本郡则宜入乡贤，而不必混于守常州死事诸臣之内。⑤

针对忠义祠祭祀宋季常州守城将领扩大化的议论，赵翼主张应当将忠义祠和乡贤祠加以区分。由此，赵翼的叙述亦可窥见当时争论之一斑。尽管地方知识人对于元代以后殉节的常州人是否可以并祀忠义祠存在争议，但可以明确的是，此时，宋末、元明以来忠义观念的时代意义已发生较大变化，某种程度上已逐步泛化为对地方社会的认同。这种不同时代对待宋元之际政局鼎革的不同认识，与刘浦江先生在探讨"元明革命的民族主义想象"方面亦有着某种相似之处。⑥总而言之，从宋元交替对元代及其后不同时代的影响来具体而微地重新定位其时代意义问题，值得今后更为深入地研究。⑦

---

① 参见《毗陵忠义祠录》卷 4 所收《常州府学生员叶燮等请祀典呈文》《谢巡按奏状》等。

② 《常州府学生员叶燮等请祀典呈文》，《毗陵忠义祠录》卷 4。

③ 此处指忠义祠。

④ 即刘熙祚、马世奇、王章、金铉。

⑤ 赵翼：《陔余丛考》卷 35《常州忠义祠》，中华书局，1963 年，第 777—778 页。

⑥ 刘浦江：《元明革命的民族主义想象》，《中国史研究》2014 年第 3 期。

⑦ 与此问题相近，通过对宋遗民问题的梳理亦可窥见由元至明清的时代性特征。相关问题的初步整理参见周鑫：《乡国之士与天下之士：宋末元初江西抚州儒士研究》绪论，天津古籍出版社，2014 年，第 13—21 页。

典籍与文书

清钞本《漫堂随笔》考*

赵　龙**

　　《漫堂随笔》一书最早见于南宋尤袤《遂初堂书目》"小说类"著录①，然不云卷帙几何，不署撰者。宋元时期其他书目如晁公武《郡斋读书志》、陈振孙《直斋书录解题》、马端临《文献通考·经籍考》及《宋史·艺文志》均阙载。至明清，又有祁承㸁、钱曾等藏书家著录。不过，《澹生堂藏书目》《虞山钱遵王藏书目录汇编》虽著录②，然卷帙不明，亦无撰者。徐乾学《传是楼书目》则著录二种，一云："《漫堂随笔》一卷，刘宰。"另一种则只著录书名。③而徐秉义《培林堂书目》著录时，撰者题吴开。④学界一般认为此书无本传世。清范邦甸等撰《天一阁书目》载：

　　《漫堂随笔》一卷。蓝丝栏钞本。明唐寅撰。卷末有跋云："吴趋唐省元伯虎遗书中有《漫堂随笔》一卷，所载多元祐间事，杂以幽冥报应、尊桃神奇。余疑其怪诞，况值岁单雪甚，手冻皴不能运笔，只摘其涉于伦理者书之。丙辰腊月下旬皇山人姚咨识。"⑤

范氏所提《漫堂随笔》与《遂初堂书目》所录书名同，言其所载"多元祐间事"，明代书画大家唐寅何以撰载宋"元祐间事"，抑或其抄录了宋《漫堂随笔》一书？

　　张元济就此对是书的撰者提出了质疑，其云：

　　＊　本文系国家社科基金重大项目"《全宋笔记》编纂整理与研究"（编号：10&ZD104）阶段性研究成果，原载于《历史文献研究》2017年第2期。
　　＊＊　赵龙，上海师范大学图书馆副研究馆员。
　　①　尤袤：《遂初堂书目》,《影印文渊阁四库全书》第674册，台湾商务印书馆，1986年，第469页。
　　②　祁承㸁：《澹生堂藏书目》子部三，《续修四库全书》第919册，上海古籍出版社，2002年，第690页；钱曾撰，瞿凤起编：《虞山钱遵王藏书书目汇编》，上海古籍出版社，2005年，第137页。
　　③　徐乾学：《传是楼书目》卷3，《续修四库全书》第920册，第775、785页。
　　④　徐秉义：《培林堂书目》，上海师范大学图书馆藏铅印本，1915年。
　　⑤　范邦甸等撰，江曦、李婧点校：《天一阁书目》卷3之2，上海古籍出版社，2010年，第300页。

《漫堂随笔》不分卷，明姚舜咨钞本，一册，天一阁旧藏。明茶梦斋姚氏蓝丝阑钞本。卷末有姚咨手跋，谓是唐伯虎遗书，然所载多宋元祐间事，篇中时有述其仲兄、季兄、仲弟之语，绝非唐氏口吻，必是唐氏迻录宋人著述，故遇"仁宗""英宗""渊圣"等字均空格。是书见《天一阁书目》子部。据姚氏手跋，定为明唐寅撰，恐误。①

但遗憾的是，张元济并未深究。而关于《漫堂随笔》之撰者，存在四种情形：佚名，或题宋人刘宰，或吴开，或明人唐寅。最近，笔者发现北京国家图书馆藏有劳氏丹铅精舍本《漫堂随笔》一卷，南京图书馆藏有丁氏正修堂钞本一卷。经查阅考证，笔者认为自《遂初堂书目》而下，佚名《漫堂随笔》的真正作者是宋人吴开；此书所载北宋英宗至哲宗时期朝野见闻，有着较高的史料价值。

一、国家图书馆藏劳氏丹铅精舍钞本考

北京国家图书馆藏劳氏丹铅精舍本《漫堂随笔》一卷，不题撰者。此本版心有"澹生堂抄本"。傅增湘《藏园群书经眼录》云：

> 《漫堂随笔》一卷。清劳氏丹铅精舍传抄明末山阴祁氏澹生堂本。清劳格手校，并录明姚咨识语。②

据傅氏所云，姚咨所抄《漫堂随笔》，明末由澹生堂再抄；至清，为劳氏所获并手校；近代，则辗转被傅增湘收藏。索骥至此，《天一阁书目》题唐寅撰《漫堂随笔》之内容，便得以管窥。再检此钞本内容，共录文三十五条，部分文字见宋代其他文献征引，如：

> 神宗尝问安石："人言卿不欲立先帝，是否？"安石言："君薨而世子生，世子不失为君。"当是时，仁宗后宫有二人就馆。它日，若不危先帝，则危仁宗之子。如此者甚众。安石所以欲焚之也。卞等不能及此，若引其书以自助，使安石得罪于后世。

此段中"当是时，仁宗后宫有二人就馆"句，见宋赵叔问《肯綮录》征引，其"就馆"条云："今吴正仲《漫堂随笔》载③，王介甫尝对上曰：'是时后宫方有二人就馆也。'"④又如：

> 予元祐间，见临涣令李洪言："王安石既罢相，以韩绛代己，吕惠卿参知政事，持其法度。时谓绛为'传法沙门'，惠卿为'护法善神'。惠卿既得志，起李冯狱，捕李士宁，欲以危安石，

① 张元济：《涵芬楼烬余书录》，张人凤编：《张元济古籍书目序跋汇编》，商务印书馆，2003 年，第 633 页。
② 傅增湘：《藏园群书经眼录》卷 9，中华书局，2009 年，第 644 页。
③ 李裕民先生尝考《肯綮录》云："吴正仲名表臣，尝官礼部尚书，绍兴十一年罢，后起知婺州。"此处，李先生误将吴正仲作吴表臣（见氏著《四库提要订误（增订本）》，中华书局，2005 年，第 270 页）。
④ 赵叔问撰，戴建国、赵龙点校：《肯綮录》，《全宋笔记》第 3 编第 6 册，大象出版社，2008 年，第 148 页。

绛惶恐,恳上复召安石。一日宣制,惠卿以为已得相麻,制箱过班,惠卿跂而望之,阁门吏呼为王安石,惠卿愕然。"予得其语十余年任太学博士,入文德听麻,乃知洪所言有大谬者。

此段文字,曾被宋李焘《续资治通鉴长编》数次注引,其书卷 252 载:

> 安石荐绛代己,仍以惠卿佐之。于安石所为,遵守不变也。时号绛为"传法沙门",惠卿为"护法善神"。"传法沙门""护法善神",据吴开《漫堂随笔》。①

同书卷 260 载:

> 始,安石荐韩绛及吕惠卿代己,惠卿既得势。注云:"安石复相,实录不详,今参取魏泰、邵伯温、吴开所记修入,更俟考求……"吴开云:"予元祐间见临涣令李洪,言:'王安石既罢相,以韩绛代己,吕惠卿参知政事,持其法度。时谓绛为"传法沙门",惠卿为"护法善神"。'"②

再如:

> 寒序辰言,章惇谓序辰曰:"哲宗绍圣初语惇云:'元祐初,朕每夜只在宣仁寝殿前阁中寝处,官嫔在左右者凡二十人,皆年长者。一日,觉十人非寻常所用者,移时,一十人至,十人还,复易一十人去,其去而还者,皆色惨沮,若尝涕泣者。朕甚骇,不敢问,乃知因刘安世等章疏,宣仁诘之。'"

此条内容,又见《续资治通鉴长编》卷 436:

> 其后,章惇为宰相,上语惇曰:"元祐初,太皇太后遣官嫔在朕左右者,凡二十人,皆年长。一日,觉十人者非素使令,顷之,十人至,十人还,复易十人去,其去而还者,皆色惨沮,若尝泣涕者。朕甚骇,不敢问,后乃知因刘安世上疏,太皇太后诘之。"惇与蔡卞谋诬元祐大臣尝有废立议,指安世、祖禹言为根,二人遂得罪几死。注云:"刘安世、范祖禹论后官乳母事最大,而实录都不载。旧录不书,固也,新录又因旧录,止于祖禹传略见之,诚不可解。今以安世《尽言集》、祖禹家传及吴开《漫堂随笔》增修,附之十二月末。"③

综上可证,姚咨所云唐省元遗书中《漫堂随笔》的真正作者,并非《天一阁书目》所云"唐寅撰",实为唐寅抄录自宋人吴开之著。而丹铅精舍钞本已非唐寅钞本原貌,更非吴著旧样,属辗转残抄本,且姚咨抄录时省去之文在该钞本中无以窥探,实属憾事。

二、南京图书馆藏丁氏正修堂钞本考

南京图书馆藏佚名撰《漫堂随笔》一卷,卷首钤有"钱唐丁氏正修堂藏书""璜川吴氏收

---

① 李焘:《续资治通鉴长编》卷 252,中华书局,2004 年(以下版本同),第 6170 页。
② 李焘:《续资治通鉴长编》卷 260,第 6336 页。
③ 李焘:《续资治通鉴长编》卷 260,第 10517—10518 页。

藏图书"等朱文方印。据此可知,该钞本曾经璜川吴氏、钱塘丁氏收藏。核书内文字,前揭丹铅精舍本所抄文字俱见于此本,其中"孙虞丁云英宗初即位"至"予仲弟明仲任淮东宪"条、"塞序辰言章惇谓序辰曰"至"鲍慎由言政和庚寅"条、"王寔言窠素以中表与刘炳善"至"亲戚陈仲立妻令字宗室女"条、"李悦公素云靖康丙午"至"范直方师厚云"条,排序亦俱与此本同。又涵芬楼本《说郛》卷64收吴开《漫堂随笔》三条,分别是:

王翁挺言钱景述子之堪云:其从兄死后,苏云:"瞑目见其兄,问:'汝何因来? 吾初为幼江王门客,为尔入问之。'出曰:'果误也。'引入门,至其馆,曰:'地狱可畏,如世所传。吾无他善,但因大叔母欲读诵《金刚经》,予求本写予之,遂免罪苦,但未受生耳。大叔母所诵佛名困积,他日获福报无量矣。'又指一阁极华丽,曰:'族叔某人写《华严经》致之也。'弟答以某人尽未下笔写。曰:'才发心,阁已成矣。'俄顷见呵引一贵人入门,称相公,就所下马,视之乃吴居厚。王与之抗礼就坐,吏举案牍满前。王曰:'相公功过多,吏可举一二大者问之。'吏举某事:'相公所建议耶? 或他人参之耶?'居厚曰:'某所为也。'复举之,答如前。即见阴晦,黑风吹居厚起,少时不见,曰:'已坠无间地狱矣。'"

李会富文言:翁彦国再娶陈氏多病,腰以下常如冰冷。彦国官建州,陈氏一日至亲戚家,遇狂僧王姓,曰:"夫人前生为宰相妻,妒杀孕妇井中,今腰冷乃报也。"陈氏后死,以柩归金陵,过宋,舟夜沉水,来日钩出,其柩浸汴中者经宿。

沈锡子昭言:郭权乃其妻之旧亲。权为尚书郎,崇宁初,卒后苏言冥中事,甚可哀。有一狱,题为机正,见一贵人被械,白鬓大似刘沈,盖权不欲斥言,乃王安石介甫也。蔡卞妻乃安石女,令人问权:"曾见相公否?"权云:"不也。但作些好功德。"安石乃锡舅。①

《说郛》所引上述文字亦见于此本,可证丁氏正修堂本当亦是《漫堂随笔》之钞本,且应与丹铅精舍本同出一源。又据文内"吴少监亲士曹者……予仲兄武仲也"之记载,可知此本撰者非刘宰,换言之,丁氏藏本作者为吴开。

复观书内文字,有四十七条为丹铅精舍本所阙,如:

予外舅刘公夫人,王畤景彝女也。一日宴起,梦人以钩贯腮来祈哀者,觉起,使视厨中,有鲜鲤秤钩贯其腮,亟使放之汴中。

王涣之彦舟云:元祐中,赁宅堆垛场,去东华门数十步。一日将朝谒,未明坐而假寐,梦上马趋朝,入东华门,谇门下马,由南廊至庆宁宫门,遇亲事官抱一琵琶自西来,一弦断。忽报门开,遽上马入门,至庆宁宫门,遇亲事官断弦琵琶,皆如梦中所见。

上述所引合姚咨言"幽冥报应、荨桃神奇"事,俱因文多"怪诞"而被姚咨省抄。如此,则钱塘丁氏正修堂藏本或更接近于唐寅钞本。不过,丁氏正修堂本《漫堂随笔》文末一段文字引起笔者格外注意,其云:

---

① 陶宗仪:《说郛》卷64《漫堂随笔》,上海古籍出版社,1988年(以下版本同),第974页。

予向在金陵，亲见小民有行院之说。且如有卖炊饼者自别处来，未有其地与资，而一城卖饼诸家便与借市，某送炊具，某贷面料，百需皆备，谓之"护引行院"，无一毫忌心。此等风俗可爱。

此文所载，生动呈现出宋代行会组织内互助行为，并非姚咨所言"幽冥报应、萼桃神奇"之事，据前引姚氏跋文，似不应漏抄。查宋车若水《脚气集》中，载有相同文字，谓出自刘漫塘，即刘宰。①稽考刘氏文集《漫塘文集》内无此文，又前引《传是楼书目》子部著录刘宰《漫堂随笔》一卷，笔者目验所及，未见此本。假设若水所引不误，此条或为刘氏《漫堂随笔》佚文，而丁氏正修堂本误入。另宋人贾似道《悦生随抄》尝载蔡京当国时，一日感寒焚香事，其云：

谭振言：蔡京当国，一日感寒，振与数亲客问疾，见之后堂东阁中。京顾小鬟，令焚香。移顷，鬟不至，振颇疑其忘之耶。久之，鬟复至，白京云："香已满。"京云："放。"鬟即去。阁近北有若再卷帘声者，方至北一帘，其香煴烨，满室如雾。京谓客曰："香须如此烧，乃无烟气。"②

《说郛》注曰出自《漫堂随笔》，然无撰人。考此事，丹铅精舍本与丁氏正修堂本俱无载，而据《漫堂随笔》全书记载事目及刘宰仕宦经历而言③，当是吴著佚文。如此，则唐寅以下诸钞本或非完帙。

综上，二种清钞本《漫堂随笔》作者实为宋人吴开。明人唐寅抄成后，再经姚咨节抄并跋，复经澹生堂传抄，至清，又经劳手校，后为傅增湘得。璜川吴氏，或因唐寅本苏州先贤，受地理之便，得以获观唐寅所抄之本，晚清时，辗转由钱塘丁氏收藏。因吴开所著，未有刻本传世，幸赖此二钞本，今人得以窥探吴文旧貌。而钱塘丁氏正修堂本较之劳氏丹铅精舍本，更接近原本，亦可补丹铅精舍钞本佚文之憾，版本及史料价值更为珍贵。

三、两种钞本的史料价值

前文已揭，上述二钞本俱为《漫堂随笔》辗转传抄之本，随着此二钞本被发现，《漫堂随笔》文献史料价值亦当重新予以评估。以下，笔者略述一二，期以引起学界重视。

① 车若水撰，李伟国、田芳园点校：《脚气集》卷上，《全宋笔记》第7编第8册，大象出版社，2016年，第220页。
② 陶宗仪：《说郛》卷12《悦生随抄》，第238页。
③ 刘宰字平国，号漫塘病叟，金坛（今江苏金坛市）人。绍熙元年（1190年）进士，历官江宁尉、真州司法、授泰兴令。丁父忧，为浙东仓司干官，"亟引去，默观时变，顿不乐仕"。寻告归，监南岳庙。后屡有诏命，"峻辞以绝"，"俄题考功历，示决不复仕"。理宗即位，以为籍田令，屡辞。迁太常丞，知宁国府，皆不拜。隐居三十年，"平生无嗜好，惟书靡所不读"。有《漫塘文集》《语录》行世。

　　首先，可为学界深入了解原作者吴开其人，提供更多史料。吴开字正仲，乃两宋之交重要政治人物，而《宋史》无传，其事迹则散见于诸种文献。而这些文献在刊刻流传过程中，亦生发诸多舛误之处。如吴氏籍贯，史载不一。宋章定《名贤氏族言行类稿》："吴开，字正仲，滁之全椒人。"①王明清《挥麈录余话》："开，滁人也。"②熊克《中兴小纪》③、李心传《建炎以来系年要录》④俱云："开，清流人也。"清陆心源《宋史翼》据《福建通志》亦作汀州清流人。⑤明钱士升《南宋书》则作乌程人。⑥

　　笔者以为"滁之全椒"说当为可信。考《漫堂随笔》文内，数处涉及考订全椒县域风物之事，如驳释惠洪《冷斋夜话》关于圆通秀禅师住长芦时事，文曰：

　　圆通秀禅师住长芦时，全椒长老过寺，升坐，圆通设礼问话。圆通道价甚高，不应有此。住长芦，乃元丰六年，时全椒无禅寺。

此文透露出作者对全椒地区十分熟悉，可从侧面印证吴开属全椒人。而解开吴开籍贯争议的关键证据，可从吴开撰《宋桂州永福县丞赵君墓志铭》中找寻。为行文之便，特节引如下：

　　同郡赵晦叔长予十岁，予方总角，晦叔已游郡学有声。后十年，予中进士第，晦叔数试礼部辄不偶。绍圣初，天子修学政，四方士辐辏，隽异蠭出。晦叔慨然来上庠，众未有知者。一日，群试二千人，晦叔为第一。祭酒、博士交口誉叹，名声藉甚，知晦叔者皆曰："困而亨。"晦叔且光显于世矣。已而复连蹇又十□年，乃以特奏名释褐。又四年，调桂州永福县丞。予时为宗正……明年，予出守山阳，以书约晦叔过六合，会有旨促之官，不果往。明年春，晦叔以疾不起，时政和五年正月二十五日也……晦叔讳察，世为滁来安人……享年五十八……⑦

　　《墓志铭》称晦叔为"同郡"，"世为滁来安人"，可确证开为滁州人。又据铭文"赵晦叔长予十岁"，"晦叔以疾不起，时政和五年正月二十五日也"，"享年五十八"等语推算，开当生于英宗治平四年（1067 年）。复据此《墓志铭》，再梳理诸种史料可知，元丰（1078—1085 年）中，开与兄并弟兹，同举进士⑧；绍圣四年（1097 年），与兹中博学宏词科，为士林称颂。⑨政和三年（1113 年），为宗正少卿，迁给事中，赐对衣金带鞍马。⑩靖康初，为翰林学士。⑪建炎

①⑧　章定：《名贤氏族言行类稿》，《影印文渊阁四库全书》第 933 册，第 112 页。

②　王明清撰，燕永成点校：《挥麈录余话》，《全宋笔记》第 6 编第 2 册，大象出版社，2013 年，第 58 页。

③　熊克：《中兴小纪》，《影印文渊阁四库全书》第 313 册，第 790 页。

④　李心传撰，胡坤点校：《建炎以来系年要录》卷 1，中华书局，2013 年（以下版本同），第 27 页。

⑤　陆心源撰，吴伯雄点校：《宋史翼》卷 40《吴开传》，浙江古籍出版社，2016 年，第 1066 页。

⑥　钱士升：《南宋书》卷 12《张邦昌传》，《二十五别史》第 15 册，齐鲁书社，2000 年，第 201 页。

⑦　符鸿、刘廷槐修，欧阳泉、戴宗炬纂：《（道光）来安县志》卷 13，《中国地方志集成·安徽府县志辑》第 35 册，江苏古籍出版社，1998 年，第 461 页。

⑨　王应麟：《玉海》卷 204《辞学题名》，江苏古籍出版社、上海书店，1987 年，第 3731 页。

⑩　庄绰撰，夏广兴点校：《鸡肋编》卷上，《全宋笔记》第 4 编第 7 册，大象出版社，2008 年（以下版本同），第 26 页。

⑪　徐松辑，刘琳、刁忠民、舒大刚、尹波等校点：《宋会要辑稿·职官》6，上海古籍出版社，2014 年，第 3186 页。

元年(1127年)三月,因拥立张邦昌,权同知枢密院事。①时金人令其与莫俦,"传道意旨,往返数四,京师人谓之'捷疾鬼'"②。五月,上疏自斥,诏充龙图阁学士、提举江州太平观。③六月,责授昭化军节度副使、永州安置。④七月,复议吴开、莫俦等十一人罪,并广南、江、湖诸州安置。绍兴二年(1132年)三月,再贬南雄州居住。⑤十四年,"以赦还,内惭不敢归",寓家虔州。⑥喜蓄墨,"唐以来墨,诸李所制皆有之。云无出廷珪之右者,其坚利可以削木"⑦。娶刘仲冯枢密女,生一子,曰祖寿,建炎中,随父责居韶州。⑧尝著《漫堂集》《童训统类》⑨,今不见传本;又有《优古堂诗话》。⑩

此外,更多吴开行实可从《漫堂随笔》文内得以窥览。如尝"过蔡……留陈留寨月余","元祐间,见临涣令李洪言……予得其语十余年任太学博士","政和末,在全椒宝林寺","宣和癸卯春,寓真州"。尝"权左史侍殿"。"绍兴辛亥,居康州天宁"。又吴开家族成员,亦可从二种钞本多处出现"予季兄""予仲兄""予仲兄武仲""予仲弟""予仲弟明仲"等字样中得到印证,应为吴开之兄弟。文内"予弟之子祖恭戒食鱼",与前引《夷坚志》所揭吴开子祖寿当属同辈。

其次,合两钞本共得八十二则纪事,所载多关涉北宋英宗至哲宗时期朝野见闻,为研究北宋中后期政治制度及政治人物提供重要史料支撑,非常珍贵。如书中有多处文字论及王安石,而以笔者目验,不见今之学者征引。⑪其"王安石入地狱"条:

> 沈锡子昭言:"郭权乃其妻之舅亲。权为尚书郎,崇宁初,卒复苏言冥中事,甚可畏。有一狱,题为机正,见一贵人被械,白鬓大目似刘沈,盖权不欲斥言,乃王安石介甫也。蔡卞妻乃安石女,令人问权:'曾见相公否?'权云:'否也。但作些好功德。'安石乃锡舅。"

此段文字与《说郛》所存有些许文字差异。又此语虽涉怪诞,但不难看出,吴开对王安石持否定态度。而后洪迈《夷坚志》中亦有类似记载,只是未直书安石名。其云:

① 李心传撰,胡坤点校:《建炎以来系年要录》卷3,第77页。
② 李纲撰,郑明宝点校:《建炎时政记》卷上,《全宋笔记》第3编第5册,大象出版社,2008年(以下版本同),第107—108页。
③ 李心传撰,胡坤点校:《建炎以来系年要录》卷5,第142页。
④ 李纲撰,郑明宝点校:《建炎时政记》卷上,《全宋笔记》第3编第5册,第111页。
⑤ 脱脱等:《宋史》卷24、卷27《高宗本纪》,中华书局,1977年(以下版本同),第447、496页。
⑥ 李心传撰,胡坤点校:《建炎以来系年要录》卷152,第2875页。
⑦ 庄绰撰,夏广兴点校:《鸡肋编》卷下,第96页。
⑧ 洪迈撰,何卓点校:《夷坚乙志》卷19,中华书局,1981年(以下版本同),第348页。
⑨ 庄绰撰,夏广兴点校:《鸡肋编》卷下,第96页;脱脱等:《宋史》202《艺文一》,第5077页。
⑩ 今有学者疑非其所著,详见郭绍虞:《宋诗话考》,复旦大学出版社,2015年,第48—50页;陈应鸾:《〈优古堂诗话〉非吴开、毛开所撰补考》,《四川大学学报(哲学社会科学版)》2010年第4期,第82—83、101页。
⑪ 学界有关王安石形象之研究成果如朱国华《王安石小人化过程之推考》(《江苏社会科学》2000年第5期)、杨华林《王安石轶事汇编》(华东地质学院印刷厂排印,2001年)、李华瑞《笔记小说中的王安石形象》(载张国刚主编:《中国社会历史评论》,商务印书馆,2007年)等,均未见征引此书。

郭权任金部郎中，因久病入冥府……一绿衣吏称录事，引之游狱，大率如世间所画变相。闻一囚呼己字曰："子钧救我。"又至一大屋，门楣金字，榜曰宰相狱，其间烈焰炽然。一人荷铁枷，问为谁，吏不答。旋引诣道院，供三清圣位及诸仙官，须臾，若堕井中而苏。盖不知死已数日，其家方以斯夕建醮也。①

又言及王安石《日录》甚详，其曰：

王荆公安石自参大政，每日进对，与上及诸臣辩论，皆书之日记，缄縢之甚密。元祐初，病疾，弟安礼、子雱侍。雱，安石素所受信。一日，命取日记焚之。雱给之，代以他书，窃收之，以示蔡卞。绍圣初，卞召用，以语曾布，布奏取其书，以付史馆，用为实录。陈瓘所谓尊私史，以压宗庙者也。安石锐欲立法度，行其所言。争时，急则以语强折人，不应道理者甚众，如人主以道御天下，虽竭四海九州岛之奉不为过，如克俭于家，俭惟语之家行，如人决河，杀人则必怨河，自决杀人，则不怨人主，为政当如何所为乐天者，可以保天下。如论熙河，文彦博争言："有道者不以兵强天下。"安石言："惟有道者能以兵强天下，《书》所谓'张惶六师'者是也。"

亦有论及元祐党争事，如：

吴德仁，沂州人，少官于蜀……元祐中，尝起德仁为尚书郎……力辞不赴，朝廷闵劳，就起知沂州。人皆谓公必受命，德仁辞之益坚。绍圣中，凡不附元祐者贵显，德仁不以自言，亦无人为言，后以寿终。

此外，间有韩琦、富弼等政治人物争斗逸闻，如载："英宗初即位，荒迷得疾，慈圣曹后临朝，讻讻多间言。韩魏公当国，镇杭之，中外宁谧。英宗疾已间……魏公草皇后归政手书……再拜而退，顾谓有司撤帘。时富郑公任枢密使，以不预知，甚恨之。"亦可与正史互证。

复次，书内所载北宋礼制之文与《政和五礼新仪》所刊文字互异，可补正史之阙。如以下文字，不见于其他文献，亦未见今人征引，特此转录：

凡宣麻制，望参官开内门，入至朝堂幕次；日参官朝退，至东上合门北，近南幕次；日参官惟翰林学士不赴。辰正，上退朝，门下仆射兼侍郎或侍郎一员至合门北，近南幕次，台吏引百官入文德殿下，班横北街南之东。若宣赦令，御札、批答，即武臣将校皆入，班横街南至西，正任以上与待从官相对。次引侍从官入，班横街北之东，中书、门下省官又近北分立，东西两相向。麻制案先设于[文]德殿螭坳之南。次引门下侍郎，再拜，合门使跪授制书，侍郎以制笏上捧，复位。省吏启封，授侍郎，侍郎以授合门使，捧诣横阶南，过横街，一吏呼曰云所命者姓名或赦书、德音事目；或所命数制，只呼一名，至横街半面殿，合门使以制授宣赞舍人宣读；若妃嫔、皇子、皇女或赦书、德音，先呼"有制"，在列者皆再拜，制毕，复舞蹈再拜；

---

① 洪迈撰，何卓点校：《夷坚志补》卷 25，第 1782 页。

如侍郎，自当拜或罢，即引于读制处，先自再拜，听制毕，则舞蹈，复再拜。

又有关于群臣拜表之制，其曰：

> 凡拜表，日参、望朔参、宰臣、执政官，皆入其大班幕次，如宣制，先设表案于东上合门阶下，稍南面东，礼部郎官褥位立案西；宰相褥位在郎官褥位东，面北对设，郎官拜褥稍南，即宰执班位，次日参官，次望参官，次朔参官。其西武臣，次南将校，皆面北再拜，讫，合门使引宰相入褥位，礼部吏举表案，郎官随宰相前，郎官与宰相相对立，跪于案，上取表授宰相讫，对拜，宰相以授合门使，入合门诣进，在列者皆山呼舞蹈。

四、结语

以上就二种清钞本《漫堂随笔》之作者、版本流传及文献价值等方面，进行了初步探讨。吴开所著《漫堂随笔》在南宋时尚见流传与征引，后世则未见有刻本流播之迹。明代以来，得益于唐寅及后世辗转传抄之本，今人尚可窥探吴书旧貌。至于唐寅抄录吴书之因由，笔者以为有两点。一是作为书画名家，唐寅不免会关注前代名作以及文房臻品，而吴开亦是书画收藏名家，又"喜蓄墨"，唐以来，"诸李所制皆有之"。唐寅关注吴开，应自在情理之中。二是吴开《漫堂随笔》所载除"涉于伦理者"外，尚多因果佛老事，而唐寅在科场失意，特别是宁王之乱后，绝意仕途，一心崇佛，抑或于此期间触及并抄录《漫堂随笔》。不论出于何种目的，唐寅所抄之文，不经意间，为宋人笔记之传世，增色不少。是书关于北宋中后期史事记载的价值，值得学界关注和探讨。本文所揭，期以有裨于北宋中后期政治制度史的研究。

台湾藏清钞本《建炎以来系年要录》版本蠡测*

胡　坤**

　　近年来出于整理《建炎以来系年要录》(以下简称《要录》)的需要,笔者逐步展开对《要录》版本的调查与相关的研究工作。在调查、研究的过程中发现,既往《要录》版本的研究成果存在很大的缺憾①,其主要原因在于散见国内各大图书馆的多种《要录》清钞本没有得到充分重视②,甚至部分版本不为学界熟知。这种状况不但使学界对《要录》版本系统认识模糊,而且也影响了对《要录》的使用和利用。有鉴于此,笔者不揣谫陋,欲对《要录》所有存世版本进行梳理,厘清该书的版本系统和流传情况,利于学界的使用,同时也为《要录》的整理提供参考。本文即为笔者系列研究之一端。

　　台北"国家图书馆"藏清钞本《要录》(以下简称"台图本")③,二百卷,前有四库馆臣所

* 本文是国家社科基金重点项目"《建炎以来系年要录》编纂与版本研究"(批准号:17AZS001)的阶段性成果,原载于《文史》2018年第2期。论文搜集材料及写作过程中,得到西北大学历史学院景新强老师及硕士研究生常志峰的帮助。论文曾于2017年8月在中国社会科学院历史研究所举办的"《宋会要》整理与研究"国际学术研讨会上宣读,得到了评议人戴建国教授及与会学者的指教,复蒙《文史》编辑部及匿名评审专家提出宝贵修改意见,在此一并申谢!
** 胡坤,西北大学历史学院教授。

① 参见聂乐和《〈建炎以来系年要录〉研究》,北京师范大学硕士学位论文,1987年;沈如泉《略谈〈建炎以来系年要录〉的版本问题》,《西南交通大学学报(社会科学版)》2008年第5期,第88—91页。
② 据笔者目前掌握的情况,《要录》的版本除文渊阁、文津阁、文溯阁、文澜阁《四库全书》本,仁寿萧藩刻本,广雅书局刻本,《国学基本丛书》排印本,《丛书集成初编》排印本外,尚有辽宁图书馆藏孔继涵钞本、无锡图书馆藏清钞本、南京图书馆藏清钞本、上海图书馆藏清钞本、复旦大学图书馆藏清钞本、中山大学图书馆藏清钞本、台湾傅斯年图书馆藏清钞本、台北"国家图书馆"藏清钞本。上述部分版本笔者尚有未寓目者,未来将有计划地进行寻访。上述诸清钞本中,除了上海图书馆藏清钞本有辛审儒《上海图书馆藏清钞本〈建炎以来系年要录〉初考》,《国际社会科学杂志(中文版)》2011年第4期,第167—173页;拙作《上海图书馆藏清钞本〈建炎以来系年要录〉再考》,《文史》2017年第1辑,第201—216页,进行了专文研究外,其余版本多处在无人问津的状态。
③ 索书号202.251.01860。

撰书前提要,无目录,分订三十二册,全幅 28.1 厘米×17.1 厘米。该本钞于无边栏素纸之上,每半叶十行,行二十五字。其藏书印钤盖情况如下:每册卷首有"国立中央图书馆考藏"朱文方印,提要首叶钤盖"茂苑香生蒋凤藻秦汉十印斋祕箧图书"朱文方印一次,提要首叶及卷 1 首叶钤盖"祥符周氏瑞瓜堂图书"白文方印各一次,卷 1 及卷 8 首叶钤盖"曼嘉"朱文方印各一次,提要尾叶及卷 15 首叶钤盖"诒印"白文长方印各一次,卷 15 及卷 22 首叶钤盖"季贶"朱文方印各一次,卷 8 首叶钤盖"星诒"朱文长方印一次,卷 22 首叶钤盖"星诒印信"白文方印一次,卷 29 首叶钤盖"穀之"朱文方印一次,卷 43 首叶钤盖"寿潜室手校"白文长方印一次。提要、卷 1、卷 36、卷 43、卷 50 首叶尚钤有印文皆为"周星诒印"的大小、字形不同的白文方印二。另该本中还钤有两方特殊的长方戳记,一方为"吴正有号",一方为"敦裕脩记",字皆楷体,四周饰以花纹。提要尾页尚有两段题记,其一曰:"同治四年正月购自福州陈氏,价二十千钱,三月初四日阅起记。曼嘉星诒。"其二曰:"是本抄之日草草,讹误脱落至不可阅,今略正其显者,当续求善本一一正之。第一册卷之六缺'十九'一页。"

从上述台图本的基本情况来看,一望可知,此本曾为清晚期著名藏书家周星诒所藏,除此之外,似并无特别之处,然而若细究其中的线索,并将该本与笔者所掌握的其他版本中的文字进行比勘,或可以发现该本的一些特别之处。

一、上下勾连:基于周星诒藏书印、题记所作的版本考察

从上文所叙及台图本的基本情况来看,周星诒留下的线索最多,因此从周星诒入手探讨台图本的收藏、流传情况也最为直接可行。周星诒(1833—1904 年),字季贶,又字曼嘉,原籍河南祥符,后迁居浙江山阴,是晚清著名的学者、藏书家,其藏书处有书钞阁、传忠堂、瑞瓜堂等①。因此台图本所钤盖的"祥符周氏瑞瓜堂图书""曼嘉""诒印""季贶""星诒""星诒印信""周星诒印"诸藏书印印主皆是周星诒无疑。另外台图本钤盖的"寿潜室手校"印的主人则是周星诒续娶之妻李蕙。②

---

① 有关周星诒生平可略见冒广生:《姓氏爵里志略》,见《五周先生集》卷首,《如皋冒氏丛书》本,出版年未见;冒广生:《外家纪闻》,《如皋冒氏丛书》本,出版年未见;叶昌炽:《藏书纪事诗》卷 7《周星诒季贶》,上海古籍出版社,第 703—705 页。另可参见李军:《周星诒藏书事迹征略——以〈书钞阁题跋〉及周批〈读书敏求记〉为主》,《书目季刊》第 42 卷 4 期,2009 年,第 21—43 页;白云娇:《国图藏周星诒子部善本题跋辑考》,《文献》2015 年第 3 期,第 75—56 页。

② 参见梁战、郭群一编:《历代藏书家辞典》"李蕙"条,陕西人民出版社,1991 年,第 157 页;李军:《周星诒藏书事迹征略——以〈书钞阁题跋〉及周批〈读书敏求记〉为主》,第 26 页。

　　虽然周星诒是台图本的收藏者之一，但从台图本中的其他线索来看，周星诒既不是首位，当然也不是最后的收藏者。周星诒之前台图本的收藏、流传情况关涉到对该本版本价值的判断，且情况较为复杂，姑留待后文详述，这里先对周星诒之后该本的流传，直至入藏台北"国家图书馆"的情况进行大致的梳理。

　　周星诒于咸丰十年（1860 年）以同知衔分发福建后补知县，同治二年（1863 年）为邵武府同知，历官至建宁府知府。根据台图本提要尾叶的题记可知，周星诒于同治四年（1865年）正月从福州陈氏手中购买该本，是为收藏之始。约在光绪九年、十年之际，时为建宁知府的周星诒因亏空公帑获罪[①]，无力偿还，其友"蒋香生（蒋凤藻）太守出三千金资之，遂以藏书尽归蒋氏心矩斋"[②]。尽管根据学者的研究，"周氏书钞阁之书除归蒋氏外，又有归于归安陆心源者"[③]，但从台图本所钤盖的"茂苑香生蒋凤藻秦汉十印斋秘箧图书"印来看，至少该本在周星诒获罪后是归藏于蒋凤藻的。

　　蒋凤藻在光绪末年去世后，其藏书也因此散出。台图本是如何辗转入藏台北"国家图书馆"的前身"国立中央图书馆"的，由于笔者掌握的资料不足，其过程及详情亦不得而知。不过"国立中央图书馆"的首任馆长蒋复璁先生在 1943 年曾撰写过一篇《"国立中央图书馆"概况》的文章，其中提到：

　　惟稀见之稿本，富于材料之珍築，亦不惜重价，随时购备，如二十九年教育部向吴兴许氏购善本书七十余种，交本馆珍藏，继又奉行政院令搜集因战争而散佚之善本，由管理中英庚款董事会垫拨款项，进行以来，购入甚多，现在分别妥藏各处，以策安全，其他如金石拓片，古今舆图皆尽量征购，以为设立专藏之基础。[④]

据此可知，"国立中央图书馆"在筹备及创设初期曾多方筹措款项对古籍善本进行购置，或者台图本正是在此等情形之下入藏馆中。1948 年秋，淮海战役之后，国民政府风雨飘摇，"国立中央图书馆"奉命迁台，台图本也因此从大陆到了台湾。1996 年"国立中央图书馆"易名为"国家图书馆"，台图本便一直在该馆中保藏至今。

　　前文大致梳理了台图本在周星诒之后的流传、收藏情况，接下来再对该本在周星诒之前的相关情况进行详细考察。探究周星诒之前台图本的收藏情况，最直接的证据便是该本提要尾叶周氏的题记，为便于观察，这里再将该段题记迻录如下：

　　同治四年正月购自福州陈氏，价二十千钱，三月初四日阅起记。曼嘉星诒。

据此可知，台图本酒周星诒购自"福州陈氏"，此处虽指明了售书者的邑里姓氏，但并未有名字，于此尚需考索，以明确台图本之前的主人为谁。

---

① 此事详见汪康年著，庄建平整理：《汪穰卿笔记》卷 7，中华书局，2007 年，第 267 页。

② 叶昌炽：《藏书纪事诗》卷 7《周星诒季贶》，第 703 页。

③ 李军：《周星诒藏书事迹征略——以〈书钞阁题跋〉及周批〈读书敏求记〉为主》，第 28 页。

④ 蒋复璁：《国立中央图书馆概况》，《社会教育季刊》第 1 卷第 4 期，1943 年，第 6 页。

清代中晚期福州陈姓藏书家，有名者莫过侯官陈徵芝。清同光时词人张景祁尝填《买陂塘》词，词前小序有云：

> 侯官陈兰邻（陈徵芝字）先生，嘉道间为会稽秀水令，谢事归，尽以鹤俸购书籍，所得多善本，曾绘归舫载书图，高致可想也。①

这段小序将陈徵芝的大致生平已介绍清楚。陈徵芝是生活在清代嘉庆、道光之际的福州藏书家，其活动的时间范围与周星诒相距不远，因此"福州陈氏"很有可能就是指陈徵芝及其后人。陈徵芝有藏书楼曰"带经堂"，其去世后，孙陈树杓将祖父藏书编目，即陆心源所云"《带经堂书目》五卷，侯官陈兰邻大令所藏书也"②，该书目后由邓实依陈氏原稿本刊行。在邓实为该书所写的序文中，有"后陈氏藏书大半归之季觊（周星诒）"③一句，据此即可基本断定周星诒在台图本题记中所云之"福州陈氏"即为陈徵芝家。又《续修四库全书》收有一部清代钱曾所撰《读书敏求记》，该书曾为周星诒所藏，且书中留有手批。该书卷1"说文解字三十卷标目一卷"条有周氏眉批云：

> 二书福州陈氏带经堂藏有宋刻本。丙寅岁（同治五年），自建宁晋会垣向星村秀才索观，则为其从兄携赴台阳学舍矣，怅惜久之。陈氏居在文儒坊，其先人兰邻大令以名进士为令浙江，藏书极富。星村名树杓，亦善鉴别，予所得书泰半得之渠家。④

据周星诒的这段眉批所云"予所得书泰半得之渠家"，可确定"福州陈氏"乃陈徵芝家。同时根据"丙寅岁"及台图本周星诒题记中"同治四年"的信息，可推知在同治四年、五年之际，周星诒与陈徵芝之孙陈树杓有过较为频繁的接触，故可进一步确定台图本当是陈树杓售与周星诒的。⑤

既然台图本系周星诒得自陈徵芝带经堂藏书，接下来的问题就是，陈徵芝又是从何处得到该本呢？清末学者谭献《复堂日记》中有这样一段记载：

> 见陈氏《带经堂书目》多有影宋抄本，盖黄荛圃（黄丕烈号）旧藏，后归王惕甫（王芑孙号）。陈徵芝兰邻官浙江时又得之惕甫，乃入闽。此其流传端绪也。⑥

据谭献所云，陈徵芝带经堂所藏的"影宋抄本"得之于王芑孙，而王芑孙又得之于黄丕烈。台图本无论如何也算不上"影宋抄本"，但有没有可能也是按照如此流传归于陈徵芝呢？

---

① 张景祁：《新蘅词》卷4《买陂塘》，《续修四库全书》第1727册，上海古籍出版社，2002年，第275页下至第276页上。

② 陆心源：《仪顾堂题跋》卷5《带经堂陈氏书目书后》，《续修四库全书》第930册，第64页上。

③ 见陈树杓编《带经堂书目》书前邓实序文，顺德邓氏风雨楼刊本，出版年未见。

④ 钱曾：《读书敏求记》卷1"说文解字三十卷标目一卷"条，《续修四库全书》第923册，第97—98页天头。

⑤ 同治年间周星诒向陈树杓求购带经堂藏书的例证还有很多，大凡周星诒得自陈氏之书，书中多有周氏题记、眉批，且多述及福州陈氏者，本文不再一一列举，可参见李军《周星诒藏书事迹征略——以〈书钞阁题跋〉及周批〈读书敏求记〉为主》及白云娇《国图藏周星诒子部善本题跋辑考》二文。

⑥ 谭献著，范旭仑、牟小朋整理：《复堂日记》卷1，河北教育出版社，2001年，第23页。

从笔者目前掌握的材料来看，除《复堂日记》所载之外，并未见到有关陈徵芝与王芑孙直接交往的材料，且陈徵芝的主要活动年代在嘉道时期，而王芑孙则是乾嘉时期之人，二人若有交集也应当在王芑孙晚年。据王芑孙之行实可知，芑孙于嘉庆十二年（1807 年）归长洲（今苏州）里居，直至嘉庆二十二年冬病卒，皆未离开过苏州。①而据张景祁所记，陈徵芝"嘉道间为会稽秀水令"，即便时间上容或有交集，可空间上长洲、秀水尽管相距不甚远，却仍有悬隔。因此陈徵芝得以收藏王芑孙之藏书，当是芑孙殁后，从王氏子弟手中而得。

具体到台图本是否原为王芑孙旧藏后入于陈徵芝之手的问题，还是需要从台图本中寻找线索。前文提到过台图本卷 29 首叶钤盖"穀之"朱文方印一次，此印或可将台图本与王芑孙联系起来。据同治《苏州府志》卷 89"王翼孙"条载：

翼孙无子，以兄芑孙次子嘉福为子。嘉福字穀之，袭职补仪征城守守备，升江西文英营都司，工诗，尤善填词。②

王芑孙弟翼孙乾隆末任湖北襄阳吕堰驿巡检，嘉庆元年（1795 年）白莲教起事，翼孙死难。因翼孙无子，乃以兄芑孙次子嘉福承其后。后嘉福所任皆为武职，然工诗词，因其号二波，有《二波轩诗集》《二波轩词选》传世。仅从王嘉福字穀之一点，很难确定台图本所钤"穀之"印之印主，即便结合《复堂日记》所载，也只能说"穀之"印属王嘉福的可能性较大。目前亦无直接证据证明陈徵芝与王嘉福有交往，故根据台图本所提供的线索从周星诒上推至陈徵芝即已告断，"穀之"印因不能确定印主，也只能聊备参考，无法继续上推。

尽管目前关于台图本流传、收藏的考证陷入僵局，但在直接证据不足的情况下根据史料做出适当的推断，即便不能确定，仍有参考启发之用。另外，若在推论的基础之上再行推论，所得出的结论固然极有可能背离真实，但也还是存在正确之可能。有鉴于此，笔者拟假定"穀之"印主为王嘉福，且台图本系其生父王芑孙旧藏，后入王嘉福之手，以此为基础，作进一步的推断。

如果假定台图本系陈徵芝得自王芑孙旧藏，顺着《复堂日记》所载的线索，则王芑孙藏书有可能来自黄丕烈。黄丕烈与王芑孙同乡，俱是江苏长洲人，二人早年即相识，惟交往不甚密。嘉庆十二年王芑孙归乡里居，二人过从渐多，至于结为儿女亲家。黄丕烈自号"佞宋主人"，家中多藏宋椠旧本，王芑孙也曾多次受邀观书，甚而借、钞。③从二人交往行实

---

① 参见眭骏：《王芑孙研究》第一章《王芑孙之家世生平》，复旦大学博士学位论文，2007 年，第 13—44 页。

② 冯桂芬等：《（同治）苏州府志》卷 89《人物》16"王翼孙"条，《中国地方志集成·江苏府县志辑》第 9 册，江苏古籍出版社，1991 年，第 338 页上。

③ 参见眭骏：《王芑孙研究》第二章《王芑孙之交游》，复旦大学博士学位论文，2007 年，第 136—138 页。

来看,王芑孙从黄丕烈手中获得《复堂日记》所载之"影宋抄本",可能性似乎很大。然而王芑孙比黄丕烈长九岁,且比黄丕烈早卒八年,二人皆是爱书之人,且有亲友之谊,按照一般情况推测,黄丕烈旧藏是不太可能流向王芑孙的。又据《(同治)苏州府志》载:"孝廉(黄丕烈)殁,其书为汪观察士钟稇载而去,虽易主,未尝散也。"①以此观之,黄丕烈之书当大部归于汪士钟,则台图本系王芑孙得自于黄丕烈的可能不大。

除了得自黄丕烈,是否还存在其他可能呢?目前从已有的史料来看,已不太容易做出推断,不过从笔者目前已经眼的无锡图书馆藏清钞本《要录》(以下简称"锡图本")②中,却发现了一条值得注意的线索。

锡图本,二百卷,书前有四库馆臣提要和目录,凡一百册。每半叶十行,行二十五字,白口单鱼尾,鱼尾之上印有"建炎以来系年要录"字样,四周双边。笔者曾将锡图本与上海图书馆藏清钞本《要录》(以下简称"上图本")进行过简单比对,从鱼尾之上刊印的"建炎以来系年要录"字样及边栏,包括行数、字数来看都是惊人的一致。③有关锡图本的具体情况,不在本文讨论范围之内,容笔者另文研究。这里需要关注的是锡图本卷1首叶右下钤有三方藏书印,按自上而下的顺序分别是"郭氏祥伯"白文方印、"袁枚"白文方印、"惕甫"朱文方印。这三方藏书印的印主比较好确定,分属郭麐、袁枚和王芑孙。此三人属同时代之人,且相互之间都互通有无,只是袁枚属长辈,王芑孙与郭麐则为平辈,且王芑孙年长郭麐。从三人的关系来看,袁枚与郭麐有师生之谊,郭麐与王芑孙则为朋辈之交,相较而言,袁枚与王芑孙的关系则较为平常。④根据锡图本的这三方藏书印,再结合三人之生平、交游行实,即可断言锡图本存在着从袁枚到王芑孙的流传过程。至于郭麐在其间扮演何等角色,笔者未及细考,且此事与本文主题关涉不大,姑存之以俟将来。根据锡图本这一线索的提示,台图本的流传或许也存在从袁枚到王芑孙的可能性,只是有关此点并不易坐实,目前也仅是推测而已。

至此,基于台图本中周星诒所留线索进行的上下勾连已告一段落,根据前文所述,可以确定台图本的收藏,存在着自陈徵芝经周星诒、蒋凤藻,最后入藏台北"国家图书馆"的流传过程。至于陈徵芝之前的流传次第,因目前的线索绝少,且传世史料亦无专门之记载,并不易确定。不过,根据"縠之"印主极有可能是王芑孙次子王嘉福的情况进一步推测,台图本也有可能曾被黄丕烈或袁枚收藏过,只是尚不能予以有效证明。

---

① 冯桂芬等:《(同治)苏州府志》卷149《杂记》6"吴中藏书家"条,《中国地方志集成·江苏府县志辑》第10册,江苏古籍出版社,1991年,第789页上。
② 无锡图书馆善本室,书号:29625。
③ 参见拙作《上海图书馆藏清钞本〈建炎以来系年要录〉再考》,《文史》2017年第1辑,第201—216页。
④ 参见眭骏:《王芑孙研究》,复旦大学博士学位论文,2007年;黄丽勤:《郭麐研究》,浙江大学硕士学位论文,2007年;郑幸:《袁枚年谱新编》,复旦大学博士学位论文,2007年。

二、比勘雠校：通过与孔继涵钞本比对所作的版本考察

前文以台图本中周星诒的藏书印、题记为线索进行版本流传的考察，推至陈徵芝，线索即已告断，虽勉力再行推测，所得也不过是臆测，未足为据。至此，笔者拟用版本比勘之法，将台图本与其他版本进行比勘，俾有所发现。采用此法，重点在于选择何种版本与之比勘。经过比对笔者已掌握的《要录》诸版本，最终确定辽宁图书馆藏清乾隆四十一年孔继涵钞本（以下简称"孔钞本"）为与台图本比勘的版本。所以如此，理由有二。

其一，孔钞本在提要叶之后、卷 1 首叶之前有一段孔继涵本人用朱笔写就的跋语，交待了该本的来源，即"是书为同年程吏部鱼门（晋芳）自《永乐大典》中抄出……予借其底本抄副"；同时也交待了钞成装葺的册数"书三十四册"，装葺的时间"乾隆四十一年丙申十有二月廿六日癸亥立春之日"。该本有明确的来源及装葺的时间，利于对比时有准确的参照。且该本早于七阁《四库全书》中的任何一部，具有一定的版本价值，这也是目前笔者所掌握的其他版本不具备的条件。

其二，台图本与孔钞本皆用无边栏之素纸钞成，且装葺册数相近，前者为三十二册，后者为三十四册，从形式上来看，两者最为接近。唯一遗憾的是孔钞本缺最后的四册二十卷的内容，目前仅存前三十册，计一百八十卷，虽如此，但对比勘的影响并不大。

台图本与孔钞本进行文字比勘，最引人注意的一处发现是两本《要录》卷 9"建炎元年九月壬辰"条注文与现在通行的版本有很大的不同。在此将台图本该段注文加标点及校勘，迻录如下：

洪皓《松漠记闻》云："阿骨打八子：正室生绳果，于次为第五。又生第七子，乃燕京留守易王之父。正室卒，其继室立，亦生三①子：长曰二太子，为东元帅，封许王，南归至燕而卒。次生第六子蒲路虎，为充王、太傅、领尚书省事。长子固碖，侧室所生，为太师、梁国王②、领尚书省事。第③三曰太子④，为左元帅，与四太子同母。四太子即兀术，为越王、行台尚书令。第八子曰邢⑤王，为燕京留守，打球坠马死。"张汇《节要》云："今主完颜亶，小名曷剌马，乃阿骨打第二子室曷之子，人传乃昔寇京城者二太子窝里孛之子，非也。盖阿骨打有子十余人，臣略能记其八：一曰阿补别一⑥；第二曰室曷，今金主亶之父；三曰没梁虎，

---

① 此处当作"二"。
② 此处当作"凉国王"。
③ 此处孔钞本作"其"。
④ "太子"前脱"三"字。
⑤ 此处孔钞本作"刑"，台图本系由"刑"校改作"邢"。
⑥ "别一"二字为衍。

与室曷同母，乃正室所生；四曰窝里孛；五曰窝里鸣①；六曰兀术；七曰窝里混，名宗隽，与窝里孛、窝里鸣同母；八曰阿鲁保，封邢②王，与兀术同母。盖阿骨打用兵之初，长阿补在世，呼作大太子③，而第三子已亡④，窝里孛存焉，所以人不知其详，便呼作二太子。自阿里孛之下⑤，从而误呼之。"苗耀《神麓记》云："武元九子：正室生第三子圣果，名宗浚，乃亶父；第七子蒲阳虎，名宗朝。继室生元帅二太子，名宗杰；第六子宗隽。庶子宗干⑥，乃亮父。元妃⑦生元帅三太子宗尧，乃襄父。德妃生元帅四太子兀术，宗弼⑧；第八子阿鲁；第九子孛山⑨。"张棣《金国记》云："阿骨打四太子：长宗干，亮之父；次宗浚，亶之父⑩；次宗弼，襄之父；次宗敏。"此四书皆不同。按：《金太祖实录》云"太祖十有六子"，则诸书所云，当有未尽。反覆参考，惟苗耀所记差详，今从之。如宗浚小字，耀以为"圣果"，皓以为"绳果"，不过语音之讹，而汇乃以为"室曷"则差矣。宗干小字，皓以为"固碖"，汇以为"阿补"；宗隽小字，皓以为"蒲路虎"，汇以为"窝里混"，亦复不同。皓谓固碖名宗秀，粘罕名宗干，而本朝乃避"干"字，则"干"决非罕名。皓以兀术为第四，亶之父为第五，而《讲和录》有兀术所上之书，乃云"皇叔具官"，完颜兀术决非第四。皓久在金国，且为悟室馆宾，不知何以差误如此。远事不可尽知，今从所⑪知附入，更俟博恰者问之。

以上这段文字文渊阁、文津阁《四库全书》本，广雅书局刻本，仁寿萧氏刻本，上海图书馆、无锡图书馆、重庆图书馆、复旦大学图书馆、南京图书馆、台湾傅斯年图书馆藏清钞本皆不见，上述诸本此处皆作"此据苗耀《神麓记》"。这段文字的史料价值并不大，所引之书多可根据《松漠纪闻》、《三朝北盟会编》卷18引《金虏节要》、同书同卷引《神麓记》及《大金国志》卷2《太祖武元皇帝纪》下进行校勘，所独有者惟张棣《金国记》与后半部李心传之按语。这段显然是李心传原注的文字为何只存于台图本和孔钞本？据笔者的推测，当是该段文字是注文，所涉之事亦无关宏旨，且文中多有女真人名，有改译困难之虞，故四库馆臣尽数删去，代之以"此据苗耀《神麓记》"，亦可大致概括这一段并不短的文字之主旨。如果笔者上述推测不错，仅凭此点即可断言在《要录》的诸多版本中，台图本和孔钞本就当早于其他版本。考虑到孔钞本钞成于乾隆四十一年（1777年）十二月，如果能排除台图本后钞的可

① "窝里鸣"乃"窝里嗢"之误，后亦误。
② 孔钞本作"刑"，台图本系由"刑"校改作"邢"。
③ 孔钞本"大太子"前衍"太子"二字。
④ "第三"前脱"第二"二字。
⑤ "阿"当作"窝"。
⑥ "庶"字之前脱"长"字。
⑦ "元妃"当作"贤妃"。
⑧ "宗"字前脱"名"字。
⑨ "孛山"前脱"阿鲁"二字。
⑩ 其下二本皆衍"次宗浚亶之父"六字。
⑪ 孔钞本脱"所"字。

能，则该本亦当在乾隆四十一年前后不远的时间内钞成。

除了台图本和孔钞本都多了这一段相同的文字外，这段文字本身也有值得注意的地方，即引文中标有下划线的两段文字。笔者将这两段文字在两版本中的位置标示出来，可见图1和图2。先看第一段"长阿补在世呼作大太子"，此句在台图本的下部，却在孔钞本的上部，且孔钞本衍"太子"二字。这样的位置分布再结合孔钞本出现的衍字，很令人怀疑孔钞本是以台图本为底本进行钞写的，因为钞写时底本提行之处，出现衍字、漏字的几率是最大的。再看第二段文字，两本皆衍"次宗浚亶之父"六字，所不同的是台图本第一遍"次宗浚亶之父"钞完已到了本行的底部，第二遍是提行又钞一遍，显然这是钞写时未用心，提行时忘记这句已经钞过，故而导致又钞一遍。可反观孔钞本此段文字的分布，到达本行底部时只钞到了"次宗浚亶"，显然这并不是语气应该停顿的地方，如果所钞之底本此处无误，是不应该发生衍"次宗浚亶之父"六字的情况。有下划线的第二段文字孔钞本出现的衍字似乎再一次提示孔钞本的底本是台图本。台图本与孔钞本拥有其他版本都没有的这段注文，以及下划线的两段文字在两个版本中的位置分布，种种迹象似乎都在提示着两个版本的关系，不过单凭这些迹象仍不足以认定孔钞本钞自台图本。于此仍需进一步比勘，以获得更多的证据。

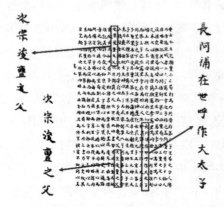 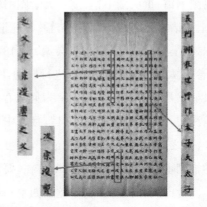

图1　有下划线的两段文字在台图本中的位置　　图2　有下划线的两段文字在孔钞本中的位置

通过进一步比勘，笔者发现了台图本与孔钞本共同出现的一处错简现象，为了准确描述错简出现的位置，现以上海古籍出版社1992年影印文渊阁《四库全书》本之册数及页码为准，述之如下。

《要录》卷116，第二册572页上栏第九行"至是，祠部员外郎兼权礼部勾龙如渊言"之下本该接"宗庙祀典不可久旷"，然而台图本和孔钞本接的却是第二册573页上栏第四行的注文"王镐得恩泽在今年八月癸卯"，即自572页上栏第九行"宗庙祀典不可久旷"至573页上栏第四行"为下州文学"一段文字在台图本和孔钞本中脱漏了（见图3、图4）。不过当翻到本卷的后面,却发现这段文字并非真正的脱漏,而是被置于第二册 574 页下栏第四行"及是将回跸"之后,"议者乃言"之前。换而言之,这其实是一处错简现象。如果单从孔钞本来审视这处错简,会发现图 4 中脱漏的文字,其位置在图 5 中是分属两叶,且脱漏文字的起始和结尾并不在所在行的行首和行尾。孔钞本所呈现的这一现象是很能说明问题的。一般来说,出现错简现象是因连接简牍或书叶的线绳或皮绳断开,重新连缀时不甚仔细,从而导致的次序错乱。根据这一特性,出现错简现象都是整枚简牍或整叶纸被放置在了错误位置。一旦出现了如图 5 所示分属两叶内容的错简现象,唯一合理的解释就是孔钞本所钞的原始底本发生了装订错误,而孔钞本的钞手惟知照字录文,将底本的装订错误延续了下来。至此我们再来看一下台图本中这段错简的位置,如图 6 所示,图 3 所示脱漏的文字恰好是一整叶,而仔细观察图 3 也不难发现,发生脱漏之处恰好是在两叶之间①,这说明台图本的错简是因装订失误造成的,而非钞写失误。台图本和孔钞本中的这一处错简现象为之前"孔钞本钞自台图本"的推测提供了一个非常有力的证据。

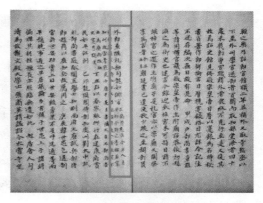

图 3　台图本脱漏情况　　　　　　　　图 4　孔钞本脱漏情况

图 5　孔钞本中图 4 所示脱漏文字之位置(从右至左两箭头之间的文字)

---

① 台图本和孔钞本皆是将书摊开进行拍摄或扫描,因此前一叶的 b 面和后一叶的 a 面会出现在同一幅图中,但却分属两叶,敬请读者知悉。

图 6　台图本中图 3 所示脱漏文字之位置（方框内的文字，阅读顺序为从右到左）

　　如果上述错简现象只此一处，或许还有偶然的因素在其间，可是类似的错简现象却并不止有一处，笔者在此再举一例，仍以上海古籍出版社影印本之册数及页码为准，现述之如下。

　　《要录》卷 124，第二册第 694 页上栏第五行已将"绍兴八年十二月丙子"条的记事叙完，紧接着提行，即在第六行记丁丑条记事，然而孔钞本却提行记"以为腹心而信之如蓍龟者"至"明日上诏宰"一段，而这一段文字本应在第二册第 694 页下栏第十三行"彼往来敌中至再四矣陛下所倚"之下至 696 页上栏第十三行"执就馆见使人"之上。若以孔钞本出现错简的这一叶算作第一叶的话，这段文字从第一叶 b 面的后半部开始，钞满了第二叶 a、b 面，第三叶 a、b 面，直至第四叶 a 面的中后部止。而台图本此处同样出现了错简，若仍以台钞本出现错简的这一叶算作第一叶，则这段文字从第一叶 a 面起始位置开始，一直到第二叶 b 面结尾位置终止，整整占据两叶。要解释这种现象，仍是"孔钞本钞自台图本"的推测最为有力。

　　如果说错简的情况出现一次是偶然，出现两次就不是偶然能够解释的了。上述两例错简的情况，基本就能确定孔钞本钞自台图本。不过，这里还有一个问题需要考虑，即台图本钞成的时间必须比孔钞本早，上述推断才能成立。如果台图本晚于孔钞本，上述现象也有可能出现，比如台图本所钞的底本有错简的现象，且所钞底本每半叶的行数、每行字数与台图本完全相同。当然，这种可能性比较小，但尚不能完全排除，这里至少需要证明台图本钞成时间与孔钞本在同一时间范围，再结合上述两本多出的文字和错简情况综合判断，方能确定台图本早于孔钞本。

　　若要实现上述研究设想，最直接可行的办法即比对两本的用纸，通过对纸质地、纤维进行考察，进一步确定两本所用纸的年代，从而断定两本钞成的时间范围。然而笔者据以考证的台图本的版本出自台北"国家图书馆"网站所公布的扫描件，且经过后期处理，已经看不出原纸的样貌。另外，笔者尚无通过用纸断定年代的能力，所以这方面的考察只能付之阙如,以待博雅君子。笔者目前能做的即利用台图本中"吴正有号"和"敦裕脩记"两方戳记,结合相关资料进行考证。

首先来看"吴正有号"戳记,其在台图本中的位置是卷97末页左侧中下部空白处,印文倒置,且一侧花纹被压于装订线内(见图7,因图片较模糊,其形制可参见图8所示"吴正昌号"戳记)。同样的戳记据张恒怡先生搜集的材料①,还见于台北"国家图书馆"藏《周易本义》明崇祯十四年(1641年)虞山毛氏汲古阁刊本、《冰蟄诗集》清乾隆四十三年(1778年)周永年进呈旧钞本、台湾东海大学图书馆藏《金史(附考证)》据乾隆四年(1739年)校勘本补修本②、四川三峡学院图书馆藏《佩文韵府》康熙五十年(1711年)内府刻本③,以及《翁方纲纂四库提要稿》④。另外,张恒怡先生还发现日本"静嘉堂本卷160第9页板框与装订线之间的空白处有一红色楷书长方阳文戳记,'吴正有号'",并认为该本"应该就是邵氏(邵晋涵)在四库馆辑校《旧五代史》时的工作稿本"⑤。除此之外,笔者还发现台北"国家图书馆"藏《春秋分纪》清查燕绪手校旧抄本亦钤有"吴正有号"戳记。⑥而"吴正有号"戳记究竟意味着什么,张宝三先生则通过详细的考证,确定其当为中文善本古籍中所钤盖之纸厂印记之一。⑦

图7　台图本"吴正有号"戳记位置及反向放大图

① 见张恒怡:《静嘉堂所藏〈旧五代史〉钞本述略》,《文史》2015年第3辑,第253—254页。
② 该本还钤有"吴正裕号",见张宝三:《清代中文善本古籍中所钤纸厂印记研究》,第18页注57。
③ 该本还钤有"吴正昌号""吴正裕号",见黄天禄:《经手录》,重庆大学出版社,1997年,第51页。
④ 该本还钤有"吴正裕号",见赖贵三:《易学思想与时代易学论文集》第三编《〈翁方纲纂四库提要稿·经部·易类〉考释》,文津出版社,2007年,第321页。
⑤ 张恒怡:《静嘉堂所藏〈旧五代史〉钞本述略》,第253、254页。
⑥ 《春秋分纪》索书号为106.1200612,叙录可见 http://rbook2.ncl.edu.tw/Search/SearchDetail? item = 961d542e87274e73909c370e589c71a2fDQyNTk40&page = &whereString = ICYgIuWQs-ato-acieiZnyIg0&source-WhereString = &SourceID = &HasImage = 。
⑦ 参见张宝三:《清代中文善本古籍中所钤纸厂印记研究》,第224—225页。

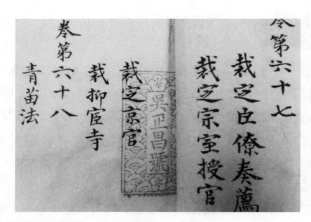

图 8 《皇朝通鉴长编记事本末》中的"吴正昌号"戳记①

上述钤有"吴正有号"之诸本，除《春秋分纪》不能确定具体年代之外，其余诸本皆是康熙至乾隆时期形成的版本，至于汲古阁刊本《周易本义》则极有可能不是明末的版本，而是清代的重刊本。②至此可以大致确定钤有"吴正有号"的纸张，其生产年代应在清代康雍乾时期，而张恒怡先生则根据钤有"吴正有号"的本子中《冰壑诗集》与《翁方纲纂四库提要稿》皆为四库馆工作中的产物"，进一步推测"当时四库馆进行工作时所利用的纸张部分是由'吴正有号''吴正昌号'等纸铺所生产的"③。

如果将上述推定结果用以观察钤有"吴正有号"的台图本，不难推出台图本钞写用纸的生产年代当在清代康雍乾时期，同时"吴正有号"的纸产品曾是四库馆臣的工作用纸。据此，台图本就极有可能与《四库全书》的编修工作以及四库馆臣有直接的关联。

台图本除了钤有"吴正有号"戳记，据叙录记载，该本还钤有一方"敦裕脩记"的戳记④，凑巧的是孔钞本中亦有此方戳记，共钤盖三次（见图9、图10），从其形制来看，与图7、图8所示之"吴正有号"和"吴正昌号"戳记极为相似，故"敦裕脩记"也应该是纸厂印记。台图

---

① 该图转引自张宝三：《清代中文善本古籍中所钤纸厂印记研究》附录"书影四"，《台大中文学报》第39期，2012年12月，第30页。又《皇朝通鉴长编纪事本末》版本信息：乾隆四十年（1775年）至四十一年王氏钞本；收藏信息：台北"国家图书馆"藏，索书号230.251 02004。

② 如台湾大学图书馆藏汲古阁本《十三经注疏》，《"国立"台湾大学图书馆增订善本书目》著录为"明崇祯元年（1628年）至十二年（1639年）古虞毛氏汲古阁刊本"，张宝三教授通过版本比对，复经钤盖该本之上的纸厂印记加以佐证，认为此本当是康雍乾时期的重刊本。见张宝三：《纸厂印记在清代中文善本古籍版本鉴定之运用》，《"国家图书馆"馆刊》2015年第2期，第42—43、48页。据此则《周易本义》亦有可能是康雍乾时期的重刊本。

③ 张恒怡：《静嘉堂所藏〈旧五代史〉钞本述略》，第254页。

④ 见 http://rbook2. ncl. edu. tw/Search/SearchDetail? item＝c555d4fb278f4adc9dc019be2756bca3fDQzODE00&page＝&where String＝ICYgIuaVpuijleiEqSIg0&sourceWhereString＝&SourceID＝&HasImage＝。另，由于台北"国家图书馆"网站上公布的台图本扫描件分辨率不高，兼之是黑白图像，笔者并未找到"敦裕脩记"戳记的具体位置，若日后得以获观是本，再行补充位置信息。

本与孔钞本共同钤盖有"敦裕脩记"的纸厂印记,这已经充分说明两本的时代非常接近,如果再结合"吴正有号"纸产品曾是四库馆臣的工作用纸,以及孔钞本跋语中所云"是书为同年程吏部鱼门(晋芳)自《永乐大典》中抄出……予借其底本抄副","于乾隆四十一年丙申十有二月廿六日癸亥立春之日装葺完好"之语,可进一步确定台图本与孔钞本成书于同一时期,且是四库馆臣借修《四库全书》之际私钞馆书的产物。[①]

图 9　孔钞本第 27 册书尾卷 160 后所钤"敦裕脩记"及放大图

图 10　孔钞本卷 152 卷中及卷尾所钤"敦裕脩记"

　　从前述的三方面内容可以看到,无论是台图本与孔钞本相较其他诸本多出的一段文字,还是两本错简之处所反映出的情况,无一例外地指明孔钞本钞自台图本有着极大的可能性,而通过"吴正有号""敦裕脩记"的考辨,进一步确定台图本与孔钞本当成书于同一时期。如此而综观之,即可明确认定孔钞本就是依据台图本钞写而来的副本。如果再结合孔继涵跋语所云"是书为同年程吏部鱼门(晋芳)自《永乐大典》中抄出……予借其底本抄

① 　参见拙作《上海图书馆藏清钞本〈建炎以来系年要录〉再考》,第 208 页。

副"，则台图本应该就是程晋芳钞本。根据程晋芳的行实，乾隆三十六年程晋芳中进士，乾隆三十八年（1773 年）二月四库开馆，程即在大臣的举荐下进入四库馆。①如此则台图本成书的时间上限当在乾隆三十八年二月，其成书下限当在孔钞本钞成装葺之时，即乾隆四十一年（1777 年）十二月。考虑到台图本书前提要落款时间为乾隆三十八年十月②，而孔继涵钞书也需要三五个月的时间，则台图本最有可能的成书时间当在乾隆三十九年年初至四十一年上半年之间。

三、四库私钞：略论台图本的版本价值

根据前文的论述，笔者认为台图本是四库馆臣之一的程晋芳利用职务之便私钞馆书的结果，其钞成年代当略早于乾隆四十一年的孔继涵钞本，是目前已知存世最早的《要录》版本。若以此结论审视孔继涵跋语所云"自《永乐大典》中钞出"一句，自然是说台图本直接钞自《永乐大典》。若孔继涵所说是实，台图本版本价值之大则毋庸置疑，不过，事实是否果真如此，似不能仅凭孔继涵之语而妄下结论，在此仍需根据台图本的文字进一步论证，以确认台图本的版本价值。

根据笔者将台图本与孔钞本比对的结果来看，台图本与孔钞本在文字上几乎完全相同，包括脱漏倒讹亦同，在此以《要录》卷 113 为例，以上海古籍出版社影印文渊阁《四库全书》本为底本进行比对，并将比对结果列之如下。又，该卷系绍兴七年八月之记事，以下例证仅以干支标示。

1. 癸巳条："帅府旧僚，往往沦谢，惟汪伯彦实同艰难"一句，"帅府"两本皆作"元帅"，且皆脱"惟"字；"陛下念旧如此"一句，两本皆脱"下"字。

2. 乙未条："少保、江南东路宣抚使张俊"一句，两本皆脱"东"字；"保成军节度使、主管殿前司公事杨沂中"一句，"主管"两本皆误作"王管"；"刘锜为淮南西路制置副使"一句，两本皆脱"副"字；"乃命二帅往淮西召琼等还行在"一句，两本皆脱"行在"之"在"字。

3. 丁酉条："是以终唐之世，不能取河北"一句，"河北"之下两本皆衍"北"字；"晚复惑于张后、李辅国之谗"一句，"谗"两本皆误作"缠"；"四川制置大使席益复与都转运使李迨有违言，交愬于上。诏川蜀去朝廷甚远，全藉两司协济国事"一段，两本皆脱"违言交愬于上诏川蜀去朝廷甚远全藉两司协济国"二十一字。

---

① 参见程治国：《程晋芳研究》，兰州大学硕士学位论文，2007 年。

② 台图本的书前提要与上海图书馆藏清钞本、孔钞本书前提要相同，是同一份材料，有关该提要的原文及相关考辨可参见拙作《上海图书馆藏〈建炎以来系年要录〉再考》，《文史》2017 年第 1 辑，第 205—210 页。

4. 戊戌条："在斟门几百间"一句,两本皆脱"间"字;是条注文引《三朝北盟会编》云"不谙军旅"一句,"谙"两本皆误作"诸";注文"惟熊克《小历》云"一句,"惟"字两本皆无,以空格代之;注文引《吕祉行述》"众皆感泣于庭下曰"一句,"曰"字两本皆脱;同前"某等誓当效死图报"一句,"誓"两本皆误作"哲";同前"且乞吴锡一军庐州驻札"一句,"一"字之后两本同衍"吴锡一"三字;同前"又遣转运判官韩璡诣建康,而属之曰:'诸将反侧,幸已定矣,然有他议,则必愈乖,烦贤子细白知宰相。'此可见公虑之周也"一段,"又遣转运判官"以下两本全脱;"琼亲校已杀景于厅事,又杀都督府同提举一行事务乔仲福"一句,其中两处"杀"字两本皆误作"教";"奈何乃如此负朝廷"一句,"此"字两本皆脱。

5. 壬寅条:注文引《赵鼎事实》"当轴者谓参知政事陈与义、张守曰"一句,两本皆脱"张守"之"张"字;"祉骂曰"一句,"骂"两本皆误作"马";"祉从者江涣取而埋之"一句,两本皆脱"祉"字。

6. 甲辰条:"宜亟令去"一句,两本皆脱"宜"字。

7. 乙巳条:"故迪功郎、高安县尉李畴年特赠右从事郎,与一子下州文学"一句,两本皆脱"故迪功郎高安县尉李畴年特赠右从事郎与"十八字。

8. 己酉条:"赐吴玠汉中田二十顷"一句,"田"两本皆误作"申"。

9. 癸丑条:注文"此以鼎奏议修入"一句,两本皆脱"以"字;"比乃令改官即罢,往往到任一年皆去,则是朝廷设此,特为选人改官之地而已"一段,两本皆脱"即罢往往到任一年皆去则是朝廷设此特为选人改官"二十二字。

10. 卷末"是月"条:"观文殿学士江西安抚制置大使李纲献言"一句,两本皆脱"观文殿学士"及"安抚"共七字。

通过上述的比对,虽然只是一卷,亦可看出台图本提要尾叶的第二段批语所云"是本抄之日草草"信不为虚,不过所谓"讹误脱落至不可阅",似乎还不至于。尽管如此,若以全本综观之,即便不计台图本因装订失误导致的错简现象,整本的脱漏倒讹之类的错误也是非常多的,远不如文渊阁《四库全书》本钞写之精良。这种情况自然是和该本系私钞四库馆书有关。

自乾隆三十八年(1773年)二月四库馆正式开馆以来,天下藏书汇聚于京,尘封已久的《永乐大典》也得见天日,许多湮没已久的遗籍秘本展现在本就嗜书的四库馆臣面前,他们自然不会放过如此的天赐良机,纷纷利用职务之便,私下据馆书抄副。不过,四库馆还是有相关的管理规则,尽管在执行的时候宽多严少,但仍会给馆臣的私钞行为带来一定的麻烦,使他们不能从容不迫地钞写完成。正如杨洪升先生指出:"馆臣借抄、借校馆书,往往匆匆完成,以便归还原本。故馆臣抄校馆书,除个别单篇小帙外,恐不能在馆中亲自捉笔或交与身边馆吏抄写徇私,这会影响馆书办理进度,应系携归交私家书吏抄校。"①也正因

---

① 杨洪升:《四库馆私家抄校书考略》,《文献》2013年第1期,第70页。

为如此，面对如此卷帙浩繁的《要录》，又要在短期内钞写完成，钞之草草，几乎就是必然。比如前文所举《要录》卷 113 中有三个整句脱漏的例子，几乎都是钞手钞蹿行所致，钞手之急迫心情显而易见。因此台图本钞写质量不佳亦情有可原，只是错误如此之多，势必会大大降低该本的版本价值。

当然，通过前文考证，已知台图本是《要录》目前最早的现存版本，虽然该本是修《四库全书》的产物，但若其文字仍保存四库馆臣未加篡改的样貌，或者篡改较少，其版本价值仍会很高。更重要的是台图本的副本孔钞本不是完帙，其佚失四册共计二十卷的内容，如此一来更显台图本的价值。然而，经与《皇朝中兴系年要录节要》（以下简称《节要》）①一书比对后，可以确定台图本亦未能免于四库馆臣的篡改。为避免烦琐，此处仅将《节要》卷 8 至卷 10 与《要录》卷 102 至卷 138（绍兴六年六月至十二年十二月记事）比对的结果列之如下：

1. 台图本卷 106，绍兴六年十月丁酉"而长江之险与敌共"一句，"敌"《节要》卷 8 作"虏"。

2. 台图本卷 107，绍兴六年十二月戊戌"彦质于敌马南向之时"一句，"敌马"《节要》卷 8 作"贼马"；同条"可遂使金不内侵乎"一句，"金"《节要》卷 8 作"虏"。

3. 台图本卷 117，绍兴七年十二月庚午"极论敌情叵测"一句，"敌"《节要》卷 9 作"虏"。

4. 台图本卷 124，绍兴八年十二月"是月"条"敌骑追及之"及"敌人又会兵断其归路"二句中之"敌"字《节要》卷 9 皆作"虏"。

5. 台图本卷 126，绍兴九年二月己未"料敌上策"及"敌出中策"两句中"敌"字《节要》卷 10 皆作"虏"。

6. 台图本卷 127，绍兴九年四月戊辰"敌虽讲和"一句，"敌"《节要》卷 10 作"虏"。

7. 台图本卷 129，绍兴九年六月己巳"敌令酷而下必死"，"敌"《节要》卷 10 作"虏"。

8. 台图本卷 132，绍兴九年九月癸未"不知敌情"，"敌"《节要》卷 10 作"虏"。

9. 台图本卷 135，绍兴十年五月丙戌"遂分四道入犯，命镊呀贝勒出山东，右副元帅萨里干犯陕右，骠骑大将军、知冀州李成犯河南"一句，《节要》卷 10 作"遂分四道入寇，命聂黎孛堇出山东，撒离曷寇陕右，李成寇河南"；庚寅"知顺昌府陈规得报敌骑入东京"一句，"敌骑"《节要》卷 10 作"虏骑"；辛卯"敌来，日夜思战"一句，"敌"《节要》卷 10 作"虏"；辛丑"球赫贝勒中伤"一句，"球赫贝勒"《节要》卷 10 作"折合孛堇"；同条"与璘协力捍敌"一句，"敌"《节要》卷 10 作"虏"；同前条"不复惧敌矣"一句，"敌"《节要》卷 10 作"虏"；壬寅"皆谓敌已遣银牌使"一句，"敌"《节要》卷 10 作"贼"。

---

① 宋刻本，上海图书馆藏，现为"中华再造善本"之一种，北京图书馆出版社，2004 年。该书是《要录》的节略本，共十七卷，目前存卷 8 至卷 17 绍兴六年六月至绍兴三十二年六月间之记事，即对应为《要录》卷 102 至卷 200 的内容。

10. 台图本卷 136,绍兴十年六月戊申"时敌众围昌已四日",此句《节要》卷 10 作"时虏围顺昌已四日";同前条"况已挫敌锋"一句,"敌"《节要》卷 10 作"贼";同前条"敌营近三十里"一句,"敌"《节要》卷 10 作"贼";同前条"被敌追及"一句,"敌"《节要》卷 10 作"虏";同前条"致敌遂侵两淮"一句,"敌"《节要》卷 10 作"虏";己酉条所记之金右副元帅萨里干《节要》卷 10 皆作"撒离曷";又本条所记金之"鹘眼郎君"《节要》则与之同;壬子"敌先攻东门"一句,"敌"《节要》卷 10 作"贼";同前条"时敌诸帅各居一部"一句,"敌诸帅"《节要》卷 10 作"虏诸酋";同前条"敌方来接战"一句,"敌"《节要》卷 10 作"虏";同前条"入敌阵中"一句,"敌"《节要》卷 10 作"虏";同前条"敌大败"一句,"敌"《节要》卷 10 作"虏";又壬子条所记之"乌珠"《节要》卷 10 皆作"兀术";甲子条"初萨里干既破凤翔""萨里干自登西平原觇之"两句中之"萨里干"《节要》卷 10 皆作"撒离曷";庚午"锜以孤军挫敌锋"一句,"敌"《节要》卷 10 作"虏";闰六月戊寅"敌人犯境"一句,"敌人"《节要》卷 10 作"狂虏";己亥"于是锜方欲进兵乘敌虚"一句,"敌"《节要》卷 10 作"虏";同前条"敌震惧丧魄"一句,"敌"《节要》卷 10 作"虏"。

11. 台图本卷 137,绍兴十年七月戊申"敌人铁骑驰突"一句,"敌"《节要》卷 10 作"虏";己酉"杨再兴单骑入敌阵"一句,"敌"《节要》卷 10 作"虏"。

如前所列比对结果即可知,台图本并不如其副本孔钞本前跋语所言"自《永乐大典》中抄出",而应是从已为四库馆臣纂改过的工作本中钞出。另外,笔者经过与《节要》、元刊本《宋史全文续资治通鉴》(高宗朝)等节略自《要录》的史籍,以及《三朝北盟会编》《皇朝中兴纪事本末》[1]等《要录》史料来源的史籍详加比对后发现,台图本不但未能逃脱四库馆臣的纂改,而且纂改的规模也相当大,其基本情况和笔者曾撰文研究过的上海图书馆藏清钞本的情况非常类似,即卷 1 的辽金人名均无改译且只纂改了少量的避忌之处,大体保存了《要录》在《永乐大典》中的原貌,从卷 2 开始对避忌之处的纂改大规模增多,卷 3 开始大规模改译辽金人名,以后诸卷只有零星避忌之处未被纂改。辽金人名方面,尽管台图本和孔钞本并没有附《金人地名考证》,但也只有卷 1、卷 2 改译情况很少,以后诸卷则除少量漏改外,余者皆遭全面改译。因此,综而观之,台图本和孔钞本中一些"该改而未改"之处,绝非有意为之,而是馆臣疏漏所致。[2]

综合以上所论,可以看出,台图本虽然是目前已知最早的《要录》版本,但因是私钞四库馆书的缘故,缺乏时间上的保障,故其钞写质量并不佳;兼之该本虽少量保留了《要录》

---

① 关于《皇朝中兴纪事本末》与《要录》引《中兴小历》的问题可参见辛更儒:《〈皇朝中兴纪事本末〉序》,载《皇朝中兴纪事本末》,北京图书馆出版社影印雍正九年钞本,2005 年;周立志:《〈皇朝中兴纪事本末〉与〈中兴小历〉之关系》,《文献》2010 年第 3 期,第 104—112 页;温志拔:《再论〈皇朝中兴纪事本末〉与〈中兴小历〉的几个问题》,《鸡西大学学报》2013 年第 2 期,第 155—157 页;温志拔:《〈建炎以来系年要录〉引"熊克〈小历〉"及其相关问题》,《湖南第一师范学院学报》2013 年第 5 期,第 87—90 页。

② 参见拙作《上海图书馆藏〈建炎以来系年要录〉再考》,《文史》2017 年第 1 辑,第 211 页。

在《永乐大典》中的样貌，但整体而言，仍遭四库馆臣的大规模篡改，就此二点而论，台图本的版本价值极其有限，至少不堪为整理《要录》的底本。不过，笔者在将台图本与孔钞本、上海图书馆藏清钞本以及锡图本进行比勘后，也发现其余诸本中出现的脱漏倒讹之类的现象，绝大部分是源自台图本中的错误，甚至光绪时期出现的《要录》的两个刻本——仁寿萧氏刻本和广雅书局刻本——中的错误也有源自台图本的痕迹。①种种现象表明，台图本在现存的《要录》版本体系中还是有着极为重要的地位，或者可以据此进一步地比对、研究，借此厘清《要录》的现存版本之间的关系，整理出《要录》的版本系统。此外，还有可能在厘清台图本的基本情况之下，以此为基础进一步探讨四库馆臣修书的一些细节，乃至探讨纂修《四库全书》与乾、嘉、道、咸、同、光时期藏书家之间的联系。当然，对于这些问题的探讨还有待于将来，不过这也表明即便台图本的版本价值很有限，但其研究价值依然不容忽视。

四、结语

根据前文所论，台图本基本的流传情况是，大约在乾隆三十八年至四十一年之间，馆臣程晋芳私钞馆书以成是本，而程晋芳也应是该本的第一位收藏者，其后辗转流徙，经过嘉道时期陈徵芝的收藏，同光时期周星诒、蒋凤藻的收藏，民国时期又入藏"国立中央图书馆"，随着该馆的迁台、改名，最终成为台北"国家图书馆"的馆藏。

从程晋芳到陈徵芝的一段时间内，台图本的流传虽非毫无线索，但却不易证实，不过，在这里笔者还是想根据已知的情况进行大胆地推测，在此略作申陈。

在袁枚的诗集中，有一首题为"辛未、壬辰间，余与鱼门太史广购书籍，有无通共。今鱼门亡仅十年，其家欲卖以自赡，属余检校，已亡十之七八矣，感赋一律"的律诗，诗云：

奇书交易两家抄（壬申春寄鱼门之句），三十年前事未遥。只通尧编同骨葬，何图论语当薪烧。丹黄批抹人如在，鱼蠹丛残纸乱飘。我亦苦搜三万卷，不能自念不魂消。②

从诗题到诗句中透露出的信息很多，最值得关注的是程晋芳早年即与袁枚交换书籍、相互传抄，而程晋芳去世之后，其家为贴补家用而出卖程晋芳生前藏书的时候，还专门请袁枚前来查检，仅凭此点，"老友袁枚"③之称信不虚也。据此，台图本在程晋芳之后归藏袁枚的可能性是很大的，联系前文所作的推测，笔者倾向于认为台图本经历了从程晋芳、袁枚、王

① 关于此点只是笔者的感觉，并非实质性研究所得出的结论，容待日后详加探讨。
② 袁枚：《小仓山房诗集》卷33，周本淳标校：《小仓山房诗文集》，上海古籍出版社，1988年，第936页。
③ 袁枚：《小仓山房文集》卷26《翰林院编修程君鱼门墓志铭》，周本淳标校：《小仓山房诗文集》，第1713页。

芑孙、陈徵芝、周星诒、蒋凤藻的流传次序。当然,从程晋芳到陈徵芝的流传过程也仍是推测,尚无决定性的证据予以证明。

尽管台图本的流传仍有模糊难明之处,但并不影响对该本版本价值的判断,台图本是目前已知最早的《要录》存世版本,虽因其系私抄而导致质量不佳,且被四库馆臣大规模的篡改,比之《要录》通行的文渊阁《四库全书》本,在钞写质量和保存原貌上皆无本质的提升,但却可作为整理《要录》的重要参校本而发挥其作用,且是厘清现存《要录》版本系统,乃至探讨四库馆修书及四库馆臣与乾嘉至于同光时期藏书家联系的重要依据。

从世俗之言到国史之论：试论《宋史·李全传》史料来源[*]

彭 锋[**]

一、前言

近年来，随着新出史料的不断涌现，史料范围也得到进一步延伸，在研究深度、广度上也得到拓展。以前并不受很大重视的笔记小说史料，因其拥有记载具体而细微的特性，或能反映一个社会的部分特征，或能折射某一历史事件的真实侧面，或能揭示典型历史环境下历史人物的特殊性格，又或能起到觇之人情、征诸人心的作用，职是之故，日益受到历史研究工作者的重视。[①]其实，前辈史家对此早有清醒自觉的认识，陈寅恪先生在谈到治唐史"应参考的材料"时曾列出《太平广记》一书，并进一步指出"小说亦可作参考，因其虽无个性的真实，但有通性的真实"[②]。

---

[*]　本文原载于《史学史研究》2016 年第 4 期。

[**]　彭锋，江西师范大学历史文化与旅游学院讲师。

[①]　笔记小说史料日渐受到学界重视，无论是在材料的运用还是整理上均得到提升，其中尤以上海师范大学古籍研究所整理出版的《全宋笔记》为典型代表。《全宋笔记》的出版大大拓展了宋代史料研究资料库，与其他大型宋代史料一道构筑成庞大的资料群，为宋代研究提供了更为丰富便利的材料。笔记小说史料的研究价值，前辈史家已多有论及。如王曾瑜：《开拓宋代史料的视野与〈三言〉、〈二拍〉》，《四川大学学报》2005 年第 1 期；齐世荣：《谈小说的史料价值》，《首都师范大学学报》2010 年第 5 期。余英时撰写《朱熹的历史世界》，在论述官僚集团的起源与传承时，"根据散见于史传、诗文集、笔记等不同资料，重建了孝、光、宁三朝官僚集团的历史"。尤为典型者是利用诸多笔记材料分析"皇权与皇极"的问题，其中利用杨万里等人的笔记材料抉隐发微，透析出皇权分裂的倾向与原因。余英时：《朱熹的历史世界》，生活·读书·新知三联书店，2011 年，第 683—848 页。

[②]　陈寅恪：《讲义及杂稿》，《陈寅恪集》，生活·读书·新知三联书店，2009 年，第 492 页。

中国历史的记录，向来有官修、私纂的区辨。在历史编纂的演进过程中，官、私历史记录之间往往存在杂糅纠葛之处。二者虽时有偶合，但各有侧重，正所谓事有与世俗之言殊者，又有与国史之论异者，"其世俗之言殊，传伪也，国史之论异，私意也"①。实际上，在"世俗之言"与"国史之论"中间并没有不可逾越的鸿沟，很多时候存在两相检照、相互印证的可能。官方材料的记载与私家笔记的载录，并非按照两条平行的路径在演进，而是有交叉分合的。若从以上角度观察，李全事迹的历史编纂可称典型个案。李全一生行事，以《宋史》本传记载最为翔实，传分上下，近两万余字，在《宋史》列传中特异独出，极为醒目。李全之活动，实影响南宋中晚期政局发展尤巨者，与理宗亲政及之后朝中诸政治势力的升降、政治决策之采行大有关联。②长期以来，与李全有关的研究就受到中外学界的重视，也积累了较为丰富的成果。然而遗憾的是，研究者反复使用的基础性文献《宋史·李全传》，却从未有人质疑其来源。可以肯定的是，《宋史》李全本传近两万余文字应该是渊源有自的，下面拟对此问题展开推论。

二、李全事迹相关材料之检证

南宋宁宗、理宗时，蒙古崛起于大漠，金朝处境艰危，国势日渐衰颓，之后又处于南宋和蒙古的夹击之中，境内各地动乱团体纷起，民众不堪其苦，转投南宋以求生存。随着宋金战事的再次爆发，南宋政府对金朝态度也日渐强硬，不但放宽了"忠义人"南来的限制，而且将逃归南宋的"忠义人"单独编为"北军"，供给粮饷，以资利用。一时间"忠义人"蜂拥而至，掀起南宋历史上一次规模较大的北人南来浪潮。正是在这一大背景下，李全及其领导的山东军事武装力量开始登上历史舞台。

李全，山东潍州北海人③，出身农家，善使铁枪，为人豪爽仗义，为众所推服。本在青州

① 周密：《齐东野语》，中华书局，1983年，第4页。
② 寺地遵：《南宋中期政治史の试み公开讲演要旨》，《日本历史学协会年报》2003年18号；小林晃：《南宋理宗朝前期にぉける二つの政治抗争：〈四明文献〉から见た理宗亲政の成立过程》，《史学》79卷4号，第31—60页。二人虽在理宗亲政时间上存在争议，但对于李全的活动与理宗亲政及之后政治走向间的相互关系均已有所触及，惜论述未深。
③ 刘敦愿先生曾对于李全的籍贯问题提出疑问，认为："《维扬志》云，潍州人。《齐东野语》淄州人，或又云莱州人，未知孰是？"参见刘敦愿：《〈齐乘〉风土章校注》，《山东大学学报》1991年第4期。关于李全籍贯，主要的说法即为刘先生所述的几种，潍州说承自《宋史》本传，后散入地方志记载。淄州说则来自周密《齐东野语》的记述，莱州说则影响较小。刘先生也仅是罗列众说，至于哪种说法正确，并未下判断。实际上，李全籍贯是潍州当无疑问。何以见得？此处略加考证。《宋史》卷476《李全传》载"嘉定十二年（1219年）六月，金元帅张林以青、莒、密、莱、潍、淄、滨、棣、宁海、济南十二州来归。始，林心存宋，及掴败，意决而未能达。会全（转下页）

一带贩卖牛马，后被牛客张介引至涟水。时金朝境内盗贼蜂起，道梗难行，生意亏损，遂投涟水尉为弓卒。后加入山东地区的反金武装力量红袄军，与杨妙真比武结亲，势力逐渐坐大，成长为其中一支主要反金队伍的领导者。嘉定十年（1217年），李全率部众南奔归宋为其效力。历大小战数次，取得了可观的成绩。但不久之后，在山东淮海一带持续作乱。宝庆元年（1225年）二月，李全指使部将刘庆福在楚州发动兵变，次年十一月，投归南宋的北军另一头目夏全与李全妻杨氏合谋，再次在楚州发动兵变。宝庆三年，李全坐困孤城转而投降蒙古。同年六月，李全之兄李福第三次在楚州发动兵变。这一时期的内外形势波诡云谲。十月，李全攻占淮安（即楚州）。绍定三年（1230年）李全正式起兵攻宋，攻破盐城及泰州，十一月，又攻扬州。四年，被赵范、赵葵兄弟率众擒杀于扬州新塘，余众在杨妙真率领下，退守山东。

以上是对李全事迹的简要概述。李全父子皆入正史叛臣传中，亦因此背负恶名。如史所述："不幸残金之乱，李全父子盗据北方，户编为民，人教之战，父叛于南，子叛于北，衣冠之族，变为卒伍，忠义之俗，染以恶名。全起群盗，的不知何人。养子璮，本徐希稷之子，又出异类。非齐氏族，客乱山东，劫民为逆，自速诛夷，然败俗污善，不可不辨。"①

无独有偶，在笔记材料中，周密也用了三千余字的篇幅记述他的事迹。从二者记录的内容来看，可相互参证补充之处不少。篇幅上来看，《宋史》李全传的内容要远远多过周密《齐东野语》中的记载。这些内容，材料主要采择自何处？考周密生于南宋理宗绍定五年（1232年），卒于元成宗大德二年（1298年）。《宋史》的编纂则是从元顺帝开始，至正三年（1343年）三月开局，到至正五年（1345年）正式修成。周密卒年离《宋史》开修尚有四十五年之久，笔记中的材料显非源自《宋史》本传。那么，是否存在这样的可能：无论是周密在撰写笔记，还是史馆人员在纂修《宋史》的过程中，都曾见到一批大致相同的材料，他们根据各自需要选择写入书中。下面拟对上述问题作出一种可能的解答。

诚如学者已指出的"《宋史》列传多据私家传状，作为蓝本，颇多毁誉失实，记闻舛谬"②的地方。更具体来说，"《宋史》列传大都据自碑传墓志，但有增损，不都是据以删节；有的也参据其他材料，如奏稿的增添、著作的补充等。《宋史》除碑传墓志外，也有其他来源，以之与碑传对勘，有助于校勘错舛"③。杨联陞在讨论史书的资料来源时曾说：

（接上页）还潍州上冢，揣知林意，乃薄兵青州城下，陈说国家威德，劝林早附。"《宋史》载李全劝降张林携十三州之地归降宋朝时，正是嘉定十二年六月回潍州上冢之时。周密《齐东野语》虽言李全为淄州人，但其实文内也有与《宋史》相似记载，可互证李全为潍州人。《齐东野语》卷9"李全"条载："嘉定十一年间，（全）功为副总管。明年，金主珣下诏招之，全复书云：'宁作江淮之贵，不为金国之臣。'遂以轻兵往潍州，迁其父母兄嫂之骨葬于淮南，以誓不复北向。"结合二者的记载，笔者以为李全为潍州人无疑。

① 于钦撰，刘敦愿、宋百川、刘伯勤校释：《齐乘校释》卷5《风土》，中华书局，2012年，第506—507页。
② 谢国桢：《史料学概论》，福建人民出版社，1985年，第72页。
③ 汤志钧：《碑传行状和〈宋史〉列传》，《中华文史论丛》2003年第71辑，第138—200页。

传记的资料可以兼采官方与私人方面的材料,如墓志铭或家谱等。根据这些文献和其他官修文献如"会要"或"会典"(元朝称为《经世大典》)等,有些朝代勒令史官编纂《国史》,采用纪传体。①

正史列传来源既纷繁多元,故书成后,往往会有矛盾、重复和遗漏的地方。上述观点和批评用在《宋史》诸列传上尤为适切。这给我们提供了一种解释问题的角度,即正是正史修纂过程中资料来源的多元化,才可能造就上述笔者提出的一系列疑问的出现。我们先看较早记载李全事迹的笔记材料。周密《齐东野语》"李全"条末有这样一段小字颇值玩味:

刘子澄尝著《淮东补史》,纪载甚详。然予所闻于当时诸公,或削书所未有者,因摭其概于此,以补刘氏之阙文云。

根据周密的这段文字,可知他所写的李全事迹本末,主要是听当时诸公所言,是对刘书的一个补充。这段文字透露的主要信息有两个:一是在周密之前,有关李全事迹本末的书写已有刘子澄所撰的《淮东补史》一书,且对李全事迹记载非常详尽;二是周密记载的这条笔记材料,目的在于要"补刘氏之阙"。笔者推测,刘子澄所撰写的《淮东补史》一书内容,虽然没有被周密完全采入笔记条目当中,但绝大部分内容可能已被元朝修史人员纳入《宋史》李全本传中。下面对这一推论试作论证。

据笔者统计,在周密的众多笔记著作当中,刘子澄的名字一共出现过十一次,其中《齐东野语》出现四次,《鹤林玉露》出现四次,《癸辛杂识》出现一次,《浩然斋雅谈》出现过两次。为搞清楚周密笔下提到的刘子澄究属何人,是否为同一人,兹分别将宋人笔记中除《齐东野语》"李全"条外涉及刘子澄的材料引录列表如下,以清眉目。

序号	内 容	来 源	备 注
1	端平元年甲午……帅参刘子澄。	《齐东野语》卷5"端平入洛"条	
2	赵忠肃公方,开阃荆襄日久,军民知其威声……命随州守臣全子才节制诸项捕贼军马,摄枣阳军刘子澄策应,赵楷监军。三人者,皆以西师之败镌责,赵欲于此立功,以为复官之地。	《齐东野语》卷5"端平襄州本末"条	
3	咸淳戊辰正月,遂罢庄官,改为召佃……既而常、润分司刘子澄力陈毗陵向来多买虚数之弊,遂下提领所,径将常州公租拨隶淮东总领所催纳。	《齐东野语》卷17"景定行公田"条	1、2、3条内容中刘子澄同属一人

① 杨联陞:《官修史学的结构——唐朝至明朝间正史撰修的原则与方法》,《国史探微》,联经出版事业公司,1983年,第351—375页。

续表

序号	内　　容	来　源	备　注
4	周益公参大政，朱文公与刘子澄书云："如今是大气证，渠却下四君子汤，虽不为害，恐无益于病尔。"	《鹤林玉露》卷 2 甲编"大承气汤"条	
5	近时静春先生刘子澄，朱文公高弟也，守衡阳，日以冠裳莅事。宪使赵民则尝紫衫来见，子澄不脱冠裳见之。民则请免冠裳，子澄端芴肃容曰："戒石在前，小臣岂敢！"	《鹤林玉露》卷 1 乙编"紫窄衫"条	
6	朱文公尝病《女戒》鄙浅，欲别集古语成一书。……尝以书属静春先生刘子澄纂辑，迄不能成。	《鹤林玉露》卷 5 乙编"女戒"条	
7	静春先生刘子澄，朱文公高弟也。病革，周益公往拊之曰："子澄澄其虑。"静春开目微视曰："无虑何澄？"言讫而逝。	《鹤林玉露》卷 1 乙编"临终不乱"条	
8	今刘子澄辈云："韩魏公、欧阳公及其祖元公之属，惜不遇伊川，使见之学问功业当不止此，不知诸公乃就实行中做也。"又言圣如孔子，必以言与行相配言之，故虽孔门高弟，尚有听言观行之说。……若学伊川、喻子才、仲弥性之徒，岂不误事？张南轩亦为人误耳。	《癸辛杂识·别集下》"空谈实效"条	4、5、6、7、8 条内容中刘子澄均指静春先生刘子澄，与 1、2、3 条中所指不同
9	开庆间，马华父制置江闽日，尝于青溪，建祠以祀先贤，断自吴泰伯以下凡四十一人，皆尝仕若居若游于此者获与焉。盖华父之祖亦尝仕于升故也。祠成，命冯可迁赞之，其赞马公，末语有尔祖其从与享之句，或摘以为讥华父，遂去乃祖之祀焉。或谓刘子澄清叔与华父有宿憾，授意于冯云。	《浩然斋雅谈》卷上	
10	端平甲午入洛之役，二赵丧师，时刘子澄实主帷幄之筹，遂坐贬封川，意不复用。赵南仲之死，子澄以诗哭之，云：功名翻覆等南柯，云掩新阡长薜萝。千载只凭公论去，百年无奈世情何。高光时节经营易，晋宋人才隐逸多。入汴老宾犹坐谪，余生只合理烟蓑。	《浩然斋雅谈》卷中	9、10 条与 1、2、3 条刘子澄同

　　表中所列诸条内容中，《齐东野语》卷 5 "端平入洛"条及"端平襄阳本末"条所记载的刘子澄为同一人，均因出师败盟被镌责；又同书卷 17 "景定公田"条载"常、润分司刘子澄力陈

毗陵向来多买虚数之弊,遂下提领所,径将常州公租拨隶淮东总领所催纳"①。此事在《至顺镇江志》卷 6 中有更详细的记载。②

综上,大致总结分析如下:周密笔记中提及的两个刘子澄,单从时间内容上来判定,《鹤林玉露》和《癸辛杂识》别集下"空谈实效"条中的刘子澄,主要活跃在宋孝宗朝,和朱熹、周必大、杨万里、张栻、吕祖谦等理学名士交往甚密。其他几部笔记中记载的刘子澄生当南宋末,活跃于理宗朝,是另一人。

为了进一步确定周密所说《淮东补史》的刘子澄究系何人,我们再试着分别从书名和作者的角度入手做进一步的考析。

首先来研究有关刘子澄《淮东补史》一书的著录流传情况。刘子澄此书作为其众多著述的一种,已经散逸且无传本存世,因此书中具体内容不得而知,在历代目录题跋书目中也尚未发现有《淮东补史》书名的直接著录。但是通过相关文献的记录,依然约略能够探寻到一些蛛丝马迹。为方便论证,兹将书目记载的刘子澄著作录移如下:

《续文献通考》卷 176《经籍考》:《补史》,泰和刘子澄著,澄有史才;《续文献通考》卷 180《经籍考》:《玉渊集》,泰和刘子澄著。③

《内阁藏书目录·集部》卷 3:《玉渊先生文稿》三册全,宋孝宗朝刘子澄著。④

《万历吉安府志》卷 28:刘子澄所著有《玉渊稿》及《平淮疏补史》行于世。⑤

《明书》卷 76《经籍志》:刘子澄《玉渊文稿》。⑥

《宋史艺文志补》:刘子澄《玉渊文稿》,孝宗时人。⑦

《千顷堂书目》卷 29:刘子澄《玉渊先生文稿》,□□卷,孝宗时人⑧。

《康熙江西通志》卷 76:刘子澄,字清叔,泰和人,知枣阳,后较画史匡军事,为贾似道所忌,刘将孙称其有史才,所著有《玉渊集》《平淮疏补史》行于世。⑨

《江湖后集》卷 2《刘子澄》:子澄,字清叔,泰和人,曾知枣阳,后较画军事,为贾似道所忌。刘将孙称其有史才,所著有《平淮疏补史》行于世,事见《江西通志》。案:《宋史》子澄坐唐州之役削秩而败衄,实由似道,故志书云。然其诗亦有和似道者,盖一时倡酬之作也,集名《玉渊吟藁》。⑩

① 周密:《齐东野语》卷 17《景定公田》,中华书局,1983 年,第 316 页。
② 脱因、俞希鲁:《至顺镇江志》卷 6《赋税》,中华书局,1990 年,第 2701 页。
③ 王圻:《续文献通考》,中华书局,2006 年,第 623 页,第 660 页。
④ 张萱等:《内阁藏书目录》,中华书局,2006 年,第 335 页。
⑤ 余之桢:《万历吉安府志》卷 28《艺文传》,书目文献出版社,1991 年,第 404 页。
⑥ 傅维鳞:《明书》,《四库全书存目丛书》,齐鲁社社,1996 年,第 39 册,第 41 页。
⑦ 倪灿:《宋史艺文志补》,《续修四库全书》,上海古籍出版社,2002 年,第 916 册,第 179 页。
⑧ 黄虞稷:《千顷堂书目》,上海古籍出版社,1990 年,第 706 页。
⑨ 谢旻等:《江西通志》,《文渊阁四库全书》第 515 册,上海古籍出版社,1987 年,第 604 页。
⑩ 陈起:《江湖后集》,《文渊阁四库全书》第 1357 册,第 735 页。

《光绪湖南通志》卷249《艺文志五·史部地理类下》：《淳熙衡州图经》三卷，临江刘清之监修；……《武陵图经》十四卷，刘子登监修。《宋史艺文志》。按：《宋史》度宗纪有知常德军刘子澄，子登当作子澄也。①

根据以上所列，宋代署名刘子澄的作品中并无周密笔记"李全"条中著录的《淮东补史》这一书名。以上各种，虽仅知其目，书皆沦佚，然笔者以为，《淮东补史》与《平淮书补史》《补史》实为同书异名。

复次，我们再进一步来推定《淮东补史》的作者刘子澄的具体情况。以上冠名刘子澄的数种著作，的确都是名叫刘子澄的人所著述，只是两人字号不同。由于后来著录紊乱，将著作权归为一人。现先根据《宋史》卷437刘清之本传，撮述刘清之生平。刘清之（1134—1190年），字子澄，号静春，临江军新喻人，后徙居吉州庐陵县。登绍兴二十七年（1157年）进士第。调万安县丞，知宜黄县。经丞相周必大荐于孝宗，召对称旨，改太常寺主簿。通判鄂州。差权发遣常州，改衡州。光宗即位，起知袁州，疾作，犹贻书执政论国事。绍熙元年（1190年）卒，年五十七。清之少从兄靖之学，后见朱熹，遂致力于义理之学。著有《曾子内外杂篇》《训蒙新书》《外书》《戒子通录》《墨庄总录》《祭仪》《时令书》《续说苑》《农书》《戒子通录》等。

根据《宋史》刘清之本传的记载，知撰《淮东补史》的刘子澄，显非活跃于孝宗朝的刘清之。那《淮东补史》的作者刘子澄究属何人？地方志文献中的记载，吉光片羽，弥足珍贵：

刘子澄，字清叔，泰和人。嘉定间进士，尝为匠簿知枣阳，后较画史厓军事，为贾似道所忌，连贬。子澄负侠气，刘将孙称其有史才，其论文欲出韩、柳、欧、苏上，曾居赵葵幕府，席上赋鹿，分韵得方字，云"世间此物多为马，宝剑还宜出上方"，又赋雪，得蝇字，云"自怪神仙骑白凤，不教天地点青蝇"。壮岁为建安真氏门人，后隐庐山而终。所著有《玉渊稿》及《平淮疏补史》行于世。②

根据小传，《淮东补史》的作者刘子澄是江西吉安府泰和人，嘉定十三年（1220年）进士。又刘将孙的《养吾斋集》中有文题《跋刘玉渊道州九嶷山虞帝庙碑稿后》，于刘子澄生平、仕履、事功、文章成就等方面均有记录：

故国子监簿玉渊先生刘公，讳子澄，字清叔，以诗文著声诸老间。及真、魏二公议论其功名与诛山东之叛，著《平淮疏史补》。骤是佐二赵，甲午入东京，贬谪道州，归居南康。此其离道州时所为九嶷山舜庙碑也。复有摘其语怒穆陵（理宗）。最后从史岩之沿江参议军事。会白鹿矶，入相惎，沿江争功，并按前飞语，罪谪封州。乙丑，以绍陵（度宗）登极，赦移袁州。犹记出归庐陵，首访先子，独手书谒状叩门曰："吾不谒第二人也。"明日，先子往谢之。首以是碑刻本为饷，乃程沧州隶，甚精丽。玉渊自诵"帝车下来"下四语云："写至此，

① 曾国荃等：《湖南通志》卷280《艺文三十六》，《中国省志汇编》，华文书局，1967年，第5166页。
② 余之桢：《万历吉安府志》卷28《艺文传》，第404页。

窗外如有物。"复语先子云："作文须在韩、柳、欧、苏头上行。"嗟夫！其笔墨意气，概可想见也。此稿亦屡易，盖意欲深，语欲辟，然卒不免于抉摘。穆陵犹赫然于"访生死，念鞠哀"二语。今稿中已再改篡此语，尚未之笔，当又在此后。实精确含蓄，为一篇眉目。益公尝记欧公每作文，必粘寘壁间，涂易数过。前辈于文不轻作，往往如此。玉渊平生所作，自负此碑第一，亦以冠集端。论其文者亦云然。钟君士安论教西昌，回玉渊故里，得此碑旧稿，欣然如至宝，可谓好之、乐之者矣。呜呼！语言之祸，千古同悲。杨子幼私书耿耿，不保家族；东坡吟咏落落，遂致诗狱。玉渊借古以讽今，辞严而谊迫。先辈不挠之节，穆陵大度之仁，过昔远甚。士安传此于方来，岂但文章翰墨之佳话而已哉！①

据跋文知刘子澄当时诗文声名已盛，又参与诛讨李全叛乱，旋因端平入洛师败，遭到贬谪。跋文中的"先子"即刘辰翁。从内容看，刘子澄与刘辰翁过从甚密，由此而知，刘将孙的记载则当确实可信。

概言之，《宋史》儒林传的刘子澄名刘清之，字子澄，是朱子门人，人称静春先生；而《淮东补史》的作者刘子澄，字清叔，是真德秀门人，人称玉渊先生，曾为赵葵幕宾。②历史记载中的两个宋人刘子澄，一名刘清之，字子澄；一名刘子澄，字清叔，极易搞混。在前引明清书目文献中，《内阁藏书目录》《宋史艺文志补》及《千顷堂书目》虽著录书名无误，但作者时代却搞混了，均误记为孝宗时人，乃至于后来其作品也出现张冠李戴的情况。

事实上，在明清文献中，二人已经出现混淆，时人虽已察觉但还是未能辨明。《湖南通志》中对于题名《宋墨池亭碑》的作者刘子澄提出了质疑。指出：

宋绍定间，刘子澄持檄过龙阳香积寺，访张旭墨池古迹，见池亭俱废，留私钱，属征官重辟而亭之。南城邓均、钱塘戴宗立石纪其事。《金石文跋》案：《方舆胜览》："张癫墨池在龙阳，净照寺有小池，张旭学书于此。"又，《宋史》有《刘清之传》，云：字子澄，曾知衡州，然传言光宗即位起知袁州而疾作，遂卒，则不应于理宗绍定间尚有持檄过龙阳之事，且后又有《游层岩诗》在淳祐丙午，则此刘子澄恐另是一人。③

从上引可知，纂修人员已经意识到撰写《墨池亭碑》的刘子澄可能不是《宋史》儒林传的刘清之，并进一步怀疑《游层岩诗》作者，认为"此刘子澄恐另是一人"。同书收入的《宋刘子澄游层岩诗》，又对上述质疑进行了证实：

序云："淳熙丙午春，予被旨北归，越四月，辞九疑，买舟潇阳，下澌遡潇，如永明，访别

① 刘将孙：《养吾斋集》卷 26《跋刘玉渊道州九嶷山虞帝庙碑稿后》，吉林文史出版社，2009 年，第 215 页。
② 南宋著名文人方岳（字巨山，号秋崖）端平二年六月被赵葵罗致幕司，除为淮东安抚司干官。在受命制干期间，与同留幕府的刘子澄有往来。方岳《秋崖集》卷 16《满庭芳·寿刘参议七月二十日》一词："秋入西郊，律调夷则，韩堂风露清凉。洞天昨夜，响动玉玎珰。朱户银镮放钥，长庚梦、应诞星郎。垂弧旦，冀飞五荚，簪履共称觞。未施经济手，暂参雄府，公论声扬。便好趁昌辰，入辅吾皇。况是中兴启运，正当宁、梦想循良。从兹去，万年佐主，福寿总无疆。"该词作于端平二年，是为时任参议官的刘子澄庆寿而作。系年参见秦效成：《方岳年谱》，《宋人年谱丛刊》，四川大学出版社，2003 年，第 7705 页。
③ 曾国荃等：《湖南通志》卷 280《艺文三十六》，《中国省志汇编》，第 5697 页。

诸友，遂游层岩，即景赋诗，呈权县岳教黄君以遗茝居何训导。"见永明县周志。《（留云庵）金石审》：旧见彭龟年《止堂集》有《祭寺傅刘子澄文》，而《九疑志》称监簿刘子澄，及检《宋史·儒林传》，始知即刘清之也。……案：其被论当在孝宗季年，此刻丙午为淳熙十三年无疑。《永明县志》作淳祐，大误。《九疑志》称监簿，亦误。子澄之居九疑，当在被论主管之后，想有旨勒居道州，而史略之，观其所云"被旨北归，始辞潇阳"可见矣。亟备录之，以正省郡诸志之失。①

《湖南通志》中对刘子澄提出质疑，认为作者不是《宋史》儒林传中的刘清之，这一怀疑成立，但对于此刘子澄到底是谁未考明，不仅没有辨明，在之后的案语中更将二者再度混淆，把原本属于刘子澄的事情安到刘清之头上。

以上例证来自方志和笔记，我们再看正史、文集中的材料。《宋史》卷41《理宗一》记载：

端平元年九月壬寅……赵范言："赵葵、全子才轻遣偏师复西京，赵楷、刘子澄参赞失计，师退无律，致后阵败覆。"诏："赵葵削一秩，措置河南、京东营田边备；全子才削一秩，措置唐、邓、息营田边备；刘子澄、赵楷并削三秩放罢。"②

又，《宋史》卷44《理宗四》：

宝祐三年九月壬戌，权中书舍人陈大方言："刘子澄端平入洛之师，贾勇赞决，北兵方入唐州界，子澄已率先遁逃，一败涂地，二十年来，为国家患者，皆原于此，宜投之四裔。"诏罢子澄祠禄。③

吴泳曾指责偏师入洛失败该由全子才负全责，言："刘子澄等以次行罚有差，亦可谓训章明法曲当其罪矣。然臣采之公论，犹以为洛师之败，杨义则淮西之将也，刘子澄则淮西之参议也，徐敏子则淮西之机幕也，而子才则淮西之统帅也。首谋深入，子才实倡之；望风奔溃，子才实先之。"④虽吴泳指责全子才该首当重责，但刘子澄作为淮西参议亦未能逃脱削职被贬的命运。在《永乐大典》卷7325中，收有《刘子澄降授承务郎、赵楷降授宣教郎制》的制书：

敕具官某等：往者师向西洛，卒与虏遇。诸戍之士，犹未愁也。汝佐而长，不务持牢，而望风先债，遂致师徒挠败，乌得无罪？可。⑤

根据前引文献的综合论证，我们对于刘子澄及其《淮东补史》的情况已经有了初步了解。其作者刘子澄，人称玉渊先生，字清叔，以诗文名擅当时，著有《玉渊稿》和《平淮疏补史》等。出入赵葵幕府，亲历李全之乱和端平入洛等理宗朝诸重大事件，为人负侠任气、颇

---

① 曾国荃等：《湖南通志》卷280《艺文三十六》，《中国省志汇编》，第5652页。
② 脱脱：《宋史》卷41《理宗一》，中华书局，1977年，第803页。
③ 脱脱：《宋史》卷44《理宗四》，第856页。
④ 吴泳：《鹤林集》卷21《缴全子才降一官录黄》，《文渊阁四库全书》第1176册，第205页。
⑤ 解缙等：《永乐大典》卷7325《宣教郎》，中华书局，1986年，第3058页。

具史才,以亲见之人写亲历之事,故所撰《淮东补史》一书极具史料价值。

三、《淮东补史》与《宋史·李全传》关系约论

《淮东补史》作者刘子澄生平事迹既已考明,则该书是否有可能被史官在修纂《宋史》时纳入列传材料来源的选择范围呢?答案是肯定的。现分别从中国史书的编纂传统和《宋史》的史料来源两方面进行考察。

我国传统史书之记载,无论是在内容的丰赡还是材料的多元上,均具备绵远悠长之特点,确可谓"其所由来尚矣"。这一点历代史家均有所论述。刘知几《史通》对于史书的材料来源多元化作了详析:

史氏流别,殊途并骛。榷而为论,其流有十焉:一曰偏纪,二曰小录,三曰逸事,四曰琐言,五曰郡书,六曰家史,七曰别传,八曰杂记,九曰地理书,十曰都邑簿。[1]

上引所论,对史氏流别作了条分缕析的归类论述,使我们对于传统史书的构成要件有了大致认识,为我们提供了一条重要的、理解中国传统史学材料构成类型的线索主轴。刘氏进一步指出:"大抵偏纪、小录之书,皆记即日当时之事,求诸国史,最为实录。然皆言多鄙朴,事罕圆备,终不能成其不刊,永播来叶,徒为后生作者削稿之资焉。"[2]若依刘知几的分类法,刘子澄所撰《淮东补史》一书,则似可归入偏记小录之流。这一类的作品,"皆记即日当时之事,求诸国史,最为实录",质证于正史也多相符合。因此很大程度上它们不仅可作为国史的旁参,有时候亦能成为其骨肉。[3]

将刘子澄《淮东补史》一书与《宋史》李全本传置于当时的整体历史著述大脉络,特别是将其置于宋代修史制度大背景下进行研究,将有助于我们进一步厘清二者之间的关系,并更有效地接近上述问题之答案。

前文已述,历朝官修史书中的资料来源纷繁多样,具体到《宋史》的修纂上亦是如此。宋朝将来源不一的材料分体裁剪,按各自门类归入众史体名目之下。章如愚在《山堂群书考索续集》卷16《诸史门》"修纂"条中言:

史之目不一,而其凡有二:曰纪载之史;曰纂修之史。时政有纪,起居有注,其纪载之史乎?纂修之史,名目滋多,实录云者,左氏体也,正史云者,司马体也。纪其大事,则有玉

① 刘知几撰,浦起龙释:《史通通释》卷10《杂述》,上海古籍出版社,1978年,第273—275页。
② 刘知几撰,浦起龙释:《史通通释》卷10《杂述》,第276页。
③ 作为国史材料的偏纪小说,已经有学者作过研究,参见李南晖:《作为国史材料的唐人偏纪小说——以行状为中心》,《中山大学学报》2009年第4期。

牒;书其盛美,则有圣政;总其枢辖,则有会要。其曰日历,合纪注而编次之也;其曰宝训,于实录正史之外而撰定之也。其为书也详,其为职也重。①

如章氏所言,宋代的修史制度异常完备,取材网罗宏富,诸如起居注、时政记、日历、实录、国史、宝训、圣政、玉牒以及帝王文集(御制集)等,皆成为两宋史料之重要来源。若要具体考索《宋史》诸列传来源,则须对宋代日历、实录等的修纂有一大体认识,而其中与诸传编纂关系最为切要者又为日历。朱彝尊在《曝书亭集》中曾点出宋代史学所以精确的关键:

近世论史者,谓莫切于日历。日历者,史之根柢也。自唐长寿中,史官姚璹奏请撰时政记。元和中,韦执谊又奏史官撰日历。日历之设,其法以事系日,以日系月,以月系时,以时系年,犹有春秋遗法。而起居注亦专以甲子起例。盖记事之法无逾此也。往宋极重史事,日历之修,必诸司关白。如诏告制令,则三省必录,兵极边事,枢庭必报,百官之拜罢,刑赏之与夺,台谏之论列,给舍之缴驳,经筵之论答,臣僚之转对,侍从之直前故事,中外之囊封匦奏,下至钱谷甲兵,狱讼造作,凡有关政体者,必随日以录。又虑其出于吏牍,未免讹谬,或一日之差,则后难考定,一事之失,则后难增补,此欧阳子所以虑日历或至遗失,奏请岁终监修,宰相点检,修纂官日所录事,有赃官失职者罚之,其于日历慎重如此。日历不至遗失,则后日会要之修取于此,他年实录之修取于此,百年之后,纪、志、列传取于此,此宋氏之史所以为精确也。②

其尤值注目者,曰“后日会要之修取于此,他年实录之修取于此,百年之后,纪、志、列传取于此”。《南宋馆阁录》中收有现今仅存日历修纂式例,对日历之修纂形式及收纳范围论述最为清楚。录如下:

“修日历式。”旧式,少监程俱定。绍兴三十年四月,少监陈之渊、著作佐郎张震复上《建炎以后日历格》。至干道间,著作佐郎郑伯熊以新、旧格参立。

排甲子,节假,祭祀,忌日,御殿,后殿云“御后殿”,前殿云“常朝”,不坐云“不视朝”。宰执进呈,无节云“三省、枢密院奏事”。臣僚面对,进对奏事,进对则有“召见”“引见”;本职奏事则有“左右史直前”“三衙倚杖子”;面对奏事只云“面对”。朝见、辞,任满回,或差出回,或赴行在,皆云“朝见进退”;已有差遣,云“朝辞进对”。引见公事,系推垛子转员军头司。车驾出入,外国进奉,诏书,赦书,群臣上表有所请,唯录首表及第一批答;臣僚章疏并书,妃、主、相、将初拜及迁改录制书,两府出入升降黜录麻词,两制有功过升降录制词,虽监当亦书。文武官有功赏及特改官,官虽卑,因事赏罚者书。转官,文臣宣义郎以上,武臣修武郎以上。差遣,文官在京职事官,在外监司、参谋参议官、知通以上;武臣总管、路分、州钤辖,一路都、监、将、副。诸军升改,虽官小,任京局并带阁职亦书。诏书奖谕,诸司奏

---

① 章如愚:《山堂群书考索续集》卷16《诸史门》,《文渊阁四库全书》第938册,第222页。
② 朱彝尊:《曝书亭集》卷64《徐一夔传》,世界书局,1937年,第743页。

请改更条法关治体者书。臣僚薨卒行状事迹,文臣卿、监,武臣刺史以上。没王事者不以官品高下悉书。致仕,文臣朝奉郎,武臣大夫以上。封赠,录子孙,赐章服,宗室赐名,讲书,祥异,年终户口,大辟。①

"修日历式"中既明言"臣僚薨卒行状事迹文臣卿、监,武臣刺史以上",皆在日历收纳范围内,则有关李全一生行实之资料也自当包罗于内。李全初授武翼大夫、京东副总管,嘉定十二年(1219 年)三月经化陂湖大捷后进达州刺史,六月又因劝张林附表奉十二州版籍有功,升广州观察使、京东总管,嘉定十四年(1221 年)进承宣使,嘉定十五年(1222 年)加全招信军(疑昭信军)节度。从李全的身份地位和历官来看,都符合收录于日历的标准。

由于宋朝的日历、国史等所据材料主要来自官私两方面。②因此重点考察私家著述进入官修史书这一层面,对于理解《宋史》李全本传的史料来源很有帮助。无论是在日历的修纂,还是在据日历而修成的实录上,宋人都非常注重私家史料的搜集采纳。咸淳四年(1268 年),臣僚奏言:

> 顷者恭睹玉音,搜访理宗皇帝圣朝名臣文行,内有山林、官卑职微而事实可纪,忠义之节显闻于时,隐逸丘园,孝弟之士,事迹灼然者,亦合立传姓名,行下取索行状、墓志、奏议等申者。③

据上,知对于理宗朝"合立传姓名"者,朝廷曾动议对民间私史进行搜访。由此而见,不仅在官史初纂的原料采集阶段,就已非常注重吸收私史材料,并且,在元人正式开馆修撰《宋史》时,对私史之搜罗亦不遗余力,所获得的成果也颇为丰硕,故有言曰"独宋故史纪载详备,今史氏势不得尽削,而野史杂记当参证者不可胜数"④。

元灭宋之际,获宋史馆材料五千余册。欧阳玄所言"收图书于胜国,辑黼扆于神京。拔宋臣而列政涂,载宋史而归秘府"⑤,此后元修《宋史》之整体框架也赖此而成。赵翼就已指出:"宋代国史,国亡时皆入于元。元人修史时,大概祇就宋本稍为排次,今其迹有可推见者。"⑥在这些宋旧史的基础之上,元人为进一步完善材料,仍然做了大量参稽考订的工作。特别是在涉及南宋中晚期的一些史事人物时,在旧史基础不是很好的情况下,需要花费很大力气去搜访和增添新的资料,因此不得不再次发起大规模的向下访摭遗闻的活动。

---

① 陈骙:《南宋馆阁录》卷 4《修纂下》,中华书局,1998 年,第 39—40 页。

② 宋人撰史,所据材料主要由官私两方面组成。欧阳修撰作的《新五代史》在这一点上有具体展现。赵翼《廿二史札记》卷 21《欧史不专据薛史旧本》:"欧史虽多据薛史旧本,然采证极博,不专恃薛本也。……盖薛史第据各朝实录,故成之易,而记载或有沿袭失实之处。欧史博采群言,旁参互证,则真伪见而是非得其真,故所书事实,所纪月日,多有与旧史不合者,卷帙虽不及薛史之半,而订正之功倍之,文直事核,所以称良史也。"王树民校证:《廿二史札记校证》,中华书局,2013 年,第 484 页。

③ 阳枋:《字溪集》卷 12《纪年录》,《文渊阁四库全书》第 1183 册,第 438 页。

④ 危素:《说学斋稿》卷 3《送刘子铉序》,《文渊阁四库全书》第 1226 册,第 718 页。

⑤ 欧阳玄:《圭斋文集》卷 13《进宋史表》,《欧阳玄集》,吉林文史出版社,2009 年,第 168 页。

⑥ 赵翼:《廿二史札记》卷 23《宋史多国史原本》,中华书局,2013 年,第 523 页。

　　早在元仁宗时，史臣袁桷为纂修《宋史》就曾汇集大量相关资料，并向翰林国史院奏呈《修辽金宋史搜访遗书条列事状》，列大类二十余条，涉及宋代书目已达百余种，可说已初步拟定体例。可惜的是，袁桷所列出的百余种书目中多系关北宋时期的材料，于南宋时的材料则多有不足。但是袁桷所倡导的搜访遗书的工作，在元顺帝至正三年（1343 年）正式开局修纂后由危素等人很好地继承了下来，并陆续付诸施行。特别是在此前袁桷较为忽略的南宋史料的搜集订补方面用力甚多，成绩最著。

　　至正三年国家作辽、金、宋三史，素以非才与修《宋史》。按太祖至徽、钦列传至为赅备，至高、孝、光、宁四朝史盖蜀人李心传氏所修，其阙漏不可计，心传亦以是论罢。素博考实录中所附传及他野史、文集、郡国志，粗见始终者稍稍补完。既而奉使购求遗书，所过求故家子孙问之，往往荒忽不知，是以执笔之际为之嗟惋焉。①

对于"奉使购求遗书"的过程，危素在《史馆购书目录序》中有较为详细的描述：

　　至正三年诏修辽、金、宋史，遣使旁午，购求遗书，而书之送官者甚少。素以庸陋，备数史官，中书复命往河南、江浙、江西。素承命恪共，不遑宁处，谕以皇上仁明，锐志删述，于是藏书之家稍以其书来献，驿送史馆，既采择其要者书诸册矣。暇日因发故椟，录其目藏焉。其间宋东都盛时所写之书，世无他本者，今亦有之。朝廷之购求，民间之上送，皆至公之心也。素之跋涉山海，心殚力劳，有不足言。后之司笔钥者诚慎守之，不至于散亡可也。有志于稽古者，岂必有所增广其学问云耳。②

　　在诏修《宋史》的过程中，于藏书较富的河南、江浙、江西一带，朝廷曾命史臣前往搜求图书。《宋史》得以在短时间内修成，"朝廷之购求，民间之上送"这一资料汇集的环节至关重要。因此，笔者以为，在宋代修史制度的大背景下，从私史进入官修史书这一层面来考察。刘子澄的《淮东补史》一书，其主体人物的活动地域范围均在搜访遗书之内，且无论是在宋代修纂日历、实录、国史等的史料初步汇集阶段，抑或在之后元诏修《宋史》搜访遗书的过程中，都有可能进入其材料的搜纳视野，从而成为《宋史》李全本传的重要材料来源之一。

四、结语

　　官修《宋史》李全本传中的材料，很大一部分来自刘子澄私人所撰的《淮东补史》一书，由于《淮东补史》一书已经亡佚，无法与本传内容进行详细比堪，因而同样应当放置于历史

① 危素：《危太朴文续集》卷 9《书张少师传后》，《元人文集珍本丛刊》第 7 册，新文丰出版公司，1985 年，第 588 页。
② 危素：《说学斋稿》卷 3《史馆购书目录序》，《文渊阁四库全书》，第 723 页。

编纂范围内探讨的书写策略和意识方法等问题已很难窥测,但此书基本格局,仍然可以根据周密的记载和传文的对比后略窥规模。简单而言,周密所记的李全条内容与本传记载重合之外的部分,当大部出自刘书内容。

顾炎武曾敏锐指出:"列传之名,始于太史公,盖史体也。不当作史之职,无为人立传者,故有碑、有志、有状而无传……自宋以后,乃有为人立传者,侵史官之职矣。"①唐宋以来这一现象已经较为凸显。章学诚继承了顾炎武的这一观点,并在此基础上有更进一步的阐发。他说:"吾观今日之文集,而不能无惑也。史学衰,而传记多杂出,若东京以降,《先贤》《耆旧》诸传,《拾遗》《搜神》诸记,皆是也。史学废,而文集入传记,若唐、宋以还,韩、柳志铭,欧、曾序述,皆是也。负史才者不得当史任,以尽其能事,亦当搜罗旧闻,核其是非,自著一书,以附传记之专家。"②章学诚的话可以很好地帮助我们了解到刘子澄撰述《淮东补史》的执笔动机。从刘子澄自身经历来看,其人"负侠任气",又"颇具史才",且介入南宋晚期政治生活颇深,多次遭到贬黜。按照章学诚的说法,有史才而无史职或史权者,则有多"搜罗旧闻,核其是非,自著一书,以附传记之专家"的传统,从此理解,刘子澄撰述《淮东补史》一书也当有存史、补史的动机存在。刘子澄文集今已不见,而其所撰《淮东补史》一书则成为元人修《宋史》李全本传的重要材料来源之一,为我们了解那段历史,了解刘子澄此人留下了部分弥足珍贵的材料。

---

① 顾炎武、陈垣:《日知录校注》,安徽大学出版社,2007 年,第 1071 页。
② 章学诚、叶瑛:《文史通义校注》卷 4《内篇四·黠陋》,中华书局,1985 年,第 426 页。

敦煌本《金刚经》注疏的流布
——以题记为中心的考察*

董大学**

《金刚经》传入中土,先后凡有六次汉译。自罗什法师首译之后,该经遂逐渐流行开来,但在唐代以前其流行程度似乎比不上《法华经》和《涅槃经》。①从 4—10 世纪历代高僧诵读经典的统计来看,665 年之前,《金刚经》的流行性并比不上《法华经》《维摩经》和《涅槃经》,其特别盛行之时代大体相当于唐五代时期。②而且,从敦煌文献中《金刚经》写本的年代分布情况来看,其中绝大部分为唐五代宋初时期的写本。③如此可知,在佛教经典之讽诵发展史中,《金刚经》的流行应该较晚,这与敦煌文献中《金刚经》的时代分属所反映此经典的流行趋势是一致的。④唐晚期五代宋初时期,还出现了大量便于携带和诵读的册叶本《金

---

* 本文原载于《文献》2014 年第 1 期。收入本书时略有修改。

** 董大学,上海师范大学人文学院历史系副教授。

① 据郑阿财先生介绍,翟理斯(Lionel Giles)在《敦煌六百年》(*Six Centuries at Tunhuang*,London,1944)一书中,以英藏敦煌佛经中有年代的写本进行统计,得知 7 世纪中期以前《涅槃经》较为流行,其次为《法华经》,再次才是《金刚经》。参看郑阿财:《敦煌灵应小说的佛教史学价值——以〈持诵金刚经灵验功德记〉为例》,载荣新江主编:《唐研究》第 4 卷,北京大学出版社,1998 年,第 36 页。

② 吴其昱:《敦煌汉文寫本概觀》,伊藤美重子译,载池田温编集:《講座敦煌》5《敦煌漢文文献》,大东出版社,1992 年,第 47—48 页。类似的论述,参见冉云华:《中国佛教研究论集》,东初出版社,1990 年,第 9 页。

③ 吴其昱:《敦煌漢文寫本概觀》,第 44 页。

④ 最为突出的事例,是敦煌文献中保存不少五代时期依"西川过家真印本"所抄写的《金刚经》,其中尤以"八旬老人写经"广为人知。郑阿财先生对有关西川印本的资料进行了汇集和论述,参见郑阿财:《敦煌灵应小说的佛教史学价值——以〈持诵金刚经灵验功德记〉为例》,第 36 页。关于老人写经,杨宝玉研究员又新增敦博 053 号,参见杨宝玉:《P.2094〈持诵金刚经灵验功德记〉题记的史料价值》,《甘肃社会科学》2009 年第 2 期,第 99 页。关于这位老人的身份,白化文先生认为是"兵马使氾安宁",参见白化文:《敦煌汉文遗书中雕版印刷资料综述》,原载《大学图书馆通讯》1987 年第 3 期,后以笔名"舒学"刊于《敦煌语言文学研究》,北京大学出版社,1988 年,第 295—298 页。但由 S.6726《金刚般若波罗蜜经》题记,可知至丙戌年(926 年)兵马使氾安宁年可七十二,而"八旬老人"至天祐三年(906 年)已经八十三岁,故此老人不可能是氾安宁。颜廷亮先生认为这个老人可能是归义军时期著名的文学家张球,参见颜廷亮:《张球著作系年与生平管窥》,载段文杰(转下页)

刚经》,反映出该经典在当时甚为流行的状况。另外,太史文(Stephen F. Teiser)先生还发现了一些晚期将《金刚经》和《十王经》抄在一起的册叶本,并论述道:"《金刚经》和《十王经》一起存在册叶本中的形式,可能不是偶然的。关于《金刚经》的内文细节,提供了《十王经》制作的重要启示。"①由此说明到了唐晚期五代时期,《金刚经》与伪经并抄,而为人们所诵持,突出反映了该经信仰形态的变化。

据早期公布的资料统计,敦煌文献中的《金刚经》总数在两千号以上,其中北京图书馆(即今中国国家图书馆)所藏《金刚经》就达一千多号,英、法、俄、日等地也藏有一千多号。②此后又有许多新资料的不断公布,《金刚经》的写本数量也逐渐增多。③据方广锠先生介绍,目前在他建立的敦煌遗书数据库中共输入中、英、法、俄四大收藏及散藏敦煌遗书数据近6.5万条,其中关于《金刚般若波罗蜜经》的约有3 500条。④如此可知,敦煌文献中《金刚经》的总数应当在三千号以上了,另外与其相关,还有不少注疏、讲经文、赞颂、灵验故事等各种文献。敦煌文献中不同时期《金刚经》写本,在内容、书法特点、抄写介质、装帧形式、抄经题记等各个方面鲜明地反映出各个时代的特色,皆具有较高的研究价值。

一、敦煌本《金刚经》注疏的题记

透过题记内容,我们即可知道写卷的抄写者(Who)、年代(When)、地点(Where)、经题(What)、抄经缘由及目的(Why)等诸多方面的信息,诚然,大多数的题记是非常简单的,并不一定具备上述多方面的内容,有时甚至只有抄经者的姓名。无论题记内容多寡,其蕴含的珍贵历史价值一直为学界所重视。最重要的成果,即是池田温先生《中国古代写本识语集录》一书,专收敦煌写本在内的古代写本题记,为学界研究提供了丰富且可靠的材料,其

(接上页)主编:《1990年敦煌学国际研讨会文集》,辽宁美术出版社,1995年,第251—271页。有关西川印本所反映五代时期敦煌与两蜀文化之关系和雕版印刷史发展方面的研究,除了上述白化文先生的文章之外,另可参见龙晦:《敦煌与五代两蜀文化》,《敦煌研究》1990年第2期,第96—102页。

① Stephen F. Teiser, *The Scripture On the Ten Kings And the Making of Purgotory in Medieval Chinese Buddhism*, Honolulu: University of Hawai'i Press, 1994, pp.95—96.对于太史文先生所发现的这一特殊现象,释永有法师认为,除了两部经典内容之间的关系之外,"当然也有可能只是因为经文长度差不多,且在当时都很流行,才被写在一起"。参见释永有:《敦煌金刚经及其相关文献之题记探讨》,《世界宗教学刊》2003年第2期,第114页。

② 早期的相关统计,参见平井宥庆:《金剛般若経》,载牧田谛亮、福井文雅编集:《講座敦煌》7《敦煌と中國仏教》,大东出版社,1984年,第20—21页;吴其昱:《敦煌汉文写本概观》,第32—43页;方广锠:《敦煌文献中〈金刚经〉及其注疏》,《世界宗教研究》1995年第1期,第74页。

③ 这主要得益于俄藏、各地散藏和中国国家图书馆藏敦煌文献的逐渐公布。另外,近期杏雨书屋所藏敦煌文献的逐步公布,为敦煌学研究提供了不少新的资料。

④ 方广锠:《敦煌藏经洞封闭原因之我见》,载氏著《方广锠敦煌遗书散论》,上海古籍出版社,2011年,第22页。

文各条按年代编排,且每条题记之后列有参考文献,便于学界利用。①

不少敦煌文献中的《金刚经》及相关文献因有题记,而备受学术界关注。②而有关这些题记所反映的写卷书写年代、样式、参与者、祈愿文和流传地点等方面的信息,释永有法师已有专文讨论,可资参考。③以下,本文将借由敦煌本《金刚经》注疏相关写本题记内容中的年代信息,着重对相关经疏的流行性进行考察。

有关敦煌文献中存有题记的《金刚经》注疏,释永有法师于《敦煌金刚经及其相关文献之题记探讨》一文的附录中,依据池田温《中国古代写本识语集录》一书的相关材料绘制了表格。④为方便下文对照讨论,兹具列如下:

项　　目	内　　　容	号　　码
论　　疏	金刚般若经旨赞卷下	896，897
	金刚般若经宣演（卷下）	910，914，983，1006
	金刚般若经传外传卷下	951
	金刚般若经注	2056
	梁朝傅大士颂金刚经	953⑤
	金刚般若经钞	参 2567
	金刚般若经涉注	补 13

在对敦煌本《金刚经》注疏题记的讨论中,释永有法师文中有两处值得商榷。其一,经笔者核对,释永有法师所列的表格内容遗漏了池田温先生一书之第 807 号的内容,因为此号与补 13 都是对 P.2165 背题记的收录。⑥不同的是,后者是为了强调题记中的另一个年份——"开元十二年",并且在录文方面对前者有所订正。⑦

其二,关于上表所列的"参 2567《金刚般若经钞》"⑧,释永有法师认为,"金刚经的相关文献中,列宁格勒收藏品中的《金刚般若经钞知丹州梁夙刊记》是所有相关文献中年代最

---

① 池田温:《中國古代寫本識語集錄》,东京大学东洋文化研究所,1990 年。
② 其中最著名的莫过于 SP.2 咸通九年(868 年)刻本《金刚经》的题记内容——"咸通九年四月十五日王玠为二亲敬造普施"。另外,数十件宫廷写经的抄经列位题记、P.2132《金刚般若经宣演》卷下僧义琳的题记、P.4503 柳公权书《金刚般若经》刻石记拓本的题记和数件老人写《金刚经》题记等内容,学界亦多有关注和研究。相关成果甚多,兹不详列。
③ 释永有:《敦煌文献中的金刚经》,载郑炳林主编:《敦煌佛教艺术文化国际学术研讨会论文集》,兰州大学出版社,2002 年,第 30—54 页;释永有:《敦煌金刚经及其相关文献之题记探讨》,《世界宗教学刊》2003 年第 2 期,第 111—139 页。
④ 释永有:《敦煌金刚经及其相关文献之题记探讨》,第 126 页。
⑤ 按:此处"953"之数字,并非此件《梁朝傅大士颂金刚经》在池田温先生《中国古代写本识语集录》一书中的编号,而是此件写本题记中的抄写年代"广顺三年"之公元纪年。其正确的编号当为 2345。
⑥ 池田温:《中國古代寫本識語集錄》,第 288 页。
⑦ 池田温:《中國古代寫本識語集錄》,第 553 页。
⑧ 池田温:《中國古代寫本識語集錄》,第 548 页。

晚的一个,完成于 AD1016 年。它比印刷于 AD868,全世界最早的印刷品——金刚经,晚了 130 年"①。如此看来,释永有法师是将此件视作敦煌遗书中《金刚经》的刻本论疏而列入表中的。而关于此件《金刚般若经钞》的题记②,池田温先生一书即有收录,其云:

> 参 2567　金刚般若经钞知丹州梁凤刊记(宋大中祥符九年〔一○一六〕四月)(版经)
> 金刚般若经钞第五印本初破、
> 时大中祥符九年四月八日雕毕。
> 朝散太(大)夫行尚书驾部员外郎知丹州军州兼管内
> 劝农事轻车都尉借　紫梁凤(一作风一)　施一卷(一作卷一)。
> ㊙川　㊕Pelliot,JA 1914,pp.507—508.矢吹,宗教界一三—五,四○八页。③

由此可知,此件《金刚般若经钞》应该是宋代的地方刻本,年代为 1016 年。在对敦煌遗书中佛教文献的年代讨论中,方广锠先生亦曾提到此件木刻本《金刚般若经钞》,认为学界对此件刻本经疏的来源还不能完全确定,无法判定其出自敦煌,更不能用它来作判断藏经洞文书年代的依据。④可惜的是,还是有学者将此件作为藏经洞文物来看待,例如,胡发强先生即是将其作为敦煌藏经洞所出的雕版佛经进行统计。⑤

其实,此件经疏乃黑水城文献,而非敦煌文献。早在 1914 年,法国学者伯希和(Paul Pelliot)就从俄藏黑水城文献中辨识出了此件文献,并对题记内容进行了录文。⑥戴密微先生也对此件经疏的题记所反映的问题有所关注。⑦其后,孟列夫先生在对俄藏黑水城文献进行整理的过程中,亦对此件经疏的情况作了说明。⑧此件经疏的图录,刊行在已经出版的《俄藏黑水城文献》第三册中,终于使得学界得以窥其全貌。⑨另外,《俄藏黑水城文献》第一册还附有此件经疏的尾部题记部分的彩色图版。⑩

在俄藏黑水城文献的图录本出版之后,史金波先生对俄藏黑水城文献的整理和研究

① 释永有:《敦煌金刚经及其相关文献之题记探讨》,第 113—114 页。
② 据池田温先生的提示,伯希和和矢吹庆辉已对此件题记进行了录文,参见池田温:《中國古代寫本識語集録》,第 548 页。
③ 池田温:《中國古代寫本識語集録》,第 548 页。
④ 方广锠、许培玲:《敦煌遗书中的佛教文献及其价值》,《西域研究》1996 年第 1 期,第 49 页。
⑤ 胡发强:《敦煌藏经洞出土雕版印刷品研究》,西北师范大学硕士学位论文,2009 年,第 19 页。另外,该文中所列不少《俄藏敦煌文献》中的版画、雕印佛经,有可能是黑水城文献,可惜作者在利用时未能够仔细辨识。
⑥ Paul Pelliot, "Les documents chinois trouvés par la mission Kozlov à Khara-Khoto", *Journal Asiatique*, 1914, pp.1—20, 507—508.
⑦ P.Demiéville, "Rannepečatnye izdanija iz Xara-Xoto", *T'oung Pao*, Vol.51, 1964, pp.450—452.
⑧ 孟列夫:《黑城出土汉文遗书叙录》,王克孝译,宁夏人民出版社,1994 年,第 174 页。
⑨ 俄罗斯科学院东方研究所圣彼得堡分所、中国社会科学院民族研究所、上海古籍出版社:《俄藏黑水城文献③》,上海古籍出版社,1996 年,第 254—279 页。
⑩ 俄罗斯科学院东方研究所圣彼得堡分所、中国社会科学院民族研究所、上海古籍出版社:《俄藏黑水城文献①》,上海古籍出版社,1996 年,彩图二七。

进行了论述，文中言此件为中原地区撰著的佛经注疏。①束锡红教授在对俄藏黑水城文献中收录的雕版印本进行研究时，亦提及此件经疏，并对其装帧形态、行字数和字体进行了说明。②束锡红教授亦认为此件"一份来自宋朝的佛经"，其捐刻者"可能就是和西夏在军事上对垒的高级军官"，并对题记进行了录文。③对于此件刻本经疏在藏经史上的重要地位，束锡红教授通过对照《大正藏》所收经典的分类，认为此件当属经疏部，却未为《大正藏》所收。④如果我们将此件经疏和敦煌本《金刚经》注疏相对照，则可以发现它们具有一个共同点，即都曾在历史上流行一时，却未能被历代大藏经所收。按照《大正藏》对敦煌文献的收录原则，此件刻本经疏亦当暂属于古逸经疏，而不能直接列入《大正藏》的经疏部。汤君对俄藏黑水城文献中的汉文佛经中《般若波罗蜜多经》进行了叙录和研究，文中所列第一件即是此件俄 TK149《金刚般若经钞第五》，对注疏内容的起讫、尾题、版心字样等情况进行了介绍，并对孟列夫《黑城出土汉文遗书叙录》关于此件注疏的描述予以引述和补正。⑤然而汤君对孟列夫的叙录的订正存在不确之处，反而在孟列夫先生已经做出正确叙述的前提下，却又产生了错误的结论。

第一，孟列夫先生在其叙录中，对各纸左端抄有施主名字的多条信息进行了著录，而汤文却云："诸施主的名字，今于上海古籍影印本处已经不见，待查。"⑥如果查阅图录本的话，则可以发现此件经疏由多纸黏合而成，两纸缝隙左右常写有小字内容，其中多处抄写有孟列夫先生所录的"施主"名字等信息。

第二，孟列夫先生对题记发愿文中有"广大如虚空"一句已经做出了正确的释读，汤文认为此句中的"虚"字，当为"灵"，并推测"孟列夫错认，或译者错译为'虚'字"⑦。首先，经查图版，此字的确为"虚"字，而且从文义上看"虚空"亦胜于"灵空"。其次，孟列夫叙录中是按图版的原形照录此字⑧，且图版中的字形，乃"虚"之俗写，故译者翻译时释作"虚"亦无

---

① 史金波：《俄藏黑水城文献整理和研究》，《中国民族研究年鉴（1996—1997）》，第 67 页。

② 束锡红：《西夏文献学研究》，南京师范大学博士学位论文，2007 年，第 89 页。

③ 束锡红：《西夏文献学研究》，第 105 页。对于捐刻者的姓名，束文释作"梁风(?)"，但其实池田温先生早已通过综合学界对此人名两种不同的释读，进而认为应释作"梁凤"。参见池田温：《中國古代寫本識語集録》，第 548 页。有关此姓名的释读，孟列夫认为其很有可能是"胤"，参见孟列夫：《黑城出土汉文遗书叙录》，第 175 页。如果此件题记此字是因宋太祖之名而避讳，那么孟列夫先生的意见就很有道理了。目前，对此字的各种释读都没有很过硬的证据，我们不妨暂将此字视作画押符号。《俄藏黑水城文献》的编者认为其为押印，参见俄罗斯科学院东方研究所圣彼得堡分所、中国社会科学院民族研究所、上海古籍出版社：《俄藏黑水城文献⑥》《附录·叙录》，上海古籍出版社，2000 年，第 19 页。但依图版所示，其为墨笔画写而成，而非用印押成，故暂定其为画押符号。

④ 束锡红：《西夏文献学研究》，第 117 页。

⑤ 汤君：《俄藏黑水城文献之汉文佛经〈般若波罗蜜多经〉叙录》，《西夏学》第五辑，2010 年，第 100—101 页。

⑥ 汤君：《俄藏黑水城文献之汉文佛经〈般若波罗蜜多经〉叙录》，第 100 页。

⑦ 汤君：《俄藏黑水城文献之汉文佛经〈般若波罗蜜多经〉叙录》，第 101 页。

⑧ L.N. Men'shikov, *Opisanie Kitayskoy Chasti Kollektsii iz Khara-khoto（Fund P.K. Kozlova）*, Moscow, 1984, p.249.

不可。如此看来,对于"广大如虚空"一句的释读,并非"孟列夫错认,或译者错译",而是作者因不明"虚"之俗写,误认作"灵"。

另外,汤文中将俄 TK116《摩诃般若波罗蜜多心经注》误题作《金刚般若波罗密多经注》①,另将当属密教版画的俄 TK《金刚杵涂采版画》误当作《金刚经》的版画。②

由此可知,学界虽然已经对俄藏黑水城文献中此件《金刚般若经钞第五》有不少的关注和研究,但其中有的是误当作敦煌文献来用,也有的在对其介绍和研究中存在一定的错误之处。关于此件经疏内容方面的进一步研究,笔者将另撰文予以探讨。

综上所述,释永有法师表中所收的"参 2567《金刚般若经钞》",本属黑水城文献,并不能当作敦煌本《金刚经》注疏来讨论。

因此,从池田温先生《中国古代写本识语集录》一书所收内容来看,关于敦煌本《金刚经》注疏的共有 11 条,涉及 8 件写卷、6 种注疏。有关情况,如下表所示③:

条目	藏本编号	经疏名称	年 代	抄写者
807④、补 13⑤	P.2165 背	金刚般若经涉注	开元四年(716 年)	妙 相
	P.2165 背	金刚般若经涉注	开元十二年(724 年)	妙 相
896⑥	S. 721	金刚般若经旨赞	唐广德二年(764 年)	普 遵
897⑦	BD15354(新 1554)	金刚般若经旨赞	唐广德二年	法 澄
910⑧	S. 4052	金刚般若经宣演	唐大历九年(774 年)	不知名
914⑨	P.2132	金刚般若经宣演	唐建中四年(783 年)⑩	义 琳
951⑪	S. 6877	金刚般若经传外传	约 8 世纪	陈怀古
983⑫	P.2132	金刚般若经宣演	贞元十九年(803 年)、癸未年(803 年)	义 琳

① 汤君:《俄藏黑水城文献之汉文佛经〈般若波罗蜜多经〉叙录》,第 111 页。而且文中出现了不少《金刚般若波罗密多经》的经题,与图版中原题《金刚般若波罗蜜经》不一致,当属误题。因为俄藏黑水城汉文佛经《金刚经》的版本,与敦煌文献一样,绝大多数都是鸠摩罗什译本,其名称当作《金刚般若波罗蜜经》。
② 汤君:《俄藏黑水城文献之汉文佛经〈般若波罗蜜多经〉叙录》,第 111 页。
③ 此表乃据池田温先生《中國古代寫本識語集録》一书所收录的相关内容制作而成。
④ 池田温:《中國古代寫本識語集録》,第 288 页。
⑤ 池田温:《中國古代寫本識語集録》,第 553 页。
⑥⑦ 池田温:《中國古代寫本識語集録》,第 307 页。
⑧ 池田温:《中國古代寫本識語集録》,第 311 页。
⑨ 池田温:《中國古代寫本識語集録》,第 311 页。与此条目相关者,另有第 983 条和第 1006 条,都是对同一件写本 P.2132 题记的收录,参见池田温:《中國古代寫本識語集録》,第 327、335 页。
⑩ 据池田先生对此题记的录文可知,此件经疏由僧义琳于建中四年(783 年)写勘记。题记中并附记了义琳三次听常大德法师讲说此经疏的年代,分别为"贞元十九年(803 年)听得一遍","又至癸未年(803 年)十二月一日听第二遍讫","庚寅年(810 年)十一月廿八日听第三遍了"。有关义琳听经疏年代的讨论,参见池田温:《中國古代寫本識語集録》,第 327、335 页。
⑪ 池田温:《中國古代寫本識語集録》,第 322—323 页。
⑫ 池田温:《中國古代寫本識語集録》,第 327 页。

续表

条目	藏本编号	经疏名称	年　代	抄写者
1006①	P.2132	金刚般若经宣演	庚寅年(810 年)	义　琳
2056②	P.2184	金刚般若经注	约 9 世纪后期	不知名
2345③	P.3325	梁朝傅大士颂金刚经	后周广顺三年(953 年)	不知名

　　表中所列的年代,大多为各件写本的抄写时间,只有 P.2165 背和 P.2132 存在特殊情况。P.2165 背《金刚般若经涉注》的抄写时间是"开元十二年二月十日",而题记中的"开元四年"是以朱笔形式抄写的,其完整内容为"开元四年十一月出",未知其确切所指,盖指此件经疏的产生年代,亦或指此件经疏第一个抄本形成的时间。P.2132《御注金刚般若经宣演》(下文简称《宣演》)的抄写时间是"建中四年正月廿日",而题记中的其余年代"贞元十九年""癸未年"和"庚寅年"指的是义琳三次听此《宣演》的时间。

二、敦煌本《金刚经》注疏的流布

　　上述表中的六种敦煌本《金刚经》注疏,在整体敦煌文献中的保存数量是相当不均的。其中,P.2165 背《金刚般若经涉注》、S. 6877《金刚般若经传外传》和 P.2184《金刚般若经注》三种注疏存本不多,且作者、产生年代亦不确定,为其流行性的讨论增添了诸多不便。而情形不同的是,道氤《宣演》、昙旷《金刚般若经旨赞》(下文简称《旨赞》)和《梁朝傅大士颂金刚经》此三类文献则保留了不少件写本,为讨论它们的流行时代提供了便利。以下,我们将结合此三类文献的作者、产生、影响和抄写年代等方面对其流行性进行讨论。

　　首先,我们来看看与唐玄宗为《金刚经》作注有着密切关系,且带有强烈唯识色彩的《宣演》之情况。开元二十三年(735 年)唐玄宗为《金刚经》作注之后,即"续宣氤造《疏》矣"④。道氤法师,出身于官宦之第,曾"应进士科,一举擢第,名喧天下,才调清奇,荣耀亲里",却因与一梵僧谈论,而后遂"无选调之心矣,乞愿出家"。⑤其初礼长安招福寺慎言律师为师,学律科,隶经论,由是内外皆通。后因其善属文,言辞典丽,而得兴善寺复礼法师之赞誉——"奇才秀句,吾辈莫能测也","氤之论端,势若泉涌"。⑥正是因为道氤法师"辩给难

---

① 池田温:《中國古代寫本識語集録》,第 335 页。
② 池田温:《中國古代寫本識語集録》,第 439 页。
③ 池田温:《中國古代寫本識語集録》,第 491—492 页。
④ 赞宁撰,范祥雍点校:《宋高僧传》卷 5《唐长安青龙寺道氤传》,中华书局,1987 年,第 98 页。
⑤⑥　赞宁撰,范祥雍点校:《宋高僧传》卷 5《唐长安青龙寺道氤传》,第 97 页。

酬,善于立破",极善讲论,由此"从此闻天,供奉朝廷"。①后玄宗幸洛之时,道氤得敕与良秀、法修共同随驾②,故而有"敕随驾讲论沙门"③之高名。道氤所造之《疏》,乃其传中所谓的"《御注金刚经疏》六卷"④,即敦煌和吐鲁番文献中都有保存的《御注金刚般若波罗蜜经宣演》。⑤道氤于开元二十三年撰成《宣演》之后,即在其驻锡之地青龙寺开讲,可谓盛况空前。《宋高僧传》卷5《唐长安青龙寺道氤传》云:

> 四海向风,学徒鳞萃,于青龙寺执新《疏》,听者数盈千计,至于西明、崇福二寺。讲堂悉用香泥,筑自水际至于土面,庄严之盛,京中甲焉。⑥

由此可知,道氤宣讲新疏时,场面庄严,气势恢弘,僧徒众多,影响巨大。这对于宣扬玄宗《御注金刚经》以及玄宗对佛教的态度,都是具有很大积极作用的。此时还处于755年爆发的安史之乱之前,长安与敦煌、吐鲁番等地的交通和文化交流并未受阻,故敦煌文献中才得以保存了数件唐玄宗《御注金刚经》⑦和道氤《宣演》。据二者所存内容来看,道氤《宣演》虽为宣讲玄宗《御注金刚经》所造之疏,文中也引用了《御注金刚经》的原文,然其并非对《御注金刚经》的复注。道氤是站在法相唯识的立场,依无著、世亲之论,并引用了大量当时盛行之经论,对般若性空类的代表《金刚经》进行注疏。所以,道氤集撰《宣演》的直接背景是受到玄宗御注《金刚经》一事的影响,但其思想背景则是唐代佛教义学的发展,主要是受到唐前期唯识法相思潮蓬勃发展的影响。论及唐代唯识法相学说之发展,玄奘法师可谓居功至伟,正是因得其大力弘扬而使得唯识法相思潮在唐前期蓬勃发展,故法相一宗

---

① ② 赞宁撰,范祥雍点校:《宋高僧传》卷5《唐长安青龙寺道氤传》,第97页。

③ 见于P.2312《宣演》之"首题",完整内容为"敕随驾讲论沙门道氤集",此亦可见于《宣演》的其他写卷之"首题"。

④ 赞宁撰,范祥雍点校:《宋高僧传》卷5《唐长安青龙寺道氤传》,第98页。有关道氤《御注金刚经疏》的唯识学立场,我们可以从道氤的佛学专长而窥知一二。由于一行禅师的建议,于洛京福先寺大建论场,推举佛教领袖。"氤为众推许,乃首登座,于《瑜伽》《唯识》《因明》《百法》等论,竖立大义六科,敌论诸师茫然屈伏。"(参见赞宁撰,范祥雍点校:《宋高僧传》卷5《唐长安青龙寺道氤传》,第97—98页)由此不难看出,道氤在唯识学上有相当的造诣。虽然道氤一生著述良多,然大多佚失不存。幸赖敦煌和吐鲁番文献中皆保存了道氤《宣演》的相关写本,为我们了解道氤的佛学思想提供了弥足珍贵的材料。

⑤ 平井宥庆:《敦煌本·道氤集〈御注金刚经宣演〉考》,《印度学佛教学研究》第22卷第1号,1973年,第316—319页。对吐鲁番文书中《宣演》的研究和录文,参见张娜丽:《西域出土文书的基础的研究》,汲古书院,2006年,第391—392、399—442页。

⑥ 《宋高僧传》,第98页。关于此段文字,定源法师有不同的断句,其云:"四海向风,学徒鳞萃。于青龙寺执新疏,听者数盈千计。至于西明、崇福二寺讲堂,悉用香泥,筑自水际,至于土面,庄严之盛,京中甲焉。"据此,定源法师认为,《宣演》完稿后,先于长安青龙、西明、崇福三寺宣讲,听者多达千人,讲筵之盛,甲于京城。参见定源:《御注金刚般若波罗蜜经宣演卷上》,载方广锠主编:《藏外佛教文献》第十五辑,中国人民大学出版社,2010年,第35页。究竟道氤是在青龙寺宣讲,还是在青龙、西明、崇福三寺分别宣讲,值得进一步考量。

⑦ 衣川贤次:《唐玄宗〈御注金刚般若经〉的复原与研究》,载项楚、郑阿财主编:《新世纪敦煌学论集》,巴蜀书社,2003年,第114—125页。有关玄宗《御注金刚经》的整理,参见衣川贤次:《御注金刚经》,载方广锠主编:《藏外佛教文献》第十辑,中国人民大学出版社,2008年,第39—107页。在衣川贤次先生所收范围之外,另有几件新发现的玄宗《御注金刚经》,参见定源:《御注金刚般若波罗蜜经宣演卷上》,载方广锠主编《藏外佛教文献》第十五辑,第34页注1。

亦被称作慈恩宗。

敦煌文献中共保存了 15 件《宣演》写本，其中有两件具有明确的抄写年代，即上述表格中的"774 年"和"783 年"。这表明，道氤《宣演》产生之后不久即传到了敦煌，并对敦煌佛教的发展产生了不小的影响。与此相关，据荣新江先生对俄藏敦煌文书 Дx. 02881 + Дx. 02882《开元廿九年(741)二月九日沙州大云寺授菩萨戒牒》的研究①，我们知道，"开元二十九年二月，唐朝都城长安大安国寺僧人释道建，曾经受命来沙州主持受戒仪式，并宣讲唐玄宗刚刚编纂完毕的《御注金刚经》，以及《法华经》《梵网经》"②。伴随着玄宗《御注金刚经》在敦煌地区的传播③，道氤的《宣演》亦盛行一时，与当时长安所流行的佛教思潮保持了相当的一致。755 年安史之乱爆发，以长安和洛阳为中心的北方地区陷入了长达七年的战乱，使得长安等地的佛教发展遭到了很严重的打击。④虽然战后寺院可以迅速得以重建，然而长安、洛阳等佛学中心已经中断的学术发展却难以恢复其往昔之盛况。关于安史之乱对唐代佛教义学传统的影响，正如斯坦利·威斯坦因教授所论：

唐王朝前半期很多最重要的佛教注疏与论著，毁于安禄山之乱——虽然要指出它们经常被保存在朝鲜与日本。即使是教理深奥、典籍浩繁的法相宗，安禄山之乱后也几乎没有留下任何痕迹，只是在日本还存有其完整、精微的教义体系。⑤

诚然，从后世佛教的发展及所存佛教典籍来看，"精英佛教"的代表法相宗一系的影响力确实在安史之乱之后突然变得相当微弱，已无往日盛况。但也并非了无踪迹，虽然长安地区佛教义学传统受到了不小的冲击，但是敦煌一地确因特殊的地理位置而能避免于难。幸运的是，敦煌文献中保存了不少与唯识法相思想有关的佛学著作，可以为我们研究唐中后期唯识法相的发展状态提供珍贵的素材。其中关键性的人物，则是为躲避中原战火而逃难至敦煌的长安西明寺僧昙旷法师，其对中原佛学文化在河西的传播，特别是对敦煌地区佛教义学的发展与弘扬，做出了巨大的贡献。⑥而昙旷法师所撰的《金刚般若经旨赞》即是受到道氤《宣演》之影响而创作的，亦具有很强的唯识法相学的色彩。⑦另外，敦煌文献所存

---

① 荣新江：《盛唐长安与敦煌——从俄藏〈开元廿九年(741)受戒牒〉谈起》，原载《浙江大学学报》2007 年第 3 期，第 15—25 页；后收入氏著《隋唐长安：性别、记忆及其他》，复旦大学出版社，第 89—106 页。

② 荣新江：《隋唐长安：性别、记忆及其他》，第 106 页。

③ 敦煌文献中还有一类以 P.2094《开元皇帝赞金刚经功德》为代表的佛教著作，虽非义理之作，但对玄宗注《金刚经》的功德大加赞颂。另外，S.5464 号、P.2721 号 2、P.3645 号 3、Дx.296 号和 Дx.10694 号也都是此类写本。还有"降魔文"中亦有相关资料，可供参考。

④ 山崎宏：《中国仏教文化史の研究》第十二章《安史の乱と仏教界》，法藏馆，1981 年，第 226—237 页。

⑤ 斯坦利·威斯坦因：《唐代佛教》，张煜译，上海古籍出版社，2010 年，第 66—67 页。

⑥ 关于昙旷生平及其与敦煌佛教发展之间的关系，参见上山大峻：《敦煌佛教の研究》第一章《西明寺学僧昙旷と敦煌の仏教学》，法藏馆，1989 年，第 17—83 页。

⑦ 平井宥庆：《敦煌本·道氤集〈宣演〉と昙旷撰〈旨赞〉》，《印度学佛教学研究》第 23 卷第 2 号，1975 年 3 月，第 333—337 页；氏著《道氤と昙旷》，《印度学佛教学研究》第 24 卷第 1 号，1975 年 12 月，第 328—332 页；氏著《道氤と昙旷の唯识学》，《大正大学研究纪要》61 期，1975 年，第 641—653 页；上山大峻：《敦煌佛教の研究》，第 34—37 页；平井宥庆：《唐·青龙寺道氤から敦煌僧·昙旷へ》，日本敦煌学论丛编辑委员会《日本敦煌学论丛》第一卷，比较文化研究所，2006 年，第 167—203 页。

的贞明六年(920 年)①所抄写《金刚般若波罗蜜经讲经文》亦受到了《宣演》的影响②,还有宝达《金刚瑛》是对《宣演》的复注,这就更加反映了《宣演》对敦煌地区的佛学发展一直保持着较强的影响力。

我们从敦煌文献中《宣演》的抄写情况,亦可窥知其当时在敦煌的流行情况。S. 4052《宣演》卷末题记有云:"大历九年六月卅日,于沙州龙兴寺讲必(毕)记之。"③这表明,大历九年(774 年)六月三十日,敦煌龙兴寺中举行了《宣演》的讲经活动。陈大为先生认为,此次讲经,是"有史可考的龙兴寺最早承办讲经活动"之记录。④考虑到龙兴寺乃敦煌地区佛教僧团的最高管理机构——都僧统司之驻地,统属敦煌众寺,并掌管官经,于诸寺中占据主导之地位,堪称敦煌首寺,那么此次宣讲《宣演》的活动,很可能是官方寺院所组织的一次重要的宗教活动,而龙兴寺则理所当然成为了承办地点。此件《宣演》写本,或许正是此次讲经活动所留下的听经记录,然而遗憾的是,我们无从知晓此件抄写者的具体姓名和身份。

更难得可贵的是,P.2132《宣演》题记记载了有关《宣演》在后世的流传情况。据其题记中义琳听讲《宣演》的记录,我们可以知道直至 9 世纪初期,此《宣演》在敦煌地区仍具有持续的影响力。P.2132《宣演》卷末题记云⑤:

金刚般若宣演卷下　　　建中四年正月廿日,僧义琳写勘记。⑥

贞元十九年,听得一遍。⑦

又至癸未年十二月一日,听第二遍讫。⑦

---

① 据 P.2133 背《金刚般若波罗蜜经讲经文》的尾题:"贞明六年正月□日,食堂后面书抄□□故记之尔",我们知道此件卷抄写于 920 年。然而许绢惠在讨论此件讲经文时,将题记中"贞明六年"误当作 910 年,而言"贞明六年(910 年)的《金刚般若波罗密经讲经文》"。参见许绢惠:《试论唐代敦煌金刚经信仰世俗化的发展——以讲经文、灵验记为中心》,《敦煌学辑刊》2007 年第 4 期,第 138 页。按:其文中"密",当作"蜜"。

② 萧文真:《〈金刚经讲经文〉参照〈金刚经〉注本问题之探究》,载南华大学敦煌学研究中心编:《敦煌学》第二十七辑,乐学书局,2008 年,第 479—492 页;氏著《关于敦煌写卷 P.2133 号〈金刚经讲经文〉校录的一些问题》,《敦煌学辑刊》2009 年第 1 期,第 44—51 页。

③ 池田温:《中國古代寫本識語集錄》,第 311 页。"卅",《敦煌遗书总目索引新编》释作"三十",虽义同而文误,参见敦煌研究院编:《敦煌遗书总目索引新编》,中华书局,2000 年,第 123 页。

④ 陈大为:《敦煌龙兴寺与普通信众的关系》,《敦煌学》第二十八辑,乐学书局,2010 年,第 43 页。缘何此次开讲《宣演》的地点会在龙兴寺中呢？这应该与当时龙兴寺在敦煌寺院中的重要地位有关,因为龙兴寺乃沙州第一大寺,在诸寺中占据着主导地位。关于龙兴寺与其余诸寺的关系,参见陈大为:《敦煌龙兴寺与其他寺院的关系》,《敦煌学辑刊》2009 年第 1 期,第 52—64 页。

⑤ 此件题记的录文,参见池田温:《中國古代寫本識語集錄》,第 311 页。经与图版比对,池田先生对题记的文字的释录准确无误。反倒是后来的一些论著,在释录此件题记时产生了些许错误。

⑥ "写",《敦煌与吐鲁番的佛教学交流》漏录。参见上山大峻:《敦煌与吐鲁番的佛教学交流》,载刘进宝、高田时雄主编:《转型期的敦煌学》,上海古籍出版社,2007 年,第 3 页。

⑦ "听",《吐鲁番出土的几件佛典注疏残片》释作"听得",衍一"得"字。参见刘安志:《吐鲁番出土的几件佛典注疏残片》,《敦煌吐鲁番研究》第九卷,中华书局,2006 年,第 31 页。"讫",《敦煌遗书总目索引新编》释作"记",误。

庚寅年十一月廿八日，听第三遍了。

义琳听

常大德法师说。①

由此表明此件《宣演》是由义琳于建中四年（783 年）抄写并校勘的，而且《宣演》被反复讲说，反映其在敦煌地区较为流行。另外，伯 2041 号的题记中亦有"僧义琳"，可供参考。荣新江先生据伯 2041 号《四分律删繁补阙行事钞》卷下题记"广德贰年七月四日，僧义琳于西州南平城城西裴家塔写讫故记"②，判定僧义琳为西州和尚，并据题记中"贞元十九年"之记载，指出此件《宣演》应是在西州写成，后则携至沙州。③上山大峻先生据伯 2132 号和伯 2041 号的题记内容④，讨论了敦煌与吐鲁番之间的学问交流，亦推测"或许义琳本人移居敦煌，因而带去了这些写本"⑤。但是据目前所见的材料，我们还无法确知义琳究竟是何时由西州前往敦煌的，所以只能确定此件《宣演》是在西州抄写的，但是却无法准确知晓义琳听讲此件《宣演》的地点。尽管无法对此件《宣演》传至敦煌的过程进行详细描述，但从其保存在敦煌藏经洞这一事实来看，道氤所撰《宣演》对敦煌一地的佛教发展具有一定的影响。

下面，我们再来看看昙旷法师所撰《金刚般若经旨赞》在敦煌的流行情况。敦煌文献中保存共《旨赞》26 件，其中卷末有抄写题记的有两件。其一，S. 721(1)《金刚般若经旨赞》卷下题记云："广德二年六月五日释普遵于沙州龙兴寺写讫。"⑥其二，BD15354（新 1554）《金刚般若经旨赞》卷下题记亦载："广德二年六月十九日客僧法澄于沙州龙兴寺写。"⑦由此可知，这两件《金刚般若经旨赞》的抄写时间同为广德二年（764 年）六月，虽不同日，但两者之间仅相差 14 日，而且抄写地点又同为沙州龙兴寺。据昙旷于伯 2077 号《大乘百法明门论开宗义决》序言中对自己经历的叙述可知，他是在安史之乱爆发后"旋归河右"至朔方之地时撰述《金刚般若经旨赞》的。⑧昙旷避难河西的路线，为长安→朔方（灵州）→凉城（凉

---

① 图版：黄永武：《敦煌宝藏》第 115 册，新文丰出版公司，1985 年，第 224 页；上海古籍出版社、法国国家图书馆：《法藏敦煌西域文献》第 6 册，上海古籍出版社，1998 年，第 249 页。录文：池田温：《中國古代寫本識語集録》，第 311 页。

② 池田温：《中國古代寫本識語集録》，第 308 页。

③ 荣新江：《摩尼教在高昌的初传》，原载柳洪亮主编：《吐鲁番新出摩尼教文献研究》，文物出版社，2000 年，第 227 页；后收入氏著《中古中国与外来文明》，生活·读书·新知三联书店，2001 年，第 383 页。刘安志先生据荣先生的揭示，进而认为伯 2132 号《宣演》"虽发现于敦煌藏经洞，却可视为西州写经"。参见刘安志：《吐鲁番出土的几件佛典注疏残片》，《敦煌吐鲁番研究》第九卷，第 31 页。

④ 上山大峻先生误将伯 2132 号《御注金刚般若波罗蜜经宣演》的题记列属于伯 2084 号《御注金刚般若波罗蜜经宣演》所有。参见上山大峻：《敦煌与吐鲁番的佛教学交流》，第 3 页。

⑤ 上山大峻：《敦煌与吐鲁番的佛教学交流》，第 2—4 页。

⑥ 池田温：《中國古代寫本識語集録》，第 307 页；郝春文主编：《英藏敦煌社会历史文献释录》第 3 卷，社会科学文献出版社，2003 年，第 566 页。

⑦ 池田温：《中國古代寫本識語集録》，第 307 页。

⑧ 序言的录文，参见《大正藏》第 85 册，第 1068 页上栏。上山大峻先生又对《大正藏》的录文进行了补正，参见上山大峻：《敦煌佛教の研究》，第 20 页。

州)→甘州→敦煌,且至迟应在宝应二载(763 年)就到达了敦煌。①如此表明,在昙旷到达敦煌之后,其于灵州所撰之《旨赞》即在敦煌传播开来。从敦煌文献中所保留多件写本来看,其中应该就有当时昙旷自己所写的经卷,而其余更多的当是听讲记录或者抄本。另外,从 S. 2436 号昙旷所撰《大乘起信论略述》卷上的题记“宝应贰载玖月初,于沙州龙兴寺写记”②,和 Φ. 366《大乘起信论略述》卷下的题记“宝应二年十一月三日,问法乳人翟写”③,我们可以推测昙旷很可能于 763 年在沙州龙兴寺为僧众开讲其所著《大乘起信论略述》,所以才留下了相关的写本。结合上述龙兴寺在敦煌殊要之地位,来自长安西明寺的义学僧昙旷很可能就住在此寺,并经常为僧众讲解佛学,尤其是宣讲自己的著作。而上述抄写于 764 年的两件《旨赞》也极有可能是昙旷在龙兴寺讲解之后僧人们留下的文字记录。也正是因为得昙旷大力宣讲之功,具有较强唯识色彩的《旨赞》在敦煌比较兴盛,由此藏经洞才留下了相当数量的写本。

最后,我们来看看《梁朝傅大士颂金刚经》在敦煌的流传。虽然敦煌文献中保存了多达 28 件此类写本,然而有抄经年代题记的仅有一件。关于《梁朝傅大士颂金刚经》的内容和产生问题,学界已有不少讨论。④达照法师对《梁朝傅大士颂金刚经》的产生问题进行了细致而出色的研究,他认为大约在 822 年至 831 年之间,有人将《金刚经赞》改名为《梁朝傅大士颂金刚经》,并编纂了傅大士拍板唱经歌的故事。⑤这就告诉我们,此类文献的早期形式为偈颂式的《金刚经赞》⑥,后经过天台宗僧人的修改,最后将偈颂与鸠摩罗什译本《金刚经》的经文相配,成为后期逐渐定型的《梁朝傅大士颂金刚经》。⑦其后,又有人对其进行增补修改,特别于卷首和卷末附有“净口业真言”“发愿文”“启请八金刚四菩萨文”“三性颂”“大身真言”“随心真言”“心中心真言”等内容。⑧据《梁朝傅大士颂金刚经》产生的历史过程,敦煌文献所保存的此类写本,大致可以分为三个发展阶段,共八个异本⑨,其中后期型的《梁朝傅大士颂金刚经》保存最多,共 21 件。P.3325 即是唯一有抄经年代题记的,其

---

① 上山大峻:《敦煌佛教の研究》,第 20—24 页;郝春文:《昙旷》,载季羡林主编:《敦煌学大辞典》,上海辞书出版社,1998 年,第 347 页。
②③ 池田温:《中國古代寫本識語集録》,第 307 页。
④ 相关研究成果的介绍,参见达照:《〈金刚经赞〉研究》,宗教文化出版社,2002 年,第 8—14 页。
⑤ 达照:《〈金刚经赞〉研究》第二章《〈金刚经赞〉源流及作者、年代考》,第 17—116 页。
⑥ 此偈颂式《金刚经赞》,虽相传为南北朝时期梁代傅翕所作,但据《续高僧传》对傅翕的相关记载,则可知其当是后人依托,并非出自大士之手。参见项楚:《敦煌诗歌导论》,第 107 页。达照法师认为其真正的作者应是唐代唯识宗僧人。参见达照:《〈金刚经赞〉研究》,第 102—116 页。
⑦ 达照:《〈金刚经赞〉研究》,第 115—116 页;方广锠:《敦煌遗书与佛教研究》,收入氏著《方广锠敦煌遗书散论》,上海古籍出版社,2010 年,第 194 页。
⑧ 较为典型的是 S. 1846《梁朝傅大士颂金刚经》,《大正藏》第 85 册即以此件为底本校录而列为首篇。
⑨ 文献整理方面,参见达照:《〈金刚经赞〉研究》,第 220—324 页;达照:《金刚经赞集》,载方广锠主编:《藏外佛教文献》第九辑,宗教文化出版社,2003 年,第 38—195 页。

卷末题记云"广顺三年癸丑岁八月二十一日毕手"，另卷背有题记"显德寺龙"①，这表明，到五代末年之时，《梁朝傅大士颂金刚经》依然在敦煌地区流传。

由此看来，自 9 世纪前半期《梁朝傅大士颂金刚经》形成至 10 世纪中后期，此文献在敦煌地区就一直有影响。

敦煌文献中保存了许多道氤《宣演》、昙旷《旨赞》、《梁朝傅大士颂金刚经》的写本，而且幸运的是，其中有部分写本卷末附有题记内容，为我们揭示了写本的抄写者、抄写地点及时间等重要信息。由题记所反映的抄写时代，并结合它们的产生时代而论，我们大致知晓了这批文献在敦煌地区的流行时代。其中《宣演》和《旨赞》虽然是对大乘空宗的代表作《金刚经》进行注疏，然而它们带有强烈的唯识宗的色彩，反映出唯识思想和般若思想之间存在密切的关系，为我们进一步讨论敦煌地区佛教义学的发展以及唯识思想对唐代佛教的影响提供了重要资料。

① 池田温：《中國古代寫本識語集録》，第 491—492 页。

《达磨胎息论》诸本的成立
——以敦煌本为中心*

曹　凌**

释迦寂灭非真死，达磨西归亦是仙。

但愿世人明此理，同超彼岸不须船。

——《修真十书·杂著指玄篇》

一、绪言

　　历代托名于达磨的作品颇为不少，但《达磨胎息论》恐怕仍是其中较为独特的一种。①主流的佛教史著作长期对其保持缄默，甚至其文本也主要是赖《道藏》之保存，才能为后人所知。然而在五代至两宋时期，它确实又一度在佛门之中流行，乃至"豪杰俊颖之士……

*　本文最初发表于《法鼓佛学学报》2018 年第 23 期，第 25—67 页。在发表之前，笔者得知上海社会科学院的白照杰先生在新著中也将讨论与《达磨胎息论》有关的问题，并蒙白照杰先生惠赐稿本，可惜由于发表时程的关系，不及加以参考。在此特为说明，除对白先生表示感谢外，亦请对此问题有兴趣的读者参考白先生大作《圣僧的多元创造——菩提达磨传说及其他》（上海社会科学院出版社，2019 年）中的相关章节。

**　上海师范大学哲学与法政学院哲学系讲师。

① 本文所讨论的托名达磨的胎息著作在《云笈七签》中被称为《达磨大师住世留形内真妙用诀》（张君房编，李永晟点校：《云笈七签》卷 59，中华书局，2003 年，第 1310—1314 页），《道枢》本则以《胎息篇》为名加以略写和引用（曾慥编：《道枢》卷 14，《道藏》册 20，上海书店、文物出版社、天津古籍出版社，1988 年，第 679—681 页），敦煌本则无独立题名。如后所述，这三种文本显是同一文献在发展过程中产生的异本。可见其题名在历史上当已存在混乱。这在类似性质的文献中并不少见。故本文中根据圆悟克勤《破妄传〈达磨胎息论〉》一文将其概称为《达磨胎息论》，涉及各异本时则根据出处称之为《云笈七签》本、《道枢》本或敦煌本。

往往信之"（圆悟克勤语）。其中透露出佛教、禅宗与方术、道教及居士群体之间的微妙关系，颇可玩味。可惜一直以来对此文献的研究还非常有限。

就笔者所见，最早注意到这一文献并专题进行讨论的是日本学者关口真大。在其《达摩大师の研究》一书中专辟"《达摩大师住世留形内真妙用诀》与道教"一节对《云笈七签》本的《达磨胎息论》进行了介绍和初步探讨，书后还附了《云笈七签》本的录文。他在研究中提出了道教对禅宗的影响究竟如何以及道教界如何看待达磨这两个问题，至今仍具有启发意义。但本文仍只是初步的探讨，使用的资料也只有内容最少的《云笈七签》本，故现在看来不少可以补充、修正之处。①

宫泽正顺《曾慥の书志的研究》一书相当全面地讨论了曾慥的内丹学著作《道枢》，并重点关注了其中和佛教有关的内容。其中也包括了《道枢·胎息篇》所收的《达磨胎息论》文本。②其比较重要的贡献是对《道藏》中所存的两种文本——《云笈七签》本和《道枢》本进行了比较，整理了《道枢》中对本论的引用和评述以及一些其他文献中对本论和《昙鸾法师服气法》的讨论。

此外，福井文雅先生也持续对《达磨胎息论》有所关切。据报道，他曾在 1979 年瑞士苏黎世所举办的第三次国际道教研究会议中发表相关的论文。③可惜本文此后似未公开发表，笔者也未能予以参考。④在其所撰《道教の历史と构造》一书中则再次提到了《达磨胎息论》，并提出此类文献中所体现的佛道两教呼吸法的关系问题是将来需要发掘的课题。这一点笔者亦非常赞同。⑤

最近几年也有西方学者开始关注这一议题。尤其是《中国宗教研究集刊》（*Journal of Chinese Religions*）2015 年和 2017 年先后刊登了两篇论文，不同程度地涉及达磨胎息法和相关的文献。其中乔舒亚·卡皮塔尼奥（Joshua Capitanio）的论文着重于讨论北宋时期道教内丹学家对于禅宗元素的运用方式，其中即包括达磨及围绕他的神奇传说。然而本文并未对《达磨胎息论》的文本以及修法作更深入的讨论。如后文所论，《达磨胎息论》文本曾经历很大的变动，其间对内丹运动也曾有所回应。因此在讨论丹道家对本文的看法之前，似乎仍有必要厘清其文本与修法的演变过程。⑥苏德朴（Stephen Eskildsen）随后发表

① 关口真大：《达磨大师の研究》，彰国社，1957 年，第 391—400、469—474 页。
② 宫泽正顺：《曾慥の书志的研究》，汲古书院，2002 年，第 221—258 页。
③ 郑天星：《欧美道教研究概述（二）》，《中国道教》1994 年第 1 期，第 38 页。
④ 《道藏通考》中《胎息精微论》条援引了福井文雅先生"Key to longevityi"一文，提出《云笈七签》本的《达磨胎息论》是本于《胎息精微论》中所收《内真妙用诀》。见 Kristofer Schipper and Franciscus Verellen edited，*The Taoist Canon：A Historical Companion to the Daozang*（汉译即《道藏通考》），Chicago：The University of Chicago Press, vol.1, 2004, p.373. 本文笔者亦未找到，未详是否即在苏黎世所发表者。但是如后所述，在其所撰《道教の历史と构造》一书中两度提到《达磨胎息论》却并未引用自己的论著。因此这些研究可能都未曾正式付梓出版。
⑤ 福井文雅：《道教の历史と构造》，五曜书房，1999 年，第 163 页，第 189—190 页。
⑥ Joshua Capitanio, "Portrayals of Chan Buddhism in the Literature of Internal Alchemy", *Journal of Chinese Religions* 43(2), 2015, pp.119—160.

的研究关注了胎息和归空这两种和达磨有关的法术,并着重讨论了元明以降文献中作为丹道家和归空法术传播者的达磨形象。其中,作者对于达磨胎息法的一些早期引文进行了讨论,并对其修法进行了简单的分析。①

上述诸位从各自不同的角度对《达磨胎息论》作了研究,但所依据的都只是《道藏》内所存的两种文本。其实在敦煌遗书中还有《达磨胎息论》的另一种文本,尚未为学界所注意。据笔者所见,这一敦煌本与藏内所存之两本既有共通之处又有鲜明的差异,对于推进相关课题的研究具有重要的价值。因此本文希望先对此新资料进行简述和整理,再就其与藏内两本之关系作一简单的探讨,供有兴趣的同仁参考。

在此需要略作说明的是,前述关口、宫泽和福井的研究似乎认为《达磨胎息论》是道教人士借达磨之名所作。苏德朴的研究则注意到了僧人遵化撰写相关文献的记录以及《道藏》所存文本中佛教化的内容,提出其最初的作者可能是佛教徒。笔者对这一结论也颇赞同。

历史上佛教人物修行此类法术颇不少见,最为人津津乐道的例子即昙鸾、慧思、智顗对相关法术的了解和运用。唐代也曾出现《三厨经》这样的伪经,以道教《五灵心丹章》为基础,构建起颇有佛教特色的修法。此经不仅一度广泛流行,甚至被求法僧带去日本,并保存至今。②因此佛教中人修撰此类文献、修行此类法术都非不可思议之事,只是主流的佛教史叙述往往加以忽略。下文我们也会看到,在《达磨胎息论》的改写过程中加入了不少佛教因素,确可见撰者有从佛教思想内部构建胎息法合法性的意图。又,两宋时期道教人士对本论颇多苛评,往往认为其未为究竟,甚或会导人入修行之歧途。反而是比较倾向佛教的士人如苏轼、晁迥都较正面看待,并尝试将其融入自身的修炼实践。圆悟克勤的批判亦是指宗门下有一类"野狐种族"妄托祖师撰作本论,而"豪杰俊颖之士……往往信之",并未将其斥为外道所撰所修。故笔者倾向于本论是佛僧所撰,且一度在僧团内部相当流行。其敦煌本可能也是由寺院抄写和保存下来,并非道教徒所抄录。③

二、《达磨胎息论》的敦煌本及其整理

(一) 写本的情况与整理

2009 年出版的《国家图书馆藏敦煌遗书》第 109 册中将 BD11491 号遗书定名为《达磨

---

① Stephen Eskildsen, "Bodhidharma Outside Chan Literature: Immortal, Inner Alchemist, and Emissary from the Eternal Realm", *Journal of Chinese Religions* 45(2), 2017, pp.119—150.

② 参见拙文《〈三厨经〉研究——以佛道交涉为中心》,《文史》2011 年第 1 期,第 119—150 页。

③ 蒙定源法师(王招国)提示,日本石山寺校仓圣教还保存了一件院政时期抄写的《菩提达磨和尚住世留形内真妙用诀》。限于条件,笔者尚无法看到这件写本,但其存在似也可佐证此论曾在僧团中广为传行。

胎息论》并在条记目录中作了录文。这大概是第一次从敦煌遗书中确认相关文献的
存在。①

　　按此件残片首尾均残，仅存 19 行文字，其中第 12 行云"达摩云住世留形内真妙用"，
并领起一段与《道藏》所存两种《达磨胎息论》密切相关的小文。考虑到《云笈七签》中所存
《达磨胎息论》即题为"达摩大师住世留形内真妙用诀"，且这一段落与上文显非连贯的文
献，笔者认为 BD11491 号中此句当兼有标题的作用。《国家图书馆藏敦煌遗书》的判断基
本符合文献的实际情况。

　　随后公布的杏雨书屋藏敦煌遗书羽 704R 号被《敦煌秘笈·目录册》著录为《绝粒
法》。②然而此件中显然包括了数个相对独立的段落，"绝粒法"仅为第一部分之标题。其中
第 14 行中部以下内容实与 BD11491 号相合，亦包括了以"达摩云住世留形内真妙用"开头
的部分，残存内容较 BD11491 号为多，故也是一个包含有《达磨胎息论》内容的敦煌遗书。

　　通过与羽 704R 号比对又可发现原本被拟称为涉道医方的 P.3043 号也包括了《达磨
胎息论》的内容。③其开始处相当于羽 704R 第 32 行的中部，结尾部分则较羽 704R 更多出
《休粮方》《妙香丸子方》两种辟谷用的药方。

　　综上所述，现今可在敦煌遗书中找到三件有《达磨胎息论》内容的遗书。三件遗书内
容虽有若干细节的不同，但可以拼合成一个相对完整的文本。而这一种文本又与《道藏》
所存的两种《达磨胎息论》有显然的差别，故下文我们将其统一称为敦煌本。此本的发现
为《达磨胎息论》的研究提供了不可多得的新材料，故在本节中，笔者将首先对其进行整
理，以便参考。④整理中使用的底、校本情况如下：

底本：羽 704R 号

甲本：BD11491 号

乙本：P.3043 号⑤

　　绝粒法

　　雄黄一分、朱砂二分、朱红二分、金五箔、银五箔、乳香一两。已上物并细研一处。白

---

① 中国国家图书馆编：《国家图书馆藏敦煌遗书》109，北京图书馆出版社，2009 年，图版第 233 页，条记目录第
　　62—63 页。

② 武田科学振兴财团杏雨书屋编：《敦煌秘笈·目录册》，公益财团法人武田科学振兴财团杏雨书屋，2009 年，
　　第 254 页。图版见武田科学振兴财团杏雨书屋编：《敦煌秘笈·影片册》9，公益财团法人武田科学振兴财团
　　杏雨书屋，2013 年，第 110—111 页。

③ 参见王卡：《敦煌道教文献研究——综述·目录·索引》，中国社会科学出版社，2004 年，第 216 页。

④ 本文整理时将敦煌写卷中所有内容尽行录文。关于其中辟谷方等内容与《达磨胎息论》的关系等问题，详见
　　下文。

⑤ 乙本录文参考了马继兴等辑校：《敦煌医药文献辑校》，凤凰出版社，2007 年，第 704—707 页。为便阅读，原
　　文中双行小注内容均以○括出。

矾五两，先烧令干，捣为末，入消石末二两，相和，入磁瓶子内，以瓦◇子盖口，泥头，座一片砖上已，烧之通赤，住，候冷取出，捣罗，以纸箔子再地上摊之，盖覆片时去火毒，却收与药一处研，令匀。取蜡二两半，碎切入磁椀内，灰火烧之为之，一齐入药，在内校（搅?）令匀，下火，取为一团丸如杏子大，用纸单子裹之。

右，临绝粒之时，宜心吃稀酒、粥半椀，后至辰时，回面向东坐，呪之。弟子吃此药后常遇神仙，万病不侵，寿同天地然。已熟水下药一一，后片时嗌（咽?）气三五十件。遍已，表药到气海。常意想药在脐下，其药力社（摄?），即长不饥。至已午时，吃人参茯苓汤一茶椀，后常煎杏仁汤吃之。常须令足，不计时，要吃便煎。用杏仁炒熟，去皮，捣入干姜、盐，三味为汤。若要开食即吃稀酒、粥，后渐吃诸物。一生忌芍药、柏二物者。

吐纳。①口中吐，鼻中纳，常忌②口中入。出有六般，入有一种。呵属肺，吹注心，呼注肝，嘘注[月＊胃]，嘻注脾，呬注肾。动着肺气，鼻寒勿怪；动着心气，口干舌缩勿怪；动着肝气，眼赤勿怪；动着[月＊胃]气，唇焦勿怪；动着脾气，腹藏不调勿怪；动着肾气，耳聋勿怪。动着③诸色气，有④动处用心功（攻）之，才三两日，其疾必退。一日来着身，二日气如梦行，三日小腹知，四日胀鸣，五日肱气，六日两足热，七日见神，八日气如云行，九日上下透，十日光行，至二十日中，气作微，小便赤黄，大便结硬，勿怪。至三十日时，下或时下痢勿怪，先唐（溏）后刚等勿怪。又十日小瘦（?）勿怪。⑤又三十日面色威（萎）黄勿怪。至五十日藏府⑥调和，至六十日颜色转好。休色绝之，时常忌热物等，冷水任饮，随宜吐纳。或远行、时气，歇处先灌瘦口了，喘息定，只可吃水，起省已呵，为大意也。

达摩云："住世留形内真妙用，吾从西天受得胎息妙用之法。传受本师名宝冠。吾行此法，益世留形，为传心印，方达震旦。师云：'夫所生始于胎，即是精气相合，凝结变化为形。即形是气之本，气形之根。因神而生形，赖气而成之。形不得气，无能而成人⑦；气不得形，无为主。元其所秉之时即是神气，伏母脐下，精气神合，凝结变化，有形⑧质也。善要留形住世广长存者，安和胎息，二气相续，即是生矣。'"⑨

夫胎息之时，目无所视，耳无所闻，心无所思，冥然端坐于丹田，经三⑩百息渐渐方可不

---

① 此"吐纳"二字下为相对独立的六字气诀内容，与前文之绝粒法似也不相关。故此"吐纳"二字可能也是兼有标题的作用。
② "忌"，甲本自此始。
③ "动着"，甲本无。
④ "有"，甲本作"觉有"。
⑤ "十"，甲本作"三十"。
⑥ "五十日藏府"，底本字迹模糊，据甲本补。
⑦ "人"，甲本无。
⑧ "形"，甲本作"其形"。
⑨ "矣"，甲本此下残缺。以上为正文A部。
⑩ "三"，乙本自此始。

令①意乱，良久便纳。学习多时，或得七息，为（谓?）之初地之人。初一两息，即教九十五息放，且至十五息不通，百十二十息大通矣。若能集之一千息或三千息仙矣。第一日九口，二日七口，三日六口，四日五口，五日四口，六日三口，七日二口②，八日不吐不纳。如要开食，先须③吃面，或三日来不得吃盐、醋、油腻、生冷、醋滑、陈硬、粘食物、小豆、乔（荞）麦面等，七日三日有病，六字法如后作之，瘥矣。

嘘〔除赤眼〕④，呬〔除冷〕，呵⑤〔总除四大病〕，吹⑥〔除焦口病〕，嘻〔除心闷，亦除冷〕，呼〔注脾病唇焦〕。

歌曰：懃守忠，莫放逸，外不入，内不出，还本原⑦，万事毕。

又歌曰：内有真田⑧不朽，若人得之命长久，上补泥丸下补元，三田⑨之中为住寿。

六字⑩法：大月从呵至呼⑪、呬、吹、嘘、嘻，小月从呵、嘘、吹、呬、呼、嘻。秘⑫妙之方。⑬
休粮方

大麻子三升〔以水浸，夏月三日，冬七日，便芽生，蒸为度，干晒，去皮，取仁〕。

黑豆三升〔为末，取前麻仁放入杵，杵尽豆末，旋干晒为度，仍候白色，可九蒸九曝〕。

由右药特地杵，罗为末。每要绝食时，只可吃三合已来，细细咽之。不得吃热物，便饮冷汤、冷水。如要开食，吃葵粥退之。退后三五日，不得吃湿面、黏食。如觉寂寞，即少少更吃，补得多。极妙之。

妙香丸子方

鹤虱〔二分〕、朱砂〔一分〕、雨（禹）余粮〔二分〕、仁参〔二分〕、茯苓〔一分〕、苟脊〔一分〕、贯众〔一分〕、白松脂、白蜡、黄蜡各等分。

右件药，须细细捣，罗为末，先须销松脂，次下白□……□

（下残）

---

① "令"，底本字迹模糊，据乙本补。
② "第一日九口，二日七口，三日六口，四日五口，五日四口，六日三口，七日二口"，乙本作"第一日服七口，二六口，三日五口，四日四口，五日三口，六日两，七日一口"。
③ "先须"，乙本作"光"。
④ "除赤眼"，底本作"眼住赤"，据乙本改。
⑤ "呵"，底本作"阿"，据乙本改。
⑥ "吹"，乙本作"呵"。
⑦ "原"，乙本作"源"。
⑧ "田"，底本作"困"，据乙本改。
⑨ "田"，底本作"日困"，据乙本改。
⑩ "字"，底本作"家"，据乙本改。
⑪ "呵至呼"，底本残缺，据乙本补。
⑫ "秘"，乙本作"极"。
⑬ "方"，底本至此止，下文二方据乙本录文。以上为正文B部。

（二）关于敦煌本《达磨胎息论》的结构

在此笔者想就上述三件敦煌遗书的性质及敦煌本《达磨胎息论》的结构作一简单的分析，并将其与藏内所存的两种文本作一比较。

首先需要明确的是三件敦煌遗书所抄内容的性质。

这三件敦煌本都被抄在一系列的辟谷法文献之中。其中羽 704R 的首部似乎是完整的，但并无卷次、品次等标注。故我判断它并非某种大型书籍的一部分。BD11491 残存内容包括了"达磨云"之前部分内容且与羽 704R 相合，故此二本当是据同一原本抄写。文本尾部的情况则较为复杂。羽 704R 末端为一相对独立段落的终止之处，但卷尾又有撕裂的痕迹，故无从判断是否仍有后续内容。考虑到 P.3043 号前部文字与羽 704R 高度重合，且其后所抄的休粮方等也与其他两个卷子前部所抄内容相类，故笔者倾向于这三件遗书所依据之原本是同一种辟谷法短文的专题文集①，敦煌本的《达磨胎息论》则是这一文集中相对独立的一个部分。

其次需要讨论的是《达磨胎息论》内容的起止处。如前所述，敦煌本中"达磨云住世留形内真妙用"一句既是正文首句又兼有标题的作用，因此《达磨胎息论》的文本即是由此开始。又下文所列引文中 B.13 将"勲（勤）守忠（真）"领起之歌诀记为《达磨胎息诀》的一部分，而其后六字法的诀文又是前文六字法内容的诀要，故敦煌本《达磨胎息论》应当包括了从"达磨云"至"休粮方"之前的段落。

最后，笔者想说明一下敦煌本《达磨胎息论》本身的结构。

敦煌本的《达磨胎息论》可分为三个主要段落。第一段是从"达磨云"至"即是生矣"的部分，主要是阐述本行法的来源以及理论基础。这也是现存三种文本共有的内容，只是各本广略不同，文字略有出入（详下）。第二段是从"夫胎息之时"至六字气法呼字的注文，是本论所宣扬修法的操作指南。宫泽先生在研究《道枢》本时已注意到其中包括了理论性的内容与操作诀要两个部分，并且指出前者可见于《云笈七签》本且道教色彩较为浓厚，后者则未见于它本且佛教的术语较多。言下之意，似乎认为诀要部分是流传过程中加入的内容。《道枢》本的诀要段落下文还会再作分析，此处希望说明的是，在两个文本中都出现了本论与诀要二分的结构，非常类似于道教经典中常见的经一诀结构。这种结构具有很强的开放性，可以不断以诀文形式附加附录和说明，并在此基础上再作整合。《达磨胎息论》之所以产生如此多样的多种文本也正与这种形式特征有关。敦煌本《达磨胎息论》最后还包括了两个歌诀和一个六气法的口诀，都采用了易于记诵的形式。其中六气法的口诀很

---

① 此类的集子在《道藏》中所载多有。如后文所将会引用的《胎息精微论》《诸真圣胎神用诀》等，均是此类。

显然是为了补充前述第二部分中六字气法的内容而写入，相当于是诀要之诀要，更凸显出此类文本所具有的开放性特征。这也提示了在分析此一文献时需要特别注意内部的层次以及各本不同内容之间的异同。

三、《达磨胎息论》的引用情况

宫泽前揭书中收集了《道枢》中对《达磨胎息论》的引用，来说明本书作者对达磨及《达磨胎息论》的态度。对于《道枢》以外文献中的引文，则没有系统地进行搜集。对于本文的目的而言，历代的记录者和引用者究竟是使用何种文本至关重要。因此本节希望先将笔者所收集到的一些其他文献中的早期引文略做罗列，并作一简单的分析，以方便下文的讨论。

（一）与《达磨胎息论》相关的引文

1. 目录书中的记录。

（1）《崇文总目》卷9。

《达磨胎息诀》一卷。①

（2）《新唐书》卷59。

《菩提达摩胎息诀》一卷。②

（3）《郡斋读书志》卷16。

《胎息秘诀》一卷（右，唐僧遵化撰。论达磨胎息，总十八篇，歌二十三首，凡一千四百四十言，天祐丁酉书成）。③

（4）《通志》卷67。

《达磨胎息诀》一卷。

（5）同上。

《胎息定观经》一卷，达磨撰。

（6）同上。

《六祖达磨真诀》一卷，王元正撰。

---

① 《崇文总目》卷9，《景印文渊阁四库全书》，台湾商务印书馆，1984年，第674册，第109页。
② 《新唐书》卷59，中华书局，1975年，第1524页。按，此条目为欧阳修等修撰《新唐书》时所编入。
③ 参见晁公武著，孙猛校证：《〈郡斋读书志〉校证》，上海古籍出版社，2006年，第764页。按，诸本中袁本无此条目。"丁酉"，别本作"丁丑"。

（7）同上。

《达磨诸家气诀》一卷。

（8）同上。

《达磨妙用诀》一卷。

（9）同上。

《养生胎息秘诀》一卷，贾遵化撰。①

（10）《文献通考》卷 225。

《胎息秘诀》一卷（晁氏曰：唐僧遵化撰。论达摩胎息，总十八篇，歌二十三首，凡一千四百四十言。天祐丁丑书成）。②

（11）《宋史》卷 205。

菩提达摩《胎息诀》一卷。③

（12）同上。

《真秘诀》一卷（宝冠授达磨）。④

（13）同上。

僧遵化《养生胎息秘诀》一卷。⑤

2. 其他文献之引用。

（1）《还丹内象金钥匙》（彭晓）。⑥

又问曰：窃闻高僧中有出没自在，死生任情，接迹见闻，不可胜数，以载于经论，动逾数百，今指一二，粗立事端。且僧佛图澄生死自在，著于明史，述《金液诀》，形于丹经。又僧昙鸾师作《气术论》行于世，皆同道家，忽暂亡而起，忽蹑空而行，阴教之中，岂曰无之？吾仁之言，阳法有上升，阴教归空寂，即此二僧，皆留形住世，隐显自由，得非空寂乎？

吾曰：嘻！有何难明哉！其二子皆内修阳法，外修僧形。法岂分外貌乎？僧、玄皆人也，同天地间一物耳。若外为僧，内修阳法，何异于外貌黄冠乎？且阴阳之道，任情变化，岂有偏党乎？惟《达摩师气诀》，正是外内不出入，凝定空寂中，炼妙有之法，便是空寂法中阴真。

（2）《龙虎铅汞说》（苏轼）。⑦

人能正坐，瞑目调息，握固定心，息微则徐闭之（原注：《达磨胎息法》亦须闭。若如佛

---

① 以上诸条见《通志》卷 67，中华书局，1987 年，第 791 页。
② 参见《文献通考》卷 225，中华书局，2011 年，第 6194 页。
③ 参见《宋史》卷 205，中华书局，1985 年，第 5188 页。
④ 参见《宋史》卷 205，第 5196 页。
⑤ 参见《宋史》卷 205，第 5192 页。
⑥ 收于《云笈七签》卷 70，第 1556—1557 页。
⑦ 茅维编，孔凡礼点校：《苏轼文集》，中华书局，1986 年，第 2331—2332 页。此外苏轼还著有《养生诀》和《胎息法》等涉及胎息的作品，亦是以闭息为本，其中不乏与《达磨胎息论》相通之处，可能曾有所参考。见上引书第 2335—2336 页及第 2337—2338 页。

经,待其自止,恐汞不能到也)。

(3)《圆悟佛果禅师语录》卷 20《破妄传〈达磨胎息论〉》(圆悟克勤)。①

西方大圣人出迦维罗,作无边量妙用,显发刹尘莫数难思议殊特胜因,以启迪群灵……嗟见一流拍盲野狐种族,自不曾梦见祖师,却妄传达磨以胎息传人,谓之传法救迷情,以至引从上最年高宗师如安国师、赵州之类皆行此气,及夸初祖只履、普化空棺,皆谓此术有验,遂至浑身脱去,谓之形神俱妙。而人间厚爱此身,怕腊月三十日,惮惶竞传归真之法。除夜望影,唤主人翁,以卜日月、听楼鼓、验玉池、觇眼光,以为脱生死法,真诳谲闾阎,捏伪造窠,贻高人嗤鄙。复有一等,假托《初祖胎息说》《赵州十二时别歌》《庞居士转河车颂》,递互指授,密传行持,以图长年,及全身脱去。或希三五百岁。殊不知此真是妄想爱见,本是善因,不觉堕在荒草。而豪杰俊颖之士,高谈大辩,下视祖师者,往往信之。岂知失顾步画虎成狸,遭有识大达明眼觑破,居常众中唯默观悯怜。岂释迦文与列祖体裁止如是耶?曾不自回照始末,则居然可知矣。海内学此道者如稻麻竹苇,其高识远见自不因循,恐乍发意未深入阃奥,揭志虽专,跂步虽远,遇增上慢导入此邪见林,未上一错永没回转,其流浸广,莫之能遏。因出此显言,庶有志愿于大解脱大总持可以辩之,而同入无生大萨婆若海,泛小舟济接群品,俾真正道妙流于无穷,岂不快哉?

(4)《西山群仙会真记》卷 3(华阳子施肩吾)。②

《西山记》曰:炁本无形,必赖有形之躯,形全炁在,自可修补。不择老幼,所贵至诚,始终如一。《天皇圣胎秘用神诀》,补炁之上法;达么胎息至理,补炁之中法。其后因胎住息因息就胎,扁鹊《灵枢》,葛洪注《胎息》,补炁下法。此外皆非法也。

(5)同上书卷 4。③

及达磨胎息至理,言人之炁升,自有走失,莫若内观诸世界,游玩自己天宫,超清虚妙境。其法贵乎无漏,一念不生,一意不动。无漏则善果成,不动而真圣见,而面壁九年,气无毫发走失,阴灵自外,而身有身。东人不悟,乃掷钵西归。故圣人曰真胎息也。

(6)《诸真圣胎神用诀·达磨禅师胎息诀》。④

夫炼胎息者,炼炁定心是也。常息于心轮,则不着万物,炁若不定,禅亦空也。炁若定则色身无病,禅道双安。修行之人,因不守心,元炁失了不收,道怎成矣。古人云,炁定心定,炁凝心静,是大道之要,又名还丹。道人无诸挂念,日日如斯,则名真定禅观。故三世贤圣修行皆在此诀,名为禅定双修也。

---

① 《圆悟佛果禅师语录》卷 20,CBETA,T47,no.1997,pp.809c07—810a19。

② 参见《道藏》第 4 册,第 432 页。

③ 参见《道藏》第 4 册,第 437 页。

④ 参见《道藏》第 18 册,第 434 页。按此书盖出于南宋,参见 The Taoist Cannon,vol.1,p.789。

(7)《养生类纂·养生总叙》(周守忠)。①

元牝既立，犹瓜有蒂，暗注母气，母呼即呼，母吸即吸，绵绵十月，气足形圆。心是气之主，气是形之根，形是气之宅，神是形之真，神用气养，气因神住，神行则气行，神住则气住。此经要眇之义也(《达磨胎息经》)。

(8)《元始无量度人上品妙经注》卷下参校(郭冈凤参校并赞)。②

又如参同释祖达磨形神俱妙只履西归之事。《实录》中有《胎息经》，略曰：玄牝之门，驻景之户。若能兼行，自然甘露。盖未尝非《道德经》中旨也。又有《调神歌》一篇，与丹经调神之法合同，其歌曰：

调神如婴，万法无情，恬如恬如，神兮自宁。

……

今附见于此。③

(9)《上阳子金丹大要》卷9(陈致虚)。④

传达磨，说归空，观物知胎语不通，生死定年次月日，临时更定五心中。八段锦，十号颂，都在无名指上用，蓦地浮云遮日月，大限到来宜稳重。度天魔，阴魔绝，又号天关般弄法，甲子中宵见子时，运气七抽放在舌。指天竺，胎息经，谓能住世与留形，不知古德无多语，但要人从正路行。

(10)《紫阳真人悟真篇注疏》卷6疏文(戴起宗疏)。⑤

疏曰：鉴形者，悬鉴于室，存神于中而出。闭息者，闭一身之气，如人未生在胎之时。以鸿毛著鼻上，毛不动，能十二息为小道，能一百二十息为大道，能至于千，去仙不远。如《达磨胎息论》……诸术皆无金丹点化，皆是阴神。

(11)《卫生歌》注文(收入《修真十书·杂著指玄篇》卷8)。⑥

《达磨胎息论》曰：凡服食，须半夜子后，床上瞑目盘坐，面东呵出腹内旧气三两口，然后停息，便于鼻内微纳清气数口。舌下有二穴通肾窍，用舌柱上腭，存息少时，津液自出，灌漱满口，徐徐咽下，自然灌注五脏。此为气归丹田矣。如子后丑前不及，但寅前为之，亦可。卧中为之亦可，但枕不甚高可也。

---

① 《养生类纂》，收入胡文焕校勘，傅景华重编：《寿养丛书》第5册，中医古籍出版社，1990年，第262—263页。《上阳子金丹大要》等对此文有节略的引用。
② 参见《道藏》第2册，第278—279页。本书为南宋末或其后的作品，参见任继愈主编：《道藏提要》，中国社会科学出版社，1995年，第66页。
③ 《调神歌》下文会列表格专作讨论，为避文繁，此处略。
④ 参见《道藏》第24册，第33页。
⑤ 张伯端撰，翁葆光注，戴起宗疏：《紫阳真人悟真篇注疏》，《道藏》第2册，第952页。
⑥ 参见《道藏》第4册，第632页。

（12）《敬斋古今黈》卷6（李冶）。①

养生家有胎息之说……晁承旨明远、张太保安道②、苏端明子瞻、黄太史鲁直，此四君子，遂能曲尽要妙，明著其说。晁则立合和之论，张则出清微之语，苏则谈随住之诀，黄则述莲烛之颂。晁公之言曰：心息相依，息调心静，静调久久，可成胜定。神气相合，气和神清，清和久久，可致长生。张公之言曰：身如莲华及虚空，中有习习清微风，绵绵若存道乃通，一来一往终无穷，来无辙迹去无踪，散入八万四千毛窍中……晁迥明远说（原注：案晁迥，原本作晁回，今据《宋史》改正）心息相依，神气相合。张方平安道说，身如莲华及虚空，中有习习清微风。此达摩胎息法也。近世万松和尚著《从容录》③以为达摩无胎息法。人谓达摩行胎息者，是其说出于曲学小智。予谓万松之说非也。佛乘虽深，密要不出性命二字。故知胎息法只是以性命为一致。若谓胎息等皆妄，则凡灯史所载机缘语句独非系驴橛耶？胎息虽不足以尽至理，亦至理之所依也。今一切去之，则正所谓性外求命，命外求性耳。性外求命，命外求性，便是不识性命。

（13）《黄帝太乙八门入式诀》卷上。④

又《达摩胎息诀》云：勤守真，莫放逸，内不出，外不入，还本原，万事毕。若还了得，其真勿失，延年永保。

（二）关于引文的一些分析

以下对前面所列引文作一些简单的分析。

首先，从《通志》开始，诸家目录往往会记录多种达摩所撰或与达摩有关的胎息法文献。正如卡皮塔尼奥所见，这一点提示了北宋时期可能存在多种托名达摩的胎息法作品。在各种文献的引文中确也可发现一些现存三本所无的内容。如B.6这一段相当完整的引文说明了以炼气为禅修助缘的思想。前述的三种《达摩胎息论》文本则都没有涉及禅修。又如引文B.11引用了一段相当完整的服气诀，亦不见于现存的三本之中。⑤凡此种种，提示了目录书的记录并非空穴来风，很可能确实存在过一些与本文讨论对象不同的托名达

---

① 参见《景印文渊阁四库全书》第866册，第389页。
② 张方平，字安道，北宋人，传见《宋史》卷318。值得注意的是他对苏轼有知遇之恩，故"轼终身敬事之"。在苏轼集中亦有上张方平的《养生诀》一文，不少内容颇可与敦煌本《达摩胎息论》相参看。
③ 按，《从容录》所载大体不出圆悟克勤此中所述，故本文不特再录出。
④ 参见《道藏》第10册，第769页。
⑤ 此外，B.9前段"传达磨，说归空，观物知胎语不通，生死定年次月日，临时更定五心中"，应当是指另一种曾经托名于达磨的修法——归空法。关于归空法及其与达磨的关系，参见藏内所存之《灵宝归空诀》的说明。苏德朴前揭文中也有较为细致的讨论可供参考。由于和胎息法没有直接关联，此处不拟多作讨论，但它无疑显示了和达磨相关的法术内容的多样性。

磨的胎息法著作。下文将会提到的《胎息秘诀》便是其中之一种。

在短时期内出现数种托名达磨的胎息著作并非偶然。正如圆悟克勤所述,当时颇多人都认同历史上许多高僧都身怀气法的绝技,甚至最终借此全身脱去。其中最能引起人们兴趣的大概就是中土禅宗的初祖同时又有诸多神异故事的达磨。尤其是达磨面壁九年的传说,直到明清仍是炼丹家津津乐道之事。①因此很有可能是先有达磨曾经修习胎息法的传说,再围绕这样的传说撰出具体的诀文。其间或许有不同的人出于不同的原因分别撰写,而导致数种类似的文献并行于世。

其次,有部分著录和引文提示了本经撰于唐代,但可信度大都颇有疑问。

《新唐书》中著录了《菩提达摩胎息诀》一卷,但这一条目属于欧阳修等拾遗编入的部分,难以确认其根据究竟何在。

又,传为华阳子施肩吾所撰之《西山群仙会真记》及《道枢》华阳篇和会真篇中都多次引用了达磨胎息法,并称其为"补炁之中法"。显然作者对达磨胎息法相当熟悉。然而华阳子施肩吾及其所撰丹法文献的时代都有一些争议。南宋时期陈振孙即已提出存在两个施肩吾,其中丹道家施肩吾师从吕岩,时代较后。今人丁培仁亦认同此说而主张华阳子施肩吾是宋代的炼丹家,与诗人施肩吾同名。最近则有张遂新氏提出丹道家施肩吾的形象是由宋人根据唐代诗人施肩吾为蓝本所构造的"虚像",相关著作则是宋人托名撰作。②总之,笔者亦认同这些署名施肩吾的丹道著作并非唐人所撰,而是出自宋人之手。

又,《通志·艺文略》中记录了王元正所撰《六祖达磨真诀》一卷(A.6)。据《道枢·太白还丹篇》,王元正号清虚子,唐贞元时人,确曾撰写过修养法的著作。但王元正撰《六祖达磨真诀》之说却无法获得任何其他文献的支持。因此笔者认为这条记录可能有误。此外,从书名来看,此书当是记达磨与慧能之胎息诀法,故与本文所讨论的《达磨胎息论》当并无直接关系。③

---

① 关于金丹南宗对于达磨面壁九年之说的发展,参见卡皮塔尼奥前揭文第 134—139 页。一个相关的例子是,托名于许旌阳的《灵剑子引导子午记》中的以神驭气条引述了一段与《达磨胎息论》极为接近的内容,却说此法是迦叶留形之法,并曾为马明(鸣)、龙树所修,秘传于世。作者何以得出这样的看法仍无法完明确,但是其中提到的迦叶、龙树等人确实也都曾有和长生有关的事迹传世,可见术法托名于哪位高僧与通行的人物传记之间有紧密的联系。这一点在达磨的身上也是适用的。

② 参见丁培仁:《华阳子施肩吾的丹道思想》,《社会科学研究》1990 年第 4 期,第 69—73 页;张遂新:《施肩吾的奇幻漂流——从"施真人"到"民间开发澎湖第一人"的形象建构》,《台湾研究集刊》,2016 年第 1 期,第 60 页。

③ 《六祖达磨真诀》这个书名颇为古怪。一般而言,似乎不宜将慧能置于达磨之前,更何况用"六祖达磨"的名称亦容易引起六祖即是达磨的误解,似乎难说妥当。然而《西山群仙会真记》卷 5 还有一处并列提到这两位祖师之丹道成就,云"昔达磨、六祖禅师,虽是阴神出窍……亦出而不能入也。"由此来看,宋代或许确曾流传过托名达磨、慧能二人的丹道文献。此外,苏德朴前揭文中提到曾慥根据王元正作品而编的《道枢·太白还丹篇》中有一段临死时的修法,与《灵宝归空诀》类似。但是就笔者拙见,此文中所述的明确是移舍(夺舍)投胎之类的法门,与以解脱为目的的归空法仍有很大的不同。因此难以看出两者之间有直接的联结。现存的诸本《达磨胎息论》中也都没有提到或暗示此类的修法。

和唐代有关最值得注意的记录是《郡斋读书志》的《胎息秘诀》条（A.3）。根据晁公武的注文，此书为僧遵化于天祐丁酉（或作丁丑）所作，篇幅共计 1 440 字，包括了十八篇，并有二十三首歌。此条记录虽然不见于袁本之《郡斋读书志》，但却曾为《文献通考》《通志》《宋史》等书所引用，当为原本之内容。其记载亦颇为详细，显然是有所本。

关于本书的撰作时代，孙猛提出唐哀宗天祐年间并无丁酉或丁丑岁，故本书当是撰于唐哀宗天祐年间之某一年（如乙丑或丁卯）。但正如卡皮塔尼奥所指出，天祐年号也曾为五代的政权所继承，故若采天祐丁丑说或也可通。无论如何，这条记录当可证明在唐朝最末期到五代最初期之间曾撰出过一种托名于达磨的胎息法著作。可惜的是，笔者尚未能查到关于僧遵化的任何信息。然而从篇幅来看，《云笈七签》本和《道枢》本都无任何歌诀，篇幅却已接近或超过《胎息秘诀》全文。敦煌本虽然较为短小，但如下文所述，其前部与藏内二本相合的部分当是经过了节略，故原本长度当与藏内所存之两本相若。若假设这种节略是由遵化作，而以其为《胎息秘诀》中之一篇，则十八篇如是长度的文章仍将大大超过 1 440 字。总之，现存的三种《达磨胎息论》文本似乎与晁公武对《胎息秘诀》的描述相差甚远。然而遵化此书作为较早出现的达磨胎息法文献仍可能对本文所讨论的《达磨胎息论》有所影响。尤其敦煌本独有的两则歌诀与《胎息秘诀》的关系也值得进一步探讨。

最后，引用中最早者为《云笈七签》所收五代道士彭晓所撰《还丹内象金钥匙》中的引述（B.1）。如下所述，其中提到的修法与敦煌本的《达磨胎息论》基本相合。又，此段文字设问说佛图澄与昙鸾"留形住世"。这并非习见的熟语，却正是《达磨胎息论》的核心词汇之一。因此这段引文所提到的当正是《达磨胎息论》，且所引用的是较接近敦煌本的文本。

综上所述，由于养生家甚至佛教教团内部曾经普遍认为达磨、慧能等高僧大德是通过气法而得成就，在唐末、五代以降，逐渐出现了一些托名于达磨的胎息法文献。其中至少包括僧人遵化在唐末五代所撰的《胎息秘诀》一文，以及本文所讨论的《达磨胎息论》。《达磨胎息论》的作者及撰述时间都未见明确记录，但后蜀道士彭晓所撰《还丹内象金钥匙》便已引用，因此至少是在五代时期便已撰出。北宋以下相关引用渐多，乃至出现以之为胎息法代表之一的倾向，显示其在两宋之间一度相当流行。然而其中和《达磨胎息论》直接相关的引文既有引用敦煌本类型者（如 B.1、B.2、B.10、B.13 等）也有引用藏内二本之类型者（如 B.7），似乎还有引用同一系统中的别种文本者（如 B.5、B.8）。而这些情况在《道枢》其他诸篇的引用中也可见到。还有一些引文则归纳得太过简略，无法确定归属（B.3、B.4、B.12）。但总体来看，与敦煌本较为接近的引文较多而且出现得较早，与《道枢》本相关的引文则集中见于施肩吾和曾慥的著作之中。

四、《达磨胎息论》诸本的成立——基于新资料的再检讨

以上笔者对三种载有《达磨胎息论》的敦煌遗书进行了整理,本节则是希望将藏内的两种文本与此一新资料进行比较,尝试就各本之间的关系及其成立的经纬提出一些看法。

(一)《达磨胎息论》理论部分的渊源及敦煌本的节略问题

前文提到,《道藏通考》中《胎息精微论》的条目引用福井文雅的一篇文章,提出此论中所存的《内真妙用诀》当为《达磨胎息论》之渊源。①这是非常重要的论断,可惜此后的研究都未再就此有所讨论。

将藏内两本《达磨胎息论》与《内真妙用诀》进行比较可以发现,其第一部分中关于胎息理论的内容实即是改写自《内真妙用诀》。

《内真妙用诀》首先观察了人结胎出生的过程,强调只有在"气神备遂"的情况之下,方能解胎而生。但凡人出生之后"情见于外",陷入"神与炁各行,子母不相守"的状态,形体随之也日渐衰弱。由此作者提出长生之本正在于保持神气相守,以神驭气,随呼吸上下,使神不外驰、气不外泄,进而以之通行五脏、四肢。这种思想建基于传统的以隔绝内外气为核心的胎息法技巧,而又进一步强调了神的作用,将精神外驰(而不仅是气的外泄)也作为衰弱的重要原因,从而融入了部分存思守一及内视历脏的技巧,拓展和丰富了胎息的内涵。这在唐五代的时期也算是较为新颖的胎息方法。《达磨胎息论》改写自《内真妙用诀》,故也以相同的修行理念为基础,强调须"神气相合,主心不动念,无来无去,不出不入,湛然常住"。若能神气相守于气海"坚固凝结,不化不散","即自然长生,留形住世"。在改写的过程中,《内真妙用诀》对部分道教经典的引用也被《达磨胎息论》所继承,但出处却被模糊化,可说是两者关系之明证。如《内真妙用诀》引《中胎经》"形中子母,何不守之"一句,引出神气如子母的命题,作为整个法术的理论基础。《云笈七签》本对应段落则作"故论云形中之子母云何相守",并未给出所引经论的名称。《道枢》本索性去掉了引文,直接提出"神者气之子也气者神之母也"的观点。此外藏内两本《达磨胎息论》第一段落的结尾处都讨论了情欲的问题,《云笈七签》本作"凡夫之人,二境相睹之后即情欲动,情欲动即精气悉下降于茎端而下泄之,皆为情欲所引,制御不得,遂有畎浍之忧,衰丧其本也"。《道枢》本则作"鄙夫者根境相对而生情爱,乃骛于淫欲,精气下泄,身乃枯朽,故曰无涓滴之

---

① 《胎息精微论·内真妙用诀》,《道藏》第 18 册,第 445—446 页。

益,而时有赋浍之决,丧其性命之宗"。这段内容被宫泽先生认为和房中术有关,但若参考《内真妙用诀》便可知这是对原文相当复杂的一段论述的略写。《内真妙用诀》首先是在正文中强调了"为道之士"由于神气合行,不为情欲所牵动,虽有情欲,也能"男子茎中无聚精,妇人脐中不结婴"。在相关的注文中则说明了修行之人以神驭气可以令胎息随呼吸往还于"茎端"和泥丸宫之间,凡人则不免因情欲积精于茎中而致衰耗。①其中虽然隐约有还精补脑的内容,但主旨仍是基于神气相合的理念,强调神对精气的引领。《达磨胎息论》的作者或许不希望作品中出现大段道经的引用,所以作了节略和改写,并增加了一段关于施泄后果的论说,才导致了宫泽的误解。但是在《道枢》本中仍然保留了《内真妙用诀》注文中的"二景"一词。这本是为呼应其所引《黄庭经》中"日月布列设阴阳"一句而特意选择的不常见的隐语,但《达磨胎息论》中却已不见《黄庭经》的引文,故意义颇为不明。此外有趣的是,即使对原本进行了大幅度的改写,《达磨胎息论》的题目中却仍然保留了"内真妙用"一词,也透露出其出处的马脚。

除了对引文进行删除和模糊化,《达磨胎息论》还作了一些佛教化的改写。

首先,《内真妙用诀》仅是一个朴素的诀文,直接以"诀曰"开头。《达磨胎息论》则增加了一个缘起,虚构了达磨为能长久住世"弘传心地密法"而向宝冠求长生之诀的情节。这一情节一方面将诀要与达磨联系了起来,另一方面则是尝试在佛教思想的框架内为长生法建立合理性。慧思的《立誓愿文》中说"为护法故求长寿命……作长寿仙见弥勒"②,便可说是这种逻辑的早期例证。笔者之前讨论过的《三厨经》的部分异本亦是使用类似的方法,在佛教思想的框架下为长生法寻找合理化的解释。③显然,即使在此类修法盛行的五代和两宋时期,以长生为最终目的的修行理念仍然无法为佛教界的主流所接受。因此提倡此类法门的佛僧亦不得不曲为解释。《达磨胎息论》的敦煌本被合抄在一系列的辟谷法中,当亦有类似的背景。辟谷法虽然被一些人认为是可以致长生乃至修成真仙的法门,但同时也是一种可以便于生活的法术。在《三厨经》的一些早期文本中即强调了此法是为了禅修方便而作,可见在唐宋时期,辟谷法可能是佛教界较能接受的一种修养法门,并由此成为一些人援道入佛的窗口。

其次,《达磨胎息论》还在正文中加入了一些佛教性的内容。这尤多见于《云笈七签》本,不知是否曾惜有所删略。如《内真妙用诀》先从人的出生以及成长的过程来论述形、神、气三者的关系,《云笈七签》本则在此后更加入了"故知我释迦文佛令孝顺父母及报养父母养育乳哺之恩,谓此故也",不仅加强了佛教性,更由此尝试在佛教思想中为本论找根

---

① 《胎息精微论》中所存的《内真妙用诀》有颇多的注文,未详是不是作者自注。不过《达磨胎息论》所改写的当即是这种带有注文的版本,因此"三月玄牝具焉"的注文"玄牝者,口鼻也"也被改写者作为正文抄录了下来。又比如后文所将提到的"二景"也是《内真妙用诀》注文中的内容。

② 《南岳思大禅师立誓愿文》,CBETA,T46,no.1933,pp.791c12—18。

③ 参见笔者前揭文。

据。又如在论述神、气关系时，三本均有将神改写作神识或识的情况，也是使用佛教术语对原本内容进行的改造。凡此种种，在此便不一一枚举了。

由此再来看敦煌本，便可发现其中第一部分只包括了达磨向宝冠请教的情节以及对于神气关系的第一段总论，较《道藏》本大约减少了五分之四的篇幅。如前所述，各本中这一部分的内容都是改写自《内真妙用诀》，故可知敦煌本非最原始的文本。其第一部分是由一个包括更完整理论内容的版本略写而来。换言之，《道藏》中所存的两本中，这一部分内容可能更接近《达磨胎息论》原始的形式。不过《云笈七签》本未包括任何具体的修行诀要，恐怕也非全本。《道枢》本对应段落的内容则较《云笈七签》本为略，且曾慥一贯会对所引文献进行节略，故亦显非原本。总之，现存的三本都只能看作修改本，无法体现《达磨胎息论》最原始的形态。虽然如此，但在这样三个来源、内容都颇为不同的文本中包含着一个几乎完全相同的段落，提示了这个段落当属于较为原始的层次，很可能是最原始文本的一部分。而正是以此一部分所主张的胎息理论为出发点，又生发出了颇为不同甚至可说是南辕北辙的两种修行法。下一节我们即是希望讨论这两种行法之间的关系。

（二）敦煌本与《道枢》本的关系——以修行方法为中心

现存三种《达磨胎息论》的文本中，《云笈七签》本仅包括三本所共通的部分而未附具体的修行指南，因此难以奢论其与另外两本之关系。至于敦煌本和《道枢》本，虽然都是基于神气相合的修行理念，却又采用了完全不同的修行方法。这种不同不仅可以帮助我们了解两种文本成立之先后，对于了解气法和内丹法的历史也有参考价值。故以下希望就此略作说明与分析。

敦煌本所述的胎息法中最核心的修法是闭息，也即通过练习逐渐减低呼出/吸入的比例以及呼吸的频率，希望达到"不吐不纳"。此当即后文第一首歌诀中所说的"外不入内不出"。当然，在隔绝了内外气息后还可以布气，即以神引领体内之真气运用于周身来治疗疾病或达到辟谷、长年等效用。此当即是第二首歌诀所谓"上补泥丸下补脑，三田之中为住寿"之所指。

《抱朴子内篇·释滞》中说："得胎息者，能不以鼻口嘘吸，如在胞胎之中，则道成矣。初学行炁，鼻中引炁而闭之，阴以心数至一百二十，乃以口微吐之，及引之，皆不欲令己耳闻其炁出入之声，常令人多出少。"[1]其对胎息的理解以及修行的方式均与敦煌本《达磨胎息论》的诀文相近。由此可见这种以闭息为中心的修法正是胎息法的本色。又，这则诀文中部分内容当是来源于《神仙食炁金柜妙录》。此书当是《隋书·经籍志》所载京里先生所撰《金匮录》的一部分。《正统道藏》中保存了此书的数卷，都已分开别行，其中《神仙食炁

---

① 葛洪著，王明校释：《抱朴子内篇校释》，中华书局，1985年，第149页。

金柜妙录》的作者被误题为京黑先生。在这一部中的行炁诀部分，作者提出求仙之大要在胎息。其胎息法亦先须"目无所视，心无所思"，修行时以十二息为小通，以百二十息为大通，文字表述与敦煌本《达磨胎息论》十分相近。①此外，在《云笈七签》等处也可以看到许多此类的胎息诀。总之，可以说敦煌本《达磨胎息论》的修法是一种非常传统的胎息法门。需要注意的是，诀文中有一段特别说明了"如要开食"的作法。此类段落是辟谷法中常见的内容，如羽704R中的绝粒法和P.3043中的休粮方便都有类似的段落，用以说明需要重新进食时的作法。由此也可见敦煌本的《达磨胎息论》虽然亦宣称可以帮助修行者成仙，但同时却有强烈的辟谷法性质，可能是主要为此类修行服务。由此也不难理解它何以被与一系列的辟谷方抄录在了一起。

与敦煌本相比，《道枢》本《达磨胎息论》的修行诀要更为复杂，也更为隐晦，并不容易把握，在此我们只能尝试作些简单的归纳。

此诀要大体可以"调神如婴"为界分为两个部分。第一部分首先重述了上文子母相守之说，强调神为气主，神定则气定，神气俱定，即为胎息。其次则是说明胎息的性质、表象及一些相关的修法（鹤形和龟形）。再次，结成胎息之后又须以法加以锻炼。其修法主要是趺坐于静室，存想胎息如烟如丝，而以意引之周游体内，来条畅息脉。随后以此胎息灌入泥丸。再引之集于舌上，转而吞入腹内（当是还归气海）。如此常行五三年，便可大成。此后便可"任意修炼"。包括想其胎息由小而大，再由大而小等等，逐渐可得瞬间移动、隐形、不食等能力。虽然采用的方法颇有特色，并似乎纳入了佛教禅修的技巧，但总体来看，大致相当于内丹法中结胎之前的部分修行。其中以神、气凝结成胎息类似于丹法中采药而成丹。随后将胎息在泥丸和气海之间上下搬运则是模仿了道教丹法中的转河车及上下鹊桥的功法。在钟吕派的丹法中这类修法的目的在于结成金液还丹/圣胎。然而经此阶段的修炼，虽然可以获得一些神通，但仍只是生死自在以及可以辟谷不食，与敦煌本的目标不殊。如何进一步超凡入圣，则是下文所要说明的内容。

诀要的第二段更加晦涩，须与引文中的B.8结合起来，才能较明确理解。

B.8中有两段的直接引述。其中前段提到论文正文云："玄牝之门，驻景之户。若能兼行，自然甘露。"此句并不见于《道枢》本，却见于相近的《云笈七签》本中，或许是曾慥所节略的内容。无论如何，其所引用的《达磨胎息论》的正文可能较接近藏内之两本。后段即是所谓《调神歌》。根据引者的说明，此歌当是某本《达磨胎息论》的附文。②在此我们先将

---

① 相关段落见《神仙食气金柜妙录》，《道藏》第18册，第461—462页。

② 根据引者的说明，《元始无量度人上品妙经注》引用的这两段文字当都出自一部名为《实录》的书，又分别有《胎息经》和《调神歌》的小标题。《实录》具体所指不详，但鉴于《胎息经》引文与《云笈七签》本《达磨胎息论》基本相合，《调神歌》则又与《道枢》本部分内容有关，又考虑到《调神歌》与《道枢》本诀要前部有互相补充的关系，笔者推测《实录》中《调神歌》是作为《胎息经》附录的歌诀存在。从文字表述和内容来看，《调神歌》与《道枢》本诀文前部内容可能并非同时成立，然而从两段诀要的互相关系来看，其成立时间应当较为接近。

其与《道枢》本诀要后段作一比较如下表(下划线为笔者所加)：

《调神歌》	《道枢》本中对应内容
<u>调神如婴，万法无情，恬如恬如，神兮自宁。</u>调神如婴，寒暑枯荣，治之覆之，形神自贞。调神如婴，启合形神。<u>形神启合，如琉璃瓶。中有金像，</u>虚实交并。<u>像喻法体，瓶喻色身。</u>	故调神如婴，怡怡如如， 寒暑枯荣，而形神自平矣。 息与神合，如琉璃器， 中有金像。金像者，法身也。琉璃者，根形也。
外不可染，内不可尘。像之与瓶，皎洁分明。不一不二，如水澄停。无浊无清，水亦无形。出不由户，非功非程。<u>镜兮若明，万像自形。水兮若清，月影自形。</u>非学所得，非师所成。如虫食木，偶然自成。万像之形，如月之明。万法之名，如谷之声。法本无法，名本无名。无名无法，不起神形。形神不起，感之则生。妄风不起，神何不宁。善聆若聋，善视若盲。智不如愚，老不如婴。调之千日，自然能醒。惺中之梦，梦中之惺。明者不言，言者不明。有言则漏，有漏不生。日待朝升，我性常明。月待圆成，我体长形。<u>天食滋形，含灵抱英。</u>	故镜明而法自形矣， 水清而影自停矣。 天食者，滋神者也；地食者，滋形者也。含灵抱实，
<u>醍醐之莹，</u>牛头之馨。 <u>行一空味，神怡体轻。血化为乳，骨化为琼。</u>	神气斯自，灵乎雪山之妙药，自顶而生者也。行一空昧，体轻神怡，于是血化为乳，骨化为琼矣。
能狮子吼，变野牛声。白毫生额，金仙道成。祖师之妙，<u>寂寂冥冥。神不见形，形不见神。即</u><u>无心，即形无形。</u>心尚不见，此外无名。	故曰天道之精，杳杳冥冥，神不见神，形不见形，即心无心，即形无形，心尚不有，而况于外哉？
形神无主，含识皆平。谁健谁衰，谁灭谁生。谁喜谁怒，谁怖谁惊。谁念谁思，谁辱谁荣。如日升天，自行自明。勤而行之，祖师之程。	

可以看到《道枢》中对应段落大部分内容都可见于《调神歌》。《调神歌》全文是四言韵文，《道枢》中的对应内容则是韵散结合。其中有些散文显然是由韵文改写而来。如《道枢》本在"血化为乳，骨化为琼"前后分别加了"于是"和"矣"，并在紧接其后的一段四言韵文段落前后又加上了"故曰"和"哉"，使其成为散文。故可推断《道枢》本中的相关内容改写自《调神歌》。因此《调神歌》更适宜用来说明此段的修行思想。而正如《元始无量度人上品妙经注》所说，《调神歌》所述之法门与丹法中所谓调神法有关。

宋代内丹法部分建基于道教固有的关于胎的思想，因此也经常使用生殖过程作为譬喻和隐语。一般而言，内丹修炼始于前述之立基采药作丹并制成还丹等事。若以生殖过程来譬喻，即如男女交合而成胎。随后胎儿需要在体内调养，直到足月胎圆，方可经由分娩离开母体（脱胎）。①此间引导元神离体的方法即被称作调神出壳，或可略称为调神。②而《调神歌》似乎是将温养圣胎等事也并入调神的阶段，虽较丹经中习见的调神概念来得宽泛，但此阶段之主旨亦是调养元神，大致还算名实相副。B.8 的引述者主张《调神歌》所述的修法与丹经中的调神相近，当是意在于此。③

《调神歌》以肉（色）身之中已培育出一个"法身（体）"为基础展开。这个法体应该就是前文中所提到的神、气相守所成的胎息。歌诀首先提出须仔细调养此一法体，将其培育成一个与肉身"不一不二"但却又"皎洁分明"的存在。此后的修炼，歌诀中似乎刻意地进行了模糊化（故云"明者不言，言者不明"）。④就笔者所见，似乎首先是在心神宁静的环境中自然地体悟。如是"调之千日"，便"自然能醒"。⑤随后再经由某种方式达到形、神两方面的圆满（神怡体轻）。《调神歌》结尾的大段内容则都是在描述这种圆满的境界。在此境界之中，形神、自他等对待已经消泯，即是"能狮子吼，变野牛声。白毫生额，金仙道成"。参照前文所提到的内丹修炼过程可以发现，《调神歌》所记之调神法大体对应于丹道中自成胎之后到脱胎的阶段，其调神工夫大体和丹经中常提到的沐浴、温养等事相当。值得一提的是，张伯端有一首涉佛的道歌《采珠歌》，本是附于《悟真篇》后的一组涉佛道歌之一，今则见于别行之《紫阳真人悟真篇拾遗》。此歌以佛性为本有之宝珠，歌末述解脱境界云："垢不染，光自明，无法不从心里生，心若不生法自灭，即知罪福本无形。无佛修，无法说，丈夫智见自然别，出言便作狮子鸣，不似野牛论生灭。"⑥《调神歌》前述一句当正是化用了此文来描述胎息成就后的境界。

限于本文的主旨，笔者无法再进一步分析《道枢》本的修行思想。根据上文的粗浅观察，笔者认为此诀要两个部分互相衔接构成了一个完整的修炼过程。其基本思想是将前文理论部分所述的神气的结合体（胎息）视作内丹学中"丹"的对应物，从而仿效内丹学建立起一种内丹化的胎息法。其第一部分中，结合神气即如采药，上下搬运则类似于丹道文

---

① 相关内容可参见《紫阳真人悟真篇三注》卷 3"姹女游行自有方"一颂中上阳子的注文，《道藏》第 2 册，第 998 页。此外如胡混成《金丹正宗》（《道藏》第 24 册，第 190 页）将内丹修炼归纳为鼎器、药物、火候、立基、聚药、锻炼、抽添、结胎、沐浴、胎圆、温养、脱胎等阶段，亦可参考。

② 《道枢·肘后三成篇》中云"七层宝塔，三级红楼，至时勿惧，出后难收。此还神出入，所谓调神者也"即是以调神为出壳之法。《道枢》卷 25，《道藏》第 20 册，第 732 页。

③ 李道纯所撰《中和集》卷 4 中的《原道歌》即云"获得玄珠未是妙，调神温养犹深奥"（《道藏》第 4 册，第 506 页），似是在同一意义上使用"调神"和"温养"两个概念。玄珠即是圣胎，此即云修成圣胎后还需调神温养。

④ 如果以上的分析不错，这一阶段的工夫似可对应于后来修法中常说的炼神还虚的阶段。修行至此，技术性的问题已经不再重要，重点在于参悟，因此无法用文言表达。如《中和集》炼神还虚段，也说"工夫到此，一个字也用不着"（《道藏》第 4 册，第 489 页）。《调神歌》此处多叙境界，而非方法，当也出于相似的考虑。

⑤ 在《金液大丹口诀》中有《温养胎仙》一诗述养胎之法，云"三年温养要雍容"（《道藏》册 4，页 971），与《调神歌》中的千日之功相近。

⑥ 《道藏》第 2 册，第 1031—1032 页。关于这些道歌的作者，请参见盖建民：《道教金丹派南宗考论》，社会科学文献出版社，2013 年，第 101—102、728—729 页。

献中用以结成还丹的转河车、上下鹊桥等功法，用以在丹田中结成圣胎。诀要后段则是说明如何培养圣胎，并调养千日。至此大体即已胎圆气满。之后还要如何，诀要未尝明示，私以为不免要撞出顶门身外生身。①

综上所述，我认为敦煌本和《道枢》本的《达磨胎息论》虽然有共通的理论基础，却又有着完全不同的修行思想。敦煌本继承了晋唐以来的胎息法旧传统，宣扬以闭息、隔绝内外为核心的呼吸法式的修法。《道枢》本则是以五代到北宋之间逐渐成熟起来的内丹思想重新去诠释胎息的概念，从而构建起一种内丹化的胎息法。故从胎息法本身的发展历程判断，敦煌本恐怕应在《道枢》本之前。

上文所列诸种引文中最早较切实的是五代彭晓《还丹内象金钥匙》中的引用。此文虽是以内丹修炼为主，但引用达磨胎息法，亦是以外内不出入为其核心，故斥其为"空寂法中阴真"。金丹南宗的代表人物张伯端在《悟真篇》序中提到，"（辟谷、存神等法中）惟闭息一法，如能忘机息虑，即与二乘坐禅相同，若勤而行之，可以入定出神。奈何精神属阴，宅舍难固，不免常用迁徙之法，既未得金汞还返之道，又岂能回阳换骨，白日而升天哉"②。此处虽未点明，但很可能也部分针对以呼吸法为核心的《达磨胎息论》。由此益可证明彭晓所谓可出阴神的胎息法正是闭息之法。故知此类较为古朴的达磨胎息法很可能即是原本的《达磨胎息论》所主张，而为敦煌本所继承。

又，此类胎息法在北宋时期仍然非常流行，如苏轼给《养生诀》一文即是讲述此类修养法，其中还称闭息"最是道家要妙"。考虑到《龙虎铅汞说》中引用了《达磨胎息论》以助成闭息之说，很可能苏轼在写作《养生诀》时曾参考过《达磨胎息论》。因此后世有人评论说张方平、晁迥、苏轼等所著气诀都和《达磨胎息论》类似，也并非全是虚妄。此外《道枢·灵宝篇》中的引文提到人的元气会随呼吸有所衰耗，故须多入少出，即是《达磨胎息论》中的修法。③其所引用的恐怕也是以呼吸法为中心的《达磨胎息论》，也即接近敦煌本的形态。由此可见，两宋时期此一形态的达磨胎息法影响仍广。

内丹化的达磨胎息法实际的影响当较小，但曾慥似乎对其颇为倾心，故不仅在《道枢·胎息篇》中加以摘录，更在《道枢·众妙篇》中评论说此种佛家之胎息已然超越了以呼吸法为核心的胎息法，而能以神驭气，上下升降无穷，可与道家太一含真气相提并论。案"太一含真气"这一概念正是出现在《悟真篇》中，用以指涉还丹/圣胎。④又，《调神歌》中"醒

---

① 需要说明的是，笔者虽然认为诀要的两个部分互相衔接，但这并不必然意味着这两部分是由同一个人在同一时间所写就。实际上从术语的运用方面来看，我倾向于两者可能是先后写出又整合起来以构成完整的修行次第。

② 参见《道藏》第 2 册，第 914 页。

③ 参见《道藏》第 20 册，第 840 页。相近的内容亦见于托名于钟离权、吕洞宾的《秘传正阳真人灵宝毕法》卷上，但没有提及达磨胎息法。《道枢·众妙篇》中也有部分内容与之类似，可以参看。

④ 《悟真篇》云："三五一都三个字，古今明者实然稀，东三南二同成五，北一西方四共之。戊己自归生数五，三家相见结婴儿，是知太一含真气，十月胎圆入圣基。"见翁葆光注《悟真篇注疏》卷 3，《道藏》第 2 册，第 930 页。《悟真篇》诸本之间此段文字有所不同，但此一概念仍然多次出现在《悟真篇》的注疏以及其他丹学著作之中。

醐之莹"一句,《道枢》本改作"灵乎雪山之妙药",当也是化用了《悟真篇》中"雪山一味好醍醐,倾入东阳造化炉"一句。[1]由此可见曾慥之特重此法当亦是由于其和金丹道尤其南宗丹道思想高度契合。[2]考虑到《悟真篇》一书多次提及佛教的修法但均未引述或提及此类修法[3],《道枢》本的诀要反似受到金丹南宗的影响,且相关的《调神歌》直接化用了张伯端道歌中的文句。故此类内丹化的达磨胎息法当是在张伯端之后,也即北宋中期之后,才得以成立。

五、结论

以上笔者介绍并整理了敦煌本的《达磨胎息论》,并尝试就这部论书的成立过程及现存诸本之间的关系作了一些简单的分析。本文认为,《达磨胎息论》是在唐末五代以来盛行的达磨修炼胎息法并借此全身脱去的传说背景下所出现的一系列托名达磨的胎息法著作中影响较大的一种,其最原始的版本至迟在五代时期即已出现,并曾为彭晓所引用,产生了相当的影响。现存的三种文本中共通的叙述缘起和胎息理论的部分可能就是源自这一最初期的文本。在这一基础上,又曾经衍生出不同的修行诀要,被附在文后,指导具体的修炼活动。现存三本中仅有敦煌本和《道枢》本附带诀要。其中敦煌本所述的修行方法接近晋唐以来传统的胎息术,并且五代到北宋时期的引用基本也都与此诀要所述方法相合,故可能较接近原本。《道枢》本则是从《达磨胎息论》固有的神气结合的胎息理论出发,参照已相当成熟的内丹学方法,构建起的一种内丹化的胎息法修行体系。从其修法的特征及《调神歌》中部分文句对张伯端诗文的引用来判断,它可能是在北宋中期以后根据新兴的南宗内丹学而撰写的新诀要。然而在当时内丹学勃兴而传统气法逐渐没落的背景下,其实际的影响反而较为有限。

本文的主旨是尽力厘清看似非常不同的三种《达磨胎息论》文本之间的关系,并说明其产生和变化的基本背景。虽然也涉及佛教和气法、内丹学的关系问题,但终究无法深入

---

[1]　翁葆光注:《悟真篇注疏》卷5,《道藏》第2册,第944页。

[2]　需要说明的是,在这些道教丹家的考虑中,达磨气法的意义可能与其撰作之本意又有所不同。如《西山群仙会真记》将其称为补气之法,当即以之为成丹之前的预备工夫(筑基),而不以神气相合所成之胎息为真正的金丹。《调神歌》却认为由此法可致"白毫生额,金仙道成",是究极的解脱之道。

[3]　例如《悟真篇》中有一颂主要说佛教的修法,云:"释氏教人修极乐,只缘极乐是金方,大都色相惟兹实,余二非真谩度量。鉴形闭息思神法,初出艰难后坦途,倏忽虽能游万国,奈何屋破却移居。"(翁葆光注:《悟真篇注疏》卷6,《道藏》册2,第951—952页)其中后段所述成就亦是能出神但无法升仙,故只能移居。其中所述修法当即暗指被认为只能达到阴神出壳的达磨胎息法。然而所述亦不过是闭息思神之类的传统呼吸法,而未提到调神搬运之类的工夫。

讨论。但正如福井文雅先生所曾指出，唐宋时期佛教和道教在气法、内丹学方面的交涉是一个长期被忽视的重要问题，具有多方面的研究价值，需要进行系统性的研究。希望将来能有足够的条件来支持这样的研究，相信对于唐宋之间佛道两教历史的研究都具有重要的意义。

论北宋仁宗朝的"内降"
——制度、政治与叙事*

丁义珏**

一、前言

宋初承续五代之后,制度建设多以制衡与防弊为本,经三朝的努力,至宋真宗时基本底定。宋仁宗朝(1022—1063 年)则是一个新问题逐渐暴露、新的应对方案又不断试探并走向定型的时期,存在诸多变数。然今人对仁宗朝政治的认识多受北宋后期与南宋士人之影响,于细微处或稍失其真。

仁宗朝集中出现的内降、神宗朝的内批和徽宗朝泛滥的"御笔指挥",虽然都与文书制度有关,反映的却未必是相同的政治问题。"内降"在文书制度上,即可视为皇帝批给二府及百司的指令——内批。但在宋仁宗朝,"内降"又专指有人从后廷通进文书、请托禁中的政治问题。抵制内降,自宋仁宗亲政便被高调地提出。①士大夫们抵制之声也不绝于耳。可直至嘉祐时代,内降问题仍在被不断提起。②君臣的共同努力却无法带来内降的根除,究竟是什么原因?笔者将带着这样的疑问追索仁宗朝的政治。

另庆历新政为仁宗朝一大事件。新政失败,改革中辍,然新政一派士人对时政的看法却影响深远,甚至趋向固定,进而掩盖了历史事实。本文以仁宗朝具有牵动力的"内降"作

---

* 本文原载于(台湾)《汉学研究》第 30 卷第 4 期。

** 丁义珏,苏州大学社会学院历史系副教授。

① 参见李焘:《续资治通鉴长编》(以下简称《长编》)卷 112"明道二年四月壬子"条,中华书局,2004 年点校本,第 2612 页。

② 参见《长编》卷 186"嘉祐二年十月庚午"条,第 4493 页。

为研究对象和切入点,希望厘清"内降"在制度层面的含义,并阐释其政治背景,进而看后代士人的叙事如何掩盖和转移了仁宗朝政治的实际脉络。

二、是制度问题也是政治问题——内降的含义

何谓内降?这既要从文书制度中去梳理,进而确定其所指的文书实体,又要结合仁宗朝特别的政治形势,揭示它在宋人话语中的政治含义。

关于文书制度中的内降,前辈学界的认识存有偏差。龚延明先生在其《宋代官制辞典》中有"内降"的词条,称其即为"中旨"。同书"中旨"条的解释为:"或称'内中批旨''内降',凡宫内皇帝、皇后、皇太后批旨或处分,未经中书或三省而直接付有司施行者。"①他把"内降"与"内中批旨"等同起来,并以绕过中枢直接付有司作为其特点。朱瑞熙先生在《中国政治制度通史·宋代卷》讨论宋代中央决策体制时提到,皇帝的指令直接由内宫颁出者,称为内批降指挥或内降指挥、内降文字、中批、内批、中旨等,简称"内降"。②朱先生的观点其实与龚先生相近,认为"内降"是皇帝直接发往有司指挥政事的文书。

此外,朱瑞熙与德永洋介等先生都将仁宗朝集中出现的"内降"作为徽宗朝的"御笔手诏"在北宋中期的发展源头,并且指出内批指挥从仁宗开始,经神宗提高了效力,最终发展到徽宗"御笔手诏"的发展过程。③按照这条线索,皇帝越过二府而直接指挥有司,似乎越来越具有合法性。这又与目前政治史研究中最重要的皇权、专制、君主独裁等议题产生了勾连。近年来的相关研究依然将内批、御笔和内降混同进行讨论,并进行政治意义的讨论。④笔者并不否认制度有其自身的发展逻辑。然而,这条看似清晰的线索的形成,显然是受到了南宋人议论的影响,需要重做梳理。

首先,内批是代表皇帝个人意旨的文书之一种,主要功能是指挥有司。南宋李心传说:"祖宗时,禁中处分事付外者,谓之内批。崇观后,谓之御笔。"⑤内批是在诏令形成之前,皇帝批覆二府或有司的文字。在徽宗朝以前,内批不具有诏令的效力,在制度上不当

① 龚延明:《宋代官制辞典》,中华书局,1997年,第621页。
② 朱瑞熙:《中国政治制度通史·宋代卷》,人民出版社,1996年,第160页。
③ 参见德永洋介:《宋代的御笔手诏》,《东洋史研究》第57卷第3号(1998年),第4页。
④ 如杨世利:《论北宋诏令中得内降、手诏、御笔手诏》,《中州学刊》2007年第6期,第186—188页;余春燕:《宋代内降研究》,河北大学硕士学位论文,2008年,第1页。余春燕注意到皇帝内中批出的文书分为反映君王本人意愿、请托而有与假冒三类(第12—18页),与本文解释方向有些接近。但其仍承袭前人以"内降"统称这类文书,并以不经二府为其核心特征。
⑤ 李心传著,徐规点校:《建炎以来朝野杂记(乙集)》第11卷,中华书局,2000年,卷11,第671页。

绕开二府。内中批出文字多有宫中尚书内省的女官代笔的可能。朱熹还专门说内尚书们"行出底文字只到三省"①。

"内降"本身可看作动词，表示从禁中得到某物，比如"内降书本"②，指皇帝赐予书籍；"内降钱十六万缗、米六万五千余石"③，指皇帝赐予的财物。给有司的"内降指挥""内降札子"，一般指皇帝给予有司处理政务的"内批"。宋代"内降"也可以作一个名词。史料中，内降的物品确以文书为多，所以"内降"作名词时，可被直接对应于文书制度中的"内批"。

"内批"的名称不含贬义，被当时人视为正常文书。宋神宗也并没有在制度上提高"内批"的效力。曾被学者们用来证明神宗提高了"内批"效力的一条诏令："自今内批指挥并作奉圣旨施行。"④其本意反而是重申禁中批给二府的内批不得直接行下。⑤这条诏令要与太宗朝至哲宗朝的多条诏令结合起来看。北宋前期，宋廷不断重申和调整二府接受内批指挥后必须覆奏的原则。北宋前期禁中内批主要发给二府，并要求他们覆奏。即便有内批发给了有司，也都要求有司申二府再进呈覆奏，进而形成继续下行的诏敕。神宗中期之后，为了兼顾效率，一些小事和有条式事可以先行下，但事毕必须照会二府。⑥所以，徽宗朝之前，内批不能任意绕过二府。以不经二府作为"内批"特点的看法显然有误。

这种误解和徽宗时越过二府的"御笔手诏"的大量泛滥有关。南宋初，还有臣僚特意上奏，为即位不久的高宗重新梳理文书制度，论述徽宗朝之前由皇帝批出的文字（包括内批、内批指挥和御笔等称呼）在制度上的正当性。《建炎以来系年要录》卷60"绍兴二年十一月庚午"条记载：

诏："自今御笔并作圣旨行下。"时右谏议大夫徐俯言："祖宗朝应批降御笔并作圣旨行

---

① 黎靖德编，王星贤校点：《朱子语类》卷128，中华书局，1994年，第3064页。相关研究还可参看邓小南：《掩映之间：宋代尚书内省管窥》，《汉学研究》第27卷第2期（2009年），第5—42页，收入氏著《朗润学史丛稿》，中华书局，2010年，第210—252页。

② 《长编》卷85"大中祥符八年十二月甲辰"条，第1960页。

③ 《宋史》卷38《宁宗本纪》，中华书局1977年点校本，第730页。

④ 《宋史全文》卷11"熙宁元年九月甲申"条，中华书局，2016年点校本，第643页。

⑤ 这条材料仅见于《宋史全文》。朱瑞熙先生据此认为，此后内批指挥可不经二府共议而直接成为"圣旨"（朱瑞熙：《中国政治制度通史·宋代卷》，第161页）。其实，当年十二月，神宗还有一条诏令："今后内批降指挥，俟次日覆奏讫，即于当日行下文字，守为永式。"（参见徐松辑：《宋会要辑稿》刑法2之33至34，上海古籍出版社，2014年点校本，第8301页）德永洋介曾将两道诏令结合起来理解，认为九月的诏令使内批效力提高了，虽然依然过两府覆奏，但由其次日覆奏后即行下的要求来看，臣僚也不能正面反对（德永洋介：《宋代的御笔手诏》，第4—5页）。相对来说，这个认识比朱先生更贴近事实，但其实他对九月诏令的理解仍有偏差。张祎认为诏令中"奉圣旨"是二府机构所行札子的固定用语，这道诏令的用意在于宣称，今后皇帝御批不再越过宰辅机构直接颁行，而只降付辅臣，以札子的形式颁行施行（张祎：《制诏敕札与北宋的政令颁行》，第142—147页）。他从具体的文书用语来理解"圣旨"，可能更接近实际。张祎又举蔡绦所言，徽宗以御笔推行免夫钱，既而"上心亦悔，亟令改作圣旨行下，然无益矣"（《铁围山丛谈》卷1，中华书局，1983年点校本，第21页），来说明"御笔"与"圣旨"之不同在于前者不经二府，民众对"免夫钱"之怨即归于徽宗，而圣旨则经二府，决策结果由二府承担，以后也易于改更。

⑥ 可参考丁义珏：《北宋覆奏制度述论》，《中华文史论丛》2013年第4期。

下。自宣和以来，所以分御笔、圣旨者，以违慢住滞科罪轻重不同也。今明诏许缴驳论列，当依祖宗法作圣旨行下。方其批付三省，合称御笔，三省奉而行之则合称圣旨，然后名正言顺。人但见宣和御笔，谓不当然，不知祖宗御笔不少。王广渊在仁宗朝编类成书，以为后法。乞依故事施行。"上从之。[①]

"圣旨"其实都是过二府的。只有当越过三省而直接行下的"御笔手诏"增多，才会出现"御笔"和一般"圣旨"的区隔。绍兴初年的人已经"但见宣和御笔，谓不当然，不知祖宗御笔不少"，之后的南宋人遇到内批、内降、御笔等字眼的时候就更易以"不经二府"来理解了。此一点详见本文第四部分。

虽然"内批"在制度上是正当的文书，但并不代表皇帝在运用时不会出现士大夫们担心的问题。下引曾肇在徽宗初即位的元符三年（1100 年）的奏疏，就梳理了内批运行过程中可能出现的三个问题，劝谏新皇帝留意。

曾肇首先说："内中时有指挥，除付三省、枢密院外，亦有直付有司者。虽陛下睿明，必无过举，忖之事体，终有未安。盖帝王号令不可轻出，必经中书参议、门下审驳乃付尚书省施行。"此即对皇帝的要求。皇帝偶尔会有不过二府的内批。虽然不算太多，也没做太出格的事，但最好还是能一一交给二府覆奏后施行。

第二，"其三省、枢密院若奉内中批降指挥，亦须将前后敕令相参审度可否，然后行下，不可但务急速奉行以为称职"。这是对二府臣僚的要求，希望他们承奉内批指挥后认真地审读，看是否与之前的诏令有所冲突。

第三，"至于内外臣僚干求内降恩泽，侵紊纲纪，增长侥幸"[②]，这是指责臣僚利用内批指挥的相对灵活与随意，通过非正常手段上书禁中，乞求恩泽。

我们可以很清楚地看到，"不经二府"只是皇帝使用内批指挥时可能出现的第一个问题，并非其本质特征。内批就是由禁中发出，付有司指挥政事的文字。而"内降"指称文书的具体形态时与"内批"一致。但在宋人话语中，"内降"却常常是个贬义词。这是因为"内降"一词直接指向曾肇上奏中的第三个问题。宋人谈论"内降"，比如"抵制内降""内降得官"等，都是在说有人通过非正常的渠道向禁中开了后门。仁宗皇祐二年（1050 年）九月有一份有关抵制内降诏书，由胡宿起草。诏书入胡宿文集时题为《禁内降诏》[③]，但如果"内降"仅是指代"内批"，如何能禁？所以"内降"比"内批"多一分政治意味，才变成一个贬义词。首先，被称为"内降"的内批指挥，据笔者所见，多在爵赏、授官和赦免案犯等方面。其

---

① 李心传：《建炎以来系年要录》卷 60"绍兴二年十一月庚午"条，《景印文渊阁四库全书》本，第 325 册，第 791—792 页。

② 曾肇：《上徽宗论内降指挥不可直付有司》，载赵汝愚编：《宋朝诸臣奏议》卷 23，上海古籍出版社，1999 年点校本，第 231—232 页。

③ 胡宿：《文恭集》卷 24，《景印文渊阁四库全书》本，第 1088 册，第 831 页。

次,"内降"包含着不正常的文书上行和禁中轻易下内批两个过程。在庆历二年(1042 年)闰九月的上奏中,尹洙对于"内降"有过一个概括:

> 夫爵赏,陛下所持之柄也。近时贵戚、内臣以及士人,或因缘以求恩泽,从中而下,谓之"内降"。①

亦即贵戚、内臣和士人通过非正常渠道向皇帝乞求爵赏,皇帝再以内批指挥从中而下,这样的任命被当时人称为"内降"。

我们可以先把朝廷各项政治活动简单抽象成信息收集—决策制定—颁布施行三个步骤。内批指挥的使用,使动议形成的过程更多发生在皇帝与二府交流之前。皇帝以文书与少数近密臣僚展开讨论,先形成了决策意见。于是关于决策争论的"空间"也随之上移。虽然内批在形式上代表了皇帝的个人意旨,但臣僚还是可以通过各种方式影响内批的形成。于是,宋人常常进一步追索到信息收集的环节,关心谁通过什么样的方式影响了皇帝,让皇帝做出了内批。一方面,因为的确有人在"开后门",引发反对"内降"的舆论;另一方面,将皇帝的意见说成是"内降",可以借批评臣僚给予了皇帝不正确信息才导致不正确的决策,避免将舆论直接引向皇帝。

明确了"内降"在政治话语中隐含请托禁中的"开后门"之意,我们就可以正确分析仁宗朝抵制内降的活动了。仁宗朝抵制内降的活动,究竟是谁在推动? 为什么抵制? 怎样抵制? 何以终仁宗一朝,屡禁不止? 下文会带着这样的问题展开论述,进而分析仁宗朝的君臣。

三、一边高调抵制一边妥协——从反内降活动看仁宗朝的君臣

仁宗朝抵制内降的活动,究竟是谁在推动? 为什么抵制? 怎样抵制内降? 为什么终仁宗一朝,这样的抵制不能成功?

首先,抵制内降,最初是宋仁宗本人的意愿。仁宗抵制内降,在其甫一亲政时便开始。明道二年(1033 年)三月,刘太后去世。四月二日,仁宗亲政,始知自己身世。半个月后,他就下了一道诏书,据《长编》卷 112"明道二年四月壬子"条记载:

> 诏内外毋得进献以祈恩泽,及缘亲戚通章表。若传宣,有司实封覆奏,内降除官,辅臣审取处分。②

---

① 尹洙:《论命令恩宠赐予三事疏》,《河南先生文集》卷 18,《四部丛刊》本。

② 《长编》卷 112"明道二年四月壬子"条,第 2612 页。此诏亦为《宋会要辑稿》收入,文辞与《长编》稍异,然其录文较全,当是更原始的版本。参见《宋会要辑稿·刑法》2 之 18 至 19,第 8292 页。对原文分析可参见论文第四部分。原诏涉及文书入禁中以及禁中付外文书的多重制度规定。但节略后,对于文书入禁中的规定变得笼统。而原文中"内批改官"被写成了"内降除官"。此处,若以狭义指代内中批出文书而言,内降与内批并无不同。

《皇宋通鉴长编纪事本末》将此事系于"反庄献太后之政"的条目中①,作为反刘太后垂帘时期的弊政的首个步骤。

仁宗在亲政伊始就高调抵制内降,一方面是因为刘太后当政时期,内降确已成为一项弊政。虽然公开的批评还不如后来那么多,但士大夫群体中抵制内降的舆论已经兴起。敢言者如范仲淹在天圣三年(1025 年)四月的《奏上时务书》中明确说臣僚密奏而禁中内降指挥,会"内外相疑,政教不一"②。我们可以通过天圣明道时期一些臣僚依托"内降"谋得高位的例子,了解所谓"内降"的形成方式。据《长编》卷 109"天圣八年九月己巳"条:

> 刘美家婢出入禁中,大招权利,枢密直学士、刑部侍郎赵稹厚结之。己巳,擢稹为枢密副使。命未出,人驰告稹。稹问:"东头? 西头?"盖意在中书,世传以为笑。③

同事见于《宋史·赵稹传》等材料。④外戚的家婢已经能影响到执政的除授,刘太后的纵容可见一斑。而"世传以为笑"也道出了当时的士大夫舆论。又据《长编》卷 109"天圣八年四月丙申"条:

> 礼部郎中、知制诰徐奭为翰林学士,权知开封府。奭俊迈有才,然锐于进取,在西掖几四年未迁,乃由内降入翰林,领开封,时议薄之。不半载,暴卒。⑤

因为"内降"不仅意味着皇帝的私恩,更意味着有通过女谒等奔竞请托的可能,所以就成了遭人鄙薄之事。

天圣明道时的台谏并没有像后来那样频繁地公开指责内降,而当时的宰执,对于刘太后这样的任命,也多用一种有弹性的方式尽量周旋:

> 初,太后临朝,威震天下。中人与贵戚稍能轩轾为祸福,而(曹)利用以勋旧自居,不恤也。凡内降恩,力持不予,左右多怨。太后亦严惮利用,称侍中而不名。利用奏事帘前,或以指抓击带鞓,左右指以示太后曰:"利用在先帝时,何敢而耶!"太后颔之。利用奏抑内降恩,或屡却而复下,则有黾勉从之者。久之,人测知其然,或给白太后曰:"蒙恩得内降,虽屡却于枢密院,今利用之家媪阴诸臣请,其必可得矣。"下之而验。太后始疑其私,颇衔怒。⑥

舆论虽然是潜在的,刘太后与曹利用都不能无视。刘太后是女主,更不敢强硬地要求曹利用执行自己的内降。而且,也有材料显示她也曾对宗室、外戚的请托做出限制。⑦刘太后大

---

① 杨仲良:《皇宋通鉴长编纪事本末》卷 33,江苏古籍出版社,1988 年《影印宛委别藏》本,第 1005—1006 页。
② 范仲淹:《奏上时务书》,载李勇先、王荣贵校点《范仲淹全集》,四川大学出版社,2002 年,第 206 页。
③ 《长编》卷 109"天圣八年九月己巳"条,第 2544 页。
④ 《宋史》卷 288《赵稹传》,第 9682 页。"刘美家婢"作"刘美人家婢"。事在天圣,仍称刘太后为刘美人恐不妥。即使宫中另有其他的刘美人,恐也不至于能有如此的影响力。当以"刘美家婢"为确。
⑤ 《长编》卷 109"天圣八年四月丙申"条,第 2539 页。
⑥ 《长编》卷 107"天圣七年正月癸卯"条,第 2491—2492 页。
⑦ 据《长编》卷 104"天圣四年五月辛丑"条:"陈王元份女华原县主为门客郑谏求补斋郎,不许。诏入内内侍省提举郡县主诸院公事所,自今无例而乞恩泽者,勿以闻。"第 2408 页。

约了解到曹利用的脾性，只要反复多次地批出内批，就能使得曹利用就范。两人心照不宣，互相照应着脸面。只是曹的这种周旋的方式又反过来被人利用，栽了跟头。名相王曾的去位也与他对刘太后的内降"多所裁正"有关。①

仁宗亲政后，臣僚们把批评的矛头直接指向刘太后。张瓌在对钱惟演的谥议中，谈到刘太后时说："先是，母后助治，或专断决。晚岁稍任左右，女谒寝行，浮薄之徒，因缘谄会。"②知制诰李淑说："天禧后，庄献密助内治，以讫顾命。至于陛下继统，十年之间，政出房闼，内侍放纵，邪路滋萌。"③韩琦后来在宝元二年（1039 年）议论道：

> 国家祖宗以来，躬决万务，凡于赏罚任使，必与两制大臣于外朝公议，或有内中批旨，皆是出于宸衷。只自章献明肃太后垂帘之日，遂有奔竞之辈，贿赂公行，假托皇亲，因缘女谒，或于内中下表，或只口为奏求。是致侥幸日滋，赏罚倒置，法律不能惩有罪，爵禄无以劝立功。唐之斜封，今之内降，蠹坏纲纪，为害日深。④

仁宗时的祖宗形象已然固定，不能轻易评判。士大夫们便把本朝的"内降"说成源自刘太后垂帘时期。在士论的配合之下，仁宗的高调更革便能更好地树立他绍继祖宗，又破旧立新的有为形象。

另一方面，"内降"是因为宫中有近幸、女谒而向禁中通进文书才产生的。刘太后任用的"左右"、照顾的亲信，都是她的私人，却未必是仁宗的。仁宗自然可以放开手脚整肃内廷。仅在发布抵制内降诏书的次日，仁宗很快将刘太后仰赖的重要信息渠道——上御药和上御药供奉废罢。⑤当年七月，曾与刘美家婢串通请托禁中的宦官陈思忠、道士韩文成等都被发配。⑥

其次，所谓抵制内降的士大夫舆论的有限定性。如果说仁宗最初的高调举措是为了响应士人舆论，展现更张气魄，清算刘太后的旧人，那么，紧接着要追问的是，这种由潜及显的反内降舆论出自何方？我们不能用士大夫的舆论笼统言之。事实上，这些舆论主要来自以范仲淹为首的群体。终仁宗一朝，始终还有另一派臣僚在对待"内降"的问题上依违乃至相反的意见。本文并不想在党争的背景下讨论"内降"。仁宗朝范仲淹与吕夷简的斗争曾被看作北宋中后期党争愈演愈烈的源头⑦，但他们是否真的曾有"党"，恐怕还不能轻断。但他们之中确又存在政见、做派的明显不同，且发生过激烈的斗争，分野明显。笔

---

① 参见《长编》卷 108"天圣七年六月甲寅"条，第 2518 页。
② 《宋会要辑稿·礼》58 之 86，第 2059 页。
③ 《长编》卷 114"景祐元年二月乙未"条，第 2663 页。
④ 《长编》卷 123"宝元二年五月己亥"条，第 2904—2905 页。同样指责刘太后时期内降增多的奏议还可参见包拯：《乞仁宗止绝内降》，《宋朝诸臣奏议》卷 23，第 222—223 页。
⑤ 《长编》卷 112"明道二年四月癸丑"条，第 2611 页；"丙辰"条，第 2612 页。
⑥ 参见《长编》卷 112"明道二年七月辛巳"条，第 2622 页。
⑦ 如欧阳修在给范仲淹的神道碑铭中说"朋党之论遂起而不能止"，见欧阳修：《资政殿学士户部侍郎文正范公神道碑铭》，载李逸安点校：《欧阳修全集》卷 21，中华书局，2001 年，第 332 页。

者希望指出，这种臣僚间的对立直接影响了抵制内降活动的成功。而且，通过"内降"，我们反而能寻找士人群体间矛盾不能调和之处。

上引曹利用的例子说明，刘太后当政时期，外朝宰执往往不明言反对内降，而是迂回周旋。曹利用是武选官出身，或许算不得士人代表。天圣、明道中，当政最久的宰相数吕夷简。而史谓吕夷简"于天下事，屈伸舒卷，动有操术"①。行事与后来范仲淹及封还内降的杜衍决然相反。从仁宗康定时一次处理内降的实例，我们可以窥见他的行事方式。据《长编》"康定元年五月庚辰"条：

太常博士、国子监直讲林瑀，殿中丞、史馆检讨、国子监直讲王洙并为天章阁侍讲。

景祐末，灾异数起，上忧之，深自贬损。瑀言灾异皆有常数，不足忧。又依《周易》推演五行阴阳之变，为书上之。上素喜方术，观瑀书异之，欲迁其官。参知政事程琳以为不可，止赐章服。时瑀兼诸王官教授，琳因言瑀所挟书，多图纬之言，不宜与宗室游，罢其官职。上每读瑀书，有不解者，辄令御药院批问。瑀由御药院益得关说于上，大抵皆谄谀之词，缘饰以阴阳，上大好之。于是天章阁侍讲缺，端明殿学士李淑等荐洙，事在中书未行，一旦内批用瑀，执政皆怒瑀。吕夷简欲探上意坚否，乃曰："瑀，上所用；洙，臣下所荐耳，不若并进二人，惟上所择。"乃以洙、瑀名进。上问洙何如，夷简言洙博学明经，上曰："吾已用瑀矣。"夷简请并用二人，上许之。既而右正言梁适劾瑀于内降除官，请治其罪。上令以适章示之，卒不罪瑀。②

是时，仁宗已颁布过抵制内降的诏令。但一个阙，他与中书各有中意的人选，也径直以内批形式向中书传了意见。林瑀不为士论所容。可心怀不满的宰执们却不直接否定皇帝的任命。第二天的朝堂进呈取旨时，吕夷简将两人的名字一并进拟，"探上意坚否"。最终，让两人都得到了任命，君臣妥协。显然，吕夷简依靠的不是耿直地说明事理，而是他的圆滑的手腕与分寸拿捏。

这种行事风格恰与范仲淹辈"宁鸣而死，不默而生"迥异。③范仲淹的声名鹊起在于三次以言事得罪。④第二次在明道二年（1033年）十二月，他与孔道辅等诣垂拱门伏奏不当废郭后，引起轩然大波。而废后之议定，实由吕夷简支持，内侍阎文应居中联络。谏官会伏阁上言，也是因为吕夷简事先要求有司不得接收谏官的奏疏。⑤范仲淹第三次因言事得罪在景祐三年（1036年）五月，时知开封府。范仲淹上《百官图》直指吕夷简任用私人。又上

---

① 《宋史》卷311《吕夷简传》，第10210页。
② 《长编》卷127"康定元年五月庚辰"条，第3015页。
③ 范仲淹：《灵乌赋》，《范文正公文集》卷1，第9页。
④ 第一次在天圣七年（1029年），范仲淹上奏反对仁宗率百官为刘太后上寿。参见《长编》卷108"天圣七年十一月癸亥"条，第2526—2527页；又见司马光：《涑水记闻》卷10，第182页。
⑤ 参见《长编》卷113"明道二年十二月乙卯"条，第2648—2649页。

《帝王好尚》等四论讥切时政。吕夷简大怒,指范仲淹越职言事及结朋党。①吕范之争是否算是党争,最后是否真的解仇了,笔者不过多深究。笔者只指出两人及其各自代表的臣僚的行事风格、派系区隔还是十分明显,而这又与他们对内降的态度直接相关。

范仲淹及韩琦、富弼等人声名日盛,也一定得到仁宗信任。庆历三年(1043年)三月吕夷简罢相。当年八月,范仲淹出任参知政事,拉开新政的序幕。时章得象、晏殊为宰相,贾昌朝与范同为参政。杜衍时为枢密使,富弼为枢密副使。但很快,范仲淹等人迫于反对新政的声浪,于次年(1044年)六月请出,宣抚陕西河东。九月,杜衍拜相,贾昌朝充枢密使。才到了庆历五年(1045年)正月,范仲淹、杜衍先后被罢,贾昌朝拜相。四月,章得象罢相,贾昌朝出任首相。这个过程中,导致范、杜二人无法安于宰执之位的关键节点是庆历四年十一月王拱辰、鱼周询等人弹劾苏舜钦,使刘巽、苏舜钦、王洙、江休复、王益柔、宋敏求等十二人同时除名勒停或外贬。据《长编》卷153"庆历四年十一月甲子"条:

先是,杜衍、范仲淹、富弼等同执政,多引用一时闻人,欲更张庶事。御史中丞王拱辰等不便其所为。而舜钦,仲淹所荐,其妻又衍女也,少年能文章,议论稍侵权贵。会进奏院祠神,舜钦循前例用鬻故纸公钱召妓女,开席会宾客。拱辰廉得之,讽其属鱼周询、刘元瑜等劾奏,因欲动摇衍。事下开封府治。于是舜钦及巽俱坐自盗,洙等与妓女杂坐,而休复、约、延隽、延让又服惨未除,益柔并以谤讪周、孔坐之,同时斥逐者,多知名士。世以为过薄,而拱辰等方自喜曰:"吾一举网尽矣!"②

此事惊动了仁宗,以致出动了宦官捕此众人。于是枢密副使韩琦上言仁宗,以为不当,仁宗"悔见于颜色"。《长编》同卷载:

自仲淹等出使,谗者益深,而(王)益柔亦仲淹所荐。拱辰既劾奏,宋祁、张方平又助之,力言益柔作《傲歌》,罪当诛,盖欲因益柔以累仲淹也。章得象无所可否,贾昌朝阴主拱辰等议。及辅臣进白,琦独言:"益柔少年狂语,何足深治。天下大事固不少,近臣同国休戚,置此不言,而攻一王益柔,此其意有所在,不特为《傲歌》可见也。"上悟,稍宽之。③

受到罢黜的所谓"一时闻人",多为范仲淹等提携。同时,他们又是呼吁抵制内降的主力。即使在其全盘性的纲领——《答手诏条陈十事书》中,范仲淹也没有具体谈到"内降"的问题,但其中"明黜陟""抑侥幸"等方面,其实是更宏观的有关赏与罚的制度设计。受到弹劾的主要目标苏舜钦,是以封还内降闻名的杜衍之婿。王益柔是王曙之子,王曙曾提携欧阳修等。与范仲淹关系近密者如韩琦、尹洙、欧阳修和王益柔等,均有明确的抵制"内降"的活动或言论。④

---

① 参见《长编》卷118"景祐三年五月丙戌"条,第2783—2784页。

②③ 《长编》卷153"庆历四年十一月甲子"条,第3715—3716页。

④ 王益柔事在《宋史》卷286《王益柔传》中,称其任开封府推官、盐铁判官时"凡中旨所需,不应法式,有司迎合以求进者,悉论之不置"(第9634页)。尹洙议论可参见《论命令恩宠赐予三事疏》,《河南先生文集》卷18,《四部丛刊》本。欧阳修议论可参见《宋朝诸臣奏议》卷23,第225—227页。

而王拱辰是吕夷简的党羽。①他在庆历六年就曾被人劾奏"营求内降"②，或许本人就有通书禁中的别样渠道。此案的最大受益者显然是紧接着入相的贾昌朝。贾昌朝最初是以经术闻名，并受到大儒孙奭的赏识与推荐。置崇文院说书，仁宗首命贾昌朝等为之，后又迁其为天章阁侍讲。③因此，贾昌朝有更多机会与仁宗当面接触。或是仁宗授意，他还在宫中教授宦官。据《长编》卷123"宝元二年三月癸丑"条："天章阁侍讲贾昌朝、王宗道编排资善堂书籍，其实教授内侍云。"④与宦官的近密，给了他通过非常途径与禁中沟通的机会。贾昌朝与吕夷简的关系也非同一般。据《长编》卷133"庆历元年九月戊午"条：

杖杀中书守当官周卞于都市，坐于内降度僧敕内伪益童行三十四人也。事既觉，开封府止按余人而不问堂吏。⑤

知制诰富弼还要求执政将堂吏送开封府，遭执政训斥。当时中书的首相是吕夷简，而知开封府正是贾昌朝。

王拱辰、贾昌朝，加上后来入相的刘沆，是与范仲淹为代表的臣僚群对立的另一派。他们之间的区隔，除了行事风格之外，还包括是否与后宫有良好的关系，如宦官、妃嫔、外戚等，进而能与禁中通声气。

皇祐三年（1051年）三月，刘沆任参知政事。刘沆与王拱辰同年进士。天圣八年（1030年）一榜，王拱辰状元，刘沆榜眼。仁宗在位中期，张贵妃（即温成后）"有盛宠"，其伯父张尧佐"亲连宫掖骤进"。⑥尽管被台谏反复论奏，为世所薄，依然"致位通显"⑦。而刘沆能得参政，也是由于讨好了张贵妃。任命前一月，宋祁因其子与张彦方游，出知亳州。

张彦方者，贵妃母越国夫人曹氏客也。受富民金，为伪诰敕。事败，系开封府狱。人传以为语连越国夫人，知开封府刘沆论彦方死，不敢及曹氏。⑧

刘沆初任参政，即有台谏官反复论列"谓沆不敢穷治张彦方狱，贵妃德之，坐此获进"⑨，但仁宗不予理睬。至皇祐六年（1054年，当年三月改元至和），张贵妃薨，仁宗悲悼不已，想以皇后礼葬张氏。据《长编》卷176"至和元年正月癸酉"条：

（上）谓左右曰："昔者，殿庐微卫卒夜入宫，妃挺身从别寝来卫。又朕尝祷雨宫中，妃刺臂血书祝辞，外皆不得闻，宜有以追赉之。"入内押班石全彬探上意，请用后礼于皇极殿

---

① 邵伯温：《邵氏闻见录》，中华书局，1983年点校本，第90页。
② 《长编》卷159"庆历六年十一月戊子"条，第3851页。
③ 《长编》卷114"景祐元年正月丁亥"条，第2662页。
④ 《长编》卷123"宝元二年三月癸丑"条，第2899页。
⑤ 《长编》卷133"庆历元年九月戊午"条，第3174页。
⑥ 《长编》卷169"皇祐二年九月辛亥"条，第4060—4061页。
⑦ 《宋史》卷242《后妃传》，第8623页。
⑧ 《长编》卷170"皇祐三年二月戊申"条，第4081—4082页。
⑨ 《长编》卷170"皇祐三年三月己未"条，第4083—4084页。

治丧。诸宦者皆以为可，入内都知张惟吉独言此事须翼日问宰相。既而判太常寺、翰林学士承旨王拱辰，知制诰王洙等皆附全彬议，宰相陈执中不能正，遂诏近臣、宗室皆入奠于皇极殿，移班慰上于殿东楹。特辍视朝七日，命参知政事刘沆为监护使，全斌及勾当御药院刘保信为监护都监。凡过礼，皆全斌与沆合谋处置，而洙等奏行之。①

葬后，仁宗又追册张贵妃为皇后。台官复有论列，但仁宗因宦官与刘沆、王拱辰、王洙等人的协助，事已施行，自然不听。因此功劳，刘沆半年之后即入相。

从刘沆死后的一些细节，我们也能判断他与贾昌朝一样，掌握着宦官人脉。嘉祐五年（1060 年）二月，刘沆卒。或因其狼藉之声名，知制诰张瓌撰赠官告词，文中多诋毁之词，其家甚至不敢请谥号。而仁宗依然眷顾其家，为其撰挽辞，篆其墓碑"思贤"。刘沆子刘瑾上诉，衰服遮宰相自言，并揭张瓌丑事六七章上之。而后，二人俱被黜责。②据《长编》卷 191"嘉祐五年五月戊子"条：

> 侍御史陈经言："刘沆子瑾以张瓌撰父赠官告辞不当，五状诉理，朝廷已黜瓌知黄州，夺瑾校勘之职。风闻瑾所奏状并于内东门进入。瑾身居草土，名落班籍，未知何缘得至于彼。虑瑾阴结左右内臣，谕令收接，并乞根鞫情幸，严行降责。"中书寻取到御药院状，乃内降指挥从瑾奏请，依晏殊例，凡陈乞沆身后事，并于御药院投进。诏今后臣僚乞于入内内侍省、御药院、内东门投进文字者，令逐处申中书，再取旨意。③

在此之前，臣僚与皇帝这样的沟通方式为外廷所不容，必不能公开。面对御史的上奏，仁宗只得表面赞同，表示今后臣僚从三处投进文字的同时，要通过中书申请。

嘉祐初，贾昌朝再次因为"内降"问题掀起风波。嘉祐元年（1056 年）十一月辛巳，贾昌朝以判大名府入为枢密使，翰林学士欧阳修立刻上章极论之，称贾昌朝"禀性回邪"，说凡君子"皆以昌朝为非"，凡是宦官和宫女"皆以昌朝为是"。还说贾昌朝"阴结宦官，创造事端，谋动大臣，以图进用"④。欧阳修的上奏没有得到任何回应。但他的说法不是没来由的。同月，因开六塔河事败，主其事者多被罢黜。当时，仁宗健康状况不佳，遇事敏感多疑，贾昌朝便欲利用此机会再次谋得相位。据《长编》卷 184"嘉祐元年十一月甲辰"条：

> 先是，宰相文彦博、富弼主（李）仲昌议，开六塔河，不听贾昌朝所言，昌朝以为恨。及六塔功败，仲昌等皆坐责，中书议不胜，昌朝因欲动摇宰相，乃教内侍刘恢密奏六塔水死者数千万人，穿土干禁忌，且河口岗与国姓御名有嫌，而大兴锸畚，非便。诏遣中使置狱，殿中侍御史吕景初意昌朝为之，即言事无根原，不出政府，恐阴邪用此中伤善良。

---

① 《长编》卷 176"至和元年正月癸酉"条，第 4249—4250 页。
② 《长编》卷 191"嘉祐五年三月癸巳"条，第 4614—4615 页；及同卷"五月戊子"条，第 4621—4622 页。
③ 《长编》卷 191"嘉祐五年五月戊子"条，第 4622 页。
④ 《长编》卷 184"嘉祐元年十一月辛巳"条，第 4451—4452 页。

乃更遣殿中侍御史里行吴中复与文思副使、带御器械邓守恭等往澶州鞠其事,促行甚急,一日内降至七封。中复固请对乃行,既对,以所受内降纳御座,言:"恐狱起奸臣,非盛世所宜有。臣不敢奉诏,乞付中书行出。"上从之。时号中复铁面御史。

仁宗被触怒了,不经二府直接内降指挥命令御史台。需要指出的是,尽管经过吴中复的抵制,仁宗需通过中书指挥吴中复,但并不妨碍他直接过问此狱,因为与其同去的邓守恭就是宦官。此后,贾昌朝还想让司天监官员言六塔河的风水不利,结果被文彦博识破。①贾昌朝虽并未得计,却依然得任枢密使。

尽管这一时期,抵制内降已经是士大夫中的主流舆论,已不限于范仲淹为首的群体。但我们还是可以明显看到,他们是舆论最主要的推动者。另一方面,在实际政治活动的高层,又始终存在着另一系灵活处理与后宫关系,进而能够非正常通书禁中的臣僚。而且,他们更了解仁宗的私密,很多场合下会迎合仁宗的决定而不惜与外朝已成的"正论"对抗。

另一系臣僚之所以活跃,离不开一直以来仁宗对他们的任用。这些行为又统一在一直高调抵制内降的仁宗一个人身上。上文引用《长编》所叙明道二年三月抵制内降的诏令是经过李焘提炼的。原文见《宋会要辑稿·刑法》2 之 19:

明道二年四月十七日,诏:"比来群臣、宗戚、命妇广讬进奉,干祈恩泽。自今例得进奉外,余一切止绝,委有司觉察其违。凡寺观所进乾元节香合、山仪悉停,惟功德表疏许官司附驿腾奏,内东门司受接以闻。所当赐者,内东门司据例取旨。凡事有传宣指挥,许有司实封覆奏;官应升殿者,翌日面审进止。其内批改官若差任,或事应商量者,未得即行,委中书门下、枢密使审取处分。凡中外表章,不得缘亲戚于禁中投进,并阁门、通进司、登闻鼓、检院受而进奏,违者论罪。凡京都营壁、仓库、邸店以时修缮,其它悉从三司计检功料,须旨乃行。天下寺观塔庙,不得奏求创始修建,其有废坏,以常住钱听加营补。凡群臣升殿奏事,容先陈启,须中书门下、枢密院进白可否,俟旨乃听。"是时,帝新总权纲,群臣属望,及降是诏,无不快跃,以为天子明察纤微,虽潜慝隐奸,无所容其私焉。②

针对"内降"的特点,仁宗的具体措施是分别在限制人员、物品和文书进入禁中与文书从禁中出外之后严格覆奏制度两个方面着力。然而,无论信息是否通过不正当的渠道流入,皇帝都负有不能轻易接收的责任;无论外廷是否能够严格地执行覆奏程序,皇帝都负有不能轻易发出内批的责任。所以,皇帝本人应该自律。而且,要对后廷有掌控力。上文也提到,刘太后也有"内降"之弊政。但她相对能自制。更重要的是,她始终全面地掌控着内廷,而且她掌握着与外朝臣僚对话时的主动。宫中细节我们无从得知,但自外朝的眼光窥视,仁宗似乎还没有这样的能力。比如,景祐元年四月,仁宗宠信的尚美人"遣内侍称教旨

---

① 六塔河事败俱见《长编》卷 184"嘉祐元年十一月甲辰"条,第 4456—4457 页。
② 《宋会要辑稿·刑法》2 之 18 至 19,第 8292 页。

免工人市租"，被开封府判官庞籍论奏"祖宗以来，未有美人称教旨下府者"①。又如景祐二年十二月，仁宗贬死亲信宦官阎文应，他的其中一项罪名是"专恣，事多矫旨付外，执政不敢违"②。妃嫔与宦官的弄权，反映出禁中发令程序的混乱。

仁宗在禁中不能有效地防止请托的泛滥和出令的混乱，就把抵制内降的责任完全推诿给外朝。康定元年（1040 年）十月，仁宗曾下了这样一道诏书："诏自今内降指挥与臣僚迁官及差遣者，并令中书、枢密院具条执奏以闻。"③"具条执奏"就是让中书和枢密院在执奏时写明每一项内批指挥是否可行，若不可行，具体违反了哪项条文。这显然不仅是为了给仁宗自己看，而是让那些到他这里求"内降"者死心才用的。李焘在此条之后引用了司马光《涑水记闻》中的一句评论："上性宽仁，宗戚近幸有求内降者，或不能违故也。"④又据《长编》卷 120"景祐四年十月乙酉"条：

> 权知开封府张逸言："顷禁臣僚及皇亲、命妇上表禁中，以希求恩泽。比来渐通请谒，宜令所经官司纠劾以闻。"诏可。开封僧求内降免田税者，逸固执不从，上曰："有司能守法，朕何忧也。"⑤

一句"朕何忧也"，听似宽慰，表现着君臣相得；实则任性，道出了仁宗如释重负后的轻松。

仁宗把解决内降的责任全部推诿给外朝，给予他们更多的封驳权力。这造成了两个后果。一方面，这些封驳权力一旦给出，也限制了仁宗自己。上文曾引吕夷简经过和仁宗的周旋，使林瑀和王洙并任天章阁侍讲一事。完成任命后，右正言梁适还要弹劾林瑀"内降除官"，就是以仁宗亲政之初的诏令作为依据。林瑀通过御药院获得宠幸，本不是被承认，但仁宗显然并不愿意放弃通过御药院这类私人的、不为外廷窥视的信息渠道，亦不愿否定他曾经发布的诏书，于是就用含混让弹劾不了了之。

另一方面，封驳权力给出后却并不意味着皇权的收缩，原因就在于当时的臣僚存在着两派分野。外廷获得封驳内降指挥的权力之后，或许外廷的部分臣僚的确在认真履行职责。但既然仁宗坦承这些内降是因请托而有，执奏的臣僚们针对的目标就自然是请托的臣僚，而不会批评仁宗决策的草率。两派臣僚间的争论时隐时现地贯穿于整个仁宗时代。他们又都需要仁宗做最后的裁判者。刘静贞先生曾就仁宗朝宰执与台谏的对立局面展开分析，说仁宗"朝廷事无大小，委之政府"⑥，表面上似乎授人以柄，实则使其避开了台谏言论的直接批判，让宰执成为箭靶，使得台谏、宰执双方都企图在政争中寻求皇帝的支持，反

---

① 《长编》卷 114"景祐元年四月丁酉"条，第 2673 页。
② 《长编》卷 117"景祐二年十二月辛亥"条，第 2764—2765 页。
③ 《长编》卷 129"康定元年十月戊子"条，第 3051 页。
④ 同上。此句不见于今本《涑水记闻》。
⑤ 《长编》卷 120"景祐四年十月乙酉"条，第 2838 页。
⑥ 《长编》卷 121"宝元元年一月丁卯"条苏绅上疏，第 2857 页。

而在无形中助长了依赖君主宠信的趋势。结果，天子的权力愈发得到肯定，也愈形扩张。①这样的格局，以内降的视角来看依然成立。抵制"内降"并不如后人理解的那样，是一个君主与宰相权力分配的问题，而主要是两派士大夫围绕着仁宗的支持而展开政争的问题。当仁宗想以后礼葬张贵妃，有意要突破既有法令限制的时刻，他就利用通过宦官外戚与自己保持私密联系的这派臣僚；想表现自己的有意更作时，又顺应另一派臣僚抵制内降的舆论。

仁宗对后廷管理不力，或许真如司马光所说，是其"性宽仁"所导致。可是，我们也要看到仁宗多情柔弱的背后，是令人胆战心惊的任性使气和冰冷无情。上文提到内侍阎文应"矫旨"被贬一事。"矫旨"是严重的罪名，但阎文应的被贬一切都在于郭后。仁宗明道二年末废黜郭后，是因为郭氏在与尚氏争执时误伤了仁宗。仁宗一时不胜气愤，有了废后之意。而阎文应让他将被打的脸颊给吕夷简看，商量废后事。②郭后之后，仁宗却又反悔。他把责任推在阎文应的挑唆上，引得阎文应不自安。景祐二年十一月，郭氏薨，人们都怀疑是阎文应下毒。③但是，这项指控无法落实。于是，仁宗因其南郊前斋宿时，阎文应大声训斥医官的由头，令文应出外。并最终因范仲淹的极谏，仁宗下定决心将已得病的阎文应远贬岭南。后阎文应死于途中。④

王夫之曾说仁宗"求治之心已亟，但知之而即为之"⑤，每每不能对政治举措的后果有足够严谨慎重的估计。其实，这样的评价还是客气了。仁宗是一个感性冲动的人。在日常状态下，他的确"宽仁"，尽量在内廷外朝两不得罪。可一旦他有了决定，只要能够为其出力，无论是谁他都会利用。在他开天章阁，赐范仲淹、富弼笔札，请其条陈改革措施时，我们不用怀疑他那汲汲求治之心。但在废后、追册张贵妃的时候，他也是以同样的坚决在贯彻他的想法。只是，他又喜欢后悔，又不爱承担责任，需要其他人为他的所作所为埋单。阎文应只是其中一个。当贾昌朝、刘沆和王拱辰等人投机博得高位的同时，他们也为仁宗背负着骂名。刘沆死后，其家甚至不敢为其请谥。

内降的问题也类似。我们不能无视仁宗每每想要痛下决心，革除内降的真诚，但他自己确又不愿付出长期的、切实的努力并承担责任。无论是反对还是利用内降的臣僚，都在他摇摆的态度中共存，并互相争斗。仁宗朝抵制内降的活动在高调的抵制和实际的妥协中共存，一切都没有切实的改变，只是，仁宗宽仁天子的形象在不断得到强化。

---

① 刘静贞：《北宋前期皇帝和他们的权力》，稻乡出版社，1996 年，第 195—196 页。
②④ 《长编》卷 113"明道二年十二月乙卯"条，第 2648—2649 页。
③ 《长编》卷 117"景祐二年十一月戊子"条，第 2672 页。
⑤ 王夫之：《宋论》卷 4，中华书局，1964 年点校本，第 79 页。王夫之所举"知之而即为之"的事例并不包括内降的问题。但此一概括又确实体现了仁宗的性格。

四、对叙事固定与政治演进的思考
——由南宋人笔下的仁宗与内降说起

以祖宗的事迹劝谏当朝皇帝，是宋代士大夫们惯用的政治套路。宋仁宗是南宋士大夫经常引用的一个榜样。而仁宗抵制内降的活动则是这个美好形象的重要部分。

欧阳修在为杜衍所撰墓志铭中曾说到这样一件事：

公（杜衍）尤抑绝侥幸，凡内降与恩泽者一切不与。每积至十数，则连封而面还之，或诘责其人至惭恨涕泣而去。上尝谓谏官欧阳修曰："外人知杜某封还内降邪？吾居禁中，有求恩泽者，每以杜某不可告之，而止者多于所封还也，其助我多矣。此外人及杜某皆不知也。"①

仁宗之言为欧阳修亲闻，所记当不虚。南宋理宗淳祐十一年（1251年）六月九日，时任崇政殿说书的刘克庄向理宗进讲祖宗故事，即用这个典故。刘克庄自称引自国史杜衍传，但却把时间定在杜衍任相时，并慨叹其任相只三月，乃以论事为重，以去就为轻。②据杜衍《宋史》本传和《长编》的叙述来看，此事当发生于其任枢密使任期。③一方面，刘克庄将杜衍与仁宗的事迹与诸葛亮"宫中府中俱为一体"等名言并提④，劝谏皇帝对后宫防微杜渐。同时，他又举武则天时刘袆之"经凤阁鸾台何名为敕"等说法⑤，称本朝祖宗法令最善，虽一熏笼也要朝廷出令，把解决之道归于严格出令须经二府的文书流程。否则会逐渐造成蔡京借徽宗的"御笔手诏"而专权的恶果。结合史实可知，欧阳修原本描述的是身为枢密使的杜衍，把积攒到的内降封还，说明这些文书正是下发给枢密院的。它们在下行文书的流程上并没有问题。我们明显感到刘克庄受徽宗时"御笔手诏"泛滥，制度过分颓坏的历史印象的影响，在叙述仁宗的事例的同时，又将其与其他历史事件串联而成线索，进而得出结论。这个结论明显导向要求皇帝尊重相权、尊重出令程序，从原来"开后门"的政治议题上偏离了。相同的叙事逻辑，非此仅见。文天祥曾引用这个故事，议论道："宰相之权尊，则公道始有所依而立也。"⑥把故事的意义更进一步落实到伸张宰相权力之上。

欧阳修的叙述中，仁宗的语言很是生动，或因此，故事屡屡被士大夫们申说。在叙事中，他们更刻意美化了仁宗的形象，表现出仁宗对于辅臣的信任，甚至主动放弃专制。进

---

① 欧阳修：《太子太师致仕杜祁公墓志铭》，《欧阳修全集》卷31，第469页。
② 刘克庄：《进故事》，《后村先生大全集》卷86，《四部丛刊》本。
③ 《宋史》卷310《杜衍传》，第10191页。同事见《长编》卷152"庆历四年九月戊辰"条，第3704页。
④ 诸葛亮：《（前）出师表》，载萧统选编，吕延济、刘良、张铣、吕向、李周翰、李善注：《文选》，人民文学出版社，2008年影印日本足利学校藏宋刊明州本，第2261页。
⑤ 刘昫：《旧唐书》卷87《刘袆之传》，第2848页。
⑥ 文天祥：《御试策一道》，《文山先生全集》卷3，《四部丛刊》本。

而,仁宗也被南宋的士大夫描绘成开明君主。陈亮劝说独断的孝宗"凡一政事、一委任,必使三省审议取旨,不降御批,不出特旨",以仁宗为言:

> 臣闻之故老言,仁宗朝,有劝仁宗以收揽权柄,凡事皆从中出,勿令人臣弄威福。仁宗曰:"卿言固善,然措置天下事,正不欲专从朕出。若自朕出,皆是则可,有一不然,难以遽改。不若付之公议,令宰相行之。行之而天下不以为便,则台谏公言其失,改之为易。"①

这里的仁宗像是经过深思熟虑才刻意限制自己的专权。"闻之故老",其杜撰的成分不知几何。但南宋士大夫的理想则借助仁宗之口,被鲜明地阐发出来。

抵制内降的活动,在仁宗朝没有成功。而德永洋介曾指出,英宗朝宫廷改革之后,内降文书得与皇权名实一体。②其实是说,英宗不会像仁宗那样一面批出内批,一面希望外廷谅解那不是他本人意愿,让他们转移批评的目标。英宗的内批直接代表他本人的意愿。而继起的神宗尽管在制度上依然要求二府对内批指挥涉及大事者必须严格进行覆奏,但实际操作中对内批的推行却更为强势,臣僚不易轻易否定内批中的意见。特别是王安石二次罢相后,神宗愈发走向专断,而这又是许多士大夫并不愿意看到的。尽管同样是文书制度的问题,可矛盾的重心却转移了。于是,仁宗的宽仁、给予外朝执奏内降的做法,开始被士大夫们拿来作为劝谏皇帝的榜样。尤其是在新皇帝即位,君臣关系还没有定型的时刻,这样的议论就会非常多。曾肇在元祐三年(1088 年)就把仁宗时期纠正"内降"的诸多诏令结集进呈。③徽宗初即位,曾肇又两度上书,希望新皇帝仿效仁宗。同时期上书的还有任伯雨。钦宗即位时,又有余应求等人的上奏。④仁宗朝的"内降"问题被逐渐引渡到君相关系上。

或许,以范仲淹为代表的士人群体抵制内降的反对声浪只被仁宗阳奉阴违。但他们对内降的看法却被固定,并最终演化成南宋士人的叙述逻辑。

在仁宗至和二年(1055 年)二月,刘沆有一段有关内降的议论。《长编》的叙述为:"面奉德音,'凡传宣内降,其当行者自依法律赏罚外,余令二府与所属官司执奏'。盖欲杜请托侥幸之路也。因陈三弊:……愿诏中书、枢密凡三事毋得用例。"⑤所谓"三弊"亦见于《宋史》刘沆的本传⑥,大约言中书、枢密对于保荐辟请太多,而且对于官吏的赏罚上多用例,不用法。观其议论,重点不明,表面上也看不出与其所面奉之德音的关系。于是,李焘在小注中议论道:"《实录》既于二月丙午书刘沆面奉德音云云,又于三月丙子书刘沆所言三弊。

---

① 陈亮:《中兴论·论执要之道》,载邓广铭点校:《陈亮集(增订本)》卷 2,中华书局,1987 年,第 27—28 页。

② 德永洋介:《宋代の御筆手詔》,《東洋史研究》第 57 卷第 3 号,第 7 页。

③ 曾肇:《上哲宗进仁宗朝戒饬内降诏书事迹乞禁止请谒》,《宋朝诸臣奏议》卷 23,第 227—229 页。

④ 曾肇、任伯雨和余应求等人的上奏并见《宋朝诸臣奏议》卷 23,第 227—234 页。

⑤ 《长编》卷 178"至和二年二月丙午"条,第 4318 页。

⑥ 《宋史》卷 285《刘沆传》,第 9606—9607 页。

按三弊即面奉德音所禁者，不应重出，今删削附此。"①李焘对于这份上奏有两处困惑：一是时间，二月丙午是当月十七日，《实录》却把刘沆的上书言三弊系于在整整一个月后的三月丙子；二是，李焘觉得"三弊"的内容只是德音的重复，又何必在一个月之后上奏。但从内容看，"三弊"似乎也不只是重复，应该是补充才是。但其能造成李焘的困惑，重点不明、用意不明确可想见。在《宋会要辑稿》中又记录有另一份上奏：

> （至和）二年二月二十四日，中书门下言："'近日面奉德音，今后传宣内降，除依得法律赏罚外，余并仰中书、枢密院及所属官执奏。'恭惟圣虑深切，盖欲杜请托之门，塞侥幸之路也。忠义之士，莫不称庆。以臣愚昧，复有浅见。且君上由中之命尚容执奏，而臣下过分之情未加裁损，非所谓尊君卑臣之义也。窃见近年臣僚有不循法律、以私党自任者，陈乞保荐，而执政之臣内防怨谤，外徇私情，明知违越，不敢阻难，必将所上表章进上取旨。陛下至仁待物，多赐允从。既从之后则便以为例，援例者众，则法殆虚设。夫三尺之法，天下所共，岂有大君之命许执法而不行，群臣所求并违法而取旨！罔上附下，莫此之甚。乞今后中外臣僚保荐官吏、陈乞亲属、叙劳干进、援例希恩者，仰中书、枢密院、三司及所属官司，一例依前后条诏指挥，更不得用例施行，及进呈取旨。违者坐之。"诏可。②

这份上奏可以分为两部分。前半部分强调，"君上由中之命尚容执奏，而臣下过分之情未加裁损"。依其意，仁宗"至仁待物"，对宰执的非分之请也往往允从，那宰执要执奏内降便无道理。时已为宰相的刘沆当时被台谏攻击不能执奏内降。③此奏正是在转移话题，并且对抑制内降言论展开反击。而后半部分谈执政之臣"徇私情"的方式，集中在以例破法上。李焘所见《实录》中的版本，是谈用例的三个表现，实际是对《宋会要辑稿》版本后半部分内容的补充和细化。笔者以为，《宋会要辑稿》中版本虽题为"中书门下言"，但应当就是时任宰相的刘沆所奏。《实录》收录此奏时，前半部分表明立场的激烈言辞却全然不见，以致让后人以为是对仁宗之言的重申或是补充。刘沆的态度在《宋会要辑稿》所载之上奏中表现得十分明确。可这份奏章原初的立场却在转抄中被涂抹干净，乍一看，我们甚至还以为刘沆同样在积极抵制内降。

五、结论

　　皇帝向二府以及其他机构表达个人意见时经常使用内批。内降在文书形态上与内批

---

① 《长编》卷 178"至和二年二月丙午"条李焘注文，第 4318 页。
② 《宋会要辑稿·刑法》2 之 31 至 32，第 8300 页。
③ 如《长编》卷 179，至和二年三月丙子条范镇奏，第 4323—4324 页。

并无不同,所以"内降"在制度上并不指皇帝绕过二府而直接下发的文书。北宋仁宗朝的"内降"在制度以外,更有一番政治意味。它反映的不是士大夫们与皇权的直接对立,而首先是臣僚间的政争。当臣僚批评"内降"时,主要指有人通过非常渠道向皇帝进言,使得皇帝做出决定。当时的臣僚群体隐然分为两派。两派的分野可从多重角度分析,但是否有非常渠道沟通皇帝,是利用还是批评这些渠道,亦即利用和抵制内降,是极为重要的区隔。

庆历新政以范仲淹等人的去朝而匆匆结束。但我们却又不得不慨叹,范仲淹等人在世时未曾实现的政治理想影响了一代代史官和士人。反对抵制内降舆论的言论在有意或者无意中被删改修饰成支持的言论,更易使抵制内降在后世人的叙述中定型为君臣一致的活动。随着叙事的固定,历史的事实和教化的功能到最后都已分不清彼此。然而,士大夫们虽然一次次在新皇帝即位伊始总结历史,发表议论,可实际的状况却真的在往他们希望的方向变化发展吗? 答案可能是悲观的。从新型士大夫们觉醒的仁宗时代,到理学逐渐变为官方意识形态的南宋后期,许多历史认识和政治思想似乎在趋于固定。可这种固定,亦即思想上的胜利,又在多大程度上作用于实际政治的演进了呢? 这其中似乎还有无尽的问题值得我们探索和回答。

《宋西北边境军政文书》所见荫补拟官文书
类型再考释*

刘 江**

　　近年来,在一批学者的共同关注和积极推动下,文书制度及相关的行政运作正逐渐成为宋史研究的一个新领域,而宋代公文资料的发现、整理及出版,也极大地促进了相关研究的展开。2000 年出版的《俄藏黑水城文献》第 6 册首次向国内外学术界刊布了一组编号为 инв. No.211 213 的文书图版,这组文书被整理者定名为《宋西北边境军政文书》,该册《附录·叙录》还对文书进行了首次释录。在《俄藏黑水城文献》出版前后,已有不少学者关注《宋西北边境军政文书》并开展了细致的整理和研究,揭示其对宋史研究的重要价值。[1]

　　《宋西北边境军政文书》共有 109 页,绝大多数是北宋末南宋初鄜延路经略安抚司及下属军政机构形成的文书,但其中第 49 页是极少数由北宋中央机构形成并颁发的文书,且是单页构成的单件文书(尾部残缺),内容涉及赵德诚因冬祀大礼而受其父赵进忠荫为承节郎的拟官事务。这件文书在《附录·叙录》中题为《政和八年(1118)张动等奏状》,孙继民先生《俄藏黑水城所出〈宋西北边境军政文书〉整理与研究》一书将其定名为《北宋政和八年(1118)尚书吏部员外郎张动奏状为武功大夫赵进忠子德诚拟补承节郎事》(以下简称《拟补状》)。孙先生还曾撰文研究这件文书,对文书内容进行了释录、句读和注释,并补缀了

---

*　本文原载于《首都师范大学学报(社会科学版)》2015 年第 6 期。收入本书时略作修订。

**　刘江,上海师范大学人文学院副教授。

① 这方面的代表研究,参见孟列夫(Меньшиков, ЛевНиколаевич):《黑城出土汉文遗书叙录》,王克孝译,宁夏人民出版社,1994 年;白滨:《〈俄藏黑水城文献〉中的宋代文献》,张其凡主编:《宋代历史文化研究(续编)》,人民出版社,2003 年,第 394—406 页;近藤一成:《〈俄藏黑水城文献〉宋西北边境军政文书裁判案件译注稿》,《史滴》第 25 号(2003 年 12 月)、第 26 号(2004 年 12 月);孙继民:《俄藏黑水城所出〈宋西北边境军政文书〉整理与研究》,中华书局,2009 年。另有不少单篇研究论文,在此不赘。

部分残缺文字。该文还根据这件文书探讨了宋徽宗时期的荫补制度及北宋元丰改制后中央机构公文运转的流程，揭示了这件文书对于宋代文书制度及相关政治运作的重要价值。①

该文发表后，学界对宋代公文制度及北宋中后期中枢体制的研究取得了一些新进展，在此基础上重新研读《拟补状》，我们发现这件文书仍存在值得继续讨论的空间。例如，关于其类型，学界过去有不同的认识，《俄藏黑水城文献》的最初整理者及孙继民都认为这是一件奏状，近来则有学者指出这是元丰改制后的尚书省奏抄。②笔者亦曾持相同看法，但近来感觉这一判断尚可进一步推敲。文书类型的运用是文书行政的基础，而对文书类型的准确判断，将更有助于我们理解文书行政的运转机制。本文将在前人研究基础上，考察这件文书类型，并希望通过对这件文书类型的再认识，从行政运作的具体层面探索相关公文的使用情况。

一

为便于展开讨论，以下先根据俄藏黑水城文献图版，参考《俄藏黑水城所出〈宋西北边境军政文书〉整理与研究》补缀的文字③，将《拟补状》文书内容迻录如下：

1. 尚书 吏部

2.   武功大夫赵进忠遇

3.   冬祀大礼，乞子德诚使臣，本贯保安 军

4.   人，年贰拾捌。

5.   右拟补承节郎。

6. 太 师 鲁 国 公 臣 京   不 书

7. 起 复 太 宰 臣 居 中

8. 少   宰 臣 深

9. 起 复 左 丞 臣 黼

10. 右   丞 阙

---

① 孙继民：《黑水城宋代文书所见荫补拟官程序》，《历史研究》2004 年第 2 期，第 174—179 页。该文完整版收入氏著《俄藏黑水城所出〈宋西北边境军政文书〉整理与研究》，第 295—305 页。以下均引用此完整版。

② 方诚峰：《御笔、御笔手诏与北宋徽宗朝的统治方式》，《汉学研究》第 31 卷第 3 期，2013 年，第 49 页，注 88。

③ 孙继民：《黑水城宋代文书所见荫补拟官程序》，《俄藏黑水城所出〈宋西北边境军政文书〉整理与研究》，第 295—305 页。

11. 吏部尚 书 臣 光疑 等 言,谨 拟。

12. 　　　右谨以申

13. 闻,谨奏。

14. 　　　政和八年二月 日 员外郎臣张 动　　上

15. 给　　事　　中 臣 王 靓 读

16. 门　下　侍　郎 臣 薛 昂 省

17. 起复少保太宰兼门下侍郎臣 居 中 审

［后 缺］

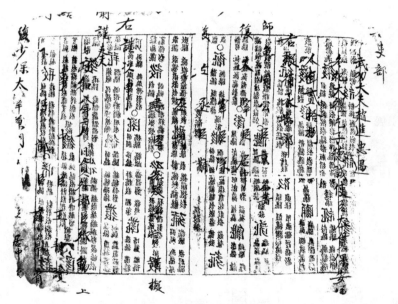

资料来源:《俄藏黑水城文献》第 6 册,上海古籍出版社,2000 年,第 212 页。

图 1 《拟补状》图版

对比《拟补状》与宋代的奏状式,可确定这件文书不是奏状。宋代的奏状从唐代发展而来,有其特殊的文书性质和相对固定的格式,这可作为判断这件文书类型的基准。学者研究指出,在唐朝中央行政体系中,奏状是官员直接向皇帝申奏或由中书门下转呈于皇帝的文书。①关于奏状的基本样式,学者往往援引司马光《书仪》中的"奏状式"为证:

某司(自奏事则具官,贴黄节状内事)

① 刘后滨:《唐代中书门下体制研究——公文形态·政务运作与制度变迁》,齐鲁书社,2004 年,第 262 页;吴丽娱:《试论"状"在唐朝中央行政体系中的应用与传递》,《文史》2008 年第 1 辑,第 119—148 页。

　　某事(云云。若无事因者,于此便云"右臣")

　　右(云云。列数事,则云右谨件如前)谨录奏

　　闻,谨奏(取旨者则云"伏候敕旨")。

　　乞降付去处(贴黄在年月前)。

　　年月日具位臣姓名(有连书官,即依此列位)状奏。①

可见,奏状有其固定的书写格式和公文术语,这与《拟补状》的行文显然不同。

　　这件文书与奏状的基本格式不符,若希望进一步恰当地判断其类型,需结合北宋"元丰改制"以后中枢体制的更革以及相关公文种类的变化等政治制度背景进行考察。

二

　　宋神宗主持的"元丰改制",其中一项重要措置是参照《唐六典》记载的唐前期中央行政体制,将当时的中书门下体制改为三省六部制。当然,此"三省六部制"并非唐制的翻版,而是对唐制的部分"复制"及"改造"。元丰改制以后,朝廷恢复使用了唐前期处理中央政务的奏抄公文(文献记载中也有作"奏钞"的情况,下文征引史料一概从原文用词,不通改)。所谓"奏抄",按《唐六典》记载:

　　凡下之通于上,其制有六:一曰奏抄(谓祭祀,支度国用,授六品已下官,断流以上罪及除、免、官当者,并为奏抄),二曰奏弹(谓御史纠劾百司不法之事),三曰露布(谓诸军破贼,申尚书兵部而闻奏焉),四曰议(谓朝之疑事,下公卿议,理有异同,奏而裁之),五曰表,六曰状。②

据此,奏抄用于处理上行事务,覆盖了"祭祀,支度国用,授六品已下官,断流已上罪及除免、官当"等四大类别。据刘后滨的研究,在唐前期三省制下,奏抄的运作以尚书省为主体,门下省负责审核,经过皇帝的御画,最后下发执行。随着中书门下体制的建立,新的分层决策机制逐渐形成,政务文书的主体由奏抄转变为奏状。③吴丽娱则进一步指出,在唐中书门下体制下,奏抄并没有被完全取代。④

　　《宋史·职官志》载门下省职能,有一项为"凡迁改爵秩、加叙勋封、四选拟注奏钞之

① 司马光:《书仪》卷1,《景印文渊阁四库全书》第142册,台湾商务印书馆,1986年,第460—461页。
② 李林甫等撰,陈仲夫点校:《唐六典》,中华书局,1992年,第241—242页。
③ 刘后滨:《唐代中书门下体制研究——公文形态·政务运作与制度变迁》,第93、262页。
④ 吴丽娱:《试论"状"在唐朝中央行政体系中的应用与传递》。关于奏抄在北宋元丰改制前的使用情况,由于缺乏足够资料,学界尚未开展研究。

事,有舛误,退送尚书省"①,明显指出宋代奏钞的使用与元丰改制后吏部拟官事务有关。宋代典籍中关于奏抄使用的明确日期,最早的记载是元丰五年(1082年)二月一日。当日,朝廷颁布了厘正三省、枢密院、六部、寺监职事的诏令,其中即有关于奏抄使用的规定,《宋会要辑稿》《续资治通鉴长编》(以下简称《长编》)均载其文:

> 吏部拟注官,过门下省,并侍中、侍郎引验讫奏,候降送尚书省。若老疾不任事,及于法有违者,退送改注,仍于奏钞内贴事因进入。……吏部差注官团甲,由都省上门下省。有违者退吏部,以事因贴奏。②

所谓"团甲",据南宋程大昌《演繁录》的解释,唐代中书省、门下省、吏部各有甲历("甲"即若干人为一甲之意),"其在选部,则名'团甲'。其在今日,则拟官奏抄,总言此钞某等凡几人者,是其制也"③。可见,拟官奏抄应为"吏部差注官团甲"的公文载体。吏部拟注官员,若遭门下省"退送改注,仍于奏钞内贴事因进入",这一记载说明,在元丰五年改制诏令中,朝廷已着手命令吏部运用奏抄处理拟官事务,并制定了相应的审批程式。

《拟补状》涉及的赵德诚荫补拟官事务,正在吏部职责范围之内。《神宗正史·职官志》载,尚书省吏部"凡应注拟、升移、叙复、荫补及酬赏、封赠者,随所分隶勘验法例,团甲以上尚书省,即法例可否不决应取裁者亦如之"④。《拟补状》中,赵德诚所荫官承节郎(承节郎于政和二年由三班奉职改名⑤),属武阶小使臣。《神宗正史·职官志》又载,"自借差、监当至供奉官、军使,归侍郎右选",而承节郎(三班奉职)恰在借差至供奉官的等级序列之内。又据《中兴会要》载,吏部侍郎右选之下专设"承节案"(设置日期不详)。⑥以上材料说明,赵德诚荫补承节郎的事务实际应由吏部侍郎右选掌管。

一方面,吏部荫补拟官使用的公文为奏抄;另一方面,《拟补状》中荫补承节郎的事务又在吏部的职责范围之内,那么《拟补状》的公文类型是否就是奏抄? 仅据上文材料尚不能完全推定,还须进一步从公文的格式、保存情况等层面进行考察。

元丰五年二月后,朝廷又陆续出台了一系列关于奏抄格式的规定。该年六月十三日,详定官制所"定到制授、敕授、奏授告身式"。次日,朝廷下诏:"官诰及奏钞体式,令官制所取房玄龄官告看详,改定以闻。"⑦四个月之后,详定官制所上言:

---

① 《宋史》卷161《职官志一·门下省》,中华书局,1977年点校本,第3776页。
② 徐松辑,刘琳、刁忠民、舒大刚、尹波等校点:《宋会要辑稿·职官》1之20,上海古籍出版社,2014年,第2948页。相关文字亦见《长编》卷323"元丰五年二月癸丑"条,中华书局,2004年点校本,第7775—7776页。
③ 程大昌撰,许沛藻、刘宇整理:《演繁露》卷12"甲库",《全宋笔记》第4编第9册,大象出版社,2008年,第95页。
④ 徐松辑,刘琳、刁忠民、舒大刚、尹波等校点:《宋会要辑稿·选举》23之1,第5673页。
⑤ 《宋大诏令集》卷163《改武选官名诏》,中华书局,1962年,第622页。
⑥ 徐松辑,刘琳、刁忠民、舒大刚、尹波等校点:《宋会要辑稿·选举》23之1,第5673页;25之10,第4637页。
⑦ 《长编》卷327"元丰五年六月癸亥"条,第7877页;亦见徐松辑,刘琳、刁忠民、舒大刚、尹波等校点:《宋会要辑稿·职官》56之11,第4532—4533页。

准尚书省札子,官制所定杂事奏钞奏有司事。……其房玄龄等告身四道,内三卷敕授、制授,不书尚书都省官;内一卷奏钞,并著尚书都省官,而不书名。按:敕授、制授则尚书省有书有不书者,唐告体制不一;至于奏授,则尚书省具钞奏上,未有不具尚书都省官;然于告身,有不书名者。盖告身翻录奏钞,其钞已付吏部,翻录为告,故或不书。今奏钞已书名,即告身止令代书。①

在唐前期三省体制下,流内官范围内的选官事务,可按授官文书的类别划分为三个层次,即以制书授官者为制授,以敕书授官者为敕授,以御画奏抄授官者为奏授。②告身与相关的授官文书在格式和内容上有承袭关系,因此详定官制所得以参考房玄龄告身制定元丰制授、敕授、奏授告身式。"告身翻录奏钞",即说明房玄龄的奏授告身在御画奏抄的基础上制成。详定官制所据此改定制作元丰奏钞体式,这也说明元丰五年后行用的奏抄与唐代奏抄在格式上应该有密切关系。

日本学者中村裕一在前人研究基础上复原了唐代的《奏抄式》,可与《拟补状》比对参考,现迻录如下:

尚书某司谨奏。某某事,

左仆射具官封臣名

右仆射具官封臣名

某部尚书具官封臣名

【某部侍郎具官封臣名】

某部侍郎具官封臣名　等,云云。谨以申闻,谨奏。

年　月　日　某司郎中具官封臣　姓名　上

给事中具官封臣　姓名　读

黄门侍郎具官封臣　姓名　省

侍中具官封臣　姓名　审

闻　御画③

这份奏抄式在各种唐代奏抄实物的基础上综合、提炼而成,是今人对唐代奏抄格式的复原成果。元丰时期详定官制所以房玄龄告身为基础改定的奏抄体式,当然不一定完全符合唐代《奏抄式》。不过,既然北宋后期"三省制"以《唐六典》所载唐制为蓝图,且如前文所述,元丰奏抄式参照房玄龄奏授告身改定,在没有宋代奏抄基本格式对照的情况下,不妨

① 徐松辑,刘琳、刁忠民、舒大刚、尹波等校点:《宋会要辑稿·职官》4 之 6 至 7,第 3098 页。按:《长编》卷 330 "元丰五年十月甲子"条也有类似记载,但关键性文字有误。笔者对此有考辨,参见拙文《〈续资治通鉴长编〉失校一则》,《中华文史论丛》2012 年第 1 期。
② 刘后滨:《唐宋间选官文书及其裁决机制的变化》,《历史研究》2008 年第 3 期,第 124—131 页。
③ 中村裕一:《唐代公文书研究》,汲古书院,1996 年,第 179—180 页。

以唐代《奏抄式》作为考察元丰年间奏抄的参考。对比《拟补状》与唐《奏抄式》,我们发现二者在格式上确实存在密切关系(参见表1)。

表1　唐《奏抄式》与宋《拟补状》比对情况

公文结构	《奏抄式》	《拟补状》
A. 发文机构	尚书某司谨奏	1. 尚书 吏部
B. 公文内容	某某事	2. 武功大夫赵进忠遇 3. 冬祀大礼,乞子德诚使臣,本贯保安 军 4. 人,年贰拾捌, 5. 右拟补承节郎。
C. 尚书都省官员签署	左仆射具官封臣名 右仆射具官封臣名	6. 太 师鲁国公 臣京　不书 7. 起 复太宰 臣居中 8. 少 宰 臣深 9. 起 复左丞 臣黼 10. 右 丞 阙
D. 某部官员签署	某部尚书具官封臣名 【某部侍郎具官封臣名】 某部侍郎具官封臣名　等,云云。谨以申闻,谨奏。	11. 吏部尚 书 臣 光疑 等 言,谨拟。 12. 右谨以申 13. 闻 ,谨奏。
E. 某司官员签署并进呈	年 月 日 某司郎中具官封臣 姓名 上	14. 政和八年二月 日 员外郎臣张 动　上
F. 门下省官员审批	给事中具官封臣 姓名 读 黄门侍郎具官封臣 姓名 省 侍中具官封臣 姓名 审	15. 给 事中 臣 王 观　读 16. 门 下 侍 郎 臣 薛 昂　省 17. 起 复少保太 宰兼门下侍郎 臣 居中 审
G. 皇帝画闻	闻 御画	后缺

　　通过上表的对比,《拟补状》在文书形态上具有既接近唐代《奏抄式》,又有不同于唐制之处。这些不同之处,恰恰体现了元丰改制后设中央机构设官分职的特点,也反映了宋徽宗政和年间中央人事格局的痕迹。以下根据公文的流转程序,考释相关环节的具体操作情况,并判断这件公文的类型。

　　上表所列公文结构中,A 至 E 这五部分反映了公文在尚书省的制作和签署过程。其中,A 为公文抬头,即发文机构。《奏抄式》以尚书省某司为发文主体,《拟补状》注明"尚书吏部",但元丰改制后,吏部七司中未设吏部司,这件公文很可能是以尚书省吏部的名义发出。

　　公文内容制作完毕,在由尚书省发出之前,还须经过都省官员签署这一环节,此即公文结构中 C 所示。《奏抄式》列出的是左右仆射，《拟补状》则首列蔡京系衔，并于其后注"不书"二字，此为当时蔡京以"公相"身份"总治三省"仅仅列名文书，乃是政和年间中枢格局的特殊情况。蔡京在政和二年(1112年)五月第三次任相，以太师、楚国公身份三日一至都堂议事。①政和六年五月，朝廷令其"遇朔望许朝，三日一知印。当笔不赴朝日，许府第书押。不押敕札，不书钞"。次年，朝廷又允许"其诸细务，特免签书，五日一朝，赴都堂治事"。②此即《拟补状》所谓"不书"，意为不亲自签书奏抄，但仍以"不书"二字落实在公文上。这一情况，一直延续到宣和元年(1119年)。当年四月九日，蔡京进言：

> 臣昨蒙宽假，许朝五日，止省治事。而臣【年余七十，礼当谢事。】今三省录黄、画旨、入进文字与六曹奏钞、敕命行下犹系臣名衔，著"不押免书"字。岂有身不任事、事非己出，系名其上？虚负天下之责，腼颜惭怍，罔知所安。

后朝廷下诏，"所有系书一节可从所请外，余并依前后累降诏旨，无复别有陈请"③。此后，引文中记载的相关公文上应不再有蔡京的系衔。《拟补状》为政和八年二月制成的公文，正在政和六年至宣和元年之间，此时蔡京尚有"不书钞"的"礼遇"。虽然这是不同于唐《奏抄式》的一项签署程序，却可作为判断这件文书与奏抄之间关系的重要证据。

《拟补状》在蔡京名衔后，依次列有尚书都省官太宰、少宰的签署情况④，其后还有左、右丞官员的书名系衔。这些与唐《奏抄式》不同的签署方式，却如实印证了元丰五年详定官制所拟定"奏钞书都省执政官"的程序。至于这些官员人名及"起复官"的考释，孙继民先生文章中已有论述，在此不赘。

D 为六部长贰的签署环节。《奏抄式》中，尚书与侍郎均参与签署，而《拟补状》仅有吏部尚书签署。下一环节 E 为具体负责公文所涉事务的部门官员签署，《奏抄式》列郎中衔而《拟补状》为员外郎张动，或因张动资历较浅。至此，奏抄在尚书省内部流转程式结束。

综上所言，《拟补状》中这一部分体现了公文由吏部制作完成后呈递到尚书都省，经都省长官签署，再由负责拟官事务的郎官署名的过程，与《奏抄式》所反映的唐代奏抄的流转程序基本一致。由于不同时代制度设计与人事安排的差异，在具体负责签署的官员方面，《拟补状》与《奏抄式》有明显的差异，这种差异正符合元丰改制以后签署奏抄的制度规定(如尚书都省执政官均签署奏抄)与政和年间特殊的人事格局(如公相蔡京"不书"奏抄)。

F 反映的是门下省及门下后省官员对公文的审批程序。《神宗正史·职官志》载：

> 门下省受天下成事，凡中书省、枢密院所被旨，尚书省所上有法式事，皆奏覆审驳之。

① 徐自明撰、王瑞来校补：《宋宰辅编年录校补》卷12"政和二年五月己巳"条，中华书局，1986年，第764页。
② 徐松辑，刘琳、刁忠民、舒大刚、尹波等校点：《宋会要辑稿·职官》1之31，第2955、2956页。
③ 徐松辑，刘琳、刁忠民、舒大刚、尹波等校点：《宋会要辑稿·职官》1之34，第2957页。按，"年余七十，礼当谢事"原脱，据《宋会要辑稿·礼》47之13相关文字增补，第1770页。
④ 政和二年九月二十五日，朝廷改"左仆射"为"太宰"，"右仆射"为"少宰"。参见《宋大诏令集》卷163《新定三公辅弼御笔手诏》，第618—619页。

若制诏、宣诰下与奏钞、断案上，则给事中读之，侍郎省之，侍郎中审之。进入被旨画闻，则授之尚书省、枢密院。①

根据这段引文，门下省官员审读的公文，可分为上行、下行两类。《拟补状》显然不是下行的制诏宣诰，也非断案公文，前文已经推定其类型与奏抄相关。《拟补状》F部分反映的就是奏抄依次经过给事中"读"、侍郎"省"、侍中"审"的流程。

作为元丰改制调整中央机构的一项具体措施，朝廷于门下省、中书省外，又创立了中书后省和门下后省。②门下后省以给事中为长官，其职能围绕"奏覆审驳"展开，"专主封驳，书读录黄、画黄、录白、六曹奏钞、章奏房入进文字，校吏部奏拟六曹以下职事官任历功状、金押前者（省）诸房文书"③。《拟补状》中给事中具官书名后系一"读"字，这一程序不仅与唐《奏抄式》完全相同，也是"书读"落实在"六曹奏钞"上的呈现方式。④

据《神宗正史·职官志》记载，奏抄还需依次经门下侍郎和侍中"省""审"的程序，但元丰改制后未除侍中，仅"以左仆射兼门下侍郎行侍中职，别置侍郎以佐之"⑤，落实到公文上，即本应由侍中"审"的程序实际由尚书左仆射兼门下侍郎履行，这与《拟补状》中"起复少保太宰兼门下侍郎臣　居中　审"的签署情况是完全一致的。

《拟补状》处理的事务在元丰改制后奏抄的适用范围之内，其格式以唐《奏抄式》为基础，相关签署程序又与当时尚书省、门下省官员签署奏抄的制度规定相符。这说明，《拟补状》残存的内容，无论在涉及的事务性质还是文书格式上，都与元丰改制后恢复使用的奏抄公文相关，所以将这件文书判定为奏抄的观点是有道理的，但若仔细推敲，这一判断仍不够严谨。

如学者所言，《拟补状》文书通篇由同一笔迹书写，说明不可能是奏抄原件，而应是经过抄录的文本。⑥况且，奏抄作为尚书省呈报政事的上行公文，在流转过程中要经过多次抄录转发，其原始形态绝不会直接下发到地方。前引元丰五年详定官制所言"告身翻录奏

---

① 徐松辑，刘琳、刁忠民、舒大刚、尹波等校点：《宋会要辑稿·职官》2之2，第2985页。
② 这两个机构成立之初，分别以中书、门下外省为名。大约在元丰末、元祐初年，改称为中书、门下后省。参见倪钰：《北宋后期的中书后省与门下后省》，北京大学硕士学位论文，2008年，第10—12页。
③ 徐松辑，刘琳、刁忠民、舒大刚、尹波等校点：《宋会要辑稿·职官》1之78，第2980页。引文标点与点校本略有不同。
④ 龚延明先生认为"书读"是由给事中在相关文书上签署"读"字，参见氏著《宋代官制辞典》"书读"条，中华书局，1997年，第655页；朱瑞熙先生则发现现存宋代告身实例，怀疑给事中是否书写"读"字，参见氏著《宋朝"敕命"的书行和书读》，《中华文史论丛》2008年第1期，第101—122页；倪钰进一步指出，对上行文书（如奏抄）而言，给事中需书"读"字，而对下行文书则不书，参见氏著《北宋后期的中书后省与门下后省》，第29页。
⑤ 徐松辑，刘琳、刁忠民、舒大刚、尹波等校点：《宋会要辑稿·职官》2之3，第2986页。
⑥ 孙继民先生认为《拟补状》由赵德诚抄写，因其笔迹与《宋西北边境军政文书》第33件落款为赵德诚的《靖康元年（1126）赵德诚状》相同。确实有这样的可能性，但后者也有可能是他人抄写誊录的文书，我们对这件文书的抄录者，不妨暂且存疑。

钞,其钞已付吏部,翻录为告",这说明元丰改制恢复使用的奏授告身仍然是在御画奏抄的基础上制成。①虽然《拟补状》的现存形态与奏抄相关,但根据上述分析推断,其完整形态应该是一件尚书省吏部下发给赵德诚的奏授告身的抄件,而《拟补状》在门下省官员"读省审"后缺失的部分还应有公相蔡京签署、御画"闻"、发付吏部、官告院签发等奏授告身的其他环节。从更符合文书实际类型、便于学界识别和利用的角度而言,将来我们或可将这件文书称为《政和八年(1118)赵德诚荫补承节郎奏授告身(残页)》。②

三

元丰改制对北宋后期中枢体制的更革,带来了中央行政机构职能和政务处理方式的变化,而官方文书作为政令信息的主要载体,构成了考察这一时期制度实际运行状态的重要资料。就此而言,《拟补状》不仅揭示了尚书省以奏抄申报授官事务、门下省履行审署职能的具体流程,也丰富了我们对北宋后期官员除授方式的认识,更为相关制度研究的深入拓展提供了"鲜活"的实例。元丰改制后中央行政机构中奏抄公文的行用,就值得我们关注但尚未见到学界正面讨论。上文讨论已初步涉及这一问题,以下笔者再结合阅读《拟补状》的思考,补充一些奏抄运作中的关键问题。

首先需指出,虽然奏抄是奏授告身的基础,二者有承袭关系,但严格地说,奏授告身中记录的尚书省制作奏抄的环节并不能完全反映奏抄在尚书省运作的实际流程。如前文所述,吏部差注官时,往往以"团甲"的形式上报,即以一件奏抄处理多人的授官事务,而拟官奏抄经御画后下发到官告院,吏人在制作告身时,仅抄录其中与告身授予者有关的信息。以《南宋武义徐谓礼文书》录文部分《录白告身·附录》复原的一件奏授告身《绍定二年七月二十六日转宣义郎告》为例,先将告身前部与尚书省制作奏抄有关的内容节录如下:

1. 尚书吏部

2.   磨勘到承事郎新差知平江府吴县丞徐谓礼

---

① 奏授告身在唐前期授官制度中被普遍使用,其文书形制因有敦煌吐鲁番出土文献佐证而被学界熟知。关于宋代的告身,由于相关资料有限,过去学界对奏授告身的认识不足,讨论较多的则是制授告身和敕授告身。参见清水浩一郎:《南宋告身の文书形式について》,《历史》第 109 辑(2007 年 9 月);张祎:《制诏敕札与北宋的政令颁行》,北京大学博士学位论文,2009 年。

② 新近出版的《武义南宋徐谓礼文书》中有一组"录白告身",被学者判定为奏授告身,其中尚书省制作奏抄至门下省审读的程式与《拟补状》相近,为印证我们的判断提供了重要的实物参照。相关讨论参见周佳:《南宋基层文官履历文书考释——以浙江武义县南宋徐谓礼墓出土文书为例》,《文史》2013 年第 4 辑;张祎:《徐谓礼〈淳祐七年十月四日转朝请郎告〉释读》,《中国史研究》2015 年第 1 期。

3. 　右壹人拟转宣义郎，差遣如故。

4. 　　　左　　丞　　相　阙

5. 　　　少师右丞相鲁国公 臣 弥远

6. 　　　知枢密院事兼参知政事 臣 极

7. 　　　参　知　政　事 臣 洪 分书

8. 　　　尚　　　　　书 臣 烨 等言

9. 　谨件，张镒等贰人，拟官如右，谨以申

10. 　闻。谨奏。①

第 3 行"右壹人拟转宣义郎"，即是官告院在制作颁发给徐谓礼的告身时，摘录御画奏抄中与其授官有关的内容。而当时尚书省授官的实际情况如第 9 行"谨件，张镒等贰人，拟官如右"所言，最初上报的奏抄包含了张镒、徐谓礼二人的拟官事务。

从文书内容上看，虽然《拟补状》不如《绍定二年七月二十六日转宣义郎告》那样清晰体现"团甲"处理荫补授官事务的程式，但我们仍应留意奏授告身对考察奏抄实际操作流程的限制。这要求我们讨论奏抄运作时，一方面须注意仔细研读告身，挖掘其中的"有效"信息；另一方面也要从传世文献记载出发，以求获得更全面的认识。

元丰改制后，奏抄仍然由尚书省六部制成，经门下省审驳后，再上呈皇帝。《神宗正史·职官志》载尚书省的职能：

凡天下之务，六曹诸司所不能决、狱讼御史台所不能直者，辨其是否而与夺之。应取裁者，随所隶送中书省、枢密院。事有前比，则由六曹勘验具钞，令、仆、丞检察无舛误，书送门下省画闻。②

尚书省六部申报政务时"勘验具钞"，使用的就是奏抄文书。不过，在史料记载中，吏部与刑部使用奏抄的情况更普遍。当时尚书省曾分置十房处理政务，其中就专设"奏钞吏房"及"案钞刑房"。刑部使用的奏抄，亦称"案钞"。元丰七年（1084 年）八月一日，门下省言："刑部奏钞，宣德郎乐京据例当作情理稍轻，不碍选注。京本坐言役法，本部不敢用例。"③此处刑部"案钞"亦称为奏钞。专设两房的制度安排也说明，吏部与刑部广泛使用奏抄文书申报政务。

上引《神宗正史·职官志》这条材料也点明了奏抄使用的总体原则，即"事有前比"。按照元丰五年中枢机构改制诏令的规定，三省制下尚书省申报政务的方式，大致根据"有法式上门下省，无法式上中书省"的原则。④所谓"有法式"的政务，应与"事有前比"之事一

---

① 包伟民、郑嘉励编：《南宋武义徐谓礼文书》，中华书局，2012 年，第 197 页。
② 徐松辑，刘琳、刁忠民、舒大刚、尹波等校点：《宋会要辑稿·职官》4 之 4，第 3096 页。
③ 徐松辑，刘琳、刁忠民、舒大刚、尹波等校点：《宋会要辑稿·职官》15 之 12，第 3414 页。
④ 《长编》卷 323"元丰五年二月癸丑"条，第 7776 页。

致,尚书省将这类政务申报门下省,使用的公文应该是奏抄。不过,从实际操作来看,六部并未一直严格遵守这一原则,往往将一些涉及中书省取旨之事,以奏抄的形式上报门下省。元祐七年(1092 年),三省言:"堂除诸路职司有带'权'及'权发遣'者,未行官制前系中书检举除落,今则吏部检举具钞,不复经中书,无由照应。"吏部以奏抄除授的官员,经过门下省审核,画闻后即可施行,以这种方式除授官员,吏部的人事权较大。而史料中则指出,这类官员的除授,应遵循元丰改制前由中书堂除的原则。朝廷因此下诏:"吏部依条检举,具状申尚书省,送中书省取旨施行。"①可见,在何种情况下使用奏抄申报政务,并非仅仅是文书制度的问题,而涉及三省之间关系、堂选与吏部对人事任命权的争夺等重大问题。

从《拟补状》的程式可见,奏抄在尚书省制作完成后,主要由给事中和左仆射兼门下侍郎其进行审查,而给事中审"读"奏抄,是这一程序的关键环节。元丰五年(1082 年)九月,给事中陆佃言上奏,认为吏部奏抄中拟任宋彭年为太常寺丞,其人资质不适合担任"太常典司礼乐"之职,建议"宜选稍有学术之士"。朝廷根据他的意见,"别拟彭年差遣"。②十一月三日,陆佃又言:"读吏部所上钞内,朝请郎、提举玉隆观吴审礼拟迁朝奉大夫。缘审礼以老疾乞宫观,法不当迁。"③神宗遂下诏寝之。给事中对奏抄内容的审核,往往能影响某些政务的裁断。这也说明,如果奏抄中出现违反法令规定的情况,有关官员在驳还的同时,还要将具体情况上奏皇帝。元丰改制后门下省及门下后省承担了审驳奏抄的职能,在这一点上,确实是对唐前期三省制下门下省职事的回归。

当时门下省及后省官员主要依据"条"和"例"审驳奏抄。元丰七年八月,给事中韩忠彦言:"吏部奏钞,拟注江宁府司录参军、前刑部法直官郝京试大理司直,不坐条而引例。既有著令,自当奉行。岂可废条用例?"④绍圣三年五月,中书侍郎李清臣在上奏中亦提及"先帝官制,无条上中书省取旨,有例无条具钞画闻"⑤,可见奏抄申报的政务内容既可根据条法,亦可援引成例,而门下省对奏抄的审驳,按照制度规定,也应以条法为先,不许"废条用例"。⑥

被给事中、侍郎退回的奏抄,尚书省须以贴黄的形式在奏抄后提出修订、补充等后续处理意见。以刑部断案为例,元丰八年(1085 年)八月十二日,门下省曾上言:"应诸州奏大辟情理可怜及疑虑,委刑部声说于奏钞后,门下省省审,否即大理寺退回,令依法定断。有

---

① 徐松辑,刘琳、刁忠民、舒大刚、尹波等校点:《宋会要辑稿·职官》1 之 29,第 2954 页。
② 《长编》卷 329"元丰五年九月壬辰"条,第 7930 页。
③ 《长编》卷 329"元丰五年十一月庚辰"条,第 7968 页。
④ 《长编》卷 348"元丰七年八月辛未"条,第 8344—8345 页。
⑤ 徐松辑,刘琳、刁忠民、舒大刚、尹波等校点:《宋会要辑稿·职官》1 之 29,第 2954 页。
⑥ 此就法律规定而言,实际上无法避免。详细讨论参见邓小南:《宋代文官选任制度诸层面》第二章第二节《有关选任的条与例》,河北教育出版社,1993 年。

不当及用例破条者，门下省驳奏。"①时任门下侍郎的司马光亦针对"近者刑部奏钞"里断案不当之处，建议"刑部于奏钞后别用贴黄声说情理，如何可悯，刑名如何疑虑，今拟如何施行"②。《长编》也记载此事，朝廷后来下诏批准了司马光的请求。有学者指出，贴黄作为文书的组成部分，具有修改、摘要、补充文书内容的功能，在奏状、劄子中使用较为普遍③，而尚书省在制作奏钞时使用贴黄不仅在文书学上丰富了我们的认识，而且说明元丰改制后恢复使用的奏钞在继承唐前期奏钞基本格式的基础上，在实际运作中又吸收了当时公文处理的一些惯用方式。

唐前期奏钞是中央政务文书的主体，而门下省是审读奏钞的主要部门，因此当时中央政务运作以门下省为核心。北宋元丰改制后尚书省使用奏钞处理的事务，在适用范围方面恐怕不如唐前期奏钞那样应用普遍。究其原因，一方面，北宋后期的律令体系并不如唐前期那样能为大量事务处理提供充分的依据，而当时官制规定的"有法式上门下省，无法式上中书省"本身，就反映出朝廷对于不同性质事务采取不同处理原则的态度；另一方面，当时以奏钞文书处理的政务主要集中于吏部注拟官员和刑部断案，这些都是"有法式"可依的政务，而大量"无法式"的政务不是奏钞所能容括的，需要以状等文书上报中书省奏请皇帝裁决。因此我们在史料记载中看到这时期奏状、申状文书仍在大量而广泛地使用。就此而言，元丰改制恢复使用的奏钞，在当时中央政务处理过程中的作用和地位不如状重要，而门下省也未成为改制后中央政务运作的核心。④

讨论元丰改制后奏钞公文的行用，有利于我们从公文运作层面观察北宋后期直至南宋中央政务处理机制的变化。以上仅是笔者在对《拟补状》文书类型再考察的基础上对这一问题的补充思考，相关问题尚需专文深入研究。当然，蕴藏于《拟补状》中的其他信息也有待激发。希望本文能引起学界对这件文书以及《宋西北边境军政文书》中其他公文的关注和利用，共同提升宋代文书研究的水平。

---

① 徐松辑，刘琳、刁忠民、舒大刚、尹波等校点：《宋会要辑稿·职官》2之5，第2987页。
② 司马光：《温国文正司马公文集》卷48《乞不贷故斗杀札子》，《四部丛刊初编》影印常熟瞿氏铁琴铜剑楼藏宋绍兴刊本。
③ 参见陈瑞青：《从俄藏黑水城文献看宋代公文的帖黄制度》，《中华文史论丛》2007年第2期。
④ 关于元丰改制后的三省制，即有所谓"中书权重"的说法。关于这一问题，尚需专文讨论，本文不拟展开。

《中古文明研究》简介及征稿启事

　　《中古文明研究》由上海师范大学人文学院"中古研究"团队创办,刊载有关中外"中古"时期(7—16世纪)研究的专题论文、书评和研究综述。我们希冀以此刊物为平台,增进不同学科的交流碰撞,从多视角观察人类文明史上的"中古"时代。

　　来稿以15 000字以内(含注释)为宜,稿件电子文本请使用Word文档、标准简体中文和新式标点符号,引文注释体例请遵循权威规范的格式,并采用页下脚注(注释号码用①、②……的形式),每页重新编号。

　　投稿邮箱:his_lj@shnu.edu.cn。

　　通信地址:上海市徐汇区桂林路100号,上海师范大学文苑楼815,收件人:刘江,邮编:200234。

图书在版编目(CIP)数据

中古文明研究.第一辑/《中古文明研究》编委会
主编.—上海:格致出版社:上海人民出版社,
2020.11
ISBN 978 - 7 - 5432 - 3169 - 6

Ⅰ.①中…　Ⅱ.①中…　Ⅲ.①中国历史-宋代-文集
Ⅳ.①K244.07 - 53

中国版本图书馆 CIP 数据核字(2020)第 185900 号

责任编辑　顾　悦
装帧设计　路　静

中古文明研究(第一辑)
《中古文明研究》编委会　主编
赵龙　刘江 执行主编

出　　版　格致出版社
　　　　　上海人民出版社
　　　　　(200001　上海福建中路 193 号)
发　　行　上海人民出版社发行中心
印　　刷　上海商务联西印刷有限公司
开　　本　787×1092　1/16
印　　张　27.25
插　　页　2
字　　数　543,000
版　　次　2020 年 11 月第 1 版
印　　次　2020 年 11 月第 1 次印刷
ISBN 978 - 7 - 5432 - 3169 - 6/K・207
定　　价　108.00 元